CW01631588

JOHN BRADBURNE,
LE VAGABOND DE DIEU

DU MÊME AUTEUR

Familles chrétiennes en URSS, Bibliothèque AED, 1985.
Familles chrétiennes de Pologne, Bibliothèque AED, 1986.
Chrétiens du Moyen-Orient, témoins de la croix, Bibliothèque AED, 1989.
Catholiques d'Ukraine, des catacombes à la lumière, Bibliothèque AED, 1991.
Tchèques et Slovaques, témoins de la foi, Bibliothèque AED, 1993.
Roumanie. Courage et fidélité, Bibliothèque AED, 1994.
Humanitaire et Charité, Téqui, 1995.
Albanie. Ils ont voulu tuer Dieu, Bibliothèque AED, 1996.
Pologne. Nous voulons Dieu, Bibliothèque AED, 1998.
Jean-Paul II, Affermis tes frères, Bibliothèque AED, 1999 (anthologie).
Un siècle de témoins, les martyrs du XXe siècle, Fayard, 2000 (prix de l'Académie d'Action et d'Étude sociale).
Tolkien. Faërie et christianisme, Ad Solem, 2002 (en collaboration).
Martyrs chrétiens d'URSS, Bibliothèque AED, 2002 (en collaboration).
Catholiques de Bulgarie, martyrs et témoins, Bibliothèque AED, 2002.
Prier quinze jours avec les martyrs chrétiens du XXe siècle, Nouvelle Cité, 2004.
Variations sur un thème d'Andriy Bokotey, MR Press, 2006.
Hongrie, comme à travers le feu, Bibliothèque AED, 2007.
Erik Peterson, Témoin de la vérité, Ad Solem, 2007.
P. Marie-Joseph, Loué soit Jésus-Christ, Parole et Silence, 2009 (anthologie).

Traductions

S. Brock, *L'Œil de lumière, la vision spirituelle de saint Ephrem,* suivi de *Saint Ephrem, la harpe de l'Esprit*, Éditions de Bellefontaine, 1988.
S. Brock, *Prière et vie spirituelle, textes des Pères syriaques*, Éditions de Bellefontaine, 2011.

Didier Rance

John Bradburne,
le vagabond de Dieu

Préface de
Jean Vanier

Salvator

Toutes les photos du cahier central : © John Bradburne Memorial Society ; excepté pp. 1 (bas), 2 (bas), 3 (bas g. et dr.) et 4 (bas) : © Didier Rance ; p. 9 (haut) et 10 (bas g.) : © DR.

© Éditions Salvator, 2012
Yves Briend Éditeur S.A.
103, rue Notre-Dame-des-Champs
F-75006 Paris

www.editions-salvator.com
contact@editions-salvator.com

ISBN : 978-2-7067-0882-4
Tous droits réservés pour tous pays

Préface

Après mon séjour au Zimbabwe en 1982, j'écrivais ceci dans une lettre à ma communauté de l'Arche :

> Durant ma visite, plusieurs personnes m'ont parlé de John Bradburne, un Anglais ayant vécu une vie semblable à celle de saint Benoît-Joseph Labre. Les dernières années de sa vie, il vivait dans une petite hutte au cœur d'une léproserie, soignant des lépreux, priant avec eux, leur apportant la communion et, parfois, les défendant vigoureusement contre ceux qui voulaient les voler. Il vécut très pauvrement au milieu d'eux. Il était toujours surpris que les lépreux l'accueillent avec tant de gentillesse et lui permettent de rester avec eux. Il mourut en 1979, assassiné.

J'avais donc entrevu qui était John, on m'avait même mis dans une hutte près d'Harare où lui-même avait vécu. Cependant, cet excellent livre m'a fait découvrir John d'une façon toute nouvelle. C'est avec joie et une certaine émotion que j'écris la préface de ce livre bouleversant afin que des lecteurs français puissent connaître cet homme exceptionnel.

Exceptionnel, il l'était à plusieurs points de vue. Son père était prêtre de la communion anglicane. John, en 1939, devint officier de l'armée anglaise et se battit dans une guerre horrible avec les Japonais en Malaisie et en Birmanie – d'anciennes colonies britanniques. Des corps à corps avec l'ennemi aux longues marches à travers des forêts sans nourriture, atteint d'une maladie grave, frôlant la mort plusieurs fois, ce jeune homme de 19 ans vécut des expériences d'enfer pendant des mois.

Il possédait des dons d'intelligence peu ordinaires en poésie, en musique, dans son amour de la nature. Il avait un caractère difficile à la fois drôle, riche, sérieux et farceur. Il est devenu un chercheur de Dieu et de l'absolu.

Après plusieurs années de recherche, il entra dans l'Église catholique, en homme épris de sainteté, de pauvreté et de ce qu'il y a d'essentiel dans l'Église. Il était un fou de Dieu et se disait le bouffon du Christ-Roi, l'époux mystique de la Vierge Marie.

La richesse de sa nature, mais peut-être aussi ce qu'il vécut de pénible durant la guerre, firent de lui un homme instable, en perpétuelle recherche. Il entrait dans des monastères et en sortait quelques mois plus tard car il n'y trouvait pas l'absolu qu'il cherchait. À un moment, il pensa passer toute sa vie en Israël pour convertir les Juifs. Puis, il devint un vagabond de Jésus, jouant de la flûte comme un clochard au cœur de la capitale anglaise. Il fut sacristain dans une petite église du Sud de l'Italie, vivant dans la tribune de cette église, puis gardien de la maison de l'archevêque de Londres. Il faisait de nombreux pèlerinages et il aimait passionnément Lourdes.

C'était un mystique, certes, mais d'un type un peu particulier ! Il avait reçu la grâce de pouvoir écrire sous forme de poésie ses aventures, ses états d'âme, son amour de Jésus et de Marie. Il se mettait très vite en colère, mais s'adoucissait tout aussi vite. Il avait un profond amour des aigles et, pendant tout un temps, vécut dans la compagnie d'un aigle qui volait attaché par un solide fil de pêche de 100 mètres de long. Il devint aussi véritablement l'ami des abeilles. Il grimpait dans les arbres. C'était un homme sérieux, mais qui savait aussi faire rire aux éclats.

Il était capable de nouer des amitiés à travers la musique et la littérature, surtout la littérature mystique. C'était un homme étrange, singulier, mais qui fut surtout un chercheur de Dieu et un homme de prière désirant vivre pauvrement comme François d'Assise.

Ce chercheur, où a-t-il trouvé Dieu ? Dans une léproserie du Zimbabwe. Dès sa première visite, il sut immédiatement que c'était là que Dieu le voulait. Il s'y installa avec ces hommes et ces femmes défigurés, mangeant avec eux, les soignant avec une délicate tendresse, leur donnant le bain et leur offrant avant tout son amitié. Ces hommes et ces femmes, « rebuts de l'humanité », rejetés de tous, le reconnurent comme un père, un frère, un ami : « *Baba* John. » En peu de temps, il transforma cette léproserie en une sorte de communauté, un lieu de sourire, d'amitié et de tendresse.

Sa vie avec ces hommes et ces femmes ne l'empêchait pas de vivre sa vie de prière. Il chantait l'office des vigiles à minuit, pendant une heure, debout à six heures du matin pour un autre office. Il refit la chapelle de la léproserie, puis, avec la permission de l'évêque, il put donner la communion aux personnes qui le désiraient. Il les consolait, les accompagnait dans leur chemin de souffrance vers la mort. Il fit venir des médecins pour les soigner. Il a également pu inviter d'autres personnes dans ce lieudit « infâme ». Elles apportaient des cadeaux de toutes sortes, mais elles venaient surtout pour devenir les amis des personnes atteintes de la lèpre.

Un homme comme lui, avec son caractère absolu, se fit aussi des ennemis, principalement auprès des professionnels de la santé qui n'aimaient pas l'esprit chrétien et qui voulaient ramener les résidents dans des institutions inadaptées à leurs besoins profonds. John, qui trouva Dieu parmi les exclus, devint lui-même exclu de ce lieu de paix. Il campa alors seul sous une tente, tout près de la léproserie, et rendait visite à ses amis. Il continuait à les consoler, à les encourager et à les soutenir comme il le pouvait.

Il faudrait lire les vers qu'il a écrit sur ces personnes :

> Lépreux – ils constituent un puissant mystère,
> Crucifiant d'abord pour eux-mêmes…
>
> Étrange Peter lépreux,
> Tu es bien sûr un saint,
> À moins qu'il n'y ait aucun saint pour honorer notre temps !
> Tu n'es pas tombé de tout ton long
> Dans l'abîme mort de l'enfer,
> De n'avoir plus vu de sublimes vues terrestres.
> Avec ton bâton d'aveugle
> Et ta foi pleinement catholique
> Tu t'es élevé lentement, jusqu'à la contrée céleste.

John ne fut pas seulement exclu de la léproserie comme homme blanc dans un pays déchiré par une guerre raciale. Il gênait. Dans la Rhodésie du Sud, à cette époque, les Blancs représentaient 4 % de la population, possédant tout le pouvoir et toutes les richesses. John fut arrêté, puis tué par des miliciens. Il trouva Jésus parmi les pauvres. Il est mort seul. Il fut assassiné, loin de ses frères et sœurs de la léproserie, seul comme Jésus.

Didier Rance, auteur de ce livre, est un historien compétent et précis qui a accompli de longues recherches pour rendre ce récit vivant et vrai. Il raconte aussi la vie religieuse en Angleterre, la guerre en Rhodésie du Sud et en Asie. Cet historien est un passionné de vérité, il a une compréhension rigoureuse de la réalité.

Mais cet ouvrage est surtout un livre spirituel. La vie de John a touché mon cœur et mon esprit, et m'a rapproché de Dieu. Il m'a révélé un Dieu étonnamment merveilleux, plus bon, plus intelligent, plus créatif qu'on ne peut l'imaginer. Un Dieu extraordinaire qui ne peut être enfermé dans des concepts rationnels ou dans une vie religieuse « normale ».

John, le fou de Dieu, m'a confirmé aussi dans ma vie à l'Arche, avec des hommes et des femmes qui ont été écartés par la société à cause de leur handicap.

Jean Vanier

Sigles utilisés

AFMM : Association féminine médicale missionnaire.

ANC : African National Council (regroupement des partis africains de Rhodésie, de 1971 à 1972).

ARU : Administration Reinforcement Units (troupes auxilaires africains avec des tâches administratives).

JBMS : John Bradburne Memorial Society.

JOC : Joint Operations Command (quartier général interarmes).

OFS : Ordre franciscain séculier (ancien tiers ordre franciscain).

UANC : United African National Party (parti de l'évêque Muzorewa).

UDI : Unilateral Declaration of Independance (régime et gouvernement de Ian Smith).

ZANLA : Zimbabwe African National Liberation Army (branche militaire de la ZANU).

ZANU : Zimbabwe African National Union (parti nationaliste de Robert Mugabe).

ZAPU : Zimbabwe African People's Union (parti nationaliste de Joshua Nkomo).

ZIPRA : Zimbabwe People's Revolutionary Army (branche militaire de la ZAPU).

Avant-propos

« Vous qui avez travaillé en Afrique, pouvez-vous trouver des dons pour ce projet ? »

C'est ainsi qu'en 1983, John Bradburne entre dans ma vie. Le projet en question, que me propose de faire soutenir le secrétariat international de l'Aide à l'Église en détresse (AED), ne parle pourtant pas de lui : il s'agit de la réhabilitation d'un centre de lépreux à Mutemwa au Zimbabwe. Je l'accepte d'autant plus volontiers que j'ai monté quelques années plus tôt dans la Zambie voisine un programme de développement incluant un centre de lépreux et que ceux-ci m'ont impressionné par leur courage. Avec une paroisse de Strasbourg et le groupe de jeunes de Forbach du P. Krauzewicz, nous réalisons plusieurs actions qui permettent de recueillir près de 200 000 francs, une belle somme pour l'époque, et de financer ainsi la construction de plusieurs maisons pour des lépreux et leurs familles à Mutemwa.

La lettre de remerciement que je reçois ensuite du Zimbabwe est accompagnée d'une brochure, *John R. Bradburne de Mutemwa, 1921-1979*, écrite par le P. John Dove et présentant brièvement la vie et la mort de ce laïc tertiaire franciscain anglais, enlevé puis assassiné alors qu'il servait depuis dix ans les lépreux de Mutemwa. Sa lecture m'enthousiasme, comme un aérolithe de la *Légende dorée* tombé au cœur du XXe siècle. À toutes les raisons d'aimer John Bradburne que ce livre fera, je l'espère, partager à son lecteur s'ajoutent d'ailleurs quelques convergences personnelles : les lépreux, l'Afrique où je viens de passer une dizaine d'années en tant que volontaire au service des plus pauvres, la guerre de Rhodésie-Zimbabwe, suivie de l'autre côté de la frontière, les vagabondages sur les routes d'Europe et d'ailleurs (qui se feront plus tard pèlerinages), la flûte, la poésie, le tiers ordre franciscain, (rebaptisé depuis 1978 ordre franciscain séculier) que je m'apprête à rejoindre avec mon épouse Catherine. Mais je mesure bien toute la distance entre cette vie donnée à Dieu et la mienne.

J'ai déjà relu bien des fois les 24 pages de cette brochure lorsque, au début des années 1990, je me retrouve assis le temps d'un repas à côté d'un missionnaire travaillant au Zimbabwe. Je lui demande aussitôt s'il a entendu parler d'un certain John Bradburne. En guise de réponse, le P. Tim Peacock me dit qu'il organise tous les ans des pèlerinages à Mutemwa ! La conversation sur John durera tout le repas, et il m'apprend que le P. Dove, son meilleur ami, a aussi publié en Irlande un livre de souvenirs sur lui. Quelques semaines plus tard, je reçois *Strange Vagabond of God* (*Étrange Vagabond de Dieu*), que je lis avec ferveur, et je me promets de le traduire un jour pour faire connaître John en France. En attendant, je glane ce que je peux à son sujet, je donne quelques conférences à un public franciscain et je parle de lui à la Commission pontificale des nouveaux martyrs à laquelle je suis invité à participer à Rome. Lorsque je publie en 2000 *Un siècle de témoins* (Fayard), synthèse de recherches et de publications sur les martyrs de notre temps, John et son amie le Dr Luisa Guidotti figurent parmi les noms du martyrologe de la couverture, et j'évoque leur témoignage dans l'ouvrage ; en 2004, je consacre un chapitre à John dans *Prier 15 jours avec les martyrs du XX*e *siècle*.

Enfin, en 2008, je me prépare à honorer ma promesse envers John et à traduire les souvenirs du P. Dove. Je pars alors en Angleterre rencontrer dans ce but les responsables de la John Bradburne Memorial Society. Ils me reçoivent très cordialement mais m'expliquent que depuis le livre du P. Dove, publié en 1983, de nombreux autres témoignages et documents sur John sont apparus et, surtout, que la quasi-totalité de ses poèmes – des milliers de pages – et de ses nombreuses lettres ont été recueillis. En conséquence, le besoin qui se fait sentir est plutôt désormais celui d'un véritable travail biographique, à écrire à partir de ces documents et regards croisés, complétant et débordant en tous sens les pages écrites par le P. Dove. Avec une formation d'historien, une quinzaine d'ouvrages publiés sur les martyrs et témoins de la foi de notre temps et surtout ce désir de faire connaître John, je relève le défi, avec pour seule exigence que je n'écrirai pas une hagiographie mais bien une biographie (les deux genres littéraires ont chacun leur légitimité, mais pas les mêmes techniques).

Soutenu par la John Bradburne Memorial Society et par Christophe Rémond, je pars alors sur les traces de John en Angleterre, Italie, Belgique et Afrique, pour visiter les lieux où il a vécu, rencontrer ceux qui l'ont connu, recueillir leurs témoignages ou compléter ceux qu'ils ont déjà donné. J'entre aussi en contact avec d'autres témoins, j'étudie les écrits de ses proches et de ceux qui se sont intéressés à lui aujourd'hui décédés, en particulier les recherches de Judith Listowel, les archives de la John Bradburne Memorial Society et les articles et témoignages de son *Bulletin*. Je me plonge surtout dans ses poèmes (près de 6000, allant de quelques vers à plusieurs centaines de pages ; ils donnent de précieuses indications biographiques, même si leur utilisation est délicate car sa mémoire en général étonnamment fidèle est parfois prise en défaut), et dans ses lettres. Enfin, afin de le rendre aux temps et lieux qui furent les siens, j'étudie ouvrages et articles et consulte des spécialistes, que ce soit sur le clergé anglican des années 1920, les *public schools* des années 1930, la guerre en Malaisie et l'épopée des chindits en Birmanie, les convertis et les monastères dans l'Église catholique anglaise de 1945 à 1962, la vie dans la Rhodésie coloniale et la guerre d'indépendance, la lèpre en Afrique, etc.

Ce livre est issu de ce vaste corpus (plusieurs dizaines de milliers de pages) qui permet de suivre avec une bonne précision, parfois même au jour le jour, la vie de John Bradburne, même si des divergences sur les dates précises ou sur les détails existent parfois entre témoins voire dans ses propres écrits (les plus importantes sont signalées). Arrivé au terme de cette étape d'une aventure commencée il y a près de 30 ans et qui sans doute se poursuivra, je reviens à mon enthousiasme initial. Où en est-il aujourd'hui ? L'aérolithe de la *Légende dorée* est devenu plus complexe, parfois plus opaque. La pâte humaine, avec ses faiblesses et ses limites, et non moins ses grandeurs, a remplacé l'image d'Épinal. Mais je ne le regrette pas, au contraire : la lumière qui passe à travers l'épaisseur des vies humaines dans leur concret est plus forte que celle qui passe à travers le plus beau des vitraux, fût-il celui de Chartres ou de la Sainte-Chapelle. Mon enthousiasme pour ce que John peut nous apporter n'est plus le même – il est plus grand encore.

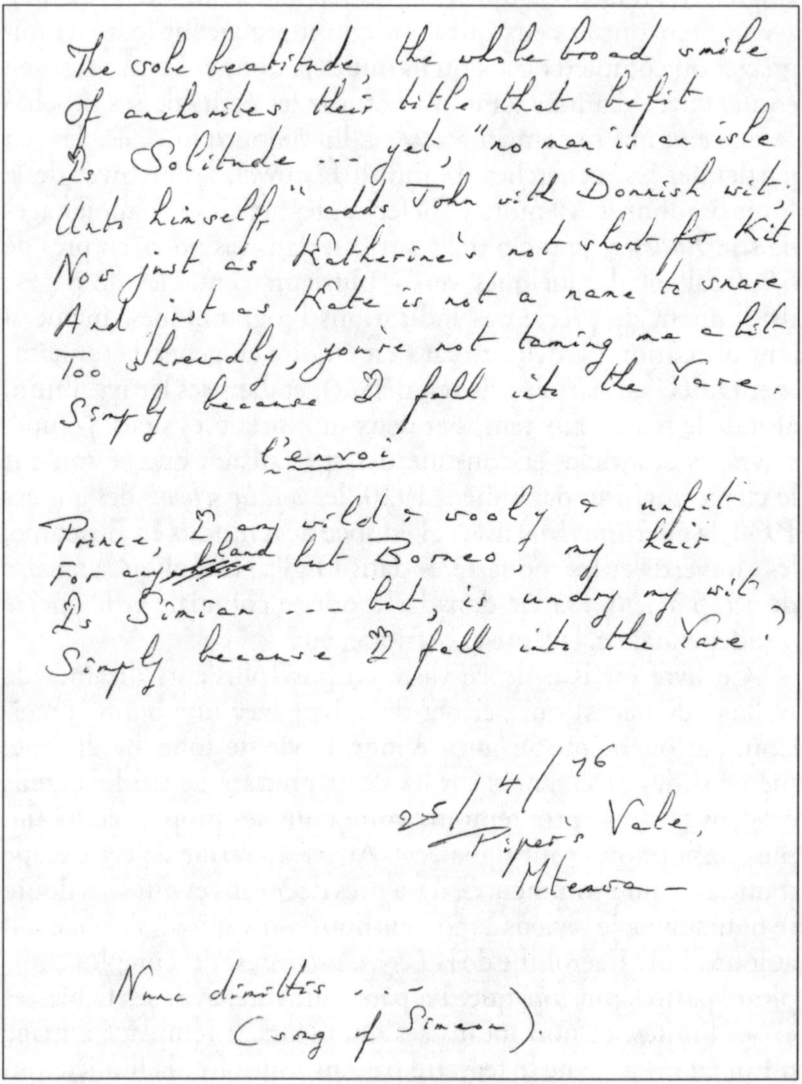

The sole beatitude, the whole broad smile
Of anchorites their title that befit
Is Solitude --- yet, "no man is an isle
Unto himself," adds John with Donnish wit;
Now just as Katherine's not short for Kit
And just as Kate is not a name to snare
Too shrewdly, you're not taming me a bit
Simply because I fell into the Vare.

l'envoi

Prince, I am wild & wooly & unfit
For any ~~[illegible]~~ land but Borneo, my hair
Is Simian --- but, is undry my wit
Simply because I fell into the Vare?

25/4/76
Piper's Vale,
Mteawa —

Nunc dimittis -i-
(song of Simeon).

Page manuscrite de John extraite du poème
A Ballade of a Fool's Prerogative (1976).

1

Entre l'Éden et la Croix

1921-1928

Nombreux sont ceux qui semblent être chanceux
Quant aux lieux où ils sont venus au monde,
Mais nous sommes nés tout près de l'Éden,
Nul ruisseau plus beau ne coule sur terre.

Jack-o'-lantern, 1969.

John Bradburne est né le 14 juin 1921, entre l'Éden et la Croix, plus précisément à l'est de l'Éden et au pied de la Croix. L'Éden est le nom du petit fleuve côtier qui borde son village natal, Skirwith, et la Croix celui du Cross Fell, la montagne au pied de laquelle celui-ci se trouve[1]. Du Paradis au Golgotha, la métaphore géographique semble annoncer un destin, même si bien d'autres enfants sont nés à Skirwith.

Ce 14 juin 1921, dans ce coin perdu du Cumberland, au nord-ouest de l'Angleterre et non loin de l'Écosse, alors que le pays connaît depuis trois mois une sécheresse qui se révélera avoir été la plus sévère du siècle, le révérend Thomas William Bradburne et sa jeune épouse se réjouissent de la naissance de leur troisième enfant, dix jours avant la fête du saint dont il portera le nom, par ailleurs patron de l'église dont son père est le *vicar* (curé anglican). L'accouchement a eu lieu au presbytère, comme pour les deux premiers enfants du couple, avec l'aide d'une jeune femme envoyée par Edward Parker, le châtelain du village. Six semaines plus tard, le 31 juillet, le petit John Randal est baptisé par son père, en même temps que Richard Lightfast, fils d'un journalier.

---

1. *Cross Fell* signifie Montagne de la Croix en vieil anglais nordique.

Thomas Bradburne est depuis septembre 1913 le *vicar* de Skirwith. Il a été présenté et accepté par les Parker, qui possèdent à perpétuité le droit de nomination du desservant de l'église du village, construite un demi-siècle plus tôt par leur famille. Pour Thomas, de tendance Haute Église anglicane et ritualiste comme eux, la taille respectable du jardin du presbytère a été un élément déterminant de son choix. Né en 1875 dans le centre de l'Angleterre, ce fils d'ecclésiastique fuit comme son père les responsabilités et se satisfait de la vie tranquille de la campagne. Après des études au collège Pembroke de Cambridge puis au collège théologique de Wells et un stage dans une paroisse ouvrière d'Oldham dans le Lancashire, durant lequel il a contracté la tuberculose en visitant les logements insalubres de ses paroissiens, il s'est refait une santé trois ans en Australie, puis a été vicaire dans la paroisse londonienne de Notting Hill. Il est dans la fratrie Bradburne celui qui n'a pas réussi : Charles, l'aîné, vient d'être nommé avocat en chef à la cour suprême du Royaume, et le second, Humphrey, s'est illustré dans la guerre des Boers. Thomas a d'ailleurs laissé passer sa chance en refusant le poste de chapelain de Lord Halifax, un pionnier de l'œcuménisme.

En 1907, le voici vicaire de la paroisse du Saint-Sauveur à Ealing, paisible banlieue de l'Ouest londonien, lorsqu'une de ses paroissiennes, une veuve, tombe amoureuse de lui. Née en Inde, Mabel Higgins y avait épousé en 1890 Arthur Hill, venu de Londres chercher fortune. Arrivée en Angleterre en 1900, veuve depuis 1905, Mabel vit avec sa fille Erica, née en 1894 à Lucknow. Elle est aidée par sa famille, surtout par sa cousine Evelyn, qui a épousé William Rattigan, fils d'un aventurier irlandais, devenu Juge suprême du Punjab et anobli par la reine Victoria (on dit dans la famille qu'il aurait inspiré à Kipling le héros de *Kim*). Mabel n'entend pas déchoir de son train de vie malgré son manque de moyens financiers, elle acquiert des chiens samoyèdes mis à la mode par le Prince de Galles, inscrit Erica à Winton, une école de bonnes manières, lui fait donner des leçons de piano, et l'emmène au théâtre ou aux Ballets russes de Diaghilev. Les créanciers viennent souvent sonner à la porte de l'élégante veuve, qui doit déployer tout son charme pour les éconduire.

Elle invite souvent le vicaire, et celui-ci promène la petite Erica sur son vélo, mais rien ne se passe entre Mabel et lui, sauf les années. La passion fait tourner Mabel à la bigoterie et à l'alcoolisme, tandis que sa fille grandit. Enfin, le révérend Bradburne tombe amoureux à son tour, mais d'Erica ! L'adolescente répond à son amour, mais ils n'osent en parler à Mabel, qui croit que les visites plus fréquentes du vicaire sont pour elle. Quand elle découvre enfin la vérité, elle enferme sa fille. Les deux amoureux doivent se donner rendez-vous au loin, dans les parcs de Bushey ou de Richmond. En 1913, Erica est enfin en âge de se marier, mais Mabel refuse de donner son assentiment. Thomas part alors au loin, à Skirwith. Mais il n'oublie pas Erica, et comme rien n'avance du côté de Mabel, ils finissent par se marier secrètement à Londres en 1916, avant de tout lui dire. Surprise : celle-ci les congratule ! Thomas échappe ensuite, à un mois près, à la conscription et aux tranchées de la Première Guerre mondiale, et le jeune couple s'installe à Skirwith. En 1917, c'est la naissance de Philip, en 1919 celle de Mary, en 1921 celle de John, suivi en 1923 par Audrey. Mabel envoie chaque fois des cadeaux, et meurt en 1924.

Une famille anglaise

Quand John naît, la Grande-Bretagne a commencé son déclin mais ne le sait pas encore. George V règne depuis 1910 et Lloyd George dirige un cabinet d'union nationale depuis 1916. Il sera remplacé en 1922 par les conservateurs Law puis Baldwin, qui domine la vie politique jusqu'en 1937. En 1921, le nombre de chômeurs dépasse les deux millions et les inégalités sociales sont criantes : 1, 5 % de la population possède le quart de la richesse, tandis que l'exode rural se poursuit, à Skirwith comme ailleurs. Avec leurs 250 £ de revenu annuel, les Bradburne se situent dans le bas de la petite bourgeoisie, à la limite des ouvriers spécialisés, mais le logement est offert.

Malgré sa carrure athlétique, Thomas Bradburne n'est pas en bonne santé et souffre d'asthme, séquelle de sa tuberculose aggravée par le tabagisme. Anxieux chronique, il a des accès de « mélancolie » au début desquels il crie en guise d'avertissement : « Mer profonde, mer profonde » comme dans l'*Anatomie de la Mélancolie* de Robert Burton. Les enfants sont effrayés, mais Erica sait lui donner la cigarette qui le calmera. Il connaît aussi de longues phases de tranquillité, quand tout est « simplement bon ». Dans la galerie de portraits des *clergymen* anglicans, cliché de la littérature anglaise, Thomas appartient à la catégorie, alors fort répandue, des jardiniers. Il fournit la famille en légumes, élève des poules et le cochon Dinah, qui course les enfants (une partie de leur scolarité sera d'ailleurs payée par la vente de la volaille) :

> Le jardin était son heureux domaine
> Si la paroisse n'était pas sa danse.
> Il s'épanouissait, entouré
> De ses poulets et de ses cages[1].

Les enfants adorent nourrir les poules, se servant parfois au passage. Quand des visiteurs les ennuient, ils disent qu'ils vont leur donner à manger et on les laisse sortir – c'est devenu leur mot de passe. Le potager de Thomas Bradburne est entouré d'arbres dont un grand saule, de baies de groseilliers, de massifs de jonquilles et de fleurs variées. Une vaste pelouse débouche sur la prairie qui conduit à l'église et longe le Beck (*ruisseau*, en vieil anglais) – un vert paradis pour les enfants.

Le petit John admire son père, qu'il a surnommé Fist (diminutif de *father*, père, et mot signifiant *poing*), et qui est pour lui la voix de l'autorité et de la sagesse : « Mon père était un honnête homme, qui haïssait toute fausseté. » Mais il se sent fort différent de lui :

> Je dis à mon père lorsque j'avais cinq ans
> « Père, est-ce qu'un homme pourrait
> Sauter du toit de la maison sans se tuer ? »
> Il me répondit : « Un fou, mon fils. »
> À partir de cet instant une profonde estime
> Pour les fous grandit en même temps que moi[2].

Il reconnaît toutefois lui devoir sa capacité d'attention :

> Alors Père disait :
> « Regarde les nuages sombres,
> Étonnantes formes que les leurs ;

1. *Prologue to the next possible exit*, 1979. Poème de John Bradburne, comme tous ceux qui sont cités dans cette biographie. Il est le plus prolixe des poètes anglais du XXe siècle, voire de tous. On peut trouver le texte complet de ses poèmes (en anglais) sur le site www.johnbradburnepoems.com.
2. *Ibid.*

Vois comme ils viennent
L'un après l'autre
Ainsi que des chameaux et des dragons et des ours[1] ».

Erica, par opposition à la capricieuse Mabel, se révèle une mère d'humeur égale, attentive et ordonnée. Ses enfants ne la voient que rarement en colère, même quand ils la provoquent. Elle n'aime ni les bouderies ni les chicanes et s'efforce de trouver des voies de conciliation. À la fois timide, innocente et perspicace, elle est « formidable à la maison, peu à l'aise en public ». Généreuse à l'excès, elle accueille souvent les Bradburne, jusqu'à quatorze à table, alors que Thomas n'augmente pas son budget ; elle épargne sur tout et vendra même des bijoux. Quoique souvent fatiguée, elle ne se repose jamais et son seul péché mignon est un verre de Dubonnet à six heures le soir. Celle que John surnomme vite *Mist* (diminutif de *mother*, *mère*, signifiant *brume*) est une femme cultivée qui connaît bien les romanciers victoriens, peint et fait de la poterie. Elle n'oublie pas son enfance indienne et quand elle baigne ses enfants, elle leur chante des mélodies en hindi – développant leur facilité pour les langues et leur mémoire. Ils se sentent plus proches de cette jeune mère que de leur père vieillissant.

Madame Groves, surnommée *Ninnie*, la gouvernante, fait la loi car Erica pourrait être sa fille. Loin de s'en offusquer, la femme du *vicar* apprécie la façon dont sont dirigées la troupe enfantine et la maison ; mais quand Ninnie part à la retraite c'est une libération pour elle, qui se révèle bonne maîtresse de maison.

Philip, *Broide* pour John (peut-être par dérivation de *broad*, « fort »), est l'aîné des enfants et il en connaît les avantages. Il aura rapidement sa chambre et sera le premier à quitter la maison pour l'école de Seascale en 1925. Son pouvoir sur ses cadets ne sera désormais plus absolu. Mary, *Mare*, partage jusqu'à son départ en 1927 pour Calder sa chambre avec son frère cadet. Les deux enfants sont très liés, pour se défendre de l'aîné. Mary, généreuse et fine, comprend que John est « particulier », et développe envers lui un sentiment protecteur. Audrey, *Audre*, se mêle assez peu aux jeux de ses aînés. Elle souffre d'une légère infirmité à un pied et ne peut les suivre partout. Son caractère s'en ressent, effacé et introverti.

1. *Skirwith*, 1949.

John enfant découvre que des deux côtés sa famille est fière d'ancêtres qui le relient à près de mille ans d'Histoire de son pays – il doit ses deux prénoms à ces aïeux. On y trouve des descendants de Guillaume le Conquérant, des serviteurs de la Couronne ou de l'Église, un archevêque, mais aussi un brasseur d'affaires, un marchand de clous, un aventurier, des ecclésiastiques jardiniers, une crypto-catholique, des ratés, et même une jeune Juive de Venise[1]. Toute une pâte d'humanité que John découvre peu à peu et qu'il évoquera dans plus d'un poème.

Les Bradburne ont le sens de la famille et l'hospitalité facile. Charles vient à Skirwith se reposer de la vie londonienne. Plus de trente ans plus tard John, passant le pont sur l'Éden en y revenant à son tour se souviendra de l'avocat en chef du Royaume tombant dans la rivière en essayant d'attraper un poisson avec sa canne à pêche. Henrietta, une sœur de Thomas, vient souvent, avec son mari Peter Comber et leurs quatre enfants, plus âgés que leurs cousins mais initiateurs de jeux. Du côté d'Erica, le presbytère voit débarquer son cousin Peter Murray Hill, qui épousera l'actrice Phyllis Calvert, et sa tante Lucy « Mabel », mariée au richissime Joseph Townsend. La sœur de celle-ci, Catherine, a épousé Harold Soames, un aristocrate devenu un des premiers brasseurs de bière du pays. Elle garde ses distances mais sa fille Olave est très liée à sa cousine Erica, même si ses occupations ne lui laissent guère de temps : mariée à Baden-Powell, son aîné de 32 ans, elle accompagne celui-ci dans la fondation du scoutisme mondial. Son frère Arthur est le père de Christopher Soames, né un an avant John et qui fera une importante carrière politique et diplomatique ; gendre de Churchill, ambassadeur à Paris puis ministre, il sera le dernier gouverneur de la Rhodésie. Du côté de la mère d'Erica, Evelyne Rattigan, « tante Rat » pour les enfants, envoie des cadeaux mais déprime depuis que son fils Frank a été expulsé du *Foreign Office* en 1921 après que sa maîtresse, la princesse Elizabeth de Roumanie, a avorté pour pouvoir épouser le roi de Grèce (on lui prête la sinistre boutade : « Je me suis livrée à tous les vices sauf le meurtre et je ne veux pas mourir avant de l'avoir commis aussi »). John jouera avec le fils handicapé de Frank, Brian.

Les enfants Bradburne vont parfois en retour chez leurs oncles et tantes. Leur destination préférée est chez tante Mabel à

1. Voir annexe 1, p. 40-41.

Troon, en Écosse. Ses dents sont orange, ce qui les intrigue, mais elle possède une Roll-Royce avec chauffeur, et Philip épate ses cadets en jouant avec l'interphone. Ils y font des bêtises qu'un énigmatique quatrain évoque :

> Garçons capricieux, tante Mabel vous dirigeait bien,
> Et quoique ma tante anglaise ne fût pas du dernier cri
> Le méchant Caïn ne vous permet rien que l'Enfer,
> Car les choux sont tout votre pèlerinage[1] !

La vieille dame leur offre des cadeaux, dont le livre de G.E. Farrow *Le Carlin idiot de Pourquoi* aux jeux de mots absurdes, et John y découvre le style cocasse dont il sera friand. Les enfants vont aussi en vacances chez des fermiers de Smalley, près de la baie de Morecombe dans le Lake District. L'enfant est excité par tout ce qu'il voit et Mary doit le gronder car il parle tout le temps la bouche pleine. Dans leurs promenades, ils croisent souvent un vagabond qui parcourt chaque jour cinquante kilomètres à pied, qu'il pleuve ou qu'il vente et « ne parle qu'à Dieu ». Cette rencontre ouvre l'esprit de John à une « vie étrange ». Il fait aussi quelques séjours dans la famille de Ninnie au bord de la mer d'Irlande, grandes dunes, pins, vastes étendues, et stations balnéaires qu'il trouve sinistres.

Un village oublié

Skirwith[2] illustre bien, quand John y naît, la vieille Angleterre des manoirs, des ruines d'abbayes, des presbytères cossus, des chaumières aux toits moussus et des campagnes paisibles à l'écart du tohu-bohu moderne, en qui le romancier Priestley voit la quintessence de cette *Englishness* (« anglicité ») à laquelle John sera très attaché. De fait, le village paraît oublié de la modernité. Partant du bourg de Langwarthby, une petite route serpente entre bois et rideaux d'arbres puis fait place pendant deux ou trois cents mètres à une rue qui en croise une autre : c'est Skirwith, et on peut en sortir sans s'être rendu compte qu'on y était entré. Comme partout en Angleterre, une pelouse occupe le centre du village,

1. *Paradise Tossed Aside : Incipit Lamentatio*…, 1978.
2. *Cf.* annexe 2, p. 41-42.

coupé en deux par le Beck, profondément raviné, au cours vif et qui peut se gonfler sans crier gare. Le village, qui compte alors 280 habitants, ne possède que quelques dizaines de constructions en brique et une poignée en pierre, l'église, le presbytère, la chapelle méthodiste, l'*Auberge du Soleil*, dont la construction a été financée par les Parker, le Hall, ferme d'époque géorgienne et, à l'écart, l'Abbaye, le manoir des Parker. L'école est en contrebas de l'église, elle accueille soixante-dix écoliers, mais les petits Bradburne ne la fréquentent pas, et ils n'ont guère d'autres contacts avec les enfants de leur âge que ceux de l'église, des visites au presbytère ou de rencontres lors de promenades.

Le climat est rude, même si la bonne saison peut être ensoleillée. L'humidité règne et le Cross Fell possède à la fois le record des précipitations et celui du froid pour l'Angleterre. La neige y demeure parfois jusqu'à l'été. Skirwith possède aussi l'Helm (« *Casque* »), un vent violent, le seul des Îles britanniques à avoir reçu un nom propre. Un amoncellement de nuages au-dessus du Cross Fell précédé par d'autres en saucisse, la Barre, l'annonce. John enfant écoute avec un frisson d'effroi les récits sur l'Helm et il peut en voir de ses propres yeux les dégâts : le vent surgit, plonge de la montagne sur le village et mugit en tempête à des vitesses folles, plus de 160 km/h. Il détruit les récoltes, renverse et emporte les moutons, assomme les villageois par son hurlement, et pousse à la déprime son père et bien d'autres. On raconte même qu'on a vu des carrioles tournoyer dans les airs et disparaître à jamais. On ne sait jamais combien de temps la tempête durera, une nuit ou trois semaines. Il faut alors rester chez soi, comme le dit la sagesse populaire : « Quand l'Helm est bas et que les chiens aboient, fermez vos portes avant qu'il ne fasse nuit. » Dans ces années 1920, les savants n'ont toujours pas percé le mystère de ce vent unique[1] et les habitants de Skirwith continuent à lui attribuer une origine quasi surnaturelle. John

1. Le rédacteur du *Border Magazine* écrivait à propos de l'Helm en novembre 1863 : « C'est un des phénomènes les plus remarquables, sinon le plus remarquable, du Nord de l'Angleterre et, pour autant que je le sache, de toute l'Angleterre… En fait, je n'ai jamais entendu parler d'un phénomène semblable dans quelque région que ce soit du monde », et il lançait un appel pour trouver une explication scientifique du phénomène. Il faudra attendre 1937 et les travaux de Gordon Manley pour avoir la réponse, au prix de plus de cent séjours en deux ans : l'Helm ne se déclenche que si le vent de départ est au moins de force 4 et que la pluie au sommet des Fells provoque une inversion de température.

apprend ainsi que le « Fléau » est un démon suppôt de Satan que, jadis, saint Paulin était venu depuis York braver sur le Fell (qui s'appelait alors Montagne du Diable), avec une réussite mitigée.

La vie des paysans de Skirwith est difficile, les revenus incertains, et les années de grand froid, de pluies ou d'Helm prolongé les font chuter. Ils pratiquent surtout l'élevage de moutons et des cultures vivrières. Les sols légers et sableux de Skirwith n'ont pas la richesse de ceux des villages voisins de Culgaith et de Kirkland, et le vent de l'Helm y fait des ravages. De plus, au milieu de la décennie, une épidémie de fièvre aphteuse vient décimer le bétail ; il faut abattre les troupeaux et brûler les carcasses, spectacle affligeant pour un jeune enfant. Les familles paysannes vivent largement en autarcie : production alimentaire, confection des vêtements, bois de chauffage, petits objets. Chacune, y compris les Bradburne, élève un cochon, et les femmes tissent à la maison. Skirwith est toutefois relié à la région sinon au vaste monde par le journal local, *The Mid Cumberland and North Westmorland Herald.*

Le presbytère de Skirwith, construit en même temps que l'église est de type « *anglican anglican* », pour reprendre le qualificatif d'Osbert Lancaster : quintessence du pseudo-style Tudor, spécialité anglaise d'époque au même titre que le *smog* ou le cricket, il mélange privé et public avec le bureau du *vicar*, la pièce pour la chorale et les chambres des enfants. Il ressemble à ceux des romans victoriens et à ceux d'où sont sortis Swift, Wesley, Coleridge, Nelson, les sœurs Brontë, Tennyson…

La construction en grès témoigne de la rudesse du climat, toit pentu et fenêtres étroites à meneaux. Les pièces sont grandes mais humides, et les chambres sont chauffées par un poêle à huile, porté de l'une à l'autre au risque de le renverser, ce qui arrive parfois et c'est alors miracle que la demeure ne prenne pas feu ! Les soirées aux lampes à acétylène laissent de grandes zones d'ombre dans les pièces – d'ailleurs la maison possède ses fantômes qui jouent la nuit le long des paliers. Personne ne les a jamais vus, mais les enfants y croient comme aux sorcières, car les superstitions venues du passé païen sont loin d'avoir disparu à Skirwith : un corbeau qui croasse annonce la venue d'un étranger, une poussière dans la mèche d'une chandelle, une lettre en chemin, un morceau de charbon échappé de l'âtre, un cercueil prochain, et on ne déménage pas un vendredi. Pour Halloween, resté populaire jusque dans les années 1930 avant d'être réimporté des États-Unis bien plus tard, les enfants Bradburne prennent des navets du jardin et les évident pour en faire des figures grotesques avec une bougie dedans, afin de guider les esprits des défunts qui retournent dans leur maison cette nuit-là. En hiver, ils observent souvent des feux follets sur le Cross Fell : on les appelle des *Jack-o'-lantern* qui guettent leurs victimes.

Le rythme de la vie au presbytère est intangible : du mardi au vendredi, jours ordinaires ; du samedi au lundi, extraordinaires. Le samedi, le *vicar* vaque à ses devoirs et le reste de la maison à la préparation du repas dominical. Dimanche est jour de travail pour Thomas Bradburne mais aussi de repos selon la tradition encore très respectée. Le lundi est le jour de la lessive faite par madame Hardy, opération aussi rituelle aux yeux des enfants que la liturgie de la veille, avec son matériel imposant, essoreuse, baquet de bois, table pour frotter et pousseur de chariot. L'opération prend toute la journée, comme pour le pain. Le petit John découvre aussi qu'en plus des fêtes religieuses le grand nettoyage de printemps est un temps fort annuel, qui transforme leur existence presque en vie de gitans ; durant plusieurs jours tout est ouvert, balayé, battu, nettoyé. L'opération, toujours proche de Pâques, développe chez l'enfant la conscience d'un rythme cosmique de renouvellement.

Une enfance enchantée

Enfant, John est un garçonnet plutôt râblé et endurant. Il ne tient pas en place, court tout le temps et grimpe partout. Il a été surnommé par son frère et sa sœur « Poulet rouge » parce qu'il saigne toujours quelque part suite à une chute ou un choc. Il semble vraiment « doué pour se faire mal », se couper ou trébucher, et il a toujours besoin de quelqu'un près de lui pour soigner ses blessures ou ecchymoses, sa sœur Mary le plus souvent.

Au presbytère la journée commence, à la belle saison, par les agréables senteurs de lavande et de fruits qui entrent dans la chambre. John en est enivré et il a du mal à se lever, même si le soleil brille déjà à travers le rouge des rideaux. Dans le roucoulement des pigeons, l'enfant devine ou invente une prière dont il se souviendra :

Aussitôt que je m'endormais,
Je dormais jusqu'à ce que le soleil
Éveille à nouveau les pigeons bagués ;
Je les écoutais
Accueillir le jour
Roucoulant cet aimable refrain :

« Grâces Te soient rendues
À toi qui tout créa
Seigneur de la campagne et de la ferme
Nous te prions, montre-nous le grain
Tôt ce matin
Et garde-nous du danger et du mal[1] ! »

Midi et soir, les repas rassemblent la famille Bradburne. On ne mange guère comme viande que des pigeons, des lapins ou de la volaille de la basse-cour, avec les légumes du jardin ; parfois une tourte de freux, un plat écossais (Thomas est bon chasseur), ou du gibier offert par les Parker ou les paroissiens : faisans, gélinottes – on sait dans le village que le *vicar* a une grande famille à nourrir.

Quand souffle l'Helm ou que le temps est trop froid, les enfants jouent dans la *nursery*. Celle du presbytère est vaste, avec des fenêtres en oriel orientées vers les Fells. Conformément aux usages, les enfants n'y viennent qu'avec Ninnie, et les parents s'y rendent comme hors de chez eux. Le plancher est envahi par les fermes et par le train de Philip. John aime surtout jouer et se débrouille pour amasser plus de figurines de bétail que les autres. Il grignote peu à peu une bonne partie du linoléum, qu'il défend ensuite farouchement.

Le *vicar*, bon chanteur, use de son art à l'église et Erica joue quand elle le peut sur l'harmonium de la nursery… L'éducation musicale fait partie des principes pédagogiques de leur milieu social. La règle est de donner à chacun des bases, et qu'ensuite il ou elle suive ses goûts. En pratique, les Bradburne orientent les choix en fonction de ce qu'ils décèlent chez l'un ou l'autre, et des possibilités de la famille. Philip montre vite des prédispositions pour le clavier, Mary apprendra le violoncelle et en jouera toute sa vie, Audrey s'essaie au violon, et John semble avoir surtout hérité de la belle voix de son père, même s'il pianote. Il apprend

1. *Skirwith*, 1949.

vite à chanter à plusieurs voix. Il fredonne sans timidité tout ce qui lui passe par la tête en s'accompagnant sur l'harmonium. Lors d'une visite à Hutton près de Penrith chez la tante Catherine, pianiste autodidacte et versatile, son aptitude innée pour le chant est remarquée. Il développe aussi son sens musical grâce au tout récent *Aelion*, un gramophone avec une trompe énorme offert à Thomas Bradburne avec huit disques. Les enfants les passent jusqu'à ce que les aiguilles soient usées. John et Mary préfèrent les *Hébrides* de Mendelssohn et ses mélodies impressionnistes, et il y a aussi le *Songe d'une nuit d'été*, *Siegfried Idyll*, l'ouverture de *Tannhäuser* et la *Chanson du Toréador* de *Carmen*. Encore petit, John invente un jeu dont il ne se lassera pas : aux premières notes de Bizet, il file sous la table, en ressort couvert d'un tapis rouge et charge les autres. Plus tard, quand Mary apprend à déchiffrer les partitions, elle initie son cadet au *Messie* de Haendel et à d'autres œuvres du répertoire, et les deux enfants passent des heures à chanter.

La Bible est à la place d'honneur et John en sera imprégné, mais elle ne joue pas un rôle majeur dans l'apprentissage de la lecture. Le *vicar* apprend lui-même à ses enfants à lire dans *La lecture sans larmes* de Favell Mortimer, ou sinon c'est Ninnie. Ce best-seller du siècle précédent d'inspiration évangélique est, malgré son titre, rempli d'histoires terrifiantes. John se montre vite rétif à l'exercice car il n'aime pas rester assis. Il se cache et découvrira bientôt un moyen de disparaître : grimper dans les arbres. Il apprécie en revanche la lecture que leur mère fait tous les jours sur le sofa après le déjeuner : *Contes* de Grimm, Beatrix Potter et surtout Kipling, cher à Erica l'Indienne. Le Nobel de Littérature 1907 est presque de la famille car, rentré aux Indes après avoir échoué à Oxford sur le même bateau qu'une des filles Higgins, il lui a déclaré sa flamme ; mais il était alors un trop piètre parti. Quelle pitié !, juge Mary quand elle comprend ce qu'est un prix Nobel. Erica leur lit aussi Dickens et Shakespeare, toujours sur le même ton égal et d'une voix douce, même quand Nancy est battue à mort dans *Oliver Twist*. Le *Conte de deux cités* terrifie les enfants ; peu après, Mary retrouvera dans le conduit de la cheminée de sa maison de poupées des morceaux de l'une d'elles, guillotinée par Philip, peut-être avec la complicité de John. Les livres favoris de ce dernier sont *Le Livre de la jungle* et le *Boy's Own Annual* dans lequel le cousin Baden-Powell écrit souvent une rubrique prônant une vie « pure, virile et chrétienne[1] ». Par contre son futur don poétique n'a ni antécédent ni répondant familial.

Les enfants passent une bonne partie de la journée hors du presbytère. Leurs parents les mettent souvent à la porte après le petit déjeuner pour permettre à Erica de s'occuper du bébé suivant même si, en hiver, le froid est tellement intense que lorsqu'ils rentrent pour déjeuner ils ont les doigts gourds – une année, Skirwith reste ainsi plusieurs semaines isolé du reste du monde. Leur première destination est le jardin, grand espace planté de lits de fleurs et de bosquets d'arbustes pour courir ou se cacher, d'allées pour apprendre à faire du vélo et, pour John, d'arbres pour y grimper. Il l'aime à la passion et lui attribue une existence quasi personnelle.

Samedi est le jour de Pat Lowther. Ce gitan chiffonnier sédentarisé à la forte carrure vend des fripes, et des sacs de grain et de farine qu'il livre au révérend Bradburne. Toujours habillé de noir, il arrive avec sa carriole bariolée tirée par un placide cheval de trait. Pat fascine les enfants qui lui font raconter des histoires de gitans même s'il n'aime guère en parler, car il ne se considère plus comme tel, et en dit même du mal. Quand il repart, les enfants sont autorisés à l'accompagner. John et les autres sautent dans la carriole ou sur le cheval jusqu'au carrefour en patte-d'oie vers Blencarn et Culgaith, à un demi-kilomètre au sud, puis rentrent à pied. L'enfant sait que les gitans s'installent souvent dans un camp non loin du village. Parfois les caravanes passent devant le presbytère pour aller à la foire d'Appleby – elles le font depuis des générations comme l'atteste une gravure de 1849 –, ou bien c'est la roulotte de Bramwell Evens, gitan apôtre des gitans et belle figure évangélique. Le soir, lumières éteintes, John et sa sœur se racontent des histoires de vol d'enfants, qui deviennent rêves de liberté et d'aventure. Ils fabulent à voix

---

1. Édité depuis 1879 par la *Religious Tract Society* pour encourager la lecture et instiller les principes de la morale chrétienne (le second objectif est caractéristique de la dimension essentiellement morale du christianisme de l'époque). Chaque année le gros volume apporte dans les foyers des récits d'aventure, des informations pour étudier la nature, des jeux, des concours. *Boy's Own* s'adresse aux enfants des classes aisées et ses histoires se déroulent souvent dans les *Public Schools*. Parmi les contributeurs, on compte Jules Verne, Conan Doyle et Rudyard Kipling.

haute : ils pourraient être enlevés ou s'enfuir pour suivre les gitans et construire des petites caravanes en bois de toutes les couleurs pour se joindre aux grandes. Ces rêveries éveillées expriment à leur façon les préjugés de l'époque, mais elles sont admiratives comme chez Walter Scott ou Wordsworth[1]. Les gitans continueront à faire rêver John et il chantera ce qu'ils représentent pour lui sur un titre emprunté à Bach.

Quand ils sont petits, le révérend Bradburne met ses trois aînés sur son vélo pour une promenade, et ils adorent. Puis leurs parents les laissent aller où ils veulent, et ils découvrent vite tous les recoins du village, habité par des familles paysannes, à l'exception du châtelain, du *vicar,* des Slack du Hall, de l'aubergiste et de l'épicier. L'enfant aime regarder

> … les oies blanches comme la neige sous le Cross Fell
> Sur la Pelouse de Skirwith dans la Cumbrie
> Elles semblaient toujours si solennelles
> Près du pont qui enjambait le cours d'eau,
> Leur cri si fort et clair[2] !

Au-dessus du presbytère, il y a une grande ferme d'où arrive chaque jour le lait crémeux, pour le grand délice des enfants. Ils aiment s'y rendre, regardent la traite et poussent parfois jusqu'au moulin construit en 1860 sur le Beck, ou bien font des barrages sur le ruisseau et construisent des cabanes sur ses îlots, tandis que John rêve aux fleurs,

> Rares orchidées rougeoyantes, poussant, belles, dans les rêves de [juin
> Dans la chaleur du mitan de l'été, soignées comme de main d'ange
> Par la sagesse d'un Merlin, dans le sauvage Cumberland oriental
> À qui sont venus coucou, faucon, renard – sans peur, ni interdit[3].

Parfois, ils vont prendre le thé chez Willie et Annie, le frère et la belle-sœur de Ninnie. Ils s'efforcent de manger le pain beurré qui leur est offert avant de passer aux bons gâteaux que fait

---

1. Scott raconte dans *Guy Mannering* l'histoire d'un enfant volé par des gitans ; le roman se passe en partie dans le Cumberland. Wordsworth écrit en voyant passer des gitans près de Skirwith qu'ils viennent directement des premiers temps de l'humanité, et il en fait les derniers autochtones et hommes libres du pays.
2. *Ut Unum Sint* (n° 1799), 1956.
3. *Beck-Mill*, sans date.

Annie, glacés et crémeux à souhait. Une fois par mois aussi, la famille Bradburne se rend à l'Abbaye pour un thé chez les Parker. Malgré son titre évoquant une hypothétique commanderie de Templiers, ce spacieux manoir en pierre de taille date seulement du XVIIIᵉ siècle. On y accède par une longue allée d'arbres qui se divise en pelle à tarte pour offrir une pelouse sur laquelle la maison est plantée, et on accède à celle-ci par un perron à balustrade qui impressionne les enfants. Le couple Parker vit assez refermé sur lui-même depuis que leur fils Thomas est mort dans les tranchées près d'Ypres à 27 ans. Edward Parker possède deux terrains de chasse, plus une rivière poissonneuse : le gibier et les poissons atterrissent souvent sur la table des Bradburne. Madame Parker est non moins généreuse : à chaque anniversaire elle offre un cadeau à tous les enfants. Ceux-ci mettent leurs meilleurs habits et des chapeaux quand ils viennent à l'Abbaye ; John n'apprécie pas du tout car cela l'empêche de grimper aux arbres comme il aime à le faire partout. Il reste avec son frère et ses sœurs à l'entresol tandis que leurs parents montent à l'étage, et ils mangent avec les domestiques des sandwichs au concombre puis un gâteau. Le thé, toujours du Lobsang Souchong, est servi dans de la porcelaine chinoise qui impressionne Mary. À leur départ, madame Parker leur fourre du chocolat dans les poches.

Toutes les semaines, Thomas Bradburne se rend avec ses enfants à Penrith, chef-lieu de la région. Avec ses 8 200 habitants, ses ruelles étroites aux maisons de brique toutes semblables et ses commerces, la ville fait figure de métropole aux yeux des villageois de Skirwith. John y reçoit ses premières leçons concrètes d'Histoire en passant devant les ruines éventrées de l'imposant château fort du XIVᵉ siècle, agrandi par le futur Richard III. La ville entretient aussi la mémoire du poète William Wordsworth, né dans les environs et qui y fut écolier. Le *vicar* de Skirwith dépose Mary à un cours de danse et va au doyenné rencontrer des confrères. Presque toujours, John l'entraîne aussi dans une boutique où l'on vend des jouets et il y dépense son maigre argent de poche. Un jour où c'est sa mère qui l'emmène, il la fait rougir en demandant d'une voix forte : « Puis-je avoir deux étalons ? » (l'enfant ignore le sous-entendu grivois, et l'atmosphère pudibonde de l'Angleterre de cette époque explique l'embarras de sa mère).

Le révérend Bradburne conduit une Durant A22, un mastodonte qui exhibe sa mécanique rouge et noir. Son fils croit que les voitures ont une âme, « qui s'enfonce entre les champs avec une puissance merveilleuse, au plus vite à 40 km/heure ». Les fenêtres sont escamotables par beau temps et chaque sortie est une expédition car le *vicar* est médiocre conducteur et s'embourbe souvent. De plus il ne peut conduire qu'à la lumière du jour mais s'obstine à le faire « aussi longtemps que j'y vois ». Une fois, la voiture écrasera un agneau qui hantera les nuits du petit John. Les Bradburne sortent parfois pour un pique-nique à Stainmore ou dans une vallée des Fells.

Une autre attraction, ce sont les foires de la Pentecôte et de la Saint-Martin. En plus de celle d'Appleby avec ses cohortes de gitans, il y a celles de Penrith et de Brough. John, alors âgé de quatre ans, y est conduit par ses parents. Ils l'asseyent sur un muret de verger et l'enfant rayonne de bonheur.

> Car je regardais et regarde encore le spectacle qui passait
> Des bêtes conduites à Brough ou à Penrith,
> Merveilles indescriptibles à quatre pattes qui avançaient ;
> À travers tout le jour je restais assis, dans un état second.
>
> Jeunes veaux et jeunes agneaux
> Hommes braillards et béliers bêlants
> Taureaux trompetant et étalons énormes
> Pansés avec soin pour les châtelains qui jurent.
>
> Pas de freins qui crissent mais des cochons qui couinent
> Enfermés dans des carrioles et cabriolets en promotion
> De la volaille aussi dans une abondance de paniers
> Et un cocorico près de la porte du presbytère…
>
> Une voiture s'aventure avec un châtelain dedans,
> Ou un fermier bien trop gros pour avoir de l'orgueil,
> Ou peut-être un ecclésiastique en rupture de zèle
> Envers la marque du Galiléen, pour un jour[1].

Ousby et Culgaith ont aussi leur foire : un repas festif rassemble une foule de paysans à l'*Auberge du Renard* ou au *Cygne noir*, tandis que les salons de thé accueillent les dames et les tempérants. Quant aux journaliers qui n'ont pas de terre ou pas assez, ils essayent de louer leur bras durant ces foires.

---

1. Lettre à sa mère, 1969.

Avec les ans, les enfants s'enhardissent peu à peu sur la montagne. En hiver les flancs du Cross Fell sont blancs et il fait bon grimper avec une luge et se laisser redescendre dans la neige. À la belle saison, leurs parents les laissent monter sur le Cross Fell (893 mètres, second plus haut sommet d'Angleterre), pourvu qu'ils soient rentrés pour la nuit. John s'y perd plus d'une fois mais qu'importe, il est attiré par la hauteur et c'est un tel bonheur de grimper. Avec ses aînés, puis avec Mary seule quand Philip part à Seascale, il passe par les prés, puis sur les sentiers, ou escalade les flancs secs (ils auront aussi quelque temps un poney de montagne). Une petite cascade, des ruisselets, les chants de la nature, tout l'émerveille. Les teintes changent selon les saisons, du blanc de l'hiver aux tapis de fleurs de juin, mais le vert et le gris dominent. Les couleurs de la ronde des fleurs au fil de l'an se gravent dans sa mémoire : ajoncs, renoncule d'eau, saxifrage moussu, pied-de-lion, pimprenelle d'eau, herbe à coton, achillée qui fait éternuer, centaurées et « gais rhododendrons ». Les oiseaux ne sont pas moins variés : traquets, pipits, pouillots, alouettes, faucons crécerelle, éperviers planant à la recherche de proies, vanneaux huppés, courlis, pluviers dorés, bécasses, corbeaux, hirondelles et martinets. Parfois les enfants trouvent un mouton qui s'est tué sur un escarpement ou que l'Helm a emporté et le baptisent « Monsieur Tripes ». Ils contournent les *bothys* (abris de fortune) et arrivent, souvent dans les nuages, sur le plateau du sommet. De là, ils bénéficient d'une vue fabuleuse : les autres sommets de la chaîne des Pennines, la vallée d'Alston et ses mines de plomb, le *Lake District* et ses montagnes et, à leurs pieds, Skirwith et son clocher. Ils reviennent souvent avec un oiseau blessé ou trop petit pour voler, faucon, buse ou hibou, ou bien une souris, un lézard, des têtards, et ils les soignent et les gardent à la maison – John marchera ainsi un certain temps avec une souris sous sa casquette.

L'enfant aime aussi aller jusqu'à l'Éden, et il reste des heures à contempler le fil de l'eau du fleuve au nom prédestiné :

> Nombreux sont les noms des fleuves qui se jettent à la mer,
> Indus et Amazone, Tigre et Jourdain, et la Tamise,
> Gange et Yamouna, Euphrate et Tweed, mais pour moi
> Éden est le plus beau, si rare à venir du Paradis[1]…

---

1. *Edensong*, sans date.

… senteurs de rose
Et pelouses fraîchement tondues sont là, tandis que coule
Paresseusement près du mur du jardin le fleuve de la Vie
Qu'est pour moi, thème qui court tout au long de la Vie,
Le fleuve Éden, et à jamais
Je regarderai le flot qu'enfant je voyais[1].

« N'EMPÊCHEZ PAS LES PETITS ENFANTS DE VENIR À MOI »

John est né dans le foyer d'un *vicar* anglican. L'Église d'Angleterre est alors encore très liée à l'*Establishment* (le mot apparaît à cette époque). Depuis le fameux *Country Parson* de George Herbert au XVIIe siècle, le *vicar* est un personnage essentiel de la stabilité du Royaume. Sa seule obligation est de ne pas remettre en cause l'ordre établi. Avec le révérend Bradburne, le risque est mince. Le système du patronage se maintient et sera encore défendu comme le meilleur possible par l'évêque Henson dans les années 1930[2]. Il assure l'indépendance du *vicar* mais si, comme à Skirwith, le bénéfice est insuffisant, la paroisse, l'évêque et le patron peuvent laisser sa famille végéter dans la pauvreté sans problèmes de conscience.

Thomas Bradburne note dans le *Journal* de la paroisse la mort du lieutenant Thomas Parker au front, les célébrations de la paix en juillet 1919, ses polémiques avec les non-conformistes de Skirwith[3] et d'autres, ainsi ceux qui veulent brader le baptême. Le calme *vicar* possède en effet une capacité insoupçonnée de se battre pour ce qui compte à ses yeux, trait dont héritera son fils.

1. *Ut Unum Sint* (1864), 1956. L'Éden a été chanté par plus d'un poète anglais, ainsi Drayton au XVIe siècle.
2. Un patron (le châtelain local, la Couronne voire une université) présente à l'évêque et pratiquement choisit le curé de la paroisse dont il possède le patronage, avec en contrepartie le devoir de lui procurer un revenu fixe. Ce droit peut être transmis héréditairement, vendu ou hypothéqué. Tombé en désuétude, le système n'a toujours pas été formellement aboli.
3. L'Église établie n'est en effet pas la seule à Skirwith. Les catholiques ont disparu depuis des siècles mais les non-conformistes (méthodistes) sont nombreux. Ils attirent les paysans pauvres qui y gagnent une reconnaissance sociale. À partir de Penrith, les pasteurs méthodistes desservent ainsi quarante communautés de la vallée et depuis 1868 possèdent une chapelle à Skirwith. Le bâtiment, d'architecture banale se dresse en rival de l'église, de l'autre côté du Beck. John le voit du presbytère et apprend ainsi la réalité de la division des chrétiens.

Il voit d'un œil critique l'évolution de son Église où le courant moderniste l'emporte, avec ses évêques qui prônent l'eugénisme comme l'archevêque Barnes de Birmingham ou qui mènent une lutte ouverte contre la Haute Église à laquelle il appartient.

John ne frappe pas sa famille par un esprit spécialement religieux alors que la religion, qui il est vrai se confond alors largement avec une morale sociale, imprègne la vie du foyer ; il écrira même (exagérant sans doute – voir ci-dessus la prière des pigeons) :

> Le Cross Fell s'élevait derrière le lieu
> Où je naquis pour être fils du pasteur
> Hanté par la prière, là où je n'en faisais jamais[1].

L'église est son second foyer. Avec ses somptueuses pierres de Lazonby et sa flèche trapue, (« comme un défi lancé à l'Helm », écrira John), celle-ci mérite son surnom de « cathédrale des Fells ». Le soin apporté à sa construction, à sa décoration et à son ameublement illustre la boutade d'Emerson sur l'Évangile alors prêché par l'anglicanisme (« Vous serez sauvés par le bon goût »), et une atmosphère de paix saisit quand on en pousse la porte. On peut y remarquer un vitrail de saint Jean-Baptiste, le patron de John, et plusieurs de la Vierge Marie, ce qui est rare dans les églises anglicanes, dont un sous les traits d'une jeune femme qui pour l'enfant ressemble fort à Erica avec le bébé Audrey dans les bras. Mais l'attention est surtout attirée par le grand vitrail du chevet, enchâssé dans trois hautes fenêtres lobées. On y voit Jésus, debout sur une bande d'herbe, qui bénit des enfants. Il en porte un sur le bras, vêtu d'une robe dorée aux décorations cruciformes de même dessin que la frange du manteau du Christ. À ses pieds d'autres enfants, à genoux ou debout, avec leurs mères et des apôtres barbus qui les présentent. La taille de Jésus, la clarté, la netteté du dessin, la sérénité des couleurs induisent une impression de paix, même si le style est mièvre. C'est là, devant ce vitrail, que John a vraisemblablement vu l'image du Christ pour la première fois, c'est là qu'il a appris à mettre un visage sur un nom, celui d'un être visiblement bon, une espèce de Thomas Bradburne barbu qui aime les enfants.

1. *Of a district*, 1970.

Il découvre ainsi une tout autre figure du surnaturel que celle du terrible Helm, surtout quand celui-ci souffle contre l'église. Plus tard il déchiffrera les paroles inspirées de l'Évangile de saint Matthieu inscrites sur le vitrail : « Supportez les petits enfants et ne les empêchez pas de venir à moi car le Royaume de Dieu est à ceux qui leur ressemblent. » Il apprend ainsi qu'il y a un autre royaume que celui de George V, que Jésus y conduit, et que lui, un petit enfant, est privilégié pour y accéder. Mais il y a aussi dans l'église un autre Jésus, celui de la grande croix aux quadrilobes décorés qui est suspendue au centre de la nef. Il ne semble pas souffrir beaucoup, mais les plaies sont bien visibles et la position est inconfortable. John apprend ainsi que celui qui aime les enfants comme lui a souffert, et qu'il est mort sur la Croix. Le livre de Favell Mortimer dans lequel il apprend à lire précise même que c'est à cause de lui, quand il n'est pas sage.

Le dimanche, John est assis avec sa fratrie au pied de l'autel sur un coussin, dos à la pierre et suçant des bonbons à la cannelle, ou à côté de sa mère, au premier rang, ou parfois plus loin, avec Ninnie. Les Parker ont les places de choix et il sait qu'à la fin de la célébration, il recevra d'eux une barre de chocolat, toujours le même, du Suchard Velma noir. Les offices sont célébrés avec la solennité propre à la Haute Église anglicane : grégorien, ornements de couleur – Skirwith, non sans défi, est la seule paroisse de ce style dans tout le Comté[1]. Pour les paroissiens, c'est le *vicar* qui officie mais pour John, c'est son *Dad* (*Papa*) qui chante d'une belle voix ou qui dit depuis la chaire de bois sculptée des mots bien compliqués. L'enfant s'en imprègne, comme d'épisodes imprévus, ainsi le jour où son père s'interrompt au milieu d'un sermon et lance : « Est-ce que la petite fille avec un chapeau bleu pourrait être attentive ? » Le regard de l'enfant se perd aussi dans la voûte de bois en nef renversée, vers la nouvelle chapelle commémorative en cours d'aménagement ou vers la grosse bible de la paroisse au cuir rouge où sont gravés en lettres d'or le nom de l'église et la date 1859. Il s'effraie ou rit des sculptures de style médiéval qui jaillissent des murs et des chapiteaux, visages arrondis ou bouffis, bons, pensifs ou effrayants, tout un bestiaire

1. Le Parlement avait voté en 1874 l'*Acte de régulation de la louange publique* contre les ecclésiastiques anglicans ritualistes ; cinq furent alors emprisonnés. L'Acte cesse d'être appliqué peu avant l'arrivée de Thomas Bradburne à Skirwith mais ne sera aboli qu'en 1962.

dont son imagination se nourrit. Il y a aussi des anges musiciens, témoins d'un autre monde.

Après la liturgie, les enfants Bradburne aident à remettre dans les placards les vêtements liturgiques, la soutane et les objets de culte. Puis on se rhabille chaudement si c'est l'hiver, même si le presbytère n'est qu'à un jet de pierre. On traverse le petit cimetière, qui a connu rapidement un problème de place car, ainsi que l'écrit avec humour Anthony Brode, les cimetières victoriens ne sont pas grands, comme si l'époque estimait que le problème ne se poserait plus dans un avenir proche, « par la croyance en ce que "l'Âge du Progrès conduira à la découverte automatique du comment vivre éternellement", bien plus que par celle que "toutes les tombes seront rapidement vidées au son de la trompette du Jugement signalant la fin du monde" ».

À la maison, Erica lit comme tous les dimanches *Le Voyage du jeune chrétien* de J.A. Douglas, adaptation du *Voyage du pèlerin* de Bunyan publiée en 1911. Le chapitre sur la rencontre avec un lépreux, et surtout son illustration qui représente un jeune chrétien en portant un sur son dos, emplissent John et Mary de terreur, après qu'Erica leur a parlé de ceux qu'elle a pu voir en Inde dans son enfance.

Les enfants apprennent aussi l'histoire religieuse de la région : saint Paulin sur les Fells, saint Cuthbert de Lindisfarne, moine missionnaire et ermite, consacré évêque contre son gré :

> Je vois saint Cuthbert près de la mare,
> Qui chante, assis près du Jheel [...]
> Je devrais peut-être au lieu de Jheel
> Appeler ce lac un « Tarn »
> Car c'est dans le Cumberland, je le sens,
> Et pourtant c'est aussi l'Hindoustan[1].

John attend Noël et Pâques avec une intense excitation, à cause des cadeaux. Lui et Mary se promettent de ne pas s'endormir afin de surprendre le passage du Père Noël. Une année, il est si excité au réveil qu'il en tombe du lit. Il s'ouvre le front mais n'en a cure, et court ensanglanté vers la grande pièce. Les

1. *Ut Unum Sint* (n° 1788, 1792), 1956. Le Jheel est un lieu de pèlerinage hindou de l'Uttar Pradesh, près du lac Chitaura ; *Tarn* signifie « lac de montagne » en vieil anglais. Ces vers donnent un exemple de la complexité et la richesse polyphonique de cette poésie, qu'une traduction peut difficilement rendre.

cadeaux les attendent, ceux des parents qui sont modestes mais toujours surprenants, car Erica est d'une nature inventive, et ceux de « tante Rat », qui leur envoie aussi à Pâques de grands cartons pleins d'œufs en chocolat de toutes les couleurs.

Des sentiments explosifs

Si l'enfant ne laisse pas deviner ce que sera son itinéraire spirituel, il montre dès son plus jeune âge plusieurs des traits de caractère qu'il développera plus tard : sens de l'humour, gentillesse et générosité. Il a toujours « l'esprit ailleurs », selon sa sœur Mary, qui ajoute : « Le terme "esprit libre" n'a jamais été mieux approprié qu'à lui. Jamais "élémentaire" ou grossier, il se consacrait à ce qui l'intéressait : vie domestique, animaux, oiseaux, entreprises aventureuses. » Pour son frère Philip, il est, enfant, « une nature très aimante, extrêmement sensible, facilement blessée, mais avec un caractère violent ». Celui-ci note aussi chez lui une certaine vanité : « Passez la confiture au renommé et glorieux John », aime-t-il dire, peut-être pour imiter son aîné, car Philip demande à être appelé par ses cadets « Seigneur de tous ».

John manifeste aussi des sentiments « explosifs » : quand ses aînés se moquent de lui et le taquinent, il répond du tac au tac et, tout petit, n'hésite pas à attaquer Philip, de quatre ans son aîné, qui le considère alors comme « un sacré enquiquineur ». Passionné, il aime ou hait sans nuances. Quand des sentiments négatifs trop forts s'emparent de lui, il ne peut plus se contrôler, il bave, ce qui effraie ses aînés. Mary l'emmène alors faire une promenade à vélo pour le calmer. Autre indice de violence intérieure : il est incapable de garder longtemps intactes des chaussures neuves, il faut qu'il tape avec sur des pierres ou ailleurs, et les chaussures sont vite zébrées.

Un seul document autographe de ces premières années a été conservé, daté de 1928, l'année où l'enfance de John à Skirwith va s'achever, six pages d'un petit carnet assez abîmées, au décryptage difficile, mélange étonnant de précocité et d'enfantillage, sans aucune référence religieuse mais qui laisse deviner un combat moral :

> Les bons points sont bien présents dans mon caractère et je pense qu'il y en a plus que de mauvais, qui sont relativement peu nombreux. J'ai un caractère fougueux, quand il est en colère il est trop… Et quand je suis au plus haut de ma colère, personne ne veut… souvent […].
>
> Quelquefois, je peux n'avoir rien à faire, ou – dirais-je –, avoir une folle envie d'avoir l'air d'un « chef de rayon » un mot favori utilisé par ma mère ou, comme énoncé par mon indulgent parent paternel, un « entrepreneur de pompes funèbres assistant ». Ceci pour dire que j'ai « pommadé » mes cheveux avec de la répugnante huile Woolworth, et que j'ai pris grand soin de mon apparence.

À travers les arbres du jardin, les enfants voient le cimetière, et les obsèques qui s'y déroulent les habituent à la mort. John aime à se faire peur par des histoires de fantômes ou de gitans et, parfois, il a vraiment peur, du noir, de la mort. Mais sa petite enfance est surtout heureuse et contemplative. Il lui manifestera toute sa vie un profond attachement, et se convaincra qu'il était prédestiné pour naître à Skirwith, entre l'Éden et la Croix, et y passer ses premières années.

Annexe I
Les Bradburne et les Hill, un millénaire d'histoire anglaise

Les Bradburne sont originaires du village de *Bradbourne* dans le Derbyshire lié à Robin des bois (la tombe de Petit Jean est située un peu plus au nord) :

> Bradburne signifie un ruisseau qui est large,
> Il s'échappera dans les mers[1]…

Un siècle et demi après la conquête normande, un certain Godard, né en 1199, reçoit le manoir de Bradbourne des mains du seigneur Jeffery de Cauceis, comme en témoigne un manuscrit du British Museum. Son petit-fils Roger épouse, signe d'ascension sociale rapide, Philippa de Ferrers. Mais leur fils Henri participe à la révolte des barons contre Edouard II et il est exécuté à Pomfret avec Thomas de Lancastre en 1322. La « canonisation » populaire de ce dernier rejaillit sur ses compagnons, et la famille peut conserver ses biens. La fin du XVe siècle marque pour elle une nouvelle apogée : John Bradburne de Hough, gardien de forêts royales, se bat en Espagne pour la Reconquista et institue une chapellerie perpétuelle dans l'église d'Ashbourne. Au siècle suivant Humphrey est membre du Parlement, et deux fois Grand Sheriff ; sa veuve Elizabeth, restée discrètement fidèle à la foi catholique, sera enterrée de nuit.

Au XVIIe siècle, Randal, descendant d'un fils cadet d'Humphrey, s'enrichit dans le commerce des clous, achète le domaine de Pipe Hill près de Birmingham, et épouse une descendante de Guillaume le Conquérant. Leur fils John, surnommé le Marquis, part courir sa chance à Venise et enlève à la fin d'un bal une jeune juive, Maria Hamson. Un ami déguisé en prêtre catholique célèbre une parodie de mariage puis John rentre à Pipe Hill avec la jeune femme. Maria, devenue Mary, se rend compte de la mascarade et s'enfuit avec leur enfant, Samuel[2]. Ce dernier héritera quand même de ses biens puis, par son mariage, du domaine d'Edjall

1. *Sub specie aeternitatis*, 1971.
2. John racontera plusieurs fois l'histoire, et signera aussi parfois ses lettres « *John Hamson* », fier de son trente-deuxième de sang juif.

rendu célèbre par Samuel Johnson. Il est aussi casanier que son père aventurier. Un de ses fils fait banqueroute, un autre se noie avec le bateau qu'il ramène de Trafalgar et le plus jeune, Randal, épouse une descendante de Guillaume le Conquérant. Leur fils Samuel quitte l'armée à 32 ans pour devenir gentleman-farmer dans le Sussex, près des terrains où se construira bientôt la chartreuse de Parkminster ; son frère Charles, un ecclésiastique, est le grand-père paternel de John.

Du côté Hill, la lignée n'est pas moins relevée. Guillaume de la Haye, fils d'un nobliau du Cotentin se rend à la cour d'Écosse vers 1260. Il fonde le clan des Hay qui exerce encore aujourd'hui la charge de Lord Constable d'Écosse. Erica descend d'une branche cadette, les Hay de Leys. Les rois Jacques Ier et Charles Ier font de son ancêtre George leur grand chancelier pour l'Écosse, et l'agrègent aux grands de la couronne comme comte de Kinnoul. La famille donne ensuite au royaume un ambassadeur près la Sublime Porte et un archevêque d'York, Robert, par ailleurs grand aumônier de George III. Un des fils de ce dernier occupe la même charge ; il marie ses trois filles à des ecclésiastiques. Amelia, l'aînée, épouse George Wilkins, archidiacre de Nottingham et auteur d'une imposante *Histoire de la destruction de Jérusalem.* Le couple aura quinze enfants dont Georgina, mariée à George Hill, né dans une famille de négociants anglais à Saint-Petersbourg et cousin d'un archevêque de Canterbury. George et Georgina auront à leur tour douze enfants dont Arthur, le grand-père maternel de John.

Annexe 2
Skirwith et sa région

Le nom, longtemps prononcé *skerrit* et d'origine nordique (« bois du Comté » ou « plantation de panais »), remonte au XIIIe siècle mais l'implantation humaine est plurimillénaire. Les prés dégorgent parfois des silex et des chailles préhistoriques, qui finissent dans les vitrines du musée de Carlisle. Trois mille ans avant l'ère chrétienne, des hommes ont défriché la vallée et y ont édifié de longs cairns. L'alignement le plus célèbre, à quelques kilomètres du village, « la grande Margot et ses filles », offre d'imposants blocs ocre, blancs ou rouges. Puis les légions romaines passent, suivies des temps fabuleux de la geste arthurienne : dans la forêt d'Inglewood, de l'autre côté de l'Éden, se trouvent les ruines du château du père du roi Arthur, Pendragon, reconstruit plus tard par Hugues de Morville, l'un des assassins de Thomas Becket. Au VIIe siècle, c'est le tour des apôtres du Cumberland, saint Paulin et saint Cuthbert de Lindisfarne.

Trois familles de châtelains dominent ensuite Skirwith au fil des siècles, les Fleming dont une partie est restée catholique après la Réforme, les Yates puis les Parker.

Jusqu'au milieu du XIXe siècle, Skirwith n'a pas d'église propre et les villageois doivent se rendre à Kirkland, à trois kilomètres et demi. William Parker, le châtelain, fait alors construire à ses frais une église pour contrecarrer l'influence des méthodistes. En août 1859 l'église, dédiée à saint Jean-Baptiste, est consacrée et reçoit son premier desservant, Christopher Parker, cousin et héritier du châtelain mort peu auparavant. En 1866, ses enfants héritent de l'Abbaye tandis que Charles Pixell est choisi pour le remplacer, suivi d'autres *vicars* de tendance Haute Église : J. Caldow, R.E. Adderley et Ch. Wallis. Thomas Bradburne leur succède, dans une continuité théologique, ecclésiologique et liturgique bien établie.

2

Chute dans le temps
1929-1939

Après avoir apprécié les rudiments
Du tir aux merveilles
Je suis allé aux écoles, du Cumberland, du Kent
Et du Norfolk… pesamment :
Je détestais retourner à l'école
Jusqu'à mes treize ans.

A Game of Buried Names, 1978.

Dégringolade dans la Fagne

Les années 1928-1933 sont les plus obscures de la vie de John. En Angleterre, George V continue son long règne, Baldwin et Macdonald se succèdent à la tête du gouvernement, mais ce sont aussi les années de la Grande Crise : bientôt trois millions de chômeurs. André Siegfried parle dès 1931 de « fausse sécurité, proche de l'inconscience ». Et l'apostasie silencieuse se poursuit dans l'Église établie.

En 1929, John rejoint Philip et Mary à Seascale, à une centaine de kilomètres à l'ouest de Skirwith. Le chemin de fer a fait de ce vieux port une station balnéaire populaire. Le directeur de son école, Frank Burnett, sorti d'Oxford, se veut moderne et donne même des rudiments d'éducation sexuelle, mais la discipline est stricte[1]. L'écolage coûte à Thomas Bradburne près du tiers de

1. Ronald Grant, élève à cette époque, raconte qu'à la suite d'un vol Burnett fait aligner tous les élèves devant lui, puis exige que le coupable se dénonce. Le jeune Ronald, quoique innocent, est troublé à l'idée qu'un autre élève puisse le désigner et il rougit. Jugé coupable, il est battu.

son revenu. Avec une quarantaine d'autres pensionnaires, John apprend les mathématiques, l'anglais et l'histoire ; les cours de science sont inexistants. Malgré la présence de son frère, le départ pour l'école est pour cet enfant libre et sauvage une catastrophe. Les premiers jours, il reste des heures debout près de la cheminée, la tête entre les mains, et il pleure toutes les nuits jusqu'à ce qu'il s'endorme de fatigue. Skirwith lui manque trop, et il le dit ; alors moqueries et brimades s'abattent sur lui et Rachel Burnett, la fille du directeur, en fait son souffre-douleur. Pour se faire renvoyer chez lui, John « balance tous les mots vilains, certains très avancés » de son vocabulaire à son institutrice, miss Jackson, mais rien n'y fait. Seul le retour au presbytère, pour les vacances, est pour lui une libération. Il reprend ses jeux comme s'il les avait quittés la veille, le temps s'arrête de nouveau à l'heure du bonheur. Mais quand se rapproche le départ, il pique des colères, et Philip dira n'avoir jamais entendu quelqu'un pleurer de façon aussi forte et poignante que son frère repartant à Seascale.

À l'automne 1929, Thomas Bradburne obtient une cure patronnée par son ancien collège de Cambridge, à Tilney All Saints dans le Norfolk, avec un revenu annuel de 350 £ y compris cinq acres de terres. Son dernier enfant, Michael, surnommé par son frère *Lamppost* (Réverbère) y naît en 1931. John découvre une région désespérément plate où dominent les grandes propriétés céréalières et betteravières. Le bourg se trouve au cœur de fagnes limoneuses et fertiles gagnées sur la mer au fil des siècles. Tilney, à sept kilomètres de King's Lynn, compte alors 600 habitants et huit grands propriétaires, dont les Hickman sur le domaine d'Islington et Sr Richard Bagge, héros de la guerre des Boers. Il y manque tout ce que John aime, sauf quand l'été anime la plaine, que les moissons la couvrent d'or et que les charrettes rapportent les fenaisons. Tilney est célèbre pour sa tombe du géant saxon Thomas Hyckathrift qui aurait défait un ogre local et accompagné Richard Cœur de Lion à la croisade. L'église remonte pour ses parties les plus anciennes au XIe siècle, et peut accueillir 300 paroissiens – le révérend Bradburne est loin du compte –, mais ses vitraux ne représentent plus Jésus et des enfants, mais les morts de la Guerre ! Le vaste presbytère a connu le meurtre récent d'une jeune fille et une pendaison au plafond de la cuisine, et comme la presse ne parle alors que de presbytères hantés[1], les enfants, terrifiés, se persuadent que celui de Tilney l'est aussi. Toutes ces raisons et son maintien à Seascale si loin des siens font que John déprime dans son école :

> Lyrique automne sous les Fells ! Puis dégringolade
> Soudaine de tout cet arrière-plan dans la Fagne[2]…
>
> Nul n'eut plus de haine envers la mer,
> Quand bien même elle pouvait se trémousser pour séduire,
> Que moi, exilé à un demi-millier de kilomètres,
> Moi, du genre huit ans, pas encore démoulé,
> Je voulais alors fuir la mer et j'esquivais son bord
> Me trouvant à Seascale à l'ouest du Cumberland
> Si loin des vacances et des jeux[3].

Passionné et difficile, il éclate souvent en terribles colères. Mais il commence par ailleurs à développer un talent d'imitateur, hérité de sa mère, qui amuse toute la famille, et les séances de musique demeurent pour lui des moments de plaisir. Et, surtout, il trouve non loin de Tilney comme un fragment de son paradis perdu : Islington. Une colonie de hérons gris y vit dans un hectare de chênes, et John passe ses journées de vacances à contempler les oiseaux. Il sort une fois de son silence pour dire à son frère qui l'accompagne : « Cela ne te remplit pas d'une espèce de nostalgie ? » Il regrettera Islington :

> Ailleurs c'est avarice pour l'argent et la terre,
> Qui fait un désert du vaste Éden sauvage de Dieu.
> Quand j'étais jeune il y avait une héronnière
> Avec trois vingtaines et dix nids, entre terre et ciel
> C'était dans le Norfolk près de King's Lynn jusqu'à ce qu'on la
> [détruise
> Pour faire pousser des pommes de terre. Elles poussent toujours[4] ?

John a neuf ans quand son père rapatrie ses garçons à la King's School d'Ely, à une quarantaine de kilomètres au sud de Tilney. Fondée en 970, installée dans des bâtiments médiévaux à l'ombre

1. Affaires dans les comtés voisins des presbytères de Borley, « maison la plus hantée d'Angleterre » et de Stowmarket. Agatha Christie publie *Murder at the Vicarage* en 1930 et Dorothy Sayers *Nine Tailors* en 1934.
2. *The Pen of Peter Pan*, 1974.
3. *Zebulon's Pendulum*, 1971.
4. *Paradise Tossed Aside : « Incipit Lamentatio… »*, 1978.

de la cathédrale, l'école s'enorgueillit d'être une des plus vieilles du monde et son chœur est célèbre. John parfait son chant mais s'y plaît encore moins qu'à Seascale. Il en perd l'appétit et ne rêve que d'évasion. Les bulletins de notes que T. J. Kirkland, le directeur, envoie aux Bradburne de septembre 1930 à avril 1933 montrent pourtant des résultats corrects et une bonne intégration[1]. Soudain, au printemps 1933, John s'enfuit de l'école pour rentrer chez lui, à pieds ! Il ne retournera pas à Ely.

Kent et Norfolk

Que faire de ce sauvageon de douze ans ? Le révérend Bradburne décide de l'envoyer dans un cours de rattrapage pour y préparer une *public school.* Laurence Sargent, une connaissance de la famille, accepte de l'accueillir à *Up Pantiles* (nom des tuiles du Kent), l'école qu'il dirige à Thanet, un quartier de Westgate-on-Sea, station balnéaire victorienne du Kent. Ce major à la retraite est membre de la Société pour la promotion des études romaines ; c'est sa passion, et l'école son gagne-pain. Cela se passe un peu mieux pour John, et Sargent laisse miroiter au père un espoir de bourse quoique l'enfant parte d'un niveau très en dessous de ce qu'on est en droit d'attendre à son âge. Il n'en sera rien, et il ne brillera que par sa médiocrité : « À Thanet je ne rendis aucun répétiteur heureux. » Mais il se fait quelques amis, dont Robin Oates de la famille de l'explorateur du Zambèze qui lui parle de ces lointaines régions de l'Afrique australe. S'il suit des cours de religion, ces années ne seront pour lui associées à aucune référence religieuse.

Maison hantée ou paysans parvenus, aucun Bradburne ne se plaît à Tilney, et Thomas obtient en 1933 la cure de Cawston, toujours dans le Norfolk, soixante kilomètres plus à l'est. John y retrouve un peu plus la nature qu'il aime car si la région est plate – les flèches des clochers sont ses seuls reliefs –, le bocage domine et il y a partout des bois. Cawston compte

1. « Montre des progrès dans tout son travail… Toujours bon en cours de religion. Travaille régulièrement et consciencieusement… Garçon bien éduqué, attentif, toujours propre sur soi, et très désireux de plaire. Il montre des promesses de bon travail pour le futur. » (Carême 1933.)

alors un millier d'habitants. Un manoir royal y existait déjà à l'époque de la conquête normande et le village a connu deux fois la notoriété, d'abord avec Richard Pole, chancelier de Richard II qui a fait construire l'église St Agnes, puis au XVIIIe siècle grâce à la laine de ses moutons noirs et sa foire annuelle. Mais, depuis, le bourg s'est assoupi, à l'image d'un pays où malgré la montée des périls, l'immobilisme et le pacifisme dominent : en 1938, les accords de Munich sont acclamés et Chamberlain parle de « paix pour notre temps ».

L'église St Agnes est un vaste édifice dont la tour de près de quarante mètres domine toute la région. De style gothique, elle attire les amoureux de la beauté par sa voûte en bois, sa luminosité, ses sculptures, ses inscriptions de sagesse populaire séculaires qui décorent les murs, et son haut chancel adorné du XVe siècle. Le presbytère n'est pas loin de l'église. La vieille maison à étage est couverte de verdure, son jardin offre des bosquets et John en tombe amoureux. Thomas Bradburne embellit parterres et massifs et construit un bassin, et il s'étonne de voir son fils passer jusqu'à trois heures d'affilée abîmé dans la simple contemplation de l'eau et de la calme danse du poisson qui s'y ébat. Même s'il demeure inconsolable de Skirwith et semble ne pas vouloir grandir, John aime Cawston et y retrouve le goût des jeux. Il écrira à sa sœur Mary :

> Tu avais une maison de poupée, moi une Arche de Noé
> Et nous jouions aux fantômes dans le noir[1].

Madame Bradburne est aidée par Edith, la cuisinière, et par madame Burke et sa fille Gladys. Les quatre femmes ne sont pas de trop car le presbytère est grand et, proche de Londres, voit souvent arriver oncles, tantes et cousins. Si le *vicar* est surtout au jardin, Erica reçoit et rend des invitations au châtelain, Herbert McDougall, et à d'autres. Thomas Bradburne accomplit avec ponctualité les devoirs de sa charge[2]. Mais, quoique ritualiste, il est aussi un homme qui aime la vérité. John est là le jour où

1. *In loving memory of lawns and shrubberies*, 1978.
2. Outre la paroisse du révérend Bradburne, il y a deux chapelles de non-conformistes, très présents dans la région où ils comptent parfois la moitié des baptêmes. Par contre les catholiques y sont les moins nombreux de toute l'Angleterre, 1 % de la population de la région.

son père préside à midi des matines ; soudain le *vicar* proclame : « Seigneur, Toi qui nous a conduits en sûreté *au milieu* de ce jour » au lieu du « *au début* de ce jour » qu'il a sous les yeux, eu égard à l'heure réelle et quitte à choquer ses paroissiens.

Outre ses obligations régulières, le *vicar* célèbre le jubilé d'argent de George V en mai 1935, avec service religieux, festivités et manifestations sportives. Madame Bradburne offre à chaque enfant du village une tasse argentée. Le roi meurt l'année suivante, puis la crise provoquée par la résignation d'Édouard VIII est résorbée par George VI, monarque bègue et consciencieux. Son couronnement est l'occasion à Cawtson d'une nouvelle fête en mai 1937, avec office religieux, parade de la fanfare de tubas qui répète à l'*Auberge de la Cloche*, spectacle de danses locales, tasse du couronnement pour les enfants, assiette de viande et pinte de bière pour leurs parents (« chacun est prié d'apporter son couteau et sa fourchette »). À 19 heures, tout s'arrête pour écouter à la radio le discours hésitant du nouveau souverain, et la soirée s'achève par des prix et un grand bal.

Shakespeare, arbres et clairon

1934. John vient d'avoir treize ans. Sa voix claire et posée fait illusion : il ne maîtrise toujours pas l'irruption indisciplinée de ses sentiments. Après les vacances, il entre comme pensionnaire à l'école Gresham's de Holt, un généreux ami de la famille ayant offert de payer ses frais de scolarité (qui s'élèveront à 166 livres en 1938, bien au-dessus des moyens financiers des Bradburne). Holt est distant d'une vingtaine de kilomètres de Cawston et John s'y rend sur sa bicyclette Raleigh à travers bois et prés. Il y passera cinq années et, pour la première fois, s'y trouvera bien.

Gresham's suit le modèle des Maisons, à la fois lieu de vie et dortoirs. Conçues comme un substitut de la famille, elles entendent apporter aux élèves un environnement affectif et social stable et un lieu de détente et de liens personnels qui leur permettront de se développer harmonieusement. Chacune est dirigée par le maître de Maison, mais des responsabilités sont données aux élèves au fur et à mesure qu'ils grandissent. Les affectations se font au hasard et, pour John, ce sera Farfield. Ce grand bâtiment de brique rouge achevé en 1911, dont l'emblème est la chouette de Minerve, accueille chaque année de cinquante à soixante élèves. Le maître de Maison, G.R. Thompson, est un mathématicien distingué, physiquement disgracié mais qui bénéficie de la popularité de son épouse, une Irlandaise bien en chair. En 1936 Bruce Douglas, autre mathématicien, le remplace. Surnommé « l'Oiseau » par les garçons, cet ancien des tranchées est un sportif et un sage :

> Mon maître de Maison une fois me dit
> En des jours sautillants si légers, libérés :
> « Obtenez la sagesse, c'est ce qui est le plus précieux »
> C'était bien longtemps avant que je ne recherche le Roi[1].

Farfield a eu comme pensionnaires, peu avant lui, le musicien Benjamin Britten et le poète Wystan Auden. John en est fier et écrira avec humour :

> Benjamin Britten, Wystan Auden, moi
> Et d'autres masques, font nombre parmi ses biens
> Elle peut et elle est fructueuse, même si
> Elle n'écrit pas mon nom en lettres d'or[2] !

John aime Farfield et y est aimé. Il se lie d'amitié avec Tony Foster et d'autres élèves. Il se rend populaire en imitant les professeurs, ce qui lui vaut le surnom de « décolleur » (terme d'argot pour imitateur). Il semble incapable de résister à sortir une plaisanterie, mais toujours sans méchanceté, note son condisciple Michael Stern (qui partira comme lui en Afrique australe, pour y fonder une école multiraciale). Son côté observateur associé à l'amour de la blague explique ce génie de l'imitation : il sait trouver le côté drôle des événements et des personnes. Et quand les choses tournent mal pour lui, ce don le sauve du désespoir et de l'abattement. Il paraît aux yeux des autres être toujours d'un caractère gai et ne pas prendre la vie trop au sérieux.

Parmi les professeurs, John découvre quelques fortes personnalités, mais seulement deux enseignantes, dont miss Bristow qui enseigne les Arts. Les femmes ne sont toutefois pas absentes de Gresham's, épouses et filles des maîtres, personnel de service.

1. *Ut Unum Sint* (n° 876), 1956.
2. *Alma Mater*, 1969.

Certains vers laissent entendre que les filles commencent à l'intéresser. Il ne cache pas ses premiers émois, ni sa honte d'avoir coursé dans une buanderie une employée pour un baiser :

> Mais quand je suis allé à Holt en Norfolk, ah,
> L'amour pour une Jeannette (ou une matrone) n'avait
> Été d'aucun plaisir car sans retour ; fou
> Du plaisir retiré[1].

Cultiver ses étrangetés : occupations, passions

La scolarité de John ne laisse pas de souvenirs impérissables à Gresham's, même si l'école tire aujourd'hui fierté de sa renommée. Il ne gagne aucun prix, ne collabore à aucune revue et s'il réussit les examens de fin d'études, c'est de justesse :

> Je ne serai jamais un lettré, Seigneur,
> Si lent suis-je pour apprendre[2].

Mais il se passionne pour la littérature, et surtout par Shakespeare qui restera un compagnon pour toute sa vie ; on trouve plusieurs centaines de références ou d'allusion sur lui dans ses poèmes[3]. La connaissance intime qu'il en a lui sert pour les examens. Il se passionne aussi pour la littérature médiévale et l'époque des Tudor, et s'identifie aux troubadours, aux madrigalistes, aux bouffons shakespeariens[4]. John s'essaie d'ailleurs un peu à la poésie. Il sera capable, trente ans plus tard, de citer lors d'une interview un quatrain qu'il a écrit à Gresham's, dans lequel l'amour des jeux de mots le dispute à la multiplicité de sens :

> Quand le crâne roi Hal [Henry VIII] découvrit que le Pape
> Déclarait que lui, le roi, n'avait aucun espoir
> « Je serai souverain, dit-il et garderai mes femmes »,
> Puis fit rouler pour avoir un jeu de cinq[5].

1. *Balladey School Reports*, 1974.
2. *School*, 1949.
3. Des dizaines sont consacrés à la « question baconienne » que John hérite de son père : Lord Bacon est-il l'auteur des pièces de Shakespeare ?
4. Il se rêve aussi en chevalier et se passionne pour l'héraldique.
5. Jeu de mots entre faire tourner la roulette au jeu et faire rouler des têtes à l'échafaud.

Il se découvre aussi une passion pour le théâtre, toujours grâce à Shakespeare. Comme les autres Maisons, Farfield propose sa Journée annuelle, avec extraits de pièces, sketches et musique donnés par les élèves. De plus, le théâtre en plein air de Gresham's propose chaque année une pièce du maître de Stratford le jour de la distribution des prix. Elle attire un public de parents, de connaisseurs et de journalistes de tout le pays. Auden s'y est fait connaître comme acteur et bien des vocations y naissent à cette époque, en particulier celles de Peter Brook et de Michael Aldridge, qui joue un *Hamlet* mémorable en 1937 puis un *Othello* qui lui vaut les éloges du *Times.* En 1939, *La Nuit des Rois* laisse un souvenir inoubliable qu'on trouve dans les mémoires de contemporains comme Ben Travers. John joue dans ces pièces[1] de petits rôles :

Quand je n'étais qu'un garçon à l'école
Dans un bois feuillu
J'ai joué dans Shakespeare comme un imbécile
N'importe quel rôle que je pouvais.

Le sourd-muet j'ai pris dans *Hamlet*
Et une fois, dans *Henri V*,
Un rôle de soldat est tombé sur le sot,
Imbécile pour autant qu'il était en vie.

La Nuit des rois accorda Antonio,
À quelqu'un qui n'était jamais allé
À la mer, à la mer, aussi laissez-moi naviguer
Avec Marie, des Mers la Reine[2].

La musique est une autre de ses passions. Il trouve à Gresham's un maître exceptionnel en la personne de Walter Greatorex, l'auteur de *Woodlands*, dont Auden écrit qu'il jouait de l'orgue aussi bien qu'Albert Schweitzer. « Gog » (ou « Greatox ») est alors au sommet de son art mais c'est aussi un homme de cœur et les élèves malheureux ou solitaires le prennent pour confident. John est peu studieux :

Durant la leçon de musique, pas trop branché
Je bavardais pour passer le temps comme je le pouvais.

---

1. Ainsi que dans des pièces modernes comme *La Fin du Voyage* de Sherriff (l'auteur de *Goodbye Mr Chips*).
2. *Regina Reginarum*, 1978.

Mon maître dit : « Vous auriez dû être
Un maçon sur la tour de Babel[1] ! »

Il fait partie de la chorale comme ténor – le seul prix qu'il obtiendra sera d'ailleurs en chant choral. Il apprend aussi à jouer de plusieurs instruments à vent : clairon, clarinette, flûte à bec. Avec son ami Foster, il intègre la fanfare de l'OTC[2], lui comme clairon et Tony au tambour. Il n'est pas très bon à la clarinette même si cela lui donne, et aux autres, du plaisir. Mais la flûte à bec sera, avec Shakespeare, une autre compagne de vie. Il acquiert à Gresham's l'essentiel de sa culture musicale, jusque-là limitée aux disques du presbytère et aux pièces liturgiques. La chorale chante un répertoire Renaissance et baroque et John se passionne pour le chant grégorien, Dowland, Tallis, Byrd, Morley, Purcell. Bach devient son musicien préféré, et Brahms chez les modernes. Lorsqu'il retourne à Cawston, il chante souvent avec sa sœur Mary, ou cherche des lieux où la résonance est bonne pour le clairon :

Souvent des échos venaient de la tour de Cawston
Durant les soirées d'été quand un certain fou
Pratiquait son clairon argenté qui, mais doucement,
Aurait dû être laissé derrière, résigné, à l'école[3].

Il se glisse aussi parfois dans l'église St Agnes pour y jouer de l'orgue, même s'il est bien moins bon musicien que Philip :

Sainte Agnès soupire
Bien qu'elle ait depuis longtemps
Supporté le chant sportif de Cawston[4].

Le sport est alors devenu en Angleterre la première religion nationale (200 000 personnes convergeaient déjà à Wembley pour la première finale de la Football Cup en 1923), et il donne lieu à des débordements. Il est fort pratiqué à Gresham's mais sans les excès d'autres écoles. John joue au rugby, au hockey et au cricket – il manque une fois de tuer Bruce Douglas par

1. *Ut Unum Sint* (n° 976), 1956.
2. Officer Training Corps, préparation militaire supérieure obligatoire.
3. *The Last Post*, 1977.
4. *Harvest-Thanksgiving*, 1971.

une mauvaise balle. Sportif médiocre, il n'est sélectionné dans aucune des nombreuses équipes de l'école mais joue au rugby dans celle de Farfield pour les tournois internes. Il prend aussi des leçons de tir à l'arc :

> Cela sentait vraiment le truc décent,
> Porter un arc, insigne comme un roi !
> Les flèches allaient selon leur choix à elles,
> Là où ma grimace avait peu à dire[1].

Il réussit un temps à dresser un faucon mais celui-ci s'échappe et il ne le reverra plus. Plus tard, il aura des mainates, à qui il essaie d'apprendre à parler – eux aussi disparaîtront.

Ce que John préfère, c'est grimper aux arbres. Il y reste des heures, pour observer les oiseaux plutôt que de jouer au cricket qui se déroule en dessous. Il s'y trouve si bien qu'il serait jaloux de Côme Laverse si le *Baron perché* avait déjà été écrit. La plupart de ses poèmes sur Gresham's et Cawston évoquent cette passion :

> L'arbre le plus élevé nous l'avions appelé « Le Monarque » et
> De ses quatre-vingt-dix-sept pieds, je scrutais le Norfolk…
> Je m'asseyais là avec un ami, perché durant des heures,
> Nous balançant comme des frères, jaugeant ce que nous pensions
> Gaspiller un été sublime, et les pouvoirs
> D'avant-bras s'élevant au-dessus de ce sport statique
> Appelé Cricket[2] !
>
> De Cawston je me souviens bien,
> Cytise, lilas, lis
> Et des heures en or dans le hêtre pourpre
> Avec des meules de foin plein la vue[3].

Cette passion n'est pas sans risque. Une quinzaine d'années plus tôt, un élève est tombé d'un arbre et s'est tué, inspirant à Auden un de ses premiers poèmes. Mais John n'en a cure même si son arbre favori n'est pas des plus faciles à grimper. Il entraîne son ami Tony dans le bois, à près de 800 mètres des bâtiments, vers le Monarque, un magnifique pin, constitué de deux troncs

1. *Archery*, 1971.
2. *Alma Mater*, 1969.
3. *Ut Unum Sint* (n° 960), 1956.

jumelés – ils doivent passer vertigineusement de l'un à l'autre à mi-chemin. Arrivés au sommet, les deux garçons jouissent d'une vue magnifique vers la côte et la mer, mais il faut avoir le cœur bien accroché, car l'arbre oscille au gré des vents. Ils y restent des après-midi entiers le dimanche, et John y retourne en semaine. Pour lui, la vraie vie est là-haut, ou au sommet du hêtre pourpre de Cawston (sur lequel il hale souvent sa sœur Mary, pourtant peu douée pour les hauteurs). Cette passion pour les arbres lui vaut le surnom de *Hornbeam (*Charme*)*[1]. Elle étonne ses camarades et sa famille : « grimpeur d'arbre invétéré » pour l'un, « tête phénoménale pour les hauteurs » pour l'autre.

John découvre que les arbres ne sont pas des déserts mais des protecteurs pour toute une faune, et des amis. Mais c'est surtout la fascination pour les hauteurs et les panoramas qui le pousse et le fait aussi grimper, à Cawston et aux alentours, dans les églises, en haut des clochers ou sur les toits, comme jadis à Skirwith sur le Cross Fell. Un jour où madame Bradburne et Mary préparent des bouquets à l'église, elles voient John arriver, escalader l'étroit chancel et grimper à plus de quatre mètres du sol. Effarées, « le cœur dans les chaussures », elles retiennent leur souffle. Mais le garçon ignore le vertige et traverse en équilibriste la mince corniche avant de redescendre calmement de l'autre côté. D'autres fois, c'est sur le toit de l'église qu'il grimpe et se promène, ou sur celui de l'église voisine de Pole :

> Un soir, au crépuscule
> D'un jour estival de moisson
> D'aucuns me virent sur son toit
> Et s'enfuirent presque
> Car (comme l'observa ma sœur)
> Ils croyaient que j'étais un fantôme
> (Mais non, mon cher, un gobelin mâle
> Et des plus substantiels, des plus)[2].
>
> Certains rêvent qu'ils volent comme la colombe et l'alouette
> Et même qu'ils s'élèvent comme le peuvent les aigles

1. Selon la tradition familiale, John et Mary se tiennent un jour sur une pente abrupte menant à un ruisseau bordé par des arbres. Mary : « Comment appelle-t-on ces arbres, John ?
– Je pense que ce sont des char…, des char…, des char… » Tout en dévalant la pente, il hurle : « Des charmes. » Le nom lui plaît et il se l'attribue.
2. *Ut Unum Sint* (n° 962-963), 1956.

Que Dédale et Icare fait remarquer
Comme quelque chose qui avorte au plan de la pensée ;
J'ai battu mes ailes au moins trois fois par an
Endormi profondément avec des pigeons de la tour
Non de Londres mais de Cawston – pour être clair,
Qui s'élève dans le Norfolk, monte comme une puissance ;
Je me suis élevé sur les tuiles de cimaise de l'écurie
Et je reposerai toujours en roucoulant sur le toit
Et je vous frapperai si vous ne pouvez pas
Vous retenir de me demander la preuve ;
La foi est la substance des choses espérées et
L'évidence des choses qu'on ne voit pas[1].

Les pensionnaires sont autorisés à sortir le dimanche après le service du matin pourvu qu'ils soient de retour pour le thé et le service du soir, mais John outrepasse souvent la consigne. La région est couverte de pins maritimes et d'autres conifères, et son climat revigorant l'a fait choisir pour le sanatorium proche de Kelling. À l'ouest, les collines boisées de Spout permettent de se promener rapidement sur des chemins verdoyants. À l'est, John apprécie les ruines médiévales du château de Baconsthorpe et barbouille sur le mur d'enceinte des vers de fantaisie, dont le dernier évoque sa passion :

Hélas, hélas, je suis fichu
Je veux manger une brioche aux raisins
Mais Dieu est bon, Il me l'a dit,
Les arbres se balancent de-ci de-là[2].

---

1. *Ibid* : *I bid for it*, 1978. Il dira aussi, plus tard, qu'en haut des arbres il se sentait mieux pour prier Dieu avec humilité et un sentiment de proximité. Mais faut-il pour autant en faire déjà à Gresham's un disciple des dendrites, ces moines qui vivaient dans les arbres ? Il n'est guère religieux à l'époque.
Le sens et la symbolique des arbres est fort riche, des Évangiles à la psychanalyse en passant par les religions comparées, la philosophie (Bachelard) ou la littérature (Tolkien). John, à Gresham's comme avant et après, écrira un chapitre de ce savoir, par sa vie et aussi par sa poésie où les arbres ne le cèdent guère quant au nombre d'occurrences qu'à Dieu ou à la Vierge Marie.
2. *Excelsior*, 1971. Ils ont bien sûr disparu. John donnera bien plus tard un sens eucharistique à ce quatrain. On peut noter que Wystam Auden, par ailleurs amoureux des Fells (*In Praise of Limestone*), se découvre lui aussi une vocation poétique comme écolier à Gresham's, et qu'il composera tout comme John une suite de poèmes sur les Heures canoniques.

Pour les promenades plus longues, il y a la mer. Les anciens ports de Holt, Cley-près-la-Mer ou Wells-près-la-Mer sont enserrés dans les terres, mais de vastes marais salants s'étendent jusqu'au rivage. Sur cette région encore d'avant l'homme, convoitée par la mer et la terre (H. Morton), le vent souffle en rafales à travers les lavandes de mer et empile les nuages sur la côte, royaume des hérons et des mouettes blanches. Les seules présences humaines sont celles des ramasseuses de coques qui courent pour échapper à la marée. En compagnie de Mary ou d'un condisciple de Gresham's, John s'arrête dans les villages pour boire un verre de cidre et jouer sur l'orgue de l'église. Ils se baignent ensuite, mais lui préfère passer de longues après-midi à regarder les oiseaux ou à sillonner les forêts. Il aime l'aventure : un jour, il lance des mottes de boue sur un taureau pour voir si celui-ci va le charger, comme lui jadis le faisait de dessous la table de Skirwith. John ne doit son salut qu'à une course éperdue dans le pré puis à un saut par-dessus la barrière au moment où la bête va l'encorner !

Pour les vacances, John entraîne deux amis de Gresham's dans les Broads. Cette région de rivières et de voies d'eau offre deux cents kilomètres de voies navigables et compte plus de soixante lacs, paradis pour le canotage et réserve naturelle où abondent oiseaux sauvages, libellules et poissons. Les garçons filent sur l'eau avec leur embarcation et observent les oiseaux, les nénuphars et les insectes. Un soir où ils ont bu un peu trop de cidre dans un pub, ils reviennent éméchés au bateau et John prétend apprendre aux autres comment ramer sur un Huit d'université : il perd les avirons et les garçons doivent fouiller le canal avec une torche une partie de la nuit.

Il y a aussi les visites à la famille. Sa marraine, Mary Comber, est infirmière en chef à l'école Dragon d'Oxford, sous la férule de la dynastie des Lynam qui la dirigent depuis plus d'un demi-siècle. John vient y passer quelques jours et, le dimanche, il est invité à la table du directeur. Tout autre serait intimidé en face de celui qui passe alors pour un des deux ou trois grands noms de la pédagogie britannique. Mais pas John : alors que madame Lynam apporte le rôti sur la table, il prend la parole : « Du rôti ! Je sais ce qui va suivre : de la salade de fruits et de la crème anglaise. » Un grand silence s'ensuit, tandis que le visage de madame Lynam exprime son courroux. Mais le garçon reprend : « Mais c'est si bon, si bon... », et l'hôtesse flattée dans son triple orgueil de cuisinière, d'Anglaise et de conformiste félicite le jeune homme.

Comme chaque *public school*, Gresham's possède son OTC, destiné depuis 1908 à former de futurs officiers. L'institution a trouvé dès ses débuts un terreau fertile à Gresham's qui s'enorgueillit de célèbres vocations militaires. Douglas est responsable de l'OTC et y apporte sa compétence d'ancien poilu. Mais dans l'ambiance pacifiste des années 1930, les cours n'enthousiasment guère. John y a trouvé une planque :

> On m'a forcé à rejoindre les OTC,
> Mais, étant un clown au tromblon,
> J'accédais tôt à une plus haute stratégie
> En claironnant pour Sa Majesté[1].

Les élèves portent un uniforme et reçoivent chaque semaine des connaissances de base. Des parades et des camps sont organisés. Les études proprement stratégiques, tactiques ou techniques ne reçoivent que la portion congrue dans une formation axée sur la discipline. Un examen conclut la scolarité ; il n'est pas obligatoire mais ouvre la porte à une carrière militaire. John quittera Gresham's avec un certificat A et, alors qu'il semblait destiné à Oxford, il prépare et passe avec succès en juin 1939 l'examen d'entrée à Sandhurst, le Saint-Cyr britannique.

La croisée des chemins

Et la religion ? À Farfield, il y a tous les jours la prière du soir animée par les préfets avec hymne, lecture, oraison et conclusion par le rituel « Bonne nuit, les garçons », et ceux qui sont présents le dimanche doivent aller prier matin et soir. De plus, des cours de religion sont dispensés et il y a même un aumônier en titre, le révérend E.H. Habershon, qui restera à l'école jusqu'en 1946. Mais ce dernier ne figure même pas dans l'*Histoire* pourtant fort détaillée de Gresham's ! Quant à la chapelle, reconstruite entre 1912 et 1916, les sermons hebdomadaires y sont obligatoires mais quand John arrive le bâtiment menace ruine et il doit être fermé pour des travaux qui s'éternisent. La religion existe

1. *Ut Unum Sint* (n° 877), 1956.

bien à l'école, mais c'est d'abord celle de la morale plus que du christianisme[1]. Bien des élèves s'éloignent alors du christianisme, ainsi Auden, enfant pieux et même bigot qui découvre à Gresham's Freud et Marx et y perd la foi. Sans qu'il en aille de même pour lui, John reste éloigné d'une foi personnelle.

Quand il quitte Gresham's en 1939, au lendemain de ses 18 ans, John est devenu un adolescent sans s'en rendre compte. Il utilisera plusieurs fois le terme de « fou » pour se qualifier à cette époque, mais tout indique que Gresham's a été pour lui un lieu de maturation. L'enfant émotionnellement instable est devenu un jeune homme, certes original et qui vit dans son monde, mais qui assume son excentricité. Dès 1935, il a appris à maîtriser son impulsivité et ses colères. D'ailleurs, vivre dans les arbres ne l'empêche pas de développer un sens croissant des responsabilités, et il est nommé sous-préfet de Farfield la dernière année de sa scolarité.

Cette maîtrise de soi peut d'ailleurs tourner à l'arrogance, peut-être aiguillonnée par une certaine jalousie envers son frère aîné, étudiant comme le fut leur père à Cambridge. Philip est travailleur, consciencieux, exigeant (il apprend seul l'arabe). Il joue de l'orgue dans les églises et quand ses cadets l'accompagnent dans ses sorties, ils doivent s'échiner sur la soufflerie. Mais il cultive le paraître et n'est pas un esprit libre comme son frère, car il est complexé par ce qu'il considère être l'échec social de leur père. John admire et jalouse ce frère dont il s'éloigne peu à peu, se dévaluant par rapport à lui, pleurant « un corps allongé sur de courtes jambes alors que Philip a belle prestance, grande taille, air agréable et bonnes manières ». Quand ils sont ensemble au presbytère, tous deux entendent toujours avoir le dernier mot

1. La publication des instructions de Howson sous le titre *Sermons, par un Directeur d'école laïc, prêchés à Gresham's* est symptomatique. Il en va de même dans la plupart des autres écoles : « Si on entend par religion la croyance que la base du monde est spirituelle, que les valeurs éternelles sont le vrai, le bien et le beau, quelles sont révélées dans la vie du Christ et que ce qui compte c'est la conduite, alors je pense que la religion est présente dans les Public Schools… Si par religion nous entendons la nécessité d'une conversion personnelle, ou l'acceptation d'une inspiration verbale, ou une attitude particulière de l'esprit vis-à-vis de l'eucharistie, ou l'importance de la confession…, alors il y a en général échec de l'enseignement de la religion dans les écoles, et j'espère quant à moi que les écoles poursuivront cet échec » écrit à cette époque Wilson, un pédagogue réputé.

et les heurts sont fréquents. Erica et Mary doivent souvent les calmer, mais John a une façon simple de convaincre : il répète son point de vue sans en démordre jusqu'à la nausée, qu'il s'agisse de musique ou d'histoire. Et s'il est mauvais perdant, il a le plus souvent raison, car il accumule des connaissances grâce à une étonnante mémoire. Pourtant, s'il dit vouloir la perfection en tout, il manque d'esprit critique. Et surtout, sous des dehors affirmés, John cache une angoisse, celle de la mort :

J'avais une peur si étrange et morbide
De la mort que jusqu'à mes dix-neuf ans
Circonspect, avant d'aller au lit,
Presque chaque nuit des morts cachés
En dessous je cherchais, des os,
Des formes affreuses délabrées, de peur que des gémissements
Au profond de la nuit du sommeil puissent
Me réveiller soudain, et alors j'aurais tremblé
Frappé de terreur, boursouflé de tremblements
Imbécile nécromant ! Et pourquoi ?
Seulement parce que la mort ne mourrait pas[1].

Été 1939 : John est à la croisée des chemins. Indépendance d'esprit, absence d'ambition, amour des arbres, des oiseaux, de la nature, de Shakespeare et de la musique : difficile de deviner ce qui l'attend. Grimper aux arbres ne procure pas un métier, or, l'idée d'avoir à en chercher un lui reste étrangère. Mais tout n'est-il pas déjà sur les rails puisqu'il va entrer à Sandhurst, qui fabrique des officiers comme un moule des gâteaux ?

1. *To The Warworn School*, sans date.

Annexe
L'école de Gresham's

L'école dont l'emblème est la sauterelle a été fondée sous Henry VIII par Sir John Gresham, natif de Holt, marchand et financier, un temps maire de Londres. La Guilde des Poissonniers, une des plus prospères, la patronne. La vieille école est d'époque géorgienne et des bâtiments victoriens sans grâce accueillent les Maisons, prolongés par de vastes terrains de jeu et un bois. Au fil des siècles, l'école donne au royaume des savants, des explorateurs, des missionnaires, et même un aventurier astrologue, Heydon.

Malgré ce passé brillant, l'école somnole en 1900, avec quarante élèves de Holt et sept pensionnaires, quand George Howson en prend la direction. Ce pédagogue visionnaire applique une méthode révolutionnaire pour son époque et toujours en vigueur quand John arrive à Gresham's : les élèves sont encouragés à travailler par eux-mêmes, l'accent est mis sur les disciplines scientifiques, la littérature et les langues anciennes sont laissées à leur initiative. L'école ne favorise pas la compétition mais l'entrée avec une mention à Oxford ou à Cambridge (en 1933, la moitié des élèves de Gresham's sont entrés à l'université, contre 6 % en moyenne). Un rapport d'inspection générale signale cette efficacité et l'idéal de l'école se répand. Elle compte alors 270 élèves, surtout des pensionnaires dont le recrutement se fait à travers tout le pays. Les élèves ont des pères médecins, membres de professions libérales, universitaires ou hommes d'affaires plus souvent qu'ecclésiastiques ruraux comme celui de John.

Liberté, confiance, responsabilité et autodiscipline forment le « Contrat d'honneur », fondement de la pédagogie de Howson. À la rentrée chaque élève se voit expliquer personnellement par le directeur et le maître de Maison ce contrat et les « Trois Promesses » (ne pas jurer, ne pas fumer, ne rien dire d'indécent). En cas de transgression, le coupable doit se dénoncer lui-même. S'il ne le fait pas, ceux qui ont vu la faute doivent le reprendre et seulement s'il refuse de s'amender le dénoncer. Contrairement à la plupart des autres *Public Schools*, Gresham's ignore les châtiments corporels, ce que John appréciera.

Mais l'Angleterre d'après 1918 a bien changé, et une certaine hypocrisie règne à Gresham's. Le « Contrat d'honneur » est jugé anachronique ou « franchement comique » (Bruce Douglas). Auden, ancien de l'école devenu le poète le plus célèbre de l'Angleterre, lance contre le Contrat, l'année où John entre à Gresham's, un virulent pamphlet : enfer puritain, « fondé sur la peur, la peur de la communauté [...], sur la tentation pour le délateur naturel. Il vous rend furtif, malhonnête et sans goût pour l'aventure » (les historiens ont fait appel de ce jugement). Un certain cynisme déluré se répand alors chez nombre d'élèves, mais John passe au travers.

Certains ont vu dans le libéralisme de Gresham's la source des idées gauchisantes voire communistes de nombre d'anciens élèves, ainsi Tom Wintringham, fondateur de la *Left Review*, James Klugman, Cedric Belfrage ou Donald Maclean[1]. John n'est pas touché par ces idées, et il garde au sortir de l'école les idées conservatrices de sa famille. Il est tout autant indifférent au pacifisme qui domine à Gresham's malgré les avertissements de Kurt Hahn : depuis 1921, des échanges avaient lieu avec une école d'Allemagne que ce dernier dirige. À partir de 1934, John ouvre les yeux des jeunes de Gresham's sur le danger nazi qu'il a dû fuir. Un échange avec l'Allemagne a toutefois lieu en 1937 et Gresham's voit arriver des jeunes fanatisés qui se livrent à une propagande effrénée. Un soir, les jeunes Anglais les entraînent au cinéma voir *Le Dictateur*. Les Allemands en sortent mortifiés.

1. Les deux premiers seront soupçonnés d'avoir été des espions à la solde de l'URSS, et MacLean a livré des secrets atomiques avant de s'enfuir à Moscou pour y finir ses jours comme colonel du KGB.

3

Héros malgré lui
1939-1945

> On jacasse assez au Café du Commerce,
> On pinaille assez au coin de la cheminée
> Sur la Birmanie et la Malaisie…
>
> *Furthermore*, 1971

La guerre va changer la donne. Le 3 septembre 1939, l'Angleterre déclare la guerre à l'Allemagne. Deux des premières mesures prises touchent John : la conscription et la fermeture de Sandhurst pour la durée de la guerre. Il n'a plus qu'à attendre son ordre de mobilisation. Il part entretemps travailler à Twyford avec Stephen King, un ami de son frère Philip devenu le sien. Ils vendent des semences dans ce village horticole des bords de la Tamise et consacrent leurs loisirs aux promenades et à la musique – Byrd, Bach, beaucoup de Brahms, Delius, Sibelius, Vaughan Williams. John sent la muse poétique le démanger :

> J'allongeais mes jambes dans le Berkshire
> Depuis Reading, quasiment sur le point
> D'écrire des poèmes pleins de feu
> Sur ce que je ne pouvais pas imaginer :
> Est-ce si dur d'être un barde[1] ?

Les plantes poussent, les mois passent. Churchill déclare à la BBC le 13 mai 1940 n'avoir rien d'autre à offrir que du sang, du travail, des larmes et de la sueur. Le 24, l'armée britannique

1. *Strolling*, 1972.

est encerclée et doit rembarquer à Dunkerque et, le 22 juin, le pays se retrouve seul face à Hitler. John reçoit à ce moment son ordre de conscription pour une OCTU (Unité de formation d'élèves-officiers) :

> Ils firent de moi un première-classe et couronnèrent
> Mon ignorance en m'envoyant de Reading
> À quelque chose appelé une OCTU qui se trouvait
> Sur la plaine de Salisbury, à Bulford – abrutissant[1] !

Il commence quatre mois de classes en août, peu après la visite de George VI au camp. Il n'aime pas les contraintes militaires et se rattrape en faisant le pitre, y gagnant des amis parmi les autres élèves-officiers. L'armée britannique est assoupie après « le long week-end de 1919-1939 » et John n'apprend quasiment rien sur la guerre, ni sur les soldats qu'il sera appelé à commander. Le week-end, il repart chez Stephen King et écoute toujours la même *Suite en si mineur* de Bach, jusqu'à ce que le disque devienne inaudible.

Le 20 décembre 1940, peu après son retour de l'OCTU à Cawston, John reçoit, en même temps que son frère Philip, son brevet équivalent au grade de sous-lieutenant. Ils sont tous deux versés, à leur demande, dans l'Armée des Indes, pays natal de leur mère, et ils partent embarquer à Liverpool. Mais leur convoi n'est pas prêt. Ils s'invitent alors chez Frank Burnett à Seascale, où leur sœur Mary enseigne dans son ancienne école. Philip y donne une savante leçon sur la Perse, mais son frère décline l'offre car « les petites filles n'ont jamais été ma tasse de thé comme elles le sont pour Philip ». Les grandes l'intéressent par contre de plus en plus, à commencer par Rachel Burnett, la petite peste devenue une charmante adolescente dont l'humour déjanté est au diapason du sien (« Quels drôles d'oiseaux que les grenouilles ! »), et ils font de longues promenades à vélo. John grimpe au sommet d'un hêtre, « juste pour montrer qu'il est un garçon » aux yeux de Rachel. De retour à Liverpool, les deux frères s'installent quelques jours à l'hôtel Adelphi et attendent le départ, « soldats de chocolat », bien peu militaires, leurs regards plutôt tournés vers les demoiselles.

1. *Military Memoirs*, 1979.

Avec les Gurkhas

Fin janvier 1941, les deux frères embarquent sur le *SS Mulberra* avec une trentaine d'autres jeunes officiers fraîchement brevetés. Le cadet a belle allure, avec sa casquette et la fraîcheur conquérante de ses bientôt vingt ans. Ils partagent la même cabine, prennent des bains de soleil, s'initient à la langue urdu et flirtent effrontément avec les rares jeunes femmes célibataires. Selon Philip, son cadet est alors fort loin de toute préoccupation religieuse, et il se conduit en jeune coq qui provoque pour le plaisir et que lui doit tempérer. John est même cause d'un différend si grave que les jeunes officiers présents sur le *Mulberra* se divisent en deux camps qui ne se parlent plus.

Le paquebot fait partie d'un convoi qui, pour échapper aux sous-marins allemands, passe d'abord au large de l'Islande et de Terre-Neuve puis pique sur les îles du Cap-Vert et fait escale à Freetown puis au Cap. John hait la mer « car il n'y a pas d'arbre vert dessus », mais il apprécie les escales et ce premier contact avec l'Afrique.

Enfin, le 15 avril 1941, le *SS Mulberra* entre dans le port de Bombay. Le choc de l'Orient désarçonne John, abasourdi par les odeurs, les bruits, les gens et la misère. Il découvre aussi qu'il peut exister un autre rapport au temps et à l'existence. Il part bientôt avec Philip pour la banlieue d'Hyderabad, la grande métropole du plateau du Deccan. Son frère est versé dans la 27ᵉ brigade d'infanterie qui partira au Moyen-Orient et John dans la 28ᵉ, au deuxième bataillon du 9ᵉ régiment (2/9) gurkha. Les deux frères ne se verront plus de toute la guerre. John écrit à ses parents le 19 mai : « L'Inde est un étrange pays, les gens me donnent l'impression d'être passifs dans le malheur, et semblent seulement exister – sans quelque amour ou intérêt particulier que ce soit vis-à-vis de n'importe quoi. Leur qualité prédominante semble être le refus absolu de faire n'importe quoi. Mais l'Orient est intéressant, même s'il n'attire pas. »

L'Armée des Indes est constituée de régiments autochtones dirigés par des officiers britanniques, et c'est depuis 1903 une des deux composantes de l'armée britannique en Inde (l'Armée britannique des Indes est, elle, constituée de régiments venus de la métropole). Ses 200 000 hommes en 1939 seront bientôt près d'un million dont un tiers sera envoyé en Afrique du Nord, au Moyen-Orient ou en Malaisie, un autre tiers restant sur place et le dernier en formation. De nombreux officiers sont des colons britanniques, planteurs de thé ou ingénieurs, les jeunes officiers anglais viennent des OCTU, les Népalais sortent du rang.

John découvre les Gurkhas népalais, dépeints comme les « meilleurs soldats du monde » ou « gentilshommes des montagnes », qui font la force de l'Armée des Indes. Il s'éprend de ces hommes fidèles, jouant même au basket avec eux malgré la différence de taille. S'il semble en être aimé en retour, ses excentricités déconcertent vite car dès qu'il le peut, il grimpe dans les arbres et, installé à leur cime, joue de la flûte à bec. En bas, les Gurkhas rient et disent gentiment, mais en népalais, « Fichu Anglais ! », car on n'attend pas cela d'un officier anglais. Par contre sa vie mondaine, qui multiplie les flirts, ne dérange personne.

La campagne de Malaisie

John est affecté pour diriger un peloton de mortier et s'initie au maniement des bouches à feu. Mais son séjour en Inde est bref, et il doit repartir dès le mois d'août à Bombay, d'où il embarque le 22 pour la Malaisie. Le 3 septembre, les 750 hommes du 2/9 gurkha, dont sa compagnie dirigée par le capitaine James Hart, un planteur de l'Assam, débarquent à Port Sweetenham et partent aussitôt pour Taiping, 200 kilomètres plus au nord. John a le coup de foudre pour les paysages de jungle, « de palmes et d'aphrodisiaques », et il écrit à sa famille que la Malaisie « est un des pays qui sont en propre à Dieu, avec un des climats qui sont en propre à Satan. Nous sommes entourés de hautes collines couvertes de forêts équatoriales. Les couleurs sont vraiment très vives [...] Tout compte fait, je l'aime beaucoup, dix fois plus que l'Inde ».

Le Lt-colonel Selby, chef du bataillon, organise l'entraînement : marches dans la jungle, familiarisation avec les conditions de vie locales. Comme les autres jeunes officiers anglais, John peine à apprendre le gurkhali. Les Gurkhas se moquent d'eux : certains ne sont même pas capables de distinguer un couteau de cuisine du fameux *kukri*. Avec ses hommes, John remonte des rivières baïonnette au poing et chapeau de travers, se fraie un passage dans une végétation dense écrasée de soleil ou traverse des plantations d'hévéas dans lesquelles les planteurs européens vivent sans contact avec la population. Il crapahute dans les mangroves aux palétuviers impénétrables et grimpe dans des forêts où parfois la lumière n'atteint jamais le sol, et qui regorgent des animaux du *Boy's Own* de son enfance : tigres, léopards et panthères, difficiles à voir, mais aussi gibbons, calaos, oiseaux de fée aux plumages fabuleux, cigales et papillons.

Octobre puis novembre s'écoulent sans que les Britanniques n'entreprennent de travaux de défense face à une menace japonaise à laquelle leur état-major ne croit pas. Ainsi, lors d'un exercice du 2/9, les Gurkhas représentant les ennemis passent sans problème à travers une plantation et s'installent cinq kilomètres derrière la « ligne de front » : les experts estiment l'action irréaliste ! Quand un journal de Singapour fait état de mouvements de troupes japonaises, il se voit rappelé à l'ordre pour « propagation de nouvelles alarmistes » ! Et quand un expert vient de Londres renseigner l'état-major sur la puissance de l'armée nipponne, il est soupçonné de défaitisme ! Pire, averti de l'imminence d'une attaque japonaise, l'état-major décide de limiter les préparatifs pour ne pas être trop fort et rater ainsi l'occasion de s'illustrer à peu de frais ! Cet aveuglement rendra John furieux.

De leur côté, les Japonais préparent leur offensive. Conscients de la supériorité des Britanniques en hommes, en puissance de feu et en forces navales, ils comptent sur leurs avions et sur leurs chars. Les troupes sont formées à la guerre tropicale en Chine, tandis que des aéroports sont construits en Indochine occupée. Deux convois japonais quittent le port chinois de Samah début décembre 1941. Le 7, ils piquent vers le sud en direction de Singora au Siam et de Kota Bharu à la pointe nord-est de la Malaisie. Le mauvais temps empêche les avions de reconnaissance anglais de les repérer. Le 8, deux heures avant Pearl Harbour, la 28e division japonaise débarque à Kota Bharu, tandis que la plupart des avions britanniques sont détruits au sol. Malgré des vagues de trois mètres de haut, le débarquement réussit. La même nuit, le détachement blindé du colonel Saeki descend de Singora vers la frontière nord-ouest de la Malaisie. Il y bouscule la défense britannique et s'avance d'une dizaine de kilomètres. Le 10, le *Prince of Wales*, orgueil de la *Navy*, est coulé par l'aviation japonaise. En deux jours, les Anglais ont perdu leur marine et leur aviation en Malaisie. Témoin de la débandade des Indiens qui gardaient la frontière du Siam, le colonel Tsuji, qui dirige la stratégie nipponne, décide alors une offensive-éclair. Dès le 10 les Japonais sont devant Jitra, à 30 kilomètres au sud de la frontière. Le bataillon de John part alors en renfort vers le nord, mais sa compagnie reste en réserve[1]. L'état-major britannique demeure si sûr de lui qu'il préfère faire reculer ses troupes pour éviter toute perte. Les chars japonais arrivent en moins d'une heure et demie devant la ville et l'investissent dans la nuit (une autre doctrine anglaise était que les Japonais sont inaptes au combat nocturne). Les Britanniques se replient pratiquement sans combat et en débandade, laissant véhicules, réserves d'essence et stocks de munitions !

Dans la nuit du 12 au 13, deux compagnies du 2/9 gurkha reçoivent l'ordre de se préparer à faire sauter le pont sur la rivière Kedah mais les Japonais arrivent déjà et chargent aux cris de *Banzai !* Les Gurkhas se battent des heures dans la confusion, avant de décrocher en laissant 30 hommes sur le terrain. Plus au sud, à Alor Star, le même scénario se répète. La bataille dure plusieurs heures et les Gurkhas doivent se replier, laissant 70 morts sur le terrain. Le bataillon arrive à Gurun le 14, ses hommes épuisés. Les ordres sont toujours de se replier avec le minimum de pertes car l'état-major britannique reste convaincu que l'armée nipponne va finir par s'effondrer. Mais, en une semaine, les Japonais ont avancé de près de 120 kilomètres.

Selby, mis à la tête de la 28ᵉ brigade, doit la ramener vers le sud à hauteur de Bagan Serai pour établir une tête de pont. Le 2/9 gurkha et son nouveau chef, le major Allsebrook, effectue la descente vers le sud sous une pluie battante, harcelé par les avant-gardes japonaises. John est alors plus au sud, chargé d'une mission pour ramener des renforts, et il découvre alors le visage de la guerre et de la mort :

---

1. John est resté très discret sur sa participation à cette campagne, comme plus tard à celle de Birmanie. Il refusera en général d'en parler et se moquera de ceux qui « jacassent au Café du Commerce » ou « pinaillent au coin de la cheminée » sur ces deux épisodes majeurs du second conflit mondial. Mais des lettres à ses parents, quelques poèmes et des confidences, témoignages et récits de ceux qui étaient à ses côtés permettent de reconstituer ces années.

Un soir donc, arriva un camion dans lequel
Il y avait un héros – aussi capable de vaincre
Que quiconque – et le cadavre de quelqu'un
Sur lequel ses roues étaient passées,
Et toute la nuit se tint là, sans être enterrée,
Cette victime de l'ennemi du jour,
Et sa pensée me hantait
Enveloppée dans une couverture pour faire ce qu'il fallait :
Fin d'un soldat inconnu
Alors qu'avançaient les Japonais.
Ma peur était moins d'être tué
Que la présence de la Mort emballée à côté ;
Aucune larme de compassion ne roula
Mais je pleurais cette nuit
Comme la Tempête de l'Effroi
« Tout l'Enfer est vide,
Tous les démons sont ici » (*cf.* Shakespeare, *La Tempête*, I, 2)[1].

Il n'en réussit pas moins sa mission, et reçoit son baptême du feu le 22 décembre. Ce jour-là, raconte l'*Histoire régimentale du 9e gurkha*, le 2/9, « renforcé par une seconde levée dirigée par le sous-lieutenant J.R. Bradbourne (sic) » détruit un pont de chemin de fer et occupe le carrefour de Blanja. John ne reste pas longtemps en première ligne : la nuit de Noël, il a déjà été renvoyé au sud pour une nouvelle mission (peut-être chercher des mortiers). Il envoie ce jour-là un télégramme à ses parents et participe par hasard à un office religieux :

Je conduisais un convoi bariolé, cela chauffait vers l'avant,
À travers des cadavres épars sur la route,
Ne distinguant ni l'Est de l'Ouest, ni le Sud du Nord
Mais seulement que les coqs n'avaient pas chanté.
Par chance, l'avancée conduisit vers un abri
Du Christ, le Prince de la Paix, qui voit la guerre ;
Quelqu'un cria : « Venez à la Messe de minuit. » J'ai dit oui[2].

Le 27, les Japonais repartent à l'assaut, mais les Britanniques ont décidé de résister désormais à n'importe quel prix. Les Gurkhas sont en première ligne et doivent tenir, tandis que le gros de l'armée britannique se replie vers la rivière Slim, 80 kilomètres plus au sud pour y établir un barrage infranchissable.

1. *To The Warworn School*, sans date.
2. *A Ballade of a Triple Vigil*, 1977.

Le 28, John et sa compagnie reçoivent l'ordre de monter les nouveaux mortiers. Mais les plates-formes ont été oubliées et celles en bois qui sont improvisées cèdent au premier tir. Le bataillon reçoit l'ordre de se retirer, et Allsebrook supervise l'opération dans la tempête tropicale qui a repris. Sa voiture se renverse dans un fossé ; il continue en empruntant un vélo et, tombé sur un rocher, termine à pied ! À hauteur de Sahun, le bataillon reçoit une pluie d'obus anglais récupérés par les Japonais. La vue des cadavres, à Sahun et ailleurs, inspirera à John cette épitaphe :

> Ô Jésus, fils de Marie, je te prie, accorde
> Un lieu de repos et de paix au jour éternel
> À ceux qui tombèrent et n'avancèrent plus
> Sur la route qui conduit à Singapour[1].

Dès le 30 décembre, les Japonais attaquent Kampar où sont retranchés les Gurkhas. On se bat pendant quatre jours. Un jeune officier anglais, John Sharpe, parlera de vision « médiévale » en évoquant la troupe nipponne conduite par un officier brandissant un sabre devant ses hommes en hurlant *Banzaï !* Un artilleur anglais le fauche et le Japonais « semble danser une danse saccadée ». Mais ailleurs, le contact est moins « médiéval », c'est celui de chars qui défoncent les positions britanniques, puis le corps à corps. John est présent, avec son peloton de mortier.

Le jour de l'an, les Japonais commencent une opération amphibie sur la côte pour prendre à revers leur ennemi. Le commandement britannique comprend la manœuvre et ordonne à nouveau la retraite. Le 2/9 gurkha doit à nouveau la couvrir, et les hommes creusent des tranchées sous le feu ennemi. Alors que les Japonais s'approchent de leurs lignes, John et ses camarades sont relayés par les Yeomanry Scots, qui lancent une contre-attaque au chant du *Rule Britannia*, « Les Britanniques jamais, jamais, ne seront des esclaves ». Les Japonais se replient. Est-ce un tournant de la guerre ? Tsuji s'interroge dans le jour qui se lève : ne faut-il pas s'arrêter ? Mais il apprend alors que le Haut Commandement anglais a donné l'ordre de retrait. En avant donc ! D'ailleurs le régiment Ando a contourné les positions britanniques à travers la jungle marécageuse et, le 2 janvier, commence à encercler

1. *Ut Unum Sint* (n° 48), 1956.

les Britanniques par le sud, ce qui accélère leur repli. Le 4, les Gurkhas décrochent et se retirent :

> Impact de Malaisie sur semelles de retraite
> De soldats « en repli stratégique »
> Comme pourrait l'annoncer le mur de marbre de White Hall,
> Comme si je m'en inquiétais[1] !

John et son bataillon rejoignent les autres troupes britanniques sur la rivière Slim, large de près de 200 mètres et située dans une région de jungle particulièrement épaisse, dernier verrou avant Kuala-Lumpur et Singapour. Les troupes sont réorganisées sous le feu des avions japonais : au nord les Indiens, dans une jungle dense et sombre, puis les Highlanders écossais dans des plantations d'hévéas et enfin, pour protéger les ponts, les trois bataillons gurkhas. La compagnie C de John est à la jonction avec le 2/2 gurkha.

« Le pire désastre et la capitulation la plus grande de l'histoire britannique » (Churchill)

Au petit matin du 7 janvier, le major James Stephens se rase en prenant soin de ne pas faire d'éclat de lumière avec son miroir pour ne pas alerter un avion japonais, quand il voit une lumière sur le miroir : c'est un char japonais. Le temps qu'il se demande ce que celui-ci peut faire quinze kilomètres à l'intérieur des lignes britanniques, un déluge de feu s'abat sur le 2/9 gurkha. Trois heures plus tôt, la bataille décisive s'est engagée à la lumière de la lune. Le major Shimada, arrivé seulement la veille au soir au front, a lancé les sous-lieutenants Wanatabe et Morokura et trente tanks dans une offensive nocturne. Un déluge de feu s'abat sur les soldats indiens endormis de part et d'autre de la route. La panique les gagne et ils s'enfuient dans la jungle. Les Écossais d'Argyll, gênés par les fuyards, voient leurs défenses enfoncées à leur tour. Les Japonais arrivent ainsi au pont de chemin de fer au moment où le major Stephens les découvre. Leurs chars font sauter les installations du quartier général britannique et enfoncent les lignes des Gurkhas qui n'ont pas d'armement antichar – l'état-major

1. *Land of Hope and Glory*, 1972.

n'avait pas envisagé ce genre d'offensive. Les officiers essayent de réorganiser leurs hommes mais il est trop tard.

Le jour est maintenant levé sur les plantations d'hévéas, où arrivent de partout des fuyards, que les Gurkhas ne peuvent retenir. La compagnie C est bientôt coupée du reste du bataillon. Les chars japonais se hâtent vers le pont routier. Ils y arrivent en même temps que les soldats du 2/1 gurkha qui marchent tranquillement sur la route. Nouveau massacre, et fuite vers le pont pour les survivants. Les Japonais y sont avant eux et poussent une reconnaissance au sud de la rivière avant de s'arrêter, bloqués enfin par les batteries du 155ᵉ régiment de campagne.

Peu après midi, un nouveau groupe de chars japonais se pointe à son tour sur la route, suivi d'une troupe de fantassins sur des camions qui commencent à pénétrer dans les plantations. Les Gurkhas se battent courageusement, mais une patrouille envoyée vers la rivière revient avec des nouvelles alarmantes : le pont est pris, les Japonais se sont déployés sur les deux rives de la Slim, et il sera bientôt impossible de traverser car seul le pont de chemin de fer, à près d'un kilomètre plus à l'ouest et dont les travées ont été détruites, est encore libre. Allsebrook donne alors l'ordre de repli aux deux compagnies sous ses ordres directs. Des planches sont placées sur le pont ferroviaire et les compagnies gurkhas s'engagent en début de soirée sur ce passage de fortune alors que les Japonais débouchent sur eux (149 hommes seulement réussiront à se sauver, et 500 manqueront à l'appel). Les nouvelles des deux autres compagnies, qu'apporte le lieutenant Cooper, sont encore plus mauvaises. La D s'est dirigée vers l'ouest pour franchir la rivière sur une passerelle endommagée, mais l'ennemi l'a surpris et la plupart des soldats ont été tués, et la C est portée disparue.

En fait, la compagnie de John n'a pas été au contact direct de l'ennemi jusqu'à l'ordre de repli qu'a reçu le capitaine Hart. Celui-ci la dirige alors vers le pont de chemin de fer mais, voyant ce qui s'y passe, il bifurque vers l'ouest, entraînant deux compagnies du 2/2 gurkha, puis décide de traverser la rivière sur des troncs, avec comme seule protection une ligne de guidage formée des bandoulières des fusils. Plusieurs soldats se noient dans le courant en glissant des troncs. La troupe reconstituée sur la rive sud disparaît dans la forêt et grimpe sur une haute colline boisée pour redescendre vers la route afin d'y rejoindre le reste du bataillon. Mais les Japonais la contrôlent déjà ! Hart décide alors la dispersion dans la jungle, par petits groupes pour se donner plus de chances. En dépit de leur fatigue extrême, les sections se mettent en route l'une après l'autre à l'appel de l'officier à intervalles réguliers, et disparaissent dans la jungle dans un ordre parfait. À la fin il ne reste plus que lui et John. Selon l'*Histoire régimentale*, « le capitaine Hart et le lieutenant Bradbourne, à cause de leur taille et de leur couleur de peau choisirent de marcher seuls », afin de ne pas mettre en danger les Népalais qui les auraient accompagnés.

Le bilan de la bataille de la Slim est désastreux pour les Britanniques. Des centaines de morts, plus de 700 blessés gisant dans les plantations, et 1 200 prisonniers, que 2 000 autres rejoindront les jours suivants. Seul un petit pourcentage des troupes engagées échappe à la mort ou à la captivité. La 11e division, fer de lance de l'armée britannique en Malaisie, a cessé d'exister. Soixante-dix canons, 50 véhicules blindés et plus de 500 autres ont été abandonnés dans les plantations, avec des stocks de munitions et de carburant pour plus d'un mois, de quoi permettre aux Japonais d'aller jusqu'à Singapour.

Arrivé ce même 7 janvier, Wavell, commandant en chef des troupes alliées en Asie du Sud-Est, décide d'abandonner la Malaisie pour sauver la presqu'île de Singapour, centre de la puissance britannique dans cette partie du monde. Les survivants de la 11e division sont regroupés et participent à la défense de Singapour (les Gurkhas rescapés du désastre de la Slim seront les derniers à se battre). Mais rien n'arrête les Japonais et, le 15 février, l'armée anglaise capitule : 130 000 Britanniques sont faits prisonniers, 9 000 auront été tués durant la campagne (3 500 Japonais). Churchill parlera de « pire désastre et capitulation la plus grande de l'histoire britannique ». Le mythe de l'invincibilité occidentale est mort en Asie, mis en déroute par trente chars et l'audace de deux sous-lieutenants.

Au fond de la détresse, une étoile brille

Un mois après la débâcle de la Slim, les parents de John reçoivent un télégramme du *Foreign Office* leur signalant que leur fils est porté disparu. Huit jours plus tard, un autre les informe qu'il vient d'être retrouvé à Sumatra ! Que s'est-il passé ? Contrairement à leurs hommes qui s'enfuient dans la jungle vers le sud-est pour regagner la route et seront tous cueillis par les Japonais, Hart décide qu'ils marcheront vers le sud-ouest pour essayer de gagner la côte – moins de 70 kilomètres à vol d'oiseau, une centaine en traversant la Sungaï Tengi puis en suivant les méandres de la Sungai Selangor. Ils n'ont pas de nourriture et sont à la merci des fauves, des reptiles et des moustiques. La progression des deux hommes est lente, cinq à dix kilomètres par jour au maximum. Ils se nourrissent de racines, de fruits sauvages, parfois peut-être d'un peu de riz offert dans un hameau des bords de la Sungai Selangor (ils n'auraient sans doute pas pu survivre sans cette aide). Encore ignorent-ils que les Japonais déversent des tracts et envoient des patrouilles pour faire savoir que toute aide envers les fuyards ou toute non-dénonciation de leur passage seront punies de mort, et que ceux-ci fusillent des familles entières soupçonnées d'avoir aidé les Anglais, alors que les paysans malais sont tenus par l'ancestrale coutume du *Kampung* d'accueillir et de nourrir l'étranger, hôte sacré[1].

John découvre qu'il peut se passer de manger, mais commence bientôt à frissonner, pris de nausées et de maux de tête, symptômes de paludisme. Il en a contracté la forme cérébrale, la plus aiguë, à l'issue presque toujours fatale si elle n'est pas rapidement traitée. Bientôt il se traîne, mais Hart n'entend pas l'abandonner, et ils poursuivent leur marche, John de plus en plus affaibli et commençant à délirer.

C'est alors qu'une nuit, du fond de sa détresse, il lève les yeux vers le ciel étoilé :

> Au-dessus de la forêt d'hévéas une étoile brillait,
> La plus vive à l'ouest, attirant de loin l'attention.
> Elle me parut un signe du Christ-Roi
> Lui qui, du chaos, fait surgir la joie et la paix[2].

1. Deux Écossais réussiront à rester ainsi dans la jungle jusqu'à la fin de la guerre. Nakam Gurung, un Gurkha laissé pour cause de crise de paludisme dans un village y restera sept ans, ignorant la fin de la guerre. Il sera découvert en octobre 1949 au hasard d'une patrouille de Gurkhas à la recherche d'insurgés malais !
2. *Ut Unum Sint* (n° 1 408), 1956.

Pense-t-il alors à Jésus comme il le voyait enfant sur son fond de ciel du vitrail de Skirwith ? En tout cas le Christ retrouvé le conduit aussitôt vers une seconde découverte : il sent pour la première fois de sa vie « qu'il y a quelque chose au-delà de nous – si seulement nous pouvions entrer en contact avec lui ! », et qu'il possède justement comme un sixième sens pour percevoir cet « au-delà de nous ». Il n'en dira guère plus et l'expression est susceptible de bien des interprétations, mais l'essentiel est qu'elle est, pour lui, lié à la joie et à la paix que le Christ apporte[1].

Après un mois de marche dans la jungle, Hart, soutenant un John toujours plus chancelant, arrive au bord de la mer, non loin de Kuala Selangor. Les Japonais sont déjà 250 kilomètres plus au sud et continuent de ratisser sur leurs arrières. L'officier anglais décide de ne pas s'attarder même si son compagnon l'inquiète de plus en plus. Il découvre sur une plage un sampan, en chasse son propriétaire, y embarque son compagnon, et met le cap vers Sumatra, à plus de 100 kilomètres à l'ouest. Les deux hommes rament, mais le frêle bateau est pris dans la queue d'un typhon, fréquents en cette saison. Les vents ne tardent pas à drosser l'embarcation contre la côte malaise où le sampan s'échoue, ses passagers tout étonnés d'être encore vivants :

> … Nous avons volé un bateau, nous avons ramé,
> Tout droit au-dedans d'une fureur épouvantable
> Qui tournoyait autour de nous pendant que nous hurlions « Sois [balayée » ;
> Nous tenions les poteaux briseurs de rafale des pêcheurs, nous [leur devions
> Nos vies… « Ces choses font grandement plaisir :
> Un port après la mer déchaînée[2]… »

Les deux hommes errent à nouveau, à la recherche d'un autre bateau sur des plages battues par les vents et sous une pluie diluvienne quand ils aperçoivent des Européens, un groupe de Highlanders écossais aussi décharnés qu'eux à cause de leur

1. Plusieurs poèmes traitent par allusion de ce sixième sens : *Inri* (1973), *Atonement* (1974), *Nimrod* (1974), *On The Feast of Corpus Christi* (1978) et *Maria* (1979). Ce sens saisit une réalité non sensible mais non moins présente que celle que les sens corporels perçoivent, liée à Dieu, au Christ, à la Vierge Marie et à l'amour.
2. *A Ballade of a Triple Vigil*, 1977.

cavale dans la jungle. Ils détournent ensemble un autre sampan, mais cette fois ils obligent son propriétaire sous la menace d'un revolver à les conduire vers Sumatra. Sur le bateau, John souffre aussi d'un gros coup de chaleur et de brûlures dues au soleil et il délire, inquiétant les autres. Un voile noir s'abat souvent sur lui et il sombre dans une profonde dépression quand il retrouve ses esprits, autant de symptômes de progression du paludisme cérébral, alors que la double découverte qu'il a faite dans la jungle ne cesse de le hanter. Un poème passablement abscons évoque ces heures dramatiques :

> Moi aussi j'ai séjourné dans une guerre
> (Je n'ose dire combattu, Seigneur
> Un guerrier désolé et étrange,
> Pas digne d'être remarqué), mais sur cette étendue
> Je penchais franchement depuis l'Orient
> Délirant, impaludé,
> Orienté plus vers le Prêtre,
> Sans nécromancie, mais de la Fête
> Enterrement expatriant[1].

Enfin la côte de Sumatra, et le sampan débarque les Britanniques près de Banga Siapi Api, petit port de pêcheurs chinois installés là depuis près d'un siècle et demi. Le groupe se fait indiquer en toute hâte l'hôpital local pour y transporter le malade. Nous sommes le 15 février, jour de la chute de Singapour, mais aussi de l'attaque japonaise sur Sumatra. Tandis que Hart fait télégraphier qu'ils sont encore en vie, les médecins locaux jugent le cas de John si grave qu'ils le font transférer aussitôt à l'hôpital de Medan, ignorant que cette ville va rapidement se trouver sous le feu japonais. Il y est soigné par des médecins hollandais mais s'enfonce dans le délire. Au plus fort de la maladie, précisera-t-il 25 ans plus tard, il perd l'esprit et reste trois jours entre la vie et la mort, « emmuré ». Il en ressort avec une évidence renforcée sur ce que devra être désormais sa vie, chercher Dieu :

> Je ne sais quelle maladie j'eus
> Mais à Sumatra je suis devenu fou
> (de coups de soleil et de paludisme
> Peut-être) – Ô hystérie bénie,
> Ô délire béni qui m'enseigna

1. *To The Warworn School*, sans date.

Clairement que chercher Dieu
Était tout ce que je voulais vraiment ! Étrange.
Mais c'est ainsi qu'il m'appela pour son troupeau[1].

Un second événement s'y ajoute : John a, semble-t-il, dans son délire une sorte de vision, qu'il identifiera avec la Vierge Marie[2].

Une dizaine de jours après cet épisode presque fatal, John est tiré d'affaire et commence à se lever. Mais il faut déjà fuir à nouveau, car l'avance japonaise oblige à évacuer tous les Anglais de Sumatra. Il est alors, encore très affaibli, transféré à Padang, à 700 kilomètres au sud-ouest. Dans la rade de ce port, le *Tenedos*, vieux destroyer de la Première Guerre mondiale, un des rares navires qui ont survécu à la destruction de la flotte britannique, a déjà été pris d'assaut quand, le 1er mars, James Hart arrive sur le quai, portant plus que tirant un John chancelant. Le bateau, déjà en surcharge, commence à remonter sa passerelle. Hart s'y agrippe, hurle, y jette son compagnon, se bat avec les matelots qui veulent les repousser : « Désolés, l'ami, nous sommes pleins. » Il réussit à se maintenir dessus avec son fardeau humain, lui sauvant une nouvelle fois la vie. Gîtant à cause de son surpoids, le bateau s'éloigne et fait route vers Ceylan, tandis que Sumatra tombe aux mains des Japonais. Il réussit à échapper à l'aviation nipponne et arrive à Colombo. Là, Hart et John, toujours malade, sont transférés sur le *Chitral*, un paquebot de la ligne d'Australie réquisitionné par la *Navy*, qui va les conduire vers Bombay, alors que le *Tenedos*, repéré juste après par la chasse japonaise, est coulé – 33 de ses hommes y trouvent la mort.

Interlude indien

Les deux hommes arrivent à Bombay à la mi-mars. Le 16, John envoie un télégramme à ses parents : « Je vais bien et je suis sauf. » Il loge quelque temps au Taj Mahal, le grand hôtel de la ville, d'où il leur écrit une lettre qui reflète à la fois la maladie qui le frappe et son nouvel état d'esprit :

1. *Ut Unum Sint* (n° 1410-1411), 1956.
2. *Cf.* annexe 2, p. 109.

> Vous avez entendu parler de la tragédie malaise. J'y étais et pourrais en dire beaucoup, mais je ne le puis maintenant. Qu'il me suffise de vous dire que j'ai eu beaucoup de chance, étant passé de la *Malaisia* à la malaria et de la malaria à un esprit bien plus clair que jamais auparavant [...] Comme elle était combinée avec des coups de soleil, la première phase de ma malaria m'a conduit à la folie. Mais j'en suis très reconnaissant. Je crois qu'ayant touché le fond, ma raison est désormais fondée en sûreté sur le désir de deux choses : l'honnêteté et la simplicité.

Puis John enchaîne sur des considérations décousues, avant de revenir à la guerre et à ses projets d'avenir : « Sur Ignace de Loyola ; sur le même *Credo* que vous ; sur le but de la Démocratie-Chrétienté – et sur la ferme croyance que la magie est limitée au Papisme et au Bouddhisme, n'ayant rien à voir avec nous ». Il conclut :

> Notre guerre est un combat contre l'Antéchrist, avec les armes de l'Antéchrist. Et quand ce sera fini, j'irai à Wells, dans un pays où le soleil se trouve, pour préparer à un combat loyal. J'appelle Père Fist [Poing] involontairement – mais maintenant je prends conscience qu'il a toujours loyalement combattu.

Ces phrases annonçant une vocation d'ecclésiastique anglican ne peuvent que réjouir le cœur du révérend Bradburne. Mais la suite a de quoi l'inquiéter à nouveau, un inventaire qui sonne comme un poème burlesque et peut faire douter de la raison de son fils, avec un post-post-scriptum de réflexions échevelées sur *Bradburne* (large ruisseau, en anglais) et *Bach* (ruisseau, en allemand), et sur la Croix.

Une unité perdue au cours d'une bataille n'est jamais reconstituée et, après un temps de repos à Bombay, John part pour Dehra Dun affecté au 3/9 gurkha. Le bataillon, levé en octobre 1940, compte une vingtaine d'officiers et près de 900 hommes de rang. L'épopée du survivant de la Malaisie fait de lui un héros, même si lui en a retiré un fort sentiment d'humiliation. Dès le mois suivant, il est nommé adjoint du bataillon, voie ouverte vers un commandement. Il a la responsabilité de l'organisation, des livres, de la discipline, du travail de bureau après l'enfer malais. Il écrit à ses parents : « La vie est à présent aussi bonne que ce que j'ai jamais connu : douze heures de travail par jour, de bons amis, un environnement agréable. »

L'affectation au 3/9 gurkha est de courte durée. Un nouveau bataillon voit le jour le 15 juillet 1942, le 5/9 gurkha, et John y est muté comme adjoint, signe que son travail donne satisfaction. Au capitaine Peacock, qui commande en second, il laisse une impression fugace d'« aimable jeune homme ». Il est nommé peu après capitaine, et il suit l'état-major et le bataillon pour des entraînements dans les forêts autour de Saharranpur et au bord de la Yamuna. En décembre 1942, le gros du 5/9 gurkha part à Raipur, puis sur la frontière du nord-ouest, mais John, lassé du travail de bureau, a obtenu de retourner au 3/9 gurkha pour y retrouver un peloton de mortier. Il travaille désormais avec un *jamadar* fort capable de diriger les manœuvres, et lui préfère grimper aux arbres, observer les oiseaux, chanter, prier à sa façon.

Peu après son arrivée à Dehra Dun, il fait la connaissance d'un autre jeune officier, John Thurston Dove, du 1/9 gurkha, venu un jour lui demander s'il peut écouter un disque de musique légère sur le gramophone de John et qui s'est vu forcé d'écouter le *Jésus, que ma joie demeure* de Bach. Ils deviennent vite d'inséparables amis :

> Aurais-je pu avoir quelque autre choix
> De meilleure amitié, je ne me serais pas réjoui
> Ni ne voudrais en exprimer le désir
> Car tout autre ami moins j'admirerais[1]…

John Dove (John l'appelle alors Thurston ; plus tard ce sera Cricht, Guru, The Dove [*la Colombe*], ou simplement Dove), d'un an plus jeune que lui, est le fils d'un gentleman campagnard anglais qui vit de ses rentes dans le Somerset, chasse à la mauvaise saison et joue au polo en été. Si sa mère, une Irlandaise, est une pieuse catholique, son père est assez indifférent en matière de religion, sauf un anticatholicisme prononcé ; mais c'est « un mariage heureux et solide, et mon enfance fut heureuse et sans grandes inquiétudes » (J. Dove). Le père a accepté que les enfants soient élevés dans la religion de son épouse et, le dimanche, il reste à la maison tandis qu'ils vont à la messe. À vingt ans, quand John le rencontre, son ami Dove est surtout intéressé par le polo et par les filles. Beau garçon, il n'a pas la fantaisie de son nouvel

1. *Tatterdemalion*, 1971.

ami, mais partage son goût des longues discussions, des marches dans la nature et des demoiselles. C'est aussi un catholique sans complexe, qui ne se pose pas de questions sur le pourquoi de sa foi, « avec une simple dévotion pour la Messe et les Sacrements [...], trouvant instinctivement à l'école et à l'armée mon chemin le dimanche à la messe ».

Les deux jeunes officiers s'installent bientôt dans un bungalow militaire de Birpur qui abrite aussi un ex-banquier du Kenya, un imposant Écossais, un ancien de Wellington (école de l'élite anglaise) et un rude planteur de thé. Leur domesticité est abondante : ils partagent un *dhobi* pour le linge, un *bhisti* pour l'eau du bain, un homme de ménage, un *mali* pour le jardin, et chacun a en plus un serviteur. Dhil Bahadur est celui de John, aidé par son fils qui a pour tâche principale d'apporter une tasse de thé le matin en chantant d'une voix lugubre : « Il est six heures moins le quart, Sahib. » Celle du père est de fournir au jeune officier un uniforme impeccable et amidonné, et de représenter ses intérêts dans le concert des domestiques.

La journée commence en écoutant du Bach ou une symphonie de Beethoven, et John gagne peu à peu son ami à ses goûts musicaux classiques. Après les heures de travail, les après-midi sont consacrés en principe à l'étude du gurkhali. Un professeur, payé sur leur solde, vient donner des leçons au bungalow, bientôt dans la chaleur moite de la mousson. Les deux jeunes Anglais sont vautrés sur leur lit, et il essaie de leur faire saisir quelque point de grammaire. Parfois, au bout de dix minutes, John se lève et l'apostrophe : « Assez, Sahib, vous devez apprendre à apprécier un peu de Bach. » Le pauvre professeur doit alors écouter religieusement la musique et les commentaires du mélomane.

Les après-midi se terminent généralement par la parade. Ensuite, les deux amis font du tennis ou, pour Dove, du polo. Le plus souvent, ils partent se promener, à pied ou à cheval. Derrière les bâtiments coloniaux de l'Institut forestier, à mi-chemin entre leur campement et l'Académie militaire, qui forme des milliers de futurs gradés indiens, ils grimpent dans les forêts de sals (arbre à encens) et de déodars, les rois de la forêt himalayenne aux pyramides en forme de pagodes. Un jour un berger rencontré en chemin offre à John une petite flûte : celui-ci la conservera précieusement. Le week-end, ils montent parfois à

Mussorie, la « Reine des montagnes ». La station climatique offre une vue splendide sur l'Himalaya et les Siwaliks.

John se promène aussi avec son cousin Peter Comber, qui arrive de Tobrouk. Peter correspond avec Mary, qu'il épousera à son retour de la guerre, et lui raconte leurs balades à cheval : comment son cousin, désarçonné par sa monture, a eu la cheville coincée dans l'étrier et s'est fait traîner un bon mile par l'animal – plus de peur que de mal ; ou comment, une autre fois, Peter l'a retrouvé, au son de la flûte, en haut d'un arbre. John y passe des heures à admirer les cieux indiens, soleils noyés de sang, aubes claires et brillantes, et le changement des saisons : la rugosité de l'hiver, la saison semi-aride puis l'explosion de la mousson qui jette à profusion une vie presque indécente.

Le soir, les deux John dînent généralement au mess des officiers, un des plus beaux des Indes, qui domine une vallée profonde sur fond des collines de Mussorie et de sommets himalayens avec, sous leurs yeux, des parterres de fleurs, déluge d'hibiscus et de cannas. Le repas commence toujours par un toast au Roi, et quand le colonel du bataillon est présent les officiers mettent leur plus bel uniforme tandis que des musiciens indiens jouent les cornemuses du régiment. Quand l'officier quitte la table, les jeunes gens changent de tenue et jouent parfois au rugby affublés de peaux de tigre. Certains soirs, les dames sont admises – alors le banquier du Kenya fait en sorte que ses voisins du bungalow ne soient pas sans escorte. John se signale par son humour et ses imitations : il est « la vie et l'âme » de ces soirées, selon son ami Dove. Le rhum coule à flot, et il rapporte souvent au bungalow un peu de *rahkshi* pour l'Écossais, toujours sans le sou ; une autre fois, c'est le banquier kényan ivre mort qui est ramené sur ses épaules par un jeune parachutiste. John lui aussi aime boire, parfois un peu trop. D'autres excentricités le font remarquer : il ne voudrait pas se raser, contrairement au règlement, regimbe contre celui-ci et, quand il se rend en *tonga* (carriole à deux roues tirée par un cheval) au Dehra Dun Club, il s'assied près du cocher et malheur à ce dernier s'il frappe la bête : John le frappe à son tour.

Mais, comme son ami Dove, ce sont surtout les demoiselles qui l'intéressent. Celles qu'ils fréquentent sont surtout les filles ou les nièces de leurs officiers supérieurs. Les deux amis leur rendent visite quand ils le peuvent en *tonga*. Selon son ami, John donne plus qu'il ne reçoit : il tombe facilement amoureux et déclare sa flamme, mais sans retour de la part de jeunes filles qu'il amuse plus qu'il ne séduit. D'autres témoignages le disent moins malchanceux.

John parlera de cet interlude indien comme de « deux années dissipées sans profit dans les clubs, les pubs et les jeux ». Le désir de Dieu continue pourtant à cheminer en lui. Mais, oubliant ce qu'il avait écrit à son père en mai 1942, sa religion est d'abord surtout cosmique : admiration de la nature, des levers et couchers de soleil, des montagnes, des forêts, des oiseaux et du silence. Ses lettres expriment alors les mêmes sentiments, et il y passe par exemple d'une contemplation de nuages à une réflexion sur la vérité de l'Éternité. Il tente ainsi de mettre en place les pièces d'un puzzle unissant la catastrophe malaise et les révélations aux portes de la mort. Il discute parfois de religion avec son ami Dove, « de façon toute naturelle, comme nous discutions d'autres sujets, et cela nous est resté. Nos différences n'affectaient en rien notre bonne relation – parce que nous en discutions si librement, si naturellement » (J. Dove).

John se considère alors comme un anglican de la Haute Église mais, aux yeux de son ami, sans « aucune approche formalisée ou institutionnelle de la religion », et sa croyance semble se confondre avec l'émotion religieuse, surtout face à la nature et par la musique. La ferveur de son émotion frappe son ami le jour où il découvre dans une boutique de Mussorrie un disque poussiéreux avec gravés dessus le *Nunc Dimittis* de Dufay et un *Gloria* pré-élisabéthain. John n'éprouve aucun intérêt particulier pour le catholicisme malgré la vision de Medan, et son ami ne cherche pas à l'influencer. Des chapelains non-conformistes du régiment ont eux aussi remarqué le jeune homme, et l'un d'eux s'est mis en tête d'en faire un des leurs, sans succès.

Puis vient l'heure de l'Orient : moulins à prière et formes répétitives le fascinent, et John en découvre la puissance spirituelle. Un jour où il rentre avec son ami Dove d'une visite à des demoiselles, un éclair le dessille :

> J'entendis le son d'un chant, et vis un solitaire,
> Un sâdhu en louange… marchant tranquillement sur le chemin,
> Et je me sentis moi-même fou et vain, sans rôle[1].

1. *Retrospective Retrograde*, 1974.

Il se tourne alors vers les religions de l'Inde. L'hindouisme le captive, avec ses brahmanes, ses *sannyasis* ou ses simples paysans dévots, comme il en voit des milliers traverser les rues de Dehra Dun en route le long de la Yamuna vers Yamunotri et son sanctuaire des sources à près de 4000 mètres d'altitude, un des quatre lieux majeurs de pèlerinage himalayen. Il se passionne aussi pour le mantra bouddhique *Aum mane padme hum*. Mais il n'accroche pas au yoga, et regarde d'un œil amusé un autre locataire qui le pratique en revenant de la parade. Peu à peu sa ferveur orientale se dissipe.

Car ce qui a été semé dans la jungle malaise et à Medan poursuit son chemin. Et si, comme il l'écrit, il retourne toujours à une « mixture de Bach et de Bacchus », l'influence chrétienne du premier prend de plus en plus le dessus. L'écoute méditative de la Cantate BWV 147 (*Jésus, que ma joie demeure*) joue alors pour lui un rôle essentiel. En mai 1943, il écrit à ses parents : « Ma vie est donnée au Christ une fois pour toutes. » Il envisage alors un métier manuel et un apostolat chrétien vis-à-vis de ceux qu'il rencontrerait, laissant ouverte la question d'une ordination.

Au fil des mois, selon son ami Dove, « de plus en plus les discussions de nature religieuse ont pris une grande place dans notre relation et affection réciproque ». Comme il le voit aller tous les dimanches à l'église catholique, John finit par interroger son ami sur sa religion. Incapable de lui répondre, celui-ci l'envoie chez le curé franciscain de Dehra Dun, qui lui prête le livre d'Arnold Lunn, *Now I see (Maintenant je vois).* Ce dernier, sportif accompli, inventeur du slalom, romancier et polémiste, avait publié un pamphlet sur la stupidité du catholicisme en 1924, qui lui valut une polémique publique avec Ronald Knox, et s'acheva par la conversion de Lunn au catholicisme en 1933. Ce premier contact n'est pas concluant pour John, même s'il écrira par la suite à ses parents que cette lecture l'a renforcé dans une attitude positive envers l'Église catholique. Il continue donc à butiner prières et chants hindous ou chrétiens qui constituent l'« office » qu'il chante, et à se bricoler un syncrétisme personnel, tout en rêvant, tantôt à une carrière ecclésiastique dans l'Église anglicane, tantôt à des études à Oxford.

En mai 1943, les deux amis obtiennent un congé et décident de le passer sur les bords du lac Naini. Le paysage est époustouflant de grandeur et de beauté, sur fond de la Nanda Devi, second plus haut sommet de l'Himalaya, en ce haut lieu du tourisme himalayen depuis sa découverte par les Anglais au siècle précédent, et le gouverneur des Provinces-Unies y réside. Les deux jeunes militaires logent dans la résidence du commissaire de police, qui domine le lac, et passent trois semaines à jouer au tennis, monter au China Peak, faire des promenades à pied ou à cheval, boire au *Boathouse* et sortir au club avec des demoiselles de bonne famille. Un soir, John ému par le travail des porteurs de *dandy* (chaise à porteur) qui transportent les Européens en loue un et fait s'y asseoir un des porteurs dont il prend la place à côté des trois autres, sur près de 800 mètres :

Coolie travaillant,
Aussi maigre que fatigué,
Tirant un pousse-pousse
Loué par un poids lourd. [...]

Ô Européen,
Ces lignes ne sont pas écrites
Dans le seul but de prêcher un sermon :
Les hommes sont tous
Liés les uns aux autres,
Et chacun de nous dépend en quelque façon de son frère.

Et donc, hommes privilégiés
Pour le bien de celui qui est loué
Que celui qui le loue observe quand il est épuisé
Que chacun respecte
Le sort de l'autre
Car tous sont enfants de Dieu sans égard à leur couleur[1].

« Je suis un chindit »

Depuis leur victoire éclair en Birmanie de 1942, les Japonais sont face à l'Inde, que les campagnes nationalistes de Gandhi et la famine déstabilisent. La guerre semble se cantonner dans les tranchées de l'Arakan mais, à l'automne 1943, le long interlude indien touche à sa fin. Son ami Dove part sur le front européen (Italie puis Grèce) tandis qu'il rejoint avec six autres officiers du 3/9 gurkha et 150 hommes de troupe le camp des chindits d'Orde Wingate à Mynamatti (Bengale oriental), où se prépare

1. *Ut Unum Sint* (n° 1 438-1 440), 1956.

l'opération *Thursday*, le largage de commandos derrière les lignes japonaises en Birmanie[1].

Pour Wingate, l'entraînement est la clé du succès, et il a même pris des troupes africaines pour le prouver. Mais il ne voulait pas de Gurkhas, jugés incapables d'initiative, et n'en a accepté que sur l'insistance de son second, Calvert. Avec ses compagnons, John va suivre des exercices rigoureux pour pouvoir accomplir chacun des actes qui leur seront demandés pour frapper et s'esquiver dans la jungle birmane. Quelle différence avec l'amateurisme de la Malaisie ! Le 16 décembre, l'amiral Mountbatten, nouveau commandant en chef des forces alliées, vient en personne haranguer les chindits. Il entend lui aussi briser la spirale défaitiste et s'il parle autant pour les caméras que pour les soldats, son allure sportive, la facilité avec laquelle il saute sur un tonneau et son optimisme contagieux redonnent du courage. De plus il prononce quelques phrases en gurkhali : que le cousin du Roi puisse parler leur langue impressionne fortement les Népalais.

L'entraînement se poursuit avant et après Noël, jours ensoleillés et nuits fraîches. Le soir, durant la parade, chaque soldat doit avaler sa pilule de Mepacrine contre le paludisme, même si la rumeur prétend que ce médicament rend impuissant. À Noël, tout le bataillon fait bombance, et John participe à un festin d'oies chinoises arrosé de gin indien, de rhum et de whisky. Puis un match de football oppose les officiers gurkhas aux Britanniques, que ces derniers gagnent.

John suit l'entraînement comme les autres, mais son cœur est ailleurs. Rares sont ceux qui comme Scott Leathart, partagent sa passion pour la nature et peuvent dire : « Mon intérêt général pour l'histoire naturelle rend ma vie plus intéressante que celle de beaucoup de collègues. » Comme lui, John aime contempler le vol nuptial de milliers de sterlites, écouter les bruyants petits criquets du Bengale et, la nuit, les appels des hiboux en chasse. Il continue à grimper aux arbres et à jouer de la flûte, mais partage plus la vie de ses hommes et chaque soir, au soleil couchant, il les écoute chanter en tapant sur leurs *madals* (tambours népalais) des mélodies nostalgiques sur les maisons, les vieux parents, les femmes et les enfants qu'ils ont laissés au pays. Elles hanteront ses rêves et lui inspireront plus tard cette ballade :

1. *Cf.* annexe 3, p. 109-112.

Du grand air des montagnes de l'Himalaya,
Ô triste départ,
De nos maisons sous les tanières des ours à fourrure
Nous arrivons en riant.

Dans des plaines surchauffées ou des pluies de jungle
Ou mourant en solitaires,
Quelle que soit la souffrance nous recherchons la gloire
Nos bien-aimées soupirent.

Des terres fleuries et des averses qui rafraîchissent,
Des sonnailles des cloches des vaches,
Près des tours des temples, notre paix était douce
Auprès des saddhus chantant[1].

Sa réflexion sur son avenir s'approfondit et il prend une décision qu'il explique le 8 novembre dans une lettre à ses parents : « John-le-sans-le-sou » est devenu « John-l'avare » car il s'est mis à épargner chaque mois pour financer deux ans d'études à Oxford. Deux mois plus tard, il a changé d'avis et entend être ordonné dès que possible, après des études au collège théologique de Wells. C'est le fruit, écrit-il, de deux ans de réflexion et de persuasion et de l'influence prégnante de *Un appel sérieux à mener une vie dévote et sainte* de William Law, auteur du XVIIIe siècle pour lequel le chrétien peut très bien mener une existence extérieurement des plus ordinaires et vivre la plus exaltante des aventures en suivant au quotidien le Christ, l'essentiel étant de prendre conscience qu'il habite en nos âmes et de lui répondre.

Après le nouvel an 1944, John poursuit son entraînement à Fenua, au nord de Chittatong, dans une jungle similaire à celle de la Birmanie, puis retourne non loin de Dehra Dun, à Syadpur. Il y tombe en admiration devant une caravane de cinquante chameaux qui passent dans les collines, et se met à rêver aux Rois mages. Calvert, surnommé *Mad Mike* (« Mike le fou ») précise alors devant les chindits les plans grandioses de Wingate : ils seront aéroportés en planeurs pour construire des forteresses derrière les lignes japonaises puis des « colonnes flottantes » en partiront « écartées comme les doigts d'une main » avant de « se ramasser en un poing pour s'abattre sur l'ennemi ». John et le 3/9 gurkha apprennent que leur mission consistera à défendre

1. *The Gurkhas*, 1949.

la forteresse principale, baptisée Broadway. Fin février 1944, ils arrivent à Hailakandi, au Bengale occidental, et bivouaquent près de son aéroport. Ils font les derniers exercices avec avions et planeurs, et des marches avec des sacs de 33 kg sur le dos. John reçoit son uniforme de combat, un tricot de corps, une chemise verte de jungle, un pantalon, un gilet sans galon (les chindits ne saluent pas, car les tireurs embusqués pourraient alors reconnaître les officiers et les viser en priorité), et un chapeau mou surnommé IWT (*I was there,* J'y étais).

Peu avant le jour J, Wingate inspecte lui-même le 3/9 gurkha. Il s'annonce pour dix heures du matin et demande qu'un bac de sable de 10 m^2 soit préparé et quadrillé. Les Gurkhas creusent une fosse et préparent en toute hâte le bac, où les carrés sont matérialisés avec de la ficelle. À l'heure dite, John et son bataillon voient Wingate arriver à cheval ventre à terre, chemise de brousse crasseuse et vieux Weston non réglementaire, avec son aide de camp tiré à quatre épingles. À la fureur de Leathart qui a dirigé le travail, le général fait asseoir les hommes n'importe comment. Mais son discours les galvanise, tant il donne l'impression d'avoir compris exactement ce qu'il y aura à faire, comment les Japonais réagiront, et comment il faudra leur répondre. Le discours terminé, Wingate passe en revue la troupe et, s'arrêtant devant John, lui serre la main en disant devant tous : « Félicitations, capitaine Bradburne, pour votre évasion et pour votre Croix militaire. Je vous ai inscrit. » Et le voici déjà sur son cheval et reparti, tandis que tous félicitent l'heureux impétrant. John oubliera vite la médaille, qu'il ne recevra d'ailleurs jamais (Wingate est sans doute sincère en la lui promettant, mais c'est le dernier de ses soucis à la veille du jour J, puis une fois l'opération déclenchée. Moins d'un mois après, il sera mort).

Opération *Thursday*

L'opération *Thursday* (Jeudi) est programmée pour le 5 mars 1944, juste avant une nuit de pleine lune. Wingate a choisi la région birmane d'Indaw, à 200 kilomètres derrière les lignes japonaises comme lieu d'installation de deux forteresses, Broadway et Picadilly. Il veut y envoyer plus de 10 000 hommes, et ce sera la plus grande opération aéroportée de la guerre avant le débarquement de Normandie. Il a obtenu pour cela des Américains 80 planeurs géants Waco CG-4 qui peuvent embarquer une tonne et demie, voire plus de deux en cas d'urgence. Le 4 mars, il fait un dernier discours aux chindits et leur dit : « Beaucoup d'entre vous seront tués ou blessés ou vont mourir de maladie. Tous vous endurerez des souffrances pires que celles que vous avez pu imaginer. » Cette nuit-là, les Népalais du 3/9 gurkha se saoulent à mort. À un officier anglais qui leur demande pourquoi, Sinbahabadur Lumbu répond : « Ce damné sahib barbu nous a dit que nous allions tous crever demain, autant boire tout le rhum, et tout de suite. Et puis ce sera tout cela que nous n'aurons pas à trimbaler sur notre dos » (H. Noullet).

Le matin du 5, le général Slim, commandant de la 14e armée, atterrit après avoir survolé les hommes qui lui apparaissent autour des avions « comme des fourmis encerclant des mites captives » pour l'« opération aéroportée la plus grande et la plus risquée de la guerre ». Il n'y adhère que du bout des lèvres, vexé que Wingate l'ait obtenue de Churchill contre son avis. John a été désigné pour la première vague de planeurs. Avec ses compagnons, il se repose toute la journée à l'ombre des planeurs ou discute avec les pilotes américains de Cochran, parmi lesquels l'acteur Jack Coogan (le *Kid* de Charlie Chaplin). Pour Bill Towill, un de ses compagnons, « ceux avec une foi solide se recommandent à Dieu et même les autres, qui n'auraient osé l'avouer devant les autres ».

En fin d'après-midi, le spectacle est saisissant : alors que les Dakotas et les planeurs sont alignés avec leurs filins de nylon, une troupe sort de l'ombre et s'avance comme un ballet longuement préparé. Les avions testent à plein régime les moteurs et attendent l'ordre de départ. Soudain, à moins d'une demi-heure de l'heure H, un avion se pose sur la piste. Son pilote a fait un dernier vol de reconnaissance malgré les ordres – Wingate veut que la surprise soit totale –, et il a découvert que la zone prévue pour Picadilly est encombrée de centaines de billes de teck ; il en rapporte des photos. Wingate le réprimande mais doit se rendre à l'évidence. Les Japonais seraient-ils au courant ? Attendent-ils les planeurs à Picadilly, et peut-être à Broadway ? Ou sont-ce des bûcherons qui ont coupé des arbres ? Il est prêt à annuler l'opération, ce qui serait la fin des chindits. Le risque est pris : tous les planeurs iront à Broadway, Calvert en tête. Wingate demande à son adjoint d'envoyer dès l'atterrissage un message radio : *Pork*

Sausage (saucisse de porc) si tout marche bien, *Soya Link* (ersatz végétal) dans le cas contraire.

John et les autres chindits grimpent dans les planeurs et les premiers Dakotas démarrent, chacun tirant deux planeurs, autre nouveauté risquée. Les fils se tendent. Les avions font quelques larges cercles pour prendre de l'altitude puis piquent vers l'est. Vue du sol, l'opération semble mal engagée : plusieurs planeurs se crashent, dont celui du futur commandant de Broadway, le Lt-colonel George, et une quinzaine doivent rapidement rebrousser chemin, alors que les avions suivants décollent. Puis c'est le silence radio quant à ceux qui ont disparu à l'orient dans le ciel que la nuit commence à obscurcir, tandis que la chasse américaine part attaquer des aéroports ennemis pour faire diversion.

Dans la nuit claire, écrasé avec ses camarades dans le Waco, John peut deviner les collines du Nagaland puis la plaine du Chindwin et le ruban d'argent du fleuve sous la lune. Ils sont désormais en territoire ennemi, dans le grand silence du planeur. Sur des centaines de kilomètres s'étale devant eux, jusqu'en Chine, la jungle inhospitalière. Aucun avion ennemi ne se manifeste, et John sent à un moment que le Dakota ralentit : c'est l'approche du site de Broadway. En regardant vers le bas, il peut voir des feux. Vu du ciel sous la lune, le site et sa colline ressemblent à un terril dévasté par le ruissellement ou à un crabe noir sur tapis vert. Le filin est décroché, le planeur vibre et descend vers la clairière. Le terrain choisi pour l'atterrissage au milieu des arbres paraît à John bien petit vu d'en haut, mais il sait que 180 à 200 mètres suffisent pour atterrir. Par contre il ignore que le sol est très inégal, avec deux fossés profonds et qu'il y a deux arbres en plein milieu. Le planeur qui le précède s'écrase dans les arbres, les mules qu'il transporte seront tuées. Le sien se pose sans casse, mais seulement 32 appareils sur les 67 partis de Hailakandi se posent cette nuit-là à Broadway.

Descendant du planeur, John découvre à la lumière de la lune un spectacle affligeant : carcasses des planeurs écrasées au sol ou accrochées dans les arbres, cris des mourants et des blessés dans les carlingues, arbres embrasés par les collisions, tandis que des soldats essayent dérisoirement de commencer à nettoyer le terrain à la main et de décharger les appareils endommagés. Mais ils ne peuvent tirer les lourds Waco et les suivants arrivent avec une régularité de métronome pour se fracasser sur ceux qui gisent au sol ou s'empaler dans les arbres en voulant les éviter (seuls trois d'entre eux seront en état de revoler). Calvert essaie en vain d'avoir un contact radio avec Wingate pour faire arrêter les départs. Enfin, vers 4 heures du matin, il y réussit quelques secondes et lance le fatidique *Soya Link*. À Hailakandi, son chef s'effondre en recevant le message et donne aussitôt l'ordre d'arrêter les vols, alors qu'une nouvelle vague d'avions avec leurs planeurs vient de partir. L'opération *Thursday* a lamentablement échoué. Wingate est si bruyamment désespéré que Tulloch, un de ses adjoints, l'envoie de force se coucher.

À Broadway, dans le jour levant du lundi 6 mars 1944, tandis que les hommes découvrent le site, « beau, paisible, ouvert », selon Peter Heppell, des fusiliers du Lancashire, mais jonché de carcasses de planeurs, Calvert évalue l'étendue du désastre : 32 morts, 31 blessés graves, 200 autres blessés, soit la moitié des 539 hommes qui se sont posés à Broadway déjà hors de combat, et il n'a que le quart des effectifs prévus. De plus, le terrain est si accidenté que les hommes valides n'arriveront jamais à le niveler avec les pioches et leurs pelles pour en faire une piste d'atterrissage avant le soir. *Thursday* est un cuisant échec.

C'est alors que Calvert entend, dans le silence du petit matin, un bruit de moteur. Un avion japonais ? Non, c'est un des Américains de l'expédition qui arrive sur un petit bulldozer. Un vrai miracle ! Il y en a même deux, plus une niveleuse, sauvés des débris de planeurs du génie écrasés dans les arbres, et le lieutenant Brockett se fait fort de les utiliser tout de suite. Calvert, galvanisé, envoie un message radio : *Pork Sausage*. À Hailakandi, on court réveiller Wingate.

Calvert fait regrouper la trentaine de tonnes de matériel embarqué et met les hommes au travail. Tous ceux du 3/9 gurkha qui sont valides, dont John, font l'essentiel. Un des deux bulldozers et la niveleuse, tirée par le second, aplanissent le sol. Les hommes s'activent derrière, chacun avec sa pelle, pour aplanir le terrain, « dans le bruit des engins et de milliers de cigales qui les regardent de leurs yeux de soucoupe », se souviendront-ils. Des heures durant, les hommes terrassent, piochent, bêchent, nivèlent, tandis que d'autres commencent à monter des abris de protection, leurs toits construits avec de gros troncs, ou creusent des tranchées. Les installations anti-aériennes sont mises en place. Calvert envoie une équipe pour trouver de l'eau, ce qui est vite fait car à une centaine de mètres de la clairière chante un petit ruisseau. D'autres soldats, dont le fusilier Peter Heppell, brûlent les planeurs dont les occupants, morts, sont coincés dans les arbres. On demande à ce dernier de brûler les cadavres. Il refuse, gêné à l'idée que ses camarades partiront en fumée [1]. Un autre le fera.

Quand en début d'après-midi, douze avions L5 américains dont celui de Coogan se dessinent dans le ciel après avoir traversé la Birmanie en rase-mottes, ils peuvent déjà atterrir. Calvert reçoit les pilotes dans son PC provisoire en lisière de jungle, et fait évacuer les blessés les plus graves par les avions qui repartent aussitôt. Dès la fin de la soirée, le terrain peut recevoir des Dakotas. Wingate est un des premiers à arriver. Tandis qu'un ballet aérien double en quelques heures la garnison de Broadway et apporte des canons et des mortiers, le chef des chindits explique à son second qu'il faudra dès le lendemain matin aller faire sauter une voie ferrée et bloquer la route qui mène vers le nord de la Birmanie, tandis que des patrouilles flottantes tourneront en permanence autour de la forteresse.

John profite d'une rotation d'avion pour envoyer une première lettre à ses parents. On comprend qu'il ne dise rien de la forteresse, censure oblige, mais il y parle de sa réflexion spirituelle et de ses projets religieux avec un détachement étonnant par rapport à sa situation, tout en révélant le tournant essentiel dont il a pris récemment conscience. Il revient en effet sur sa préinscription dans un séminaire, qui lui semble présomptueuse et trop hâtive et invoque deux problèmes pour expliquer sa volte-face : d'abord sa malheureuse incapacité à conduire sa vie, même si l'intention spirituelle le pousse à servir Dieu seul. Mais l'autre problème, qui est nouveau et va inquiéter son père, « c'est l'Église catholique romaine, mais il faudra lui faire face plus tard.

1. Peter Heppell gardera toute sa vie quelque remords de ne pas l'avoir fait : « Il y a la vieille phrase sur le "faire que les morts puissent s'en aller en paix" qui pour moi ne voulait pas dire grand-chose mais c'était pourtant quelque chose de ce genre qui me poussait à revenir à *Broadway*. » Finalement, en août 2009, il décide à 86 ans de retrouver la forteresse. Il part en Birmanie et réussit à identifier le site, que la jungle a recouvert. Il y appose une plaque sur un arbre : « En souvenir des chindits » et plante au pied de l'arbre une croix avec l'inscription : « Quand vous rentrerez à la maison, parlez-leur de nous, et dites que pour votre lendemain nous avons sacrifié notre aujourd'hui » (épitaphe de Kohima).

En ce moment, j'ai le plus grand respect pour cette Église, il me semble que tout ce que nous chérissons y trouve son origine, et est étranger à l'Église d'Angleterre… ».

Dès le 11 mars, grâce à près de 600 rotations de Dakotas, plus de 9 000 chindits sont arrivés à Broadway, avec 1 359 mules, de la volaille, des semences pour un jardin et 254 tonnes de matériel (30 000 chindits et 5 000 mules seront au total envoyés derrière les lignes japonaises). Les Japonais ne sont toujours pas apparus (ils sont obnubilés par l'attaque imminente sur l'Inde qu'ils préparent). John organise avec son *havildar* son peloton de mortier, et monte dans les arbres surveiller les alentours. Les colonnes flottantes partent chaque matin patrouiller, tandis que six Spitfire restent à demeure et assurent une protection aérienne. Les semences sont plantées, le poulailler installé. Le soir, John se promène au milieu des tecks, songe à ce que Dieu lui demande, lit quelques pages de Law, et écoute les rhapsodies des cigales. Le major Shead, autre officier chindit, le voit ainsi venir à lui et lui demander : « Savez-vous ce qu'elles disent ? », avant de répondre lui-même : « Plein de cadavres, ici, ici, ici. » Shead trouve cela bizarre, mais John n'a pas tort.

Le 13 mars, Wingate envoie son ordre du jour n° 1, au ton napoléonien : « Notre objectif premier est réalisé. Nous avons infligé une surprise complète à l'ennemi… Remercions Dieu du grand succès qu'il nous a garanti et poussons en avant avec notre épée les côtes de l'ennemi pour l'expulser de notre territoire… C'est une entreprise dont chaque homme qui y participe peut être fier de se dire : J'ÉTAIS LÀ. » Mais, le même jour, une reconnaissance aérienne japonaise survole pour la première fois la forteresse. Trente avions sont aussitôt envoyés pour détruire la piste. Les Spitfire ripostent et en descendent six. Le général Tazoé, chef des forces aériennes nipponnes, contacte alors le commandant en chef, Mutaguchi, mais celui-ci a des projets plus importants : l'invasion de l'Inde doit commencer deux jours plus tard par un assaut sur Imphal et Kohima, les verrous du Bengale. Une colonne est toutefois envoyée vers Broadway et le lendemain, Nar Bahadur, un Gurkha égaré, sera son premier prisonnier (les Japonais exécutent les Anglais mais épargnent parfois les Népalais, qu'ils utilisent alors pour des travaux forcés).

Le 23, un Wingate exubérant revient féliciter les chindits. Il repart dans la nuit, mais son avion s'écrase contre une colline et tous les occupants sont tués. Pour les chindits, c'est le drame, surtout que le général Slim, à leur surprise, choisit non pas Calvert mais Lentaigne, qu'ils ne connaissent guère, pour remplacer le défunt[1]. La guerre continue et, le 27 mars, la bataille pour Broadway s'engage. À l'aube, une patrouille de reconnaissance de Gurkhas tombe sur un bivouac ennemi et ouvre le feu. La nuit suivante, les Japonais attaquent à la grenade non loin du terrain d'aviation. Le *jamadar* Chandrabahadur et ses hommes se battent quarante minutes au corps à corps avec leurs baïonnettes, leurs *kukris*, et même à coups de pied. Puis ils décrochent, mais tombent dans une embuscade et tous sauf un sont massacrés, y compris les blessés. On se bat toute la nuit, et John et ses hommes ont fort à faire au mortier. Un groupe de Japonais essaie même de tromper les Gurkhas et charge au nord du terrain d'aviation en hurlant en anglais. À l'aube, l'ennemi décroche. La forteresse a perdu 14 hommes (une bonne centaine pour les Japonais) et compte 36 blessés, mais le baptême du feu a détruit, pour les défenseurs de la forteresse, le mythe de l'invincibilité de leurs ennemis.

Ce que les Britanniques découvrent dans leur contre-offensive est horrible : des Gurkhas faits prisonniers ont servi de mannequins pour des exercices à la baïonnette, d'autres ont été décapités durant les séances de bushido des officiers nippons. Des cadavres ont les quatre membres coupés et, autour de la forteresse, des têtes commencent à pourrir. Bien vite, une odeur de putréfaction à faire vomir ne cessera plus, celle des cadavres éventrés dont les tripes servent de festin à la jungle. C'est au milieu de cette épouvante, alors que Broadway, encerclé, peut tomber d'une heure à l'autre, que John trouve le temps d'écrire une lettre à ses parents le 28, et de les informer qu'il a placé à la banque de Norwich les 200 roupies qu'il épargne chaque mois ! Il ajoute, de son écriture régulière et appliquée, « ma première

---

1. Le chef de la 14e armée n'a jamais vraiment cru en Wingate et n'aime pas les chindits. La renommée d'excentrique toujours dans les arbres de John est-elle parvenue, au moins indirectement, à ses oreilles ? Il écrira dans ses *Mémoires* : « Le culte des forces spéciales est aussi raisonnable que former un Corps royal de grimpeurs d'arbres puis déclarer qu'aucun soldat ne portant pas leur chapeau vert avec dessus un rameau de feuille de chêne n'est censé grimper sur un arbre. »

ambition dans la vie est de me sentir bien en elle, par exemple en ayant une mention à Oxford. Rien ne vaut de viser haut, je pense ». Mais il leur écrit aussi, signe du mûrissement de son attrait pour l'Église catholique : « Saint Thomas d'Aquin est l'auteur que je veux lire le plus en ce moment, mais je ne peux le trouver. » Et pour cause !

Les Japonais repartent à l'attaque dès le lendemain, décidés à en finir. Leurs snipers montent dans les arbres et mitraillent le camp. Le *jamadar* Yambahadur Sahi et son peloton de tireurs les débusquent, non sans peine. Les mortiers de John pilonnent sans relâche. C'est alors sans doute que se produit l'incident rapporté par le major Shead : les servants du mortier doivent opérer depuis leur tranchée sans protection d'infanterie et sous le feu ennemi. Soudain, John bondit à grands pas hors de la tranchée, les bras étendus et crie aux Gurkhas : « Dieu vous protégera. » Un autre officier racontera à John Dove avoir forcé son ami à se baisser dans une tranchée au plus fort de la bataille. Est-ce la même histoire ?

Le capitaine Coultart, à la tête de ses hommes, contre-attaque ensuite au lance-flammes et, pour finir, à la baïonnette. Il est tué mais les Japonais sont délogés. La nuit venue, ceux-ci sont ravitaillés par les airs mais les Britanniques réussissent à abattre un de leurs avions. Les bombardements et les combats continuent toute la journée du 30. Les mortiers pilonnent à l'aveugle. Dans la nuit qui suit, un gros orage offre un ciel d'apocalypse : éclairs, pluie en douche furieuse, vent violent en ouragan, branches des arbres qui s'écrasent au sol. Sur ce fond wagnérien, les bombardements sont incessants, les tirs intenses des mortiers japonais et britanniques se croisent, des grappes de grenades tombent, les rafales de mitrailleuses et les hurlements des deux côtés sont ininterrompus. Un officier du 3/9 gurkha décrira cette nuit comme un « combat désespéré entre le Créateur et ses créatures pour voir qui ferait le plus de bruit et causerait le plus de dégâts » (Bill Towill).

Le lendemain, George obtient l'appui de l'aviation américaine. Un mortier envoie une bombe fumigène colorée pour indiquer la position des Japonais. Les défenseurs sentent le sol trembler sous l'impact des bombes. Ensuite le capitaine Blaker, un étudiant en médecine de l'âge de John, et un peloton de mortier sont envoyés à l'attaque et découvrent que les Japonais se sont enfuis, et que les alentours sont jonchés de cadavres mutilés de chindits.

Mortifié par cet échec, le Haut Commandement japonais décide alors de créer un corps d'armée anti-chindit avec quatre divisions et une brigade mixte, autant de troupes qui sont retirées avant l'assaut final contre Imphal et Kohima. Le 6 avril une attaque massive est d'abord lancée contre White City, une forteresse que Calvert a fait établir à une quarantaine de kilomètres au nord de Broadway. Les Japonais y sont tués par centaines devant les barbelés et les tranchées, 700 pour un seul bataillon, ainsi qu'une centaine de chindits. La puanteur des cadavres en décomposition est telle que les pilotes américains se repèrent grâce à elle pour trouver White City.

Mais les forteresses tiennent et les Japonais, dépités, se replient de la zone. Le mois d'avril sera calme, à l'exception des fréquents bombardements. Le jardin pousse, la nature est belle, et John a du temps pour prier et réfléchir, souvent la plume à la main, et pour écrire à ses parents la lettre qu'un Dakota emportera le lendemain. Il a appris le mariage de son frère Philip à Bagdad avec Esme Williams, d'une vingtaine d'années plus âgée que lui. Les parents y sont hostiles mais son aîné, promu capitaine et conseiller politique adjoint de la grande tribu des Dulaïm, passe outre. John écrit aussi sur sa situation : « Une pause pour moi en ce moment, peut-être la dernière avant longtemps. Il devrait bientôt y avoir une tempête, mais j'ai confiance en l'Arche dans laquelle je suis. » Quant à sa recherche spirituelle, il la décrit par une métaphore : « J'essaie de me tenir là où le vrai christianisme se tient et s'est tenu, sachant que je dois me concentrer en Dieu seul, comme l'équilibriste sur la corde ne se concentre que sur ses propres pieds, et en aimant progressivement m'appuyer sur lui. » Le 18 avril, parlant de lui-même dans la guerre, il se compare à la mouche d'Ésope qui, assise sur l'essieu d'un chariot, déclare : « Comme je soulève beaucoup de poussière ! » Il apprend aussi à ses parents qu'il est redevenu provisoirement lieutenant, ce qu'il met en lien avec son changement de régiment (mais celui-ci a eu lieu l'année précédente et ses explications ne sont pas claires). Le 24, il écrit qu'il ne se plaint pas de sa situation qui est bonne, sauf qu'il n'est pas autorisé à laisser pousser sa barbe comme il en a envie. Il évoque un voyage dans les airs « par nécessité », mais n'en dit pas plus sur l'équipée des planeurs et sur Broadway. Il précise ne lire que la Bible et le *Johnson* de Boswell, qu'il apprécie beaucoup pour son christianisme implicite. Le 3 mai, il écrit qu'il est en bonne santé bien que la chaleur soit oppressante mais qu'il a l'impression d'être « nulle part ». Il ajoute, pour la première fois, qu'il est « ce que la presse appelle un chindit », et trouve consolant de se rappeler qu'avant qu'il y en ait eu, lui était et donc qu'il conserve son individualité telle qu'elle est.

La longue marche

Ce même début du mois de mai 1944, l'état-major allié a décidé d'abandonner les forteresses et d'utiliser les chindits pour des opérations plus classiques de troupes d'infanterie, sous le commandement de l'Américain Stilwell, un adversaire déclaré des idées de Wingate et de plus anglophobe, alors même que les chindits ne sont ni entraînés ni équipés pour ce genre de guerre (90 % de leurs blessés durant la campagne de Birmanie le seront après cette date). La 111e brigade, à laquelle le 3/9 gurkha appartient, reçoit ainsi l'ordre d'abandonner Broadway et de monter à plus de 160 kilomètres au nord rejoindre Blackpool, une base près de Hopin. Une partie des officiers se révoltent : la forteresse est bien tenue et peut encore bloquer les Japonais, et de plus les chindits sont dans un état de fatigue avancée. Ils suggèrent de rapatrier ceux-ci pour un peu de repos avant de préparer une nouvelle offensive avec eux, mais l'état-major refuse sèchement.

George, gravement malade, est évacué. Le colonel Harper le remplace (ce cavalier a demandé à être versé dans les gurkhas pour être au cœur de l'action) et organise à partir du 9 mai le départ vers Blackpool. Il partage ses hommes en deux colonnes, avec cinq jours de rations. Au milieu d'une colonne de 900 Gurkhas, Nigérians et officiers anglais, John commence une marche exténuante vers le nord à travers les monts de Gangaw, après avoir franchi le Namyin Chaung juste avant qu'il ne soit en crue. Au petit matin, on fait chauffer un peu de thé, on avale une ration *K* (lait en poudre, fromage et jambon, biscuits, sucre et barre de dattes). Certains mélangent le tout, à vomir mais cela tient chaud au corps. Ce sera la même à midi et le soir. Puis il faut charger les mules, nettoyer le site et mettre son sac sur le dos, plus de 30 kg qui chaque jour semblent peser davantage à cause de la malnutrition chronique et de l'affaiblissement des corps. La démarche des hommes écrasés par le poids des sacs sera baptisée dans l'Armée des Indes « être voûté à la chindit ».

À raison de tranches de marche d'une heure puis dix minutes d'arrêt jusqu'au soir, il est rare qu'on puisse avancer de plus de 20 kilomètres chaque jour. Les hommes de tête se dirigent à la boussole, les autres suivent en file indienne, quelquefois sur un chemin mais cela ne dure jamais, et il faut alors en ouvrir un au *kukri* à travers lianes, bambous et petits arbres pour que les hommes et les mules puissent passer. Rares sont ceux qui comme Scott Leathart, Bill Towill ou John ont encore le cœur d'admirer les symphonies de couleurs des tecks, des mangousiers, des chênes et des flamboyants gulmohars, les cerfs qui brament dans la jungle, les oiseaux qui font volière – un bon arbre peut en abriter dix mille, dit un proverbe birman –, et les singes qui lancent leurs cris moqueurs :

> Gibbons, faites vos concours
> Bientôt errant, je tombe sur les cris de vos appels
> [dans la chaleur birmane[1].

Un chacal hulule au loin et, au-dessus de la crête des arbres, les chindits entendent le ronflement assourdi de la chasse japonaise qui les recherche. Heureusement, les tecks forment un bon abri. Mais la plupart des hommes sont trop abattus pour admirer la jungle, et même la légendaire résistance des Gurkhas trouve ses limites. Comme les autres, John doit monter des pentes raides, où les hommes tombent à la renverse à cause du poids du sac tandis qu'il faut à la fois tirer et pousser les mules. Et il y a aussi des marais dangereux à traverser.

Le soir, il faut trouver un campement hors de tout chemin, couper des feuilles qui serviront de litière, trouver de l'eau – les sources sont rares en cette fin de saison sèche et les Japonais les cherchent aussi. Parfois des Gurkhas dénichent des œufs d'oiseaux dont ils font une omelette. La colonne bénéficie une seule fois d'un largage nocturne : le Dakota arrive au-dessus de feux allumés pour le guider, les parachutes tombent. Il faut vite les récupérer, même dans les arbres.

La nuit, tous dorment bottes aux pieds, de peur d'une attaque surprise. Des éléphants barrissent au loin, ou est-ce le ronflement

1. *A monk is a man who has given up all*, 1967.

sonore des Gurkhas ? Les sangsues s'attachent aux vêtements et vous sucent le sang, mais la plupart des hommes deviennent fatalistes vis-à-vis d'elles, des piqûres, des champignons sur la peau, des crises de paludisme. Une nuit, une sentinelle sursaute et ouvre le feu : ce n'est qu'un lémurien sauté d'un arbre. John, lui, ne se lasse pas d'écouter les bruits de la forêt – on en retrouvera des échos dans ses poèmes.

Parfois, la colonne traverse un village kachin, avec ses lavandières au bord du ruisseau, les hommes dans les rizières, les troupeaux de buffles qui boivent à la rivière, la volaille, les cochons errants – si les Japonais ne les ont pas confisqués ou abattus sur place –, presque un tableau à la Gainsborough, n'étaient les petits autels à l'entrée avec leurs fleurs séchées, un crâne de buffle et des essaims de papillons aux ailes géantes de toutes teintes dont John se souviendra :

> Les bouddhistes birmans pensent que les papillons
> Sont les représentants des âmes en train de dormir
> Non du sommeil attribué à celui qui meurt
> Mais plutôt de celui dont, surgissant,
> On pourrait arriver à une autre aube
> Si on se levait ensuite de bonne heure ; cette pensée birmane
> Plaît grandement, c'est une réflexion gaie[1]...

Rien à craindre : les Kachins sont eux aussi en guerre contre les Japonais. Le chef de village demande quand les Anglais vont revenir et leur offre du *tsaku* (bière maison). Mais il ne faut pas s'attarder : les paysans prient les esprits protecteurs, et la colonne s'enfonce à nouveau dans la jungle.

Au dixième jour de marche, la colonne parvient près d'une ligne de chemin de fer. Le camp de Blackpool est visible au loin, mais on entend des tirs de mortier car les Japonais attaquent depuis le 7 mai, et c'est déjà le 20. Harper part à marche forcée et tout se passe sans un coup de feu car les Japonais ne les attendaient pas de ce côté. Les chindits parviennent jusqu'aux lignes de barbelés Danert et aux champs de mines. Les défenseurs de Blackpool les accueillent avec soulagement.

Installé sur une petite colline de la chaîne des Bumrawung Bum qui domine deux vallées encaissées et une petite plaine où

1. *Butterflies*, 1968.

un terrain d'aviation a été aménagé, Blackpool ne répond plus aux principes de Wingate : ni forteresse, ni colonnes flottantes. Le 3/9 gurkha s'installe dans la zone ouest sur un flanc de la colline, face au terrain d'aviation. Dès leur arrivée, John et les autres sont soumis à un déluge d'obus de 105 et de mortiers de six pouces. Le contact avec Masters, le responsable de Blackpool, un homme « froid et distant, pompeux et d'une trop bonne opinion de lui » (B. Towill) est difficile, loin de l'égalitarisme fraternel des chindits. Le moral est bas : les défenseurs de Blackpool savent que la colonne Harper était leur dernier renfort possible, et ils découvrent qu'elle ne suffira certainement pas face aux assauts ennemis.

Le 22 mai la mousson éclate, un déluge qui ne cessera pas de huit jours. Les Japonais attaquent à nouveau, alors que les Dakotas effectuent leurs derniers atterrissages à moins de 300 mètres des combats. Pour les Gurkhas, c'est à nouveau le corps-à-corps, mais dans des conditions bien moins favorables qu'à Broadway, de plus ils n'ont pas récupéré de leurs dix jours de marche à travers la jungle. La bataille va fait rage plusieurs jours, dans une boue marécageuse mêlée de cadavres et de tripes humaines. Les Japonais sont contenus avec peine, et une tentative pour leur reprendre une colline en surplomb du camp échoue.

Le combat se poursuit la nuit comme le jour, de plus en plus confus, et les Gurkhas en supportent le plus dur car les Japonais, le 23 mai, s'emparent du terrain d'atterrissage et sont déjà dans le camp. Les soldats des pelotons japonais arrivent les uns derrière les autres et se font tuer jusqu'au dernier pour gagner un mètre, puis un autre peloton installe ses mitrailleuses sur les cadavres entassés. John retrouve les trous de renard où on s'enterre, le feu incessant, les nuits sans sommeil, la faim, la soif (l'eau est rationnée), la puanteur des cadavres en décomposition, celle de la poudre, de la cordite, des excréments, les maladies de peau qui démangent, les vrombissements des obus, et les hurlements des deux côtés pour se donner du courage et effrayer l'ennemi :

> J'avais juste atteint un abri, à temps
> Pour entendre des Nigérians en cours de marche
> Hurlant « *John Brown's body* » en milieu oriental[1].

1. *Land of Hope and Glory*, 1972.

Masters a donné l'ordre de tirer jusqu'à épuisement des munitions. Malgré de nouvelles crises de paludisme que la mousson rend plus fréquentes et qu'il soigne lui-même avec de la quinine, John sert au mortier. Cet homme décharné, barbu, qui charge un mortier sur une des rares photos d'archives de Blackpool, ce pourrait bien être lui. Les obus tombent, on ne sait plus très bien d'où ils viennent : est-ce alors que se produit l'incident où John est cause d'effroi et de scandale pour son second Tirth Bahadur Thapa et pour ses hommes (le poème évoque toutefois aussi bien la Malaisie que la Birmanie) ?

> Il était une fois dans un combat, et en commandement,
> Moi, de mortiers de trois pouces,
> Je les fixais sous la baguette magique diffuse
> De la jungle, à plus de dix mètres de haut.
>
> Mon Havildar était horrifié
> Mon Subedar fit un saut
> Mon Jamadar qui se tenait à côté
> Fit seulement entendre un gentil toussotement,
> Et dit en urdu parfait : « Sahib,
> Ce n'est pas l'ami mais l'ennemi qui a droit à la bavure. »
>
> [...] Mais je suis un âne et le lob
> Du mortier ne manqua pas
> Sa chance d'aller danser au-dessus de l'ennemi[1]...

Le 24, le 3/9 gurkha se replie pied à pied sur la colline, car la défense de Blackpool repose sur lui. Pour cent Japonais tués, cent autres arrivent, mais pour un Gurkha tué, personne ne prend la relève. Une contestation sourde court dans les rangs des défenseurs : « Si Wingate était encore vivant, il serait venu, lui. » Masters demande à ses supérieurs le repli. Aucune réponse n'arrive. Il y a déjà, outre les morts qu'on ne compte pas, plus de 150 blessés graves et, le 25, il ne reste plus qu'un jour de munitions. Masters prend alors sur lui d'ordonner le repli pour le lendemain, et indique comme objectif Mokso Sakan, à 25 kilomètres au nord. Dans la nuit, il fait détruire tout ce qui ne sera pas emporté. Les mules sont abandonnées et le commandant de Blackpool fait abattre la sienne, Maggy.

---

1. *Donkey-drops*, 1976.

À l'aube du 26 mai, après une nouvelle nuit d'enfer, l'évacuation commence, sous la pluie toujours diluvienne et dans la boue, alors que les Japonais sont déjà largement maîtres du camp. Que faire des blessés intransportables ? Masters, suivant en cela les consignes de Wingate, demande qu'on les achève pour leur éviter les supplices qui les attendent s'ils tombent aux mains de Japonais, comme certains d'ailleurs le supplient. John ne fait pas partie de ceux qui sont charger de l'horrible tâche, mais un Anglais gravement blessé lui demande de l'achever. Il ne peut s'y résoudre, c'est un autre qui le fera.

Les soldats du 3/9 gurkha doivent couvrir la retraite des 2 000 hommes du camp. Ils quittent Blackpool comme des dormeurs éveillés, souvent deux soldats valides soutenant un blessé. Certains ont encore tout leur uniforme, d'autres seulement des pièces. Masters a décidé que les mortiers resteraient sur place une fois mis hors service. Mais un *subedar* gurkha ne veut pas se séparer du sien. Masters lui demande de le laisser. Le Népalais lui répond que s'il le laisse, ses hommes resteront à Blackpool, et Masters cède. Il en va de même pour les mules que les Népalais emmènent malgré les ordres.

Il ne reste plus de rations que pour une journée et Masters ne sait pas s'il obtiendra un largage de vivres par les airs – Stilwell, furieux, a déjà passé les chindits par perte et profit. Sans protection, avec 350 blessés dont 200 sur civière, la colonne qui quitte Blackpool devrait être une proie facile pour les Japonais. Mais, miracle, ceux-ci ne la poursuivent pas, sans doute eux-mêmes dans un état aussi pitoyable. Les 25 kilomètres jusqu'à Mokso Sakan sont parcourus sous la pluie au prix de mille souffrances pour ceux qui sont sur les civières, et de peine pour les autres : reliefs accidentées, boueux et si glissants qu'il faut parfois y creuser des marches pour que les hommes ne s'épuisent pas à essayer de les grimper, puis vallées marécageuses. Les mules doivent être abandonnées. Le manque de sommeil et de nourriture fait tituber les hommes. Au sommet d'une colline, les Gurkhas rejoignent des zombis noirs : ce sont des Nigérians nus et égarés, qui ont abandonné leurs uniformes en lambeaux.

Le 29 mai, après trois jours de marche, Mokso Sakan et le lac Indawgy sont en vue depuis une crête. Mais les hommes sont trop épuisés pour descendre la colline, sauf les Gurkhas du 3/9 qui continuent à avancer. Véritable armée de morts-vivants, ils tombent sur un petit campement de Gurkhas du 3/4, mais ceux-ci n'ont pas reçu de ravitaillement depuis une semaine et doivent se contenter de grignoter des racines ou des fruits, les plus valides tentant de trouver des animaux à chasser.

Heureusement, la nuit qui suit, les aviateurs de la RAF et de l'US Air Force qui recherchaient la colonne depuis son départ de Blackpool parviennent à la localiser et larguent des vivres, tandis que des hydravions sont dépêchés en urgence sur le lac Indawgy. Le médecin militaire de Blackpool, Whyte, constate que les survivants commencent à mourir comme des mouches, d'une petite blessure, d'une crise de paludisme ou d'un coup de froid.

À partir du lendemain, 150 survivants des civières et 450 autres blessés graves sont évacués en hydravion à raison de vingt à trente par vol, tandis qu'un hôpital de campagne est installé au bord du lac. John, qui continue à soigner ses crises de paludisme à la quinine, n'en fait pas partie. Comme les Japonais ne donnent pas signe de vie, les rescapés de Blackpool s'installent autour du lac dans des petites cabanes montées avec des bambous pour pouvoir enfin dormir, manger et se soigner, cohabitant avec des hordes d'éléphants sauvages. Un service religieux commun est célébré au bord du lac pour les morts et les disparus. Masters ne l'a autorisé qu'à condition qu'il ne soit pas question d'action de grâce mais l'aumônier catholique remercie quand même « Dieu qui nous a permis de nous sortir de ces griffes », ajoutant : « Nous sommes vaincus, mais pas dans l'esprit. » Les morts sont ensuite enterrés et une petite croix dressée sur leur tombe.

Que fait John ? Il n'y a plus de lettres et les poèmes seront muets sur ces jours de l'Indawgy. Sans doute prie-t-il son « office ». Et il est fasciné par les éléphants : il écrira, dans un poème sur son expérience birmane, que « la vie la plus haute est menée par les éléphants, au-dessus des hommes, même des moines ».

Outre le ravitaillement et de nouveaux uniformes, les avions larguent des armes, des mortiers et des munitions car la guerre se poursuit et il va falloir repartir. Dès le 3 juin, le 3/9 gurkha est à nouveau en ordre de bataille avec ses mortiers, pour empêcher les Japonais de prendre position dans la vallée de Kar Maing. Le 7, Calvert reçoit de Stilwell l'ordre d'attaquer Maugung avec les 2 000 chindits qui lui restent, tous en aussi piteux état que les survivants de Blackpool qui reçoivent l'ordre de le rejoindre, à des dizaines de kilomètres plus à l'est. Ce jour-là ils apprennent le débarquement de la veille en Normandie. Cela devrait leur redonner du courage mais ils sont au-delà de tout réconfort. Beaucoup regimbent et des désertions sont signalées – mais pas chez les Gurkhas.

La bataille de la côte 2171

La troupe se remet en marche le 9. Le peloton de John a reçu deux nouveaux mortiers de trois pouces. Une douzaine d'éléphants les accompagnent, dans les marais et toujours sous la pluie, alors que les sangsues affaiblissent dangereusement les organismes. Les hommes sont loin d'avoir physiquement récupéré et la marche, à travers les herbes à éléphant hautes de trois mètres, est éprouvante. Le 11, les Gurkhas tombent, à Lakhren, dans une embuscade ennemie. Un chef de compagnie est tué mais la position est conquise, pour découvrir que la plupart des Japonais qui s'y trouvent sont déjà morts, sans doute de faim. La marche reprend, et la litanie des villages traversés aux noms étranges, Padigatawng, Ngushharawng… Les attaques ennemies sont fréquentes et les combats durs – un jour cinquante Japonais mis hors de combat, un autre jour, vingt. Le capitaine Blaker s'illustre en se jetant à la poursuite d'un peloton japonais qui les attaque. Dans les vêtements des ennemis morts, les Anglais trouvent des peintures du Fuji-Yama ou d'arbres dans la brume, mais aussi des photos pornographiques.

Le 20 juin la colonne Masters arrive enfin près de Maugung pour renforcer Calvert, alors que les Japonais commencent à se replier à Imphal et à Kohima, laissant 53 000 morts et blessés. Le même jour, John écrit à ses parents, une lettre qui se perdra dans laquelle il les informe qu'il est à nouveau capitaine. Le 22 un jeune officier anglais, Michael Allmand, s'illustre en prenant un pont stratégique après 24 heures de combat. Deux jours plus tard, malgré un « pied-de-tranchée » qui le fait boiter, il est tué en emportant une position japonaise – il recevra à titre posthume une des 181 Victoria Crosses de la guerre. Le 27, Calvert rassemble tous ses hommes valides et se lance à leur tête à l'assaut de Maugung, qui est prise. Stilwell lui demande par radio de poursuivre vers Myitkina. Calvert, qui n'a plus que 300 hommes, refuse et coupe la radio. Les morts par paludisme cérébral ou fatigue généralisée se multiplient, mais les rescapés doivent continuer.

Le 5 juillet, le 3/9 gurkha est sur les bords de la Sahmaw Chaung que les hommes traversent avant de monter sur la crête où ils passent la nuit. Harper les installe pour un bivouac. Soudain, un déluge d'obus de 105 tombe sur le bataillon, sans d'ailleurs faire grand mal car la terre est si imbibée d'eau que les pièces s'y enfoncent sans exploser pour la plupart, faisant éclater de rire les Népalais. Une forte troupe japonaise est installée au-dessus d'eux, sur la côte 2171, enterrée dans des trous individuels et des tranchées. Un nouvel enfer commence. Après trois jours de préparation, l'assaut est donné. Le capitaine Blaker enlève la position le 9 juillet et y trouve la mort alors qu'il charge les mitrailleuses ennemies et s'empare de leur drapeau. Lui aussi sera décoré de la Victoria Cross à titre posthume.

Mais la bataille se poursuit sur la colline. Les Gurkhas se retranchent dans les positions qu'ils ont conquises. Les combats font rage durant huit jours, le plus souvent au corps à corps. La fatigue des chindits est telle que soudain ils tombent et ne se relèvent plus, morts d'épuisement. Manbahadur Rai, du service médical, cherche les blessés et tombe sur un trou où semblent dormir un Népalais et deux Japonais, tous trois morts d'épuisement avant d'avoir pu se combattre.

Au milieu des combats, le peloton de mortier de John fait l'admiration de Bill Towill qui se bat non loin. John et ses hommes sont enfouis au bord d'un fossé, dans un champ de maïs indien, et bombardent les positions japonaises tout en devant assurer leur propre défense, car le peloton est souvent la cible des Japonais installés en face, dans la vallée. Les autres officiers gurkhas ou leurs hommes qui descendent de la côte s'arrêtent pour discuter avec John de la situation, ou pour se reposer un peu et grappiller un épi de maïs. Mais les Japonais repèrent le peloton et l'attaquent, le 18 juillet. Une grenade ennemie tombe dans la fosse d'un mortier et explose, heureusement sans faire de victime dans le peloton de John. Tirth Bahadur Thapa, son second, continue à tirer les obus tandis que les autres défendent la position, puis le *havildar* se lance lui-même à l'attaque des assaillants l'arme au poing et les met en fuite. Il y gagnera une croix militaire. Lui la recevra bien. Racontant l'épisode, Bill Towill ajoute que John se montre « tout autant courageux ».

Quand le même jour, l'ordre de décrocher arrive enfin, les hommes encore en état de marche ne sont guère plus de 70, avec une centaine de blessés. Masters a demandé une inspection médicale aux Américains. Le premier rapport est accablant : sur 2200 chindits rescapés, 118 seulement sont déclarés aptes au combat. Il est décidé de les rapatrier tous sur l'Inde. Les hommes partent lentement vers Pohok, à raison de six kilomètres par jour. Pour Whyte, « ces hommes n'ont plus la volonté de vivre » et meurent les uns après les autres, surtout de paludisme et malgré les injections de quinine. Le 19, Stilwell accuse malgré tout Lentaigne de faire évacuer trop d'hommes, un acte de désobéissance grave. Le chef des chindits se défend, et la commission médicale lui donnera raison.

À Pohok où ceux-ci arrivent le 21, les blessés les plus graves sont évacués par avion sur Mogaung puis vers l'Inde. Le reste du bataillon, y compris John, se met en marche vers Myitkyina, la capitale du pays kachin, à près de 70 kilomètres au nord-est. Le 25, la commission médicale donne son rapport final : un tiers des chindits doivent être hospitalisés d'urgence. On peut lire dans ce rapport : « Les blessés britanniques ont à l'évidence été à l'épreuve... Statistiquement parlant, cette Force spéciale a rencontré un ennemi plus dangereux dans la maladie que dans l'armée japonaise. Médicalement analysée, elle a été plus sévèrement blessée par le paludisme et la dysenterie que par des balles et des grenades. » Les soldats népalais ont mieux résisté que leurs officiers anglais : les rares photos d'époque montrent ces derniers avec des traits émaciés et vieillis, voire hagards, alors que les Népalais ne semblent pas trop marqués.

La fin de la guerre

John est du nombre des rapatriés. Le 3 août, les blessés du 3/9 gurkha sont évacués en avion de Myitkinya vers le Bengale, puis montent en train vers Dehra Dun. Ils arrivent un peu avant minuit le 8 août à la gare de la ville de garnison, où les attendent orchestre et cornemuses du régiment. Les dames du service volontaire servent des rafraîchissements, puis des bus conduisent les officiers et les soldats aux baraquements de Birpur, tandis que les Gurkhas népalais encore valides partent en permission dans leurs vallées. Dès le 4, John envoie une lettre à ses parents annonçant qu'il va partir quatre semaines à Ranikhet, une station climatique d'altitude réputée pour ses forêts de pins, de chênes et de déodars. Il parle de vacances, mais sans doute est-ce pour du repos forcé voire pour une hospitalisation dans les installations du 19e régiment d'Hyderabad. Il s'y remet peu à peu de son épuisement et de son paludisme, puis retourne à Dehra Dun.

En septembre 1944, Howell Parry, un officier du 4/9 gurkha mais qui a rejoint le 3/9 en vue d'une hypothétique troisième campagne des chindits qui n'aura jamais lieu, le rencontre et ils sympathisent. Ce jeune Anglais est ouvertement agnostique et John garde pour lui sa recherche religieuse, mais Howell trouve que son nouvel ami « irradie une aura de bonté simple et d'intégrité d'âme… irrésistible ». Il note sa disposition d'esprit à se focaliser sur ce qui est positif, beau ou bien, plutôt que sur le négatif. Et John se montre toujours aussi original. Un soir, ils ont décidé d'aller voir un film avec Betty Grable, la pin-up devenue l'actrice la plus populaire des soldats anglo-saxons et que John apprécie alors particulièrement. La séance est en plein air et les nuits sont fraîches ; Howell Parry a mis deux pulls de laine sous son *battledress* quand il voit son nouvel ami arriver en peignoir ! Il l'interpelle :

« Tu ne peux pas porter cela, John !

— Pourquoi pas ?

— Mais ce n'est pas du tout militaire.

— Qu'y a-t-il de mal à cela ? Je l'ai eu de mon école.

— Cela n'y change rien ! Ce n'est pas le genre de chose qu'un officier porte en public.

— Billevesée, cela montrera à tout le monde que je suis allé à l'école. »

En octobre et en novembre, John écrit de nouveau à ses parents. Il redit son désir d'être rapidement ordonné prêtre anglican, et son souhait de rentrer vite en Angleterre dans ce but. Fin novembre, il quitte Dehra Dun et retrouve au Bengale son cousin Peter Comber. Tous deux sont versés dans une brigade qui doit repartir au combat. John perd sa flûte dans un transfert en train, ce qui l'affecte. Puis il repart en Birmanie. Ses lettres du 27 février et du 12 mars 1945 ne révèlent rien sur les opérations, censure oblige – les Britanniques avancent vers Mandalay. Dans celle de février, il s'interroge sur le chant des courlis de Skirwith par rapport à celui des vanneaux d'Asie qu'il entend la nuit dans la jungle. Ni l'*Histoire régimentale du 9ᵉ gurkha*, ni poèmes ou confidences ne permettent d'en apprendre plus sur ce qu'il vit durant les premiers mois de 1945.

Dès le 27 mars, il est de retour à Dehra Dun, de nouveau rapatrié sanitaire puis envoyé à l'hôpital militaire de Poona. Il écrit à ses parents et leur apprend qu'il a combattu « plus ou moins » dans une guérilla en Birmanie. Il insiste tant sur sa bonne santé qu'on se doute qu'il ne doit pas être très vaillant. Il apprend en retour que Philip et Esme ont eu une petite Pamela et qu'ils l'ont choisi comme parrain. Il est envoyé ensuite en convalescence à Dehra Dun, alors que la guerre de Birmanie touche à sa fin : Mandalay est tombé en mars, Rangoon sera prise en mai. Le 22 avril, John écrit aux siens et leur annonce trois « miracles » : il pourrait en remontrer à un champion olympique sur cent mètres tant sa santé est bonne ; après un gros rhume il a désormais une belle voix de baryton, et on lui a proposé de se joindre au chœur de l'église de Dehra Dun – on lui a seulement demandé de ne pas chanter trop fort de peur que le toit de l'église ne s'envole – ; la poésie coule de sa plume aussi vite qu'il peut l'écrire. Il se sent prêt à entrer à Oxford pour y briller, et remercie Dieu pour ses dons.

En réalité, John n'est plus apte au combat, et il est libéré de ses obligations militaires, après examen par la commission *ad hoc*, au niveau A (réserviste rappelable seulement en cas d'urgence extrême) – ce qui en dit long sur son état de santé. Sa guerre est finie. En fut-il un héros ou non, voire un héros récalcitrant[1] ?

Quoiqu'il en soit, il n'a plus qu'à attendre un passage vers la métropole, alors que la guerre s'achève en Europe, mais pas encore en Asie. Il se rend en juin à Lucknow, ville natale de sa mère. Il écrit là son plus ancien poème conservé, à l'exception des deux quatrains de Gresham's :

1. *Cf.* annexe 4, p. 112-113.

Vaches sacrées de pesante taille
Traînant parmi les étaux
Senteurs variées ou marchandises
Enchantent cet Anglais[1]…
Enfants jouant comme jouent les enfants,
Ignorants du temps et de l'espace…

Puis il part vers Bombay prendre son bateau pour la métropole. Lors d'un arrêt qui s'éternise, il descend du train et découvre avec surprise qu'au-dessus du chef de gare il y a un nid de frelons, qui vont et viennent. Il demande à l'Indien comment il garde son calme et la réponse le surprend :

… un rayon bienheureux
D'un doux humour irénique le remplit d'allégresse ;
Il répondit : « Sahib, nul besoin de s'embêter,
Nous ne leur parlons pas, et eux non plus[2]. »

Un navire de guerre dont John ne retient pas le nom le ramène vers l'Angleterre, alors que le Japon capitule. Allongé dans une chaise longue sur le pont, il lit un roman de George Borrow, un écrivain anglais qui s'était fait une gloire d'avoir écrit tous ses livres « contre Rome de tout son cœur, de tout son esprit, de toute son âme et de toute sa force ». Et John, plutôt convaincu – croyant le « problème catholique » résolu pour lui –, se dit qu'au moins une chose est sûre quant à son avenir : « Laissez-les tous devenir papistes, mais moi, moi, jamais ! »

1. *Indian Bazaar*, 1945.
2. *Nota Bene*, 1974.

Annexe 1
Les Gurkhas

À l'origine, le choc entre le royaume gorkha du Népal et les Anglais au début du XIXe siècle. Ceux-ci l'emportent mais un officier, Frederick Young, propose aux vaincus de les enrôler. Trois mille acceptent et un premier régiment s'illustre au combat dès 1817. En 1857, les Gurkhas jouent un rôle capital dans l'écrasement des Cipayes, puis assurent une bonne part de la surveillance de la frontière du Nord-Ouest.

En 1941, la renommée de ces « guerriers tout-terrain » est au zénith. Une campagne de recrutement fait alors passer leurs dix régiments de deux à trois puis quatre bataillons. Ceux-ci sont dirigés par un colonel britannique, assisté du *subedar major* népalais. En descendant dans les grades, on trouve les *subedars,* les *jamadars* puis les *havildars.* Les Gurkhas portent souvent le même nom, Bahadur (« *courageux* »), auquel s'ajoute celui de la tribu, Thapa, Gurung ou Chhettri et quand un officier appelle un Kim Bahadur Gurung, il doit préciser n° 7 ou n° 10 ! Ils sont renommés pour leur endurance, leur frugalité, leur humour, qualités contrebalancées par la routine, l'incuriosité, la difficulté à s'adapter à l'imprévu, une susceptibilité certaine et la difficulté à reconnaître ses échecs (et aussi le peu de résistance à l'alcool et aux maladies vénériennes chez ces grands amateurs de *rahshki*, l'alcool de riz, et de femmes). Leur résistance à la souffrance s'accompagne d'indifférence envers celle des autres et, quoique jamais gratuite, leur cruauté est légendaire. Leur fameux *kukri* est un couteau massif et courbé dont ils se servent comme arme et comme outil. Leur code d'honneur, qui s'impose aux Anglais, repose avant tout sur la loyauté totale de chacun envers tous. Le bataillon constitue l'univers affectif autant que professionnel du Gurkha, même marié, et il attend le même engagement de son officier britannique.

Le 2/9 gurkha possède une longue et honorable histoire. Il s'est illustré dans les tranchées et en Mésopotamie, puis dans le Waziristan, mais depuis 1934, il n'est plus monté au feu.

Annexe 2
Une vision de la Vierge Marie ?

John a-t-il eu une vision de la Vierge Marie durant son séjour à l'hôpital de Medan comme il le confie à son ami Jack Dunn en 1946 ou 1947 au témoignage de celui-ci ? « Il me dit qu'il avait commencé à s'intéresser au catholicisme quand il était dans un hôpital en Extrême-Orient et qu'il avait eu une vision de Notre-Dame. À ma grande honte, je ne me souviens pas des détails, mais je sais que je ne discutais pas le fait qu'il avait eu une vision. Il me demanda de ne pas en parler, mais je suppose qu'il n'y a plus de raison de prolonger la confidentialité maintenant. » Vingt ans plus tard, en Rhodésie, John en parle à Joan (*cf.* p. 290) et précise que cette vision et sa foi toute nouvelle l'ont « sorti de l'abîme ». Cette vision peut bien sûr être mise sur le compte du délire causé par la maladie – John ne cache rien de son état.

Les deux témoignages sont indépendants. Le problème est que son ami, confesseur et premier biographe, le P. Dove, n'en parle pas. Je lui ai posé la question à Harare, en septembre 2010. Sa réponse : « Je pense qu'il a eu une vision, mais cela ne me revient pas en ce moment. Ce qui est sûr, c'est qu'il me disait tout, qu'il était guidé par la Vierge Marie et qu'il le savait. John était un homme bon, droit et saint. De plus je n'étais pas religieux en Inde, durant la guerre, comme je le suis devenu par la suite, et j'ai pu oublier. » Les poèmes de John n'en font pas mention non plus, sinon peut-être une allusion d'interprétation délicate dans quelques vers obscurs de *Cure for psychosis*, « Guérison de la psychose » (mais il y est question de Malaisie et non de Sumatra, d'audition et non de vision) :

> Salut à la Vierge qui couvre ainsi de son tablier,
> Lancé dans l'hévéa, sois joueur
> Sur le mot par nous bien entendu –
> Vierge Immaculée, conception
> Du chemin à qui ce sens peut donner forme,
> Si je n'avais pas, ta direction claire
> Patinant avec légèreté, l'emporte[1].

Annexe 3
Orde Wingate et les chindits

Né dans une famille darbyste (ou Frères de Plymouth, apparus en 1831 en réaction à la hiérarchie anglicane), le jeune Orde apprend une bonne

1. *Cure for psychosis*, 1974.

partie de la Bible par cœur. Élève solitaire à l'Académie militaire de Woolwich, il s'éloigne de la foi de ses parents mais conserve leur croyance que le retour du Christ sera précédé par celui des Juifs en Palestine et une bataille finale à Armageddon. Après un séjour au Soudan, il dirige une expédition au Sahara pour retrouver les restes de l'armée de Cambyse et l'oasis légendaire de Zerzura ; il échouera mais y révèle des qualités de commandement et d'endurance. Pétri de culture classique, il a toujours en poche un Homère grec et maîtrise les langues classiques, l'hébreu et l'arabe, prêt à engager une conversation littéraire, philosophique ou artistique – qualité rare chez les officiers de son époque. En charge du mess à Bulford où séjournera plus tard John, il essaie de convertir les soldats à un régime végétarien et se signale par ses excentricités. Plus tard, il se promènera avec un réveil au poignet et un oignon en sautoir qu'il croque de temps à autre, et il portera la barbe malgré le règlement. Il lui arrive aussi d'arriver nu pour accueillir ses visiteurs, une brosse à dents à la main (le médecin de Churchill le jugera à la limite de la folie).

Envoyé en 1936 en Palestine, Wingate entend y réaliser le rêve darbyste et se met au service des sionistes qui, d'abord méfiants, comprennent l'intérêt de cet officier anglais excentrique, mais partout introduit et un génie militaire. Beaucoup, John y compris, le croiront à tort converti au judaïsme. Il dresse le plan d'un État juif prévoyant un échange de populations et met en place des milices d'autodéfense. Avec la Bible comme manuel de stratégie, ses escadrons attaquent de nuit les villages arabes qui servent de base aux opérations contre les Juifs. Mais ses représailles contre les civils arabes sont critiquées et les chefs sionistes commencent à être gênés par cet allié trop bruyant. En mai 1939, il doit quitter la Palestine.

Après la bataille de France, il crée des groupes de guérilla et chasse, à la tête de 1 700 hommes, les 20 000 soldats italiens d'Éthiopie. Arrivé ensuite au Caire, il se plante un couteau dans la gorge lors d'une crise de paludisme aggravée par une erreur médicamenteuse. Découvert par son voisin de chambre qui a entendu la chute du corps, il est sauvé *in extremis* par des transfusions massives et par la parole « Dieu vous pardonnera » du prêtre catholique qu'il trouve à son chevet quand il sort du coma et à qui il demande : « Suis-je damné ? »

Envoyé ensuite en Inde, Wingate propose à Wavell d'organiser des commandos derrière les lignes japonaises de Birmanie. Il les baptisera *chindits* (déformation de *chindee*, le griffon birman, corps de lion, tête d'aigle, dents de dragon, oreilles d'âne et queue de serpent, réputé attaquer l'ennemi de neuf façons différentes à la fois). Ces commandos formeront des colonnes d'environ 400 hommes envoyées loin derrière l'ennemi sans armes lourdes ni support logistique, pour couper ses lignes de communication, détruire ses réserves stratégiques, l'attaquer en embuscade, désorganiser ses lignes de commandement et forcer ainsi ses chefs à des décisions hâtives tout en fixant le maximum de troupes en arrière-garde.

Wingate se fait fort avec 10 000 hommes de bloquer ainsi une partie significative de l'armée nipponne. Il en obtient 3 000 hommes pour l'opération *Longcloth* en février 1943. Les chindits entrent en Birmanie et font sauter une ligne de chemin de fer avant de passer le fleuve Irrawardi mais, au lieu de la jungle espérée, ils trouvent ensuite une région ouverte où les Japonais ne tardent pas à les débusquer. À l'heure du bilan, le tiers des hommes confiés à Wingate a été anéanti. Celui-ci n'est pas homme à se laisser abattre : menacé de cour martiale, il rédige un rapport de victoire et donne une conférence de presse sur son « succès total ». L'agence Reuters câble aux USA sur le nouveau Lawrence d'Arabie et parle de « la plus grande opération de guérilla depuis le début de la guerre ». Wingate envoie aussi son rapport à Churchill, qui le prend pour argent comptant et l'invite à venir le voir à Londres. Accueilli Downing Street un soir où le Premier ministre est exceptionnellement seul et invité à partager son dîner, Wingate détaille ses plans de nouvelle opération et Churchill, conquis, l'emmène dès le lendemain au Canada rencontrer Roosevelt. Or ce dernier est furieux car son armée piétine en Asie. Wingate et sa légende tombent à pic. Les Américains lui promettent une couverture aérienne et Churchill multiplie par trois les forces mises à sa disposition.

Wingate rentre en Inde atteint de typhoïde (assoiffé, il a bu l'eau d'un vase de fleurs), mais se met aussitôt à la formation de nouveaux chindits. Il prévoit que ses troupes seront aéroportées, avec des mules, derrière les lignes japonaises. Il ajoute aux actions de guérilla sur les arrières de l'ennemi un nouveau concept pour fixer plus de troupes japonaises : la forteresse, un bastion dans la jungle entouré de tranchées qui devra supporter de longs combats d'artillerie et de corps à corps avec l'ennemi. L'entraînement qu'il organise a pour but de montrer aux chindits que la jungle est non seulement un lieu où l'on peut survivre en situation extrême, mais encore une alliée. Même les mules sont préparées : comme elles pourraient trahir les soldats en brayant, Wingate leur fait couper les cordes vocales ! Pour couronner le tout, il pratique un endoctrinement quotidien qui vise à transférer sur les chindits le mythe d'invincibilité dont bénéficient alors les Japonais dans l'esprit des soldats britanniques. Il réussit ainsi à faire partager sa conviction que tout se passera comme il l'a prévu, minutieusement préparé, et éprouvé. Pour ce nouveau Gédéon, l'ennemi est le Mal et ses discours abondent en références bibliques ou grecques : il s'agit d'une bataille sacrée pour Dieu et pour la civilisation. Dans quelle mesure les chindits partagent-ils cette mystique militaro-religieuse ? Les historiens s'accordent à dire qu'elle l'est largement. Ainsi pour John,

> Wingate était, et il l'est pour moi,
> Un fonceur pour le Paraclet !
> Shalom[1].

Annexe 4
Le soldat

Comment John s'est-il réellement conduit durant la guerre ? S'est-il battu, ou a-t-il passé son temps dans les arbres ou à contempler fleurs et oiseaux ? La question est disputée, car lui-même est resté très discret et les témoignages varient.

Pour la Malaisie, nous savons qu'à partir du 22 décembre 1941, il est sur le front avec son peloton de mortier. En général ces pelotons ne sont pas engagés dans les corps-à-corps mais peuvent l'être si le front plie, ce qui fut le cas. Dans ses poèmes, il se présente ayant été comme Fabrice à Waterloo :

> Après avoir passé dans les arbres toute ma jeunesse, outremer
> Je fus envoyé combattre le farouche Japonais.
> De Secunderebad, ce gars impossible
> Fut dépêché en Malaisie, habillé comme un officier.
> Mais l'habillement était la seule ressemblance que j'avais
> Avec mes frères qui se battaient pour défendre Singapour. […]
>
> Un gosse dépensier, un éclaireur nul,
> Qui ne comprenait pas ce qui se passait tout alentour,
> La guerre, les mortiers et les fusils,
> Et encore moins la caisse du Régiment[2].

Fait-il ensuite, en Inde, le vœu de sauver les blessés face au danger, de grimper sur l'arbre le plus haut pour recueillir des informations, d'entreprendre toute mission dangereuse mais de ne pas tuer, alors qu'il va partir en Birmanie avec les commandos chindits formés pour cela ? C'est ce qu'écrit dans son projet de biographie Judith Listowel (mais sans références).

Qu'en est-il en vérité ? Il n'a sans doute pas choisi de rejoindre les commandos chindits, mais y a passé avec succès tous les stades de l'entraînement alors que le taux de renvoi atteignait jusqu'à 70 % et qu'il savait que le combat serait terrible et sanglant. De plus des témoignages sur les combats en Birmanie, outre celui du major Shead cité plus haut, le présen-

1. *Ditty*, 1971.
2. *Ut Unum Sint* (n°s 1 401, 1 403), 1956.

tent comme un « officier très efficace et courageux » (Rex Newton-House), « aussi courageux que son *havildar* » (Bill Towill).

D'autre part, plusieurs officiers qui furent au combat avec lui ont raconté à Howell Parry qu'il faisait preuve d'une indifférence aux balles et aux obus frisant l'inconscience. N'interpelle-t-il pas un jour son voisin sous un déluge de feu : « Oh, Reggie, viens donc admirer ce buisson fabuleux ! »

Le style et le ton de ses lettres, quelques confidences et témoignages sur lui révèlent de plus que l'enfer où il vivait ne l'empêchait pas de prier son « office », de progresser en maturation spirituelle ni de réfléchir sur son avenir, alors même que sa situation semblait désespérée.

Par ailleurs, John laisse entendre, dans un poème cité plus haut, que sa relation avec ses hommes n'étaient pas des plus faciles, et le rapport évoqué ci-dessous le confirme. Et que penser de son grade de capitaine perdu puis retrouvé ? Est-il lié à un problème disciplinaire ou à un incident avec ses hommes ? Les Gurkhas népalais sont des soldats dans l'âme et cet officier anglais si peu guerrier et « stupide », comme il se qualifie lui-même, ne pouvait que les choquer :

> Ils m'envoyèrent en Birmanie pour être un chindit
> Pour faire une fois de plus la guerre aux farouches Japonais !
>
> Là, plus stupide que jamais, je suivis la troupe
> Oubliant complètement ce qui était planifié
> Foulant l'épaisse boue, écoutant la musique des obus,
> À l'occasion[1]…

Comment concilier tout ceci ? Un officier se rapproche sans doute de la vérité quand il juge que John était d'un incroyable courage mais sans aucun goût pour les armes de guerre. Un guerrier récalcitrant, un héros malgré lui ? Laissons-lui le dernier mot, ou la dernière pirouette :

> Ma présence comme ayant la tête ailleurs à la guerre
> Me valut un Rapport négatif – dont voici le contenu :
> « Courage personnel très élevé, mais ne peut
> Garder ni son sang-froid ni le contrôle de son homme,
> Ni de bonnes relations avec les hommes du rang… »
> « Courage personnel très élevé » – je souris
> Car j'ai une peur bleue des taureaux,
> Et la pensée d'avoir à parler en public précipite
> Mon âme en enfer ! Cette plaisanterie contraire concluait :
> « Recommandé pour un poste d'état-major » (rire jaune
> Du colonel Alec Harper[2]…).

1. *Ut Unum Sint* (n°s 1 422-1 423), 1956.
2. *On Eastertide*, 1974.

4
Étapes sur le chemin
1945-1950

> Nous sommes tous des enfants perdus, jusqu'à ce que
> [nous ayons trouvé
> Notre père céleste, ou plus juste, jusqu'à ce que nous-
> [mêmes acceptions
> D'être trouvés par lui…
>
> *Wild Geese changing their ground*, 1949

La guerre est finie pour les 4653000 hommes et les 437200 femmes que compte sous les drapeaux l'armée britannique au moment du retour de John en Angleterre. C'est un des grands défis que va devoir relever le gouvernement travailliste qui contre toute attente vient d'accéder au pouvoir. Mais le slogan des vainqueurs, *Labour for future* (« du travail à l'avenir », ou « le Parti travailliste comme avenir ») exprime une autre ambition : faire naître une Grande-Bretagne socialiste. La majorité des députés entendent réaliser leur projet, mélange de marxisme des « experts » du Parti et de christianisme messianique qui est partagé par la majorité du clergé anglican pour qui la propriété industrielle privée est « contraire à la justice divine ». Le *Welfare State* veut apporter à tous « la sécurité du berceau à la tombe », même si pour l'heure c'est la pénurie et le rationnement. En 1946, la Santé est nationalisée, et l'École doit suivre. C'est aussi le début de la décolonisation : l'Empire britannique, qui en 1945 compte 200 colonies, dominions et possessions, va perdre les Indes puis la Birmanie, et la Malaisie n'est provisoirement conservée qu'au prix d'une coûteuse guerre.

Début octobre 1945, John retrouve son pays :

Je jubilais pour ma patrie et je pensais à son sujet
Qu'elle était la plus belle des îles où l'on peut résider ;
Je la promenais dans mon âme[1]...

« Céleste Devon »

Il gagne Cawston où ses parents le fêtent, mais s'inquiètent de sa maigreur et de son refus de parler de ce qu'il vient de vivre. Le révérend Bradburne, vieilli et malade, a obtenu sa retraite et la famille est à la veille de déménager dans le Devon. Mary vient de se marier avec Peter Comber, lui aussi rentré d'Asie, et elle a trouvé pour ses parents une maison près d'Ottery St Mary. De plus en plus dépressif, Thomas ironise sur ses enfants, ce qui chagrine Erica qui prend leur parti. Il s'acharne sur Michael, envoyé à Eton où ses résultats sont catastrophiques.

John n'est arrivé que depuis quatre jours quand sa famille déménage. Comme il n'y a pas de place pour lui dans la voiture, il fait le trajet en auto-stop malgré les remontrances de son père. En attendant leur déménagement, les Bradburne s'installent à Sidford, à une dizaine de kilomètres à l'est d'Ottery. John retrouve vite avec sa mère la relation affective qu'ils avaient avant son départ à la guerre, mais le révérend Bradburne ne comprend pas pourquoi son fils n'entre pas tout de suite à Oxford ou à Wells, et il est dérouté par le mysticisme orientalisant de son fils qui lui est étranger, et par l'attirance pour le catholicisme romain qu'il devine. John ne reste qu'une dizaine de jours avec ses parents, puis part subir des examens de santé dans un hôpital militaire de Dumfries, au sud de l'Écosse. Il écrit le 21 octobre à sa mère pour la remercier « des meilleures vacances [qu'il ait] jamais eues », et lui annonce que les docteurs vont le relâcher. Dès la fin du mois, il est à Aldershot, importante base militaire au sud-est de Londres, et il y reçoit le costume, l'imperméable et le chapeau auxquels le règlement lui donne droit. Il rend aussi visite aux Comber, et sa sœur Mary le trouve effroyablement maigre. Il est muet sur sa guerre et détourne toujours la conversation vers quelque épisode comique.

Quand il rentre dans le Devon, ses parents ont déjà emménagé à *Fir Grove* (bosquet de sapins ; John ne tardera pas à dire

1. *For a Feast of Christ the King*, 1975.

Fir Grave, « Tombe du Sapin »), leur nouvelle résidence à West Hill, une belle maison de briques dans l'ancien hameau entouré de bois des barons Kennaway devenu résidentiel. John ne les suit pas et loue une chambre à Sidbury, mettant de la distance entre son père et lui. Il prend son vélo et pédale souvent vers West Hill, mais il est son propre maître. La nature, les filles et la religion semblent ses seules préoccupations. À 24 ans, il paraît toujours plus jeune que son âge malgré la guerre, et se juge lui-même enfantin et peu séduisant : corps trop long, bas sur patte, pieds trop larges, tête trop grosse, longues oreilles (mais il leur reconnaît une aptitude naturelle à être captivées par les bois et les chants des oiseaux). Il trouve qu'il ressemble à un âne, « moins la dignité naturelle de l'animal ».

Pourtant il plaît aux demoiselles et ne tarde pas à faire la connaissance de Ruth Williams, fille d'un général, puis d'Anne Hardwicke, une « beauté brune », qui devient sa petite amie. Cecil, la mère de la jeune fille, personnalité généreuse, devient vite pour lui comme une seconde mère. Il se lie aussi avec les frères d'Anne, Adrian et Patrick. Tous les jours chez les Hardwicke, il flirte avec Anne sous l'œil bienveillant de Cecil.

Il se promène beaucoup et connaît bientôt tous les recoins de Sidbury, son auberge, son cidre et son église, et de la vallée de l'Otter, bois, prairies et rivière et ruisseaux. Il tombe amoureux de ces prés, de ces chemins encaissés entre les talus bordés de fleurs sauvages, de ces reliefs doux, du climat serein, et le « céleste Devon », pour lequel il ne sera jamais à court d'adjectifs laudatifs, deviendra sa seconde patrie.

Comme chaque année, Ottery St Mary est en ébullition, le 5 novembre 1945, pour la Fête des Barriques, version locale de la Nuit de Guy Fawkes (célébration de l'échec du « Complot des poudres » catholique de 1605). Des tonneaux enflammés convergent à minuit sur la grand place où un Guy Fawkes de chiffon est brûlé dans un grand feu de joie. Mais John est à mille lieues de ces festivités au relent anticatholique. En effet, le « problème catholique », très brièvement anesthésié par la lecture de George Sorrow, le travaille à nouveau. Thomas Bradburne commence à comprendre que son fils s'éloigne à jamais de lui. De plus, John refuse d'aller étudier à Oxford ou de chercher un travail. Comme des centaines de milliers d'autres soldats démobilisés, il semble ne plus trouver sa place dans l'Angleterre d'après-guerre – les suicides ne sont pas rares ; son sauveur de la jungle malaise, James Hart, se serait ainsi jeté dans la Tamise.

Mais il lui faut gagner de l'argent, car son pécule est limité. Il rend service à droite ou à gauche pour gagner quelques sous, et travaille un temps comme garçon de salle à l'hôpital d'Exeter. En fait, sa relation avec Anne et, surtout, la recherche religieuse l'occupent tout entier. Il a déjà renoncé à l'idée d'une carrière ecclésiastique anglicane mais ne sait pas très bien où il en est : *Om mane padmi hum* continue de trotter dans sa tête, il lit Swedenborg et Montaigne, repense à Lunn l'apologiste du catholicisme et à Sorrow son détracteur, et tout s'embrouille. Où est la vérité ?

De plus, il ne parvient toujours pas à se libérer des fantômes de la guerre. Il lui prend alors l'envie de se ressourcer à Skirwith. Il y visite le presbytère où il est né, l'abbaye, la maison de Ninnie. L'église n'a guère changé, même si l'espace devant l'autel a été élargi, et Jésus l'accueille avec le même sourire sur son vitrail. Il s'amuse de voir le nom de son père sur le tableau des *vicars* de la paroisse, installé en 1935. Mais il en revient encore plus désemparé, partagé entre ses racines anglicanes et la conviction grandissante que l'Église catholique est celle que le Christ a voulue.

Un jour, peu après, il se glisse dans une église d'Ottery, non pas l'anglicane St Mary avec son allure de cathédrale, mais la modeste chapelle catholique St Anthony, aménagée dans une ancienne remise de diligence. Ottery est encore, pour peu de temps, un fief de non-conformistes comme sa région, mais une communauté catholique y a vu le jour depuis une dizaine d'années, et John n'a pas tardé à repérer son discret lieu de culte, Mill Street. C'est là qu'un matin il entre, et ne tarde pas à revenir, attiré par la messe et par le Saint-Sacrement, sur lequel il a jeté un coup d'œil un moment. Le P. Dunne, un prêtre irlandais, célèbre pour une poignée de religieuses et quelques laïcs.

Les sœurs, des maristes qui dirigent l'école Dolforgan au centre de la petite ville, ne tardent pas à remarquer au fond de la chapelle le jeune inconnu, à genoux sur son prie-Dieu du début à la fin de la messe et qui ne communie jamais. Sr Ernest le trouve bien pieux et Sr Camillia, alors en stage à Ottery avant de rejoindre l'université d'Exeter, se dit que même son frère qui va entrer chez les franciscains ne l'est pas autant. Les religieuses discutent entre elles, surtout depuis que le P. Dunne, un matin, leur a recommandé en chaire de prendre exemple sur lui. Aucune n'a osé se retourner pour voir comment il réagissait et il est parti bien vite, mais elles se disent qu'un jeune homme aussi dévot doit être bien proche de Dieu. Elles se mettent en tête de l'apprivoiser et, à la fin d'une messe, lui proposent de partager une tasse de café avec le P. Dunne. Le jeune homme leur fait un grand sourire, mais refuse avec force remerciements. La question reviendra comme un rite quotidien. Les sœurs ne tarderont d'ailleurs pas à apprendre qui il est : le fils du révérend Bradburne qui donne un coup de main au clergé anglican d'Ottery.

« Chasser les araignées de ma tête »

En fait John cherche toujours sa voie. L'ami Dove est encore avec les Gurkhas, et quand il s'en ouvre à son père, la discussion tourne vite à l'affrontement, alors il préfère ne plus en parler. Les mois passent, et s'il trouve de temps à autre un petit travail rémunéré à Sidbury, il doit, à la fin du printemps de 1946, faire des choix. Il y a Anne, qui partage ses interrogations religieuses et ses questions sur le « problème catholique », mais avec bien moins de passion. Il y a l'université. Il y a les difficultés avec son père. Et il y a ces « toiles d'araignées dans la tête ».

Une solution se présente, pour lui qui aime tant les arbres : les Eaux et Forêts recrutent des stagiaires pour la forêt des collines du Quantock, dans le Somerset voisin. John s'y présente avec l'espoir d'y chasser son mal-être dans le dur labeur du bûcheron, et il est embauché le 14 juin 1946, le jour de ses 25 ans. À son père qui s'étonne, il répond qu'il aime grimper aux arbres et que dans la forêt il y en a beaucoup de grands. Avant de partir, il demande à Anne de l'épouser :

> Une nuit de juin, à neuf heures et demie
> Aussi claire que durant la journée,
> Le coucou était au diapason
> Et la haie pleine de bonnes odeurs,
> J'ai dit à Anne : Sois ma Reine,
> Et elle a dit oui[1]…

1. *At The Sign of The Nine Muses*, 1976.

Le registre aux armes de George VI a conservé la trace de l'embauche de John Bradburne comme forestier, numéro de Sécurité sociale W7U 1602534. Comme adresse, celui-ci a donné le « Quantock Hotel » à Nether Stowey (qui n'a jamais existé), mais il ne tardera pas à prendre une chambre à Cockercombe, un hameau d'Over Stowey en bas de la vallée qui conduit à la Maison forestière. Il s'éprend vite de la région du Quantock, qui offre un incomparable régal pour la vue, changeant selon les ondulations, la roche, l'eau, les pentes, les sols, les bois, le temps qu'il fait. De plus, la renommée du massif dépasse de beaucoup sa taille, pas même 100 km^2, car il est étroitement lié à l'histoire de l'Angleterre depuis les Romains, la résistance saxonne et celle contre les Vikings :

> Plaisants troupeaux qui paissent,
> Vieux terrains pour chevaliers et pour grands rois,
> Site de la dernière bataille de la verte Angleterre,
> Scène de bien des faits chevaleresques,
> Cette vallée entre Quantock et Mendip
> Où le coucou si joyeusement chante[1].

Ce sont surtout les poètes qui ont fait la réputation du Quantock. Durant ses longues promenades avec Wordsworth dans cette forêt, Coleridge, natif d'Ottery, y puise l'idée de son poème le plus fameux, *La Ballade de l'ancien marinier*, que John connaît comme tous les écoliers anglais. Le poète s'installe en 1797 à Nether Stowey et sillonne la forêt par le chemin qui porte aujourd'hui son nom. Il y écrit ses vers en « contrôlant » son inspiration par ce qu'il voit ; John utilisera aussi cette technique, tout comme il partage avec le poète et penseur romantique la certitude que la vie de l'homme sur la terre est une route vers sa perte ou vers sa rédemption par le Christ.

Réserve de chasse royale durant des siècles, puis exploitée pour les bois de marine, la forêt du Quantock l'est depuis 1919 par les Eaux et Forêts, qui favorisent les plantations de sapins au détriment des chênes séculaires et des noisetiers cendrés. L'équipe de bûcherons compte quelques professionnels des environs, les Doble, Palmer ou Bellamy. Les stagiaires sont pour la plupart des soldats démobilisés, souvent venus comme eux aussi faire

1. *Avalon,* 1949.

une pause dans leur vie. John sympathise rapidement avec Syd Cosgrove qui partage son goût pour la musique et la poésie et quelques autres. Quant à Jack Dunn, ancien de la *Navy* et qui s'est engagé au Quantock pour acquérir une expérience pratique avant d'entrer dans une école forestière, il va devenir un véritable ami. Il écrira de John :

> J'ai vraiment apprécié sa compagnie parce qu'il avait une personnalité tellement pleine d'humour, généreuse et douce, très amusant et pourtant très intéressant et sérieux dans la conversation… Certains des souvenirs exceptionnels que j'ai de lui des jours dans la forêt, c'était le feu de bois du repas dans la forêt, quand nous grillions nos inévitables sandwichs au fromage au-dessus des braises ; il se débrouillait toujours pour les brûler à les noircir, mais il minimisait toujours l'histoire en disant : « Le charbon de bois est bon pour les dents, mon gars… » Bien souvent, quand notre groupe passait de bons moments à blaguer autour du feu au moment du repas, il s'en allait tranquillement, un regard lointain dans ses yeux. Il n'était pas avec nous, au sens littéral du terme.

John chante, habituellement le madrigal d'Orlando Gibbons : « Plus d'oies que de cygnes vivent maintenant, plus d'imbéciles que de sages », ou sort sa flûte à bec. Avec Syd Cosgrove, il écoute souvent sur un vieux gramophone, « quelque chose sur un thème de Thomas Tallis » se souvient Jack Dunn, (la *Fantaisie sur un thème par Thomas Tallis* de Vaughan Williams), qu'il ne se lasse pas de passer et repasser sur l'appareil. Il prend aussi plaisir à pasticher les personnages d'une comédie de la radio ITMA, alors très populaire, pour la plus grande joie de ses compagnons de travail. Les samedis et dimanches soir, les forestiers vont au Cranleigh Social Club de Bridgwater, à une douzaine de kilomètres, heureux d'y prendre un bain chaud, de manger un encas sur le pouce et de boire du cidre ou de la bière, parfois plus que de raison – John n'est pas le dernier à lever le coude.

En principe, il est stagiaire en vue d'entrer dans une école forestière, mais il ne semble jamais l'avoir envisagé sérieusement. Comme bien d'autres, il est là pour « chasser ses araignées » et « se remettre les idées à l'endroit ». Le travail de bûcheron, quoique fatigant, le remet assez vite en forme physique et mentale durant l'été et l'automne 1946. La belle saison y est aussi pour beaucoup et, plus de vingt ans plus tard, il souhaitera à Cecil Hardwicke un été « comme celui de 1946 ».

Leur chef est d'origine écossaise mais arrive du Canada, « morose, légèrement excentrique, aimant à raconter de longues histoires au sujet de ses journées dans les forêts canadiennes : comment il avait coursé des loups voraces, comment il avait l'habitude de planter des arbres sur des montagnes raides en lançant les jeunes pousses comme des flèches d'un arc » (J. Dunn). Pour ces ex-soldats, cette « vieille peau » est complexée par eux, et il leur raconte ses histoires pour essayer de les impressionner. Il est le seul avec qui John se froisse de temps à autre, peut-être simplement parce que c'est un chef et que John n'aime guère l'autorité. De plus ce dernier loge la porte à côté de lui à Cockercombe et il doit écouter ses histoires de bravache en dehors des heures de travail car, comme le note son ami Dunn, « il n'y a alors aucune TV pour retenir les gens chez eux ».

John, habile pour ce qui est de grimper prestement aux arbres et d'y rester – pour y prier sans être dérangé –, se révèle vite plus que maladroit pour les abattre, et ne montre aucune aptitude réelle pour ce travail et pour toute technique. Il est d'ailleurs le premier à se moquer de lui-même et de sa gaucherie, comme il le fera dans une lettre à Jack Dunn peu après son départ, écrivant qu'il « passait le marteau quand on lui demandait un tournevis ». En fait, son esprit semble souvent vaquer à de tout autres tâches que celle qu'il accomplit. Mais il compense sa maladresse par son autodérision, sa gentillesse et son humour, dans les équipes qui se forment et se reforment à leur gré. Devant un charme, il explique à ses compagnons, démonstration à l'appui, son surnom de *Hornbeam*, à la grande joie de tous, et ils l'appelleront désormais ainsi.

Cette vie rude décante son esprit, mais le problème religieux n'en devient que plus lancinant. Jack Dunn est catholique, et quand John travaille côte à côte avec lui, il l'interroge sur sa religion. Ce dernier n'est pas très à l'aise car il est certes catholique depuis le berceau, mais prend sa religion pour garantie sans se poser de questions, et celles de son ami l'obligent à le faire. Les confidences reçues lui prouvent le sérieux de cette recherche, mais Jack ne sait comment l'aider.

Heureusement, à l'automne, John Dove, enfin démobilisé des gurkhas, rentre à son tour. Comme ses parents n'habitent qu'à une quinzaine de kilomètres du Quantock, il ne tarde pas à retrouver au club de Bridgwater son ami « portant col roulé, grosse culotte, chaussettes de laine et bottes de forestier, en bonne santé, bien et fort », et John est vite invité dans le manoir des Dove à North Curry, belle bâtisse de la fin du XVIIIe siècle dans une vallée boisée, près de Taunton. Il a tôt fait de baptiser « les Trappistes » la nursery où dorment les deux amis ; sur le manteau de la cheminée il y a une petite statuette de saint Antoine avec l'Enfant Jésus que son ami Dove lui offrira. Tous deux partagent des bières fraîches et du cidre, et John explique pourquoi il a pris ce travail de bûcheron. Il ajoute combien il aime les collines, les arbres, le grand air, car il peut ainsi penser et prier. John Dove lui apprend qu'à son tour il a mis la question du sens de la vie au centre de la sienne. Connaître Dieu et le servir dans son Église : les deux John s'influencent ainsi réciproquement, l'un, par son radicalisme, l'autre par son catholicisme tranquille. Plus tard ils rivaliseront d'humour pour savoir qui a été et qui demeure le gourou de l'autre, faisant assaut d'humilité ; pour l'heure, ils partagent leurs élans, leur soif de Dieu, leurs questions. Pour John Dove, pourtant infatigable coureur de jupons, cette quête prendra bientôt la forme de la question d'une vocation religieuse, pour son ami celle d'être vraiment dans l'Église que le Christ a voulu.

Arrive l'hiver 1946-1947, le plus froid que la Grande-Bretagne ait connu depuis trois siècles. Les troupeaux meurent dans les prés, et les semailles sont gâtées dans les champs. Deux millions de personnes ne peuvent travailler dans l'industrie faute d'énergie, des pauvres meurent. Une épaisse couche de neige ensevelit durant des mois le Quantock comme le reste du pays, le transformant en tableau de Brueghel. Les bûcherons, travaillant en plein air, souffrent encore plus que d'autres. Un soir, Jack Dunn dit à son ami qu'il n'en peut plus et qu'il s'en va. Mais John le boute-en-train se met à lui parler sérieusement, et réussit à le dissuader de le faire ; Jack Dunn lui en sera reconnaissant toute sa vie.

Un peu avant Noël, son ami Dove vient passer quelques nuits à *Fir Grove*. L'aspect Haute Église et cultivé de la famille Bradburne l'impressionne. À cette époque, face à l'expérience socialiste, la classe sociale à laquelle appartiennent leurs deux familles, appauvrie par les mesures étatiques, réagit en exacerbant sa différence culturelle : correction de l'accent oxonien ou références culturelles abondantes dans la conversation. John ressemble à sa façon à bien des jeunes de son milieu en ces années-là :

accent, allusions shakespeariennes, goût de l'aventure. Pour lui comme pour ces autres « héritiers », les grandes institutions sont un horizon indépassable. Ils peuvent les railler, comme le fait son cousin Terrence Rattigan, le fils de Frank, alors en train de devenir un des auteurs les plus renommés de la scène londonienne, mais c'est sur ce fond qu'ils déploient leur individualisme.

Les week-ends, John partage de moins en moins les loisirs des autres forestiers à Bridgwater, car l'appel se fait plus précis, plus pressant :

> La Voix, c'est Dieu l'Esprit Saint et lui,
> Nous hante à Taunton, à Bridgwater peut-être[1]…

Non seulement il discute de religion avec Jack durant les coupes, ou avec l'ami Dove et Anne quand il les retrouve, mais il part désormais souvent les samedis à Taunton. Il a demandé au chanoine Richard Iles, curé de la paroisse catholique Saint-George, de l'instruire sur la foi catholique, et il reste parfois tout le week-end chez lui. Anne a bien du mal à suivre son fiancé dans cette démarche, même si elle a commencé elle aussi une instruction pour entrer dans l'Église catholique. Les deux semblent pourtant toujours aussi épris l'un de l'autre, quoique John ne soit plus guère présent à Sidbury.

« Buckfast fut mon Bethléem »

À un hiver exceptionnellement froid fait suite un printemps d'inondations. Le pain et les pommes de terre commencent à manquer et l'électricité est coupée cinq heures par jour. Pour éviter la banqueroute, le gouvernement travailliste accroît les exportations, prises sur une production déjà très diminuée. Mais il continue de s'enfoncer dans son rêve collectiviste : pour « détruire les fondements du capitalisme », l'énergie, les transports, la sidérurgie et la Banque d'Angleterre sont nationalisés, et la bureaucratie britannique ne tarde pas à atteindre des sommets à la soviétique : 46 formulaires et 42 signatures pour quelques barils de lubrifiant, tandis que les Travaillistes publient un pamphlet à la gloire des réalisations soviétiques.

1. *A Full Appreciation of the Queen's Shadow*, 1977.

C'est en ce sombre printemps que John découvre l'abbaye bénédictine de Buckfast, à une centaine de kilomètres au sud du Quantock, et c'est le coup de foudre :

> Bien soufflèrent les brises embaumées et je fus attiré
> Par la porte heureuse de l'abbaye de Buckfast. L'histoire est dite.
> Et en vérité[1].

L'abbaye St Mary de Buckfast se dresse en lisière de la forêt du Dartmoor, vaste région sauvage de plateaux, de collines boisées et de landes. Elle tire son nom des cerfs qui descendaient s'abreuver et brouter dans son parc. Elle est alors au sommet de la gloire que son histoire récente, la figure de dom Vonier et les ruches de frère Adam lui valent, et elle draine de nombreux visiteurs[2]. Son imposante église abbatiale, achevée dix ans plus tôt, unit à la rigueur cistercienne de l'architecture la richesse des matériaux de décoration intérieure, porphyre et pierres antiques récupérés à Éphèse et en Égypte, vitraux imités de Chartres. John y retourne fin mai pour la Pentecôte avec son ami Dove. Les visiteurs sont nombreux et « la scène porte quelque ressemblance avec l'image d'un pèlerinage populaire médiéval, sauf que la majorité des pèlerins apparaissent plus curieux que pieux » (F. Cowles), mais il n'en va pas de même pour John. Ici, l'attirance pour l'Église catholique est en train de briser ses dernières défenses.

Loin de s'en réjouir, il s'en alarme car il demeure attaché aux préjugés de la plupart des Anglais contre cette Église. Thomas Bradburne, qui les partage, convainc alors son fils d'aller faire une retraite à Mirfield chez les pères de la Résurrection, une congrégation anglicane d'orientation liturgique, spirituelle et missionnaire, dont les recteurs successifs de Skirwith ont toujours été proches (le dernier Parker leur offrira bientôt le patronage de la paroisse). John se rend dans le Yorkshire pour une retraite privée dirigée par le révérend Denys Shropshire, ancien missionnaire en Rhodésie (qui lui parle sans doute de cette colonie). La retraite est fondée sur les Exercices de St Ignace, les offices sont en latin et en anglais et la musique éclectique, entre grégorien et contemporain. Mais rien n'en sort, surtout que notre chercheur de Dieu découvre alors Newman : « Il me captiva, me fit

1. *Retrospective Retrograde*, 1974.
2. *Cf.* annexe 1, p. 154-155.

vraiment penser. » Il lit l'*Apologie*, « de façon décousue », et cet itinéraire vers Rome devient pour lui guide de voyage, même si les routes ne se ressemblent guère : Newman avait dû tracer la sienne à travers les jungles des Pères de l'Église et du Mouvement d'Oxford, et lui dans celles de Malaisie et de Birmanie. Il ne trouve pas dans l'*Apologie* les réponses à ses questions sur Rome, car il les connaît déjà, mais leur exposition honnête et précise satisfait sa conscience : Newman est pour lui une « tête », lui « qui a travaillé des deux côtés [anglican et catholique], et n'a jamais esquivé les difficultés ». Et le grand oratorien lui montre la route pour devenir un homme nouveau (*new man*, en anglais – le calembour est significatif) qu'il brûle d'être.

Thomas Bradburne, après avoir en vain écrit plusieurs lettres à son fils pour le convaincre de rester dans son Église natale, tire alors sa dernière cartouche : son neveu Tom, lui aussi ecclésiastique mais plus proche par l'âge de John. Le révérend Thomas Comber, frère aîné de Peter, est parti dans une paroisse sud-africaine. Son oncle lui écrit puis John lui-même, soudain rétif au moment de faire le pas décisif, « lance un SOS » à Tom sur sa peur de « papiser » :

> J'écrivis, et cousin Tom répondit :
> « Je pourrais, si j'étais près de toi,
> Bien être capable de te convaincre que
> La demeure anglo-catholique
> Est vraiment toujours faite sur mesure pour ton esprit ;
> Puisque je ne le suis pas, je vais en remplacement
> T'adresser à quelqu'un, mon meilleur ami -
> Son esprit est le mien en ces saintes tendances -
> Avec qui je suis allé à Cambridge
> De Pembroke à la Trinité[1]. »

Après une nuit encore agitée de cauchemars « papistes », John, au petit matin du 10 juin 1947, « met Pierre en suspens et part sur son vélo chez Paul », le révérend Osborne, l'ami de son cousin, qui habite le Dorset voisin. Il découvre un *vicar* rural qui ressemble à son père, sauf qu'il élève des vaches. Leur rencontre commence par un incident :

> Bien qu'ecclésiastique, avec charme
> Et calmement, il gérait une agréable ferme

1. *Of All the Paths*, 1971.

À travers laquelle je marchais pour le trouver
Jusqu'à ce que je sois arrêté par un cri :
« Je suppose que vous avez l'habitude des taureaux,
Ce n'est pas une vache qui arrive… »
Oh ! Allez[1] !

L'imprudent se met à l'abri du redoutable Jersey et explique au *vicar* au milieu de son troupeau les raisons de sa visite. Celui-ci

Dit alors doucement, étrangement heureux :
Ma licence de prédicateur est suspendue,
Monseigneur de Dorchester est plutôt triste,
Je suis dans un pèlerinage qui est associé au vôtre[2]… »

Et ce clergyman anglican en route vers le catholicisme propose aussitôt à John de lui apprendre à réciter le chapelet, dévotion papiste s'il en est ! Les deux hommes discutent tout l'après-midi, et le révérend Osborne l'invite à rester pour la nuit. Ensuite,

Ensemble avec sa femme nous avons dîné, comme libérés
D'un lourd souci, à la façon dont la foire d'été est pour la fête[3].

John fait à nouveau des « rêveries papistes » durant la nuit, mais paisibles. Le lendemain, la Saint-Barnabé, il assiste à la « messe romaine en anglais » du révérend Osborne, pour trois fidèles, qui lui fait forte impression et le confirme dans sa voie :

C'était une étape plus avant.
Une étape certaine vers la maison
De la Foi de l'Angleterre : le chemin vers Rome
Fut engagé plus sûrement alors.
Mais Buckfast fut mon Bethléem[4].

Paul Osborne lui écrira plus tard :

N'essayez pas d'aller plus vite
Que ne le fera l'Esprit Saint (qui me hante aussi[5] !).

1. *Id.*
2. *Retrospective Retrograde*, 1974.
3. *Id.*
4. *Ut Unum Sint* (n°s 1 298-1299), 1956.
5. *Retrospective Retrograde*, 1974.

De fait, lui-même mettra encore sept ans pour passer à Rome. Mais John, quant à lui, pédale le cœur léger vers le Devon, sa décision est prise. Mais n'oublie-t-il pas alors qu'il est engagé vis-à-vis d'Anne ? Celle-ci est étrangement absente de ses dernières étapes vers l'Église catholique. Il retourne pourtant quelque temps à Sidbury, et annonce à la jeune femme sa décision, qu'elle accueille sans enthousiasme. Quant au Quantock, il n'y retournera pas bûcheronner. Le registre de la commission forestière n'a pas enregistré la date de fin de son engagement, indiquant seulement « Terminé », mais son départ est arrosé avec force libations à Bridgwater :

> Je demandais à la serveuse du Pub le plus Pub
> Si cela ne la dérangerait pas qu'associé je puisse braire
> Les louanges du Christ mon Hôte : « Tout au plus,
> Pas de criaillerie[1]. »

John part travailler quelques semaines à l'hôpital d'Exeter et sur un chantier local, et passe une semaine à faire du bateau dans les Broads avec son ami King, informant son ami de ses intentions. Puis, durant l'été, il s'installe à Buckfastleigh, le village qui entoure l'abbaye bénédictine. Dom Raphaël le préparera à son entrée dans l'Église catholique. Ce moine s'occupe des hôtes et des catholiques du village, et il a l'habitude d'accompagner ceux qui cheminent vers Rome. Visage massif et bourru, cœur d'or, érudit, ce baroudeur a perdu un œil durant la Première Guerre mondiale, ce qui ne l'a pas empêché de partir comme aumônier durant la seconde, au Bengale oriental et en Birmanie ; il aurait de quoi échanger avec John, qui le considère comme un « esprit ailé prompt à voler » dans les réponses que le moine apporte à ses dernières questions sur le catholicisme. Dom Placid Hooper est le maître de novices et suit lui aussi John. Originaire de Taunton, il a été un des premiers Anglais à entrer à l'abbaye, à 18 ans. Sous des allures d'intellectuel timide à grosses lunettes, il a baroudé sur les champs de bataille d'Europe et du Moyen-Orient. Son amour de la liturgie et son immense mémoire en font un guide précieux.

John est désormais tous les jours à l'abbaye, et il est présenté à l'abbé Fehrenbacher. Dom Bruno, traits ascétiques, visage rappelant vaguement celui de Pie XII, a rejoint Buckfast tout jeune

1. *A Full Appreciation of the Queen's Shadow*, 1977.

encore de son Allemagne du Sud après avoir entendu le récit de sa construction. L'abbaye de Buckfast est encore une des plus strictes du pays, certains diront des plus rigides, mais en ces mois où John la découvre, dom Bruno est en train d'abandonner les antiques règles les plus sévères, et si les moines gardent encore la tonsure, ce n'est plus qu'une question de mois.

Le souvenir de dom Anschaire Vonier est encore très vivant à Buckfast, et on peut voir dans l'église son mémorial[1]. De plus, ce bâtisseur d'édifices en pierre l'a aussi été de monuments de la pensée, théologien et spirituel catholique le plus influent de son temps en Angleterre. Son œuvre montre que « la meilleure théologie catholique peut être, quoique rigoureuse, religieusement exaltante » (A. Nichols). Sa spiritualité marquera John – non pas d'abord la renaissance thomiste dont l'abbé de Buckfast, « figure médiévale transportée dans le XXe siècle » (T. Edwards) a été un des maîtres (même si John le mettra en scène avec saint Thomas d'Aquin dans sa *Ballade de Buckfast*), mais sa présentation de la dimension de folie mystique, « clownesque », que peut prendre la vie chrétienne, une leçon qui ne sera pas perdue, sa dévotion eucharistique fondée en raison que le converti fait sienne, son mélange de spiritualité la plus haute et d'exemples les plus concrets et sa doctrine du « Peuple de Dieu » (dom Vonier lance en 1937 la formule que Vatican II canonisera) pour désigner dans l'Église tout entière « une dimension de vie totale de Dieu dans l'humanité ». On retrouve son influence dans les raisons que John donnera à son passage au catholicisme lors d'une interview en 1965 : « Il y avait en moi un grand désir d'appartenir à une société qui pourrait embrasser un maximum et non pas un minimum exclusif de personnes en route vers Ciel. »

Dès son arrivée, John loue une chambre dans le village. Il aide dom Raphaël et d'autres moines au jardin ou à l'entretien du cimetière, ce qui lui assure le couvert, et il reçoit ses premières instructions. Les moines l'apprécient, il est toujours prêt à rendre service. Il y a d'ailleurs toujours du travail à faire, que ce soit à l'atelier qui produit le fameux vin de Buckfast, un tonique fabriqué à partir de cépages espagnols, dans celui de dom Norris

1. Édifié par Benno Alkan, un sculpteur juif allemand réfugié en Angleterre et hébergé par l'abbaye.

qui prépare le pavement en marbre du chœur de l'église, ou avec frère Adam au rucher. John aide parfois ce dernier, et observe son travail :

> L'abeille vole vers frère Adam,
> Le coucou dans le pré
> Les oiseaux aux queues écourtées trois fois bas pour souligner
> Le Ténor à la tête
> Mais le Bourdon, sept tonnes, répond
> Je ne suis pas moins assourdi : Tenez-en compte[1] !

Il reçoit de lui une connaissance concrète du monde des abeilles. Chacune est unique, mais toutes ont le sens de l'ordre et de la précision, une grande capacité d'adaptation. Frère Adam vante aussi leur tempérament agréable et calme en des termes qui rappellent et dépassent ceux du chef de gare indien à propos de ses frelons entendus par John deux ans plus tôt, et que ce dernier reprendra à son compte plus tard : « C'est à nous de comprendre leur façon d'être et de nous adapter à leur nature vraiment merveilleuse, en ne tentant pas la tâche impossible de les "maîtriser" mais plutôt en faisant tout ce qui est en notre pouvoir pour les servir » (F. Adam). Pour le moine allemand, il faut non seulement veiller à respecter les abeilles, mais à les aimer : on ne fera jamais d'elles des animaux domestiques comme les chats ou les chiens mais on peut vivre, et bien, au milieu d'elles. Ces leçons ne seront pas perdues.

Même s'il est souvent nourri à l'abbaye en échange de l'aide qu'il y apporte, John doit aussi trouver un autre travail, et il se fait embaucher comme aide-maçon. Son accent oxonien déplaît d'abord, mais ses compagnons de travail sont bientôt conquis par sa gentillesse et sa drôlerie. Il accumule pourtant les bêtises, passant ainsi le marteau quand on lui demande la truelle, ou perd l'équilibre sur les chevrons d'une construction et laisse tomber les briques sur un plafond tout juste terminé ! Ses coéquipiers taisent l'incident, et il ne sera pas licencié.

Le travail terminé, John accompagne ses collègues de travail au pub du village quand il n'est pas chez dom Raphaël. Il lie aussi connaissance avec des habitants du village et les hôtes

1. *The Ballad of Buckfast*, 1978.

de l'abbaye comme Philip Bridge, maître d'école à la retraite et grand ami des bénédictins, ou avec un vieil original et sa mère :

Je connaissais un homme qui jouait de la harpe
Sur les bords de la Vallée de Buckfast :
Original, pas vieux comme saint Polycarpe
Ni jeune comme dans un Conte de fées
Un prince, mais on lui donnait trente-trois ans
Alors que sa dernière année enregistrée était soixante-dix !

Sa mère était une Carmélite
Du Troisième Ordre, habillée en brun
Avec là-dessus un manteau blanc :
Elle en avait quatre-vingt-dix... Jamais un froncement de sourcils,
Jamais une ride ! Quel était son nom :
Elizabeth ? Elle a embrassé Notre-Dame[1].

Il aime surtout rencontrer le manager de la banque locale, Hugh Symons, son aîné d'une génération, un gentleman à l'ancienne, généreux mais discret. Il le retrouve souvent dans un pub après les complies et ils rivalisent d'humour. Hugh a vite compris où était le péché mignon de son nouvel ami : quand les deux John sont ensemble à l'abbaye, il leur dit : « Et maintenant, vous deux, conduisez-vous bien dans le monastère et ne buvez pas trop de cidre devant mon cher ami l'Abbé. » Cet ancien franc-maçon anglican a été reçu dans l'Église catholique à Buckfast en juin 1942. Il seconde dom Raphaël pour aider John à vaincre quelques ultimes scrupules et difficultés, et lui faire découvrir les richesses de la foi catholique. Quand le moine jugera que le jeune converti est prêt, il demandera à Hugh d'être son parrain :

Et maintenant, rencontrez mon Parrain – le bon Hugh :
À Buckfast il a élargi mon regard,
Et frère âne a appris
Que peu de choses battent un demi de bière Bass ! [...]

Hugh sert – il sème la Foi dans la verte Angleterre
(La dot de la Reine des Anges)
Et aide souvent des chiens boiteux comme moi
Leur offrant son amitié. Béni soit-il[2] !

---

1. *Ring-a-Ring-a-Rosary*, 1977.
2. *Ut Unum Sint* (nos 1349, 1351), 1956.

John va aussi retrouver de temps à autre à Bridgwater ses anciens collègues du Quantock, en particulier Jack Dunn qui se prépare à partir pour l'école forestière de Dean dans le Gloucestershire. Ce dernier se réjouit de voir son ami prêt à franchir le pas vers Rome. John retrouve surtout avec plaisir son ami Dove à son retour du Nord. Celui-ci se pose de façon de plus en plus pressante la question de la vocation, attiré par la Compagnie de Jésus, et ses parents en conçoivent du ressentiment contre l'ami de leur fils, à qui ils reprochent une mauvaise influence sur lui, surtout M. Dove pour qui le jésuitisme est la quintessence de ce catholicisme qu'il juge intrinsèquement « non-anglais ». Pour le révérend Thomas Bradburne, c'est au contraire le jeune Dove qui entraîne son fils vers le catholicisme !

Par le Christ-Roi !

John est reçu dans l'Église catholique par dom Raphaël Stones le 26 octobre 1947, jour de la fête du Christ-Roi, alors célébrée le dernier dimanche d'octobre, un peu avant les secondes vêpres. Hugh Symons et Philip Bridge sont ses parrains car son ami Dove n'a pas pu se libérer. La cérémonie a lieu dans la « chapelle voûtée de Sainte-Anne », vestige médiéval de l'abbaye primitive, et il en est très ému. Ce n'est pas un baptême sous condition, et John se réjouit que celui qu'il a reçu de son père ne soit pas remis en question, même s'il était prêt à passer outre[1]. La cérémonie est privée, comme le précisent les décrets du premier synode de Westminster de 1852. Dom Raphaël suit à la lettre le rituel de 1917, et commence la cérémonie assis devant l'autel, du côté de l'épître, en surplis, la tête couverte, John près de lui. Puis tous deux s'agenouillent. Ils chantent le *Veni Creator*, dom Raphaël récite ensuite une oraison, puis il s'assied. John, toujours à genoux, récite devant lui la profession de foi catholique. Le moine tient un livre des Évangiles sur ses genoux et, après un

1. *Cf.* Adrian Fortescue, *The Ceremonies of the Roman Rite Described* (1918). Pour l'Église catholique le baptême n'est pas réitérable et un second constituerait « le plus grave des sacrilèges ». Lorsque le célébrant n'est pas sûr, il doit rebaptiser « sous condition ». De fait le certificat de baptême de Buckfast porte la mention *cf. n° 274, Skirwith Anglican Parish Register, Cumberland* et la date du 31 août 1921.

psaume pénitentiel, se lève et chante, tourné vers l'autel, le *Kyrie* et les prières qui suivent, auxquelles les présents répondent. Puis dom Raphaël se rassied et John, toujours à genoux, est absout de l'excommunication, se confesse et reçoit l'indulgence plénière. Tous entonnent alors le *Te Deum* et le moine donne au nouveau catholique la bénédiction, en le signant.

John fait sa première communion durant la messe qui suit, servie par Hugh. Ce dernier est impressionné par l'attitude de son filleul durant toute la cérémonie. Celui-ci lui confie dès cette époque, et très sérieusement, qu'au plus profond de lui il espère que sa fin sur cette terre sera celle d'un martyr. Pour Hugh, il « avait la tête au Ciel et en même temps les pieds fermement sur terre… On ne pouvait s'empêcher de l'aimer, comme un jeune chien de berger folâtre de bon pedigree ».

Deux jours plus tard, John est confirmé, sans doute par le nouvel évêque de Plymouth, Mgr Francis Grimshaw. Pour lui, la date de sa réception dans l'Église catholique est un cadeau du Christ-Roi. Il y voit une sorte d'adoubement par ce dernier : Jésus l'a appelé à son service ; et il verra désormais le Christ essentiellement dans cette fonction royale, et lui comme son fidèle sujet et vassal. Au fil des ans cette vision s'enrichira, mais elle restera toujours ancrée dans le souvenir de ce 26 octobre 1947 (plus de 150 poèmes l'évoquent). Et comme le Christ-Roi est de façon éminente celui des Juifs, il puisera aussi dans cette fête les fondements de sa vocation envers Israël, ainsi qu'il le racontera en 1965 au journal *Shield* : « Mon souci pour les Juifs est venu surtout de ma réflexion sur cette fête – "Es-tu le Roi des Juifs ?" J'ai pensé : quel malheur qu'il ne le soit pas puisqu'il est issu de Juda. »

Seules ombres à sa joie : Thomas Bradburne est profondément blessé, comme père, comme anglican et comme ecclésiastique, et Anne n'est pas là. En fait, la réception de John dans l'Église catholique dénoue la relation de John avec la jeune femme. Elle l'aime et il pense l'aimer, mais elle n'a pas voulu le suivre dans ce qui, pour lui, est l'essentiel. De plus, depuis qu'il est à Buckfastleigh, il se pose la question d'une vocation monastique, et il est maintenant au pied du mur. Il reprend alors sa parole vis-à-vis d'Anne. Dans le poème déjà évoqué ci-dessus, il en attribuera à la Vierge Marie la responsabilité :

J'ai dit à Anne : Sois ma Reine
Et elle a dit oui, et cela aurait pu être
Si Marie n'était pas venue entre
L'engagement et l'entrée en lice[1].

Anne s'attendait sans doute à cette rupture, qui se fait sans heurt et ne changera rien à l'amitié profonde qui lie son désormais ex-fiancé à tous les Hardwicke, elle y compris. Elle pourrait dire comme sa mère que : « C'était tout simplement génial d'avoir été une partie de sa vie » (Cecil Hardwicke).

Un sage délai

Voici John désormais catholique. L'Église dans laquelle il entre se prépare à fêter le centenaire de la restauration de sa hiérarchie, et les ouvrages fleurissent qui sentent le bilan satisfait[2].

Mais c'est surtout la voie monastique, alors florissante dans l'Église catholique anglaise, avec sa rigueur de « seul vers le Seul », qui le séduit comme nombre de nouveaux convertis venus de l'anglicanisme qui peuplent les monastères et les couvents. Il écrit sur une grande feuille qu'il épingle dans sa chambre les trois lettres du mot GOD (Dieu, en anglais), suivies de la phrase : « Que je pense toujours à lui et l'aime plus chaque jour. »

Il croit que son pèlerinage spirituel commencé six ans plus tôt dans la jungle malaisienne aux frontières de la mort va s'achever à Buckfast. Ses raisons ne sont pas négligeables : ferveur du converti, amour de la prière, de la solitude, du grégorien, bonnes relations avec les moines et il confie à dom Raphaël son désir d'entrer à l'abbaye. Mais celui-ci connaît bien son jeune ami, et il n'est pas de cet avis. Le père abbé et dom Placid, consultés, sont d'accord avec dom Raphaël, au grand dam du jeune homme, qui accuse le coup mais ne se tient pas pour battu. Il est sûr de sa vocation, argumente-t-il avec son mentor.

En outre, il va voir Hugh Symons et lui demande d'intervenir en sa faveur auprès des moines, convaincu que ceux-ci n'oseront pas lui dire non. Et cela marche ! Par amitié pour Hugh, l'abbaye accepte le nouveau converti comme postulant,

1. *At The Sign of The Nine Muses*, 1976.
2. *Cf.* annexe 2, p. 155-156.

mais avec une réserve : il devra attendre deux ans avant d'être accepté à entrer au monastère, comme le veut alors la coutume pour les nouveaux convertis, lui dit-on, le temps de faire décanter la ferveur de la conversion et de l'éprouver dans la durée.

Enseigner « un peu de tout » à l'école de Gaveney House

L'année 1948 commence en Angleterre sous de meilleurs auspices que la précédente, et la préparation des Jeux olympiques de Londres ravive l'orgueil national, alors que le spectre du socialisme idéologique s'éloigne et que l'aide massive du plan Marshall allège le rationnement. Quand, en 1949, Orwell publie *1984*, le cauchemar collectiviste qu'il prévoit pour son pays est déjà derrière lui et c'est plutôt vers *Le Meilleur des mondes* d'Huxley que la Grande-Bretagne se dirige, bien loin de la recherche de John et de quelques autres.

Reçu comme « postulant provisoire » à Buckfast, le nouveau converti a donc été prié par l'abbaye de chercher du travail. En fait, il passe plusieurs mois à ne rien faire de concret, et semble se contenter d'attendre le délai des deux ans. Il réside parfois chez ses parents (il a trouvé un *modus vivendi* avec son père), mais ceux-ci le poussent eux aussi à trouver un emploi ; ou bien, plus souvent, à Sidbury chez les Hardwicke. Il continue à faire quelque besogne peu rémunérée à droite ou à gauche. Il s'absente aussi plus ou moins longtemps pour de longues marches dans la nature.

Enfin, au printemps 1948, et sans doute recommandé par dom Raphaël, il finit par se présenter pour un poste d'enseignant à Théodore Williams, directeur de l'école primaire Gaveney House à Exmouth, à une vingtaine de kilomètres au sud de Sidbury. Celui-ci lui propose une classe de garçons de huit à dix ans. Comme dans un célèbre roman d'Evelyn Waugh, le jeune homme avoue qu'il ne sait pas grand-chose mais, à sa grande surprise, Williams lui répond qu'il pourra « enseigner un peu de tout », et l'embauche sur-le-champ[1].

1. John rapprochera lui-même cet épisode du roman autobiographique qui a fait connaître Evelyn Waugh, *Grandeur et décadence*. Paul Pennyfeather, le héros, se présente pour un poste d'enseignant et se voit répondre par le directeur de l'école, quand il avoue ne pas connaître un mot de la langue allemande qu'on lui demande d'enseigner : « Ne soyez pas si modeste. Vous n'avez pas idée de ce qu'on peut enseigner lorsqu'on le veut ! »

Quand John entre à Gaveney House, les écoles privées l'ont échappé belle. Le gouvernement aurait voulu les nationaliser mais il n'en a pas les moyens financiers, et Attlee n'entend pas recourir à la force. Comme Gaveney House, beaucoup d'écoles catholiques sont nées d'initiatives privées et sont la propriété de leur directeur. Celle-ci a été ouverte à Hampstead, au nord-ouest de Londres dans les années 1920 et a compté parmi ses élèves Robin McNair (un héros de la bataille d'Angleterre, dévot catholique : chaque fois qu'il abat un avion allemand, il fait prier son équipage pour le pilote) et le futur héros chindit Michael Allmand que John a pu croiser. Évacuée en 1939, elle est installée à Exmouth dans une grande demeure de style géorgien achetée sur les hauteurs de Highfield. Les classes sont au rez-de-chaussée, les dortoirs au premier étage, baptisés *Stella Maris* ou d'autres noms protecteurs. La propriété entourée de hauts murs permet aux enfants de jouer à l'ombre de grands arbres comme John les aime. La guerre terminée, Williams décide de rester à Exmouth, alors que le nombre des élèves s'accroît et qu'il faut trouver de nouveaux enseignants. Les quatre-vingts pensionnaires sont en général catholiques mais la plupart des vingt externes protestants, et tous se préparent pour entrer dans des *Public Schools* de la région. Le niveau est bon car Williams, un ancien ecclésiastique anglican converti, est un pédagogue original mais efficace, surtout pour les Lettres et pour l'éducation religieuse qu'il considère plus importante que quoi que ce soit dans un *curriculum vitae.* Tous les garçons attendent avec impatience chaque jour le cours de religion donné par le directeur, excellent conteur. Ce dernier a aussi développé une méthode d'apprentissage très efficace : il compose des vers sur les règles de grammaire et les élèves doivent les apprendre par cœur, avant même d'en avoir saisi le sens.

Le contact de John avec les enfants est bon. Il découvre vite comment les intéresser : en les faisant rire, pédagogie révolutionnaire mais qui porte ses fruits. Il s'attache rapidement à eux, surtout aux petits pensionnaires qui sont loin de leurs familles. Tous les garçons aiment le nouveau maître et cherchent à se mettre en valeur auprès de lui. Parmi ces derniers, Nick Lowry, alors âgé de dix ans. Il n'est pas dans la classe de John, mais l'école est si petite que tout le monde se connaît. Devenu l'éditeur de la *Brandsma Review* de Dublin, Nick se souvient encore : « Avez-vous jamais connu un saint ? Moi, oui, je pense. [...]

Durant une brève période John Randal Bradburne fut un de nos enseignants. »

Les châtiments corporels ne sont pas absents de l'école. Quand Williams, surnommé « martinet », trouve qu'un élève relâche ses efforts, il l'appelle dans son bureau et lui dit « Baissez votre pantalon et courbez-vous », et le garçon prend six fessées avec la plante d'une chaussure de gymnastique, ce qui est « embarrassant et humiliant, mais pas terriblement douloureux et accepté comme élément de la façon dont sont les choses. Williams pouvait être dur et dominateur, mais il n'était certainement pas et en aucune façon, un pervers » (N. Lowry). Les autres maîtres donnent des taloches mais John, jamais.

Le jeune Nick est frappé par cet homme à la fois si drôle et si pieux. Un jour, John fait répéter à un petit chœur le *Non nobis Domine* de Van Wilder en canon, l'accompagnant à la flûte. Nick Lowry en reste béat d'admiration, quoique surpris quand un garçon à qui le maître propose de jouer un duo lui demande : « Quelle clé, Monsieur ? », et que ce dernier répond : « Mon Dieu, je n'en sais rien. Je le joue, c'est tout. » Un autre jour, lors d'une étude surveillée par John, le jeune Nick tombe et se fait mal. Un autre garçon se moque de lui, et il réagit en lui mettant son poing sur la figure : « Une voix tranquille me convoqua alors au bureau du maître : "Vous me surprenez, Lowry. Voilà qui est de la bien mauvaise humeur." Ce fut tout, mais, soixante ans après, j'en ai encore honte, pour l'unique et simple raison, alors et encore aujourd'hui, que je méritais une réprimande d'un tel homme. »

John trouve aussi sa place dans le corps enseignant. Les maîtres et les maîtresses, surtout celles d'un certain âge, prennent en affection ce grand garçon rieur qui paraît tout juste la vingtaine. Il se lie d'amitié avec Rupert Pearce, et il sera le parrain de sa fille Sarah. Il se découvre aussi des points communs avec la maîtresse de la classe qui précède la sienne, celle des « bébés » pour les autres élèves. Margaret Smith, une amie des Williams, a 41 ans mais, comme lui, elle ne fait pas son âge. Née en Inde, elle partage aussi avec son collègue le même amour de la musique, et d'abord de Bach. Ils sortent souvent à des concerts ou vont dîner en ville. John est toujours ferme dans sa vocation monastique et compte les mois qui le séparent de l'automne 1949, mais cette amitié avec Mollie, comme il ne tarde pas à l'appeler, lui fait du bien.

John aime la petite ville d'Exmouth, qui s'enorgueillit d'une longue histoire marquée par l'aventurier et amiral Walter Raleigh, favori d'Elizabeth Ire, et par Nelson. Quand il y enseigne, la cité garde son cachet de villégiature et attire bien des vacanciers grâce à ses trois kilomètres de sable doré, ses falaises, ses fascinantes « piscines » dans les rochers et ses magnolias, importés ici pour la première fois en Europe par John Colleton. John aime les pubs et il écrira un poème à la gloire de l'*Auberge du Pilote* et de son cidre. Il se promène souvent sur le front de mer et y entraîne l'ami Dove quand celui-ci vient lui rendre visite à l'automne 1948 avant de partir pour le Cap, où la firme qui l'emploie l'envoie pour essayer de lui donner le goût des affaires. Il aime aussi les longues promenades dans les alentours, pleines de surprises, car l'estuaire est une réserve naturelle de flore et faune. Et la route sur laquelle il pédale entre Sidbury et Exmouth est bien agréable, traversant bois, prés et cultures par des collines aux ondulations paisibles.

Il reçoit à Exmouth un fruit inattendu de sa conversion : il avait déjà écrit quelques pièces en vers, mais la fontaine poétique se met soudain à couler à grands flots continus et elle ne tarira plus[1] :

> Jusqu'à ma vingt-septième année, ne m'avait guère touché
> Dans ma fantaisie qu'un petit vers ;
> Puis j'arrivais à Rome, et ce retour à la maison poussa à jaillir
> D'éclatantes galaxies toutes à la fois !
> Maintenant, c'est à une échelle que je grimpe,
> Je monte[2]…

Ce don est pour lui grâce et devoir car, comme il le dira au *Shield* : « Je n'avais jamais voulu écrire, je n'avais jamais ressenti le désir de mettre en vers des pensées avant ce printemps. Je crois aussi que quiconque possède un talent, qu'il soit grand ou petit, une fois qu'il est catholique, devrait s'en servir au service du Royaume. » Ce nouveau poète est tout sauf centré sur lui-même : il recopie vers juin pour l'offrir à son ami Dove une soixantaine de

1. Pourtant aucun de ses poèmes, qu'en général il date avec précision, ne porte la date de 1948. S'est-il trompé ? Non, car les témoignages sont là : à partir du printemps 1948 il parle et vit en poète. Sans doute des poèmes esquissés cette année-là ont-ils été ensuite repris et datés de 1949 et des années suivantes, comme il le fait alors souvent, et d'autres n'ont pas été conservés.
2. *A Ballade of a lifetime*, 1974.

poèmes et des textes de la Bible et de la liturgie, qui témoignent d'une vaste culture littéraire et religieuse. Il continue aussi à jouer sur sa flûte et à chanter *The Silver Swan* de Gibbons, dont il composera bientôt une paraphrase.

L'année 1948 passe vite, entre école, bar du *Pilote*, concerts avec Mollie, promenades en vélo, poèmes et visites à Buckfast. Avec ses élèves, John fréquente l'église catholique tout à côté de Gaveney House, mais il continue à aller prier à l'église St Anthony d'Ottery. Il n'est plus maintenant cette ombre discrète au fond du sanctuaire, il est chez lui. Les sœurs se sont réjouies de son entrée dans l'Église catholique et lui apprennent que la chapelle a obtenu l'enregistrement des autorités comme lieu habilité pour la prière communautaire et la célébration de mariages, nouvelle étape dans sa reconnaissance.

Au début de 1949, John Dove rentre d'Afrique du Sud et annonce à son ami ravi sa décision : il va entrer chez les jésuites à Campion House d'Osterley, haut lieu du sacerdoce catholique anglais. Ils partent à Pâques à Buckfast, et John y retournera encore pour l'Ascension. Les célébrations lui inspirent sur-le-champ une hymne qu'il commence à écrire au bas d'une image de la Vierge à l'Enfant et qui annonce le mélange détonnant de styles qui caractérise son œuvre. Le poème comprend aussi une discrète allusion au rôle des abeilles pour le cierge pascal exalté dans l'*Exultet* latin, et montre sa sympathie envers elles :

Levez vos cœurs vers les hauteurs célestes,
Contemplez les verts pâturages et les collines !
Comme le souffle de la vie nouvelle qui inspire
[le doux printemps
Ces bois se remplissent de fraîche beauté.
De loin au sud, de brillantes hirondelles sont venues,
Et l'alouette exulte sur la lande ;
Le coucou chante à tue-tête ! Pouvons-nous rester muets
Quand les créatures répandent leurs hymnes ?
Cours d'eau et chutes d'eau vive, loutres et truite
Paradent en grande joie pour le Roi. [...]

Dans un pub, on m'a dit qu'un message était arrivé,
Marqué « Urgent ! De toutes les abeilles de l'abbaye »...
Voici ce qu'il disait : « Cher Barde, nous ne chantons pas,
[mais bourdonnons
Malgré cela, notre vie n'est pas de tout repos.
Si tu regardes dans le sanctuaire, tu pourras observer

Qu'y brûle près de l'autel une flamme –
Elle est nourrie par un pilier de fleurs et d'herbes
Un cierge de cire – notre titre de gloire !
À nous, de peur que le monde ne pense que les abeilles
[manquent à la louange
Le Seigneur donne, comme un signe, ce travail ;
Et tandis que les autres chantent des cantiques
[marquant l'harmonie,
Nous faisons briller son Mémorial[1]. »

John continue aussi à voir souvent les Hardwicke, et sa relation avec Anne se poursuit en paisible amitié. Il n'oublie pas ses autres amis, et il écrit à Jack Dunn pour lui proposer une campagne d'évangélisation originale : tous deux partiront à l'étranger « portant la bannière du Christ devant nous », sans préciser si cette bannière est allégorique ou à prendre au pied de la lettre. Le pauvre Jack se sent coupable de tiédeur missionnaire et bafouille une réponse prétextant de ses études, surtout qu'il envisage de se marier. La fête du Sacré-Cœur, le 24 juin, inspire à John un retour sur lui-même, évocateur du *Lévrier du Ciel* de Thompson et sans doute écho d'une lutte intérieure :

Je ne te suis pas, Ô Seigneur,
Je ne cherche pas bien ta volonté ;
Et toute ma vie est lassitude
Et tout mon amour tombe malade.
Et partout est le néant
Dont je bois tout mon content ;
Je ne te suis pas, Ô Seigneur,
Mais tu me trouves encore.

Et pourtant je cherche ton visage, Ô Seigneur,
Ta merveille que je verrais ;
Le Créateur de toute beauté
Tout de beauté doit être ;
Maintenant, succombant à la solitude
Je jette en toi mes inquiétudes
Je le fais par ta Grâce, cher Seigneur,
Ton Esprit me suit[2]…

1. *A Song to Our Lady of Buckfast for the Resurrection and Ascension of Our Lord*, 1949.
2. *The Sacred Heart of Jesus*, 1949.

Quelques jours plus tard, il achève son dernier terme scolaire à Gaveney House avant l'entrée à Buckfast. Mais l'amitié avec Mollie est devenue de la tendresse, voilée par la ferveur chrétienne que tous deux partagent. Il lui montre ses poèmes et lui en dédicace, dans lesquels son verbe se fait chant. Margaret Smith n'est pas insensible au charme de son jeune collègue. La différence d'âge ne serait pas un obstacle pour lui, dont le frère Philip a épousé une femme plus âgée encore, mais elle fait peur à Margaret Smith, qui s'efforce de faire discrètement comprendre au jeune homme que leur amitié doit en rester là, sans qu'il comprenne, n'étant pas au clair avec ses propres sentiments.

Soudain, un drame éclate. Les élèves de Gaveney House se baignent à la plage, sous la surveillance de leurs maîtres. Un enfant échappe de justesse à la noyade et John admire comment Margaret se précipite pour aider un collègue à le ramener sur le rivage. Mais le pire est à venir : le jeune Gerald Orwin, qui ne sait pas nager, manque à l'appel ! Le courant l'a emporté, et la mer ne rejettera le corps que plusieurs jours après. Une enquête policière est ouverte. L'événement est d'autant plus tragique que le père de l'enfant a été tué durant la guerre et que sa mère vient de se remarier. Tout Exmouth est en état de choc (soixante ans plus tard, quelques dames âgées en parlent encore, et on peut lire sur un vieil écriteau de la plage : « Se baigner et barboter dans l'eau est dangereux sur 200 mètres de part et d'autre de ce panneau »). John et Margaret le sont comme les autres, et ce drame les rapproche plus encore.

Mais la vie doit continuer et, quelques jours plus tard, c'est à Gaveney House la traditionnelle partie de cricket de fin d'année. John est assis près de Mollie, au bord du terrain. Soudain, il se penche vers elle, lui déclare sa flamme et lui demande sa main. Elle le prie de se taire : « Les petits ont de longues oreilles, ils entendront et bavarderont, s'il vous plaît, arrêtez. » Mais il se fait plus pressant. Alors Margaret perd son calme et lui jette ce qu'une Anglaise de son époque peut dire de plus dur : « Arrêtez, vous m'entendez ! Vous me mettez dans une situation plus qu'embarrassante. » John saute alors sur ses pieds, et s'en va. Margaret ne le reverra jamais. Il n'est pas de retour à l'heure du thé, ni à celle du dîner. Elle s'inquiète et, à dix heures du soir, frappe à la porte du directeur pour tout lui raconter. Williams, déjà écrasé, est outré. Même Nick Lowry, qui le tient pour un saint, se dit choqué par cette fuite ; pour lui, Margaret Smith a eu « le bon sens et la force de caractère de ne pas permettre à leur relation de se développer – se rendant compte, je suppose, qu'il n'était pas appelé au mariage ».

Où est-il parti ? Il a marché tout l'après-midi, toute la soirée, et même toute la nuit, et ses pas l'ont porté d'instinct vers Buckfast, à une bonne cinquantaine de kilomètres d'Exmouth. Il y arrive au petit matin et téléphone de là à Gaveney House pour annoncer, dégrisé, qu'il va rentrer. Williams lui répond sèchement que le terme s'achève deux jours plus tard, que c'est inutile, et de même à la rentrée suivante ; il fera porter ses affaires à Sidbury. John raconte toute l'histoire à dom Raphaël et à Hugh Symons. Son parrain est furieux : son jeune ami ne l'a-t-il pas harcelé pour pouvoir être accepté à Buckfast ? Le noviciat est maintenant hors de question. Hugh lui suggère fortement d'aller travailler sur un bateau, afin d'y apprendre un peu de discipline ! En attendant, John rentre à Sidbury et met en vers ce qu'il ressent :

> Les pertes mondaines sèment les semences des gains du Ciel ;
> Il n'est jamais une seule rupture sur terre
> Ni de coup qu'un décès frappe, ni une séparation chargée de
> [souffrance,
> Ni une tristesse, qui ne donnent naissance à une joie.
> Que ceux qui dans les désirs de leur cœur sont contrariés,
> Et qui, meurtris par la souffrance, voudraient s'abstraire de la vie
> Le croient : les désirs de l'amour ne sont jamais perdus,
> Feu qui affine l'âme : le malheur[1]…

C'est aussi dans ce contexte douloureux qu'il découvre saint François d'Assise, qui l'enthousiasme. L'idéal franciscain ne le quittera plus, et il compose dès ce mois de juillet 1949 un poème en l'honneur du saint, retenant alors surtout de lui la courtoisie, l'amour fou de Dieu et la fraternité universelle et cosmique à la lumière de la Croix du Christ :

> Brillant maître ménestrel, bienheureux Bernadone […]
> Doux bouffon du Roi, tu as fait progresser
> L'art du jongleur. Ô fou ! Le meilleur fou de Dieu !
> Éperdu d'amour pour l'Amour, tu distanças de loin
> La mesure de la muse, tu dépassas les voyants

1. *In via*, 1949.

Dans la course vers la fontaine d'où toutes larmes
De la vraie repentance coulent pour l'homme déchu.
Aimant ainsi le Christ, tu aimas ce qu'il créa,
Tout être vivant, oiseau, criquet, lézard, bête,
Toutes les créatures de la plus grande à la moindre –
Toutes les âmes pour qui le Seigneur paya si chèrement.
Ô prie-le, envoie-nous le saint frère Feu,
Pour allumer nos cœurs de la flamme du pur désir[1].

Étoiles de la Mer – À Lourdes et sur un chalutier

Son ami Dove, à qui il a raconté dans une lettre ses mésaventures de Gaveney House, lui propose alors de participer avec lui au pèlerinage du 15 août à Lourdes, pensant que « cela l'aiderait à guérir son cœur malade ». John accepte avec reconnaissance, même si la dévotion mariale lui reste encore étrangère. Pour lui la France est une nation catholique, et cela suffit. Les deux amis se retrouvent à Londres et rejoignent un groupe de pèlerins anglais. Coiffé d'un chapeau à la Sherlock Holmes, John amuse par son bagout, sa bonne humeur et sa flûte. Entre Paris et Bordeaux, tandis que son ami s'extasie sur les premiers trains électriques et lit, lui reste des heures accoudé dans le couloir à admirer le paysage qui défile.

Arrivés à Lourdes, les deux jeunes anglais trouvent une minuscule chambre de bonne à partager. Ils sont le 15 août à la Grotte, au milieu de 200 000 pèlerins. La procession aux flambeaux fait grande impression sur John, et il accomplit tous les rites de la cité mariale, boit des litres d'eau, va se baigner aux piscines. Les deux amis ne sont pas toujours avec leur groupe, mais le bénédictin qui en est responsable ferme les yeux sur leurs discrètes disparitions. Ils font quelques balades, à Luz et à Gavarnie où la grandeur des Pyrénées inspire John – tout autant que la beauté d'une jeune Pyrénéenne qui lui semble « plus qu'une reine des Nymphes ». Ils vont aussi longuement prier à la Grotte, « juste heureux d'être là…, regardant le Gave, les pèlerins, le rocher, les invalides, les paysans du monde de la prière » (J. Dove).

Les pèlerins originaires d'Europe de l'Est, ces hommes et femmes qui ont tout perdu et s'abîment dans la prière, sans aucun

1. *To Saint Francis*, 1949.

souci de ce qui les entoure, fascinent John, même s'il lui est difficile de ne pas s'enflammer au passage de jolies filles. Mais c'est un autre coup de foudre qui l'attend. Au début, il n'est guère à l'aise avec l'hyperdulie mariale qui s'affiche à Lourdes. Il s'en ouvre alors en confession au bénédictin qui dirige leur pèlerinage. Celui-ci, loin de se fâcher, lui dit sobrement : « Laissez Marie se montrer à vous de la façon que vous connaîtrez bientôt. »

Ces paroles ouvrent au jeune homme la porte de la dévotion mariale : il comprend qu'il peut rester lui-même, sans avoir à se composer un personnage en priant la Sainte Vierge à la façon dont les autres la prient, qu'il peut lui parler comme cela lui vient, et attendre simplement la réponse qui parviendra à son cœur. Il confiera plus tard : « Lourdes a opéré un miracle dans mon corps et dans mon âme. De cela je suis maintenant sûr. Notre-Dame l'a fait pour un nombre incalculable d'autres personnes, mais cela ne diminue pas le miracle, mais accroît l'émerveillement. »

Lourdes est ainsi le lieu de ses fiançailles spirituelles avec la Vierge Marie (25 poèmes se feront l'écho de cet événement au fil des ans). Il y découvre aussi sainte Bernadette. Elle deviendra une de ses saintes de cœur, et il lui consacre aussitôt des poèmes :

> L'enfant Bernadette était une paysanne,
> Comme Jésus son Créateur l'avait été,
> Et Lourdes est sœur de Nazareth
> Car les deux sont la maison de notre Reine[1].
>
> Puissions-nous
> Comme Bernadette
> Contempler l'Étoile du Matin[2]…

Au retour les deux amis doivent se rendre à Lisieux mais une rage de dents retient John à Paris et il va prier à la chapelle de la rue du Bac et à Montmartre. Revenus en Angleterre, ils terminent leurs vacances à North Curry. S'ils prient chaque jour le chapelet, ils ne manquent pas de faire la tournée des pubs pour boire du cidre et jouer aux quilles. Le dernier soir, son ami Dove range ses affaires, car il quitte pour de bon sa famille pour le noviciat. John brûle pour lui de vieilles lettres dont plusieurs

1. *Lourdes*, 1949.
2. *To Beauty – an Ode*, 1949.

d'anciennes petites amies de ce bourreau des cœurs – « On ne pouvait pas apporter des lettres d'amour au noviciat », précise le futur jésuite. Ce faisant, un petit bout de papier s'envole et tombe à ses pieds. Il y lit ce simple mot comme échappé aux flammes : DIEU. Pour lui, c'est un appel renouvelé.

Le 7 septembre 1949, il accompagne son ami au noviciat d'Osterley, puis rentre à Sidbury chez les Hardwicke. Il est temps d'obéir à l'injonction de Hugh Symons, surtout qu'Adrian, pour qui John est « le plus apprécié des amis », a un grand projet : faire le tour du monde en travaillant sur des bateaux, et lui propose de l'accompagner. Les voici partis à Plymouth, avec une vague promesse d'embauche, mais celle-ci tombe à l'eau. Ils se rendent alors à Southampton et, après quelques jours de recherche, John trouve un bateau qui part vers le Moyen-Orient. La perspective de fouler le sol de la Terre sainte le remplit d'allégresse. Mais le rêve se dégonfle : il n'a pas la carte du syndicat des marins, alors tout-puissant pour les embauches. Qu'à cela ne tienne, les deux amis ont entendu parler du départ prochain de flottilles de pêche vers les Hébrides. Ils remontent en autostop les 400 kilomètres qui les séparent de Fleetwood près de Liverpool, d'où les bateaux doivent partir. Octobre est déjà là quand ils errent dans les docks et sur les quais, entre marins, gardes, vent, mouettes à l'affût du poisson, dragueurs et bateaux qui font jouer leur corne de brume. Mais là non plus, ils ne peuvent se faire embaucher comme marins-pêcheurs, faute de carte syndicale. On leur propose toutefois un travail de soutiers, pour alimenter les chaudières des bateaux et ils signent chacun sur un chalutier, le *Coningsby* et le *Marinda*.

Ils embarquent aussitôt et, comme Adrian Hardwicke le racontera, les voici « apprentis des chauffeurs ». Les bateaux font escale sur l'île de St Kilda, en plein océan, et John y écrit un poème qu'il dédie à son ami, qui le conservera précieusement :

Île du Nord, ô lieu du solitaire saint Kilda
Demeure de collines de mouettes et d'agiles moutons
Petite terre de solitude et de sommeil
Laisse-moi m'attarder un instant à entendre ta voix[1]…

Il est aussi séduit par la brève escale de son chalutier dans le petit port de Tobermory (Puits de Marie, en gaélique). Le front

1. *St Kilda's Air*, 1949.

de mer avec sa douzaine de maisons aux couleurs vives le charme et il reviendra en pensée une bonne dizaine de fois à ce petit port du bout du monde dans ses poèmes. Une inscription sur les rochers qui dominent la mer le touche particulièrement : une petite fille en était tombée sans dommage et les parents y avaient fait graver « Dieu est amour ».

Les paysages sont paradisiaques, la mer splendide, et la navigation ne leur aurait pas déplu « si nous avions pu continuer notre vie sur les vagues de l'océan sans encombre » (A. Hardwicke), mais travailler dans la chaleur étouffante de la soute, pelletée de charbon après pelletée, c'est l'enfer. John qui a connu celui des jungles malaise et birmane écrit dans une lettre à sa mère envoyée de Tobermory que c'est l'expérience la plus dure qu'il ait jamais faite : douze heures par jour, il doit charger le charbon dans la chaudière, quasiment sans pause.

Pour Adrian, la campagne se termine brutalement. À la fin du second voyage, arrivé à Fleetwood avant John, il apprend que la police le recherche : son père vient de mourir dans un accident à Worcester. Il rentre aussitôt à Sidbury, son rêve brisé, et il ne fera jamais le tour du monde. Son ami non plus. Rentré au port, John donne lui aussi sa démission après avoir reçu sa paie. Mais il est pris d'un doute : cela suffira-t-il pour Hugh ? Il utilise alors un moyen pour discerner la volonté de Dieu auquel il recourra bien des fois : un grand signe de croix suivi d'un *Je vous salue Marie* et une pièce jetée à pile ou face. La réponse est : « Retour en mer. »

Il se rend alors, selon son ami Dove, à Lowestoft dans le Suffolk, ville natale de Britten et localité la plus orientale des Îles britanniques, et il y embarque sur un autre chalutier « brûleur de charbon ». Le bateau pêche à hauteur de Hull et la campagne est encore plus éprouvante pour lui car si c'est toujours l'enfer dans la soute, il gèle sur le pont quand il y remonte. Mais là encore sa sociabilité, sa bonne humeur et ses gaffes lui gagnent les cœurs. Un vieux Polonais souffrant se confie à lui, et John se promet de l'aider. Revenu à Lowestoft, il décide de quitter cette fois pour de bon la vie de marin, mais n'oublie pas d'écrire en faveur de son compagnon polonais à Jack Dunn, qui poursuit ses études de forestier, demandant à celui-ci d'essayer de trouver du travail pour le vieil homme. La lettre est pleine de compassion pour ses compagnons de bateau et de moquerie sur lui-même, et il se met au nombre des épreuves que les marins ont dû affronter en mer, s'étonnant qu'un bateau l'ayant à son bord ait pu ne pas couler.

Le portier de la chartreuse

John passe quelques semaines chez les Hardwicke, puis à Islington, au nord de Londres. Il se sent toujours appelé à la vie religieuse mais les portes de Buckfast, ouvertes à l'ami, demeurent fermées au postulant. Au lieu de chercher une voie plus mitigée, il se décide alors pour la plus radicale, celle des chartreux. Le 11 février 1950, il part dans le Sussex à Horsham et de là, marche vers la chartreuse de Saint-Hughes de Lincoln à Parkminster[1]. On peut passer sans remarquer le modeste panneau indiquant le monastère en retrait de la route d'Henfield, n'était la fine flèche de pierre qui s'élance à quelque 60 mètres du sol au-dessus des bosquets. John, lui, quitte la route et suit le chemin qui conduit au monastère. Il a vite fait d'arriver devant une impressionnante façade de près de 100 mètres de large avec les murs de prolongation, construite en pierre de Bath et en brique rouge aux tons passés, flanquée à gauche d'une hôtellerie extérieure :

> Je suis entré à Parkminster pour scruter les Downs
> Le Weald du Sussex et l'anneau de Chanctonbury
> Pour parvenir aussi près que possible de Dieu et loin des villes
> Que possible… Pour du bon temps à ne rien faire
> Sur l'aile plus attirante de la contemplation :
> Le ciel sur la terre, à la fenêtre de ma cellule
> Avec sérénité jour après jour et tout autant nuit après nuit[2].

Il explique au frère qui lui ouvre qu'il se sent une vocation de chartreux. Ce n'est pas ainsi que cela se passe, mais son charme opère et si ce premier séjour, selon les registres de Parkminster, est des plus brefs puisqu'il repart dès le lendemain, il est de retour le 21. Les chartreux prennent contact avec Buckfast, et les renseignements reçus autant que leur première impression les convainquent rapidement que John n'a pas l'étoffe d'un chartreux. Mais le sous-prieur, dom Andrew Gray, se donne et donne à son jeune hôte quatre mois pour voir de part et d'autre

1. *Cf.* annexe 3, p. 157-158.
2. *A Ballade of an Unspoilt Vocation*, 1975.

s'il conviendra de continuer ensemble, et lui propose de s'installer attendant comme portier temporaire dans le local à droite du grand porche :

> (Dom Andrew Gray)
> Mon ami du Sussex à jamais,
> Lorsque j'étais un piteux vagabond,
> M'a accueilli (sans aucun tampon
> De crédenciale) pour garder la porte[1].

John s'installe dans le parloir-porterie. Les murs ont l'odeur des vieilles maisons, les habits gardent l'humidité et il souffre tout de suite du froid de l'hiver finissant car il n'y a pas de chauffage. Ses doigts deviennent rouges pour cause de mauvaise circulation sanguine et se crevassent. Nancy Maguire, qui y séjournera plus tard décrit ainsi la pièce où il vit : « J'ai trouvé le parloir nord tout sauf accueillant. L'unique petite fenêtre a des barreaux. Ma première impression : froid, humide… Deux vieux buffets, l'un avec un crucifix au-dessus, l'autre avec une horloge qui sonne toutes les demi-heures, plein de chaises à dos droit. Il y a des toilettes, mais pas d'eau chaude, pas de serviette, pas de poubelle, pas de portemanteaux. » John ne s'embarrasse pas de ces détails, et il aura même des velléités de nettoyage mais sans insister, se disant que, « si comme le chante David le moineau a trouvé sa demeure dans les parvis du Seigneur, là c'est l'araignée qui prospère ». Il reçoit un repas par jour, sans viande bien sûr, mais cela ne le gêne guère, habitué qu'il est à se contenter de peu.

Son adaptation au rythme cartusien, inchangé depuis le XIe siècle, se fait peu à peu. Il n'a jamais encore réellement vécu durablement le silence, la solitude et une vie tournée vers la seule recherche de Dieu, et le voici au pied du mur. Pour lui comme pour bien des jeunes qui se présentent alors à Parkminster, l'entrée en chartreuse « représente une sorte d'émigration » comme le dira un sermon de chapitre. Le courant passe avec dom Andrew Gray, et John ne tarde pas à se confier à sa direction spirituelle. Le sous-prieur, de son côté, le considère bientôt comme un fils que Dieu lui envoie. Mais il est bien différent de ceux dont il a la charge, et le moine a du mal à discerner la volonté de Dieu sur ce jeune homme. Dom Hugh

1. *Ut Unum Sint* (n° 1353), 1956.

Weld, le prieur, partage ces questions mais apprécie leur hôte. Il écrira que ce dernier « était hautement respecté [...] Durant son séjour il était notre portier. Bien sûr, seul quelqu'un de responsable peut se voir attribuer ce poste qui, comme vous pouvez l'imaginer, est une charge plutôt prenante dans un monastère comme le nôtre. Le travail est certainement exigeant et signifie des contacts avec bien des personnes ». Dom Bruno Sullivan apprécie lui aussi John et évoquera « ses façons des plus engageantes, ainsi que son sourire. [...] Sa manière d'être était si agréable que personne ne pouvait se fâcher avec lui ». Il ajoute que sa modestie est édifiante : il le rencontre un jour encore sous le choc de la surprise car on vient de lui demander son avis sur quelque chose et John lui dit : « Qui aurait pensé que qui que ce soit eût songé qu'il puisse être utile de me demander quoi que ce soit ? » Les frères convers, de leur côté, l'adoptent vite. Pour frère Gabriel Sedden, « tout le monde l'aimait bien ».

La présence de familiers, c'est le statut de John, est rare dans les chartreuses, et ceux-ci restent en habits civils, mais lui entend calquer son mode de vie au plus près possible de celui des chartreux, espérant être admis au noviciat au moins comme frère, et conscient de la faveur qui lui est faite : les chartreux ne pratiquent pas l'accueil et n'acceptent pas de retraitants ; ils n'en ont pas le temps, car toute leur vie est consacrée à la prière et à la recherche de Dieu dans le secret du cœur.

Le silence de la chartreuse saisit John. Les moines semblent, écrira-t-il, « se déplacer sur un coussin d'air », leurs souliers de liège ne font aucun bruit même s'ils sont aussi destinés à les protéger du froid d'une église non chauffée. Qu'ils s'avancent ainsi dans la nuit pour l'office, avec chacun sa lanterne, ajoute au caractère intemporel des lieux. John est autorisé à participer aux offices, et il s'efforce de suivre le rythme quotidien des chartreux, du lever de nuit à minuit moins le quart au coucher à vingt heures. Les offices se distinguent de ce qu'il a connu à Buckfast et le séduisent par leur grande sobriété, de longs temps de silence, un chant grégorien soutenu par aucun instrument et marqué d'aucune recherche esthétique.

John a pourtant quelque mal à se couler dans la rigueur du moule cartusien, surtout pour le réveil du milieu de la nuit pour les matines, et il doit lutter contre le sommeil et le froid dans une église glaciale. Il ne s'y habituera jamais (il n'est pas le seul). Il met en scène dans un poème le chant matinal des oiseaux tandis qu'il court les couloirs pour l'office du petit matin, ou pour la messe afin d'y « braire » :

> Du côté du diacre, le merle chante,
> De celui des chantres psalmodie la grive ;
> « Il est temps de se réveiller », hurle un coq,
> « Bien, je vais au lit », répond une chouette ;
> Les choucas crient :
> « Il y a une demi-heure
> Selon cette grande Horloge
> Sur notre tour !
> Nous n'irons pas au travail, pour un petit moment »,
> La tourterelle murmure « Chut ! ». [...]
>
> Je descends quatre à quatre les escaliers en volant !
> Puis à travers le cloître (où les flamboiements
> De premiers feux de matin jettent leurs flammes
> Pour alléger le fou de ce d'où il est venu)
> Et bientôt, avec frère Souris
> Me voici à genoux dans la salle du chapitre
> Où les novices écoutent la messe
> Avec Thomas More et frère Âne ; [...]
>
> ... et puis je tombe
> De sommeil sur mes genoux[1].

Il est touché de découvrir la profondeur de la dévotion mariale des chartreux, et la sienne, encore toute nouvelle depuis Lourdes, y gagne une profondeur et une densité décisives. Les chartreux placent en effet la stabilité de leur profession et celle de l'ordre sous la protection de Marie. Une prière cartusienne appelle celle-ci : « Joie de notre vie, Dame de toute beauté, Source du pardon, Celle qui est si belle, Celle qui se lève comme l'aurore, Mère du cœur de Jésus, Fidèle dépositaire de tous ses sentiments, Image de sa bonté et de sa charité », et demande « de l'aimer, très saintement et très chastement », une recommandation qui va marquer à jamais John. L'antichambre de la pièce où prient et vivent les chartreux s'appelle d'ailleurs l'*Ave Maria*, pour signifier que c'est par Marie qu'on entre dans la rencontre avec le Seigneur, un thème qui lui sera cher, et tous les offices sont de même précédés

1. *A Corollary: Carthusian Cartwheels*, 1958.

d'une prière à la patronne de l'ordre. Saint Bruno ou ses successeurs immédiats ont établi le « Petit Office » de la Vierge, avec ses sept « heures » quotidiennes qui doublent celles de l'office divin, repris par d'autres. John y sera fidèle toute sa vie.

Les beaux jours arrivent. John manque toujours de sommeil mais passe des heures à écouter les oiseaux et à composer des poèmes. Ceux sur la nature sont nombreux. Leur attention est d'ailleurs consonante avec la spiritualité cartusienne : « Pour le chartreux, le jardin est le lieu de la rencontre avec la nature à travers laquelle Dieu parle. Une fleur qui s'ouvre, un oiseau qui se pose, sur une branche, jusqu'à une goutte de rosée : à travers ce microcosme peut se faire le dialogue avec le Seigneur » (dom Ignazio). John semble alors particulièrement fasciné par le ciel étoilé, et poursuit sa liaison amoureuse avec les arbres à qui il prête sa voix, tandis que d'autres poèmes psalmodient les saisons du monastère. Il jardine un peu, et se promène dans les prés et les bois autour de la chartreuse, se liant d'amitié avec Anthony Roufe, un capitaine de la *Navy* qui a pris sa retraite dans une petite maison à l'entrée du chemin qui conduit au monastère ; tous deux discutent souvent quand le portier temporaire passe devant sa porte.

L'été venu, les quatre mois d'observation réciproque sont largement dépassés, mais rien ne se passe. John n'entre pas comme postulant, mais ne quitte pas la chartreuse. Il admire et voudrait imiter le combat spirituel des moines et dans un poème, alors que « les abeilles bourdonnent dans le tilleul », il les décrit comme athlètes de Dieu,

Quand ils échangent leur solitude
D'en bas, avec cette béatitude
Qu'est la vue de Lui, l'Unique
Qui brille au-dessus des séraphins,
Chartreux ! Ô puissions-nous courir
Comme eux à travers les champs de grâce
Et pousser une pointe pour voir la face du Sauveur[1].

Le travail à la porterie n'est pas très fatigant, car les visiteurs sont assez rares. Ceux qui sont attendus ou passent quelques jours à l'hôtellerie ne sont guère plus de trois ou quatre par mois.

1. *Sumer is i cumen in or Prelude*, 1958.

John verra ainsi un cistercien, une nièce de moine venue de Paris, un procurateur de chartreuse, un Américain du Kentucky. Il doit gentiment informer les autres personnes qui se présentent qu'on ne visite pas et qu'on ne peut être reçu. Il est apprécié des visiteurs, même si ceux-ci dérangent rarement la solitude qui lui est chère. Frère Simon Brennan, arrivé après son départ et devenu portier de l'abbaye, en donne un signe qui ne trompe pas : jusque vers la fin des années 1990, soit près d'un demi-siècle après son séjour, certains visiteurs âgés demanderont encore ce qu'est devenu le jeune homme si gentil et si sympathique qui faisait office de portier au début des années 1950 !

Un jour, c'est une Rolls-Royce qui s'arrête devant le porche de la chartreuse. Un homme en descend, et demande à voir dom Gray. John répond que personne ne peut le voir sans rendez-vous préalable. Mais Walter Dunkels n'est pas n'importe qui. Ce riche diamantaire juif possède le manoir de Walhurst, à cinq kilomètres de la chartreuse, où il a amassé une impressionnante collection de tableaux de maîtres. Son caractère affirmé et sa susceptibilité sont connus, ils lui ont valu un procès avec le baron de Stempel en 1937 malgré des liens de famille, mais le jeune portier lui a répondu de façon si aimable quoique négative qu'au lieu de tourner le dos pour remonter dans sa voiture, le diamantaire commence à discuter avec lui. Il lui explique qu'il est venu parce qu'il envisage de devenir catholique et voudrait avoir les conseils de dom Gray. Un Juif qui reconnaît son Roi et le demande à celui qui est entré dans l'Église catholique le jour du Christ-Roi ! La conversation prend aussitôt pour John un tour passionné, il appelle dom Andrew, et ce dernier accepte de recevoir Dunkels. Pour John, cette visite est un signe et un appel que Dieu lui adresse. Il écrira à son ami Dove : « Mon enthousiasme pour les Juifs et le désir de leur amener leur Roi a culminé en ce que je crois fermement être une vocation. »

Dunkels reverra le jeune portier car dom Andrew a exceptionnellement accepté de l'accompagner vers le baptême, et il invite bientôt John à venir quand il veut dans son manoir. Ce dernier y arrive inopinément un dimanche après le déjeuner, alors que le diamantaire reçoit des invités de marque. Il devient vite l'attraction de la compagnie et, durant près de deux heures, ces hommes d'influence venus se délasser à la campagne ou discuter de leurs affaires s'entretiennent avec ce jeune inconnu de religion, de Dieu. À quatre heures, John se lève brusquement : « Bien, je dois rentrer à ma porte maintenant, le frère voudra être remplacé », et il s'en va.

En cet été 1950, dom Andrew est content de son regardant et pense que John pourra rester, ou du moins essayer la vie cartusienne. Mais ce dernier est déjà en train de tourner la page. La raison de son départ se trouve dans la lettre qu'il enverra à son ami Dove le 14 septembre : il y fait référence au baptême de Dunkels, et ajoute qu'il a confié au chartreux qui le confesse qu'il veut aller à Jérusalem. Dom Gray lui a dit de ne pas s'inquiéter et d'attendre un signe, une « étoile filante » ; or voici que le signe lui a été donné : un pèlerinage de la région doit partir à Rome et une dame s'est désistée. Or Rome est sur la route de Jérusalem : John n'a bien sûr pas le sou, mais il s'est inscrit et a quitté la chartreuse en attendant une suite qu'il ignore. Dom Gray lui a laissé d'ailleurs la possibilité de revenir ensuite à Parkminster.

Mais son cœur est déjà ailleurs. Le voici qui reprend la route par laquelle il est arrivé. Il n'a que son sac et une canne de marche, cadeau du capitaine Roufe. Il passe quelques jours à Londres, puis trouve une voiture pour le Devon. Les sœurs d'Ottery l'accueillent chaleureusement et il retrouve le chemin de la messe matinale. Il passe à Buckfast expliquer sa nouvelle vocation ; Hugh Symons est dubitatif, mais remarque que les doigts de son jeune ami portent encore des engelures non soignées : John n'a pas joué au moine, il a vraiment combattu.

Mais voici que ce dernier apprend par un courrier de dom Gray que Walter Dunkels s'est proposé de payer son pèlerinage à Rome ! Il ne lui reste plus qu'à demander un passeport pour Israël et trouver quelques sous en effectuant de menus travaux de jardinage. Sr Camillia lui donne des adresses de religieuses en France et en Italie, mais elle sait qu'il est « incapable de s'arrêter où que ce soit », et il ne s'en servira pas. Dom Gray lui donne l'adresse d'un ami franciscain de Terre sainte. John peut écrire à son ami Dove qu'il passera cinq jours à Rome mais ne reviendra pas ensuite car il veut continuer vers Jérusalem – dom Raphaël comme dom Andrew sont d'accord –, et il ajoute : « Je suis si inutile, nul et sans renommée. Cela me rend d'autant plus vraiment confiant dans la puissance et la conduite de l'Esprit Saint. Béni soit le Seigneur pour qui et en qui rien n'est impossible. Et bénie soit Notre-Dame dont nous sommes les enfants consacrés. [...] Prie pour les irréguliers du Christ-Roi, qui ne sont bons pour aucun ordre, mais que néanmoins il conduit et dont il se sert. Toi et moi, nous sommes tous deux pèlerins cherchant la même terre natale. »

Que recherchait John à la chartreuse qu'il n'a pu ou su découvrir ? Sans doute ce qu'il ne trouvera que bien plus tard, une alliance entre la vie érémitique, le « seul avec le Seul », et une vie en communauté. Mais l'empreinte de ces mois le marquera, et il écrira la devise de la chartreuse sur les tôles de sa case africaine, arrivé au terme de son pèlerinage. Dom Gray, « sa merveilleuse amitié et aide », et Parkminster seront toujours « un souvenir sans tâche et heureux ». Il repassera même une fois à l'abbaye, « habillé de couleurs vives et avec un violon » selon le F. Gabriel – bouffon de Dieu :

> Je n'ai pas quitté Parkminster parce qu'elle met à bas
> Ces aspirations auxquels s'accrochent les troubadours
> Fortement et inévitablement... Jamais il ne fronce le sourcil,
> Le Maître des novices, quand ceux-ci chantent
> Au milieu de leur béatitude solitaire pour
> Élever plus haut leurs cœurs ; j'ai quitté, mais pas cette cellule
> Qui détient encore mon Trésor, puisque je prends toujours du
> [bon temps,
> Sereinement à travers les jours, et les nuits aussi bien[1].

1. *A Ballade of an Unspoilt Vocation*, 1975.

Annexe 1
L'abbaye de Buckfast

Quand John la découvre, Buckfast est synonyme d'une des plus étonnantes aventures monastiques du xxe siècle. Au Moyen Âge, un monastère bénédictin est fondé en ce lieu par le roi Canut, puis reconstruit en pierre de taille deux siècles plus tard. La suppression des monastères par Henry VIII scelle sa disparition, et les terres sont données à des favoris du roi, tandis que les bâtiments laissés à l'abandon ne tardent pas à tomber en ruine. En 1882, il ne reste de l'abbaye médiévale qu'une tour et une chapelle lorsque son propriétaire vend la propriété à des bénédictins français, qui s'y installent. L'équipe originelle de moines basques est vite étoffée puis remplacée par des moines allemands. Le premier abbé meurt en Méditerranée dans le naufrage du *Sirio*. Le jeune moine qui l'accompagnait, Anschaire Vonier, survit miraculeusement. Rentré à Buckfast, il est élu abbé, et annonce bientôt aux moines qu'il veut reconstruire l'église médiévale à l'identique. Comme il n'y a pas d'argent, les moines la reconstruiront eux-mêmes ! Un frère envoyé dans une abbaye française apprendre la maçonnerie sera l'unique « professionnel » du chantier. La reconstruction d'une abbaye médiévale par cette poignée de moines fait vite le tour de l'Europe et suscite des vocations monastiques, à Buckfast et ailleurs. Une longue ballade de John brode ses vers sur ce thème :

> L'abbaye de Buckfast, au bas du Devon,
> Par sa construction vers le haut
> Se dresse comme une vue du Ciel
> Et nous invite chez elle à déguster.
> Quand les moines se mirent au travail
> Ils n'avaient que sept livres sterling
> Ajoutées à leur heureuse entreprise
> Dans une Foi que rien ne confond.
> Charrette à âne à leur disposition
> Donna du poids à frère âne.
> Dans la mesure où il le pouvait,
> Il travaillait et brayait à la messe[1].

1. *The Ballad of Buckfast*, 1978.

La construction prend trente-deux ans car les moines ne sont jamais plus de six à travailler sur le chantier. Des échafaudages sont fabriqués à partir de poteaux et de cordes, et les pierres sont montées avec des palans – au début les moines les taillent eux-mêmes. En juillet 1937 la dernière pierre est posée, et lorsque dom Vonier revient fin 1938 d'une tournée de conférences, les derniers échafaudages viennent juste d'être enlevés. Il décède trois semaines plus tard. Dom Bruno Fehrenbacher lui succède et il en a encore la charge quand John découvre Buckfast. Durant la guerre, les moines allemands et anglais ont donné un exemple rare de cohabitation harmonieuse, tandis que l'abbaye a ouvert une école pour des centaines d'enfants de Plymouth dont l'abbé assure lui-même la direction.

Frère Adam est avec dom Vonier la personnalité la plus célèbre de Buckfast. Arrivé d'Allemagne à Buckfast à 11 ans, le jeune Karl Kehrle, devenu frère Adam, s'intéresse aussitôt aux ruches puis en devient responsable. Il ne les quittera que 77 ans plus tard. Sa passion commence mal : l'acariose décime les ruches du pays. Frère Adam crée au début des années 1920 une souche résistante, et met au point une méthode scientifique d'élevage des reines appelée à devenir la référence mondiale. Il règne depuis sur le « royaume des abeilles » de ce « Vatican de l'apiculture », comme on le surnommera à l'abbaye. Quand John arrive à Buckfast, il y a là une quarantaine de ruches et près de trois cents dans le Dartmoor.

Annexe 2
Le catholicisme anglais

En célébrant le centenaire de la restauration de sa hiérarchie, en 1950, l'Église catholique d'Angleterre ne cache pas sa fierté : « Quand nous regardons le petit nombre et les maigres ressources de 1850, nous ne pouvons que nous émerveiller… » (cardinal Griffin). Cette Église est fière de ses évêques bâtisseurs, de son service des pauvres, de ses institutions scolaires et universitaires, du développement des ordres religieux. Les grandes figures de ce premier centenaire de restauration sont magnifiées, à commencer par Newman, Wiseman et Manning. Les grands noms catholiques du XXe siècle, les vivants comme les morts, sont eux aussi célébrés. Presque tous sont des convertis, et John s'inscrit dans ce grand mouvement (comme pour lui, la lecture de Newman a souvent été décisive) : Hugh Benson, fils d'un archevêque de Canterbury, ouvre le siècle, suivi de deux fils d'évêques anglicans, Ronald Knox et Christopher Hollis ; puis viennent le philosophe E.I. Watkin, le sculpteur Eric Gill, le romancier Edward Compton MacKenzie, l'historien Christopher

Dawson ; les années 1920 et 1930 voient une nouvelle vague, dont la crête est la conversion de Chesterton en 1922, précédée par celle du poète David Jones, des écrivains Wyndham Lewis et J.B. Morton et suivie par celle de Graham Greene, d'Evelyn Waugh, d'Alfred Lunn (que John a lu à Dehra Dun), de Robert Speaight, de Roy Campbell, du futur bénédictin Bede Griffiths, de la philosophe Elizabeth Anscombe et du mathématicien E.T. Whittaker ; le mouvement se poursuit dans l'après-guerre avec plus de 12 000 conversions par an, dont celles de l'anthropologue Evans-Pritchard, de Leonard Cheshire, un héros de la guerre, des écrivains Edward Sackwille-West et Muriel Spark, de l'acteur Alec Guiness. L'année de la conversion de John est aussi celle de Douglas Hyde, un des chefs du Parti communiste anglais, et de l'essayiste Elizabeth Sewell. Deux facteurs essentiels jouent pour la plupart de ces convertis comme pour lui, en un temps où devenir catholique reste un handicap : désir du salut et certitude que l'Église catholique en a les clés ; mais aussi conviction de ne pas renier mais d'accomplir ce qui est bon dans l'anglicanisme. Comme Chesterton le résume dans *Pourquoi je suis un catholique* : « Il y a dix mille raisons qui toutes reviennent à une seule : que le catholicisme est vrai. L'Église n'est pas un mouvement, mais un lieu de rassemblement, le lieu de rendez-vous de toutes les vérités dans le monde. » John dira de même en 1965 : « J'ai voulu être certain d'être sauvé ; je suis arrivé à la conclusion qu'il ne pouvait y avoir plus d'une Église fondée par le Christ et, par la Grâce de Dieu, j'y suis arrivé. »

Si dans l'Église d'Angleterre, Dieu semble alors « au chômage partiel » (R. Marx), le catholicisme anglais déborde de dynamisme. Ses fidèles ont quitté les échafauds, les prisons et le ghetto auxquels ils ont été successivement condamnés durant des siècles, ses évêques n'ont plus à se battre pour leur titulature, une cinquantaine de ses Lords siègent à la Chambre haute, tous les partis ont des députés catholiques et tous les gouvernements des ministres. Les écoles, les congrégations, la presse, les associations, les mouvements de femmes ou de jeunes sont florissants. Est-ce à dire qu'il n'y a pas de problèmes ? Malgré toutes les conversions d'Anglais de souche et une importante immigration polonaise, le catholicisme en Angleterre demeure d'abord la religion des Irlandais (environ les trois quarts de ses fidèles). Comme en Irlande, il est très dévotionnel, marial, communautaire, et pauvre. De plus, un certain anticatholicisme officiel et partagé par toutes les classes sociales persiste ; la Nuit de Guy Fawkes et tant d'autres signes entretiennent dans l'inconscient collectif de la majorité des Anglais l'équation catholique égale traître, ou du moins loyauté douteuse.

Annexe 3
La chartreuse de Parkminster

La taille de la plus grande des chartreuses, et la seule de Grande-Bretagne, s'explique par l'Histoire. Rendu inquiet par les mesures anticléricales, le prieur de la Grande-Chartreuse décide de faire coup double en fondant en Angleterre tout en y préparant un refuge au cas où il faudrait quitter la France et acquiert le domaine de Parknowle, près de celui où vit alors Samuel Bradburne (l'oncle du père de John), et le rebaptise Parkminster. Les travaux commencés en 1876 sont achevés sept ans plus tard. L'église possède des peintures du Français Sublet sur les martyrs chartreux de Londres. On y voit saint John Houghton et ses frères exécutés à Tyburn en mai 1535 (certains morceaux de leurs corps suppliciés et découpés seront ensuite exhibés au-dessus du porche de la chartreuse de Londres). John les évoquera dans une dizaine de poèmes. Une des peintures représente un chartreux attendant que la hache tombe. Un novice aurait dit : « Si la hache ne se décide pas à tomber, je m'en irai. » Il est parti. La bibliothèque possède 30 000 livres et des manuscrits remontant jusqu'au XIIe siècle dont un du *Nuage d'inconnaissance,* sans doute copié au XVIe siècle par le bienheureux William Exmew, lui aussi pendu, noyé et écartelé à Tyburn.

L'unique but de la vie cartusienne est la contemplation. À Parkmintser comme dans les autres chartreuses, les fils de saint Bruno suivent depuis huit siècles et demi de façon inchangée les coutumes établies par le successeur du fondateur, Guigues, et qu'illustre aussi bien la devise frappée pour eux par Innocent XI, *Numquam reformata quia numquam deformata* (« Jamais réformée parce que jamais déformée »), que celle qu'ils se sont donnés, *Stat Crux dum volvitur orbis* (« Le monde tourne, la Croix demeure »).

Quand John frappe à sa porte, la communauté de Parkminster comprend de fortes personnalités. Des membres de l'aristocratie comme le prieur, des classes bourgeoises, mais aussi un Indien du Kerala et un ancien joueur de rugby néo-zélandais. Le prieur, dom Hugh Weld, est le premier Anglais à ce poste. Descendant de Marie Tudor et fils d'un gouverneur de la Tasmanie, il est aussi fin lettré que maître en vie contemplative. Dom Andrew Gray, sous-prieur et procurateur, est en charge des affaires temporelles de la chartreuse, des frères convers et des oblats. Ce robuste Écossais de 58 ans dont une vingtaine de profès solennel, est un converti, un intellectuel et un spirituel (il introduit auprès du public anglais les écrits de dom Guillerand et de Jean-Nicolas Grou). Un des responsables de l'Église catholique dira de lui : « S'il y a aujourd'hui une personne dans le monde qui soit un saint vivant, le P. Andrew est cette personne » (cité par R. Lockhart). Son enseignement est aussi clair que direct : « Vous êtes face à Dieu [en français]. Ce n'est pas une expérience nécessairement réconfortante sur le moment comme vous vous en êtes rendu compte, mais c'est la bonne direction. La vérité fait peur et c'est pourquoi nous avons tellement l'habitude de façonner des ersatz de notre invention ou d'autres. Mais la vérité est la paix ultime, en profondeur, rarement troublée, quoique nous puissions être tout remués en surface. [...] La paix est le don de Dieu. Le monde n'offre qu'une piètre alternative. » Dom Humphrey Pawsey, autre figure marquante de la chartreuse, correspond alors avec Thomas Merton, qui vient de prononcer ses vœux solennels chez les trappistes de Gethsemani et s'intéresse à la vie cartusienne. Dom Humphrey lui a envoyé des brochures de méditations pour les novices et Thomas Merton écrira : « Les chartreux n'hésitent pas à déclarer que la contemplation infuse est la fin normale de toute vocation contemplative (et non un état exceptionnel et passager). [...] Je ne crois pas possible que Dieu laisse des hommes se consacrer entièrement à le chercher sans leur permettre, d'une façon ou d'une autre, de le trouver. »

Les vocations sont nombreuses en ces années de l'après-guerre, en particulier d'anciens soldats. Dom Bruno Sullivan a fait la guerre en Asie du Sud-Est comme John. Dom Jérôme Down, un ancien anglican, a essayé trois ans la vie religieuse dans son Église avant d'être reçu dans l'Église catholique à Pâques 1946, à l'abbaye bénédictine de Prinknash, puis d'entrer deux ans plus tard à Parkminster. Il y a aussi un ancien député polonais. Celui-ci survolait un jour la chartreuse, et se demanda à quoi cela ressemblait dedans. Un chapelain polonais lui obtint une visite et le moine qui l'accueillit lui dit : « Cela vous dirait de passer trente années là-dedans ? – Pourquoi pas ? » Trois mois plus tard il frappait à la porte et ne repartira plus. Frère Edmund, un héros de la guerre, est revenu la poitrine couverte de médailles, mais refuse tout contact avec la presse alléchée par l'histoire. Le frère Christopher Ciszewski est lui aussi polonais. Envoyé enfant en Sibérie avec ses parents, éduqué orthodoxe, il s'échappe de Russie durant la révolution de 1917 et s'installe dans son pays. Sa femme est assassinée par la Gestapo, lui réussit à gagner l'Ouest et participe au débarquement en Normandie. Libérant Lisieux, il va prier sur la tombe de sainte Thérèse où il reçoit un appel à une vocation religieuse, qui le conduit à Parkminster.

5

L'étrange vagabond de Dieu

1950-1953

> Prie pour ma sanctification, parce que cela encouragerait tant d'âmes si un tel naufrage peut se terminer par une canonisation, et je veux tellement contourner le Purgatoire !
>
> Lettre à John Dove, 1952

Rome, Athènes, Jérusalem : le pèlerinage aux sources

Le mardi 19 septembre, John part de Newhaven vers le Continent avec un sac Gladstone offert par son père, quelques vêtements, la canne du capitaine Roufe et quelques livres sterling en poche. Le voici bientôt dans la Ville éternelle où il s'émerveille de tout, comme son Journal de voyage intitulé *Histoire d'un âne* (en français) en témoigne : « J'ai vu le Saint Père [Pie XII] trois fois, une fois au milieu d'une foule immense de pèlerins, et une seconde fois à Castel Gandolfo avec une assemblée moindre quoique aussi joyeuse. La sainteté de notre Pape est évidente dans toute sa façon d'être, et dans une attitude pleine d'humilité et de dignité gracieuse. [...] La vaste splendeur de la basilique Saint-Pierre m'a envahi, jusqu'à ce que je voie le vitrail oriental qui à partir de là domina pour moi toute la scène de sa belle simplicité : la Colombe, toute d'or dans la lumière argentée, doux symbole... »[1]. Suit l'évocation d'un grand pèlerinage de Vénitiens, la louange des pèlerins italiens et de leur dévotion « chaude et

1. Il existe plusieurs relations de ce pèlerinage, en prose et en vers, qui ne concordent pas toujours. En cas de divergences, j'ai privilégié la plus ancienne.

comme enfantine », des considérations sur les basiliques et églises visitées à un rythme effréné, avec l'aveu qu'il s'est de temps à autre éclipsé « pour récupérer de cette indigestion monumentale ». Il est particulièrement ému par Saint-Paul-Hors-les-Murs, « un temple pour un Âge d'or, vaste, serein, et de belle symétrie » et surtout par une « simple petite procession nocturne de pèlerins chantant dans le Colisée » qui lui fait évoquer « les martyrs du Christ, qui jadis sont passés de là à leur Pays natal ».

Dans une rue de Rome, il croise un franciscain et discute avec lui, et se rend compte que c'est le religieux de Jérusalem dont dom Andrew lui a donné le nom, de passage à Rome. Il lui parle de son projet et le religieux lui conseille d'essayer de trouver un bateau à Naples, « m'épargnant ainsi le pis-aller d'un pile ou face ». Le 27 septembre, John vend aux enchères aux autres pèlerins son pantalon pour se faire un peu d'argent et le soir, alors que ceux-ci se préparent à rentrer en Angleterre pour les célébrations du centenaire de la restauration de la Hiérarchie catholique, il leur fait ses adieux. Un des pèlerins le prend à part et insiste pour lui donner une enveloppe, lui disant de ne pas regarder dedans avant qu'il ne soit parti. John y trouvera 10 £ et se sentira un « Milord anglais ». La nuit venue, il prend un bus pour sortir de Rome et marche vers Naples. Il essaie de faire de l'auto-stop puis de dormir dans une grange d'où un chien le déloge, retourne sur la route et finit par être pris par un camion. Naples au petit matin est pour lui un « moment magique » : paysans avec leurs mules et leurs ânes chargés de ballots de laine, klaxons, air qui sent la fumée de bois, collines qui lui rappellent Dehra Dun et « les saints sâdhus pèlerins à côté de leurs petits feux sur les bords des routes de l'Inde – étrangers à ce monde sur leur chemin du Ciel ».

À Naples, il entre dans la première église qu'il trouve pour assister à la messe, « une église franciscaine, comme j'aurais pu m'y attendre ». Il cherche un logement bon marché et, n'en trouvant pas, décide de repartir aussitôt, « la sagesse de saint François travaillant à nouveau pour moi, sans aucun doute ». Il prend un billet dans le premier bateau en partance pour le Pirée (£ 7.10), mais il faut attendre une semaine. Le bateau part le jour de la Saint-François, autre signe ! John grimpe vers le Vésuve, espérant trouver un logement « très très bon marché » à la campagne, voire « une grange, une grotte ou quelque chose de similaire ». Dans un village où il passe, tous s'intéressent à son sac, et il offre un stylo, son pull-over et quelques images de son missel, recevant en échange une grappe de raisin. Il parvient, épuisé, bien au-dessus de Resina (aujourd'hui Ercolano), et il s'arrête dans une auberge où il dîne d'un plat de spaghettis. Une bouteille de lacrima-christi est posée sur la table, 350 lires ; il succombe sans remords à la tentation, « la meilleure bouteille de vin jamais bue », puis regarde dans une douce torpeur la nuit monter et la baie de Naples s'illuminer. Il restera une semaine dans cette auberge, descendant tous les jours à Resina pour la messe et la bénédiction du Saint-Sacrement, se nourrissant de pain brun et de raisin.

Puis c'est le départ : le soir du 4 octobre, le *Philip Grimian* quitte Naples, avec John à son bord en classe pont, avec de nombreux Juifs qui se rendent à Haïfa. À midi le bateau fait escale à Catane. John sort avec un autre jeune Anglais ; ils visitent plusieurs églises et pour finir un « énorme monastère, jadis bénédictin mais aujourd'hui bureaux municipaux ou quelque chose de ce genre » (Saint-Nicolas l'Arène, second plus grand monastère d'Europe). À son retour sur le bateau, il a la joyeuse surprise d'y trouver un franciscain, le P. Carmel, en route vers Chypre et qui accepte volontiers que John lui serve sa messe. Le 7, le *Philip Grimian* arrive au Pirée. John monte à l'Acropole, qu'il trouve « comme un pâle fantôme au-dessus de la cité, quoique le plus beau fantôme », et se glisse vers le Parthénon par le côté pour ne pas payer l'entrée. La vue le déçoit, « car je m'étais toujours représenté Athènes dans un environnement vert, idyllique plutôt comme la Tamise à Wargrave, Henley et Marlow. [...] Où est l'endroit boisé tranquille près d'une rivière où je m'étais toujours représenté Socrate priant "Ô Pan bien-aimé, et vous tous autres Dieux qui hantez ce lieu ! Donnez-moi la beauté de l'âme intérieure ?" » (*cf.* la conclusion du *Phèdre* de Platon).

Il décide de poursuivre vers Chypre le même jour, et accoste à Limassol le matin du 9. Il a aimé ce voyage, et en particulier les deux soirées passées sur le pont supérieur arrière avec un groupe de Juifs qui chantent des chants « anciens ou modernes » : « Merveilleux d'entendre, dans la nuit méditerranéenne, sous les étoiles, les chants de David et ceux d'aujourd'hui, tous en hébreu, et la plupart en harmonie, très bien chantés à la fois par les hommes et par les femmes. [...] Comme leurs cœurs sont pleins et comme ils sont jeunes ! » Il remercie Dieu pour « cet esprit de pèlerinage et d'amour de la maison », et ajoute que, « suivi fidèlement, ceci conduit tous les hommes à travers bien de la peine de sa maison au Ciel, notre vrai pays natal dans le cœur de Dieu, la joie de tout désir ». Il conclut, s'inspirant d'une parole célèbre de Pie XI : « Nous sommes tous des Hébreux, spirituellement parlant, étrangers et pèlerins *in via.* »

Chypre est occupée par la Grande-Bretagne depuis 1878, mais les jours de la tutelle sont comptés avec l'arrivée comme archevêque de Nicosie, deux semaines plus tôt, de Mgr Makarios, farouche partisan de l'union avec la Grèce. Le P. Carmel invite John chez les franciscains. John accepte d'autant plus volontiers qu'il ne lui reste plus guère que 500 lires italiennes et qu'il doit se procurer un visa pour Israël. Il obtient avec ses lires « une toute petite quantité de shillings chypriotes », mais doit aller à Nicosie pour le visa. Aussi, après un déjeuner chez les franciscains, le voici parti. Le P. Carmel lui a donné une livre chypriote et une lettre d'introduction pour ses confrères de la capitale. Il y arrive le soir et les franciscains l'hébergent, puis il court chez le consul d'Israël, lequel envoie aussitôt un télégramme à son frère Philip, maintenant en Libye, pour que celui-ci confirme l'identité du jeune vagabond. En attendant la réponse, John ne perd pas son temps et se rend à l'aéroport, où il essaie en vain de convaincre des pilotes américains de le prendre à leur bord.

La confirmation de Philip arrive trois jours plus tard et John se met aussitôt en route vers Famagouste, le port oriental de l'île. Chypre l'étonne : il lui semble que tout le monde possède une grosse voiture, ou à défaut prend un énorme taxi. Il arrive à destination en fin d'après-midi et se rend à la capitainerie du port. Le responsable, un Écossais au cœur tendre, est une connaissance de Philip et lui donne un mot de recommandation pour un de ses amis grecs, qui gère une affaire de navigation et de commerce. John va voir ce M. Paparasilon (lire sans doute *Paparasilos*) qui se révèle être catholique et, qui plus est, tertiaire de saint François et responsable de la fraternité locale. Le Grec lui promet de lui trouver un passage gratuit vers Israël et, « vraiment un bon Samaritain », lui offre deux nuitées dans l'hôtel qu'il possède. John discute avec lui de saint François et lui révèle son désir de le suivre. Est-ce alors qu'il est reçu dans le tiers ordre franciscain par M. Paparasilos ou par un des franciscains du couvent de Famagouste ? Nous y reviendrons.

En attendant son départ, il admire les grandes églises : « Croyez-moi comment les Croisés construisaient : pour une éternité au moins ! » et il n'hésite pas à réciter le chapelet dans l'une d'elles transformée en mosquée. Il rencontre aussi un Autrichien et sa femme juive, et un médecin anglais fervent d'Israël qui, « quoique non catholique » lui offre « une brochure qu'il avait écrit sur les Juifs et sur les prophéties sur le temps présent, source considérable d'inspiration pour moi ».

Le 16 octobre au soir, John embarque gratuitement sur le *San Antonio* (encore un signe franciscain, le septième), petit cargo de bois à voile et vapeur de transport de grain. Tout l'équipage est italien, sauf un Juif qui se moque de ses compagnons et réciproquement. Le 17, le bateau lève l'ancre et John, malade, trouve que le moteur ressemble à « un chameau qui va sur la mer ». Le lendemain matin, il est à Haïfa.

Le pays où il débarque connaît alors sa première crise politique depuis la proclamation de l'indépendance de 1947 et la formation en mars 1949 du gouvernement Ben Gourion, lequel vient de démissionner. John passe à la douane. Qu'il n'ait que deux ou trois shillings en poche étonne les agents, mais son visa est en règle. Puis il marche vers Nazareth, une quarantaine de kilomètres à l'est. À la sortie de la ville, il demande à un policier s'il est sur la bonne route et celui-ci arrête pour lui un camion. Le véhicule se met bientôt à monter les collines de Galilée. Le chauffeur vient d'un kibboutz et ils discutent, puis John s'émerveille, avec une référence évidente à saint François, « d'être conduit au crépuscule, de plus en plus haut, au-delà des plaines fertiles (et maintenant bien cultivées) vers Nazareth, où le Verbe s'est fait chair et a passé trente années de sa vie visible sur la terre, presque aussi caché qu'il l'est maintenant dans toutes les églises du monde dans des milliers et des milliers de tabernacles » !

Les bons Samaritains de Nazareth

La nuit tombe quand ils arrivent à destination. John commence à déambuler dans les rues et ne tarde pas à être entouré de gamins arabes (la ville a été conquise l'année précédente par Ben Dunkelman, mais celui-ci a refusé d'en chasser la population arabe, désobéissant aux ordres reçus). Ils crient en le suivant « plus curieux qu'intéressés, je dois dire, vu mon bagage et mon apparence sans le sou ». Il continue de marcher « sans plan et sans gêne de ne pas en avoir », jusqu'à ce qu'il arrive à une place à la jonction de trois rues principales, « joyeusement bruyante, à l'orientale », avec un puits où des douzaines de femmes et d'enfants font la queue avec cruches et seaux. Il est saisi par ce qu'il est en train de vivre : il retrouve cet Orient qu'il aime et, surtout, il est « en train de marcher à Nazareth où le Roi des rois avait si souvent marché, où il avait couru et joué étant enfant ».

Un grand café jouxte la fontaine, mais John en choisit un plus petit, espérant avoir assez d'argent pour s'offrir un repas. Le patron est accueillant et parle anglais. Ils commencent à discuter, et John s'aperçoit qu'il a affaire à un Italien, « tertiaire franciscain du meilleur genre quoique peut-être pas officiellement. Il avait été quelques années en Palestine et quelque temps avec les franciscains – il portait toujours une paire de vieilles sandales franciscaines –, mais trouvant que sa vocation n'était pas tout à fait avec le premier ordre il était parti, matériellement mais pas en esprit, et il tenait maintenant ce petit commerce à Nazareth ». John remercie saint François qui l'a conduit juste dans ce restaurant-là. Frère Amelio, c'est son nom, le fait parler de ses voyages et refuse quoi que ce soit en payement du repas, invitant John à revenir le lendemain prendre son petit déjeuner. Pour la nuit, il lui recommande l'hôpital écossais, et propose de l'y conduire.

Les voici partis en remontant la rue des Charpentiers et un dédale de ruelles « dans une aimable nuit d'octobre, éclairée par la lune et les étoiles ». Amelio apprend à John que la fontaine de la place est connue comme « puits de Marie » car celle-ci venait y puiser l'eau pour la Sainte Famille. John est ravi : « Sachant cela, la nuit devint encore plus belle pour moi. » Arrivé à l'hôpital écossais, John découvre le panorama de Nazareth et le ciel, semblable selon lui à la « coupe des nuits » d'Omar Khayyam (une fois de plus, il fait preuve avec discrétion d'une étonnante culture) : « Une vision merveilleuse à voir. La multitude de lumières de Nazareth en dessous et tout autour et, au-dessus, les myriades d'étoiles et un clair de lune brillant. »

Le médecin-chef ne tarde pas à les recevoir, « un Écossais, donc généreux » qui invite John à passer la nuit dans sa maison près de l'hôpital. Amelio l'y conduit. John s'endort « au son des chiens de Nazareth », et se réveille de même, tandis que les coqs rivalisent de leurs chants. Il assiste à la messe dans la basilique de l'Annonciation, ravi de recevoir le corps du Christ « à quelques pas de la dalle où est écrit *Et Verbum caro factum est* ("Et le Verbe s'est fait chair") », puis part déjeuner chez son nouvel ami tertiaire. L'Italien lui suggère de trouver du travail à Nazareth ou dans les environs. Il le conduit chez le chef de la police qui demande à John ce qu'il sait faire. « Forestier », répond celui-ci, tout en se disant que « n'importe quel arbre abattu par moi, c'est comme si un castor avait fait le travail ». Le fonctionnaire téléphone à un garde forestier, mais ce dernier est absent, puis au frère Robert, un franciscain, qui répond qu'il va en parler avec son supérieur pour leurs bois du Thabor. John discute avec le policier, qui lui dit s'être battu pour les Turcs, pour les Anglais et pour son peuple, et lui parle des difficultés dans une ville surpeuplée à majorité arabe, musulmane et chrétienne.

La réponse des franciscains du Thabor arrive le lendemain ; elle est négative. Pour John c'est un signe, et il décide de partir sur-le-champ vers Jérusalem. Il offre une partie de son maigre bagage à Amelio en lui expliquant qu'il veut devenir plus complètement franciscain et s'abandonner à la Divine Providence. Celui-ci paraît soucieux et « insiste dans sa bonté pour me donner une livre palestinienne, pour laquelle je lui suis fort reconnaissant quoique je l'ai acceptée à contrecœur (pour une fois), parce que frère Amelio n'avait rien d'un millionnaire – heureusement, j'ai pu depuis rembourser cet argent ».

Sur les routes de Terre sainte

Après un au revoir ému, John se met à marcher vers l'est, « extraordinairement heureux ». Peu après une jeep le double et s'arrête : le chef de la police, inquiet de savoir ce qui est arrivé, demande au jeune Anglais où il se rend. Les explications données, il l'emmène au poste de contrôle militaire suivant et requiert de l'homme en faction qu'il lui trouve au plus vite une place dans un véhicule, puis repart. Quelques minutes plus tard, John est déjà dans un camion qui dévale les virages vers Cana. Toujours attentif, il note que le ciel commence à se charger de nuages quoiqu'il fasse encore chaud. Dans sa hâte d'arriver au bord du lac, il ne s'arrête pas à Cana et continue à pied, reconnaissant que c'est « nul » car Tibériade et le lac sont, se dit-il, à plus de trente kilomètres (en fait une vingtaine) – mais il est si heureux d'être « sur cette terre de basse Galilée, mot magique, avec ses associations d'idées bénies ».

Au bout de quelques kilomètres, il demande à un Arabe qu'il croise où est Tibériade. L'homme fait un vague geste vers l'est et John poursuit sa marche. Rédigeant plus tard son Journal, il racontera cette marche, qui devient pénible car la route monte et descend tout le temps sous un ciel toujours plus menaçant, et il pense au roi Lear errant « dans cette lande aride que la bise fouette, compagnon ténébreux du loup, de la chouette » et au Christ : « Fort sentiment d'exil et de solitude alors que tout s'assombrit… Et le Seigneur, qui a marché dans ces mêmes collines, ne paraît pas aussi proche qu'il le paraissait dans les bois et prés anglais. Car lui, le Roi, est ici en exil de ses propres compatriotes. »

Il passe près de ruines, sans doute celles de Lubya, et se plaît à penser que la Vierge Marie a marché vers ces collines quand elle est allée voir Élisabeth à Aïn Karem. Peu après, il entend des voix qui chantent, « non des anges, mais de jeunes Israélites, en cette veille de shabbat ». Se croyant proche de Tibériade, il presse le pas et ne tarde pas à se retrouver dans un petit lotissement juif fait de bungalows, dont certains en construction. Il y rencontre un homme en train de crier à son fils de rentrer à la maison. John lui demande si Tibériade est encore loin. Ce dernier lui répond que c'est très loin, et que l'étranger n'a aucune chance de trouver un véhicule pour le prendre car c'est le shabbat. Il veut poursuivre, mais il est invité à passer la nuit avec la famille. John rend grâce pour cette hospitalité généreuse et apprend qu'il se trouve à Sedgera[1]. Ses hôtes sont récemment arrivés de Tripoli en

1. Shajara, en arabe. Le village sera ensuite appelé Ilyana. C'est un des lieux fondateurs du sionisme en Palestine : un centre agricole et militaire est installé au début du XXe siècle sur des terres achetées aux latifundiaires d'Istanbul par le baron Rothschild. Le jeune Ben Gourion y travaille, et le centre fournira les premiers éléments de la future armée israélienne. Wingate avait parcouru ces collines avec ses brigades douze ans plus tôt et participé à Dabburyah, non loin de là, à une bataille au cours de laquelle il fut blessé.

Libye, et ils bavardent longuement. Le lendemain, John visite la ferme : des poules, une chèvre, des pigeons et un acre ou deux de terrain que le fermier cultive. John s'émerveille devant le travail réalisé, croyant que la Palestine était devenue au fil des siècles un « squelette » : « Herzl et ses sionistes étaient des héros. Comme ils doivent avoir dit en voyant leur terre natale : Seigneur, ces os peuvent-ils revivre ?, et ils furent aidés par Dieu, parce qu'ils s'aidaient eux-mêmes si courageusement. Comme ils ont travaillé, ces Israélites revenus ! »

Son hôte lui montre aussi les traces et les blessures de la guerre. Et John de se dire : « Je ne dis rien contre l'Arabe. Puisse-t-il être, lui aussi, béni ! Mais ses façons d'être sont celles d'un Nomade (c'est peut-être pourquoi la Palestine, agriculture parlant, est devenue un pays de nomades)... Je répète, que Dieu les bénisse ; puisse-t-il garantir une solution heureuse aux difficultés et ruptures présentes ! » (en fait Shajara, majoritairement chrétienne quand les colons juifs étaient arrivés, avait été un village florissant dont les trois quarts des terres étaient cultivés, surtout en céréales – mais John ne peut le savoir). Il visite encore un collège agricole, où il entend les chants du shabbat venus d'une grande pièce servant de synagogue à l'étage. Puis il prend congé de ses hôtes et poursuit sa marche. En se retournant, il aperçoit le village et, dans le lointain, le Thabor avec l'église et le couvent des franciscains. Se rappelant les deux écoles de pensée à propos de la localisation de la Transfiguration, il dit sa préférence pour celle qui le situe sur le mont Hermon, qu'il verra plus tard à l'horizon. Puis il est pris par une grosse voiture, « un taxi, je pense » et, après une longue montée arrive au sommet d'une crête d'où il découvre « le lac de Galilée, la mer de Jésus et de ses pêcheurs, s'étirant loin au-dessous dans une extension glorieuse, pétillant et d'un bleu profond sous le soleil et, s'élevant tout autour, les collines et les montagnes – vue bienheureuse ! ».

Drôle d'espion

La voiture le laisse, non sans que le chauffeur lui ait donné sa carte de visite et l'ait invité à dormir chez lui à Tel-Aviv. John descend vers le lac, passant un vaste camp d'immigrants. Tibériade le séduit, avec ses maisons blanches à toit plat et le panorama de montagnes autour du lac. Et pourtant, songe-t-il, « comme cela devait être plus beau à l'époque de David et à celle de Jésus, avec les forêts de cèdres et les pentes vertes des collines ». Après un frugal déjeuner, il poursuit sa marche le long de la rive, vers le sud. Il remarque un martin-pêcheur moucheté, comme il n'en avait plus vu depuis l'Inde; son chant se mêle au brouhaha des radios et des tourne-disques des groupes qui discutent ou se promènent le long du lac. John apprécie malgré tout « le grand calme et l'air de paix », mais il s'interroge tout en marchant: « Que faire maintenant? », et remarque alors quelques grottes sur la paroi d'une colline. Il se demande s'il ne va pas s'y installer: « Pourquoi ne pas être un mendiant apostolique ici? », se souvenant qu'à Rome un prêtre lui avait demandé: « Qu'allez-vous faire quand vous arriverez en Israël? Vivre dans une grotte comme saint Jérôme? », et qu'il avait répondu: « Peut-être. » Il s'interroge encore: « S'arrêter ici ou poursuivre le jour même vers Jérusalem? Le mont des Oliviers était mon objectif, il l'était depuis l'été de 1949 et l'est toujours. Le Seigneur est monté au Ciel au mont des Oliviers et je crois que c'est là qu'Israël connaîtra son Roi, dans pas bien longtemps. » Mais il s'inquiète aussi: il ne s'est pas renseigné, avant de quitter l'Angleterre, pour savoir où se trouve ce mont! Sur le bateau, un Juif anglais lui a dit qu'il croyait que c'était sur le territoire d'Israël, mais à Nazareth on lui a dit le contraire, et donc hors de portée, comme Bethléem et le Saint-Sépulcre.

Il s'arrête, prie, et tire à pile ou face: ce sera Jérusalem. Il jette alors un dernier regard vers le lac, et trouve un camion qui le ramène à Nazareth, d'où il espère gagner Tel-Aviv dans la nuit – il n'y a qu'une centaine de kilomètres. De fait, il y arrive avant minuit, mais trop tard pour sonner chez l'automobiliste du matin, et il poursuit aussitôt vers Jérusalem dans la nuit fraîche, car il a plu tout au long de la route. Un soldat le prend jusqu'à Ramla (l'antique Arimathie) et le laisse à l'entrée d'un camp militaire. Il lui reste une quarantaine de kilomètres à parcourir. Il entreprend une conversation avec la sentinelle du camp. Au bout d'une demi-heure, le soldat s'en va et John poursuit sur la route, espérant être pris par un véhicule car il fait froid. Au bout de deux ou trois cents mètres, chantonnant « *It's a long way to… Jerusalem* », il remarque une file de camions militaires rangés pour la nuit derrière des arbres. À ce moment, la pluie reprend et John, quoique se disant « fou à lier » car il a remarqué qu'il y avait des grandes manœuvres dans tout le pays, s'approche. La cabine du premier camion est vide, et un raclement de gorge lui indique que le camion voisin a un conducteur. Il s'y rend, et le soldat lui dit qu'il peut dormir dans la cabine de l'autre camion, lui donnant une couverture et un peu de nourriture ; John, qui n'a rien pris depuis le matin accepte non sans s'inquiéter d'avoir rompu le jeûne eucharistique du dimanche – mais seulement après avoir mangé. Bientôt il remarque du bruit, alors que la pluie redouble : le sergent de garde a dû se rendre compte de quelque chose et il vient voir, car « c'est partout une tendance des sergents, comme vous le savez ». John est extrait du camion et envoyé à l'officier de garde. Ce dernier l'interroge très aimablement, s'excusant de n'avoir pas de thé à lui offrir, puis le conduit dans sa jeep à son collègue du Renseignement, qu'ils doivent réveiller car « le gars étant dans son lit, en homme raisonnable à environ 2 h 30 du matin ». L'officier marmonne sans se lever qu'il n'y a qu'à conduire John au poste de police, et les voilà repartis. Arrivé au poste, John y est de nouveau interrogé brièvement, puis on lui offre un lit pour le reste de la nuit. Le voici, « à très juste titre », reconnaît-il, en état d'arrestation.

À 7 h 30, il est réveillé et, après avoir mangé, soumis à un véritable interrogatoire qui dure jusqu'à midi. Il défend ceux qui l'interrogent : n'a-t-il pas été surpris dans une cabine de camion militaire en pleine nuit durant une semaine de manœuvres ? Et de plus un Anglais ! Il explique qu'il veut passer le restant de ses jours en Israël, soit dans un kibboutz, soit dans une exploitation forestière. Et il le pense alors vraiment, car entretemps il a réfléchi : s'il franchit la frontière pour aller au mont des Oliviers, il ne pourra plus rentrer en Israël, sinon par le Liban et Chypre.

À midi, l'interrogatoire est terminé et on lui offre un déjeuner. On devine la perplexité de la Sécurité militaire devant cet hurluberlu apparemment inoffensif, mais sait-on jamais ? On en réfère à l'échelon supérieur, puis au Quartier général à Jérusalem. Enfin, vers 16 heures, un coup de fil arrive : John est libre.

« Le Roi m'a conduit à Jérusalem »

Un camion militaire l'emmène avec un groupe de soldats à Jérusalem. Les collines de la ville s'approchent dans la majesté du soleil couchant ; c'est si beau que John décide d'aller sur-le-champ au mont Sion pour les complies du dimanche chez les bénédictins allemands de la Dormition. Le camion le dépose devant la Knesset. Il n'a aucune idée de l'endroit où se trouve le monastère. Il demande le chemin du mont Sion à la première personne qu'il croise, une Israélienne, qui lui répond : « Sion ? C'est juste à côté », et se propose de l'y conduire. Les voici bientôt devant une grande bâtisse blanche de style bariolé qu'il juge être plutôt franciscaine et certainement pas bénédictine. La plaque indique qu'il s'agit en fait de « Saint-Pierre-de-Sion ». John comprend la méprise, mais y reconnaît, dit-il, la voix de la Providence. Il remercie la dame et sonne. Il dit au religieux qui l'accueille qu'il veut aller prier chez les bénédictins du mont Sion, qu'il a une lettre d'introduction pour les franciscains, et qu'il aimerait revenir là pour la nuit avant d'aller chez ceux-ci (il ignore que le couvent des franciscains est en face de celui des bénédictins). Le religieux lui apprend que le monastère de la Dormition est dans le no man's land entre secteurs juif et arabe, donc inaccessible. Voyant la déception de John, il lui conseille d'aller voir les franciscains de Terra Santa, à quelques centaines de mètres de là, et ajoute prudemment que si cela ne marchait pas, il pourrait revenir à Saint-Pierre et qu'on pourrait, peut-être, pour une nuit, lui offrir l'hospitalité.

Malgré l'heure tardive, John se rend aussitôt chez les franciscains. Là, il remet au supérieur la lettre du P. Carmel, et il se présente comme « pèlerin amoureux d'Israël, avec environ deux shillings en poche ». Le franciscain lui apprend que la maison de Terra Santa a été largement réquisitionnée pour l'université juive de Jérusalem. Et comme John lui raconte son projet vis-à-vis des Juifs, le religieux lui conseille de retourner à Saint-Pierre, le mieux à faire compte tenu de son désir pour Israël. Il offre à John un billet d'une livre palestinienne et lui souhaite bonne chance.

Voici donc John à nouveau à Saint-Pierre. Le religieux qui l'a accueilli a dû discuter avec ses confrères car il est reçu chaleureusement, et on lui offre le souper et un lit. Exceptionnellement, il a manqué sa messe du dimanche, mais quelle journée ! Il s'émerveille : « Le Roi m'a conduit à Jérusalem et prend soin de moi en tout. "Béni soit-il et Amen", car il nous a appris à "ne pas se soucier du lendemain" et l'Esprit Saint a répondu de la façon la plus merveilleuse à la première prière que j'aie jamais écrite pour lui :

« Joie de celui qui vit et qui aime,
« Esprit de feu répandant toutes les langues,
« Hâte des pas du Mercure né ailé,
« Lumière de Notre Père qui est aux Cieux
« Brille sur les chemins de celui qui est ton voyageur. »

« Gagner les Hébreux au Christ-Roi dont je suis le bouffon »

Le lendemain matin, John demande où est le consulat anglais pour s'y rendre afin d'essayer quand même de passer à Jérusalem-Est. Comme le portier va dans la même direction, il l'y conduira. Notre pèlerin attend près de la statue de la Vierge à l'Enfant dans le hall d'entrée avec son petit bagage, lorsqu'un des religieux, un Juif converti originaire d'Alep, vient vers lui et lui propose tout de go : « J'ai entendu dire que vous êtes intéressé par la conversion des Juifs. Si c'est le cas, pourquoi ne pas rester avec nous quelque temps, car je pense que nous pouvons vous donner du travail. Sinon, votre situation à Jérusalem est bien difficile » (la congrégation fondée par les frères Ratisbonne entend alors mener de front une double vocation : approfondir les racines juives de la foi chrétienne et œuvrer à la conversion d'Israël – le second objectif sera remplacé par le dialogue après Vatican II). Pour John, c'est à nouveau la voix de la Providence, quoiqu'il aspire toujours « à poser le pied au mont des Oliviers et dans la Vieille Ville de Notre-Seigneur ». Le religieux va aussitôt en parler au supérieur et l'affaire est conclue.

Il restera sept semaines à Saint-Pierre et accroît sa palette de quelques nouveaux métiers : cueillir les olives, pomper l'eau, balayer, jardiner. Le P. de Condé, le supérieur, l'impressionne beaucoup, non seulement parce que c'est « un très saint prêtre » mais parce qu'il a aussi « un sens magique de l'humour, et sonne juste en tout ce qu'il dit ». Et John d'ajouter : « C'est un aristocrate et comme tous les aristocrates il se meut librement parmi toutes sortes de gens et de sociétés, rendant heureux ceux qu'il rencontre. Que ce soit un réparateur de stylo dans une échoppe de rue ou le rabbin chef, il est toujours accueillant et accueilli. »

De son côté, le pieux jardinier ne manque pas d'intriguer les religieux. Non seulement son amour des Juifs et son désir qu'ils reconnaissent leur Roi rejoignent leur propre vocation, mais sa ferveur et son zèle leur semblent des signes évidents de vocation. Certes les conditions de son arrivée à Saint-Pierre sont étonnantes, et sa vie semble désigner un gyrovague, mais n'a-t-il pas trouvé sa voie en étant miraculeusement conduit à Saint-Pierre ? Le P. de Condé est vite convaincu que John est un don pour la congrégation, qui de plus manque de vocations, et il lui en parle. John répond honnêtement qu'il ne se sent pas appelé à devenir prêtre, car il n'a pas un grand désir de célébrer la messe. Le P. de Condé lui rétorque : « Et alors ? », et lui rappelle qu'« il y a cet autre aspect du sacerdoce qui est le travail apostolique ». John se rend à l'argument. Il écrit à dom Raphaël (« j'espère qu'il sera tolérant et pardonnera juin 1949 ») et à dom Andrew pour obtenir des lettres de recommandation et, de son côté, le P. de Condé fait le nécessaire pour que son protégé soit admis rapidement au noviciat de Louvain, et il lui fait donner quelques leçons de latin et de français. Tous les jours, John monte sur la terrasse de Saint-Pierre réciter son chapelet, et la vue, écrit-il, « est fixée à jamais dans ma mémoire. Nue, mais pleine de grandeur : je n'oublierai jamais la gloire du lever du soleil sur les monts Moab vu de la terrasse de Saint-Pierre ».

John décrit longuement le panorama cher à tous les amoureux de la Ville avant les grandes constructions d'après 1967, et ajoute qu'il déambule dans Jérusalem-Ouest où, note-t-il, « on n'a pas du tout l'impression d'être en Orient, rues, véhicules, vêtements, tout est européen ». Il ne cache pas sa déception, lui qui « aime les bazars et la plupart de leurs odeurs ». Il va aussi à Notre-Dame-de-France et monte sur la terrasse contempler les dômes du Saint-Sépulcre, la mosquée El Aqsa et la vieille ville. Il remarque les Juifs pieux du quartier de Mea Shearim, qui n'est guère qu'à un quart d'heure au nord de Saint-Pierre, « dévots de presque toutes les nations sous le Ciel », mais aussi la ville moderne, son « activité débordante », son atmosphère qu'il qualifie d'attentive (« spirituellement parlant, le mot le plus proche que je puisse trouver pour la décrire »), les discours à la Knesset diffusés par haut-parleurs pour être entendus dans les rues en ces journées de crise (celle-ci n'est résolue que le 1er novembre). Le silence du shabbat après l'appel claironné le vendredi à seize heures a pour lui un « charme surnaturel, presque magique. [...] On ne peut le mesurer en termes de bruit et de silence, on peut seulement dire que c'est un calme grand et indescriptible. Le Christ-Roi est en train de rassembler son peuple en Israël et à Jérusalem de toutes les nations où ils étaient en exil ».

Les dimanches après-midi, John part se promener avec frère Laurent, un jeune Italien avec qui il travaille souvent au jardin. Par deux fois, ils vont au sud de la ville juive d'où ils peuvent voir la vallée de Bethléem. Il regrette de ne pouvoir aller y prier, et dit son espérance du jour où il n'y aura plus de frontière et où « les Juifs pourront se réjouir dans Bethléem où est né leur Roi Jésus, le fils de Dieu… Les Hébreux sont en Israël, aussi peut-être qu'avant bien longtemps les rêves des chrétiens du monde entier concernant la Terre sainte deviendront réalité ».

Deux ou trois fois, il marche avec frère Laurent jusqu'à Aïn Karem – il n'y a guère que sept kilomètres depuis Saint-Pierre-de-Sion. C'est sa promenade favorite car son saint patron y est né. La petite ville n'a pas encore été mangée par la banlieue de Jérusalem. La population arabe en a été chassée, mais il ne le sait sans doute pas. Il respire à Aïn Karem un « air surnaturel ». Il visite bien sûr les églises de Saint-Jean-Baptiste et de la Visitation, toutes deux tenues par les franciscains. La maison des Sœurs de Sion est une vraie oasis, construite par Alphonse Ratisbonne qui y est enterré, et John va prier sur sa tombe. Ce sera « le souvenir le plus cher » qu'il veut garder de la Terre sainte.

Non loin de Saint-Pierre, il y a une synagogue. John entend le shofar, et découvre les tendances du judaïsme moderne, « haut, large, libéral, et quoi encore? La Vieille Alliance perd son emprise mais le Seigneur de la Nouvelle Alliance est prêt à gagner son emprise sur Juda quand Dieu le Père le voudra, "pour être une lumière qui éclaire les Nations – ce qui est proche" ». John s'émerveille aussi des Juifs du Yémen, qui « ont préservé toute la pureté de la race et de la religion ». Il rencontre d'autres Juifs à Jérusalem car le P. de Condé l'emmène avec lui pour des réunions ou lui fait rencontrer des personnes. Grâce au religieux, il assiste à une représentation du *Paulus* de Mendelssohn. Un autre soir, il écoute à la radio le *Judas Macchabée* de Haendel chanté en hébreu et il en est non moins ravi. Il est présent à Jérusalem pour les fêtes de Hanouka qui tombent cette année-là du 4 au 11 décembre, et il écoute avec ravissement les chants qui commémorent le courage des Macchabées, jusque tard dans la nuit. Il confie dans une lettre à sa mère que « le bien de la civilisation pour le proche futur et pour un long moment à venir trouve sa charnière dans la destinée d'Israël. Cela laisse bien des choses non dites, le Christ étant la porte, et les jambages et les charnières aussi bien ». Il écoute à Saint-Pierre-de-Sion des pères érudits mais aussi des apôtres des pauvres comme le P. Joseph Stiassny, un Hongrois d'origine juive qui organise de l'aide pour les réfugiés qui ont tout perdu durant la guerre.

Entretemps, les courriers ont fonctionné, les lettres de recommandation et l'*Indult* nécessaire pour le fils d'un ministre du culte non catholique sont parvenus. Dès le 27 novembre John communique à sa mère sa future adresse à Louvain : maison de Ratisbonne, 49, rue des Moutons, et il évoque tout ce qu'il a vécu au cours des douze derniers mois. Le noviciat, lui apprend-il, sera d'un an, la formation de sept, et il ajoute que la conversion des Juifs est l'objectif des pères de Sion. Le 13 décembre, il prend congé de Saint-Pierre et part en taxi pour le mont Carmel. Il dort chez les carmes, ému d'être là où Élie et ses « moines » ont vécu « louant le Dieu d'Israël, qui est le Seigneur » et s'enthousiasme pour le panorama qu'un religieux lui montre au petit matin, des montagnes du Liban avec l'Hermon jusqu'à la baie de Haïfa. Au réfectoire, un autre carme attire son attention sur le fait que leur croix est sans le Christ, parce que c'est leur coutume « depuis saint Jean de la Croix qui dit que c'est nous qui devrions être sur la Croix ». Puis c'est Haïfa, où le P. de Condé vient lui faire ses adieux, signe de l'intérêt qu'il lui porte.

Le bateau israélien quitte le port dans la soirée et la dernière vision de la Terre sainte que John gardera sont les lumières lointaines de Haïfa « depuis le rivage jusqu'au sommet du mont Carmel où elles semblent se mêler aux étoiles », avec le phare du Mont qui jette par intermittence son rayon de lumière sur la mer. Un jeune Juif hollandais lui apprend la *Hatikvah* et la traduit pour lui. Il y a une petite synagogue à bord du bateau dans laquelle officient trois rabbins. John discute avec l'un d'eux, un homme âgé qui parle un bon anglais, et ils évoquent ensemble le quartier populaire de Whitechapel à Londres ; c'est sans doute un *hassid* car il psalmodie longuement « complètement inconscient, et chez lui dans la présence de Dieu ». John souhaite que ce rabbin et tous les passagers « en viennent à savoir que Dieu n'est autre que le Christ-Roi ».

Le bateau débarque John à Marseille et, de là, il rejoint Louvain en train via Paris et Bruxelles. Ce pèlerinage en Terre sainte l'a confirmé dans ce qu'il croit être sa vocation pour qu'Israël reconnaisse son Roi, et dans la conviction que la Vierge Marie y a un rôle essentiel à jouer : « Dieu Emmanuel est avec nous, et Notre-Dame le rend de plus en plus évident, sans laquelle il n'est pas de Dieu incarné, ni de Salut. » Il se sent pourtant bien indigne de cette mission : « Mon âme n'est actuellement qu'un désert, et j'ai eu aujourd'hui un terrible élan de dépression noire et de doute. Mais j'apprends à reconnaître en ces attaques non pas un signe d'échec, mais de victoire et de progrès. »

Un postulant au caractère plutôt inhabituel

John trouve à son arrivée chez les pères de Sion, trois jours avant la Noël 1950, une communauté de six membres, dont deux novices juifs et deux autres français, et un jeune Juif hongrois converti qui doit être ordonné prêtre la semaine suivante, Geza Vermes. Le P. Nicolas, supérieur de la maison, souffle à ce dernier en accueillant John : « Il semble avoir un caractère plutôt inhabituel. » Tous ne tarderont pas à s'en rendre compte.

Louvain, plus que millénaire, est surtout célèbre pour son université, la plus grande et la plus ancienne des Pays-Bas bourguignons, fondée en 1425. La cité a tiré sa richesse de la fabrication et du commerce des draps et textiles, puis comme capitale de la bière, mais c'est d'abord la « Rome de Belgique ». Dans un courrier, John n'y recense pas moins de soixante-cinq maisons religieuses, « de toutes sortes et races », en plus de l'université catholique. La ville a beaucoup souffert des deux guerres mondiales et les restaurations sont alors loin d'être terminées. Au nord, à un quart d'heure de marche de la rue des Moutons, John découvre l'imposante masse de l'abbaye bénédictine du Mont-César. Des centaines de Juifs traqués par les nazis y ont été cachés. Il la fréquente dès son arrivée et écrit à John Dove qu'il y suit la grand-messe et les vêpres, les dimanches et jours de fête. Les offices de Noël l'enchantent. Il va aussi prier à l'église Saint-Michel des jésuites, à la fameuse façade baroque d'Hesius, et y participe à la messe de minuit, trois jours après son arrivée, trouvant que les cantiques de Noël chantés en polyphonie sont très beaux.

À quelques centaines de mètres de la Maison de Ratisbonne se trouve l'université catholique, dirigée par le P. Honoré Van Waeyenbergh, qui a courageusement défendu ses étudiants contre le STO durant la guerre, et dont l'activité se déploie essentiellement dans la reconstruction des bâtiments détruits. John rencontre dans les rues de Louvain des étudiants venus du monde entier, dont beaucoup de prêtres et de séminaristes en soutane, et des religieuses en habit. Cette présence, les plaques des rues en deux langues, tout concourt à forger un style d'universalité qui est alors le sceau de Louvain (ses supérieurs lui donneront comme première tâche de perfectionner son français et son latin, mais il ne sera jamais question de flamand).

La rue des Moutons (*Schapenstraat* en flamand), ancienne rue des Béguines, a reçu son nom du marché aux moutons qui s'y tenait. Face à la Maison de Ratisbonne se trouve le Grand Béguinage, véritable quartier, presque une petite cité où, depuis le XIIIe siècle, ont vécu des béguines. Il a atteint son apogée au moment de la Contre-Réforme quand plus de deux cents femmes y vivent, prient, travaillent, s'y soignent et meurent, et fleurit jusqu'à la Révolution française. Le mélange de vie religieuse et d'indépendance et le souvenir d'Adrien VI, alors dernier pape non italien, ne peuvent que plaire à John :

> Si vous allez en pèlerinage,
> La foi pleine de Louvain vous donnera de l'espoir ;
> Visitez le « Béguinage »
> Dont un recteur une fois devint pape[1].

Le numéro 49 est un bâtiment récent et sans cachet, mais qui dispose d'un « honnête » jardin qui plaît tout de suite à John, ainsi que d'une « espèce hasardeuse de court de tennis », où les résidents jouent « pour se réchauffer et pour faire de l'exercice ». Lui préfère sa flûte à bec.

Le supérieur de la Maison, le père Paul Nicolas, est un rescapé des tranchées de Verdun où il a servi comme brancardier. La Maison de Ratisbonne est loin d'être pleine, ce qui explique

1. *Ut Unum Sint* (nº 980), 1956.

peut-être la hâte à accepter le jeune Anglais. John se lie rapidement d'amitié avec Geza Vermes. Né en 1924, ce jeune Juif hongrois a été baptisé à sept ans avec toute sa famille par le curé de Gyula, le futur bienheureux Wilmos d'Apor. Brillant, il souffre de l'antisémitisme ambiant. En 1943, il décide d'entrer au séminaire. Au printemps de 1944, tandis que ses parents sont déportés à Auschwitz, il est caché par les Salésiens, puis à Budapest puis à Györ par son ancien curé devenu évêque, qui le cache dans son séminaire. Après la guerre, Geza Vermes entre dans la congrégation des pères de Sion. Arrivé à Louvain à l'automne 1946, il révèle rapidement des qualités d'érudition hors pair. Dès la mi-1949, il est invité à publier un article sur les manuscrits de la mer Morte, découverts deux ans plus tôt. John est impressionné par le brillant Geza, et c'est un Juif qui a reconnu son Roi !

De son côté, celui-ci est touché par la fraîcheur et la joie de vivre de John, son amour d'Israël, sa piété, la beauté de sa voix (« la personne naturellement la plus musicale que j'aie sans doute jamais rencontrée »). Mais, selon lui, seul le P. Nicolas et lui-même montrent de la bienveillance et de la patience envers le jeune Anglais, que son français hésitant isole des autres (de fait, John a de grosses difficultés avec ce qu'il appelle le « patois » français de la Maison de Ratisbonne). Le 27 décembre, à Hal, près de Bruxelles, Geza Vermes est ordonné par un évêque dont il dira avoir oublié jusqu'au nom. Le lendemain, John participe à la première messe du nouveau prêtre, qui est assisté par le P. Demann, autre Juif hongrois converti. John est chargé de donner des leçons d'anglais à son nouvel ami, et lui-même reçoit des leçons de français et de latin. Il va bientôt rendre service au P. Vermes en lui faisant envoyer par Mary un exemplaire de *The Sphere*, un hebdomadaire londonien qui a publié par erreur la photographie d'un des manuscrits de la mer Morte, et le jeune prêtre s'illustrera en travaillant dessus. Avec les autres novices les relations sont moins intimes. Désiré Bayart, un des deux Français, arrivé lui aussi à Louvain suite à une rencontre avec le P. de Condé, oubliera ensuite John, surtout que l'obstacle de la langue le rend imperméable aux plaisanteries et jeux de mots du jeune Anglais. À Pâques 1951, dans une lettre à sa mère, John parlera aussi d'un jeune Juif polonais, « dont les parents ont tous les deux été pris par les nazis quand il avait dix ou douze ans – il n'a plus jamais entendu parler d'eux depuis, et on suppose qu'ils ont partagé le sort de beaucoup », dont les parents de son ami Geza.

La plus grande partie des journées se passent dans le silence mais John ne s'en plaint pas. Il voit le noviciat comme une « petite cour du Christ-Roi, trois Juifs, trois Français et un Anglais », ajoutant pour son ami Dove : « Je suis seulement le bouffon fou, et même mes bouffonneries doivent la plupart du temps être pour lui [le Christ] seul, car on est rendu plutôt solitaire en ne sachant pas beaucoup de français. Mais j'aime la solitude, trop j'en ai bien peur. Je suis très heureux, très sûr que c'est ici que je dois être et rester. Il y a des jours de grâce où Notre-Dame me nourrit à la petite cuillère avec sa douce consolation. » Il est convaincu d'être arrivé à bon port et que le seul « *voyaging* » (néologisme anglais inventé par lui) qu'il fera encore est spirituel : « Toutes les pièces difficiles à placer du puzzle se mettent en place, je me demande si je verrai sur terre la peinture complète, non que cela importe – le moment présent étant un Sacrement plein de Dieu ! » Il n'hésite pas à écrire avec quelque présomption à son ami : « Je suis maintenant sous les ordres comme tu l'es. » Mais il apprend peu après qu'il n'est pas accepté comme postulant à part entière (il le sera plus tard). Cela ne refroidit pas son ardeur. Il comprend aussi que les études pour le sacerdoce durent sept longues années, « et cela dépend de la volonté de Dieu que je vive aussi longtemps », mais il est ravi : « Oh, aimer son présent, son maintenant, je suis en train de l'apprendre peu à peu. »

« Il me faut suivre mes rêves... »

En février 1951, il écrit à son ami Stephen King une longue lettre, dans laquelle il se livre tout entier, son âme, sa recherche amoureuse et insatiable de Dieu :

> Je crois qu'il me faut suivre mes rêves et ne jamais être cynique ou m'abandonner à la vaine pensée des « illusions ». Je n'ai aucune illusion parce que, dans sa pitié et sa grâce, je suis l'Esprit Saint, à l'Église duquel j'appartiens. Ma course a été erratique, érotique, et en zigzag, mais cela n'a été la faute de personne sinon de moi-même. Je suis allé à Jérusalem parce que je voulais aider à gagner les Hébreux au Christ-Roi (dont je suis le bouffon), mais

ce n'est pas pour tout de suite, aussi m'a-t-il envoyé ici, m'ayant beaucoup appris « en cours de route ». Ici, je commence à aider pour les gagner.

Et maintenant, au sujet des femmes et des carrières (ou des carrières avec les femmes) : je les aime toutes du fait que je désire l'amour de Dieu et du Ciel à jamais pour elles toutes. Je ne me suis pas éloigné en rampant vers un amour négatif suite à un échec amoureux, pleurnichant d'apitoiement sur soi et de remords. « *Qui s'excuse s'accuse* » (*en français*), aussi je ne m'étendrai pas là-dessus, je dénie seulement toute suggestion qu'il puisse en être ainsi. [...]

Quant à mon passé avec elles (les femmes) ce fut une course folle, dans laquelle je m'accuse moi-même de tant de péché et de tristesse, mais dans laquelle je remercie Dieu de tant de félicité et de bonheur. Comment les a-t-il sauvées de moi et moi pour lui, lui seul le sait. Certainement je ne suis pas fait pour le mariage (même si j'aurais pu y « réussir », comme tu l'écris). Mais il y a une façon positive de considérer cela, à savoir : c'est la volonté de Dieu, car je suis fait pour quelque chose d'autre, pour son amour seulement. Et il est tout et en tout – l'amertume et le temps du Printemps, les vents et les souris, les femmes, Stephen et même Hornbeam. Lis *Le lévrier du Ciel.* [...]

Est-ce que je suggère par conséquent que le mariage n'est ni bon ni convenable ni désirable ? Non, mille fois non ! Si c'est la volonté de Dieu pour quelqu'un, c'est bon, sinon, c'est mauvais. Il m'a montré clairement que l'amour du genre adoration (vas-y pour une grimace, si tu veux), qui est tout ce que je peux donner (parce que je suis un poète), ne convient pas pour le mariage, mais est bon pour le Seigneur. J'ai toujours voulu être un dans l'amour avec tout le monde et tout ce qui est bon et beau dans le monde. Est-ce que j'y manque en allant à leur créateur, la source de la vie, de l'amour et de la beauté ? N'est-ce pas positif et logique ? Qu'y puis-je si mon passé semble un fantastique échec. Tant mieux ! Laisse crier sur les toits quel crétin qui embrouille tout j'ai été : la sagesse, l'amour et la miséricorde de Dieu brilleront d'autant plus clair pour la transmission...

Quel camarade égocentrique, monstrueux – diras-tu, Steve mon vieux moineau –, quel gaspilleur introverti – rien que Dieu et lui, lui et Dieu, comme s'il n'y avait rien ni personne en dehors. Je réponds : Tu as parlé des femmes et de l'amour – du succès et de l'échec. Je parle du Dieu de l'Amour qui a créé toutes les femmes. Quelle est l'humeur d'un amoureux – est-ce qu'on l'incrimine parce tout ce qu'il peut voir, c'est l'amour de l'être qu'il aime envers lui et le sien envers celui-ci ? N'est-ce pas l'essence de toutes les histoires d'amour, depuis le pathos hollywoodien et en s'élevant jusqu'à l'histoire de la Passion de Notre Seigneur lui-même ? [...]

Notre Seigneur nous a sauvés sur la Croix parce qu'il est épris de nous, infiniment, de chacun, comme si lui ou elle était le seul, la seule. C'est pourquoi il est mort pour nous et nous a rachetés, et qu'il a vaincu la mort et l'enfer. Bon, si tu veux, c'était l'Amour en acte. Je t'ai dit qu'un amoureux était fou de l'être aimé. Le point suivant, c'est qu'il fait tout ce qu'il peut pour lui plaire, cela aussi c'est l'essence de l'amour. Mais vois : d'abord on tombe amoureux, puis on cherche à lui plaire. Dans l'autre sens, cela est absurde, n'est-ce pas ? Nous savons tous les deux comment Notre Seigneur aime que nous lui plaisions en ce monde – de deux façons :

1. Tu aimeras le Seigneur ton Dieu de tout ton cœur etc. etc.
2. Tu aimeras ton prochain comme toi-même.

Mais ce que je veux dire, c'est que le numéro 2 ne peut avoir lieu sans le numéro 1, et dépend totalement du numéro 1. Le christianisme, ce n'est ni de la philanthropie ni de l'humanitarisme, loin s'en faut. C'est l'amour en acte, et l'amour de Dieu par-dessus tout, en acte. Peux-tu réellement aimer tes ennemis sans l'amour de Dieu comme raison pour le soutenir ? Que signifie aimer tes ennemis ? Cela signifie désirer de tout ton cœur et de toutes tes forces qu'ils soient à Dieu pour toujours, parce que tu sais que son désir à lui c'est leurs âmes et le bonheur éternel. Eh bien ! du puits de cet amour surnaturel sort l'amour authentique pour tous les hommes dans le Christ.

C'est pourquoi si toi (ou moi) voulons convertir le monde il faut d'abord nous convertir nous-mêmes à l'amour pur de Dieu. Parce que la vie éternelle avec lui est ce pourquoi tu as été créé, et tout autre être humain. Comme tu le dis, convertis par l'exemple – pratique, puis prêche ainsi ; sois, et attire ainsi ; vis le Christ, et les autres l'aimeront et le désireront.

Il poursuit sa lettre en disant à son ami que puisque celui-ci pratique déjà « comme une brillante lumière » l'amour du prochain, son amour de Dieu est déjà grand. Et il conclut :

Que suis-je en train de faire ? J'apprends à posséder l'unique nécessaire, l'amour de Dieu. On ne peut donner aux autres ce qu'on n'a pas soi-même. Mais pourquoi « m'enfermer » pour le moment, pourquoi aller dans cette « chambre froide » ? Parce que personne n'espère courir une compétition et la gagner en portant un pardessus (cela ne signifie pas que les pardessus ne sont pas bons en soi). Mon vieux ! Tu es toujours Stephen King et, par Georges et le Dragon, je suis toujours Hornbeam, mais bien plus qu'autrefois, bien plus vivant, bien plus heureux, avec une grande ambition – et ayant trouvé ma vocation de bouffon du Christ. Pourrai-je assez le remercier ?

Études, P. Damien et lettres

John passe sans encombre toute l'année 1951 à Louvain, même quand les mois brumeux lui font regretter la lumière de Terre sainte ou du Devon, même quand la grisaille semble gagner les visages dans les rues de la ville. Un an entier de stabilité ! Il note le chant nocturne d'un rouge-gorge dans un jardin de couvent déserté et, à la Saint-Joseph, il est surpris de voir débarquer à Louvain des bus entiers de pèlerins ; les processions à la gloire du saint auxquelles se mêlent les étudiants, les chants, les bannières, la joie et la liesse le ravissent. Il participe peu après à l'abbaye du Mont-César aux célébrations de la Vigile pascale « la plus émouvante et belle que j'aie jamais vue » et s'attarde sur le Christ Lumière « très signifiant en ces jours de lutte sombre entre les nations ».

Une église l'attire particulièrement, comme il l'écrit le 3 avril 1951 à sa mère, Saint-Antoine-des-Picpusiens, toute proche de la Maison de Ratisbonne. C'est là que repose depuis qu'elle a été ramenée en Belgique la dépouille mortelle du père Damien de Veuster, l'apôtre des lépreux de Molokai. John vient et revient souvent prier et méditer devant le tombeau de celui qui, écrit-il à sa mère, « est mort martyr de la lèpre comme tu le sais. Il est un héros et un saint pour avoir fait ce qu'il a fait. Je me souviens avoir entendu parler de lui pour la première fois dans un de tes magazines ».

Le 10 juillet 1951, le révérend Thomas Bradburne, qui a maintenant dépassé 75 ans, écrit à son fils dont la future ordination comme prêtre catholique lui semble assurée. Son fils est bouleversé en lisant cette lettre, et on la retrouvera dans ses papiers après sa mort. Son père écrit notamment :

> Je sais à peine que dire ou comment te remercier pour ta générosité quand tu me remercies pour quoi que ce fût dont j'ai pu avoir été un moyen, devant Dieu, pour agir pour toi. Mais, hélas, de mon côté, quand dans ma vieillesse je regarde en arrière bien des choses, il y en a que je pourrais avoir faites pour toi et que je n'ai pas réussi à faire. Et il se pourrait que dans la claire lumière du Jour du Jugement je sois trouvé bien plus redevable envers toi que toi envers moi. Aussi, entre père et fils, nous n'en dirons pas trop à ce sujet. Et rappelle-toi bien qu'indépendamment des tensions et des froissements qu'il peut y avoir eu entre nous dans le passé – comme il était presque inévitable qu'il en surgisse dans notre état présent d'imperfection, il ne peut être maintenant ni jamais question de pardon mutuel. […]

S'il y a quelque dette de gratitude supposée ou réelle dont tu voudrais te décharger envers moi parce que je suis ton père, je te dirais comment le faire, comme j'espère que tu le feras : donne-moi vraiment un fauteuil de premier rang dans tes prières. Et, pour ta gouverne je te dirai sur quoi te concentrer.

La première chose dont j'ai besoin et que je veux avant d'aller à la Maison et de ne plus vivre, c'est un bon et vrai repentir envers Dieu. Comme tu t'en rendras compte si jamais tu as à traiter avec des pénitents dans les années à venir, la plus grande difficulté réside dans le pouvoir lamentable de se tromper soi-même, inhérent à notre nature humaine, un des résultats les plus affreux de la chute dans le Péché. Une sorte d'aveuglement spirituel qui en afflige tant parmi nous.

Une part tellement grande de notre soi-disant repentir – du mien en tout cas – n'est pas du tout un repentir de l'espèce qui est divine, mais seulement un orgueil blessé qui est tombé, et qui en se relevant du fossé frotte ses ecchymoses. On dit parfois « être ou se sentir désolé pour soi-même ». Une estime de soi blessée qui peut donner à certains une douleur bien sûr très mauvaise. C'est cela le regret du monde qui a produit la mort. Son nom propre est « remords », qui surgit en fait de l'amour de soi, et non bien souvent, j'en ai peur, de l'amour authentique de Dieu. [...]

Ainsi donc encore, puisque je puis être un rappel avant que nous nous rencontrions à nouveau, j'ajouterai seulement ceci pour ta gouverne quant à toute prière ou offrande de la messe que tu peux être assez bon de faire pour moi. En matière de Foi, je pense que je peux dire honnêtement qu'en pensée et en libre volonté j'accepte de tout cœur et je crois tous les termes des trois Credo. C'est ce qui nous unit. Aussi que Dieu te bénisse et *ora pro me*. [...]

Je rafraîchis sans cesse mon petit acquis de latin en faisant attention aux notes spéciales des rubriques latines des Psaumes quand je dis mon office matin et soir – celles de la Vulgate survivent encore dans notre Livre de Prières.

Du 3 au 5 septembre 1951, les 3e Journées bibliques se tiennent à Louvain. Geza Vermes y participe et peut ainsi se faire connaître du monde universitaire. En octobre, John commence des études de philosophie. Les novices de Sion les font avec les scolastiques jésuites, ce qui rapproche John de son ami Dove. Mais il est mal à l'aise dans l'abstraction, alors que domine le thomisme transcendantal de Joseph Maréchal, cette « diplomatie métaphysique » qui tente de réconcilier saint Thomas et Kant, et dont Étienne Gilson a dit le plus grand mal. Les cours principaux sont donnés en latin avec des « disputes » dans cette langue. John assiste à un épisode qui lui inspirera près de trente ans plus tard le poème *Au sujet de la Sainte Trinité*. Un étudiant, Alec, imbu de lui-même et de ses connaissances, est interrogé à un examen par le P. Pierre Charles, jésuite pionnier de la missiologie et par ailleurs spécialiste de Plotin, Dante et Kant. Celui-ci demande au jeune Alec : « Pourquoi appelons-nous la première personne de la Trinité Père et non Mère ? » L'étudiant se trouble, ne sait que répondre et sera recalé. Pour John, « il lui suffisait de dire : "Notre Seigneur n'a jamais dit que Pater Noster est Mater Nostra, imbécile!" » Et il poursuit, après avoir évoqué Duns Scot, en affirmant que Marie est la Reine d'Amour du Roi trine, son éclat. Dans un autre poème sur le même épisode, il imagine avec humour que sa réponse aurait pu être :

> J'eusse aimé qu'il en soit ainsi,
> Tous les oiseaux et les animaux auraient rendu gloire,
> Avec le Père, le Fils et l'Esprit Saint,
> À la belle serveuse qui porta mon Hôte
> Dans le Temps[1].

Un peu avant Noël, John confie au P. Nicolas que, décidemment, il ne se voit pas prêtre. Ce dernier le comprend, sans doute au vu de ses résultats universitaires et, le 28 décembre 1951, un an après son arrivée, une notice des Archives de la congrégation signale que « John Bradburne renonce à être clerc et poursuivra son noviciat en passant de la catégorie des novices en vue du sacerdoce à celle des novices coadjuteurs ».

Au printemps 1952, il semble toujours aussi sûr de sa vocation au sein de Notre-Dame de Sion et, malgré toutes les pierres « qui sont lancées contre sa *bathi* (lampe-tempête) », il s'accroche. Dans un poème dont seul un fragment nous est parvenu, il n'hésite pas à se dire inspiré par l'Esprit Saint car, ajoute-t-il (en latin), « ce qui est fou pour le monde, le Dieu des dieux l'a choisi » (*cf.* 1 Co 1, 25-27).

Pas le lieu d'un vagabond, d'un bouffon, d'un clochard de Dieu

Mais la congrégation s'oriente vers un travail plus intellectuel, qui est en train de la conduire, avant même Vatican II, de la mission au dialogue avec le monde juif. En juin 1952,

1. *Summa is i-cumen in*, 1972.

Geza Vermes devient le premier membre de la congrégation à obtenir un doctorat en théologie. Il quitte peu après Louvain pour Paris et travaille à la publication des *Cahiers sioniens* avec le P. Demann. Un docteur en théologie, c'est bien, et John s'en réjouit, mais quelle place pour un bouffon ? Soudain, plus rien ne va pour lui. Il souffre de constipation, sans doute liée à sa sédentarité ; c'est trivial mais il en est presque obsédé. Et, surtout, avec le départ de Geza Vermes, il a perdu à la fois un ami et un conseiller, le seul qui l'ait compris, lui semble-t-il. Et il se dit que là où il est n'est pas la place d'un vagabond, d'un bouffon, d'un clochard de Dieu. Pourtant, il admire et aime le P. Nicolas, « un des hommes les meilleurs que j'aie jamais connus, absolument juste de cœur et très généreux », mais la bonté de ce dernier n'y change rien.

À la fin du printemps 1952, John se décide : il doit repartir en Terre sainte. De son côté, le P. Nicolas est de plus en plus perplexe. Son expérience lui dit que malgré sa culture et ses évidentes capacités intellectuelles, qui font que devenir un frère coadjuteur dans une congrégation qui peine à recruter est un vrai gâchis, John est appelé à une autre forme de vie chrétienne, certes exceptionnelle mais pas inédite. Deux noms lui viennent à l'esprit et il en discute avec le P. Colson, le supérieur général de la congrégation, qui suit de près le noviciat : saint Benoît-Joseph Labre et le P. de Foucauld. Bien vu[1] ! John évoquera « saint Joseph-Benoît Labre » (*sic*) dans plusieurs poèmes ; il admire sa pauvreté radicale et son rejet du « macabre argent », et évoque sa légendaire crasse ; il citera aussi Charles de Foucauld dans une liste de saints qu'il vénère, bien avant la béatification

1. Séminariste, le jeune Benoît-Joseph renonce au sacerdoce pour la vie monastique. Il tente l'ordre cistercien, les chartreux puis à nouveau une trappe sans succès, puis commence une vie de vagabond. Il appartient à la famille franciscaine, mais semble n'y avoir jamais fait profession de tertiaire. Deux fois pèlerin de Rome, une fois de Compostelle, il se fixe à Rome en 1778, vivant dans les ruines du Colisée ou dans un hospice, et y meurt cinq ans plus tard. Il cache la profondeur de sa relation à Dieu et de son amour du prochain sous les dehors d'excentricité et de marginalité.
Les similitudes avec Charles de Foucauld ne sont pas moindres : famille noble, carrière militaire, conversion, recherche spirituelle apparemment gyrovague, attrait pour la Terre sainte, essais de vie monastique, érémitisme et amour de la solitude ; et les deux dernières étapes de leurs vies, la stabilité enfin trouvée, dans le service des plus délaissés, et le martyre, se rejoignent.

de ce dernier, avec Hugh de Lincoln, Thérèse d'Avila, François Xavier, Jean de la Croix et les frères Ratisbonne.

Le P. Nicolas et John n'ont donc pas besoin de se parler longuement pour convenir que la Maison de Ratisbonne n'aura été qu'une étape dans l'itinéraire de ce dernier. Le 16 juillet 1952, John quitte le 49, rue des Moutons. Il y sera resté près de dix-neuf mois, son plus long séjour en un lieu depuis l'école de Gresham's. Dans sa fiche conservée aux Archives de Notre-Dame de Sion, on peut lire : « Renonce à la vie religieuse et nous quitte le 16 juillet 1952. Parti comme "vagabond du Bon Dieu" en Italie près de Naples – etc. 1 sac, 1 flûte, du linge, des vivres pr 3 repas = 2 $. 50 FB. 100 FF = c'est tout. Une belle âme, "nous gardons de lui un excellent souvenir" (P. Colson). » Signe que John part en bonne entente avec le P. Nicolas, ce dernier demande au supérieur général de la congrégation des lettres de recommandation pour la mère supérieure du couvent de l'Ecce Homo à Jérusalem, en faveur de ce « converti du protestantisme qui aspire à une vie chrétienne parfaite ». Il y est écrit que « divers essais l'ont amené à conclure qu'il n'est pas fait pour la vie religieuse sédentaire et se sent porté plutôt à imiter les exemples d'un saint Benoît-Joseph Labre ou d'un père de Foucauld », et s'achève en attestant qu'il n'a laissé que de bons souvenirs à Louvain.

Marches et moissons sur les routes de France et d'Italie

Le 16 juillet, John quitte Louvain à pied pour tenter de gagner Jérusalem via Rome et le sud de l'Italie où il espère trouver un bateau. Il emporte avec lui les quelques biens énumérés par le P. Nicolas, plus un sac de couchage et la canne d'Anthony Roufe. Il va pendant un mois et demi alterner marches et auto-stop, brefs travaux de moisson et séjours en ville. Les premiers jours le conduisent près de Bruxelles puis à Mons et, de là, il passe en France. Il gagne quelques sous en jouant de la flûte dans les villes qu'il traverse, ou reçoit un peu de nourriture en aidant comme journalier aux moissons qui nécessitent alors une main-d'œuvre importante. Quand il le peut, il demande l'hospitalité pour la nuit dans un monastère ou sinon cherche une grange, et il assiste à la messe chaque fois que l'occasion se présente.

Il arrive à Paris au bout d'une semaine, alors que les six pays fondateurs de l'Europe signent la naissance de la Communauté européenne du charbon et de l'acier. John y retrouve son ami Geza Vermes. Le prêtre de Sion a appris que John quittait Louvain et il n'est pas surpris de le voir arriver, sans un sou, le bagage léger mais toujours aussi jovial. Il écrira que son ami lui aurait dit qu'il avait quitté le noviciat parce qu'il trouvait l'atmosphère de la maison trop étouffante, mais John lui-même n'est pas aussi négatif, comme nous l'avons vu.

Dès que le P. Vermes lui a obtenu un visa pour Israël, notre pèlerin vers la Terre sainte ne s'attarde pas à Paris et reprend sa marche [1]. Son ami lui lance : « Ce n'est pas un adieu. Au revoir dans la Cité sainte. » Et voici le « moine de Notre-Dame et vagabond de Dieu » à nouveau sur les routes de France, dans un pays doré par les moissons et où, après la vague de chaleur de début juillet, l'été demeure ardent. John écrira à l'automne à son ami Dove : « Je n'ai jamais eu une seule fois faim durant tout ce pique-nique, et Dieu et l'homme m'ont prodigué sans cesse des marques d'amitié – béni soit-il pour cela, béni soit-il que je n'aie à mon crédit aucun des traits athlétiques pour être un Père du désert, parce que je suis un vaisseau pour sa miséricorde, son étonnante miséricorde. Mesquinerie, crises de colère et fureurs, égoïsme intense et encore égoïsme, impatience et intempérance dans le manger – voilà ma distinguée liste honorifique ; mais cependant, en dépit de toute ma fragilité le Seigneur et sa Dame sont toujours avec moi » (John Dove commente : « Vu qu'il mangeait très peu, et seulement ce qu'il mendiait : du pain, du raisin, un peu de vin peut-être, son intempérance aurait fait honte aux plus ascétiques »).

Un matin, alors que John traverse à pied toute la Provence,

> C'était sur la route, à l'heure du petit déjeuner,
> Entre le lointain Louvain et la belle Campanie ;
> Je n'avais eu qu'un maigre souper la veille,
> J'étais sans le sou, ni n'avançais en voiture ;
> Je pensais : « J'ai drôlement faim, *Pater Noster*…
> *Libera nos a malo* »… Aussitôt arriva là

1. Plusieurs poèmes tardifs font allusion à un épisode traité sur un mode humoristique : John aurait trop bu, puis manqué de se noyer dans la Seine à hauteur de Notre-Dame, et une belle dame en bateau l'aurait secouru, qui ne saurait être que la Vierge Marie. S'agit-il d'un rêve ou d'un incident retravaillé par le souvenir ?

> Une limousine, passa rapidement et lança une
> Miche de pain entière par la fenêtre de sa portière[1].

Cet épisode accroît sa confiance aveugle dans la Providence et il y reviendra plus d'une fois, tout comme aux souvenirs de cette traversée de la France en ce bel été 1952 : moissons, 14 juillet et bals, heures passées à jouer la *Folia* avec sa flûte sur les routes de Provence, nuit sur un terrain d'aviation, messes servies à travers les villes et les villages, cathédrales, Notre-Dame de la Garde, Pont d'Avignon, bon vin, mistral… Entre Marseille et Toulon, il griffonne un mot à Geza Vermes : « Si je ne puis obtenir un autostop en avion depuis Cannes, j'irai – avec la grâce de Dieu – à Assise, Rome, Brindisi et Bari. » Il passe une nuit au carmel de Monaco, où il admire les tuiles des toits, puis l'Italie est déjà là. Il a décidé de marcher jusqu'à Assise depuis la frontière. La Ligurie et la traversée des Apennins ne lui laissent pas de grands souvenirs, mais la Toscane l'enchante. La vigne, les champs de blé, les oliviers, la nature cultivée par l'homme lui parlent du Christ autant que les chapelles, ermitages et oratoires.

La veille de la Sainte-Claire, le 10 août 1952, il arrive devant Assise. Il dort dans un bois au-dessus de la ville et au petit matin y descend à pied car, pense-t-il, saint François n'aurait pas été content qu'il entre dans sa cité en bus. Le caractère préservé de la cité l'enchante. Il mendie du pain dans une boulangerie, va écouter la messe et communier, prie dans les églises, met ses pas dans ceux de François et de Claire, et joue sur sa flûte pour gagner quelques lires. Il passe trois jours chez son saint favori, puis reprend la route.

Son séjour à Rome est bref. Il se rend chez les franciscains qu'il connaît déjà et ceux-ci lui offrent l'hospitalité pour trois nuits. Il refait une partie de son pèlerinage de 1950, puis quitte la ville sans s'attarder, pressé de trouver un bateau. Il se rend d'abord à Ostie, mais pour y apprendre qu'il n'y a pas de liaison à partir de ce port avec Israël. Il lui faut aller à Naples, ou sinon dans les ports de l'Adriatique, Bari ou Brindisi. Il repart en direction du sud et, marchant non loin de Castel Gandolfo, décide d'aller revoir le Pape. Après avoir dormi dans les taillis près de la résidence pontificale et donné quelques soucis à la

1. *Panem nostrum quotidianum*, 1974.

police italienne, il finit avec des groupes de pèlerins dans la cour du palais pontifical :

> Nous entrâmes dans la Cour, sans peur du garde,
> Avec une foule de trois fois trois cents ;
> Mon espérance était comblée car je vis le Pape
> Mais je doute que lui m'ait vu[1] !

Il n'a pas plus de chance à Naples, et traverse alors la péninsule pour gagner Bari, toujours en auto-stop ou en marchant. Arrivé dans la capitale des Pouilles, l'église de Saint-Nicolas réveille sa fibre poétique et il y compose ce poème :

> En cette grande maison de Dieu je mourrais volontiers,
> Et rejoindrais l'âme de Michel-Ange,
> Qui est sûrement maintenant avec les saints là-haut
> Écoutant la musique d'un flot d'orgue [...]
> Seigneur, fais-moi mourir à tout ce qui est temporel,
> Arc-bouté sur la destinée pour laquelle je suis venu –
> Annoncer le Christ et gagner ma terre natale[2].

Mais il ne trouve toujours pas de passage gratuit pour Haïfa. Que veut donc Dieu pour lui ? Pousser vers Brindisi ? Retourner à Naples ? En cette fin août 1952, John ne sait plus, et il ressent aussi la fatigue de l'été et de la marche. Il rebrousse alors chemin et, après avoir retraversé les Apennins et le mont Partenio, il passe début septembre par Baiano, petite ville industrielle et commerciale entre Avellino et Naples. Là, les carabiniers arrêtent ce vagabond et le conduisent en prison, pour l'incarcérer ou lui offrir un gîte, on ne sait. John leur explique qu'il essaie de retourner en Terre sainte. Tout se sait vite dans un bourg, et Santina Tulino apprend ainsi l'existence de John, or les Tulino ont l'habitude d'héberger les vagabonds. Cette grande bourgeoise généreuse, mère de huit enfants, dit à son mari Raffaele : « Un pèlerin de Terre sainte ! C'est le Christ parmi nous, surtout qu'il en vient déjà. » Elle court à la prison, se porte garante pour John et l'emmène chez elle. John la suit, remerciant la Providence. La maison est vaste et la famille nombreuse. Il fait la connaissance des enfants, dont Guiseppina (qui fondera une

1. *Oculi Semper ad Dominum or Prologue*, 1958.
2. *Lines written in the Church of S. Nicholas at Bari*, 1952.

congrégation missionnaire en Afrique) et Antonio, qui est handicapé et aime la musique. John joue pour lui sur sa flûte à bec, et lui en apprend quelques rudiments. Il n'est plus sûr désormais que Dieu le veuille tout de suite en Terre sainte. Il s'installe chez les Tulino, mais tient à rendre des services, et les filles de Santina le verront un balai à la main dans l'école du bourg. Tous les matins, il est à la messe de don Elia Ferrone, curé de Baiano, qui le trouve bien sympathique et comprend que l'Anglais a besoin de se poser. Mais où ? La famille Tulino ne peut le garder indéfiniment.

L'ermite dans la tribune de l'orgue

Ce jeune homme pieux ne pourrait-il pas aider leur cousin Francesco Picciocchi, le jeune curé de la paroisse Mater Dei à Palma Campana ? Don Ferrone et les Tulino prennent contact avec ce dernier, et John est invité à lui rendre visite. Dès le premier contact avec don Francesco, d'un an son cadet, le courant passe. Celui-ci, très pris par ses différentes missions à Palma et ailleurs, a effectivement besoin d'être secondé, et il propose à John un poste de sacristain pour veiller sur l'église, la nettoyer et servir la messe. Malheureusement, s'il peut lui offrir le couvert, il n'a pas de quoi le loger. Qu'importe ! John s'installera dans l'église, et fera sa cellule d'un renfoncement d'où l'on accède à la tribune de l'orgue et de celle-ci. L'affaire est conclue et il a tôt fait d'y poser son petit bagage et son sac de couchage, réinventant l'ancienne tradition des reclus et recluses, mais à sa façon – il sortira souvent.

Don Francesco Picciocchi est curé de cette paroisse depuis quatre ans et demi. Ce fils d'une famille bourgeoise de Baiano est un intellectuel et il a travaillé sur Abélard. Son regard malin et enfantin, sa simplicité, son dédain des pompes, fussent-elles ecclésiastiques et son sens de la justice impressionnent John, qui ne tarde pas à se confier à lui : « Le P. Francis, à la fois mon confesseur, mon guide spirituel et mon employeur, est merveilleusement bon pour moi. Il a ici une paroisse qui n'est pas facile, plaise à Dieu que je lui serve à quelque chose ! », écrit-il à son ami apprenti jésuite. De son côté don Francesco est séduit par son nouveau sacristain, et le séjour de celui-ci à Palma demeurera dans sa pensée une des grandes grâces de sa vie. La bonté est pour lui la marque essentielle de John, ainsi que sa simplicité de vie et sa pauvreté – il remarque que ce dernier n'a que quelques habits, n'en veut pas plus et pourtant qu'il est toujours propre sur lui. Son austérité à table étonne aussi don Francesco, mais John lui répond qu'il doit faire pénitence.

L'église Mater Dei (Mère de Dieu) est récente (1904). La construction a été financée par Luigi Carrella, un grand propriétaire et prêteur sur gages de Palma, devenu dévot sous l'influence de sa femme, et qui n'a pas lésiné sur la dépense : le sanctuaire est vaste et peut rassembler quelque 500 fidèles, l'autel central, en marbre blanc, est surmonté d'un grand tableau de la Vierge, imité de Bouguereau, un autre contient des reliques de saint Didier déguisé en jeune soldat martyr, et le plafond est orné d'une Assomption aux couleurs vives.

Une vie nouvelle commence pour John. Les obligations de sacristain, servant de messe, balayeur et garde du sanctuaire ne sont pas prenantes :

> Tout ce que je faisais était de balayer
> Mes couronnes de roses de l'Épousée.
>
> Le balai était admirable aussi ;
> Je le maniais avec grâce
> Et je balayais les marches de marbre qui savaient
> Qui leur crachait au visage[1].

Il est aussi responsable de l'ouverture des portes aux heures prévues, et prend au sérieux cette tâche. Un matin un groupe de femmes frappent à celles-ci, mais John refuse d'ouvrir car ce n'est pas l'heure. Elles vont se plaindre aux carabiniers qui arrivent à leur tour pour cogner sans aménité sur les portes. John résiste, et don Francesco devra intervenir pour pacifier les esprits.

John ne tarde pas à se rendre compte que si Palma est une ville à la religiosité forte, la pratique y est faible. La paroisse ne comptait pas 5 % de communiants réguliers avant la guerre, et cela ne s'est pas amélioré. Mais lui reste des heures, presque chaque jour, devant le tabernacle, immobile, abîmé dans la prière et l'adoration, ce qui impressionne beaucoup don Francesco.

1. *Campania*, 1977.

Il monte souvent, de nuit comme de jour, à la tribune et s'y installe pour jouer de l'orgue ou se servir du banc comme table. Il écrit à son père qu'il y dort, et que « c'est agréable quand on se réveille dans la nuit de jouer de l'orgue seul dans l'église ». Il a surtout pour compagnons des chauves-souris.

Un jour, un chat s'aventure dans l'église ; John l'adopte et le baptise Pompey. Ce dernier revient souvent. John sympathise aussi avec un chien errant qui un autre jour entre dans l'église et s'installe sur le marbre frais au pied de l'autel. Il l'adopte lui aussi, mais cette fois don Francesco ne veut pas en entendre parler. Ce sera une des rares brouilles entre eux.

John est libre de toutes tâches le plus clair de la journée, et il ne tarde pas à en profiter pour sortir, marcher, avec ou sans sa flûte à bec, souvent vers le mont Sant'Angelo qui domine la ville, à travers vergers et pins – si septembre reste encore chaud et sec, octobre et novembre 1952 connaissent quelques journées de grosses pluies. Les habitants de Palma commencent à s'habituer à voir dans leurs rues l'*Inglese,* excentrique mais bien poli, avec son italien encore rudimentaire. Mais les carabiniers le surveillent. Ne serait-il pas un espion, américain ou russe (les élections de 1953 énervent déjà les passions) ?

Grimpant au-dessus de Palma, John découvre le coquet hameau de Castello et y reviendra. Un seigneur féodal y a fait construire un château dont il ne reste qu'un pan de mur. Le hameau domine de plus de trois cents mètres Palma et, de la terrasse de l'église San Giovanni, la ville semble un troupeau de toits de tuiles que font paître les églises. Au-delà, la vue s'étend sur toute la plaine du Sarno, la masse compacte du Vésuve, les montagnes avoisinantes. Passé Castello, John s'aventure dans la montagne en prenant la Via Trebbuchi à travers les vergers, abricotiers et autres arbres fruitiers, puis en montant dans la forêt. C'est ainsi qu'il arrive un jour à la chapelle de Santa Maria a Miano. Il en découvrira l'histoire, qui se transmet avec force détails et enjolivements dans les familles. Au XVIIe siècle, un homme traversant la montagne est agressé par des brigands. Il court entre les châtaigniers et les chênes, mais ses poursuivants se rapprochent inexorablement. À bout de force il invoque la Madone, et soudain apparaît devant lui un épais buisson de roses sauvages, d'ajoncs et d'orchidées, dans lequel il se jette en redoublant ses prières. Il entend la rage folle de ses poursuivants qui passent près de lui et fouillent le moindre recoin de la forêt sans le voir. Puis c'est le silence, rompu seulement par les battements de son cœur. L'homme promet alors à la Vierge de lui construire une chapelle en ce lieu. Dès les jours suivants il se met au travail, aidé par les villageois de Castello.

Le sanctuaire prend le nom de Santa Maria a Miano et on y place un tableau de la Vierge à l'Enfant. Les habitants de Castello et de Palma y viennent en procession, l'après-midi du dimanche de Pâques, le matin du lundi *in albis* et à la Saint-Jean, tradition qui se perpétue de siècle en siècle. Quant à la cloche, elle sonnera pour permettre aux égarés dans la montagne de retrouver leur chemin. John reviendra souvent dans cette chapelle.

Une fois de plus, John se croit au bout du chemin. À l'automne, il s'émerveille dans une lettre à John Dove :

> Les deux mois et demi ont été fantastiques et, crois-moi, j'y ai multiplié les gaffes de la façon la moins digne de louange. De plus en plus nous apprenons à ne dépendre entièrement que de la grâce, à n'aimer qu'elle, avec un mépris total de notre propre force. [...] Je suis profondément convaincu (et ceci à moitié à l'encontre de mes penchants personnels et poétiques) que pour un temps, peut-être pour un temps qui durera, peut-être jusqu'à la fin, ma place est ici, et nulle part ailleurs – et ici pas moins que si elle était en Israël.

Son désir de sainteté croît et il écrit aussi à son ami ces lignes, où cette aspiration transparaît sous l'humour : « Prie pour ma sanctification parce que cela encouragerait tant d'âmes si un tel naufrage peut se terminer par une canonisation, et je veux tellement contourner le Purgatoire ! »

L'ÉTRANGE *INGLESE* DE MATER DEI

Son tropisme pour les hauteurs ne tarde pas à reprendre John. Il monte souvent dans la coupole de Mater Dei pour y prier – ce qui étonne et effraye ceux qui entrent car la corniche est bien étroite et sans rambarde[1]. John aime y méditer dans la solitude.

1. Selon Guiseppe Alloca, l'historien de Palma, ceux qui ont connu John gardent le souvenir, parfois encore empreint de peur rétrospective, de ces escalades. Ce trait est même devenu un des points saillants d'un discours qui se transforme en légende sur l'*Inglese*.

Ses promenades sur le toit de l'église ne font pas moins peur. Pour y arriver, il grimpe quatre à quatre l'échelle du campanile. Ses déambulations attirent les voisins qui se demandent quand il finira par tomber. Il escalade d'ailleurs aussi le campanile et écrit à John Dove : « Je médite tout ceci sur le campanile durant une heure chaque soir, disant les vêpres de la Bienheureuse et les mystères glorieux du rosaire, tout en distractions mais par la grâce de Dieu la plupart des distractions sont tournées vers le ciel en nature. » Est-ce la victoire de son compatriote Edmund Hillary sur l'Everest le 11 janvier 1953 qui lui donne des ailes ? Il grimpe un jour à la coupole avec sur les épaules le petit Gaetano Fernandez, sous les regards horrifiés de la sœur du gamin, Anna-Maria. Les deux redescendent sains et saufs et celle-ci, un demi-siècle plus tard, n'en veut plus à John, un « homme si bon et si beau ».

Comme il a malgré tout besoin d'un peu d'argent pour acheter ses timbres et pour quelques menues dépenses, John s'emploie rapidement aux travaux temporaires qu'il a pu trouver, éboueur et aide-maçon. Il le fait consciencieusement, et les habitants de Palma s'habituent à voir l'élégant *Inglese*, toujours aussi digne, ramasser les ordures dans les rues de leur cité et leur tenir d'étranges discours dans son italien rudimentaire, comme il l'écrit à l'ami Dove :

> Ici, je nettoie et lave et prie de façon bien distraite et, quand j'en ai l'occasion, je me promène sur les chemins de Palma : je suis toujours sûr de me faire interpeller et saluer par tous ceux qui aiment rire avec un étrange Anglais fou (cela ne me fait rien maintenant, par la grâce de Dieu). De temps à autre, quand il n'y a rien à faire ici, je passe un après-midi comme éboueur ou comme aide pour le ciment avec une corde de poulie ou quelque chose de ce genre. Je préfère éboueur – une de mes plus vieilles ambitions. Et je leur dis que je suis le bouffon du Christ le Roi des Hébreux, et le héraut de son règne d'unité[1].

Comme souvent en Italie, l'église donne de plain-pied sur la rue San Felice, où maisons et murs de jardins alternent. Quelques façades ont de l'allure, mais les bombardements les ont éprouvées et les cours intérieures sont bien pauvres. Non loin de l'église, le palais Carrera est occupé par des servites, qui dirigent à côté de l'église une salle de cinéma et des terrains de jeu pour les jeunes.

1. Lettre du 11 mai 1953.

Quand John sort de son église, il est sûr d'en trouver plusieurs dans la rue avec leurs Vespas et leurs bicyclettes, comme ceux immortalisés par Vittorio de Sica. Ces jeunes commencent à entendre les sirènes de la consommation de masse. S'ils sont encore nombreux à chanter dans les processions, ils écoutent sur les gros postes qui trônent dans les maisons les airs à la mode de Vola Colomba, qui va triompher au festival de San Remo.

L'étrange *Inglese* qui vit dans l'église et sa flûte les attirent (tout comme les *mamas* de Palma, ainsi qu'en témoigne une photo), et ils discutent ou blaguent souvent avec lui. Antonio Simonetti, Biago et Salvatore Prisco ou Silvestro Peluso qui l'ont connu n'ont jamais oublié l'*Inglese*.

Pour le jeune Biago, qui lui succédera un jour comme sacristain de Mater Dei, John est « un être spécial, un homme de Dieu, de prière ». Il le revoit donnant un coup de main aux balayeurs des rues de Palma. Son frère Salvatore garde le souvenir d'algarades avec John, parce que avec d'autres gamins il torturait des petits lézards : « Ne les tuez pas », leur enjoint l'*Inglese*, pour lui le *buonissimo*, toujours calme et souriant.

Pour Antonio Simonetti, il est le *cordialissimo*. Ce futur médecin a alors dans les quinze ans, et il est chargé de sonner les cloches pour annoncer la messe ; un jour où il a laissé passer l'heure, c'est John qui les sonne à sa place, et se fait « sonner les cloches » par don Francesco pour ne pas l'avoir fait correctement. Le jeune Antonio est frappé par l'humilité avec laquelle l'*Inglese* reçoit la réprimande. Une seule chose, se souvient-il, met celui-ci en colère : l'habitude de cracher à l'intérieur de l'église.

Le souvenir de leur rencontre reste non moins vif pour Silvestro Peluso : « J'avais faim, car nous n'avions pas assez à manger. Il n'y avait personne dehors, à cause de la chaleur, c'est ainsi que je l'ai rencontré. J'ai discuté avec lui – moi, je ne parlais pas anglais du tout à l'époque mais son italien était suffisant pour tenir une conversation. Je lui ai demandé : "*Come ti chiami* ?" et il m'a répondu : "Je m'appelle Johnny." »

Silvestro Peluso se souvient aussi que John lui a raconté qu'il vivait dans l'église Mater Dei et qu'il avait été sur le mont Trebucchi et que, là, « il avait vu la peinture de la Madone et avait décidé de devenir catholique[1] ».

---

1. *Sic*. John avait dû lui parler de son mariage mystique, voir plus loin.

John correspond avec les siens, et il glisse dans un courrier pour son père une image de la Vierge de Mater Dei. Sa mère lui envoie du thé et des friandises qu'il partage avec les gamins de la rue San Felice, si bien que les colis de l'*Inglese* sont guettés. Quant à don Francesco, il bénéficie du thé. Quand John le partage avec lui, il redit toujours au prêtre combien il apprécie ses sermons. Bien des habitants du quartier profitent d'ailleurs du thé de madame Bradburne, produit alors encore inconnu, et que John prépare pour tous les paroissiens après la messe du dimanche, chaque fois qu'il en reçoit.

À Noël 1952, une lettre du révérend Bradburne arrive à Palma, qu'on retrouvera avec celle reçue à Louvain :

> C'est une grande joie pour moi de recevoir aujourd'hui ta lettre et de savoir que tu es heureux et que tu vas bien, avec tes pieds en sécurité posés sur le chemin que dans mon vieil âge j'en viens à voir de plus en plus clairement que c'est le chemin de Dieu pour toi, cher garçon. Merci beaucoup, beaucoup.
>
> Donc, chaque fois que tu penses à moi, ou à toi en relation avec moi en tant que ton père, tu ne dois jamais penser ou ressentir qu'il est nécessaire d'expliquer et encore moins de t'excuser.
>
> Qui suis-je en tout état de cause pour critiquer les voies de Dieu pour n'importe lequel de ses enfants ! Dieu me garde qu'il ne soit jamais permis d'ajouter cela à mes nombreux péchés.
>
> Je suis rentré il y a deux jours de l'hôpital. La souffrance dans les mains de Dieu peut être quelque chose de merveilleux, ai-je trouvé. C'est une des façons de Dieu pour desserrer les doigts qui sinon s'accrochent de façon trop serrée au monde. Bien sûr on n'aime pas trop parler sur ces expériences, mais tu comprendras et je pense que je peux le dire sans offense, mais à moins que la religion ne soit qu'une comédie creuse et la foi une vantardise vide, dans une circonstance comme celle-ci c'est juste l'occasion d'un « *In manus tua Domine* » et d'un lâcher prise. Même laissant Mère debout sur la route – absolument seul. Bien, c'est tout ce que j'ai à dire à propos de mon fichu moi.
>
> Quelle belle image de Notre-Dame. Elle me rappelle une peinture de l'artiste français Bouguereau. J'aime à penser à ta tribune d'orgue. Mais j'espère que tu as ta part propre et suffisante de sommeil et de repos – car nous ne sommes pas encore hors de frère Âne le corps.
>
> P.S. : Comme lien entre nous, à partir de maintenant je dirai le Credo, le Notre Père et le Je vous salue Marie dans la langue sacrée.

Il reçoit aussi une lettre de son ami Vermes lui annonçant que le bateau qui le ramène d'Israël en France fera escale à Naples. Le

5 janvier 1953, sous un ciel gris et pluvieux, John sort de l'église pour prendre un bus et retrouver son ami à Naples. Mais il se trompe d'arrêt et le manque ! Il enverra à son ami une lettre d'excuse en mauvais français dans laquelle il explique sa mésaventure et dit sa déception de n'avoir pu vider quelques bouteilles avec lui.

Je l'ai épousée…

Son amour envers la Vierge Marie croît. Et, le 2 février 1953, alors qu'il est monté prier à la chapelle de Santa Maria a Miano pour la fête de la Chandeleur, il décide de se consacrer à elle. Devant le tableau de la chapelle, il propose à la Vierge un mariage mystique, le sent acceptée par elle, lui fait vœu de fidélité et donc de célibat humain[1] :

> À la Chandeleur, à six heures et demie, environ,
> Je l'ai épousée, en mille neuf cent cinquante-trois,
> Entre Apennins verts et mer brillante
> La Campanie s'étendait, éveillée, au matin ;
> Et, quant au fait que Marie m'a épousé
> Je réveillerai le monde et je le secouerai avec mon cor[2].

Le lendemain de ces noces mystiques, c'est la fête patronale de Palma, la Saint-Blaise. La statue du saint protecteur de la ville est promené en grandes pompes lors d'une procession à travers les rues, tout comme lorsque le Vésuve entre en éruption. Celle-ci dure quatre heures et John la voit s'arrêter longuement devant son église, suivie par une grande foule malgré le froid – il gèlera deux jours plus tard.

En ce début d'année électorale, les passions politiques s'embrasent à Palma. Les deux notables que sont Giulio de Giulio, maire depuis le 10 juin 1952 et Biagio Sodano qui le remplacera courant 1953, sont démocrates-chrétiens. De son côté, la propagande communiste surfe sur la pauvreté et le chômage. Mais la région reste dominée par Achille De Lauro, homme d'affaires monarchiste et populiste, célèbre pour ses distributions de chaussures neuves : la gauche avant l'élection, la droite après.

1. *Cf.* annexe 2, p. 202-203.
2. *A Ballade at a Venture*, 1975.

À son appel, la Campanie a voté en 1946 contre la majorité du pays pour le maintien de la monarchie.

La gangrène mafieuse touche aussi Palma comme toute la Campanie, et nul ne peut l'ignorer car l'assassinat du maire de Battipaglia vient de mettre en cause un enfant de Palma, « Pascalone » Simonetti. Un peu plus jeune que John et d'impressionnante carrure, ce *guappo* (chef mafieux, *cf. gouape*) est célèbre pour avoir giflé Lucky Luciano sur le champ de courses d'Agnano (il existe d'autres versions de la même histoire), et il règne sur le marché des fruits et légumes et la contrebande de cigarettes à Palma, à Nola et jusqu'à Naples. On dit qu'il gagne cent lires sur chaque quintal de pommes de terre vendu, et qu'il fait brûler les récoltes des fermiers qui refusent sa « protection ».

Le 5 mars 1953, Staline meurt. Comme toute l'Italie, Palma voit alors des processions de deuil menées dans ses rues par le Parti communiste et qui sont autant de manifestations antigouvernementales, surtout que l'homme politique belge Paul-Henry Spaak, président de l'Assemblée parlementaire de la CECA, vient de proposer un traité instituant une communauté européenne politique, dont Moscou ne veut à aucun prix. Au milieu de cette frénésie, John écrit sans flagornerie ni haine un poème dans lequel le « clown » imagine le dictateur défunt tentant de sourire pour se présenter devant le Christ qui « est mort pour mettre à mort toute peur mortelle ».

Le 17 mars, les tensions politiques s'interrompent durant trois jours pour le mardi gras et John découvre les quadrilles de Palma, chacun formé d'un groupe de cent à trois cents chanteurs qui s'accompagnent d'un char et dansent au rythme d'un orchestre de clarinettes, trombones, saxophones et tambours. Le travestissement des hommes en femmes et vice-versa est très répandu et des couples ou des groupes masqués circulent de maison en maison pour recevoir les *migliaccie* (gâteaux salés ou sucrés typiques de Palma) et du vermouth. Depuis 1951, un quadrille d'étudiants apporte nouveauté et débordements car, en réaction aux privations, le mardi gras est devenu un temps de réjouissances et même de jouissances effrénées qui effraient le pudique Anglais tout à son chaste amour pour la Mère de Dieu.

Mais ce n'est qu'une trêve. De Gasperi, le président du conseil italien, a décidé de prendre les devants et il fait changer la loi électorale le 29 mars, pour tenter de conserver une majorité stable.

La campagne électorale commence aussitôt. L'Église catholique y participe, par peur du communisme, entretenue par la persécution antireligieuse à l'Est. On prête aux communistes l'intention de se saisir du Vatican en cas de victoire et le cardinal Micara, vicaire général de Rome, exhorte les catholiques à « bien voter, à voter comme des catholiques, à voter comme des Romains ». À Palma, John voit les affrontements verbaux se multiplier entre les partisans des trois grandes forces, et déraper plus d'une fois en bataille rangée. La rivalité de la démocratie chrétienne et des monarchistes qui s'adressent aux mêmes électeurs est presque aussi violente que leur rejet commun du communisme :

> Les monarchistes étaient toujours aussi forts
> Qu'ils ne l'avaient jamais été
> Autour de Lauro-Ville : une chanson d'apothéose
> Funèbre, résonnait en échos !
> Les socialistes étaient en plein essor
> Et les communistes grouillaient
> Quant à moi, tout ce que je faisais était de préparer
> De mon Épousée la couronne de roses[1].

En fait, lui aussi participe à la campagne. La démocratie chrétienne italienne repose alors sur trois piliers, catholicisme, clientélisme et anticommunisme, à Palma ; tous ceux qui sont actifs dans les paroisses doivent donc participer à la campagne. Comme les autres, le sacristain de Mater Dei colle des affiches sur les murs de la cité. Mais il trouve le temps de continuer à faire de grandes promenades, et passe ainsi, en allant voir les Tulino, par l'ermitage des camaldules de Visciano qui ravive ses aspirations monastiques :

> À Palma de Campanie, je passais une année
> Comme sacristain et à mi-chemin de ce temps
> Je vis tournoyant sur un contrefort de montagne de sublimes
> Pèlerins, des âmes camaldules planaient aussi non loin[2]...

Il poursuit sa correspondance et, le 30 mars, s'amuse à écrire, toujours en aussi mauvais français, au P. Vermes qu'il imagine

1. *Campania*, mars 1977.
2. *Memento*, 1970.

penché sur ses manuscrits de la mer Morte : « Vous serez de plus en plus *grottesque* (*sic*), et moi de plus en plus fantastique et ridiculeux (*sic*). » Ce même jour commence à Palma la semaine sainte, haute en couleurs et en dévotions ; John y participe activement, avant la procession à Santa Maria a Miano, et de même à la fête populaire de Notre-Dame du Rosaire de Pompéi, le 8 mai, célébrée à Mater Dei avec une grand-messe suivie des supplications à la Vierge.

Le lendemain de cette fête, il décide soudain de présenter son épouse aux jeunes qui le fréquentent, car il vient de leur apprendre, à leur grande surprise, qu'il était marié ! Depuis le mardi de Pâques, la question est en effet sur le tapis. Il faut savoir qu'habite juste en face de l'église de la rue San Felice une jeune beauté du nom de Rosa (Bruna, selon d'autres souvenirs). La famille a plusieurs filles, mais celle-ci a particulièrement attiré l'attention de l'occupant de Mater Dei par sa voix, car elle chante toujours. Un jour où John discute sur les marches de l'église avec des garçons au milieu des Vespas (la 100 000e vient de sortir des usines) et que Rosa passe, il leur dit que, chez lui, « les beautés aux yeux sombres de ce genre sont particulièrement admirées ». Les garçons s'esclaffent : « L'*Inglese* a le béguin pour Rosa », et cela devient un sujet de taquinerie. Après tout, il n'a même pas 32 ans et en paraît dix de moins, ce séduisant étranger, catholique de surcroît, et les colis reçus laissent deviner que même s'il ramasse les poubelles, il est d'une classe sociale aisée. Au fil des jours, les garçons se font plus pressants. John finit alors par leur dire que pour Rosa c'est non, car il est marié ! Et il les invite même à rencontrer son épouse.

Les voici qui montent dans la chaleur de mai vers la chapelle de Santa Maria a Miano, en compagnie de don Francesco, « faire ensemble la connaissance » de la promise de l'*Inglese*. La peinture de la Vierge à l'Enfant les attend. Ils prient ensemble devant elle, puis John leur dit simplement : « C'est elle ! », et il leur parle de son mariage avec l'épouse mystique de son cœur[1]. Don Fran-

1. Cet épisode ressemble fort à celui de la vie de St Edmond de Canterbury qu'on peut lire dans *Le Paradis ouvert à Philagie par cent dévots à la Mère de Dieu* du jésuite Paul de Barry (1645). Mais John ignore cette histoire, que les biographies modernes du saint, mêmes anglaises, ne racontent pas.

cesco ne se souviendra plus de la réaction des adolescents, sinon qu'en redescendant, ils fredonnent des chansons d'amour du répertoire folklorique italien.

Fin de séjour à Palma

Le jour même de cette montée à Santa Maria a Miano, le révérend Thomas Bradburne décède, à 78 ans, d'une perforation de son ulcère gastrique après avoir soulevé un sac de grains pour sa volaille trop lourd. John reçoit vite un télégramme, mais il ne peut rentrer pour l'enterrement, faute d'argent.

L'été s'annonce chaud. Il ne pleuvra pas du 16 juin au 10 septembre, et le thermomètre grimpe. Début juillet, la procession du Rosaire emplit les rues de Palma et comme la paroisse Mater Dei est le siège de la confrérie dominicaine, la fête y est célébrée avec solennité. Le 7 juillet, l'épouvantail communiste se dégonfle : Palma et le reste de la Campanie votent à près de 50 % pour la démocrate-chrétienne et à plus de 20 % pour les listes De Lauro. Le parti communiste n'est qu'à 18 %. Au niveau national, les démocrates-chrétiens et leurs alliés échouent de peu à s'assurer la majorité absolue des suffrages.

Peu après, John se fâche avec son curé. Le prêtre a parlé sans doute avec un peu de verve des *Inglesi*, peut-être à propos de l'Union Jack dont John a orné la couverture d'un cahier de poèmes, et John prend la mouche. Don Francesco, près de 60 ans après, ne se souviendra que de cette seule dispute (il a oublié l'épisode du chien dans l'église). En fait John se prépare à rentrer en Angleterre et, peu après la dispute, il abandonne sa tribune d'orgue pour louer quelques semaines une chambre chez Vincenzo Limatola en attendant de pouvoir quitter Palma. Philip, toujours en Libye, lui a écrit que leur mère est seule et qu'il n'y a que lui qui peut venir lui tenir compagnie : Audrey et lui sont outre-mer, Michael va partir au Canada et Mary a sa famille. John, très affecté par la mort de son père, se laisse convaincre et fait sa tournée d'adieu. Le jeune Antonio laisse éclater sa tristesse et il promet de lui envoyer une flûte à bec ; l'enfant la recevra peu après et les Tulino la conserveront précieusement (elle disparaîtra dans les décombres du tremblement de terre de 1980). Le 4 septembre 1953, John écrit à sa mère que dès que l'argent arrivera, il rentrera. Quelques jours plus tard, l'argent est là, et il quitte dès le lendemain Palma pour aller prendre l'avion à Naples[1].

1. Il échangera les années suivantes des lettres de vœux avec don Picciocchi. En 1980, Palma sera touchée par le tremblement de terre qui ravage la région. L'église Mater Dei est sinistrée et doit être fermée; elle le restera jusque dans les années 1990. La chapelle de Santa Maria a Miano est détruite. Sa *Vierge à l'Enfant* sera installée dans l'église de Castello. En 1996, don Francesco se rendra en vain à Ottery pour avoir des nouvelles de John, dont il ignore la mort. Il l'apprendra par le P. Claudio Rossi six ans plus tard. Il ne doute pas de la sainteté de John et anime un groupe de prière pour demander son intercession.

Annexe 1
Palma Campania

À l'écart des circuits touristiques, Palma est un gros bourg rural de 11 000 habitants. Son terroir est riche en cultures maraîchères, céréales et vergers, et des forêts de pin grimpent sur les flancs du mont Sant'Angelo. Sites archéologiques, ruines romaines et églises témoignent d'un riche passé. Au Moyen Âge, le pape Pascal II y est retenu prisonnier par l'empereur Henri V qu'il ne veut pas couronner. En 1175, Roger II de Sicile conquiert la région et Palma est donné en baronnie à un de ses proches, avant de passer dans la famille d'Anjou ; plus tard, le roi Ferdinand d'Aragon y fait construire un palais. Au XXe siècle, la ville s'agrandit. Elle déplore plus de cent morts lors des combats de la libération, en 1943, et le souvenir de ces jours dramatiques reste vif. De ses origines largement rurales la ville conserve de grands jardins et des cultures maraîchères jusqu'en son centre, constitué par les rues Municipio, Roma et San Felice. Le basalte du Vésuve couvre de grandes dalles noires les étroites chaussées. La ville compte une bonne douzaine d'églises et chapelles. Les grandes processions rythment l'année, et John découvrira vite que Palma mérite sa réputation de ville mariale car la moitié des églises et chapelles de la localité sont consacrées à la Madone. La situation économique est difficile : la Campanie n'est alors dépassée en pauvreté que par la Calabre, la réforme agraire n'a quasiment pas changé le sort des pauvres, et les industries sont inexistantes. À quatre heures, tous les matins, des groupes se rassemblent au carrefour de la rue San Felice et de la Piazza de Martino pour offrir leurs bras. Les tensions sociales sont fortes et, faute de débouchés, l'émigration frappe la jeunesse.

Annexe 2
Santa Maria a Miano et le mariage mystique du 2 février 1953

Vers 1920, le tableau de la chapelle de Santa Maria a Miano et son cadre sont détruits par un incendie. On demande à une célébrité locale, Pietro Caliendo, de le refaire. « Il Professore » prend pour modèles une femme de la région et un jeune enfant, Ottavio Manzone. Tous trois vivent encore à Palma quand John y réside, et sans doute participent comme lui aux pèlerinages. Le tableau n'est pas du grand art mais son réalisme accroche. Contrairement à celui de l'église Mater Dei, il représente non pas une jeune fille mais une mère dans la trentaine, dont les traits témoignent de la vie rude que le modèle a dû connaître. La bouche est plus interrogative que souriante. L'enfant, souriant, gracieux, tient entre ses mains un cœur enflammé qui se consume : est-ce le sien, le nôtre ? D'une main, sa mère le retient, de l'autre elle semble le désigner discrètement. Les regards de la mère et de l'enfant accrochent le vôtre. Celui de Jésus est confiant, encourageant, celui de Marie ne manque pas de noblesse et de retenue, tout en traduisant une certaine lassitude. Cette *Vierge à l'Enfant* est un tableau qui interroge plus qu'il ne se laisse contempler.

Pour le P. Claudio Rossi, jésuite italien qui a connu John en Afrique, le mariage mystique avec la Mère de Dieu et le vœu constituent un tournant pour sa vie. Comme celui avec le Christ, le mariage mystique avec Marie est au Moyen Âge une dévotion presque banale, en particulier pour les prêtres, et la Vierge est parfois représentée avec un manteau sur lequel brillent tous les anneaux conjugaux de ses « époux ». Plusieurs saints l'ont illustré : Robert de Molesmes, Hermann-Joseph, prémontré allemand du XIIe siècle à qui dans une apparition la Vierge confie la mission de « porter son fils », Edmond de Canterbury, son contemporain, voire saint Bernard et saint François, l'époux de Dame Pauvreté, figure mariale ; plus récemment, Jean Eudes, Vincent Pallotti. John est en bonne compagnie. La théologie du mariage mystique a été développée par Denys le Chartreux, le « docteur extatique », au XVe siècle. Il en détaille les racines scripturaires, en montre le profond christocentrisme et le propose à tous : « Que chacun d'entre nous épouse donc cette Vierge bénie par la ferveur de l'amour envers elle et la volonté d'un attachement inséparable. » Le théologien Bertrand de Margerie reprend en 1994 cette étude, mais pour lui, plus prudent que son prédécesseur, c'est une voie spirituelle exceptionnelle et très rare – Freud et l'ère du soupçon sont passés par là. Il y applique le principe d'analogie (ce qu'il y a de commun avec le mariage humain est infiniment moindre que ce qui les sépare), et demande de s'en tenir au « psychisme supérieur (intelligence, volonté) » et de ne pas développer le « psychisme inférieur (sensibilité, imagination) ». Mais ce théologien montre que, bien comprise, cette spiritualité légitime développe les intuitions de Scheeben sur la maternité sponsale de la Vierge. C'est bien le cas de John à Santa Maria a Miano.

6

Un fou, doué pour les fiascos
1953-1962

> Étrange vagabond, qui ne sait que chercher…
> L'amour de Dieu en toi est ta terre natale ;
> D'autre n'en cherche pas, ne te mets plus en route
> Car tu es sans abri, si Dieu ton cœur ne garde.
>
> *To a wandering Jew*, 1958

Suite aux élections du 25 octobre 1951, Churchill est revenu aux affaires. À 77 ans, le « grand vieil homme » n'a plus sa légendaire énergie et les Conservateurs se contentent de gérer le pays, surtout que la Grande-Bretagne entame une période d'enrichissement qui ne fléchira qu'en 1973. Les dépenses des ménages explosent, la société de consommation de masse s'installe, tandis que la pratique religieuse s'effondre, sauf chez les catholiques.

Ces années sont aussi marquées par un malaise ambiant comme en témoignent le succès du *Seigneur des mouches* de Golding, des romans de Sillitoe ou Amis, du théâtre d'Osborne (*Jeunes Hommes en colère*) qui ringardise celui du cousin des Bradburne, Terrence Rattigan. Dans *L'Outsider*, Colin Wilson décrit des jeunes à la recherche de repères et qui ne trouvent pas leur place dans une société qui les glorifie. Les références de John ne sont pas les leurs, mais son attitude rejoint à sa façon la leur.

L'ermite sur la colline et le bouffon du Christ-Roi

De retour à West Hill, John va aussitôt prier sur la tombe de son père, et il s'installe à *Fir Grove* avec sa mère. Les premiers jours se passent bien, à la satisfaction de Philip, alors en congé en Angleterre. John est heureux de retrouver *Mist,* et de discuter avec elle des dernières années de son père, celle-ci est aux anges, et Michael peut partir au Canada. John reprend le chemin des messes du matin à St Anthony. On imagine la joie des sœurs en le voyant revenir, en particulier de sœur Camillia, devenue supérieure de la communauté. Elle se forge alors un ferme jugement sur lui :

> Un homme remarquable, mais certes étrange. C'était un catholique qui ne le cachait pas. Oui, il faisait le fou mais il ne l'était pas du tout, c'était pour lui une façon de déguiser sa vie spirituelle profonde et sa sainteté, en chantant dans la rue ou en jouant de la flûte. Certaines sœurs ne l'aimaient pas, elles trouvaient qu'il en faisait trop, qu'il était trop différent, que ce jeune homme de bonne famille si bien de sa personne et avec un aussi bon accent d'Eton n'aurait pas dû mendier dans les rues ou y faire le fou. John, en étant simplement ce qu'il était, obligeait chacun à se situer par rapport à lui : confiance, doutes ou rejet. Il était ce qu'il paraissait être, incapable de prétendre quoi que ce soit d'autre. Plus même qu'une originalité, c'était une exception. C'était un saint homme, un saint homme versatile, mais un très saint homme, un gentleman charmant, une espèce de chevalier médiéval en ce siècle[1].

John retrouve aussi la route de Buckfast. Il raconte à dom Raphaël, à dom Placid et à son parrain Hugh Symons ses trois années sur le continent, puis exprime à nouveau son désir d'être enfin admis à l'abbaye. Mais les moines lui font part de leur scepticisme. Que faire alors ? Il se met à la recherche d'un ermitage. Cecil Hardwicke, à qui il en parle, l'emmène chez ses amis Curle pour voir s'ils peuvent l'accueillir dans la cabane du jardin de leur maison, située sur une colline au sud-est d'Ottery. Avec quelque étonnement, les Curle acceptent[2]. John ne sera resté que quelques semaines à *Fir Grove*. L'affection réciproque que

1. Témoignage recueilli par l'auteur.

2. Adam Curle, né en 1916 dans une famille de journalistes et d'artistes (comprenant Vaughan Williams et Virginia Woolf), sert dans le renseignement durant la guerre puis enseigne la psychologie sociale à l'université d'Exeter, dont il dirige depuis 1952 le département d'Éducation et psychologie. Comme son hôte du jardin, il joue de la flûte et écrit des poèmes. Pamela élève leurs deux filles, alors âgées de 13 et 11 ans. À dix ans, elle a décidé de devenir catholique. Pensionnaire à Bruges chez les sœurs de Notre-Dame de Sion, elle en est renvoyée pour indiscipline, et parce qu'elle trouve que celles-ci ont un complexe de supériorité vis-à-vis des « pauvres Juifs ».

sa mère et lui se portent est pourtant profonde, mais elle ne comprend pas sa voie et il comprend qu'elle en souffre. Quant à lui, il aspire plus que jamais à la solitude pour vivre sa recherche de Dieu comme il l'entend, par la prière, la musique, le chant. Il reviendra régulièrement la voir, et parfois restera quelque temps avec elle, mais jamais très longtemps (Mme Bradburne ne tardera pas à quitter *Fir Grove* devenu trop grand pour un appartement à l'étage du presbytère d'Ottery).

La colline d'East Hill domine Ottery et ses alentours. La ferme Mazzard et quelques rues ou chemins bordés de hautes haies aux maisons plus récentes forment le quartier. *East Hill House* est une des plus grandes, avec un vaste jardin. Au fond se trouve une petite cabane de bois de trois mètres sur trois, installée contre un arbre. Un toit de fougères la couvre, le mobilier est minimal, mais John n'en demande pas plus. Elle est indépendante, à presque cent mètres de la maison, avec arrivée d'eau extérieure et cabane de toilettes dans le jardin. La vue sur la paisible campagne du Devon s'étend au loin vers Ottery, Wiggaton et West Hill.

John part tous les matins à l'aube à Ottery pour la messe. C'est souvent son seul contact social de la journée, puis il rentre dans son ermitage pour prier et méditer. L'ermite d'East Hill se nourrit surtout de pain brun, de pommes et de cidre. Il prie, chante souvent, écrit des vers et joue de la flûte pour les oiseaux et les anges. Il passe aussi de longues heures à marcher sur la crête boisée. Au gré de l'escarpement et de la densité de boisement, il peut admirer la large vallée de l'Otter jusqu'au Dartmoor loin à l'ouest, ou d'épais halliers. Il sillonne aussi les sentiers de la vallée. Le pays d'Ottery est surnommé par ses habitants « Pays de Canaan, où coule le lait et le miel », verdoyant, bon pour les troupeaux comme pour les cultures. John emmagasine images, odeurs, saveurs et pensées qui ressurgiront sous sa plume :

> Une génération, trente ans en tout,
> C'est assez long pour apprendre à aimer une scène
> À la folie… J'ai entendu un pas tomber
> Sur la verte vallée de la rivière Otter
> Et je m'y suis rallié et j'ai même
> Dormi à Hayes Barton dans le foin[1]…

---

1. *A Ballade of the Mist above the Otter*, 1975.

Les visiteurs sont rares. Parmi eux, sa filleule Pamela, huit ans. L'enfant s'étonne de la cabane au toit de fougères et de l'étrange façon de vivre de son parrain, mais elle a compris que celui-ci fait de drôles de choses (une autre fois, chargé de la garder à *Fir Grove*, il a proposé à l'enfant d'écrire ensemble un poème). Les relations de John avec ses hôtes sont chaleureuses mais espacées – il voit plus souvent leurs chiens et leurs chats, surtout Vicky, un terrier mâtiné de chien d'arrêt. Musique, poésie, Sion, amour des Juifs : il a pourtant de quoi discuter avec les Curle, à défaut des questions de religion dont ils se sont éloignés.

Adam Curle a traité des soldats déboussolés après la guerre et l'excentricité de l'hôte de sa cabane en est une parmi d'autres. Il pose un regard professionnel sur celui-ci : un inadapté, incapable en outre de faire quoi que ce soit de concret. Et quand il boit, l'ermite de la cabane boit trop : n'a-t-il pas confié un jour à Adam qu'il avait fait le vœu de ne plus prendre une goutte d'alcool tant que la messe catholique ne serait pas dite à l'église St Mary d'Ottery – et cette résolution n'a pas été tenue, quoiqu'il se soit trouvé une justification que son hôte, amusé, a qualifiée de « jésuite ». Ce dernier est aussi parfois témoin de quelques bouffées incontrôlées de colère et d'inquiétude, voire d'angoisse.

Mais, à l'inverse, Adam Curle remarque l'influence positive que l'hôte du jardin a sur lui. Son honnêteté, sa pureté et ce qu'il appelle, faute d'un autre terme, sa « sainteté » le fascinent, tout comme son humour et sa propension au rire. À son contact, il se sent aspirer à devenir meilleur, et cet homme bien installé dans la vie éprouve d'étranges élans, comme lorsqu'il était enfant et que sa mère lui disait de haïr la guerre et de chercher la paix. John lui apprend sans le savoir qu'il ne s'est peut-être pas encore mis en route (Adam Curle se convertira dix ans plus tard à la foi des Quakers et deviendra un pionnier mondial dans les études sur la résolution des conflits). Le maître d'*East Hill House* admire enfin la façon dont cet homme, qui n'a aucun revenu, compte sur la Providence (John lui a raconté son année à Palma). Bref, John est selon son hôte un « saint fou » (même si, pour ce dernier, la folie, sainte ou non, demeure une maladie). Quant à Pamela Curle qui, sous les dehors de mère de famille sans histoire, demeure une révoltée, elle trouve son mari bien sage, et ce marginal n'est pas pour lui déplaire.

John fait souvent office de sacristain à l'église St Anthony, ou il est toujours prêt à donner un coup de main aux religieuses à Dolfergan, où parfois il aide aussi pour des cours, le tout avec bonne volonté et maladresse. Un jour où sœur Ernest a laissé des poussins s'échapper et courir partout, il se met à leur poursuite aussi follement qu'eux (elle en rira encore, des décennies plus tard). Il s'occupe aussi un temps d'enfants handicapés et d'une handicapée physique adulte, amie de Teresa Thorpe qu'il rencontre à cette époque. Celle-ci le dépeint comme un musicien-né, poète, « vagabond par nature », attaché au peuple juif, à la Vierge Marie, « sa véritable petite amie », à l'Évangile.

Les mois passent. Du 23 au 28 août 1954, l'université de Cambridge accueille la 23e Conférence internationale des orientalistes et le P. Vermes, auréolé de sa récente thèse de doctorat, y participe. John l'a invité à séjourner quelque temps chez sa mère et l'accueille avec joie. Il a beaucoup à dire à son confesseur de Louvain, sur qui il compte pour mieux orienter sa vie spirituelle. Il lui apprend qu'il réside ordinairement chez les Curle, à qui il a parlé de son « admirable ami », et il veut lui montrer son ermitage. Ils dorment chez madame Bradburne puis descendent à Ottery. Après la messe et une bonne pinte de cidre dans un pub, ils marchent vers East Hill, et Geza trouve la distance longue.

Les Curle les accueillent chaleureusement, et Pamela ne tarde pas à avouer au jeune prêtre qu'elle était *a priori* remontée contre lui malgré l'enthousiasme de leur ami sur les pères de Sion, à cause du mauvais souvenir de ses années passées chez les sœurs de Bruges. Elle lui raconte comment elle a toujours haï le « *Père pardonne-leur car ils ne savent pas ce qu'ils font* » que celles-ci récitaient juste après la consécration – coutume établie par Ratisbonne. Le P. Vermes lui répond que, selon lui, le Christ ne demandait pas pardon pour les Juifs de tous les temps et que, de plus, le verset est absent de quelques manuscrits importants et donc d'authenticité douteuse[1]. Il promet à Pamela Curle de lui envoyer un article du P. Demman, paru dans ses *Cahiers sioniens*. John sera ravi d'apprendre ensuite par les Curle qu'ils ont reçu du courrier du P. Vermes.

---

1. Spécialiste de la Passion du Christ, Raymond Brown juge au contraire ce verset comme « sans doute authentique ».

Ours en peluche, musique de rue, et toujours la poésie

Peu après cette visite, les sœurs maristes déménagent de Raleigh House et s'installent au sud de la ville, près d'East Hill. John, transformé en portefaix comme ceux qu'il a jadis pu voir en Inde, grimpe la colline avec la charrette à bras lourdement chargée des affaires des religieuses pour les aider dans leur déménagement. Une fois de plus, sa gentillesse et son dévouement touche les cœurs et, l'opération achevée, les sœurs lui font une proposition : « Pourquoi ne viendriez-vous pas habiter Raleigh House ? » C'est ainsi qu'en novembre 1954, il quitte les Curle, non sans avoir promis de revenir les voir souvent, et emménage à côté de l'église St Anthony, non loin de l'appartement où réside maintenant sa mère. Il s'installe d'abord au rez-de-chaussée, dans la buanderie, puis sous le toit dans un grenier sommairement aménagé et dont l'exiguïté ne le change guère de la cabane d'*East Hill House* : il peut se tenir debout seulement au milieu à cause des pentes raides de la charpente. Mais il est sur place pour la messe matinale, et peut prier, continuer à aider les sœurs à l'école ou dans leur travail social, poursuivre ses longues promenades. Le reste de Raleigh House a été loué en maison de retraite pour personnes âgées ou indigentes, et John y rend aussi des services.

L'état de l'église d'Ottery donne bien du souci à son *vicar*, le révérend David Price, qui a fondé l'année précédente Les Amis de l'église de St Mary d'Ottery afin de trouver les fonds nécessaires pour une restauration, en particulier celle des deux tours menacées de ruine. John, quoique catholique, décide d'apporter sa pierre à cette restauration. Comme il n'y a qu'une chose qu'il sache faire pour ramasser un peu d'argent, jouer de la flûte, il va jouer de temps en temps à Exeter, et ramène au révérend Price ce qu'il a gagné. On pourra ainsi lire un Noël dans l'*Express and Echo* d'Exeter cet article de Geoffrey Worrall :

LE JOUEUR DE PIPEAU DANS L'ENCLOS

L'église paroissiale d'Ottery St Mary, qui a besoin de 10 000 £ pour son fonds de restauration, a trouvé un champion en la personne d'un jeune homme qui joue de la flûte à bec au coin des rues pour l'aider. Le jeune homme, avec ses cheveux coupés à ras et son accent cultivé, discute avec le zèle évangélique d'un des premiers apôtres, mène une vie ascétique dans un home pour personnes dont la vie a mal tourné, et s'appelle lui-même « le bouffon du Christ-Roi ».

Je l'ai d'abord vu au bout de Martin Lane à Exeter, entouré d'un groupe d'admirateurs dont nombre d'enfants – une espèce de joueur de pipeau de Hameln moderne. Sur sa flûte à bec en bois, dont il joue fort bien, flottent des douzaines de rubans de couleur. Il porte un pull-over à col roulé, une veste de sport verte en tweed et un pantalon de velours côtelé. Je l'écoutais alors que des vieux airs anglais flottaient sur l'enclos de la cathédrale, puis je lui ai demandé à quoi pouvaient servir les rubans colorés. Il m'a gratifié d'un sourire amical et m'a répondu : « C'est juste pour donner l'air de gaîté qu'un bouffon élisabéthain doit avoir ; car nous sommes élisabéthains, vous ne le saviez pas ? »

Quand je lui ai demandé son nom : « Appelez-moi seulement le bouffon du Christ-Roi. » Il m'a dit qu'il était un poète que personne n'avait encore reconnu (« ils le feront probablement dans une soixantaine d'années »). « Vous n'avez aucune occupation permanente ? », lui ai-je demandé. Ses yeux pétillaient tandis qu'il m'a répondu : « Il n'y a rien de permanent en cette vie. »

À ma surprise, j'appris qu'il était catholique romain. « Mais j'aime l'église d'Ottery, et elle a tellement besoin de réparation que je sens que je dois faire quelque chose pour aider. Je languis pour le jour où tous les chrétiens prieront ensemble et, pour ceux de la zone d'Ottery, l'église d'Ottery est à l'évidence la bonne place » [...]

Le curé d'Ottery dit qu'il a donné au joueur de pipeau la permission de venir dans l'église lorsqu'elle ne servait pas et d'y jouer de la flûte à bec : « L'acoustique de l'église est excellente, et sa musique est délicieuse à entendre. C'est un homme totalement sincère, et je pense qu'il voulait venir ici et me donner quelques livres pour le fonds de restauration en me faisant la surprise. »

Je crois qu'il a vécu la vie d'ermite pour quelque temps dans une petite cabane d'un endroit retiré, mais il aide maintenant à gérer un home pour personnes dont la vie a mal tourné[1].

Le séjour à Raleigh House est bref. John est souvent réveillé par des bruits, qu'il perçoit comme des crissements de griffes sur la porte. Pour lui, pas de doute, la maison est hantée comme jadis le presbytère de Tilney. Il baptise ces fantômes *Teddy Bears* (ours en peluche) et passe des nuits à prier, chapelet à la main. Il en parle à ses amis Hardwicke, et ceux-ci lui proposent d'emménager dans le grenier au-dessus d'une ancienne étable de la propriété où ils viennent de s'établir à Harpford, à cinq kilomètres au sud d'Ottery.

---

1. Article reproduit dans J. Dove, *Strange Vagabord of God* (1997), p. 122-123.

Il s'y installe début 1955 et aime tout de suite ce village et son vis-à-vis de l'autre côté de l'Otter, Newton Poppleford, avec leurs tours d'église, les vieilles maisons aux toits de chaume – l'une d'entre elles, *Ye Olde Tolle House*, porte l'inscription *1758* –, l'auberge de la Croix du Sud, les arbres qui mangent les propriétés, la rivière paresseuse. John revient tous les matins à Ottery pour suivre la messe, saluer sa mère et aider ailleurs les religieuses. On peut le voir souvent tirer la grosse carriole à bras des sœurs avec le repas de midi, du couvent de Sidmouth Road jusqu'à Dolforgan. Il garde aussi le contact avec Buckfast. Mais il n'a pas chez les Hardwicke la même indépendance qu'à East Hill, car pour Cecil, il est comme un de ses garçons, et il ne peut refuser les invitations à manger, ce qui le dérange dans ses efforts pour mener une vie ascétique. De plus, il ne tarde pas à s'apercevoir qu'il a transporté ses fantômes à Harpford, et il réussit même quelque temps à transmettre sa phobie à Cecil.

Teddy Bears ou envie de reprendre la route, nous le retrouvons au printemps de 1955 marchant et faisant de l'auto-stop en direction de Londres. Il vit de ce qu'on lui offre ou de ce qu'il gagne en jouant de la flûte à bec dans les agglomérations qu'il traverse. Il est hébergé à Stanmore, au nord-ouest de la capitale.

Un jour où il écrit à sa mère pour la remercier de l'envoi d'une livre sterling – tout en lui demandant de ne plus le faire –, il lui parle de ses hôtes, le dessinateur humoristique Geoffrey Hunt et sa femme Renée (« un communiste et de même sa femme, qui est aussi une Juive »). Il ajoute qu'il joue de la flûte en divers endroits, dont la Tour de Londres, pour vivre (c'est d'ailleurs ainsi qu'il a lié connaissance avec les Hunt) – ce qui ne doit pas vraiment rassurer sa mère –, et qu'il a fait « quelques petits discours amusants » au Speakers' Corner de Marble Arch.

Le 19 mai, il lui annonce qu'il a joué de la musique devant la cathédrale anglicane Saint-Paul pour le fonds de restauration de celle-ci. Son ami Stephen King, qu'il rencontre alors, lui demande pourquoi, lui catholique, soutient ainsi l'Église anglicane, et John de répondre : « Sans moi, ils ne peuvent pas bien en prendre soin ! C'était une église catholique, et un jour elle le redeviendra ; je dois donc entretemps m'en occuper » (en fait, l'actuelle cathédrale ne date que de 1710, reconstruite après le grand incendie de Londres de 1666).

Un jour, un peintre de trottoir lui donne une demi-couronne et lui demande de lui acheter une boîte de craie. John se sent à partir de ce jour-là accepté par la confrérie des « gens de la rue ». Un autre jour, il prend avec Stephen un bus dans lequel tous les passagers sont plongés dans leurs pensées, et commence à discuter avec ceux qui sont autour de lui. Quand les deux amis quittent le bus, les conversations se poursuivent entre les passagers.

Ce séjour à Londres est bref lui aussi. John rentre en mai dans le Devon et s'installe à Buckfastleigh. Espère-t-il toujours entrer à l'abbaye, ou simplement vivre à son ombre ? Il habite quelque temps chez madame Ash, comme il l'avait fait six ans plus tôt : « Ainsi la vie a parcouru un cycle entier » écrit-il à sa mère. Il retrouve avec joie dom Raphael et Hugh Symons, et se lie d'amitié avec Darrell Blackburn, de même sensibilité franciscaine que lui et qui habite avec un ami handicapé, dont John ne tarde pas à s'occuper. Il retrouve vite ses habitudes, s'intéresse aux travaux de frère Adam, lequel voyage depuis 1950 à travers le monde pour créer l'abeille parfaite, une race résistant aux maladies, robuste, douce et facile à manipuler. Dom Raphaël trouve pour John un travail d'assistant-fossoyeur à l'abbaye (le cimetière du village est célèbre pour l'affaire Cabell, qui a inspiré à Conan Doyle *Le Chien des Baskerville*). John y travaille six heures par jour mais refuse d'être payé, dom Raphaël faisant prendre en charge son logement. L'affaire tourne court au bout de quelques jours, car l'abbé Fehrenbacher demande de se mettre en règle avec les cotisations de Sécurité sociale. John refuse avec véhémence et se fâche : ce serait une marque de défiance envers la Providence !

Le voici reparti avec le sac Gladstone et sa flûte sur la route, mendiant sa nourriture et faisant de l'auto-stop. Le 11 juin, il est de retour dans les rues de Londres, et à Stanmore chez les Hunt, d'où il écrit à sa mère en se comparant au Juif errant. Il s'inquiète de la santé de celle-ci, et promet de revenir pour lui rendre visite. Il n'a qu'éloges pour Geoffrey Hunt « qui croit qu'il est un communiste » et pour sa femme Renée : ils n'ont rien et partagent tout, et ils le retapent car il est « vidé » de fatigue. Mais il insiste pour rassurer sa mère : il va bien, Dieu et les hommes prennent soin de lui en tout. Quant à ses revenus, eh bien, « en fait, je suis un musicien de rue ». C'est peut-être à cette époque qu'il prend contact avec les franciscains de Forest Gate et se sent confirmé dans sa vocation franciscaine.

Le 18 juillet, l'Angleterre subit un déluge historique. John décide peu après de revenir à Buckfastleigh. Il y habitera jusqu'en novembre, non loin de l'abbaye, 7, Higher Mill Lane. Il justifie ce nouveau changement dans une lettre à sa mère dans laquelle on peut déceler un signe discret de son appartenance franciscaine partagée avec Darrell Blackburn au témoignage de ce dernier : « Saint François est mon maître et comme notre Maître le Christ il n'a jamais cru dans les longs séjours. »

Au milieu de ces changements à donner le tournis, John commence à mettre en forme un grand cycle de quatrains, *Ut Unum Sint, Fantaisie-pastorale pour le Christ-Roi, par Hornbeam,* aussi long que *La Légende des siècles* de Victor Hugo. Il l'achèvera, sans doute l'année suivante, en y recyclant des poèmes écrits depuis Gaveney House et Parkminster. L'introduction expose les fondements de son esthétique et de ce qu'il rêve de créer et d'écrire :

> Il y a sur terre une musique qui exprime en même temps l'envie du Ciel et une paix profonde de l'âme. Cette musique semble dire : « Nous sommes mortels, oui, mais il y a une promesse d'immortalité : nous sommes des pèlerins, mais notre Terre Natale est en vue, donc nos cœurs peuvent se réjouir tandis que nous voyageons ». On peut trouver cette humeur parmi les œuvres de certains grands compositeurs, surtout chez Bach, mais son expression la plus complète est le plain-chant de l'Église, le chant appelé « grégorien ». L'Esprit Saint est le compositeur de ce chant, car toute la liturgie est le travail de son inspiration directe. Et l'Église du Christ – le corps mystique du Fils – est celle qui chante.

De son côté, son ami Geza a reçu une invitation des Curle à revenir à Ottery. Deux jours après son arrivée, en septembre, l'incroyable se produit : Geza Vermes et Pamela Curle tombent amoureux l'un de l'autre. Ils ne cherchent même pas à le cacher à Adam, mais le jeune prêtre sait « où est son devoir », et il quitte East Hill pour rentrer à Paris via Oxford et entreprendre des recherches à la prestigieuse bibliothèque bodléienne[1]. John ignore tout de l'affaire.

1. Cet épisode, comme ceux liés à John, est raconté par Geza Vermes dans son autobiographie, *Providential Accidents* (1998).

De l'avent au vendredi saint, parcours bénédictin

Le prurit monastique continue à démanger John, à l'ombre de Buckfast. Et puisque cette abbaye lui est fermée, pourquoi pas une autre ? Son ami apprenti jésuite lui suggère alors l'abbaye de Prinknash[1] où il a récemment rendu visite à un compagnon de noviciat devenu bénédictin, un ancien des commandos comme John. Ce dernier prend contact avec les bénédictins. Le 25 novembre 1955, il entre à l'abbaye de Prinknash. Dès le lendemain, premier dimanche de l'avent, il écrit à sa mère :

> Je commence mon postulat demain à 9 h 15 du matin. Avec la grâce de Dieu, je survivrai à cela et après six mois, c'est-à-dire à la fin mai 1956, je serai habillé comme novice. Vous seriez vraiment la bienvenue en la circonstance, et il y a une hôtellerie charmante tout prêt ou vous pourriez rester un jour ou deux.

Il ajoute que le père abbé, dom Wilfrid Upson, aime que les postulants écrivent chez eux toutes les semaines, qu'il s'est déjà lié d'amitié avec un chat noir, et aussi, « par-delà la barrière » avec un « taureau papal, seigneur de notre race de Guernesey ». La lettre suivante précise que si les postulants ne sont pas autorisés à écrire durant le temps de l'avent, il a obtenu une dérogation : « Jamais je n'ai connu auparavant un tel bonheur dans ma vie qu'ici – totalement étranger à l'exaltation, Dieu merci. Je crois que cela deviendra ma Jérusalem. » Il évoque aussi une chasse à courre dans le parc de l'abbaye, « ombre des jours anciens de l'Inde – mais Jésus est notre maître de chiens de chasse et nous formons une meute plus vive que la leur ».

Il lui écrit à nouveau le 18 décembre, promettant de confier la santé défaillante de sa mère à la Sainte Vierge, et conclut : « Nous sommes Jérusalem située sur une colline entourée de collines avec en dessous des plaines ressemblant à la Campanie et, au-delà, le sauvage Pays de Galles. » Il ajoute que la piste d'atterrissage de l'aéroport de Gloucester qu'il voit au loin ressemble à un estuaire mais « le seul estuaire qui nous intéresse ici est celui qui conduit aux Cieux, plutôt qu'un qui rêve de pays lointains ». Et il écrit le même jour à son ami Dove, reprenant l'idée de la Jérusalem bénédictine, et passe rapidement

1. *Cf.* annexe 1, p. 248-249.

sur quelques difficultés qu'il rencontre au chœur. Mais la fin de la lettre est prémonitoire : « Prie pour un perpétuel et grotesque postulant. Je ne lorgne pas sur la Prise d'habit, ni sur la Profession, ni même devenir Cellérier, mais seulement sur le moment présent, dans lequel daigne le Seigneur de l'Éternité nous garder en son Amour à jamais. Pour moi, être ici avec Notre-Dame c'est être un moine, laissons venir ce qui viendra, je n'en demande pas plus... »

Il se fait un peu trop remarquer par sa voix sonore et, choisi comme thuriféraire, réussit à emmêler les chaînes de l'encensoir, mais il est difficile de lui en vouloir. Pour le jeune Aldhelm, autre postulant et futur abbé de Prinknash, « John était un garçon charmant, mais excentrique. Il était entré avec la ferme intention de devenir moine de chœur. Il chantait avec nous le plain-chant aux offices. Tous l'appréciaient et il a été aimé de la communauté. »

John écrit le 8 janvier à sa mère, et lui apprend que non seulement lui, mais toute la communauté prient pour sa santé, et il poursuit en une grandiose vision : « Le monastère entier est un unique prélude pour la grande époque chrétienne quand Juda sera à la barre, soudant l'Ouest avec l'Est dans une unique Humanité juive. » Ces débuts sont donc enthousiasmants, quoique la rigueur de la liturgie continue à lui causer des soucis. Il écrit à sa mère le 22 janvier : « Ce matin quelques-uns d'entre nous du Noviciat avons dû chanter comme chantres avec le maître de chant, alors que le reste du Chœur répondait... Je ne suis pas entré en voix jusqu'au *Benedicite* des laudes. »

Mais la devise de saint Benoît est double, *Ora et labora,* « Prie et travaille », et comment concilier les deux, se demande rapidement John, si l'on est totalement « imbécile » pour le second, alors qu'il prend une place qui lui semble démesurée à l'abbaye. Il aurait pu écrire comme Bede Griffiths, passé avant lui à Prinknash : « Il y avait une atmosphère d'activité incessante. Tout le jour était pris dans un cercle constant de devoirs, au chœur, dans la maison, au jardin, dans les ateliers, qui laissait peu de temps pour la contemplation. Il est vrai qu'il y avait une demi-heure chaque jour après les vêpres donnée à la prière silencieuse, mais il était difficile de voir comment cette demi-heure pouvait être considérée comme déterminant le caractère de toute l'existence. »

Jusque-là, John a toujours pratiqué l'idiorythmie chère aux moines orientaux, suivant son inspiration ou son humeur, se donnant le plus qu'il peut à des temps exclusifs de prière, et il s'adapte mal à la vie trop réglée pour lui de l'abbaye. Les postulants prêtent main-forte à la fabrique d'encens, qui vend sa production dans tout le pays et au-delà, ou à celle de chapelets (ce qui ne peut que réjouir le dévot de la Vierge Marie). Il y a surtout les travaux de jardinage sous la conduite de frère Anthony. Ce dernier, ancien apprenti chez un pépiniériste est, malgré son jeune âge, chargé de faire travailler au jardin les postulants et les novices. Il y a toujours quelque chose à faire sous la férule du frère : il faut produire chaque année plusieurs tonnes de pommes de terre et des quantités de légumes pour nourrir la communauté. À l'automne, la récolte des pommes permet d'alimenter une importante cidrerie, source de revenus appréciables. La ferme cultive dix acres, et pratique l'élevage de cochons et une horticulture variée [1].

Pour John, ces travaux prennent trop de temps au détriment de la prière. Surtout que Prinknash est aussi pour lui le lieu sinon d'une découverte (il l'a peut-être lu à Parkminster), au moins d'un coup de foudre pour *Le Nuage d'inconnaissance,* ouvrage anonyme du XIVe siècle inspiré du Pseudo-Denys :

> Je fus moi-même une fois postulant
> À vol d'oiseau des Collines de Malvern,
> Sans sens pratique, plutôt un imbécile,
> Une créature de la plus débile volonté ;
> En maniant les chemises sorties du lavage,
> Je les repassais moins que je ne les écrabouillais ;
> Physiquement inepte et l'âme débauchée,
> J'errais en esprit à travers les ruisseaux.
> Mais je les suppliais de me laisser
> Lire *Le Nuage d'inconnaissance* aux moments convenables[2].

Cet ouvrage de mystique exigeante le renforce dans ses convictions, car la dialectique de Marthe et de Marie y occupe une place importante, et la vie religieuse de Prinknash et sa demi-heure

1. Comme bien d'autres, frère Anthony n'oubliera jamais ce postulant nettement plus âgé que la moyenne et si particulier, un « homme aimable », et développera de la dévotion envers sa mémoire.
2. *In A Fair Field*, 1963.

d'oraison quotidienne sont décidemment trop « qui lui paraît être une régression après sa vie d'e Devon. Aussi, le carême venu, John commence à même si le dimanche de *Laetare,* il écrit une lett encore enthousiaste sur le parc de Prinknash et son « véritable paradis ». Il se met à parler de sa santé, ce qui pour dom Alfred Spenser, le maître des novices, est un mauvais signe chez un postulant. Une fin d'hiver bien maussade cette année-là y est pour quelque chose, mais c'est surtout le poids de la vie et du travail en communauté qui lui pèse, et l'impossibilité de pouvoir s'en extraire, ne fût-ce qu'une heure, deux ou trois fois par jour pour être seul et prier. Il n'a aucune solitude (les postulants sont entassés dans des préfabriqués), or il en a autant besoin que d'air. Il décide alors de voir dom Wilfrid et de lui ouvrir son cœur.

Les événements s'accélèrent. Le 25 mars, dimanche des Rameaux, John passe le cap des quatre mois à l'abbaye, mais le vendredi saint suivant, il en est parti ! Dom Spenser, écrit sobrement sur l'incident : « Dans la liturgie d'avant Vatican II, nous priions pour les "Juifs perfides" et c'était trop pour lui – et il est brusquement parti. » Que s'est-il passé ? Tous sont dans la chapelle pour la liturgie de la Passion. Arrive l'oraison dite par le diacre : *Oremus et pro perfidis Judaeis* (« Prions pour les Juifs dont la foi a dévié », mais *perfidus* a aussi un sens beaucoup plus péjoratif : trompeur, traître, déloyal). John l'écoute avec stupeur, comme s'il l'entendait pour la première fois, bien que ce soit la huitième depuis son entrée dans l'Église catholique. Ironie du sort : le rite de cette oraison suit pour la première fois une nouvelle forme décidée par le Vatican, moins offensante pour les Juifs et modifiée dans un sens qui aboutira trois ans plus tard à sa disparition sous cette forme. À la fin de la célébration, John retourne en pleurs dans le dortoir, prend son sac Gladstone, et quitte l'abbaye : son amour pour le peuple juif, son souhait de voir l'Église lui reconnaître une place éminente, la vocation qu'il ressent envers lui sont toujours aussi forts, et entendre le mot *perfide* est plus qu'il n'en peut supporter : il s'enfuit, sans plus réfléchir !

RETOUR À LA VIE D'ERMITE

C'est un homme très perturbé que Cecil Hardwicke accueille ou plutôt recueille à Harpford à Pâques 1956. Qu'il ait choisi d'aller se réfugier chez ses amis agnostiques est sans doute significatif de son désarroi. Cecil Hardwicke écrira qu'il leur dit ce jour-là qu'il ne peut plus croire à tout ce qu'il avait appris. Il s'installe à nouveau au-dessus de la grange, puis rend visite à sa mère à Ottery. Il surmontera le traumatisme de ce nouvel échec. À son ami Dove qui lui pose la question, il se contente de répondre que l'heure était venue ce vendredi saint. Il est plus explicite, quoique assez cavalier, dans une lettre qu'il envoie le 15 avril :

> Je suis bien sûr tout à fait désolé pour le trouble et le désarroi que je t'ai causé [...] « Qui s'excuse s'accuse[1] », donc je ne ferai pas de long discours : je ne suis pas parti dans une tempête, ni de façon impétueuse, ni dans un moment d'égarement, mais exactement comme et quand Dieu voulait que je parte. [...] L'heure de départ du bonhomme ridicule était celle-là même où le Roi était tourné en ridicule par les Gentils (le vendredi saint). De plus, ô meilleur et plus loyal des amis, je suis par la grâce de Dieu un moine jusqu'à la mort. Je ne me réfère pas ici aux contentieux ecclésiastiques ni à la terminologie, mais à la signification essentielle et originelle de *monachus,* c'est-à-dire « celui qui est seul avec le Seul ».

Peu à peu, le souvenir de la souffrance de ce départ précipité de Prinknash s'estompera dans sa pensée, il ne restera que celui d'une belle communauté de louange et de vie fraternelle.

John ne tarde pas à se rendre aussi à East Hill où il a appris que séjourne son ami le P. Vermes. Durant son séjour à Prinknash, l'affaire entre ce dernier et Palema Curle a rebondi. Son ami a même quitté Paris, sa congrégation et le sacerdoce ! Le lendemain de son arrivée à East Hill, fin janvier, il a dû être hospitalisé et opéré d'urgence. Quand il est sorti de l'hôpital deux semaines plus tard, il est retourné en convalescence à East Hill, d'où Adam Curle venait de partir pour une université d'Asie du Sud-Est avec les deux filles du couple. Quand John revient dans le Devon, Geza et Pamela, désormais ensemble, ont décidé de ne rien lui dire estimant que, « naïf et simple », il ne se doutera de

1. En français.

rien. Et c'est bien ce qui se passe. Dans sa grange de Harpford, il est même fier de détailler dans la lettre envoyée à son ami Dove le 15 avril, la Règle qu'il suit, « approuvée par le P. Geza Vermes », sans se douter que celui-ci a déjà quitté le sacerdoce :

> Office – celui de Notre-Dame (je suis une fois de plus un tertiaire franciscain[1]).
> Matines – quand je me réveille durant la nuit.
> Laudes – aux premières lueurs.
> Prime – au lever du soleil.
> Messe quotidienne et communion – peu après.
> De tierce à none, avec une coupure pour sexte et le déjeuner, je suis complètement occupé à laver et à couper du bois et autre. None à trois heures de l'après-midi. À partir de là et jusqu'à 7 heures le temps est avec Dieu et Notre-Dame. 7 heures : lavage, puis complies, puis au lit.

Laissant son ami à ses dévotions, Geza Vermes rentre fin mai à Paris, où Pamela ne tarde pas à le rejoindre. Quand John, malgré sa naïveté, finit par comprendre la situation, il est atterré. Il s'en juge le responsable et culpabilise : n'est-ce pas lui qui a invité son ami à East Hill House ? La blessure sera profonde.

Est-ce alors que John achève *Ut Unum Sint* ? En tout cas sa production poétique est importante, presque autant qu'avant son départ à Prinknash. Mais il lui faut gagner un peu d'argent. Il va donc jouer de la flûte dans les rues de Sidmouth, où il récolte plus d'amis que de pièces. Il décide alors de reprendre son métier de Palma, et postule pour un emploi d'éboueur. Mais Ottery n'est pas l'Italie, la famille Bradburne y est honorablement connue, et sa mère est effondrée. Son frère Philip, rentré de Libye pour des vacances, s'en mêle et intime à son frère l'ordre d'oublier cette idée farfelue. Son cadet lui tient tête et ils se fâchent (surtout que John n'a pas admis le divorce de son aîné l'année précédente, et qu'il a pris le parti de sa belle-sœur Esme). John quitte la maison, s'en va chez les Hardwicke et comme un visiteur de Londres s'y trouve, il repart avec lui pour la capitale le jour même.

---

1. John veut dire qu'il récite ou chante à nouveau, comme les tertiaires franciscains (et d'autres), les Heures canoniques selon le petit office de la Sainte Vierge, plus simple que l'office monastique.

Sans domicile fixe

Aux yeux de beaucoup, cette nouvelle fuite sur un coup de tête est le signe d'un échec consommé. John a maintenant 35 ans, on le traite de *drifter* (« incapable de se fixer ») ou de *rolling stone* (« vadrouilleur »). Quant à ceux qui comme son ami Dove continuent à croire qu'il a une authentique vocation, ils se demandent : « Quelle sera la prochaine étape ? Où va-t-il aller ? Que va-t-il faire ? »

De fait, les premières semaines à Londres sont une descente en enfer. John est très affecté par la querelle familiale, et son avenir semble bouché. Même s'il porte toujours sa tenue stricte et si sa flûte à rubans a belle allure (on pourra lire dans un article de l'*Evening Star* de Londres durant l'automne 1956 qu'un « joueur de flûte élisabéthain » arpente les rues de la capitale), il se clochardise, jouant de la musique dans les rues ou sur les ponts pour mendier, dormant parfois chez ses amis Hunt, mais aussi dans la rue, à l'*Embankment* près de la Tamise. Là, depuis des décennies, clochards, indigents et victimes de revers de fortune se retrouvent la nuit, malgré les législations et les mesures policières visant à débarrasser Londres de cette « peste ». Il faut appliquer les conseils d'Orwell : « Le tout est d'arriver de bonne heure si tu veux dormir. Faut que tu sois sur ton banc à huit heures, parce qu'il n'y en a pas trop et que des fois ils sont tous pris. Tu as intérêt à roupiller, parce qu'à partir de minuit, ça pince sec et les flics te vident à quatre heures du matin. »

John avait effleuré quelques jours ce milieu des exclus l'année précédente ; cette fois, il y plonge. De plus, l'été 1956 est catastrophique, le thermomètre descend jusqu'à 7 °C en août, et la pluie tombe presque tous les jours de juillet à la mi-septembre : ce n'est pas un temps pour les passants à apprécier un air de William Byrd ou de Thomas Tallis joué sur sa flûte douce par un mendiant !

De l'hôpital à la cathédrale

John doit sentir qu'il part à la dérive car, après deux mois de cette existence précaire, il cherche de nouveau un travail. Il en trouve un à l'hôpital St Mary Abbott's (sur la suggestion de

Philip, semble-t-il, peut-être un signe de réconciliation), comme aide portier et homme à tout faire, à quatre livres sterling par semaine. Le nom de l'hôpital, construit au XIXe siècle afin de servir d'hospice pour indigents, doit lui plaire, mais le travail est ingrat : il faut nettoyer les salles, entretenir la chaudière, transporter le charbon, emporter les défunts à la morgue – souvent en travail de nuit. Il prie chaque jour pour ceux qui décèdent, et trouve ainsi un sens à sa présence. Mais l'atmosphère ne lui plaît guère, les autres portiers, souvent abîmés par la vie, sont grossiers et durs, il se sent étranger. De plus il a trouvé un logement grâce à un cousin, mais c'est à cinq kilomètres, square St George, et il doit marcher des heures tous les jours, sans compter la difficulté à suivre sa messe quotidienne à la cathédrale de Westminster. C'est d'ailleurs pour être proche de celle-ci qu'il loge à Pimlico, et il y court chaque fois qu'il le peut.

John a le temps de jeter un coup d'œil, place Ashley, face à la cathédrale, à la devanture de la librairie des Éditions Burns & Oates, fondées en 1847 par un converti, avec Newman comme premier auteur à succès, et devenues le principal éditeur catholique du pays. Comme les horaires de travail à St Mary Abbott's sont au bout de quelques semaines de plus en plus irréguliers, et les sacs de charbon de plus en plus lourds, il s'enhardit un samedi d'octobre à franchir la porte de la librairie et à demander s'il n'y aurait pas du travail. Il tombe bien, les achats de Noël vont commencer, la librairie ne désemplit pas. Il est engagé sur-le-champ et écrit aussitôt à sa mère : « Je vais vendre des cartes de Noël, des statues et des choses – peut-être plus tard des livres. »

Son salaire sera de sept livres par semaines. Il commence dès le lundi 29, alors que Londres connaît ses premiers frimas. Il travaille de 9 heures à 17 heures, ce qui lui permet d'aller à la messe à la cathédrale avant de commencer, et même de « prendre un petit déjeuner en paix ». Il essaie aussi d'entrer dans la chorale de la cathédrale mais sera poliment refusé, faute de place. Il écrit à sa mère qu'il vend des cartes de Noël et renoue avec « Sœur la Caisse » (le même jour, conformément aux accords secrets de Sèvres, Tsahal fonce vers le canal de Suez, et John vibre à l'unisson d'Israël). Il semble réussir comme vendeur :

J'ai brûlé mes vaisseaux pour quelques pièces d'argent à l'Échoppe
[du reflux

Et vendu autant de livres et de cartes de Noël
Qu'il le fallait pour la douceur des dents
Des fêtes sucrées, rappelant les bardes[1]...

Les semaines précédant Noël sont surchargées, toute la boutique s'affaire. Parmi ses collègues, John sympathise avec Edward Duggan qui lui aussi a essayé la vie contemplative à Prinknash, quelques mois avant lui. Début décembre, on discute dans la librairie du nouvel archevêque de Westminster, que Pie XII vient de nommer. À 67 ans, William Godfrey, précédemment archevêque de Liverpool, n'est pas un inconnu et sa réputation d'homme de prière et de silence ne peut que plaire à John. Aussi pieux que doué et rigoureux, bon musicien, cet homme discret « n'a jamais eu la moindre difficulté à garder le silence », aux dires de son successeur.

À Noël, John rentre à Ottery chez sa mère. Mais Philip a une nouvelle compagne, Pamela Curtis, qu'il veut épouser. Son frère n'est pas d'accord avec ce « projet païen..., chemin impénitent », et se fâche à nouveau avec son aîné, défendant Esme et surtout la petite Pamela, dix ans, sa filleule. Pourtant Philip épousera Pamela Curtis l'année suivante.

De retour à Londres, John écrit à sa mère au matin du nouvel an :

> Me voici dans le confort comme un Lord, avec une bouilloire sur le gaz pour un peu de thé mis avec une cuillère d'un bleu très fin, contemplant une horloge bienveillante qui annonce royalement huit heures moins vingt. La nuit dernière, au douzième coup de minuit, tous les bateaux sur la Tamise ont fait résonné leurs trompettes à plein son. C'était glorieux.

Embourgeoisement ? Ce serait mal le connaître. Après le rush de Noël, il n'y a plus grand monde pour pousser la porte de la boutique du 25, place Ashley, et John ironise en comparant la librairie à une maison de convalescence. Est-ce pour cela qu'il préfère prendre les devants ? Quelques jours plus tard, il a changé une fois de plus de travail. Mais il reste sur la même place, car il vient d'être embauché comme cinquième sacristain à la cathédrale.

1. *The Joy of Being Cloistered*, 1976.

La cathédrale de Westminster est la fierté de nombre de catholiques anglais, et symbolise le retour visible de l'Église de Rome dans le pays d'Henry VIII. Les travaux ont commencé en 1895, sur le site d'une ancienne prison. Après être allé chercher son inspiration à Venise, Ravenne et Constantinople, l'architecte, Francis Bentley, donne libre court à son imagination néo-byzantine, alors à la mode (Fourvière est achevée l'année de l'achat du terrain, et les travaux du Sacré-Cœur ont commencé neuf ans plus tôt). Le chantier de gros œuvre dure jusqu'en 1903. L'intérieur, encore inachevé lorsque John est engagé, comprend de nombreuses chapelles. Du haut du campanile, il peut voir de l'autre côté de la Tamise les tours couleur crème du MI6, les autres églises de Pimlico et, au pied de la cathédrale, les jardins de la rue qui porte le nom de son saint préféré. Il aime sa cathédrale, que d'aucuns trouvent kitsch :

> De retour au sombre Pimlico ? Ici le Christ mon hôte
> M'offrit comme travail de sous-sous-sacristain, […]
> Un fredonnement instant de l'Esprit Saint,
> Une ballade vers Byzance en brique,
> Un clocher qui carillonne mon Hôte,
> Une gloire pour les sanglants catholiques
> Martyrs…, et un tribut élevé à l'épais
> Plus épais que l'eau, le Précieux Sang de l'Unique
> Qui est le Verbe incarné, le Fils de Marie[1].

Dans un mois de janvier 1957 doux, sec et ensoleillé, John commence son nouvel emploi. Ses tâches lui rappellent celles de Palma, mais il n'est plus seul, et c'est autrement plus prenant que dans un bourg italien : il est chargé d'ouvrir et fermer les portes, d'aider à préparer les messes de semaine, de sortir et de ranger les vêtements liturgiques, de laver les vases sacrés et de nettoyer la sacristie. John s'acquitte de ses tâches avec un scrupuleux dévouement et le sacristain en chef, Sam Verrall, ne tarira pas d'éloges : « Un des hommes les plus aimables que j'ai jamais connu… Un travailleur très consciencieux. » Mais il est toujours aussi tête en l'air, et le premier assistant, Edward Moberly, doit le surveiller quand il va préparer un autel et sa crédence afin de vérifier qu'il n'a pas, comme il le fait souvent, oublié quelque vase sacré ou livre liturgique.

1. *The Joy of Being Cloistered*, 1976.

Mgr Gordon Wheeler, administrateur de la cathédrale, est lui aussi un converti, forte personnalité, éditeur du *Westminster Cathedral Chronicle* dont il a fait une revue de référence dans le monde catholique anglophone. Sa première rencontre avec John ne se passe pas bien. L'administrateur a le sens des hiérarchies et quand le nouveau cinquième sacristain, qui devrait raser les murs en sa présence, lui adresse familièrement la parole par un « Cher père et frère en Christ », pour lui transmettre avec un grand sourire les salutations de nouvel an de dom Andrew, cette « apparition » le surprend, aux dires d'Edward Moberly témoin de la scène. Mgr Wheeler remet tout de suite le cinquième sacristain à sa place, ce que ce dernier ne semble d'ailleurs pas comprendre. L'administrateur se rendra compte qu'il ne s'agit pas d'arrogance : quand on le réprimande, le jeune homme approuve et semble presque y prendre plaisir, mais ne change guère. Pour Moberly, c'est parce que « les choses triviales très importantes ne pénétraient pas dans son empyrée ».

Toutefois, sa dévotion n'empêche pas John d'observer les va-et-vient dans la cathédrale : « Comme j'aime ce lieu avec ses scribes et ses pharisiens (non hypocrites toutefois), ses originaux et ses hommes sages, et ses saintes femmes et ses fêlés vertueux, et ses publicains et ses pécheurs et ses saints », écrit-il le 3 février à sa mère. De plus, il a du temps, à la cathédrale ou chez lui, pour méditer, composer ses poèmes, ou écrire des lettres – le 25 janvier, il s'est ainsi lancé dans une réflexion sur laquelle madame Bradburne a dû s'interroger si elle l'a prise au premier degré :

> Je pense que dans un précédent pèlerinage corporel, j'ai été un lama tibétain, une fripouille de mendiant médiéval, un jongleur et un médiocre moine français. Je pense que je crois en la réincarnation ; celle comme catholique est votre dernière, puis la mort et le jugement.

Les premières semaines de travail sont intenses, car la cathédrale prépare l'intronisation du nouvel archevêque, sous la conduite de Mgr Wheeler, de Verrall et de Mgr Worlock, secrétaire du nouveau primat d'Angleterre comme de l'ancien. La cérémonie a lieu le 11 février et c'est la première fois qu'une telle célébration catholique est diffusée par la télévision britannique. Puis c'est la routine, que les bévues de John rendent moins ennuyeuses pour ses collègues, quoiqu'ils soient toujours un peu nerveux quand il est près de l'autel. Qu'a-t-il oublié ? Quelle erreur ou bêtise va-t-il faire ? Mais ils l'ont adopté et s'ils découvrent vite son ascétisme, il n'est pas le dernier à lever le coude au pub voisin (classique aussi en ce domaine, il confie à Moberly qu'il n'aime guère les bières modernes à fermentation chimique, et leur préfère la bonne vieille *ale*). Il se lie aussi avec plusieurs prêtres habitués, comme le P. Harold Winstone, féru de liturgie, ou le P. Michael Hollings, non moins excentrique que lui (ce prêtre original et théologiquement audacieux laisse sa porte ouverte au tout venant ; les prostituées croisent le duc de Norfolk et les vagabonds les respectables bourgeois ; John louera ce « maître dans l'art de l'Amour, le cœur de Dieu est sa récompense »).

À cette époque où la concélébration n'a pas été rétablie, il y a bien du travail pour les nombreuses messes des prêtres habitués ou autres, et John en découvre des aspects insoupçonnés. Si ceux-ci sont nombreux à célébrer et qu'il doit ensuite vider les burettes, il termine parfois éméché :

Un sacristain vagabond engagé
À la cathédrale de Westminster,
Des petits à-côtés a d'abord bénéficié,
Jusqu'à ce que sa soif soit devenue moins sobre.
Ce qui restait dans les burettes, il
En aurait bu – disons – de trois messes,
Mais quand il en arriva à soixante-dix
Son âme claironna : « Aïe, aïe aïe[1]... »

Il se confesse au P. Hollings, qui tranquillise avec humour sa conscience en lui citant Deutéronome 25, 4 (« Tu ne muselleras pas le bœuf quand il foule le grain »).

John est heureux et à l'aise entre ses burettes et les autres tâches. Car il peut aussi prier au moins autant qu'il ne travaille. Il remarque que le nouvel archevêque, lui aussi, passe de longs moments à faire oraison sur un banc de la cathédrale, en dehors des offices qu'il préside. De son côté, Mgr Godfrey ne tarde pas à repérer le pieux cinquième sacristain. Un jour où il s'adresse à lui pour quelque détail, John, au lieu de répondre brièvement comme il se doit, se met à lui parler comme entre pairs et à lui expliquer longuement son point de vue. Contrairement à

1. *Moke-song for organ-voice*, 1977.

Mgr Wheeler, l'archevêque ne s'en offusque pas. Mgr Godfrey est déjà réputé pour être lent à se faire une opinion sur les personnes et les choses (mais à n'en plus changer quand il y est parvenu), mais il lui suffit de peu de temps pour qu'il accorde à ce cinquième sacristain toute son attention. Il prend ainsi l'habitude de discuter avec lui, et John trouve ainsi un nouveau père spirituel, avec qui il ne tarde pas à s'entretenir de sa quête de Dieu, de son amour de la Vierge Marie, de son désir de solitude.

Après un printemps sec et doux et un mois de juin où le thermomètre dépasse à Londres les 30°, l'été 1957 est chaud et pluvieux. John continue bien sûr à jouer sur sa flûte, et il lui arrive encore de le faire dans la rue, pour le plaisir mais sans refuser les pièces qui lui sont données – il les met ensuite dans le tronc de la Société de saint Vincent de Paul ou les donne à un mendiant. Mais un jour où il joue ainsi sur les marches de Saint-Paul, il est reconnu par un passant catholique, qui s'empresse d'aller rapporter à Mgr Wheeler qu'un des sacristains fait la manche devant la cathédrale anglicane ! On devine l'émoi de l'administrateur, en ces temps où ce genre de scandale peut avoir de fâcheuses incidences sur la réputation de son Église. Le cinquième sacristain doit s'expliquer, non sans être surpris qu'on lui cherche querelle : il ne mendiait pas, il jouait des hymnes mariaux, uniquement des hymnes mariaux, et l'argent qu'on lui a donné est déjà parti pour les pauvres.

Il déménage plusieurs fois. Il loge quelque temps Tachbrook Street, tout près de Westminster. C'est si petit qu'on ne peut s'y tenir partout debout, ce qui contribuera à forger la légende qui se transmettra quelque temps parmi le personnel de la cathédrale et que le futur évêque de Lancaster, Mgr Patrick O'Donoghue, entendra raconter plus tard : le cinquième sacristain aurait vécu dans un réduit tout juste plus grand qu'un placard à balai. Prudent, Mgr Donohue précise : « Je n'ai jamais localisé le lieu, mais l'histoire semble avoir quelque fondement. » Il n'y a en effet, à Tachbrook Street, qu'une table et un lit de fer. Sur le mur, John a remis le mot GOD (Dieu). Les visiteurs peuvent constater qu'il ne se nourrit que de pain et de conserves de haricots sauce tomate, de la fameuse marque Heinz associée à la culture britannique depuis le début du siècle. Il réside encore dans ce réduit en août 1957 quand son ami Patrick Hardwicke réussit à y trouver lui aussi une place pour mettre son sac de couchage et dormir. Il convainc John de partager avec lui un logement plus grand. Ils habitent quelque temps Dawson Street, puis John retourne seul square St George. Selon cet ami, il fréquente alors une jeune femme prénommée Anne, comme son ancienne fiancée et lui est attaché, mais nous n'en savons pas plus.

Durant ses jours de congé, John continue à marcher dans son quartier de Pimlico (ce sera d'ailleurs son seul séjour prolongé en milieu urbain). Les oiseaux et les cygnes des parcs sont ses amis et l'inspirent :

> Et pourtant, j'en ai vu des cygnes blancs en grandes
> [congrégations
> Où femelles et mâles, mâles et femelles, avancent avec leurs
> [cygnons
> En rassemblements énergiques, au-dessus de la Tamise, de porte
> [à porte
> A Tower Bridge, de Waterloo aux basses eaux (*waters low*)
> Vers la Chambre des Lords et les étendues de Pimlico[1].

Il aime flâner d'un trottoir à l'autre « pour sentir sur le visage la caresse du soleil ». Une promenade le conduit un jour dans un musée où il découvre un cerveau dans un bocal (peut-être celui de Charles Babbage, créateur d'un ancêtre de l'ordinateur au XIXe siècle, au Science Museum, non loin de la cathédrale). La vision le poursuit et l'agace. Pour apaiser sa conscience perturbée par l'être « embocalisé », John demande à un chapelain de prier pour les défunts dont les cerveaux sont conservés comme dans le vinaigre (*pickled*) sur des étagères, et le prêtre lui promet de le faire.

Le jour de la Transfiguration, il est à nouveau en train d'écrire, en vers, une lettre à sa mère. Il est question dans sa lettre d'oiseaux « pétillants », en particulier de merles qui chantent au petit matin, solitaires, sur les échafaudages, et il s'épanche dans une déclaration d'amour filial, sur fond d'allusions littéraires (Francis Thompson) et spirituelles (*Le Nuage d'inconnaissance*) :

> Car tu es à l'avant-garde tu es madame Bradburne
> À jamais se mêlant aux rayons
> Du Nuage de Jésus que tout joue à son sujet,
> Quand il est parti en chasse, faucon pèlerin au poignet,
> Pour voir, voler vers et apporter au Ciel

1. *Of Swans*, 1978. Jeu de mots entre Waterloo et *waters low* (basses eaux).

Les petits malâdas[1] sauvages (qu'Il a créés),
Dans un pays de lumière qui ne peut diminuer[2].

Le 24 août, décède Mgr Ronald Knox, fils d'un évêque anglican, converti fameux et auteur d'une traduction renommée de la Bible. Sa dépouille est exposée à la cathédrale. Avant la messe d'enterrement présidée par Mgr Craven, l'évêque auxiliaire de Westminster, John reste toute la nuit enfermé près du catafalque, et improvise sur sa flûte une élégie pour le défunt : « *Greensleeves* (que j'ai joué à la flûte à bec pour Ronnie Knox, seul dans la nuit à côté de sa boîte solitaire). »

Chez Benson à Hare Street House

En cette fin d'août, le temps fraîchit fortement et John a l'occasion de voir presque quotidiennement Mgr Godfrey. Ce dernier lui propose soudain de devenir le gardien de sa résidence de Hare Street, léguée par Robert Hugh Benson[3] pour servir aux archevêques de Westminster. Mgr Godfrey a demandé auparavant à son secrétaire de se renseigner sur le cinquième sacristain, et Mgr Worlock lui a transmis quelques mises en garde, mais l'archevêque a déjà pris sa décision. Le dimanche 29 septembre, il est en route avec son secrétaire et John pour Hare Street. Ce dernier découvre avec ravissement la demeure historique et la chapelle où

1. S'agit-il des habitants d'un royaume de la mythologie hindoue ?
2. Lettre du 6 août 1957.
3. Robert Hugh Benson, après avoir acheté cette propriété presque en ruine, l'a restaurée à sa façon et y a résidé à partir de 1908. Ce fils de l'archevêque de Canterbury, ordonné par son père en 1895, cherche d'abord sa voie au sein de la Haute Église anglicane. Attiré par l'Église catholique, il s'adresse à la communauté de la Résurrection de Mirfield pour apaiser ses doutes et y est admis en 1901. Après une longue lutte intérieure, il rejoint l'Église catholique en 1903 et il est ordonné à Rome l'année suivante. Il exerce son ministère à Cambridge, et se fait connaître par des romans et des ouvrages apologétiques. À partir de 1908, il se consacre à l'écriture, à une importante correspondance et à la prédication, à travers toute l'Angleterre et même à Rome. Épuisé, il meurt d'une pneumonie en octobre 1914, à 44 ans. Parfois des dévots de Benson ou des curieux passent à Hare Street House visiter la demeure ou prier sur sa tombe, ainsi Teilhard de Chardin, au lendemain de la Première Guerre mondiale durant laquelle le jésuite français a écrit un *Christ dans la matière. Trois histoires comme Benson*, non sans avoir marqué « toute la différence qui me sépare dudit Benson ».

Benson est enterré. Mgr Godfrey a décidé de redonner à la maison, qui a connu des fortunes diverses, sa destination première, et des travaux sont prévus. Comme il partage l'aspiration à la solitude et le goût du silence et de la prière du jeune sacristain, il pense que sa résidence de campagne conviendra à ce dernier, et qu'elle sera ainsi gardée et entretenue pour les séjours qu'il prévoit d'y faire afin d'échapper au bruit et à la fureur de Londres. John se voit offrir cinq livres par semaines, nourri et logé. Comme il l'écrit à sa mère avant de quitter Londres : « J'aurai une chambre agréable au rez-de-chaussée. Pour servir de gardien et de petit cochon imbécile au jardinier. Et pour prendre soin de l'église, de la sacristie, des vases sacrés. Et pour garder les clés comme saint Pierre. » Il travaille encore jusqu'à Noël à la cathédrale, puis part s'installer à Hare Street House.

Hare Street (« rue du Lièvre »), une soixantaine de kilomètres au nord de Londres, au carrefour de la vieille route qui va de la capitale à Cambridge et d'une autre venue de Buntingford, est situé dans le nord du comté de Hertford, demeuré rural et où la « verte Angleterre » chère à John s'étend dans des ondoiements de paisibles collines souvent couronnées de bois. Quelques dizaines de petites maisons basses, parfois anciennes et pittoresques, et leurs jardins sont bordés par les prés qui descendent vers la Quin. La chapelle méthodiste, seul lieu de culte, y rappelle les grandes heures du non-conformisme. Hare Street House, face au pub, est la seule propriété d'importance du village, cachée aux regards par des haies vives et des tilleuls. Un portail d'époque Charles II en défend l'entrée. Une vaste cour donne sur deux corps de bâtiment et sur le jardin. L'extérieur est en brique rouge, de style géorgien sans originalité, mais l'intérieur est surprenant. Non seulement Benson l'a aménagé selon ses goûts, mais il a suivi de près les travaux, et il en a même réalisé une partie, ce qui explique une certaine gaucherie des décorations. La demeure est célèbre pour ses tapisseries de la Danse macabre, tissées par Benson et ses amis. L'idée serait venue du sulfureux baron Corvo que Benson, très éclectique dans ses amitiés et animé d'un esprit d'apostolat pour les causes perdues, fréquentait. Quand John réside à Hare Street, ces tapisseries sont, écrit-il, « en détention dans le grenier du haut », mais la Danse macabre qu'il est allé voir vient parfois hanter ses nuits.

La grande salle à manger a conservé les boiseries en chêne que Benson a installées, sombres et sobres. Les murs du bureau sont couverts d'une bibliothèque murale qui contient une bonne partie des livres du maître de maison. La pièce est surnommée la « chambre du Graal » car Benson y avait pendu une tapisserie de la légende réalisée par lui-même et des amis. Une grande porte donne de plain-pied sur le jardin et apporte une touche de verdure et de ciel à la pièce. La fenêtre oriel est ornée de vitraux représentant un cygne, un ours, un chapeau de cardinal, deux blasons et le calice du saint Graal avec l'Enfant Jésus qui semble en sortir. C'est là que John va vivre, prier, écrire, jouer de la flûte et de l'harmonium, méditer, chercher Dieu et dormir. Et c'est là qu'il se sentira rapidement investi d'une mission envers Hugh Benson dont tout proclame le génie et la sainteté en ces lieux : il sera le gardien de ce temple de l'esprit.

John partage la responsabilité de la propriété avec Fred Ginn, le jardinier, et un ancien chauffeur du cardinal Bourne qui, fort âgé, vit dans une petite maison à l'écart. Les premiers mois sont enthousiasmants. À partir de la mi-janvier 1958, il inondera sa mère de lettres souvent exaltées – quoique toujours réalistes au plan spirituel : « C'est le Paradis d'être seul avec Dieu, quoiqu'un Paradis avec une lourde croix, celle d'être seul avec soi-même. » Il décrit la maison et son jardin, dans lequel le temps doux du début 1958 lui permet de rester, et il y imagine l'ombre de Benson. Il évoque les oiseaux qu'il a déjà remarqués, le 19 janvier :

> … Si tu pouvais
> Seulement entendre la flûte crépusculaire du merle
> Qui retombe doucement au silence comme le soir
> Joint les mains avec l'obscurité où les Anges
> Tissent leur toile.

Deux jours plus tard, la neige tombe sur le nord de Londres et les alentours, et février est maussade, avec des gels nocturnes qui vont durer jusqu'à la semaine sainte. L'humeur de John suit les variations du climat, mais pas son alimentation : boîtes de haricots, pain et margarine. Selon Sam Verrall, qui vient lui rendre visite, le compte ouvert chez l'épicier local ne comprend guère que des achats de haricots en boîte, colonne après colonne.

La muse poétique s'épanouit. Au début de l'année, John achève en deux semaines un long poème au titre interminable de 6471 vers, soit une moyenne de 462 vers par jour, même s'il réutilise des poèmes antérieurs. Comme souvent, il n'y a pas de thème unique et le « sommaire » du début du cahier n'est qu'un prétexte: il est question au fil des vers d'oies sauvages, du saint Graal, du Juif errant, du dieu Pan, du grand arbre de Gresham's, de Drake, des communistes, de lune de Pâques, de lutins, de la Vierge Marie, et de cent autres sujets.

Avec le printemps, l'archevêque prend plaisir à venir à Hare Street. Il a exprimé le désir que les travaux de restauration en cours soient arrêtés chaque fois qu'il vient, ce qui n'en facilite pas la planification. Son arrivée est annoncée par celle, quelques heures auparavant, de Mgr Worlock et de deux religieuses bavaroises qui le servent. John, maussade si ces visiteurs arrivent et dérangent sa solitude dans une de ces semaines de silence intégral qu'il s'impose parfois, le leur fait sentir et rompt quelques lances avec Mgr Worlock ou avec les religieuses, par exemple sur le régime alimentaire de l'archevêque – car cet ascète se mêle de diététique et trouve que la sœur cuisinière fait trop à manger (de plus celle-ci prétend le forcer lui aussi à finir les assiettes qu'on lui sert). Et si lui la tient pour une Marthe et s'essaie à suivre ce que demande en ce domaine le *Nuage*, elle ne le considère absolument pas, lui, comme une Marie mais comme un « bourdon paresseux ».

Mgr Worlock a bien demandé à John d'être « invisible » quand l'archevêque est là, mais il l'a vite oublié. Il entreprend l'archevêque et discute avec lui de prière, de mystique, de Walter Hilton, auteur de *L'Échelle de la Perfection,* du *Nuage d'inconnaissance*. Et il est heureux de servir sa messe. De mieux connaître Mgr Godfrey renforce son admiration envers lui, et il le considère comme un saint homme toujours « sur la montagne avec Dieu », comme il est dit de Moïse. De son côté, Mgr Godfrey aime le jeune gardien et semble comprendre sa « folie » et son amour de la solitude.

Mais John ne tarde pas à découvrir que, d'une certaine façon, la relation entre l'archevêque et son secrétaire est à l'inverse des apparences. Mgr Godfrey est resté avant tout un prêtre, et son secrétaire un homme de gouvernement. Et comme John associe à sa vénération envers les saints prêtres un assez franc mépris pour les hommes de gouvernement, les relations avec Mgr Worlock (l'homme fort du catholicisme anglais pendant un demi-siècle) ne sont pas aisées. Il est difficile de voir deux hommes aussi différents, sensiblement du même âge et du même milieu social. L'ecclésiastique a eu pourtant à cœur de faciliter l'installation et l'intégration du protégé de son patron, il lui a fait rencontrer quelques familles du village et lui a offert un poste radio, sur lequel celui-ci n'écoute que de la musique quand il en trouve le temps. Il a même installé la télévision, qui se répand alors partout en Grande-Bretagne, mais John sera long à l'ouvrir :

> J'ai vécu moi-même seul dans une demeure,
> Ancienne et enracinée en d'augustes souvenirs,
> Deux bonnes années, avant de penser que je devais
> Regarder ce poste qui me tente tout en faisant la noce.
> Je le regardais, envoûté, et je trouvais que pour moi
> Il polluait le lieu, comme l'arbre sans grâce de l'Éden[1].

Quand l'archevêque n'est pas là, John part tôt à la messe à Buntingford, à trois kilomètres, puis travaille dans la maison le matin, et au jardin l'après-midi si le temps le permet, avec Fred Ginn qu'il aide de son mieux et apprécie beaucoup. Il se dépeint dans une lettre à sa mère bêchant, sarclant, désherbant, peignant la porte du jardin. Benson lui-même ne bêchait-il pas son jardin ? John améliore ainsi son quotidien de quelques légumes. Le jardinier apprécie le dévouement du gardien, mais celui-ci le rend perplexe : est-ce vraiment une façon de vivre digne d'un gentleman ? Et il se demande, comme « sœur Marthe », si le gardien n'est pas simplement un paresseux, surtout quand ce dernier s'enferme une semaine entière dans un silence tout cartusien. Ces semaines de retraite n'empêchent pas John de se faire des amis dans le village. Il va souvent dans la famille d'un jeune handicapé et passe du temps avec l'enfant. Il crée aussi des liens avec les ouvriers du chantier de restauration, dont il apprécie le savoir-faire. Mais il n'en va pas de même avec l'architecte, George Mathers, un proche de Mgr Worlock, et leurs relations se dégradent vite. John parle de lui comme d'un « *architect archdefect* » (« architecte archi-défaut »), et souhaite vivre au ciel « dans une coopérative de poulets, sans leurs pareils ». Puis, pris de remords, il essaie de faire la paix avec Mathers.

1. *Of Television*, sans date.

John a reçu durant son séjour à Hare Street House un harmonium, sans doute d'un prêtre de Westminster (peut-être le P. Winstone). L'instrument est dans le salon de Benson, mais il joue aussi sur celui de la chapelle. Depuis Palma, il n'a plus eu beaucoup l'occasion de toucher un clavier ; il se rattrape et passe des heures, de nuit comme de jour, sur l'un ou l'autre des instruments, jouant et chantant à tue-tête. Et comme il a tout son temps pour prier le Petit Office de Notre-Dame, il s'aide souvent de l'harmonium pour le chanter en latin sur le rythme très lent qu'il a découvert à Parkminster. Plus tard, il priera aussi avec le bel exemplaire du *Book of Common Prayer* anglican ayant appartenu à l'archevêque de Canterbury, le père de Benson, et chante et médite les psaumes traduits dans l'anglais savoureux des XVIe et XVIIe siècles, et il écrira en septembre 1959 à sa mère : « J'aime les chanter ainsi, si près du corps de Hugh Benson, et je sens que c'est, en un sens inexplicable, un autre pas vers l'union de Canterbury avec Rome. »

Il lit aussi, surtout du Benson dont il a tous les livres sous la main. Ses préférés sont *Les Nécromants*, où Benson dépeint les milieux occultistes et spirites de Londres avec verve et sérieux, et *Come Rack, come Rope*. Il écrit à sa mère après avoir lu le premier que le livre l'a captivé parce que Benson arrive « à faire des rayons de soleil à partir de la boue » et ajoute, ému, que la scène principale du roman publié en 1909 se déroule dans la pièce où il vit. *Come Rack, come Rope* raconte la persécution des catholiques dans l'Angleterre élisabéthaine du Derbyshire, berceau des Bradburne. De plus, le héros principal (le seul inventé par Benson, les autres ont réellement vécu) renonce, lui aussi, à un amour humain pour ne se consacrer qu'à Dieu. Et le gardien de la maison de Benson ne peut qu'être impressionné par l'avant-propos du roman, dans lequel celui-ci se décrit à son bureau avec une pile de vingt ou trente livres devant lui, là même où John est en train de le lire. Comment ses propres idées de témoignage pour le Christ jusqu'au martyre ne se nourriraient-elles pas de cette lecture, ainsi que sa dureté vis-à-vis de l'« hérésie », coupable des persécutions des catholiques, qu'il fustige dans un poème inspiré par le livre.

La plupart des romans de Benson sont le récit de combats spirituels. Plusieurs ne peuvent que frapper John, en particulier *None other God*, écrit lui aussi à Hare Street House et dont le héros, Frank Guiseley, est, comme Benson ou lui-même, un jeune anglican de la bonne société qui se convertit au catholicisme parce qu'il est convaincu que c'est la vraie religion. Frank sera rejeté par son père, vivra une existence de vagabond et ira d'échec en échec, jusqu'au dernier et fatal pour avoir voulu aider une âme de rejetée, de pauvre parmi les pauvres. Mais ce désastre à vue humaine est en fait une ascension mystique soutenue par son amour envers la Sainte Vierge. Le parallélisme avec John est saisissant, sauf que lui n'est pas un personnage de roman.

Les journées passent ainsi à Hare Street House, au retour de la messe matinale à Buntingford ou sur place quand elle y est célébrée, au fil de l'office, de menues tâches, de lectures, de poèmes, d'oraison et de chapelets que John récite souvent avec une dame du voisinage avec qui il s'est lié d'amitié. Il s'est si bien adapté à cette existence frugale que lorsque Mgr Godfrey et ses accompagnants arrivent, il ne peut s'empêcher de leur faire sentir qu'ils le dérangent. Mgr Godfrey s'en amuse, mais pas son secrétaire. De plus, John se sent de plus en plus investi d'une mission de fidélité envers la mémoire de Benson, l'idéalisant en espèce de saint François moderne, et les projets de transformations de Mgr Worlock qui se dévoilent peu à peu lui paraissent autant de trahisons. Le gardien de Hare Street House n'en démord pas : la maison doit rester comme Benson l'a voulue, bâtie et ornée.

Après un mois de juin pluvieux, l'été 1958 est ensoleillé. Fin juillet, le grand événement pour John n'est pas l'intronisation de Charles, l'héritier du trône, comme Prince de Galles, mais l'ordination sacerdotale de son ami Dove. Celle-ci a lieu au Vieil Heythrop, au nord d'Oxford. Comme la chapelle est petite, chaque ordinand n'a droit qu'à dix invités ; il y est présent, tout comme madame Dove et le chanoine Iles. Il prend grand plaisir à la célébration et au repas qui suit (une photo en sera retrouvée dans ses affaires après sa mort), et plus encore à servir le lendemain la première messe de son ami.

En novembre, il rend visite aux King à St Albans, à une quarantaine de kilomètres de Hare Street. Stephen a épousé en 1952 une Norvégienne, Solveig, et la famille s'agrandit de blondes frimousses. John aime jouer avec les enfants dans le grand verger, et il n'hésite pas à grimper aux arbres, pour leur plus grand plaisir, ou à les balancer. Selon son ami, il est l'« oncle idéal », les enfants l'adorent. Stephen remarque qu'il sait leur parler de façon à ce qu'ils sentent qu'ils comptent autant pour lui que les grandes personnes, et s'émerveille de la capacité de son ami à aimer et à trouver toujours le meilleur en chacun.

Francesco, panneaux et poutres : guerre de tranchées

Le 17 novembre 1958 arrive enfin la grande nouvelle, en même temps que Mgr Godfrey et sa suite à Hare Street : l'archevêque de Westminster fait partie de la première fournée de cardinaux du nouveau pape, treize jours après l'intronisation de Jean XXIII. Le 15 décembre, Mgr Godfrey reçoit à Rome la barrette cardinalice, alors qu'à Hare Street John écrit un long poème de 1476 vers, *Ô rara Avis*, méditation sur le Christ-Roi, entrecoupée comme souvent de données autobiographiques. Il y évoque les fantômes de la maison : Benson se plaisait à dire que la maison était hantée quoique, ajoutait-il à l'intention de ses visiteurs, lui-même n'avait jamais vu de fantômes ; et la rumeur s'est perpétuée, mais ceux-ci ne dérangent plus John.

Il écrit peu après à sa mère qu'il a passé Noël à Hare Street House, qu'il y fait bon sentir l'esprit de Benson et il insiste sur son désir d'unité des chrétiens. Mais, il l'ignore, le nouveau cardinal a fini par donner son feu vert à son secrétaire et à Mathers pour entreprendre d'importants travaux afin de restaurer de fond en comble, au sens propre de l'expression, la maison. L'architecte a réussi à trouver des briques d'époque dans une maison en démolition et elles remplaceront, l'une après l'autre, celles de la façade. Ces travaux vont conduire John à un conflit ouvert avec lui et avec Mgr Worlock, qui d'ailleurs ne supporte plus les libertés que, selon lui, le gardien prend avec le cardinal. Et comme il vient désormais au moins deux ou trois fois par mois à Hare Street pour vérifier l'avancement des travaux, les heurts se multiplient. Selon lui, leurs rencontres dépendent alors beaucoup de l'humeur du gardien, parfois charmante – et tout est « idyllique » –, mais d'autres fois exécrable, et celui-ci s'enferme alors comme un reclus dans la pièce où il campe. Mais il ne s'agit pas seulement de cyclothymie : John s'est auto-proclamé « gardien des reliques » de Benson et a décidé de mener une guerre de tranchées contre les iconoclastes. Pour lui, la maison n'est plus que le jouet des projets de l'architecte, et il va jusqu'à le menacer de la colère de Dieu. Ce faisant, il pense, tout comme de son côté le secrétaire du cardinal, être fidèle à la volonté de celui-ci (ce qui est plausible, Mgr Godfrey étant autant homme attaché au passé que grand constructeur).

L'année 1959 commence par un temps ensoleillé et froid. John est bien accueilli dans le village (sauf chez ceux que Mgr Worlock souhaiterait qu'il fréquente) : le jeune handicapé et sa famille, les ouvriers, Fred, les voisins, la dame du chapelet, et bien sûr les oiseaux et les arbres. Le 25 janvier, une nouvelle surprenante est arrivée de Rome : Jean XXIII vient d'annoncer la tenue d'un concile œcuménique. Mais les semaines qui suivent, John est surtout préoccupé par Francesco, un pigeon voyageur qu'il a pris sous sa protection :

> Vous aimeriez trouver un oiseau amusant
> Qui soit d'une envergure absolument géante :
> Sur des terres tuilées Francesco se présente
> Comme étant bienheureux, au-delà du plaisir
> D'un dôme ou d'un rocher, de n'importe lequel
> Dans l'univers entier : il garde une volée
> D'étourneaux (les moineaux se mélangent à eux
> Pour jouer où ils sont leurs vilains tours fripons[1]) !

En avril il commence à écrire un livre pour la sœur de la Reine, la princesse Margaret, « notre belle Princesse errante », qu'il veut, écrit-il à sa mère, lui envoyer avec l'image d'ordination du P. Dove, au cas où l'ouvrage ne serait pas apprécié ! En juin, la préparation du concile se précise avec l'encyclique *Ad Petri cathedram* et la consultation des évêques. Le cardinal Godfrey reçoit une invitation à établir une liste des thèmes à traiter. La réponse étant attendue pour fin août, le cardinal arrive avec Mgr Worlock à Hare Street pour un été studieux, et le gardien est fermement prié par ce dernier de se faire discret. Et à peine la liste est-elle prête que de nouvelles instructions arrivent – et John doit s'effacer encore plus. Il part à Ottery chez sa mère qui habite maintenant une maison, toujours près de la collégiale St Mary, et y accueille ses petits-enfants. Comme la fille de Mary,

1. *Introducing Francesco*, 1959.

Celia, est au lit avec la rougeole, John lui chante des chansons sur les oiseaux avec force mimiques expressives. Une autre fois, il l'emmènera à califourchon sur la barre d'un vélo, dévalant les petites routes du Devon alors que la gamine crie de peur et d'excitation. Ou encore, il lui raconte des histoires qu'elle écoute sagement, et chante pour elle.

Un jour, il croise Geza et Pamela Vermes, de passage à Ottery, pour vendre la maison d'East Hill. Après le divorce des Curle, ils se sont mariés en 1958. Les deux hommes essayent de rendre l'atmosphère enjouée sans y parvenir. Leurs voies divergeront de plus en plus. Geza Vermes a abandonné la foi chrétienne ; il enseignera à Oxford à partir de 1965 et publiera de nombreux ouvrages sur Jésus, qui selon lui n'aurait été qu'une figure juive dissidente, sans rapport avec ce qu'en dira la foi chrétienne.

L'automne est agréable, chaud, sec et ensoleillé, et il le restera jusqu'aux premiers frimas aux alentours du 10 décembre. La large victoire des conservateurs aux élections du 8 octobre est comprise comme un signe de la réussite de la société de consommation : une caricature de presse représente Macmillan félicitant ses agents électoraux – un frigo, une télévision, une machine à laver et une voiture ! En s'enfonçant dans son ascétisme érémitique, John s'en éloigne toujours plus, et la tentation de le faire aussi physiquement pointe en son esprit ; mais plutôt que d'une île ou d'un ermitage dans le désert, c'est d'une grotte qu'il recommence à rêver, comme jadis à Tibériade.

Les mois passent. Le gardien de Hare Street House travaille et écrit dans la maison, va prier et faire de la musique à la chapelle, tandis que le cardinal et son secrétaire viennent réfléchir à de nouvelles demandes de Rome. Le 14 février 1960, une lettre à sa mère évoque discrètement une nouvelle amitié qui va prendre un tour passionné, à savoir un « immigré dans le champ du cardinal, un oiseau nordique », un choucas qu'il baptisera lui aussi du nom de Francesco. En avril, Harold Pinter fait jouer à Londres *Le Gardien* (*The Caretaker*) qui rencontre un immense succès et conduira son auteur au prix Nobel ; les héros en sont des hommes de l'âge de John qui cherchent leur place dans la société, entre tentation de l'Orient et fascination-répulsion pour le monde dans lequel ils vivent. Comme lui, à sa façon, et la coïncidence du titre fait sourire.

Ses relations avec Mgr Worlock et Mathers sont toujours plus ouvertement conflictuelles. S'il ne dit rien aux ouvriers du chantier, toute sa colère se concentre sur les deux hommes. Il leur écrit des lettres incendiaires. Mais quand le secrétaire du cardinal arrive à Hare Street, John peut être d'une gentillesse désarmante. Il n'y a là nulle hypocrisie : il a soulagé sa conscience par écrit, et cela lui permet d'être accueillant et d'oublier ses griefs. Ces lettres contiennent parfois aussi, selon Mgr Worlock, des « vers sublimes », ou des dessins et des illustrations, « pour la plupart de caractère apocalyptique, presque des réminiscences de Blake[1] ».

La chapelle est un nouveau sujet de discorde. Cette construction aux poutres apparentes était originellement une grange où la bière était brassée, puis elle a été aménagée par Benson en lieu de culte, avec un soin méticuleux. Mais le bâtiment, mal entretenu, se dégrade et une construction banale a été ajoutée derrière, pompeusement baptisée « Chapelle en mémoire de R-H. Benson » – elle sert le dimanche quand un prêtre est présent. John se bat pour que la vraie chapelle de Benson ne soit plus laissée à l'abandon et que la messe y soit de nouveau célébrée, mais Mgr Worlock ne veut pas en entendre parler.

La liste des différends entre le secrétaire et le gardien s'accroît bientôt du « cas Francesco ». Le 8 mai, John donne en effet de ses nouvelles dans une lettre : l'oiseau, malgré son nom, a pondu trois œufs dans le creux d'une cheminée abattue et lui doit lutter pour qu'il ne soit pas dérangé et forcé d'abandonner son nid à cause des travaux. Il envisage même de quitter la maison si cela se produisait, et de chercher une grotte pour s'y installer quelque part sur la colline de Kinnoul en Écosse (il a appris peu avant qu'il était par sa mère l'arrière-arrière-petit-fils du sixième comte Kinnoul).

À la Pentecôte, Jean XXIII annonce la formation de commissions préparatoires du concile. Le cardinal Godfrey est nommé dans la commission centrale, mais ne s'en réjouit guère, car il ressent déjà les atteintes du cancer qui l'emportera deux ans et demi plus tard ; il devra bientôt subir une première opération. Mais son ambitieux secrétaire voudrait qu'il aille à Rome se faire

1. Des recherches faites auprès des archives Worlock à Liverpool n'ont pas permis de les retrouver.

connaître. Cet été 1960, les préoccupations de John pour Benson et pour Francesco sont bien éloignées de celles de Mgr Worlock, qui le lui fait sentir, et le gardien de Hare Street House répète que, n'était son « ministère des Oiseaux », il ne resterait pas. Mais il jouit toujours de la sollicitude du cardinal même si, après le départ de celui-ci, il est heureux de retrouver sa solitude.

Durant tout l'automne, il lutte contre sa propension à la colère en se disant qu'après tout il reste seul quand les ouvriers ne sont pas là, quinze heures sur vingt-quatre. Il passe des heures à contempler les oiseaux. Mgr Worlock, de son côté, s'étonne, à chaque fois qu'il vient à Hare Street, que le gardien soit encore là. Mais John se veut loyal envers le cardinal, qu'il vénère, et il y a Benson et les choucas. Parfois, le conflit prend un tour offensant pour Mgr Worlock, alors l'homme le plus puissant de l'Église catholique en Angleterre de par son emprise grandissante sur un cardinal malade : John discute chaleureusement avec ce dernier des mystiques médiévaux, tout en ignorant ostensiblement son secrétaire, ou en parlant de lui et des religieuses comme de l'« entourage » ou du « cortège ». Le cardinal malade est partagé entre ses devoirs de Prince de l'Église, que son secrétaire lui rappelle sans cesse, et la perspective d'avoir à se présenter bientôt devant son Créateur, qui le pousse à discuter avec l'étrange gardien, un des rares avec lequel il puisse échanger sur l'essentiel.

En décembre le P. Dove, alors affecté à Southwell House (Londres), apprend qu'il va partir en Rhodésie du Sud, et vient passer deux jours à Hare Street. John lui fait visiter la maison, et le jeune jésuite s'amuse avec lui des placards secrets aménagés par Benson dans sa chambre à coucher. Si on ouvre l'un d'eux, on peut y découvrir un exemplaire du *Daily Mail* du 4 août 1914, jour de la déclaration de la Première Guerre mondiale. Il y a aussi le blason de Benson et sa devise, « Fais le bien, ne crains rien ». Quand ils arrivent à la chapelle, John s'installe à l'harmonium et les deux amis prient ensemble un bon moment. Le repas est préparé ensuite : haricots en boîte et, exceptionnellement, œufs à la poêle, miel et fromage, le tout avalé dans un bol. John achève la soirée en jouant sur l'harmonium du bureau *Greensleves* et du Bach en guise de berceuse pour son ami, auquel il offre un missel quotidien latin-anglais. Au moment de le quitter, le P. Dove est frappé par sa sérénité. Trois semaines plus tard, après un Noël glacial, c'est au tour de John d'aller voir le P. Dove à Londres, puis de l'accompagner jusqu'à Southampton, le 12 janvier 1961 – le jésuite se souvient d'une silhouette lui faisant de grands gestes d'adieu diminuant sur le quai tandis que le *Capetown Castle* s'éloigne sur la mer. Se reverront-ils ?

Mgr Worlock a eu raison des réticences du cardinal à se rendre à Rome, surtout après que le cardinal Alfrink a affirmé que la commission centrale pourrait bien être plus importante que le concile lui-même ! Ils y arrivent en mars 1961. Mais leur souci principal est en Angleterre : le cardinal Godfrey est pris dans une polémique car, dans sa *Lettre de Carême,* il s'est permis de recommander aux catholiques d'acheter des aliments pour animaux moins coûteux, voire de supprimer une visite de leur caniche chez le coiffeur, et cela a suscité une levée de boucliers, un comédien déclarant à la presse américaine qu'« il est des animaux qui se conduisent de façon plus chrétienne que certains chrétiens ». Le cardinal, de plus en plus souffrant, en est très affecté. Est-ce pour cela que John se sent moins soutenu dans sa guerre de tranchée à propos de ses amis les oiseaux qu'il aide à faire leur nid, et qu'il protège contre les chats et contre Mgr Worlock ? De plus, ce dernier a convaincu le cardinal Godfrey de faire de la maison de Hare Street un lieu de récollection pour les jeunes prêtres de l'archidiocèse. Les transformations reprennent, au grand dam du gardien.

Ce même Carême, quatre jeunes Anglais se produisent sur une scène de Liverpool. Leur succès couronne la montée en puissance de la « culture jeune ». Elle déferle sur Hare Street comme sur le reste du pays, et des jeunes avec qui John a sympathisé lui demandent de jouer des airs de pop music sur l'harmonium, ce qu'il fait de bonne grâce. Mais il ne décolère plus contre l'architecte, qui avait déjà fait fuir les hirondelles et les hiboux, car c'est au tour de Francesco d'avoir disparu. Il est décidé à partir si ce dernier ne revient pas le jour de Pâques. Et l'oiseau revient au jour dit, le 2 avril ! John écrit le lendemain qu'il n'a plus qu'à rester, puisque Dieu le veut, dans ce qui lui paraît être les « ruines de Jérusalem, avec Jérémie ». Il se plaint d'être de plus en plus souvent dérangé par des visites : séminaristes de Ware, amis, prêtres de Westminster, voire des gens qu'il ne connaît pas et que sa réputation d'original attire.

Et voici qu'il découvre que la maison va être définitivement « mise en pièces » par Mathers (il veut dire : transformée pour sa nouvelle affectation). Alors, quand les ouvriers viennent pour enlever les panneaux de chêne, il les attend et défend ceux-ci avec une fourche. La bataille pour le choucas se poursuit, elle aussi, tandis que s'ouvre un nouveau front, pour les poutres : deux de la charpente, splendides, en chêne, parties selon John pour durer encore des siècles « avec seulement un peu (très peu) d'innocents vers de bois » ont été « condamnées à mort et brûlées dans le jardin », se scandalise-t-il dans une lettre à sa mère. Crime de lèse-Benson ! Il le dénonce dans un poème (non conservé) au cardinal et ce dernier le remercie courtoisement, mais aucune action n'est entreprise contre les « pirates ».

Durant l'été de 1961, la santé du cardinal Godfrey a continué de décliner et Mgr Worlock prend de plus en plus les rênes de l'archidiocèse, alors que la préparation du concile bat son plein. La coordination de l'événement exige beaucoup du secrétaire de l'archevêque de Westminster, qui doit convaincre, arbitrer, concilier entre les exigences de Rome et les réserves des évêques anglais et gallois. Il doit aussi trouver 225 000 £ pour achever les travaux de la cathédrale, et autant pour agrandir les écoles catholiques et en ouvrir de nouvelles. Qu'est-ce, au milieu de tant d'importantes décisions à prendre, qu'un misérable choucas et quelques vieilles poutres ?

Aussi quand il arrive un jour à Hare Street et apprend que tout le village est dans l'attente du dénouement de leur querelle comme s'il s'agissait d'un drame shakespearien, il explose, d'autant plus que John lui exprime de façon qui se veut définitive ce qu'il pense des travaux et de la « démolition » de la maison. Pour Mgr Worlock, que le sort de cette maison soit entre les mains (nous dirions plutôt les plumes) d'un oiseau dépasse l'entendement. Il le fait comprendre vertement au gardien, et repart à Londres. Peu après, le cardinal Godfrey, juste sorti de l'hôpital, arrive à Hare Street House pour sa convalescence avec sa suite, sauf Mgr Worlock resté dans la capitale à cause de ses importantes tâches. Et c'est à ce moment que John s'en va, le 27 octobre, par un matin ensoleillé. Il a attendu l'arrivée du cardinal pour que le Saint-Sacrement ne soit pas laissé seul sans garde, puis s'est discrètement éclipsé. Mgr Worlock l'apprendra par une des religieuses (sans rancune, il écrira, après la mort de l'ancien gardien : « Nous savions tous que nous avions rencontré un saint »).

Une fois de plus, John se réfugie chez Cecil Hardwicke, qui habite désormais à Headley Down, dans les collines du Hampshire. Il n'a emporté que son sac Gladstone et sa flûte, indiquant sur un bout de papier qu'il laisse ses livres à la voisine, l'harmonium au père Winstone, quelques cigarettes à Fred, et la vaisselle sale pour les sœurs. Il va aussi se confesser et s'accuse de « mauvaises manières ». Mais il écrit à sa mère qu'il s'agissait d'« un acte prémédité pour l'honneur de Hare Street House » dont il se voulait « le Juda, pas le Judas ». Il essaie ensuite de mettre en perspective cette fuite avec les précédentes : « Exmouth ("panique et lâcheté"), Prinknash ("pure exultation"), Hare Street ("la cause de Dieu, je le crois fermement")… Salut à une nouvelle aventure ! Salut à un fou, doué pour les fiascos ! Mon âme est pleine de gratitude, il n'y a en elle ni amertume, ni honte[1]. »

Une grotte, n'importe où !

John reste quelque temps chez les Hardwicke, puis fait un séjour chez sa marraine Mary Comber et revient à Ottery. Mais il semble incapable de concevoir un projet, sinon celui de confier de nouveau sa cause à saint François. Lui vient alors le désir de réaliser un vieux rêve, « avant de trouver ma voie, grâce à saint François », écrit-il : être reconnu comme poète (et en tirer de quoi vivre). Il reprend ses liasses de poèmes, en recopie une sélection et les envoie à Cecil Hardwicke, et lui demande qu'après les avoir lus elle essaie de les faire éditer. Il lui promet : « Les premières 300 £ seront pour vous ! Ou bien, si c'est seulement 3 £, buvez un coup ; ou encore, si ce n'est rien du tout (ce qui semble plus probable) buvez à notre futur succès, la prochaine fois que ce cher Patrick apporte du vin à la maison. » Il fait une promesse similaire à Geoffrey Hunt, qui fréquente des éditeurs (il est piquant de noter que les deux personnes à qui il confie le destin de sa poésie essentiellement religieuse et chrétienne sont une agnostique et un communiste). Cecil Hardwicke, après les avoir lus, considère ces poèmes comme tout juste

1. Lettre du 4 novembre 1961.

des lignes rimaillées (la postérité fera appel de ce jugement) mais, maternelle et confiante malgré tout, elle ajoute que « les psaumes du roi David paraissaient peut-être à leur époque aussi farfelus à la plupart de ses contemporains, sauf à lui-même ».

John décide aussi de retourner une seconde fois à Skirwith. Il va en bus jusqu'à Langwathby et marche vers son village natal. Les souvenirs l'assaillent, le pont, les chansons de sa mère, les Fells, les murets, les moutons, les courlis, l'agneau écrasé… Il lui semble que rien n'a changé et il s'en émerveille. Il cherche en vain la tombe de Ninnie dans le cimetière, mais retrouve l'église et son vitrail comme si son père allait sortir de la sacristie, et il est particulièrement ému devant les fonts baptismaux. Alors qu'il y prie, le sacristain, James Peel, passe pour remettre de l'huile dans les lampes. Ils discutent, et Peel lui propose de le conduire chez le *vicar*, le chanoine James Wilson. Il est reçu affablement par celui-ci, un bon géant placide qui insiste pour que son visiteur passe la nuit sous le toit de son enfance. Ils dînent et terminent la fin de la soirée chez miss Lea, une « papiste » qui a essayé la vie carmélitaine cinquante ans plus tôt et s'entend bien avec le *vicar*. John dort dans la chambre qui était celle de Philip et se souvient de ce que son père lui avait dit un jour sur les nuages. Au matin, il est réveillé par le roucoulement des pigeons, le cri des coqs, les meuglements des vaches et le chant des courlis. Rien n'a changé ! Il se dit avec émotion qu'il n'existe qu'une place au monde aussi émouvante, Assise, et, après avoir confié de nouveau son destin à saint François, il se plaît à jouer sur les assonances Appenines-Pennines et Umbria-Cumbria, et à y voir un signe. Mais il se demande aussi : la Montagne de la Croix (*Cross Fell*) est-elle sa destinée, ou refuser celle-ci la croix la plus lourde (*Cross fallen*) ?

Une fois levé, il accompagne à l'église le *vicar* qui y célèbre « sa version de la messe » et, tout en récitant son chapelet, il trouve le chanoine (*canon)* étonnamment « *canonique* ». Ce dernier le fait ensuite conduire en voiture au pied du Cross Fell, sur lequel John monte à travers prés et rocaille, accueilli au sommet par le froid et des vols d'alouettes. La pluie le surprend alors qu'il redescend vers Ousby où il arrive, trempé mais plus qu'heureux. Le soleil revenu et le grand vent le sèchent et, s'arrachant à la fascination des Fells, il reprend le bus à Langwathby pour Carlisle. Comme il l'écrit à son retour à sa mère, il achèvera ce voyage qui l'a ravi par un bon repas, un double whisky et une séance de cinéma – *Les 101 Dalmatiens* – tandis que continue à résonner en lui le chant des courlis de Skirwith.

Le désir d'érémitisme continue de le tarauder. Il cherche et, un temps, pense avoir trouvé un lieu adéquat, un trou de rocher près du sommet du High Willhays qui domine de ses 621 mètres le Dartmoor où butinent les abeilles de frère Adam. Mais l'hiver est déjà là, il fait trop froid, aucun corbeau ne se décide à venir nourrir le nouvel Élie, et il renonce vite. Cecil Hardwicke lui propose alors, à titre provisoire, sa petite maison de Talaton qu'elle vient de mettre en vente, à quelques kilomètres au nord d'Ottery. Il y campe et y mène sa vie de reclus dans le froid de l'hiver de ce début de 1962. Prière, haricots Heinz, pommes et pain sont comme toujours au menu.

Mais le désir d'une vraie grotte ne le quitte pas, tempéré par le souvenir du froid glacial du Dartmoor. Et pourquoi pas dans un pays chaud ? Germe alors dans son esprit l'idée de demander à son ami Dove s'il n'y en aurait pas une pour lui quelque part en Afrique, dans laquelle il pourrait se retirer. Prend-il vraiment au sérieux ce qu'il écrit ? En tout cas, son ami le fait, quoique pas au pied de la lettre. Car s'il y a beaucoup de grottes en Rhodésie du Sud, il voit plutôt John dans une mission catholique, puisque le volontariat est à la mode depuis qu'Alec Dixon a créé le Voluntary Service Overseas en 1958 et que Kennedy en a repris l'idée avec les Peace Corps américains en 1961. Il l'écrit à John, qui lui donne par retour de courrier son accord enthousiaste, et écrit aussitôt à sa mère qu'il va partir rejoindre son ami Dove pour un travail missionnaire.

Les Hardwicke ont de toute façon trouvé un acquéreur pour Talaton, et John doit quitter la maisonnette. En attendant des nouvelles de la Rhodésie du Sud, il s'installe en mars chez sa belle-sœur Esme à Cobham dans le Surrey, une trentaine de kilomètres au sud de Londres. L'ex-épouse de Philip ne partage pas sa recherche de Dieu et John traitera sa maison non sans humour de « foyer de paganisme », mais elle et sa fille Pamela ont beaucoup d'affection pour lui. Esme tient un potager pour la vente de légumes, et il se propose de l'aider ; elle accepte volontiers et il est entendu qu'il sera nourri et logé. De plus, Esme insiste pour lui donner 2 £ par semaine. Il commence par refuser puis accepte pour rembourser des dettes.

Le printemps 1962 est particulièrement froid, et le temps restera maussade jusqu'en juillet, mais John bêche et désherbe avec enthousiasme ses carrés de pomme de terre, chantant, récitant son office ou composant des poèmes. Quand son ami Geoffrey Hunt vient le voir, il l'embauche sur-le-champ, bien que ce dernier ait perdu un bras.

Sa filleule Pamela est devenue une belle adolescente. Rentrée d'un pensionnat, elle prépare ses examens au lycée technique de la ville et n'a pas oublié sa complicité d'enfant avec son parrain, qu'elle voit enjoué et plein d'humour. John est toujours prêt à engager la conversation avec elle, et surtout à débattre de n'importe quoi. Comme beaucoup elle n'oubliera pas son regard « bleu perçant ». Elle le voit aussi écrire ses poèmes « sans s'arrêter ni corriger ». Un jour il lui en offre un, *Carol.* La jeune fille est très impressionnée par la virtuosité des allitérations, et par le mot *pavan* (pavane), dont elle ignore le sens. Elle a l'impression que « presque tout ce qu'il dit est une sorte de prière », mais sans démonstration extérieure.

John ne tarde pas à se lier avec George et surtout Mary Littledale, qu'Esme accueille aussi chez elle (au départ pour quelques semaines, qui deviendront sept ans). L'apprivoisement est pourtant difficile : non seulement il ne mange bien souvent que des haricots en boîte, mais sa ferveur les étonne, son intransigeance catholique n'est pas loin de les scandaliser, son littéralisme biblique (il en rajoute peut-être pour les provoquer) leur paraît d'un autre âge. Finalement ils se rendent compte que c'est sa façon d'être, qu'il peut même devenir provocant, et que si on ne le lance pas sur le sujet, il est d'agréable compagnie, plein d'humour, facile à vivre, chantant souvent – que ce soit des chants religieux ou de vieilles chansons anglaises comme *Sumer is icumen in.* Il compose avec leurs enfants des vers de mirliton, et montre à Mary Littledale une lettre qu'il envoie à l'éditeur Victor Gollancz avec un choix de ses poèmes et un post-scriptum ainsi rimé : « Allez, Gollancz / Donnez-nous une chance ! » Il propose aux Littledale de les aider à repeindre une pièce, « heureusement inconscient de ce qu'il mettait plus de peinture sur le parquet qu'au plafond. Mais ce qu'il chantait tout en travaillant compensait largement le désagrément ». Il donne à Mary l'impression d'accepter avec joie tout ce qui lui arrive et il fascine ses enfants par sa simplicité, son caractère droit et ses bévues.

Esme est consciente de l'attraction qu'il exerce sur les femmes, et le présente à celles qui l'interrogent sur le beau jardinier en venant acheter des légumes comme « mon beau-frère, c'est un moine ». Plus gênant pour lui : il attire sans le vouloir l'attention d'une voisine de la jardinerie, qui commence à le poursuivre de ses assiduités (il lui enverra un chapelet après son départ).

Pendant ce temps, le P. Dove se démène. Il a d'abord pensé aux missions jésuites. Le P. Corrigan, son provincial, à qui il propose les services de John accepte de payer un billet d'avion pour la fin 1962. Mais le jeune jésuite pense qu'il y a urgence. Pourquoi alors ne pas en parler aux franciscains, arrivés depuis peu dans le pays et chez qui aussi le travail ne manque pas ? D'ailleurs, son fantasque ami vénère saint François et, de plus, il aura sans doute moins de mal à s'intégrer dans une structure en cours d'installation que dans une machine aussi bien rodée que la mission jésuite, arrivée trois quarts de siècle plus tôt dans le pays. Le supérieur des franciscains, le P. Boniface Gaynor, accepte la demande et propose la mission St Mary de Wedza, que les franciscains viennent justement de reprendre aux jésuites.

Mais le volontariat n'échappe pas à l'administratif. Il faut lui signer un contrat. D'une durée de trois ans, celui-ci prévoit sa prise en charge par les franciscains, nourri, logé, blanchi, et un pécule mensuel. Le voyage aller-retour est à leur charge. La description de poste est à dessein vague, car tout est à faire dans une mission : construire, conduire, gérer, enseigner, évangéliser. John passe outre son allergie à toute paperasserie et signe. Pour obtenir les documents officiels dont il a besoin, il hante les couloirs de Rhodesia House, la Haute Commission de la colonie britannique sur le Strand, non loin de là où, six ans plus tôt, il dormait dans la rue. Mais les quelques jours nécessaires pour les formalités se transforment en semaines, puis en mois. Il lui faut passer une visite d'aptitude médicale, être vacciné, produire des attestations, des certificats, des cautions de moralité, signer des formulaires. Il n'est pas dupe et écrit avec humour : « En ce moment précis, ils doivent être prudents sur qui et quoi ils laissent entrer dans les derniers bastions vacillants du Fardeau de l'Homme Blanc. » Mais son emballement initial est bien retombé. Il écrit le 20 juin 1962 à sa mère : « Jamais je ne me suis senti aussi peu enthousiaste pour une entreprise que pour celle-ci. Je suis convaincu que c'est vraiment un bon signe. » Il a pourtant demandé à Stephen King, qui se prépare à émigrer en Australie avec sa famille, de lui trouver aussi un îlot désert au large des côtes australiennes, au cas où cette piste africaine n'aboutirait pas.

Comme il est prévu dans le contrat qu'il aura à conduire et qu'il n'a pas fait valider son permis militaire au retour de la guerre, il convainc Adrian Hardwicke de lui donner des leçons sur le goudron d'un camp militaire désaffecté du Hampshire. Il obtient ainsi une attestation provisoire de permis de conduire début juillet. Il se rend aussi plusieurs fois chez sa mère. Lors de sa dernière visite, il sait trouver les mots qu'il faut pour madame Bradburne quand, de retour à Londres, il évoque son séjour avec elle « non comme une conclusion pour le Devon, mais comme un prélude au Ciel ». Un autre de ses amis, Jack Dunn, vient de retrouver sa trace, perdue lors d'un déménagement. Marié et père de trois enfants, installé à Taunton depuis 1961, celui-ci a lu un jour dans un journal catholique une lettre de lecteur signée *Hornbeam,* et y a retrouvé le style inimitable de son ami. Il a écrit au journal et renoué avec John, qui vient passer quelques jours dans sa famille avant le départ, s'amuse à promener les enfants dans leur landau ou à les faire sauter sur ses genoux, et raconte à Jack et à son épouse les péripéties de Hare Street.

Il n'a toutefois pas renoncé à voir sa poésie publiée, et il envoie *Fons Aquarum* à un concours de poésie chrétienne du *Church Times*, sans succès. Il parle souvent à Esme de ses tentatives en ce domaine, mais celle-ci est insensible à sa poésie, alors que Mary Littledale lui reconnaît des qualités « mystiques ». En juillet, il envoie une sélection de poèmes à Victor Gollancz.

Soudain, fin juillet, le marathon administratif pour la Rhodésie du Sud s'achève. Tout est en règle, et le billet, payé 69 £ par le P. Gaynor, est arrivé. Le 5 août 1962, un événement fait la une des journaux britanniques comme de ceux du monde entier : Marilyn Monroe a été retrouvée morte, d'une overdose de barbituriques. L'arrestation de Nelson Mandela passe, elle, inaperçue – et plus encore, le lendemain, le départ d'un certain John Bradburne vers l'Afrique.

Annexe
Prinknash

Située sur une colline boisée des Costwolds, au sud-est de Gloucester, dans un immense parc forestier, l'abbaye n'est à l'origine qu'un pavillon de chasse de l'abbaye Saint-Pierre de Gloucester. Quand celle-ci est liquidée par Henry VIII, en 1540, les bâtiments sont donnés à un courtisan. La propriété passe par diverses mains avant d'être vendue en 1888 à un pieux laïc anglican, Thomas Dyer Edwardes, qui rêve d'y faire revenir des moines anglicans, mais il n'en existe pas. À la même époque, un étudiant en médecine anglican, Benjamin Carlyle, songe justement à restaurer la vie bénédictine dans son Église, et il fonde sous le nom de frère Aelred une communauté dans l'île de Caldey, l'« île des saints gallois ». Le monastère devient un des hauts lieux de la Haute Église anglicane et compte bientôt plus d'une trentaine de moines. Mais un nouvel archevêque de Canterbury oblige ceux-ci à choisir entre la vie bénédictine traditionnelle et leur Église. Presque tous rejoignent alors l'Église catholique, en 1913. L'étranglement économique et une guerre médiatique menée contre dom Aelred le conduisent à résigner sa charge en 1922 (après des décennies au Canada, il reviendra dans la communauté qu'il a fondée, et y mourra simple moine peu avant que John n'y entre). C'est alors qu'Edwardes, récemment converti au catholicisme, propose aux moines Prinknash. Pie XI en personne remercie à Rome le généreux donateur, mais celui-ci meurt quelques semaines plus tard, avant que le don n'ait été enregistré. Son petit-fils, Malcolm, quoique protestant, décide d'honorer la promesse et, à la Noël 1928, toute la communauté est réunie dans sa nouvelle abbaye, tandis que des cisterciens de Chimay prennent possession de Caldey (ils y sont toujours).

En 1937, Prinknash est élevée au rang d'abbaye. Dom Wilfrid Upson en devient le premier abbé, et il l'est toujours quand John y entre. Il entreprend de construire de nouveaux bâtiments destinés à accueillir les nombreuses vocations. Elles sont alors si abondantes que le pavillon de chasse lui-même a dû être provisoirement agrandi ; John devra vivre avec les autres postulants dans des baraquements. Dom Upson, un converti, surprend les habitués des stéréotypes. Il fume des cigarettes turques, apprécie le bon café, ne cache ni ses talents de prestidigitateur et de chanteur comique, ni son amour du théâtre et du cinéma, ni ses relations avec des vedettes d'Hollywood, ni son plaisir à voyager, ce qui ne l'empêche pas d'être un authentique maître spirituel. Dom Alfred Spencer est le maître des novices. Ce capucin l'était déjà dans son ordre quand il a ressenti, à trente ans passés, un appel à une vocation plus contemplative et entre à Prinknash. À peine prononce-t-il ses vœux qu'il est chargé à nouveau des novices. Sous leur double direction, Prinknash est un haut lieu de prière, comme en témoigne Bede Griffiths :

> Maintenant je me trouvais dans une atmosphère dans laquelle la prière était comme la respiration vitale. Je n'oublierai jamais ma surprise lorsque quelqu'un me dit d'une façon tout à fait ordinaire qu'il prierait pour moi ; le monde surnaturel devenait pour moi d'un coup positif et réel, allant de soi… Ici on gardait l'esprit ouvert sur Dieu, et tout était porté en relation avec lui[1].

1. *The Golden String. An autobiography* (1954).

La Rhodésie à l'époque de John (aujourd'hui le Zimbabwe).

7

L'Afrique
1962-1969

D'Angleterre, de loin, vers l'Afrique
Vont ces ménestrels que sont les migrants [...]
Au pays de Notre Père nous aspirons, plus
Par désir que par chant, nos cœurs s'envolent,
[légèrement.

Rhythm (*Owed to a Nightingale*), 1968

En ce début août, la Rhodésie du Sud entre dans son quatrième mois de saison sèche. Le ciel est bleu et, malgré l'hiver austral, il fait plus chaud qu'à Londres. John est loin d'être le seul immigrant, et son arrivée, attendue par le seul P. Dove, passe d'autant plus inaperçue même de la communauté catholique que cette dernière vient de recevoir un visiteur de marque, le cardinal Montini, archevêque de Milan et qui plus est *papabile*, venu soutenir la fondation de l'hôpital de Chirundu pris en charge par un groupe de consacrées italiennes qu'il patronne. C'est justement son ami, secrétaire de l'archevêque de Salisbury, qui a organisé le séjour du cardinal. Après un passage à l'archevêché, les voici sur la piste de la mission jésuite de Chishawasha, à une vingtaine de kilomètres au nord-ouest de Salisbury[1]. John découvre aussitôt de quoi le réjouir, des arbres inconnus comme les *mubûe* ou les baobabs, et un paradis pour les oiseaux – 635 espèces recensées dans la zone de la mission jésuite, dont l'aigle-serpent et l'aigle bateleur –, tandis que son

1. Aujourd'hui Harare. Voir le glossaire des noms de lieux, p. 498, et le glossaire des noms shonas, p. 499.

ami le P. Dove lui donne une première leçon d'histoire de la Rhodésie du Sud et de l'Église catholique[1].

Toute la vallée de Chishawasha et les collines et plateaux qui la bordent constituent le domaine des jésuites. La zone, une chefferie traditionnelle, leur a été donnée par Rhodes lui-même. Lors de la révolte africaine de 1896, la mission est attaquée par les guerriers shonas. Le calme rétabli, les jésuites protègent les Africains contre les excès de la répression et connaissent une explosion de conversions : 300 baptisés en 1899, 1 000 en 1905, 3 600 en 1920. Les missionnaires, surtout des Allemands, sont à la tête de huit *kraals* (hameaux) qu'ils développent pour en faire des villages chrétiens modèles et leur supérieur, le P. Richartz, défend les Africains quand des impôts iniques les écrasent. La scolarisation et le développement d'apprentissages techniques permettent au fil des décennies aux jeunes de Chishawasha de trouver du travail à Salisbury, et les employeurs européens louent l'action des jésuites, pourtant ambiguë car ils protègent et exploitent à la fois les Africains, comme en témoigne l'écrivain Lawrence Vambee, né dans la mission. Le P. Dove ne cache pas à John qu'à ses yeux ce paternalisme colonial est dépassé, et que la tâche première est désormais d'aider les Africains à prendre en main les destinées du pays, dans un esprit chrétien.

Arrivés à la mission, les deux amis vont prier dans la vieille église St Ignatius, la première de la colonie, consacrée en 1902 – une statue y représente la Vierge avec un esclave africain libéré de ses chaînes –, puis ils prennent le thé chez les Sœurs bleues, une congrégation missionnaire irlandaise. La vieille mission que visite John, la première de la colonie, est toujours en pleine activité : un séminaire diocésain, l'école de filles St Dominic, l'école de garçons St Ignatius qui vient d'ouvrir pour les jeunes Africains, les bâtiments des pères. John visite aussi le cimetière ombragé, où sont enterrés les missionnaires jésuites décédés dans la colonie.

Difficiles débuts à Wedza

Le lendemain, l'archevêque de Salisbury, Mgr Markall, emmène John visiter la mission de Monte Cassino, à 120 kilomètres à

1. *Cf.* annexe 1, p. 311-313.

l'est de la capitale puis, de retour à Salisbury, son ami Dove le conduit au quartier général des franciscains à Waterfalls, au sud de la ville. Les religieux, venus d'Irlande, ne sont en Rhodésie du Sud que depuis quatre ans (la vie franciscaine y était déjà présente, mais sous des formes atypiques, ainsi les anglicans Arthur Cripps à Enkeldoorn et Francis Nyabadza à Rusape, ou le catholique Patrick Kwesha, qui a fondé un tiers ordre non reconnu dans le Manicaland, à l'est du pays). Le P. Gaynor, supérieur des franciscains, accueille John. Puis, le 11 août, le nouveau volontaire part, toujours avec son ami Dove, pour la mission de Wedza, à quelque 160 kilomètres au sud-est de Salisbury. Ils suivent la route d'Umtali jusqu'à Marandellas, à travers les riches exploitations agricoles européennes, puis empruntent une petite route qui bientôt n'est plus qu'une piste. Ils entrent alors dans la « réserve indigène » de Wedza, et distinguent bientôt le mont Rusunzwe, rebaptisé mont St Mary. Quand le véhicule s'approche de la mission, la piste grimpe au flanc de la montagne, découvrant un paysage aux bouquets d'arbres éparpillés. Une barrière canadienne signale l'entrée de la mission, qui comprend l'église, la maison des Pères, un hôpital rural et deux écoles. Le panorama est vaste, des plateaux vers le nord, des reliefs et des ravinements plus ou moins boisés au sud (John leur trouvera un air de famille avec les Apennins). Il n'y a plus de gros gibier dans la région, sauf quelques léopards, mais les oiseaux sont nombreux et John va vite s'éprendre d'eux. Il remarque aussi les papillons, les cigales, les sauterelles et les *dudus* (moustiques et autres insectes) qui pullulent, les lézards paresseux qui courent sur les murs de la mission ou attrapent les mouches, et un babouin qui veille, perché sur le rocher surplombant la mission. Celle-ci est isolée, les commerces les plus proches sont à 70 kilomètres et le courrier n'est ramassé que deux fois par semaine.

La mission de Wedza couvre une zone grande comme un quart de l'Irlande, avec plus de 40 000 Africains dans les « réserves indigènes ». Elle a été fondée par un trappiste allemand avant 1914, abandonnée ensuite, puis rouverte en 1948 par un autre Allemand, jésuite cette fois-ci, le P. Boeckenhoff. Elle vient d'être attribuée aux franciscains, qui s'y sont installés six mois auparavant. Les missionnaires irlandais ont déjà commencé à sillonner la région et à rencontrer chefs et anciens, jeunes et femmes, riches et pauvres, durant les sessions de bière sous l'arbre à palabre, lors des funérailles ou partout où ils le peuvent. Quand John arrive, ils ont déjà gagné bien des cœurs comme en témoigne cette confidence d'un vieil Africain non catholique au P. Russell : « Je dois vous dire, *Baba* [père], que je vous ai observé, vous les missionnaires, depuis quelque temps et ce que je veux vous dire, c'est que vous les catholiques, vous respectez les gens. »

L'équipe des franciscains de Wedza accueille son volontaire anglais, le contrat signé avant le départ est confirmé, et le P. Dove ne cache pas qu'il se réjouit du peu d'argent de poche donné à son ami, que celui-ci aurait aussitôt distribué à droite ou à gauche. Les deux amis visitent l'école primaire, l'école secondaire et le dispensaire, que tiennent trois sœurs irlandaises. Le P. Dove insiste auprès d'elles pour qu'elles surveillent son ami et qu'elles s'assurent qu'il prend bien tous les jours ses cachets contre le paludisme.

L'église de la mission est un modeste bâtiment blanc dont la seule originalité est une tour en pierre qui ressemblerait à un pigeonnier, n'eût été ses meurtrières. Mais pour John, elle est le lieu où réside le Saint-Sacrement et cela seul compte. C'est pourquoi il commence, en y entrant, par chercher celui-ci et par prier un moment devant. Son ami jésuite qui l'accompagne s'émerveille une fois de plus de la façon dont John « visite » une église : après cette prière au Saint-Sacrement, il cherche s'il y a une chapelle de la Vierge pour s'y recueillir aussi, puis les autels ou chapelles de saints, et s'intéresse ensuite à l'orgue. S'il y a un confessionnal ouvert, il s'y rend. Il ressort toujours du sanctuaire en faisant un ample et lent signe de croix, après avoir pris de l'eau bénite, « rafraîchi en esprit » (J. Dove).

Les franciscains adoptent vite leur volontaire, sa joie de vivre et son sens de l'humour sont appréciés. Il s'installe dans la maison de la mission et prend ses repas avec eux. Il n'y a pas d'électricité mais des postes à transistors permettent d'apprendre ce qui se passe dans le monde. On s'éclaire à la lampe et, à la tombée du jour, l'activité cesse vite. Les journées sont agréables mais durant la nuit, en ce mois d'août, l'hiver austral fait descendre le thermomètre, qui peut parfois avoisiner le zéro, or les bâtiments sont faits pour combattre la chaleur, pas le froid, et il n'y a pas de chauffage, sinon le soleil durant la journée.

Les missionnaires sont avant tout des hommes pratiques, des « Marthe » occupés de l'aube à la tombée de la nuit par des actions concrètes. Un volontaire, le premier, signifie pour eux une aide dans leurs tâches pratiques, pour leur permettre de se consacrer à la mission proprement dite, une sorte de frère convers temporaire. Écrivant à sa mère, deux jours après son arrivée, John raconte qu'il devra surtout conduire des véhicules. Mais les missionnaires attendent aussi de lui qu'il soit homme à tout faire, dactylo, constructeur, maçon, comptable – or il n'est rien de tout cela. De plus, dans une mission qui démarre, tout est à faire, les franciscains s'épuisent à la besogne, parfois au détriment de la prière – et ils n'exigent pas moins de leur volontaire ; mais lui, non. Enfin, comme il est le premier volontaire, ils s'attendent à ce qu'il pratique lui aussi l'obéissance religieuse, ce qui est mal le connaître. Comme il ne connaît pas un mot de shona, ils lui demandent de l'apprendre au plus vite (mais sans lui proposer un stage linguistique comme pour leurs confrères). Or une fois les mots élémentaires de politesse retenus, surtout grâce aux enfants à qui il distribue des bonbons qu'il s'est procuré on en sait où, John bute sur l'étrangeté linguistique et se lasse vite, écrivant à sa mère qu'il ne sera pas capable d'aller au-delà d'un « kaffir de cuisine – sabir », remarquant d'ailleurs qu'il ne sera pas le seul en faisant allusion aux missionnaires (pas de chance pour lui : le P. Gildea parlera le shona avec une telle aisance que les Africains le surnommeront « *Baba* Shona » – bel hommage).

Dès que les franciscains ont fait le tour de ce qu'ils pourraient lui confier, ils ont de quoi s'inquiéter : leur volontaire n'a aucune qualification ni aucun sens pratique, il ne peut être utilisé à l'école, ne sait pas vraiment conduire, on ne peut rien lui confier à l'hôpital, il ne sait même pas taper à la machine. Et, de plus, il prétend savoir quelle devrait être sa tâche principale : prier, ce qui nécessite du temps et du recueillement. Que lui demander, alors qu'ils attendaient un coopérateur aussi compétent que doué d'esprit d'initiative ? Chauffeur, malgré tout ? Il possède un permis de conduire britannique provisoire, mais celui-ci n'est pas valide en Rhodésie du Sud. John devra donc le repasser, et il est invité à s'entraîner sur les véhicules de la mission, même si la tôle ondulée rend la conduite parfois périlleuse.

Les écoles et postes de brousse sont éparpillés sur un vaste territoire, les plus lointains sont à près de 80 kilomètres de la mission. Un des pères en est responsable et John se voit chargé de l'accompagner. Le missionnaire ramasse les écolages, paient les enseignants, fournit les livres, les fournitures scolaires et les ballons de football, supervise les travaux de construction et de maintenance. En plus, il célèbre une messe par mois dans chacun de ces postes-école. Voyageant en Land-Rover ou à pied, un seul missionnaire peut desservir jusqu'à une trentaine de postes sur un territoire de milliers de kilomètres carrés et, à raison d'un par jour tout le mois y passe.

Parmi les franciscains, John se lie surtout avec le P. Sean Gildea et le P. Desmond O'Malley, les autres missionnaires se lassant vite de son originalité. Le P. Desmond, arrivé en Rhodésie du Sud quatre mois avant lui, dirige l'école de la mission. Ce religieux plutôt petit et frêle joue de l'accordéon et anime la chorale de la mission – plus tard, il se laissera pousser les cheveux et ressemblera à une vedette de musique pop. Son jeu est si virtuose que les crocodiles sortent des cours d'eau et des marigots pour écouter son accordéon – c'est du moins ce qu'affirme le P. Gildea, qui assure avoir vu à Murambinda deux sauriens de la Mwerihari, qui sont ensuite retournés paisiblement dans la rivière. John ne parlera pas des crocodiles, mais il est séduit par le P. Desmond :

> Quand je suis arrivé à la mission de Wedza
> Que pensez-vous que j'ai entendu ?
> C'était joué sur une gaie guitare
> Non pas, mais sur un accordéon
> Par le père Desmond – c'est son étoile !
> Avec un chœur de jeunes filles shonas *a capella* :
> « Bobby Shafter est parti en mer[1]… »

Est-ce cette proximité musicale avec le missionnaire ? Selon le P. Dove, John confie au P. Desmond qu'il a fait trois vœux : « Le premier, servir et vivre avec les lépreux, le second, mourir martyr, le troisième, être enterré avec l'habit franciscain. »

Mais fin septembre, six semaines après son arrivée, les franciscains sont toujours en train de se demander ce qu'ils vont

1. *Gone to sea*, 1978.

Le révérend Thomas Bradburne,
le père de John.

Le presbytère de Skirwith où John est né.

Les enfants Bradburne (John est à gauche).

L'abbaye de Buckfast (en 2011).

John en 1941, à la veille de
partir à la guerre.

John en 1953.

La Vierge à l'Enfant de
Santa Maria a Miano.

L'église de Palma et la tribune où
John a vécu un an
(restaurée depuis).

John à Gandachibvuva.

La case-poulailler de John à Silveira House (état actuel).

À M'Bebi, avec le chat
du même nom.

À Silveira House,
avec le P. John Dove (noël 1964).

John dans *L'Homme né pour être roi* (1967).

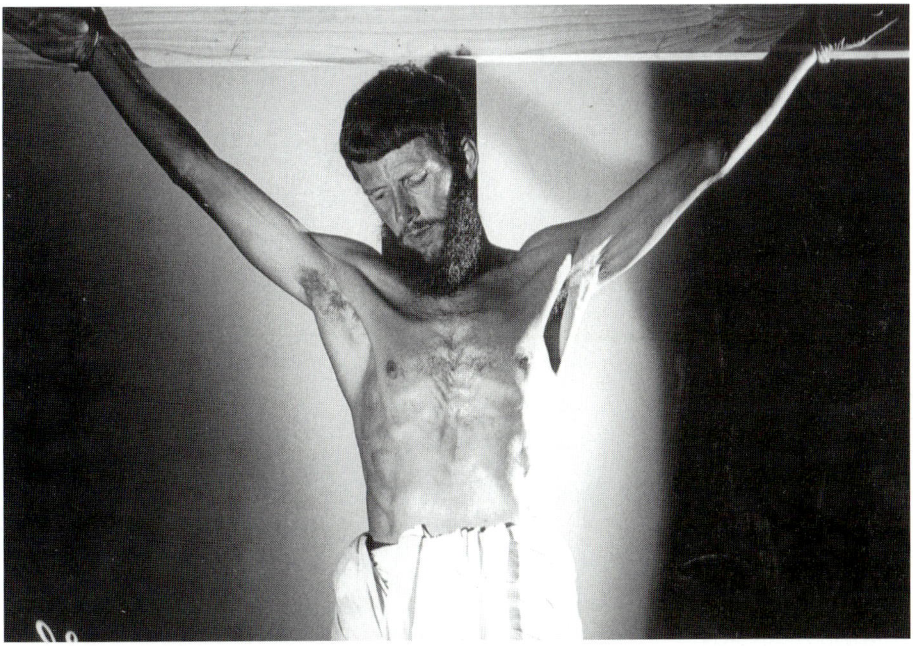

L'aigle Haggai. John (au centre) avec le P. Cockcroft et J. Dove en 1966.

John à côté de son Arche dans la case de tôle à Mtemwa.

John à sa machine à écrire (vieille boucherie de Mtemwa).

John avec des enfants de lépreux de Mtemwa.

John avec *Mai* Jeromia.

John écrivant un poème
dans sa case de tôle.

Joshua et John font la tournée du centre.

John avec Peter Katsandanga.

Pique-nique avec les Law près de Mtemwa.

La tournée quotidienne au centre.

L'homme à tout faire du centre.

John à Silveira House.

John à l'enterrement
de Luisa Guidotti.

Le Dr Luisa Guidotti.

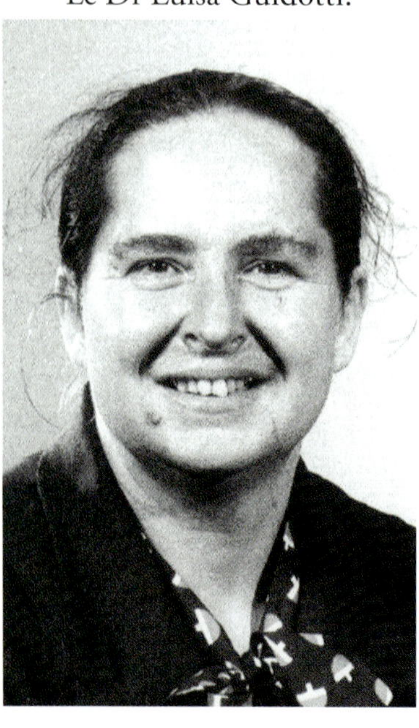

John sur le Chigona.

John en compagnie du P. David Gibbs.

À Mtemwa, le sourire de John.

pouvoir faire de lui. Ils l'aiment bien, mais cela ne suffit pas. Outre le responsable des écoles, il accompagne l'un ou l'autre père dans ses tournées, mais plutôt comme un invité. Non qu'il refuse le travail, au contraire il est toujours prêt à rendre service, mais il est si distrait qu'un jour il met un jerrycan d'essence dans la Land-Rover de la mission, qui roule au gasoil ! D'ailleurs lui-même est mal à l'aise : venu en Afrique pour y trouver une grotte et y prier, on veut l'entraîner dans un maelström d'activités, du lever au coucher du soleil. Il doit sans cesse rencontrer de nouvelles personnes, accomplir des tâches pour lesquelles il n'est ni préparé ni compétent. S'y ajoute la découverte de la pauvreté des Africains, de leurs misères de santé et des discriminations qui les frappent, ce qui le met dans le désarroi de ne rien pouvoir faire pour eux. Il n'a de plus pas tardé à comprendre qu'aux yeux de ces derniers, il est avant tout un *murungu*, un Blanc, ce qui accroît son malaise. Il ne serait d'ailleurs ni le premier ni le dernier volontaire à revenir en Europe après quelques semaines. Mais il ne veut pas. Que faire ?

À Enkeldoorn, la découverte des Shonas

Le P. Gildea propose alors une solution : puisqu'il doit repartir dans un nouveau poste, à Enkeldoorn, il emmènera John. Les autres franciscains sont soulagés et, le 4 octobre 1962, moins de deux mois après son arrivée, John quitte Wedza pour la mission Notre-Dame de Lourdes à Enkeldoorn. Ce *dorp* (village, en afrikaans) est à 140 kilomètres au sud de Salisbury, sur la grand-route vers l'Afrique du Sud. Le paysage de la région est moins varié qu'à Wedza, mais s'il n'y a plus de fauves et autres animaux sauvages, les oiseaux y sont légion. La zone de peuplement européen est entourée par une vaste « réserve indigène ». Les fermes européennes, tenues pour la plupart par des descendants de Boers de confession réformée, sont de vastes proportions. Les Africains qui y travaillent sont payés en moyenne 2 $ rhodésiens par mois (1 £), ce qui ne permet guère qu'à un seul enfant par famille d'aller à l'école. Aux yeux des missionnaires, leur situation ne vaut guère mieux qu'un esclavage. La plupart des fermiers sont pourtant très religieux et, paternalistes, se soucient de la piété et de la moralité de leurs employés. Comme certains sont catholiques, les missionnaires sont autorisés à pénétrer dans les fermes, mais une seule fois par mois, ce qui rend leur action difficile.

Le village d'Enkeldoorn a été fondé à la fin du XIXe siècle par un certain Lebenberg, suivi d'une cinquantaine d'Afrikaners, et son nom (qui signifie « arbuste épineux », en afrikaans) lui aurait été donné, selon la légende locale, par Rhodes lui-même lors d'un arrêt en ce lieu en 1893. Le village compte un vieil hôtel au fronton vaguement néerlandais avec une publicité pour la bière *Castle*, une banque, deux boutiques, une boulangerie et quelques échoppes. Le *dorp* a la réputation d'être particulièrement ennuyeux et une blague court dans la colonie, celle d'un concours dont le premier prix est : une semaine de séjour à Enkeldoorn, le second deux semaines, etc.

John deviendra vite une figure connue et appréciée du village, chez les Européens comme chez les Africains. Parmi les premiers, il y a Henry, le patron de l'hôtel. Le P. Gildea se souviendra d'une soirée à l'invitation de celui-ci et de son épouse durant laquelle John amuse la galerie par ses imitations, en particulier celle d'un recteur anglican de l'East Anglia, sans doute quelque pasteur local connu durant son enfance dont il imite l'accent paysan dans la parabole du Bon Samaritain. Le tout sans méchanceté : « Sa liberté, sa bonne humeur et son acceptation bienveillante de tous en faisaient un homme de paix. Il n'avait pas besoin de connaître le langage local. Un terme jeté au hasard avec un rire de bonne humeur faisait passer le message » (P. Gildea).

La mission franciscaine couvre une étendue égale à la moitié de la Belgique. Elle a été ouverte deux ans plus tôt, sans église ni résidence fixe, et les missionnaires dorment au début où ils le peuvent, passant le plus clair de leurs journées sous les arbres avec un livre de catéchèse et évangélisant. L'église, un petit bungalow et quelques dépendances, ont été construits en 1961, à la lisière entre le *dorp* et le *township* car les fidèles sont tous africains mais les missionnaires sont le plus souvent sur les pistes et dans les *kraals*. Le P. Gildea est un battant et arpente la brousse jour après jour, souvent accompagné de John. Une des premières nuits après leur arrivée, ils partent donner l'extrême-onction dans un hameau de brousse à plus de trente kilomètres de la mission. Le vieil homme qui la reçoit en est tout ragaillardi, ce qui impressionne John. Sur le chemin du retour leur véhicule percute dans la nuit une bête de la taille d'un chevreuil, qu'ils emportent à la mission.

Les Africains sont très hospitaliers, et accueillent tout étranger avec un repas, un matelas et des couvertures si besoin est. Le P. Gildea serre les mains partout où il arrive, ce que les Européens ne font jamais, et il apprendra plus tard combien ce geste a été apprécié. Il prend son temps dans les *kraals*, et n'hésite pas à passer des heures à écouter des histoires, à boire de la bière maison, à parfaire son shona et à rire avec ceux qui le reçoivent. La façon dont l'Évangile est accueilli l'émerveille : des paysans pauvres sont prêts à donner beaucoup pour acquérir une bible ; pour la rendre accessible, il décide que le prix en sera d'un poulet. Les familles catholiques sont souvent isolées les unes des autres à travers la zone, et les visiter toutes demande bien du temps. Pour les tournées de brousse, le missionnaire et son assistant doivent franchir des gués. Les salutations avec les villageois sont interminables, puis la traversée commence, hasardeuse car le courant peut être dangereux, ou un hippopotame sommeiller quelque part. Parfois, la piste disparaît dans les hautes herbes, et le conducteur doit être attentif à ce qu'un rocher dissimulé par la végétation ne vienne pas figer sur place le véhicule.

Le 11 octobre, à Rome, Jean XXIII ouvre le second concile du Vatican, le jour de la fête de la Divine-Maternité de Notre-Dame, et exhorte les pères du concile à « utiliser les remèdes de la miséricorde plutôt que les armes de la sévérité ». Le même jour, John passe son permis de conduire à Enkeldoorn. Il a prié saint Antoine, mais se console à l'avance en remarquant que, s'il échoue, c'est que le Seigneur et le saint préféraient marcher avec des chariots et des chevaux, avec une prédilection marquée dans les deux cas pour les ânes. Embarqué avec son examinateur, il commence par caler deux fois puis manque de peu un poteau. Mais ce dernier doit être « sous le sortilège de Titania la reine des fées » de Shakespeare, et il signe le précieux document qui va permettre à celui qui le reçoit « de n'avoir qu'à payer un certificat pour devenir une menace légalisée pour les autres ». Le P. Gildea lui confie désormais la voiture pour faire des tournées, évacuer un malade ou rapporter le courrier. John semble avoir encore des velléités pour apprendre le shona mais renonce bientôt à la « tentation subtile d'apprendre ce baragouin barbare », et il décide d'être un adepte du « christianisme pré-babélique » : dire bonjour en grimaçant lui suffit puisqu'on lui répond de même, et qu'il souhaite que ses interlocuteurs aillent tous au Paradis !

Son amitié avec le P. Gildea s'approfondit. Le franciscain a découvert en lui, au-delà de l'Anglais excentrique, un homme d'une grande profondeur dont il comparera l'attitude à celle prônée par Chesterton, « toujours faire des cercles concentriques, mais pour revenir sans cesse au centre ». Et il trouve en lui quelque chose de ce qu'il pense que saint François d'Assise devait être. John devient vite aussi l'ami des deux Africains de la mission. Samson le cuisinier, le plus âgé, est petit et chauve. Le second, Cornelio, est un adolescent rigolard qui sert d'homme à tout faire. Il y a aussi madame Chizuva, qui veille à la bonne marche de la mission et habite dans une petite baraque derrière le bungalow, une femme mystérieuse qui intriguera le P. Dove quand il viendra rendre visite à son ami, la jugeant une sorte de Melchisédek en jupon. Elle se prend d'affection pour John et lui offre de la bière en bouteille, ce dont il n'a que faire mais qui amuse beaucoup le P. Gildea. Ce sont les premiers Africains avec qui John a l'occasion de vivre : dans un pays qui prône la séparation des races sous le vocable de « développement séparé », les missions sont des oasis de convivialité entre Européens et Africains. Dans une lettre à madame Bradburne, le P. Dove, pour qui John semble cette fois installé pour un certain temps, remarque que son ami est très à l'aise avec les Africains. Ceux-ci sont naturels et ne l'ennuieront pas pour ce qu'il est, même si Samson ne cache guère que les Européens sont pour lui un peu fous quand John raconte ses voyages à travers l'Europe, son pèlerinage en Terre sainte ou son année à Palma. Le P. Gildea fait d'ailleurs remarquer au jésuite que son ami a l'art de mettre toujours les autres à la première place dans ses récits, de distinguer ce qu'ils ont de mieux, et de les mettre en valeur sans les juger.

Bientôt les premières pluies arrivent, le paysage verdoie et change rapidement, à la plus grande joie de John, qui l'écrit à sa mère. Il lui apprend aussi qu'il jouera de la flûte dans des saynètes de Noël pour le groupe des dames de la mission, après l'avoir fait pour les enfants de l'école et conclut : « La vie est belle, et l'éternité sera merveilleuse. » Un peu plus tard, il lui écrit qu'il a demandé au P. Gildea de ne plus lui donner d'argent de poche :

« Je suis sans le sou, ce n'est pas une allusion mais une Affirmation Franciscaine Triomphante. » Cela l'empêche d'envoyer des cartes de vœux à Noël, mais il ne semble guère s'en culpabiliser, et il précise que lorsqu'ils vont à Salisbury les pères font leurs fonds de poche pour lui donner quelques pièces.

La prière et la contemplation sont toujours premières pour lui, puis les relations humaines et la poésie, bien avant les tâches matérielles. Il passe ainsi des heures à admirer les oiseaux, en particulier les cigognes et les milans qui préparent leur grande migration, et sa poésie se nourrit de ces observations. Cette fascination pour le monde animal le pousse à collectionner toutes les images qu'il peut en trouver, emballages de plaques de chocolat, revues ou autres, qu'il scotche sur ses cahiers de poésie ou au revers d'un bout de carton, une vieille habitude.

La veille de Noël 1962, il monte à Salisbury rejoindre son ami jésuite. Le P. Dove l'emmène célébrer avec lui les messes de minuit et du jour de Noël dans la brousse et il les sert. Il rentre à Enkeldoorn le 27. Son ami a dû lui expliquer la situation politique, car il écrit à sa mère que le monde n'est que « guerres et rumeurs de guerre », mais ajoute que tiennent le Seigneur de Noël et sa venue, et que « ce pèlerinage vers notre Demeure est court, et bientôt s'achèvera en éternelle joie ». La situation est effectivement grave : à l'automne, un nouveau parti, le Front rhodésien, a fait campagne avec un programme qui ne veut rien céder aux Africains et il a gagné les élections législatives du 14 décembre (sur 88 000 électeurs, on ne compte que 5 217 Africains). Winston Field devient Premier ministre. Le gouvernement anglais reconnaît alors au Nyassaland le droit à l'indépendance, et la Rhodésie du Nord, où les Africains sont majoritaires au Parlement, demande bientôt la sienne. La Fédération commence à se disloquer. En janvier 1963, le P. Dove, inquiet de l'évolution de la colonie, fait venir à Salisbury son confrère Paul Crane, qui dirige à Londres la Claver House, centre international de formation à la doctrine sociale de l'Église. L'enjeu est d'importance : les jésuites sentent que les responsables nationalistes, jusqu'alors liés aux Églises (Muzorewa est un évêque méthodiste et Sithole un ministre de la même confession, Nkomo le fils de missionnaires protestants et Mugabe un enseignant d'une mission catholique) se tournent vers les régimes marxistes, cherchant des alliés puissants. Le P. Crane donne des conférences dans les principaux *townships* de Salisbury, Harare, Highfield, Mabvuku et Mufakose, et il a des contacts avec les chefs nationalistes comme avec des personnalités libérales tels que les Acton. C'est chez ces derniers, à M'Bebi, qu'a lieu une rencontre importante avec les uns et les autres[1].

John reste loin de ces préoccupations politiques mais il se prend d'une profonde affection pour le monde shona qu'il découvre alors véritablement[2]. Il veut le servir et ce sera sa façon, concrète, de refuser l'idéologie raciale du Front rhodésien. Il est séduit par la gentillesse et la courtoisie de ce peuple, par le temps passé en salutations et palabres, par le respect envers les personnes âgées et par la place de la tradition et de la religion dans les vies. Il progresse ainsi dans une connaissance en profondeur de ceux au milieu desquels il vit :

> Les Shonas passeraient toute la journée
> Du moment où ils vous rencontrent jusqu'au lendemain matin ;
> Leurs façons d'être sont lentes comme le balancement
> De l'épi de maïs et du tambour qu'on bat ;
> Ils ne siègent pas amassés sur des sommes confuses
> Pour prévoir d'inutiles soucis du futur ;
> Ils arborent plus de « N'y pensez pas » que la Chrétienté ;
> Leurs maisons sont des cases, pas des châteaux dans les airs[3]...

Alors que nombre d'Européens ont tendance à dénier aux Africains toute affectivité développée, John affirme, mélangeant encore sympathie et préjugé, que pour ceux-ci « l'essentiel c'est d'être aimés, conduits et commandés », et il estime qu'il faut faire preuve surtout de compassion et de fermeté mais, ajoute-t-il, pas de sentimentalité de façade sur le cliché de « l'Africain simple et solitaire », qui ne sert à rien car « c'est de saints que ce peuple a besoin ». À Enkeldoorn, il a d'ailleurs eu un précurseur dans cette voie, Arthur Cripps, le « saint François anglican de la Rhodésie » mort dix ans plus tôt et dont la tombe est devenue un lieu de pèlerinage. Les relations entre les franciscains et la mission anglicane de Cripps, à Daradombe, à une quarantaine de kilomètres d'Enkeldoorn, sont bonnes et, en

1. À son retour à Londres, le P. Crane envoie aux évêques un mémorandum. Il y explique que le mouvement nationaliste l'emportera forcément ; le devoir de l'Église est donc de former une élite africaine responsable.
2. *Cf.* annexe 2, p. 314-316.
3. *A Ballade of a Gladsome People*, date incertaine.

janvier 1963, les successeurs de Cripps offrent une flûte à bec à John qui leur rend visite. Cripps et John ont plus d'un point commun, outre l'amour du Poverello : non-conformisme, poésie, service des plus pauvres, don de soi, amour de l'eucharistie, désir de solitude et retraites sur une montagne[1].

Les tournées pour installer des écoles et des postes de mission se multiplient. Il faut aller voir les chefs de village, discuter longuement, négocier leur bienveillance. Un jour, le P. Gildea envoie John à Badza, un poste situé à une trentaine de kilomètres de la mission, pour apporter les livres dont l'école a besoin. Le soir venu, celui-ci n'est pas rentré. Le missionnaire s'inquiète, et réussit à apprendre que son assistant est reparti de Badza depuis des heures. Le matin suivant, il se prépare à lancer des appels dans toutes les directions quand il le voit arriver. Que s'est-il passé ? Sur la route du retour, peu avant d'arriver à Enkeldoorn, John a croisé un groupe d'Africaines et leur a proposé de les raccompagner chez elles. Elles lui ont indiqué la direction de l'est, à l'opposé de la mission mais qu'importe, et les voilà partis à travers la montagne. La saison des pluies a déjà commencé et à deux reprises tout le monde doit descendre pour passer des zones inondées en soulevant le véhicule sous une pluie battante. La nuit est déjà bien avancée quand ils arrivent au lieu de destination, Sadza – à une soixantaine de kilomètres d'Enkeldoorn ! John, épuisé, est incapable de reprendre le volant dans la nuit. Un commerçant lui offre un lit de camp et il tente de dormir sous les vêtements suspendus et les étagères de casseroles, alors que des rats jouent la sarabande autour du lit. Quand il rentre le lendemain à Enkeldoorn, il raconte sa mésaventure au P. Gildea avec tant de franchise que ce dernier n'arrive pas à lui en vouloir. Mais il ne lui confiera désormais la voiture que s'il n'y a pas d'autres chauffeurs disponibles – John finira par le comprendre et en concevra quelque peine.

Sous le réservoir de Gandachibvuva

Début 1963, les franciscains ont décidé d'ouvrir une nouvelle mission, placée sous le patronage de saint Antoine de Padoue, à 70 kilomètres plus à l'est, Gandachibvuva (vite abrégé

1. *Cf.* annexe 3, p. 316.

en Ganda). John est invité à accompagner la fondation, avec le titre ronflant de superviseur des écoles de brousse, et il rejoint en avril le P. Paschal Slevin, responsable de la nouvelle mission, et le P. Ultan McCaffrey, arrivés le mois précédent. Une petite communauté catholique existe déjà dans cette région isolée, desservie jusqu'alors par la mission de Driefontein, à 160 kilomètres au sud. John apprécie d'emblée le P. Slevin, en qui il voit un « vrai franciscain ». La mission de Ganda démarre aussi avec deux jeunes femmes, Annunciata et Caroline, qui s'occupent de la cuisine et du ménage. Elles sympathisent vite avec le nouveau venu. Le domaine de la mission comprend une petite chapelle, un dispensaire et un bungalow de trois pièces où les missionnaires et John s'installent, plus quelques dépendances. Il est situé sur une colline que borde la rivière Mwerihari, et John s'émerveille des chutes d'eau, dont le chant a donné par onomatopée le nom du lieu. Quand arrivera la saison des pluies, la rivière grossie dévalera de façon impressionnante les monts de Dramombe. Le paysage rappelle à John l'Italie et les hauts de Palma, avec ses monts et ses prairies où paît le bétail. Un lion solitaire vit, dit-on, sur une colline à une quinzaine de kilomètres de la mission, et un grand crocodile a élu domicile dans la mare, non loin de la pompe – ses petits aboient sur les rochers avant de s'y replonger au milieu des hippopotames. Les babouins pullulent, et John aime les contempler traversant par grappes entières la rivière, les femelles bondissant souplement avec leurs petits accrochés à leur poitrine. Ses lettres et sa poésie énumèrent et décrivent aussi les aigles dans le ciel, les humbles lézards, criquets, sauterelles, les scorpions au sol, les chenilles énormes qui s'enroulent autour des arbres, « leur donnant comme un manteau de fourrure avec des rayures de tigre ».

John aimerait démontrer cette fois qu'il a plus que de la bonne volonté, même s'il ne se fait guère d'illusions. Mais la charge de superviseur des écoles se révèle vite au-delà de ses capacités, et les franciscains n'insistent guère. On lui laisse trois tâches : aider au dispensaire, chercher du bois pour le feu et s'occuper des poules : « Ça, c'est ma vie », écrit-il à sa mère, en français. Il est aussi chargé de faire sonner la cloche pour appeler à la messe, aux offices et aux trois angélus quotidiens. Il est toujours le premier à se rendre à la chapelle « à six heures, midi et six heures » pour chanter les « louanges de Celui qui nous a donné Marie comme notre Mère ». Il doit aussi de se rendre utile au dispensaire, mais quelques bourdes suffiront à l'en écarter, de même quand il se propose d'intervenir sur le camion de la mission. Toutefois, les franciscains lui laissent en charge le dispensaire lorsqu'ils sont en tournée, en attendant la construction d'une clinique qui permettra l'installation de sœurs infirmières. À vrai dire, il s'agit seulement pour lui de distribuer de l'aspirine, des onguents, des pilules de magnésium, de la potion contre la toux et de l'huile de castor, de faire des bandages ou de badigeonner de vilaines plaies. Il y met tout son cœur et comme la saison des pluies entraîne un regain d'affections gastriques, il traite celles-ci avec un remède de son cru. Il demande pourquoi *dispensaire* se dit *muti* (arbre) en shona, et apprend que la médecine traditionnelle utilise essentiellement les fruits et les feuilles. Il fait aussitôt le lien avec le jardin d'Éden dans lequel un arbre causa tous nos maux mais où celui de Vie demeure à jamais « pour nous donner de la nourriture pour le voyage vers le Paradis retrouvé ».

Ses relations avec le P. McCaffrey, qui n'a pas envers lui la patience du P. Slevin, se dégradent. Ceci, ajouté à l'amour de la solitude pour se tourner complètement vers Dieu, le pousse à vouloir quitter le bungalow. Mais pour aller où ? Une petite « hôtellerie » a été installée sur un rocher qui surplombe la Mwerihari, à près de 200 mètres du bâtiment principal, un nom bien pompeux pour une baraque en brique de quelque six mètres carrés servant de soubassement au réservoir de la mission qui stocke l'eau pompée dans la rivière avec un petit moteur Diesel. John s'y installe, aménageant un sol de briques récupérées et meublant la pièce d'un lit fait d'une plaque d'amiante posée sur quatre briques, d'une caisse en guise de table, et d'une caissette comme siège. Il met au mur les photos du calendrier de l'Ouest anglais que sa mère lui a envoyé (il en recevra désormais un tous les ans), et une image de la Vierge Marie. Il remarque qu'une hirondelle a fait son nid au plafond et comme il n'y a pas de vitre à l'unique fenêtre, il la verra bientôt arriver « en son palais ».

Ainsi installé, les mots de son séjour à Parkminster lui reviennent pour décrire ce qu'il vit : « Ô *beata Solitudo*, après une nuit noire d'années et d'années ! » Il ne sera plus dérangé dans sa prière et les missionnaires et les Africains ont compris, un « autre miracle », qu'il est un « animal différent des autres », qui a besoin de solitude. Il tient toutefois à rassurer sa mère : il utilise la salle de bains des pères. Quant aux besoins naturels il préfère aller au hasard, « quelque part en Afrique » (appliquant la règle de Lanza del Vasto : « Pisse n'importe où avec l'impudeur des purs »). Il se nourrit chaque jour d'un plat de *sadza* assaisonné de chou et d'une tasse de thé sucré, et ne mange au bungalow avec les missionnaires qu'une fois par semaine. Les deux Irlandais sont édifiés par cette frugalité, d'autant plus que leur volontaire rayonne d'une joie paisible.

John, outre le travail de sacristain, approvisionne la cuisine et le chauffe-eau en bois et va ramasser les œufs, au poulailler ou ailleurs. Il prend bientôt en charge la production, car une poule s'est installée sous son lit. Il est fier de cette responsabilité qui lui rappelle que son père s'occupait avec amour de sa basse-cour. Il utilise le peu de shona qu'il sait pour s'intituler *fudzahuku*, berger de la volaille – un troupeau qui atteindra une vingtaine de poules et deux coqs. Il a baptisé ces derniers comte de Ganda et duc de Chibvuva. Le premier à fière allure, mais le second, décharné, l'emporte dans les bagarres pour la maîtrise du harem sur le corpulent comte. Mais la locataire de sous son lit, la plus féconde, attire les puces et cela incommode tant John, encore très anglais sur ce point, qu'il l'installe ailleurs. Las, la poule vexée ne veut plus pondre et la production d'œufs chute. Un autre jour, une poule qui vagabonde termine dans les assiettes de la mission. John, outré, construit alors sur la colline pour ses protégées un « véritable château » en tôles ondulées. Le toit lui sert d'égouttoir, et aussi de table pour écrire ses poèmes. Plus tard, la basse-cour s'agrandira avec Eschyle, un vieux coq qu'il doit protéger contre l'ardeur belliqueuse d'un plus jeune. Mais voici que les poules s'arrêtent de pondre. John écrit alors à sa mère qu'il prie son père d'intercéder pour lui, car celui-ci doit approuver cette occupation. Il est aussi très conscient de ses responsabilités vis-à-vis de l'hirondelle et, cette fois-ci, il n'y a pas de Mgr Worlock pour se mettre en travers. Il s'émerveille de voir l'oiseau pondre et couver, de découvrir les hirondeaux que la mère vient nourrir en rentrant de ses tournées de chasse. Bientôt toute la famille chante les « louanges du Créateur », et il y joint sa voix.

Annunciata lui apprend à faire la *sadza* et à la servir avec du chou. Comme il n'en mange qu'une fois par jour et refuse la viande et les œufs, la jeune cuisinière s'étonne de cet Européen qui veut vivre à l'africaine. Un demi-siècle de présence d'Arthur

Cripps n'a pas suffi à faire pénétrer l'idéal du pauvre d'Assise que John s'efforce de suivre, et sa pauvreté radicale étonne. Mais la jeune femme discerne en lui un homme de Dieu, et son exemple la guidera vers une vocation religieuse chez les Sœurs des Petits Enfants de la Bienheureuse Dame (LCBL), une congrégation africaine fondée en 1932 par Mgr Chichester à Salisbury.

Un jour un jeune Africain se présente à la cabane – la conversation tourne vite sur la prière et sur Dieu. Ce disciple inattendu revient tous les soirs. John s'habitue à ces échanges spirituels. Au bout d'un mois, le jeune arrive et lui demande de lui prêter 40 $ rhodésiens. John ne peut que lui répondre qu'il aurait dû remarquer que vivant dans un si pauvre ermitage, il n'a pas d'argent. Le jeune lui rétorque qu'il est un *murungu* et que tous en ont. John ne le reverra plus.

Un autre jour, il se rend à Salisbury et voyage dans un bus africain, ce que les Européens ne font pas. L'expérience l'enchante : il est mis d'office sur le siège à côté du chauffeur et celui-ci, qui répond au nom de Simon-Pierre, discute avec lui durant tout le parcours. Lorsqu'il descend, le chauffeur l'invite à venir une autre fois dîner et dormir chez lui, ce que John fera. Racontant cette visite à sa mère, il ajoute que les femmes africaines sont le « fin du fin » quant à l'allure et que, s'il n'y avait pas la Sainte Vierge, il serait un « homme perdu ». Il s'amuse des noms que les Africains donnent à leurs enfants et qu'on lui traduit, du genre « Où-êtes-vous-allé ? », « Vous-me-méprisez » ou « Deux-Sous » (les prénoms chrétiens ne sont donnés qu'après le baptême, et on attend en général que l'enfant ait huit ou dix ans pour célébrer celui-ci).

Le P. Dove vient lui rendre quelques visites. La nuit tombée, les deux amis s'assoient près de la cabane au bord de la Mwerihari et discutent, ou bien regardent longuement les étoiles dans la profusion somptueuse du ciel austral. John explique qu'elles sont ses amies et lui parlent de Dieu. Leurs noms shonas ne sont pas moins symboliques que les européens, ainsi *Nzira Ye Zoe*, le Chemin de l'Éléphant, pour la Voie lactée. La joie de vivre et la sérénité de son ami frappent le jésuite, tout comme ses progrès spirituels, et il écrit à madame Bradburne : « Nous devons prier pour que ce soit aussi la fin du Voyage. » Le P. Slevin constate les mêmes progrès. Pour lui, John, « tour de force », est l'âme de la mission, et il ajoute : « Que pouvait être d'autre un homme de prière ? La nouvelle mission fut bénie par sa présence. » Quand le franciscain décide d'ériger dans la chapelle un chemin de croix, John participe avec cœur au travail. Consulté sur la façon de l'inaugurer, il propose de chanter le *Stabat Mater*. Le P. Slevin acquiesce et, à la fin de la cérémonie, John, ému, lui dit que cela a été pour lui un privilège que d'y participer. Le religieux le verra ensuite refaisant presque tous les jours ce chemin de croix.

John pense de plus en plus que la vocation de Marthe n'est décidemment pas pour lui et comme le P. Slevin a reconnu son idiosyncrasie, il ne le dérange guère. À l'aube, l'ermite du réservoir vient préparer l'autel pour la messe, qu'il sert, et il retourne plusieurs fois dans la journée à la chapelle, pour les offices ou une visite au Saint-Sacrement. Quand il est seul sous le réservoir, il prie et chante, et tous dans la mission peuvent entendre de loin sa voix claire louer Dieu. Le soir tombé, il va prier à la chapelle et ne rentre que pour se coucher tard dans la nuit. Les deux femmes de la mission sont souvent elles aussi présentes. Avec Annunciata, il a composé un petit chant en shona qu'ils chantent inlassablement à deux voix, en particulier lorsqu'ils fleurissent la chapelle, et que recueille son ami Dove :

Mari handina	*Je n'ai pas d'argent,*
Mwari ndinoda	*Mais j'aime Dieu,*
Naye Ndiforana	*Je me réjouis en lui.*

Une nuit où ils prient ainsi, un serpent se glisse près de l'autel puis commence à passer sous la porte de la sacristie. John le remarque et s'empare d'un chandelier pour l'assommer. Le bruit attire le P. Slevin qui, arrivant par la sacristie, trouve le serpent coincé, gigotant, et l'achève d'un coup de bâton.

John écrit beaucoup. Le prurit d'être édité le démange à nouveau, et il s'en ouvre dans une lettre à sa mère. Mais la réponse de Victor Gollancz, attendue depuis près de deux ans, arrive enfin, et elle est négative. Il en est affecté, mais ne renonce pas. Au contraire, il s'enflamme quand on lui propose de dactylographier ses manuscrits et veut assiéger, « par la poste s'entend », les portes, le cœur et l'esprit de Gollancz. Il prédit à sa mère, en lui décrivant son plan de bataille que le nom de Bradburne « résonnera dans les siècles à venir » et « pour le bien ». John ajoute qu'en attendant, poète ignoré et obscur, il continuera à écrire ses vers « qui riment et ont en leurs mots de la musique [...], pas torturés, pas entortillés, pas à la mode ». Et il se dit confiant que même s'ils ne sont jamais édités de son vivant cela ne fait rien, car seuls comptent « la postérité et l'éternité ».

Loin de Ganda, la situation politique de la colonie continue de se dégrader. Si les franciscains irlandais sont indignés par les idées du Front rhodésien, John se tient à l'écart des discussions politiques. Le retour de Joshua Nkomo, le 15 juillet de cette année 1963, déclenche des bagarres dans les *townships* entre ses partisans et ceux de Sithole et, le mois suivant ce dernier crée avec Leopold Takawira, Washington Malianga et Robert Mugabe la ZANU[1]. De son côté, Winston Field commence des pourparlers avec Londres pour obtenir l'indépendance. L'agonie de la Fédération se poursuit toute l'année et se termine par sa dissolution le 31 décembre, suivie de l'indépendance du Nyassaland (qui devient le Malawi) le 6 juillet 1964 et de celle de la Rhodésie du Nord (rebaptisée Zambie) le 24 octobre suivant. La Rhodésie du Sud s'appellera désormais Rhodésie tout court.

À Ganda, la roue s'est remise à tourner. Même s'il cire leurs chaussures sans qu'ils s'en aperçoivent (les deux femmes l'ont découvert et admirent cet Européen si humble), John n'est pas vraiment utile aux missionnaires. Le P. Slevin s'en accommode, mais les événements vont en décider autrement. Avec leur énergie coutumière, les franciscains obtiennent déjà de tels résultats qu'ils décident, fin 1963, d'agrandir la mission, ce qui nécessite de faire disparaître le réservoir sous lequel John vit. Les travaux doivent commencer rapidement et, dès le jour de l'an 1964, celui-ci comprend qu'il n'a plus sa place à la mission. Comme convenu, les franciscains offrent de lui payer son billet de retour, ajoutant même qu'il peut choisir sa destination où que ce soit à travers le monde. Il ne discute pas la décision, et part à Salisbury voir son ami jésuite. Il a déjà une idée en tête : le Tibet (pourtant totalement fermé après l'écrasement de la révolte de 1959 contre l'occupant chinois). Il en rêve sans doute depuis le voyage de 1943 au pied de la Nanda Devi, et se fait fort d'y arriver en partant de l'Inde. Le P. Dove ne sait ou ne veut lui ôter ses illusions, et John se rend au consulat de l'Inde. Mais il doit fournir

1. Plus tard ZANU et ZAPU se détermineront sur des bases nettement ethniques, respectivement shona et ndebele.

un billet aller-retour pour obtenir un visa. Il retourne alors chez les franciscains, qui cette fois estiment que leur générosité a des limites. Retour à la case départ. Où partir ?

Alors qu'il cherche une réponse, voici que les jésuites lui font une proposition : garder quelques mois la maison des Acton à M'Bebi dans la vallée de Mazoe[1]. Ces derniers viennent en effet de s'installer plus près de Salisbury à cause de leurs enfants, et ont offert leur domaine aux jésuites, qui ont décidé d'en faire un noviciat. Ils prévoient de l'ouvrir vers Pâques mais il leur faut en attendant un gardien, et « d'ici là le monde sera peut-être arrivé à son terme », comme John l'écrit à sa mère.

L'ermite de M'Bebi

Le voici parti au nord de Salisbury. Même après les splendeurs de la Mwerihari, il se met à apprécier la beauté de la vallée et du domaine, là où Waugh ne voyait qu'un « pays insignifiant, pas de beaux arbres, pas de fleurs ou d'oiseaux, collines pelées, clôtures barbelées, bungalow ». Il y trouve comme un second Hare Street House, propice à la vie d'ermite. Il est son propre maître, et sans visite de secrétaire d'archevêque pour perturber sa solitude. Il n'a aucune obligation, sinon veiller sur la maison. La présence des voisins von Nidda écarte tout maraudeur, et les envahisseurs potentiels les plus dangereux sont seulement les puces, qu'il combat à coup de prières à saint Antoine le Grand. Il a pris ses quartiers dans la « chambre Montini » au « lit somptueux » et n'a que l'embarras du choix pour son bain dans une des six baignoires thermostatiques. Il installe les photos du calendrier envoyé par sa mère au mur de la chambre, prie, médite, se promène, admire la nature, écrit des poèmes et confie dans une lettre : « La vie devient pour moi un dessein définissable de hasards et de changements, et je ne suis pas du tout découragé par l'échec apparemment absolu et le gaspillage d'éducation qu'il y paraît, étant tout à fait confiant que j'ai déjà écrit au moins une centaine de vers pour la postérité. »

À M'Bebi, John est ermite plus que gardien. Il passe de longues heures dans la chapelle à prier en compagnie de deux hiboux qui

1. *Cf.* annexe 4, p. 316-318.

y ont élu domicile, encore que ceux-ci somnolent plus souvent que lui. Il entretient bientôt avec eux les mêmes relations qu'avec l'hirondelle de Ganda. Il se lie aussi d'amitié avec Garbage (« Foutaise »), la chatte de la maison, et quand elle donne naissance à des petits à Pâques, il adopte une petite boule noire et blanche qu'il baptise M'Bebi et qui, selon lui, donne un bel exemple de cohabitation raciale. La chatonne est née dans une coupe de Lord Acton et lui doit certainement son allure aristocratique. Elle ne tarde pas à suivre John partout, voire à le précéder quand elle sent quelque serpent et se met en chasse.

Par le P. Dove, qui s'échappe de Salisbury pour M'Bebi la plupart des week-ends, John est informé de la marche inexorable de la colonie vers la rébellion et de celle des nationalistes vers la révolte armée. Winston Field a eu beau promettre que son gouvernement ne proclamerait pas unilatéralement l'indépendance, sa majorité ne le suit plus. Le 13 avril, il est remplacé par Ian Smith, un fermier de Selukwe qui fait aussitôt arrêter Joshua Nkomo et les autres leaders nationalistes. Dès le 20, les responsables des principales Églises chrétiennes mettent en garde le nouvel homme fort de la colonie contre la tentation d'indépendance unilatérale, mais la presse du régime, au nom du « Rendez à César ce qui est à César », les accuse de « faire de la politique ».

Le mois suivant, Ian Smith déclare : « Si, de mon vivant, un gouvernement nationaliste africain arrive au pouvoir en Rhodésie, c'est que la politique en laquelle je crois aura échoué. » Les catholiques sont divisés. Le journal *Moto* commence à utiliser le nom de Zimbabwe au lieu de Rhodésie, et publie des textes de Robert Mugabe, secrétaire général de la ZANU, arrêté en décembre 1963 et en liberté surveillée depuis mars 1964. Mais à l'autre bout du spectre catholique, Mark Partridge explique dans le *Shield* pourquoi il a décidé d'entrer en politique sous les couleurs du Front rhodésien, seul capable de trouver une « solution chrétienne », et il ajoute : « La tendance était de donner le pays aux mains d'irresponsables, avec pour résultat que personne de ma race ne serait prêt à rester, et donc que tout ce que je possédais serait en danger. »

À Pâques 1964, M'Bebi n'est toujours pas prêt pour accueillir le noviciat jésuite et John est prié d'y prolonger son séjour. Quand il y vient pour le week-end, le P. Dove ne manque pas d'apporter un panier de pique-nique pour ne pas mourir de faim, et aussi pour que son ami ait au moins une fois par semaine une nourriture plus équilibrée. Le dimanche matin, tous deux se retrouvent dans la chapelle avec les familles des ouvriers du domaine. John fait office de sacristain et sert la messe. Les deux hiboux y participent, et le célébrant doit prendre garde à ne pas être « bombardé d'en haut », surtout que son ami ne permet pas qu'on les chasse. Les parties de ping-pong, les longues discussions avec les visiteurs et les von Nidda remplissent ces journées de détente, puis John se retrouve à nouveau seul pour une semaine de prière et de poésie.

Le P. Dove vient parfois avec un invité pour apporter un peu de changement à son ami et le faire connaître. Une fois, c'est une jeune femme passionnée de musique et récemment convertie, Heather Benoy, qui enseigne à l'école primaire de la rue Blakiston à Salisbury. Elle est issue d'une famille d'origine écossaise et irlandaise installée à Salisbury depuis le début du siècle. Maurice Beaumont Benoy, son père, un militaire devenu homme politique, est secrétaire d'État à la Défense et aux Affaires extérieures de la colonie mais, de plus en plus ouvertement hostile à Ian Smith, il sera bientôt limogé et sa famille ostracisée. Heather avait déjà remarqué l'excentrique Anglais :

> Je l'avais vu une première fois à la cathédrale et je m'étais dit : quel bel homme ! Le P. Dove nous avait présentés à la sortie, mais John regardait par au-dessus et j'en avais été vexée, me disant qu'il ne m'avait pas remarquée. En fait, il m'avait bien remarquée, et nous sommes devenus amis[1].

Ces deux-là ne semblent guère fait pour s'accorder, elle toute perdue dans sa musique et lui dans sa prière et sa poésie, mais le courant passe, et la jeune femme ne tardera pas à revenir. Ils discutent sans fin, jouent des duos de guitare et de flûte et composent ensemble de la musique. John reçoit aussi un jour la visite d'un géologue qui débarque à M'Bebi pour examiner des affleurements d'eau chaude autour de la maison : Alistair Guthrie. Les deux hommes sympathisent, Alistair Guthrie reviendra pour le plaisir de discuter, invitera le gardien de M'Bebi chez lui, et lui demandera d'être le parrain de son fils Craig.

---

1. Témoignage recueilli par l'auteur.

Ce ne sont d'ailleurs pas seulement des amis qui viennent interrompre sa solitude priante. Ses rares passages à Salisbury n'ont pas été remarqués seulement par Heather Benoy, et on commence à parler de l'ermite de M'Bebi dans les milieux catholiques de la capitale. La vallée de Mazoe n'est pas loin et, bientôt, des personnes en recherche de Dieu et d'autres, psychiquement instables, en situation de détresse ou simplement curieuses, débarquent à M'Bebi. John n'apprécie que modérément ces intrusions et lui-même se rend le moins souvent possible à Salisbury. Un dimanche de mai 1964 où il s'y trouve, et alors qu'il sort de la cathédrale et traverse sans regarder à droite ni à gauche, il est fauché par une voiture. Il s'évanouit et se réveille pour entendre des cris tout autour de lui. Quelqu'un lui a déjà bandé la main droite, abîmée par le choc. Mais il ne veut pas aller à l'hôpital et s'éloigne lentement. Il va s'asseoir dans un parc des environs et y reste des heures, groggy, avant d'aller au point de rendez-vous où une voiture amie doit le ramener à M'Bebi. Son chauffeur, un fermier voisin, se rend compte de son état et insiste pour le soigner chez lui à l'arrivée, tout en lui offrant un whisky pour le réconforter. Le lendemain, John écrit à sa mère qu'il n'a pas grand-chose, seulement la cheville droite foulée, la jambe gauche abîmée, la main gauche et les tempes écorchées. « Plutôt de la rigolade », ajoute-t-il, non sans conclure qu'il doit être plus prudent à l'avenir, et il achève sa lettre par un « Hurrah pour les Anges gardiens ».

Le P. Dove, qui tient toujours à son projet de formation d'une élite africaine mais a décidé prudemment de commencer par des sessions loin de Salisbury, les débute en juin à M'Bebi. Le délégué apostolique pour l'Afrique anglophone de l'Est, Mgr McGeough, un Américain, est intéressé et vient y assister peu après en compagnie de l'archevêque Markall. John est cornaqué par son ami pour jouer le rôle de maître de maison. Il apprend à bien faire le thé et à réchauffer la théière. Toute la visite des prélats se passe pour le mieux, jusqu'au moment du thé : la vaisselle est ébréchée, et les gâteaux puent ! Stoïques, les invités les mangent, et John expliquera ensuite à son ami Dove qu'il a pulvérisé de l'insecticide dans le garde-manger pour éviter que des bestioles ne viennent grignoter les précieux gâteaux !

Le 4 juillet, Pieter Oberholzer, un fermier de Melsetter, est assassiné, le premier Européen à l'être depuis 1897. Le petit Peter

Godwin, qui accompagne sa mère, médecin légiste appelée sur les lieux de l'attentat, n'oubliera jamais la victime, un couteau de chasse dans la poitrine, et sa découverte de la haine raciale (les assassins ont laissé une note : « Le Gang du Crocodile tuera bientôt tous les Blancs, attention ! »). Même si ce groupe est rapidement mis hors d'état de nuire, l'ombre de la guerre civile se dessine. Les discussions avec son ami jésuite ont ouvert les yeux de John sur la réalité du régime qui se met en place. Il sera par la prière du côté des Africains qui en sont les victimes, mais ne se départira jamais de sa répulsion envers le communisme dont les nationalistes se rapprochent de plus en plus.

Fin juillet, le voici de nouveau à Salisbury, et sans doute fait-il plus attention en traversant les rues. Il a été invité pour une audition dans le studio de la Télévision rhodésienne et il a accepté, malgré son amour de la solitude. Depuis 1960, des programmes couvrent les principales villes du pays. John fait la queue ce jour-là avec bien d'autres candidats pour un poste d'animateur – il est le soixante-dixième à passer. Et c'est lui qui est choisi ! À l'aide de livres prêtés par son ami jésuite, il prépare alors avec sérieux la première émission qu'il doit animer, le dimanche 30 août, sur « L'Évolution et la Genèse ». Il demande l'aide de la prière à sa mère car « je n'ai jamais été aussi peu sûr de moi et autant de Dieu » (il ajoute au passage que « nombreux sont ceux qui cherchent ses conseils », dévoilant ainsi un discret ministère d'aide). L'émission se passe bien, même si John dégage tellement d'électricité statique que lorsqu'il tient un micro le matériel se met à vibrer – il faut que quelqu'un d'autre le tienne lorsqu'il parle ! Mais il n'y prend aucun plaisir. Il ne voudrait pas renouveler l'expérience, mais n'ose pas le dire, et le voici embauché à la Télévision, pour 2 $ rhodésiens par émission mensuelle.

Début septembre, il s'est trouvé un nouvel ami, un lémurien dont il a sauvé la vie alors que des jeunes Africains le lapidaient, « sans autre raison que de le faire… comme n'importe quels vandales de n'importe quelle race ou couleur ». John le soigne, le nourrit de lait et des haricots au curry qu'il a sous la main. Il le baptise Hugo, le prénom du petit garçon du fermier qui l'avait ramené contusionné de Salisbury – l'enfant a un « trou dans le cœur » qui peut le tuer à tout instant et John prie et fait prier pour lui. La beauté d'Hugo le lémurien, son air d'ours en peluche céleste, ses mains presque humaines l'émerveillent. Est-ce d'ailleurs un lémurien ou un galago (*Bush Baby*) ? Il s'interroge, mais qu'importe ! Durant la journée, Hugo somnole sur le garde-manger et se réveille le soir. Puis, le 23 septembre, John écrit à sa mère que le petit animal, allant mieux, « est retourné vivre avec Dieu dans la nature sauvage ». Deux jours plus tard, il se rend à nouveau dans la capitale, comme présentateur d'un grand concert de la chorale du séminaire, et il est félicité : le voici connu du tout-Salisbury, ce qui accroît les visites à M'Bebi et dérange encore plus son existence érémitique.

L'automne 1964 voit l'arrivée au pouvoir en Grande-Bretagne des travaillistes d'Harold Wilson, dont l'opposition au Front rhodésien est connue, et Ian Smith veut les prendre de vitesse. Il fait convoquer une *Indaba* (assemblée) de 600 chefs coutumiers auxquels il fait approuver l'indépendance et sa version du « développement communautaire » : les Européens continueront de diriger la Rhodésie utile et riche, les chefs gouverneront les Africains des réserves sous le contrôle d'administrateurs européens, et fourniront la main-d'œuvre dont ces derniers ont besoin. Un seul chef coutumier ose exprimer son soutien aux nationalistes, et il est aussitôt destitué. Un référendum doit approuver une Constitution basée sur ces principes. Pour s'y opposer, une nuit œcuménique de prière est organisée le 1er novembre dans les cathédrales anglicane et catholique de Salisbury. John y prie jusqu'au petit matin, puis il accompagne le P. Fortune, un jésuite linguiste spécialiste de la langue shona, dans la vallée de Mazoe pour deux messes qu'il sert, et repart ensuite avec lui à Salisbury préparer dans les studios de la Télévision l'émission qu'il anime le soir. Il écrit peu après à sa mère qu'il souhaite de tout son cœur être libéré de cette obligation, mais qu'elle met en lumière son point faible, la « couardise morale en public ». Il se console en pensant à Benson, qui était si malade de peur avant chaque prédication qu'il en mouillait sa chemise, et qui de plus bégayait, et il en conclut qu'un homme n'est pas plus fort que son point le plus faible. Ian Smith gagne son référendum, le 5 novembre, avec près de 90 % de oui (l'immense majorité des Africains n'a toujours pas le droit de vote).

Homme à tout faire à Silveira House

Début décembre M'Bebi est prêt à accueillir les novices jésuites, et le gardien doit quitter les lieux. Mais le P. Dove a obtenu que Silveira House, le bâtiment où se trouvait jusqu'alors le noviciat, lui soit attribué, en vue d'y ouvrir un centre de formation au développement. Il propose aussitôt à John de l'accompagner dans cette aventure, et ce dernier accepte avec enthousiasme : pour la première fois de leur vie, les deux amis vont travailler ensemble.

Le 14 décembre, ils mettent dans le petit camion prêté par le P. Von Kerssenbrock les rares effets personnels de l'ermite de M'Bebi. Le chat est du voyage, mais pas les hiboux. Tard dans la soirée, dans la chaleur de l'été austral, ils arrivent à Silveira House, où l'herbe pousse devant les bâtiments jusqu'à hauteur des fenêtres. Les constructions datent de 1958 et se trouvent dans le vaste domaine de Chishawasha, sur un plateau qui descend vers la capitale. Une allée de jeunes pins conduit à deux constructions en brique toutes simples et quelques dépendances. Les oiseaux sont nombreux, aigles, pluviers, hirondelles. On y croise souvent des daims, parfois un guépard ou un chacal, quelques rares babouins. Des serpents ont élu domicile près de la maison, dont des cobras de forêt et deux pythons. Un poulailler, un jardin et un jeune bosquet d'arbres plantés par le P. Wallace, le fondateur du noviciat, complètent le centre. Au-delà de la vallée de la Chishawasha, où les *msasa*s jettent des touches de couleur, la vue sur les montagnes souvent boisées du nord et de l'est du pays est impressionnante. John est aussitôt séduit, et il passera de longues heures à admirer cette nature sauvage et grandiose.

Avec modestie, le directeur du nouveau centre répète : « Ils sont venus frapper à notre porte », parlant des Africains. Il a compris qu'il fallait les aider à acquérir les moyens de leur propre développement en tant que peuple libre, pas pour végéter dans les « réserves indigènes » ou autour des villes – il suit en cela les traces de confrères de Rhodésie comme F. Francis Waddlelove, qui a lancé des caisses de crédit mutuel. Le P. Dove a acquis une compétence en ces domaines dès son arrivée en Rhodésie en donnant des conférences sur les encycliques sociales dans le *township* de Highfield, à l'invitation de la Capricorn Society de David Stirling qui prône la coopération entre les Africains de toute race. Le projet a tourné court, mais il a mis le P. Dove en contact avec les figures de proue du nationalisme africain et des responsables syndicaux. Il est frappé par la « dignité blessée » de ses interlocuteurs. En 1963, lorsque Highfield est devenu un champ de bataille entre fractions nationalistes, il a compris qu'il doit trouver un lieu neutre pour ses projets. Silveira House s'offre alors comme solution, afin, écrit-il, d'« aider les gens à trouver Dieu et à développer l'agriculture ».

Son projet se distingue par l'accent mis sur la formation et non sur l'aide : écouter, aider à comprendre les situations et possibilités d'action, donner des outils, faire grandir la confiance en Dieu. Il veut s'adresser au cœur et aux mains autant qu'à la tête, selon la doctrine sociale de l'Église qui se précise durant cette décennie, pour « tout homme et tout l'homme ». Les actions se multiplieront au fil des ans en fonction de l'expérience acquise, adaptées aux différents groupes : paysans, jeunes, femmes, ouvriers. Des fermiers africains apprennent ainsi à gérer une exploitation, et visitent la ferme de Cold Comfort pour voir une expérience effective de multiracialisme réussi (son responsable, l'Anglais Guy Clutton-Brock, sera plus tard arrêté et déporté). Le P. Dove ouvre aussi des ateliers d'artisanat, de nutrition, d'activités domestiques, de technologies appropriées, de coopérativisme, de crédit, de responsabilités civiques et de syndicalisme. Au fil des ans, des milliers d'Africains seront ainsi formés. Le centre les suit et établit un réseau informel d'initiatives et de groupes (il y en aura plus de 500 en 1980). Pour le P. Dove, ces développements ne sont dictés que par l'Évangile, force de libération, et il s'étonne le premier de cette dynamique de la foi sur les vies des paysans.

Il a formé ses premiers collaborateurs, et en trouve toujours de nouveaux. De plus, il sait présenter son action de façon à ne pas inquiéter Ian Smith (le catholique Mark Partridge, devenu ministre, le protège, croyant à tort qu'ils partagent les mêmes idées), et même trouver des financements extérieurs malgré la réputation exécrable de la Rhodésie. Il réussit aussi, ce qui n'est pas le plus facile, à ne pas rompre avec certains confrères jésuites qui ne comprennent pas ou sont hostiles à son action. Il n'est pas sûr d'ailleurs que John la comprenne lui-même, car l'action politique, économique ou sociale organisée lui est étrangère, mais sa confiance et son admiration envers son ami sont totales, même si ceux qui comptent d'abord pour lui, ce sont plutôt les pauvres concrets qu'il rencontre, et pour qui il est prêt à tout, jusqu'à leur donner ses vêtements ou sa couverture.

Si le P. Dove a proposé à son ami de venir avec lui à Silveira House, c'est qu'il a besoin de lui. Dans son dispositif, John tiendra une place importante, et d'abord celle du cœur. Son travail essentiel consistera à être lui-même un homme de Dieu et de prière : il priera pour le centre et pour ceux qu'il forme ou soutient. Mais il aura aussi des tâches précises, sinon John n'aurait pas accepté et celui-ci a beau dire qu'il ne fait rien, il est vite occupé du matin au soir, et pas seulement pour « préparer le thé pour John Dove, des sonnets pour Dieu et des lits pour les visiteurs », comme il l'écrit à sa mère. Il s'occupe des deux chiens du domaine et de la surveillance du site avec eux, ferme toutes les portes le soir et les rouvre le matin, vérifie lumières et robinets, accomplit le travail de sacristain à la chapelle où il sert tous les jours la messe de son ami (il s'y sent investi d'une mission, et si quelqu'un commet l'impair de s'agenouiller sur le prie-Dieu du directeur du centre, il vient lui dire fermement d'aller le faire ailleurs). Il est occupé du matin au soir, à une allure qui lui permet, il est vrai, de prier et de prendre du temps pour la méditation et les offices qu'il chante à voix haute pour rythmer la journée du centre. Sa prière est toujours très mariale : « Il ouvrait son cœur à tous sur Marie mais s'il sentait quelque résistance, il ne parlait plus d'elle. En revanche, s'il sentait qu'on était réceptif, il ouvrait tout à fait son cœur sur Marie. Il savait que beaucoup d'Anglais, même catholiques, sont étrangers à cette dévotion. Pour lui le sens de Marie, on l'avait ou on ne l'avait pas » (J. Dove).

Lorsque le directeur de Silveira House est absent, ce qui est fréquent, John a la responsabilité du domaine, parfois durant plusieurs jours. Occasionnellement, il aide également à la cuisine, pour le nettoyage du centre, ou au jardin. Il va aussi faire des courses en ville. Conscient de ses limites en ce domaine, il demande à Heather Benoy de lui redonner des cours de conduite ; c'est pour elle une épreuve car John conduit sans regarder à gauche ni à droite et fonce tout droit et elle interrompra bien vite les leçons.

De plus, comme il n'y a pas encore de secrétaire au centre et que son ami est débordé, il se propose de l'aider en ce domaine. Il apprend pour cela à taper à la machine, un savoir-faire qui aura bien vite une conséquence inattendue : John commence à taper ses poèmes sur la vieille machine dont il dispose, et son inspiration poétique en bénéficie (plus de dix poèmes en moyenne par mois durant son séjour à Silveira House, contre moins de deux les années précédentes – il s'agit de ceux qui ont été conservés). Certes il continuera à écrire des poèmes à la main mais la machine à écrire devient son moyen ordinaire. Il commence aussi à participer à des soirées de poésie à Salisbury, et sa réputation de poète s'y établit.

Son mode de vie est simple. Dans une lettre à sa mère, il précisera qu'il se nourrit le matin d'un quart de thé, à midi « comme tout le monde », et le soir d'un verre de vin, de lait ou de jus d'orange, voire de vodka ou de lait de coco, avec une tranche de fromage et quelques pruneaux qui sont son « élixir de vie pour ce qui est du côté matériel de celle-ci ».

L'équipe du centre s'étoffe rapidement car le P. Dove a recruté un jésuite ougandais, le P. Peter Kavumo, et des collaborateurs rhodésiens africains. John croise aussi à Silveira House les jésuites de Chishawasha ou de Salisbury, et il devient plus intime avec quelques-uns dont le P. Wallace ou le frère Peter Conway. Il s'est de plus inscrit aux Samaritains (équivalent britannique de « SOS Amitié »), groupe créé dans la métropole une douzaine d'années auparavant par un homme d'Église londonien et qui a gagné la colonie. Il se fait de nouveau des amis dans le règne animal. Les deux chiens alsaciens le suivent partout. Ils portent les noms de Simba (le Fort) et de Huru (le Gros) et sont impressionnants mais débonnaires. Si Huru conserve une certaine distance, Simba devient vite inséparable de son maître et prend l'habitude de vivre près de sa chambre. Et comme la chatte M'Bebi s'est vite adaptée à son nouvel environnement, les trois ne se quittent plus. Le poulailler du centre devient le domaine de John, et on peut le voir nourrir les poules en chantant.

Il s'émerveille aussi des oiseaux qui survolent Chishawasha, et particulièrement des aigles, et ne cache pas à son ami Dove qu'il rêve d'en trouver un. Celui-ci ne voit pas comment, mais tous deux se mettent à prier en ce sens, et bientôt le miracle se produit : John rencontre Frank McEwen, le directeur de la

National Gallery de Salisbury qui cherche un lieu pour y confier son aigle! Il possède en effet dans son appartement, au dernier étage du musée, un jeune aigle bateleur acquis au Botswana, mais l'oiseau grandit et l'appartement devient trop petit. McEwen vient à Silveira House s'assurer que les conditions de vie de son protégé seront correctes et, peu après, une caisse percée de trous apporte l'animal – John est censé le renvoyer plus tard, à Malte. Pour lui l'aigle (*chapungu*) présente un sens particulier: oiseau biblique et évangélique, c'est aussi le totem protecteur de l'ancêtre de nombre de clans africains et, surtout, le messager du divin comme le chante un poète shona: « Aime-moi, Chapungu, souffle du vent… / Parle-moi des cieux les plus élevés » (Edison Zvobgo). John accueille l'oiseau à genoux, remerciant Dieu et la Vierge Marie d'avoir exaucé son souhait. Il le baptise aussitôt Haggai (Aggée), en mémoire du prophète d'Israël fervent inspirateur de la restauration du Temple. Le personnel africain du centre l'appelle *Sekuru* (Oncle), et parle de lui avec respect. John lui construit une maison, et se réjouit de voir l'oiseau lui manifester rapidement de la confiance en se laissant saisir. Pour le nourrir, il fait appel aux élèves de Chishawasha, qui se mettent en chasse de souris et de rats des champs puis les lui apportent. L'animal a un robuste appétit et les restes de ses festins ne tardent pas à envahir les pelouses, mais qu'importe!

Le flot de ceux qui viennent voir John, attirés par sa réputation, se gonfle. Ses passages à la télévision, son mélange d'excentricité et de classicisme, de marginalité et de bonnes manières, de sérieux religieux et d'esprit étincelant, sa réputation d'ascète et son talent d'imitateur rigolard, attirent, fascinent. Plusieurs diront que cet homme entier, sans malice, est d'autant plus humain qu'il est plus religieux. Austérité riante, tel semble être son secret. John assume toute sa singularité et sa « folie pour Dieu » (mais si on laisse entendre qu'on l'assimile à un fou, il prend vite la mouche, quitte à demander pardon non moins rapidement). Le P. Dove constate que ceux qui le rencontrent l'acceptent en général pour ce qu'il est: un poète, un mystique, un homme de Dieu. À ceux qui l'interrogent sur son ami, il répond d'ailleurs: « Laissez-le être. » John est pour beaucoup une espèce de saint homme singulier, même s'ils ne le comprennent pas. Ainsi son amie Heather Benoy: un jour qu'il passe avec elle devant le petit temple hindou près de la rue Cameron à Salisbury, il lui apprend qu'il y vient de temps à autre prier, puis y pénètre après avoir enlevé ses chaussures pour réciter le chapelet. La jeune femme reste à la porte, refusant de le suivre sans bien savoir pourquoi.

Il est de plus en plus souvent invité dans Salisbury. C'est ainsi qu'on le voit à quelques soirées, où il n'est pas le dernier à danser le twist – pendant trois heures d'affilée à une *party* de l'Association des femmes catholiques, ce qui montre que malgré sa quarantaine bien sonnée il a toujours la forme de ses vingt ans. Il poursuit ses émissions de télévision, mais avec de plus en plus de répugnance. Après l'émission de février 1965, il réussit à se faire licencier « d'une façon très polie », et en tire les leçons – se félicitant de ce qu'il ait pu durant plusieurs mois lutter contre sa couardise, mais ajoutant qu'il a rarement autant haï faire quelque chose. Il montre aussi à cette époque quelque intérêt pour la politique, et voit s'approcher de la Rhodésie l'« œil paternel de la Chine communiste », alors que ce ne sera le cas que quelques années plus tard (celui de l'URSS est déjà présent), et il ajoute que « celui de Dieu rend toutes choses gaies et heureuses, Dieu merci ».

En mars, le *Shield*[1] publie une interview (la seule de son vivant), du gardien et homme à tout faire de Silveira House, « mieux connu comme poète ». L'interview menée par Patrick Berthoud commence par la poésie, signe de l'importance pour John d'être reconnu en ce domaine, et celui-ci déclare qu'elle fait partie de sa vocation, « celle de tout chrétien qui est d'essayer de gagner le Ciel et d'influencer les autres dans cette direction ». Le *Shield* lui fait ensuite raconter sa vie, ce à quoi il s'emploie sobrement en expliquant pourquoi il est devenu catholique et en mettant son don poétique au compte de sa conversion. Il exprime ensuite son souhait de retourner en Terre sainte et ajoute que de s'occuper d'une basse-cour d'une centaine de poules lui plaît beaucoup, car cela lui rappelle les paroles du Christ sur Jérusalem. Pour lui, son action est « aussi près que possible d'une action concrète pour la conversion des Juifs qu'il peut le faire ». L'interview s'achève par une déclaration d'amour envers les paysages et les montagnes de Rhodésie, et le souhait que des Juifs lisent sa poésie. Une photographie illustre l'interview, une des

1. Journal catholique de référence dirigé par Anthony Chennels et Patrick Berthoud, le responsable du département d'anglais à l'University College qui a réussi à en faire un îlot de non-discrimination raciale.

dernières avant qu'il ne se laisse pousser la barbe, et il y paraît toujours bien juvénile, en pull et chemise, les bras sagement croisés, un sourire juste esquissé. Un poème, *Steeplejack Gallant*, complète l'interview.

Le même mois, Harold Wilson vient à Salisbury et rencontre plusieurs des leaders africains emprisonnés. Il informe Ian Smith des cinq principes sur la base desquels la Grande-Bretagne pourrait accorder l'indépendance à la colonie, qui incluent la reconnaissance à terme du principe « un homme, un vote ». Mais, dès son départ, le régime reprend la répression contre les nationalistes. Le 7 mai, aux élections législatives, le Front rhodésien remporte, malgré l'opposition des Églises, les 50 sièges du Collège européen – il n'y a quasiment pas de votants pour la poignée de sièges octroyés aux Africains. Ce mois de mai est aussi celui où ce n'est plus un gang mais un groupe organisé de guérilla qui s'installe discrètement dans le pays après avoir franchi la frontière du Nord-Ouest. Fin octobre, Harold Wilson déclare qu'il n'est pas question d'exiger de la Grande-Bretagne qu'elle règle tous les problèmes de la Rhodésie par une invasion militaire : Ian Smith peut donc en toute tranquillité proclamer l'indépendance unilatérale (UDI) de la Rhodésie le 11 novembre 1965, dans le but affiché de « frapper un grand coup pour la sauvegarde de la justice, de la civilisation et du christianisme ». Les évêques catholiques ripostent aussitôt en dénonçant l'injustice, la barbarie et le caractère non chrétien de l'UDI et prédisent que celle-ci conduira le pays à un désastre et *Moto* parle de « grand coup *contre* la sauvegarde de la justice, de la civilisation et du christianisme », ce qui lui vaut d'être censuré ainsi que la *Lettre des évêques*, sauf en version anglaise. L'état d'urgence est aussitôt proclamé par le régime rebelle, et restera en vigueur jusqu'à 1980. Mais Silveira House échappe à ses foudres, au prix de l'arrêt des groupes de discussion politique. Et comme Ian Smith répète son attachement au « développement communautaire », le P. Dove continue à jouer sur l'ambiguïté des mots.

Amitiés anciennes et nouvelles

Le séjour à Silveira House est pour John un temps d'épanouissement. Il aime à dire que le centre est un *choto*, un foyer accueillant où l'on se sent chez soi, libre, et capable de travailler ensemble. C'est aussi pour lui un temps d'amitiés renouvelées et de naissance de nouvelles. Celle avec son ami Dove tient la première place. Tous deux marchent certes sur des chemins différents, et le jésuite ne comprend pas vraiment les engouements de son ami, sa propension à l'échec, ni même que la poésie est une façon quasi naturelle de respirer pour lui. Son propre projet demeure assez étranger à John, qui trouve aussi qu'il se dépense trop. Mais leur amitié n'en souffre en rien, et passe le test du travail en commun sans nuages sérieux. Le secret de leur amitié réside sans doute dans l'humilité qu'ils partagent, en ce que chacun se considère comme le disciple de l'autre, et dans leur commun désir de Dieu et le fervent amour de la Vierge Marie et de son Fils. Certes la relation paraît asymétrique entre le confesseur et son dirigé, le prêtre et le laïc, l'homme assumant des responsabilités et le touche-à-tout gaffeur ; mais le P. Dove sent la grandeur de son ami et se juge pas même « à la hauteur de sa cheville » quant à la valeur spirituelle.

Les nouvelles amitiés africaines sont nombreuses. Parmi elles, Agnes Mapfumo, qui enseigne au centre et élève une famille. C'est une des filles spirituelles du P. Dove. Sr Teresiana Muteme, autre amie, cadette de John de six ans, est entrée chez les Sœurs des Petits Enfants de la Bienheureuse Dame en 1944, et en est devenue à 25 ans la maîtresse des novices. Le travail de Silveira House intéresse cette femme de caractère, passionnée par sa foi et son peuple. Elle y découvre John et ne manque pas d'aller lui rendre visite plusieurs fois. Quarante-cinq ans plus tard, elle conserve toujours le souvenir d'une amitié « avec un homme si bon, qui chantait souvent, que j'aimais beaucoup », et qui jouera un rôle majeur dans la vie de cette religieuse après sa mort.

Parmi les amitiés européennes, John reste en relation avec Patrick Berthoud après l'interview du *Shield*. L'universitaire lui demandera en 1967 d'être le parrain de son fils Philip. Il sympathise aussi avec les consacrées italiennes de l'hôpital de Chirundu que son ami Dove a accueilli dans le pays et que ce dernier suit, surtout Caterina Savini. Il fait la connaissance du Dr Luisa Guidotti qui a rejoint Caterina, sans être autrement touché par cette grosse Italienne plutôt négligée et qui ne parle quasiment pas anglais.

Heather Benoy est devenue une intime des deux John. La jeune femme, artiste et rebelle, connaît des années difficiles et s'interroge sur ses choix de vie. Souvent, son travail achevé, elle part en voiture à Silveira House, où elle donne un cours pour des infirmières africaines, puis passe voir John. S'il est en train d'écrire un poème, il peut lui faire sentir combien elle le dérange, voire devenir odieux – une fois, il ne lui parlera plus pendant deux semaines. Mais elle ne peut lui en vouloir, elle a besoin de sa joie de vivre, de son humour, de ses accès de rire, de sa foi contagieuse dans les réalités spirituelles :

> Il était très souvent non présent sur terre, mais seulement à ses idées, dans le monde de ses idées. Et pourtant, quand je l'ai emmené la première fois chez moi, il a été attentif à tous et a séduit toute la famille. Il était excessivement gentil envers tous. Et nous l'aimions tous, chacun à sa façon. Même si j'étais la seule catholique, il était à l'aise dans ses relations avec tous et la famille l'a adopté comme mon grand frère[1].

Quand il vient à Salisbury rue Josiah dans la vieille demeure coloniale des Benoy, il joue avec les chiens, déclame un nouveau poème, chante, écoute de la musique ou blague avec l'un ou l'autre membre de la famille. Mais Heather Benoy n'est pas aveugle sur son ami :

> On peut aussi dire de John qu'il était aussi le plus méticuleux des hommes. Il aimait être bien soigné de sa personne, toujours très propre, net. Dans ce qu'il faisait, il aimait que les choses aillent vite, cela pouvait devenir rapidement de l'impatience chez lui. Il n'aimait pas faire ce qu'il ne pouvait pas faire vite… Il pouvait être terriblement rude à l'occasion, puis il s'adoucissait. Il devait lutter contre sa vanité, il avait une prestance si formidable… C'était un excentrique, oui, totalement excentrique, parfois têtu jusqu'à l'obstination.

Un jour il dit ainsi à la jeune femme qu'elle doit devenir petite sœur du père de Foucauld, et aller vivre à Nazareth. Elle n'en a aucune envie, mais il tient à son idée et, pendant près d'un an, il la lui serine en vain. Mais l'admiration que la jeune femme voue à son ami et l'itinéraire spirituel sur lequel il la conduit l'emportent de loin sur ces nuages :

> Il était attirant, comment dirai-je, comme un aimant, oui comme un aimant. J'ai découvert peu à peu qu'il avait toujours l'âme assoiffée

1. Ces trois témoignages de Heather Benoy ont été recueillis par l'auteur.

> du Christ, de la Vierge Marie, vivant avec eux tout le temps dans un monde de beauté et qu'en même temps il était très présent à ceux avec qui il se trouvait. [...] Une âme gigantesque partie pour un immense voyage, qui nous a tous laissés derrière. Nous avons essayé de le suivre, d'être avec lui au long du chemin. Il était en voyage, et bien au-devant de moi ! Et lui était désolé de me voir traîner derrière.

Le P. Dove ne tarde pas à faire venir des volontaires d'Europe ou d'Amérique du Nord. Chris, jeune catholique anglais en recherche de lui-même est un des premiers à arriver, en juillet 1965. L'homme à tout faire du centre et ce qu'il y fait réellement lui semblent incompréhensibles et ils en viennent à se quereller. Chris décidera bientôt d'aller chercher fortune comme mercenaire au Congo pour s'offrir des études de pilote d'avion. Le P. Dove et son ami, horrifiés, essayent en vain de l'en dissuader. Ils prient pour que rien ne lui arrive (il fera fortune et deviendra pilote).

Puis, fin 1965, arrive James Rigby, « Jim », qui vient de finir des études à Paris et prend une année sabbatique. Il a ce sens pratique qui manque tellement à John, il répare, améliore, construit, il connaît toutes les occasions chez les marchands de Salisbury et discute les prix. Et si John passe de longues heures à prier à la chapelle, c'est Jim qui en construit deux bancs, en plus des cours de droit, d'instruction civique et de relations industrielles qu'il donne au centre. Le jeune volontaire ne tarde pas à assumer les tâches que John faisait faute de personnel : conduire, acheter, surveiller, et ce dernier dit : « Me voici comme un bourdon. » Mais tous deux sont de bons amis, et John est reconnaissant envers Jim. Un jour, ce dernier se retrouve face à face avec un cobra à capuche, au venin mortel. Il crie au secours. John arrive, sa flûte à la main. Jim est furieux, ce n'est pas le moment de s'amuser, mais il s'entend répliquer que « c'est bien pourquoi j'ai apporté ma flûte » – de fait le cobra s'en va. Jim quittera la Rhodésie à la mi-1966, et écrira au supérieur des jésuites que Silveira House a besoin d'un homme à tout faire, pas d'un *saddhu*, ce qui vaudra quelques questions au P. Dove sur son étrange ami.

Parmi les jésuites, John a sympathisé avec le frère John Conway qui l'invite à passer quelques jours à Muramba. Ce grand Irlandais extraverti lui ressemble par le rire, la facilité à lier amitié, l'originalité, le goût de l'indépendance et de la solitude. Mais lui est un roi de la débrouillardise. Dans les missions où il est passé, Wedza puis Musami, il a fait merveille, tour à tour docteur, infirmier, dentiste, horticulteur, constructeur d'écoles ou de terrains de sports, réparateur, homme à tout faire. Il a un don pour attirer les enfants et se mettre à leur portée.

C'est d'ailleurs parce qu'à la longue cela gênait ses confrères qu'il a d'abord quitté leur maison pour une case solitaire (comme John à Ganda), le « Château de Conway », où les enfants peuvent chanter et jouer, et qu'il est maintenant seul à Muramba, un poste à 80 kilomètres au nord de la mission, sans école ni dispensaire, derrière des montagnes et des forêts qu'il faut franchir par de mauvaises pistes. Les chrétiens de la région sont surtout des *vapostori*, une secte locale qui refuse la médecine et dont les évêques sont polygames, mais le frère Conway n'a pas tardé à constituer une petite communauté catholique, composée surtout d'enfants, qui compte une centaine de membres. John lui rend visite et trouve la région désolée[1], et il est vite adopté par les enfants et les paysans, qui lui donnent du *Baba* John comme du *Brada* John au frère Conway. Il est époustouflé par la façon dont celui-ci tient en haleine les enfants par des histoires dont lui ne comprend pas grand-chose.

John fait de grandes marches dans la brousse comme à son habitude. Un jour où, suivi d'un petit chien qui l'a adopté, il se promène de l'autre côté de la Mazoe, l'animal s'arrête soudain devant l'entrée d'une tanière. Un grognement puissant surgit de l'intérieur ; le chien et John s'enfuient en courant et retraversent à la course la rivière sans demander leur reste !

Vicissitudes d'un ermite contrarié

Les premiers mois de l'UDI, début 1966, sont euphoriques pour le régime rhodésien. L'économie repart de plus belle, le blocus du pétrole à destination de la colonie rebelle ne concerne que le port de Beira, et il n'entrave en rien les livraisons. Le pays va connaître dix ans de croissance à près de 10 % par an, alors que les sanctions auraient dû l'étrangler ! L'immigration se poursuit

1. Le romancier zimbabwéen Chenjerai Hove donne dans *Ossuaire* le nom de Muramba, inconnu par ailleurs, à un de ces villages désolés où « il ne fait pas bon vivre pour un âne » et où « chiens et hommes mangent dans le même plat ».

et le cap des 220 000 Européens est franchi. Pourtant, le 28 avril 1966, l'armée rhodésienne connaît son premier affrontement avec un groupe de guérilla, près de Sinoia. Celui-ci est anéanti, et comme l'assassinat d'un couple de fermiers européens près de Hartley le 16 mai ne semble qu'un épisode isolé, Ian Smith pense avoir la situation bien en main. Le P. Dove est consterné par l'aveuglement du régime. Un groupe de travail se réunit à son initiative à Silveira House sous la direction de Lady Daphne Acton pour essayer de détourner les jeunes Européens du régime, et décide d'organiser une fête dans la paroisse de Mabvuku, un *township* africain dont le P. Kavumo est responsable, en plus de son travail au centre. John participe à la préparation de l'événement et se fait de nouvelles relations. La fête sera un succès, mais sans lendemain. Toutefois, plusieurs jeunes viendront ensuite discuter avec lui à Silveira House, et parmi eux Peter Sanders, qui entrera chez les dominicains.

Malgré le vent contraire, le centre poursuit et développe ses activités. Les enseignants, les élèves, les visiteurs sont ainsi nombreux à passer devant la porte de John et, le plus souvent par simple politesse, ils le saluent ou cherchent à engager la conversation, mettant à mal sa méditation ou son inspiration poétique. De plus, il joue de la flûte ou chante à n'importe quelle heure de la nuit ou du jour, et les remarques à ce sujet commencent à lui peser. La vue quotidienne du poulailler et le souvenir de Ganda lui suggèrent une solution : il construit avec des bouts de tôle, des briques et du barbelé un appentis qu'il accole au poulailler et s'y installe, emportant avec lui la machine à écrire. Il y passera désormais de longues heures à écrire ses poèmes, assis sur une caisse de bois au milieu des poules, venant seulement à la cuisine avec Simba et M'Bebi pour chercher un peu de nourriture. Le P. Dove ne peut que constater son exil, seuls ses amis sont au courant, et il est moins dérangé par le premier venu.

Il continue à ramasser les œufs pour la cuisine. Bientôt, la production s'accroît puis littéralement explose. On le félicite, mais voici que les poules commencent à perdre leurs plumes. Le poulailler et ses environs deviennent une étrange basse-cour dont les pensionnaires déambulent dénudées, et pondent de façon étrange autant que prolifique. On finit par appeler un agronome. La présence d'un homme résidant dans le poulailler l'étonne, mais ce dernier se prête obligeamment à ses questions.

L'expert ne trouve rien. Au moment de partir, il pose quand même la question : « Comment les nourrissez-vous ? » John répond : « Oh, en leur donnant plein de pâtée. » L'agronome demande à voir, et John lui apporte des sacs… d'engrais ! Il arrêtera, et les poules retrouveront la santé et leurs plumes.

Peu après, il rencontre les Law. Arthur est le météorologiste en chef du pays. C'est aussi un homme de grand air qui a arpenté tous les environs de la capitale. Une balade l'a conduit une fois vers Silveira House dont il a apprécié les bosquets et la vue. Son épouse Kit, anglicane comme lui, est une bonne pianiste et enseigne la musique aux élèves de l'école St John de Borrowdale, un quartier de la capitale. Les Law aiment les abeilles et ils en ont dans leur jardin. Un soir, une voisine allant cueillir ses laitues se fait piquer. Elle va sonner chez eux et exige le départ de la coupable et de ses congénères. Arthur se souvient alors de sa promenade et se dit que Silveira House serait un endroit idéal pour ses abeilles. Ils s'y rendent et la première personne qu'il y rencontre est un Européen. Celui-ci les écoute et dès qu'il comprend le motif de leur visite, il explose d'enthousiasme : oui, le domaine est bien la demeure qu'il faut ; le directeur est absent mais il sera certainement d'accord, et John, car c'est de lui qu'il s'agit bien sûr, ajoute qu'il désirait depuis des années avoir des ruches. Les abeilles sont bientôt installées non loin des bâtiments. John s'émerveillera de ces nouvelles amies, si promptes à s'orienter :

> Vraiment la merveille du Seigneur est la facilité
> Avec laquelle elles peuvent ajuster avec précision
> Leur microscopique radar pour un changement
> De domicile, où elles se rendront avec exactitude
> Même à des miles de distance de là où elles vont à la recherche
> De nectar et de pollen pour la ruche
> Sur ceux-là [leurs radars] aucune rouille[1] !

Les Law deviennent vite des fidèles visiteurs de Silveira House, et leur amitié s'étendra au P. Dove et à d'autres amis de John. Ce dernier se met à faire des relevés hygrométriques quotidiens pour Arthur et rend souvent visite aux Law. Il passe aussi de longues heures à se promener avec eux dans le *bundu* (« bois, brousse ») : « À travers ses yeux on découvrait la vie sauvage, les arbres, les

1. *Cantate Domino Canticum Novum*, 1969.

fleurs, et pour lui le chant d'un oiseau ou le vol d'un aigle étaient des joies qui couronnent la journée » (K. Law). Son attention à tout ce qui les entoure dans les promenades ne baisse jamais la garde, alors que la conversation ne tarit jamais et qu'il sait être blagueur et plein d'esprit. Parfois, il descend, seul, jusqu'à la mission de Chishawasha à travers bois avec les chiens pour aller prier devant le Saint-Sacrement à St Ignatius, puis il frappe à la porte des jésuites ou discute avec ceux qu'il rencontre en chemin – ainsi le P. Esser, un des premiers missionnaires, arrivé en 1911, qui a ouvert l'école St Patrick et la mission d'Embakwe. Le vieux jésuite n'a plus toute sa tête et dit souvent à John de ne pas regarder vers le clocher : des femmes y sont montées, sans doute avec de mauvaises intentions.

Son autre grand plaisir est la musique. Seul, ou avec Heather Benoy et d'autres, il passe de longues heures à écouter et réécouter les *Concertos brandebourgeois*. Outre Bach, il montre un amour de prédilection pour le *Canon* de Pachelbel, chantant la partie de basse avec goût : « Il était fondamentalement un artiste, et s'exprimait par la musique et la poésie comme il respirait » (K. Law).

Est-ce l'épisode des poules ? Le P. Dove se fait insistant pour que son ami regagne le bâtiment du centre. Pour qu'il ait plus d'indépendance, il a fait aménager la dernière pièce du bâtiment qui servait jusque-là de local à chaussures, et dont une porte donne sur l'extérieur. John se laisse convaincre, mais fait savoir que si la porte est fermée il sera inutile d'essayer de le déranger.

Son amitié avec Simba et M'Bebi n'enlève pas sa préférence pour Haggai en ce printemps 1966. Le bel aigle passe ses journées à survoler le domaine grâce à un solide fil de pêche de près d'une centaine de mètres qui le relie à son perchoir. John vient régulièrement jouer avec lui et l'oiseau royal se pose sur sa main gantée ou sur le perchoir. Un jour, il se met en tête que l'aigle s'ennuie, et il prie pour qu'un autre le rejoigne. De fait, le 11 mai, il a la surprise de voir un aigle posé non loin d'Haggai, et les deux oiseaux se font des révérences. John appelle le P. Dove pour admirer leur danse. Mais quand l'autre aigle s'envole, Haggai veut le suivre. Parvenu au bout de sa corde l'oiseau tire si fort qu'elle se casse et il disparaît dans le ciel, entraînant le fil derrière lui. Plusieurs jours, John reste prostré devant le perchoir, scrutant le ciel, priant et attendant le retour de son ami ailé. Il essaie de se convaincre : « Haggai doit revenir, Haggai reviendra. » Mais l'aigle ne reviendra pas. John en est si affecté que son caractère s'altère, le boute-en-train devient dépressif. Le P. Dove s'en inquiète et va jusqu'à offrir, en vain, une récompense pour qui ramènerait le précieux oiseau. John écrit de son côté à McEwen, sans recevoir de réponse. Enfin, en août, alors qu'il marche dans un bois à des kilomètres du centre, John découvre le cadavre de l'aigle, pendu à un arbre. L'oiseau a emmêlé son fil dans des branches, n'a pas réussi à se libérer, et il a dû mourir d'épuisement et de faim. John ramène le cadavre et l'enterre au milieu du bois de pins avec un imposant cérémonial. Tant qu'il habitera à Silveira House, il ira régulièrement visiter la tombe. Il se demande aussi pourquoi l'aigle a connu ce destin, avant de reconnaître que lui-même était devenu plus attentif à l'oiseau qu'à Dieu.

Durant cet été 1966, il est appelé comme Samaritain dans le quartier de Highlands pour aider Reuben, un jeune Juif qui veut se suicider. Il s'y rend et rencontre à son chevet Joan F. (un pseudonyme, cette personne, interrogée par Judith Listowel, ayant voulu demeurer anonyme), une jeune femme venue pour la même raison. Elle tient une pension de famille et les invite tous deux à séjourner chez elle. Trois jours durant, ils se relaient auprès du jeune homme suicidaire et réussissent à le sauver (Reuben rentrera en Grande-Bretagne où il deviendra un homme d'affaires prospère). Tandis que le jeune homme dort, ses anges gardiens discutent. Joan est adepte des spiritualités asiatiques et prête à son compagnon de veille un exemplaire de la *Bhagavad-Gita*. Il le lit dans le jardin et en pointe l'expression : « Il n'y a pas d'autre dieu que Moi[1] », qu'il rapproche de Deutéronome 4, 34. Joan lui parle aussi des *tokoloshi*, ces diablotins simiesques aussi malicieux que méchants de la mythologie zouloue, étrangers à la religion des Shonas, mais qui ont envahi leurs croyances, associés aux actes de mauvais œil et de sorcellerie. La conversation se poursuit sur les esprits et le surnaturel. Dans l'intimité partagée de ce sauvetage commun, John se laisse aller, selon Joan, à des confidences sur sa fuite dans la jungle malaise, son paludisme cérébral, sa vision de la Vierge (ils ne se reverront pas, mais échangeront par la suite une ou deux lettres).

1. « Rien n'est plus haut que Moi », *Bhagavad-Gita*, 7/6.

En septembre, alors qu'il est seul au centre avec le jardinier Francis, qui est à demi aveugle, John voit des flammes se diriger vers le domaine : un feu de brousse sans doute allumé par de jeunes bergers pour chasser des animaux sauvages a échappé à leur contrôle. Le feu ravage le plateau et des flammes de six mètres de haut s'approchent des bâtiments. John se démène dérisoirement contre l'incendie, qui ne s'arrête quasiment que sous les fenêtres du bâtiment, faute de combustible. Mais huit cents petits arbres ont été brûlés, et John marche abattu dans la jeune forêt anéantie, comme dans un cimetière.

L'année 1966 s'achève dans une atmosphère déprimante car les nouveaux entretiens entre Wilson et Smith à bord du *HMS Tiger* ont échoué comme les précédents. À Silveira House, la lettre de Jim a eu un résultat : le frère Harold Francis Fitzsimmons arrive. Vite baptisé frère Fitz, ce mancunien est aussi pratique que Jim et pieux que John – deux qualités qui lui valent le respect et bientôt l'amitié de ce dernier. Frère Fitz ne tarde pas à comprendre la place de la musique dans la vie de son nouvel ami et se met en tête de lui trouver un harmonium, avec la complicité des Law. John a la surprise de voir un jour arriver le précieux instrument, qui est installé à la chapelle. Il y aura accès jour et nuit, et passera désormais des heures à jouer pour la gloire de Dieu, souvent en appuyant son jeu d'un cantique qu'il chante à tue-tête ou d'un poème qu'il déclame.

Heather Benoy écrit avec John des messes, et il adapte en shona des pièces grégoriennes, trouvant que le génie des deux langues est proche. Le son de l'harmonium et du chanteur ne manquent pas d'attirer l'attention de membres du personnel ou d'enseignants. Et comme les Shonas ont souvent un sens inné de l'harmonie, plusieurs finissent par l'accompagner dans son chant. Agnes Mapfumo est une des plus fidèles et, l'un ou l'autre s'y ajoutant, ils ne tardent pas à constituer un quatuor vocal. Pieuse et d'une belle intériorité, cette jeune femme employée au centre est taquinée par John sur sa voix, et il la surnommera *Contralto* :

> Il aimait à chanter et m'invitait à le faire avec lui, ou avec les autres. Il riait de ce que ma voix était plus celle d'un homme que d'une femme pendant que nous chantions, mais ce n'était pas méchant. Il avait, lui, une si belle voix, comme c'était beau de l'écouter chanter !

> Nous chantions des heures ensemble, c'était bon, c'était des jours bénis. Il était mon ami, mon grand ami[1].

Le P. Dove est toujours attentif à ne pas se faire remarquer des autorités et entretient de bonnes relations avec Mark Partridge, toujours au gouvernement. Mais si la première vague de la guérilla a échoué – il n'y aura plus d'assassinats d'Européens durant sept ans –, le gouvernement maintient une étroite surveillance policière sur tout le pays. C'est ainsi que Silveira House attire un jour l'attention des Services de sécurité de la police (*Special Branch*), sans doute à cause des cours de formation syndicale qui ont été maintenus. John y est seul le jour où arrivent deux inspecteurs en civil, et ils commencent à le soumettre à une batterie de questions : « Que fait-on ici ? Qui fréquente le centre ? Quels cours ? Quels programmes ? » Il les écoute un moment, puis les arrête : « Regardez ce magnifique panorama, n'est-ce pas une vue merveilleuse ? » Les deux hommes acquiescent, puis reprennent. Il les interrompt à nouveau : « Regardez, mais regardez donc cette beauté, les oiseaux, ici et tout alentour, les montagnes ! » Les deux inspecteurs essayent de revenir à leurs questions, mais John les invite alors à prendre un verre et, tandis qu'ils boivent leur bière, il continue à leur parler des oiseaux, des abeilles, de la vue, des fleurs, des plantes, il leur raconte l'histoire d'Haggai. Ils repartiront sans rien avoir obtenu de plus de lui. Il fera plus tard la louange du centre multiracial, en souvenir de cet incident :

> Silveira, comme une cité qui brille
> Sur une colline qui lance
> De gracieux rayons pour le Noir et pour le Blanc,
> Tandis qu'elle chante des lais sans distinction de race ;
> Elle a la devise d'Oxford parmi ses leitmotivs,
> « Le Seigneur est ma lumière » enflamme ses projets[2].

Le Christ de Borrowdale

Paul et Anne Tingay, deux amis du P. Dove, viennent donner des cours au centre, respectivement le théâtre et les sciences. Lui

1. Témoignage d'A. Mapfumo recueilli par l'auteur..
2. *Silveira House*, 1975.

est anglais, d'une famille d'origine bretonne, elle est sud-africaine. En 1967, la paroisse de Borrowdale décide de monter pour Pâques la pièce de Dorothy Sayers sur la Passion du Christ, *L'Homme né pour être Roi,* sous la direction de Paul Tingay, avec plus de 60 acteurs[1]. Mais il manque un Jésus. Le metteur en scène s'en ouvre à son ami jésuite qui lui dit aussitôt : « C'est John qu'il vous faut, bien sûr. »

Quand Paul Tingay le rencontre, John porte déjà depuis quelque temps la barbe, ce qui lui donne un visage « christique ». Mais l'apparence ne suffit pas, et le metteur en scène explique à son interlocuteur ce qu'il attend de lui. Ce dernier l'interrompt : « Attendez, je dois demander à la Sainte Vierge. » Puis il fouille dans ses poches, y trouve une pièce de monnaie, tire à pile ou face et reprend : « C'est bon. » Durant six semaines, John participe aux répétitions et Paul Tingay le voit de façon quasi quotidienne. L'homme l'intrigue, car le metteur en scène se targue d'une bonne connaissance des êtres, il sent en général rapidement à quel type de personne il a affaire et se trompe rarement. Mais avec celui-ci, cela ne marche pas, John lui semble être « cinquante pour cent dans le surnaturel et cinquante pour cent dans le sérieux ». Il constate que s'il prend à cœur son rôle, il semble en même temps en souffrir. Les autres plaisantent entre deux scènes mais lui, jamais. Paul est de plus en plus interloqué : « Qui est ce type ? Inclassable ! » Au bout de six semaines, il n'en sait pas plus.

La représentation arrive et tout se passe bien. John, malgré sa diction très anglaise, impressionne de réalisme tout en jouant à la fois dans ce registre et dans celui de la méditation. Sur la croix sa présence est même étonnante de similitude avec les christs romans (comme par exemple celui du Puy du musée de Cluny à Paris) : maigreur du corps, côtes décharnées et surtout visage où la paix auréole sans l'effacer la souffrance, dans un sobre recueillement. La pièce est un grand succès, et tous se congratulent. Seul John semble ne pas participer à la liesse générale. Paul Tingay se dit en le regardant : « C'est comme s'il n'était pas dans le même avion que nous », et il a de nouveau la conviction que

1. À l'origine, cette pièce est un drame radiophonique commandité durant la guerre par la BBC à l'écrivain pour réveiller la ferveur chrétienne face au nazisme.

son étrange acteur souffre. Il conclut : « Je n'ai jamais vraiment eu de réponse sur lui. »

Le 11 mai 1967, premier anniversaire de la disparition de Haggai, John fleurit sa tombe et prie la Sainte Vierge de lui faire savoir que l'oiseau est maintenant un aigle libre et heureux au Paradis. Peu après apparaît dans le ciel un aigle immense et presque blanc, « pas un *chapungu*, mais un plus beau et gracieux », comme il l'écrit deux jours plus tard à sa mère. L'oiseau fait des cercles au-dessus du bois de pins où est enterré Haggai, puis part en direction de la vallée. John ne reverra jamais un tel oiseau, mais le signe est pour lui évident : la vie éternelle apportée par le Christ ne concerne pas que les « bipèdes sans plumes », comme il l'écrit dans un poème ce jour-là.

Il participe aussi de temps à autre à un cercle de poètes qui se réunissent à Salisbury, où chacun lit ses œuvres. Il y fait la connaissance de Peter Beverley, directeur d'une revue de poésie, *Two Tone.* En juin 1967, pour la seconde fois de sa vie, il peut lire sa poésie imprimée dans cette revue, même si son nom est estropié en *Blackburne*.

Cette même année 1967, des amis lui proposent les clés de leur villa au bord de l'Océan indien, à Beira au Mozambique. Le P. Dove se réjouit qu'il accepte ces vacances, les premières après cinq ans de séjour dans la colonie. En fait John a un projet plus ambitieux : aller à Dar Es-Salaam où réside sa sœur Audrey et son mari William Yonge. Mais lorsqu'il arrive à Beira, il ne peut trouver de bateau, les relations diplomatiques et économiques entre la Tanzanie et la colonie portugaise étant rompues. Il doit renoncer à son projet et se contenter du soleil, de la mer, d'une bagarre avec un paquet de lessive sur lequel il écrit un poème jouant sur l'assonance entre *Om* (le mantra hindou) et la marque *Omo*, d'une halte de prière dans une église orthodoxe, de quelques poèmes d'observation amusée et de repas bien arrosés – il a remarqué que si on commande assez de vin la nourriture est offerte gratuitement. De retour en Rhodésie, il reprend sa vie régulière : tâches, prière, poésie, promenades, visites. On vient souvent le voir pour lui demander des conseils, spirituels ou autres, ce qui ne manque pas de l'étonner mais puisqu'il s'agit de prier, ou même d'apprendre à prier, c'est son affaire.

Mon royaume pour des abeilles

Mais ces visites trop nombreuses, parfois de simples curieux en quête de sensations, l'indisposent, alors que la solitude lui devient de plus en plus vitale. Bien sûr, il peut rester portes closes dans sa chambre, mais le climat ne s'y prête guère, ni les mentalités. Il vit ce désir de solitude comme un don de Dieu car, à ce degré, « il ne vient pas dans la nature humaine, bien que chacun de ceux qui le reçoivent puisse l'accepter ou non » (J. Dove).

John se tourne alors vers la prière pour trouver une solution : il se rappelle l'épisode de la gare indienne qui l'avait tant frappé en 1945, et le voici qui prie pour que lui soit envoyé un essaim d'abeilles pour écarter les gêneurs. Sa prière est exaucée : le 25 juillet, il peut écrire à sa mère que depuis quelques jours celles-ci arrivent en nombre au moment du petit déjeuner et se régalent de ce qu'il laisse, environ sept noyaux de pruneaux et un peu de jus, sans le piquer. Il explique qu'il en est venu à considérer qu'elles ont parfaitement le droit d'agir ainsi et qu'il a décidé de leur en laisser un peu plus, précisant qu'il y en a quatre à six douzaines autour de lui alors qu'il tape la lettre, et qu'aucune ne l'a piqué et conclut : « Je pense que les abeilles sont des psychologues très profondes et si l'on n'est pas agressif envers elles, elles ne le sont pas non plus. » Un peu plus tard elles s'invitent aussi au déjeuner et demeurent avec lui jusqu'en fin d'après-midi : « Heureusement, elles s'en vont toutes avant le crépuscule ; toutefois plusieurs nuits quelques-unes d'entre elles ont manqué le bus et ont passé une triste nuit dans ma pièce qu'elles détestent car ce n'est pas leur ruche – PAS ENCORE ! »

Mais elle le deviendra vite, et John prend l'habitude de s'asseoir pour taper ses poèmes devant la caisse-ruche dans laquelle un essaim s'est installé, ses jambes nues leur servant d'entrée et de protection. La première fois où son ami jésuite le voit ainsi, il prend peur, mais John le rassure. Et le directeur de Silveira House doit convenir que ces abeilles sont vraiment courtoises envers leur protégé, et aussi envers lui-même puisqu'il a confiance en celui-ci. Lui non plus ne sera jamais piqué, et répétera à son tour : « Elles s'occupent de leurs affaires et moi des miennes. » Heather Benoy, elle, n'osera jamais entrer, et elle parle à John par l'embrasure de la porte. Les abeilles resteront jusqu'à la Noël 1967, puis disparaissent soudainement.

En août de cette année 1967, Ian Smith établit une commission chargée d'élaborer une nouvelle constitution pour garantir, dit-il, le « développement harmonieux de la société pluraliste rhodésienne, compte tenu des différences sociales et culturelles entre les habitants du pays ». Dans une de ses rares lettres politiques, John déclare sa franche hostilité envers ce régime et son idéologie constitués « en vue de conserver la Race aryenne des Seigneurs [*Herrenvolk*, en allemand dans le texte] de l'État fantoche dans son splendide isolement, à côté de leurs piscines (ils en ont presque tous une privée) – les Noirs ont toujours été mis à part dans leurs *townships* autour et près de Salisbury. Il me semble qu'insister sur la nature du Dieu incarné avec sa peau décidemment de couleur serait une objection opportune et sublime ». Et il raille un député éduqué chez les jésuites de St George, « catholique de berceau, excessivement content à la fois de son corps et de son âme, mais plus encore de l'ombre élue de sa peau [...], quoiqu'elle ne concorde pas avec celle du Seigneur ! » Ses amis de Salisbury sont des Africains autant que des Européens. Il rend visite aux seconds dans de grandes villas entourées de vastes jardins aux pelouses impeccables, avec piscine et, à l'arrière, un verger et des arbres d'agrément. Il admire les avenues avec leurs rangées de jacarandas, de flamboyants rouge sang, de *msasas* couleur rouille et d'autres arbres aux teintes variées. Quand il va chez les premiers, c'est dans leurs *townships* surpeuplés, damiers de multitudes monotones de rangées de petites maisons aux formes simples avec pour seul luxe un modeste *stoep*, un ou deux arbres fruitiers et la baraque des WC. Mais il fréquente sans discrimination les uns comme les autres, dans un pays où le fossé racial se creuse toujours plus.

À Silveira House, la ferveur des commencements s'estompe. Deux ans et demi après son ouverture, le centre est devenu une institution. Des organismes étrangers, catholiques ou non, s'y intéressent. Le P. Dove ne peut plus être attentif à John autant qu'il le souhaiterait. Or si les abeilles protègent celui-ci, elles ne dissuadent pas de venir le voir à la porte de sa chambre. Et depuis qu'il a joué la pièce de Sayers à Borrowdale, le flot de visiteurs ne tarit pas et son exaspération monte. Un jour, John arrive dans le bureau du jésuite, déchire sa chemise, lui montre sa poitrine couverte d'un exanthème d'origine nerveuse et lui crie : « Voilà ce que tes soi-disant amis me font. » Le P. Dove a toutes les peines du monde à le calmer et à lui faire remarquer que ceux qui viennent ne sont pas ses amis, mais des personnes qui veulent « s'asseoir aux pieds » de John. Ce dernier exagère d'ailleurs sa misanthropie : quand un groupe de laïcs enseignant en Afrique de l'Est a visité le centre et alors que l'un d'eux, Kevin Jones, souffre d'un mauvais paludisme, c'est lui qui le soigne (il se prend d'affection pour le jeune homme, musicien dans l'âme, et lui enverra en septembre 1967 une lettre dont les conséquences allaient être étonnantes quelque vingt années plus tard).

Quand il n'en peut plus, John part dans la brousse et l'arpente pendant des heures. Il trouve aussi du repos dans la prière et dans la musique. On lui a offert le disque des *Leçons de ténèbres* de François Couperin, mise en musique du texte des *Lamentations de Jérémie* des matines du jeudi saint. Peu à peu, John s'en imprègne et l'intègre à sa dévotion pour Jésus Roi d'Israël. Il apprend par cœur les pièces et les chantent régulièrement, seul ou pour ses amis, leur disant que cette musique exprime tout son esprit et toute son âme. Une idée commence à poindre en lui, plus ou moins consciemment, sans doute au moment de la guerre des Six Jours dont il suit les opérations militaires à la radio : la nostalgie de la Terre sainte le reprend, dans un but qui va se préciser.

Mais la fin de 1967 et le début de 1968 ne lui apportent pas la paix. Il se sent de plus en plus inutile, et il le répète au P. Dove, qui lui rétorque qu'au contraire sa présence est bénéfique, mais sans réussir à le convaincre. John craint que son caractère ne s'aigrisse, et il écrit là-dessus le 18 janvier à Stephen King, toujours en Australie :

> Tu me demandes si je souris toujours aux Africains : un rappel très à propos. Quoique je ne sois en rien pour l'Apartheid ou le régime de Smith (je ne lis pas les journaux), mon côté Timon d'Athènes doit être surveillé attentivement et huilé copieusement par la grâce venue de Dieu pour empêcher que mon visage ne se fige de façon glacée. Non que cela fasse beaucoup de différence au blocage racial des deux côtés mais c'est tout de même une petite aide, et un sourire ne coûte rien tandis qu'il améliore *ipso facto* l'humeur. Et aussi : j'aime qu'on me sourie et je suppose donc que les autres aussi.

Autre signe de son désarroi : le même mois, revenant sur une vieille idée, il informe son ami d'Australie qu'il a décidé de quitter l'Afrique en avril de cette année et d'émigrer sur l'îlot du Chat, dans une lagune de la Tasmanie – il l'a trouvé sur un atlas ! Il demande à King de l'aider à y trouver un petit ermitage (en fait, l'îlot de 36 hectares est inhabité). Ce sera, écrit-il, son dernier port d'attache, avant celui de saint Pierre. Il lui demande aussi de l'aider à gagner de quoi se payer un peu de thé, de lait et quelques autres choses et insiste : « Je suis sérieux. » Stephen King lui enverra une documentation sur les îlots de Tasmanie et John le remerciera, mais entretemps il a décidé que, décidemment, sa place est en Afrique.

C'est qu'il attend un signe de Dieu. Celui-ci ne tarde pas : les Sœurs bleues ont fait construire un pavillon de repos, St Patrick, à moins de dix minutes de Silveira House mais la maison a déjà été cambriolée onze fois. On demande à John s'il peut y passer les nuits. John quitte désormais tous les soirs le centre pour descendre à St Patrick avec M'Bebi sur les talons (Simba voudrait suivre mais doit garder le centre, et sa tristesse se communique à son ami humain). Ces nuits de solitude totale lui redonnent la paix. D'autres changements ont d'ailleurs lieu à Silveira House, fin 1967 et début 1968. Le P. Peter Kavumo part dans une mission en brousse. Un jésuite rhodésien lui succède, le P. Raymond Kapito. Puis arrivent Bernard, un volontaire laïc, et Chris Sheperd-Smith, un futur jésuite qui cultive lui aussi ses particularités, très vieille Angleterre et dévot de la Sainte Vierge, et John sympathise rapidement avec lui.

Rebâtir les murs du Temple

Début 1968, le gouvernement de Ian Smith engrange les victoires : 58 guérilleros ou supposés tels sont tués au printemps près de Sipolilo, et son gouvernement est reconnu comme régime légal du pays par la cour d'appel de Rhodésie, en principe indépendante.

Le P. Dove est invité par sa congrégation à prendre ses premières vacances en Europe, après sept années en Rhodésie. Il propose à John de faire de même, et celui-ci acquiesce, ajoutant qu'il entend se rendre aussi en Terre sainte. En avril 1968, ils s'envolent tous deux pour Londres, à quelques jours près, et se retrouvent chez le P. Crane à Claver House. Avant de se coucher,

John monte sur le toit et chante les *Lamentations de Jérémie* au-dessus de la capitale anglaise endormie, comme pour tester le projet qui a mûri en lui. Le matin suivant, c'est au tour des laudes et de l'office de la Sainte Vierge.

Puis il va retrouver sa mère à Ottery. Madame Bradburne a maintenant près de soixante-quinze ans et se remet d'une opération. Durant une vingtaine de jours, John reste chez elle et tout se passe pour le mieux. En retournant à Londres, le 13 mai, il lui écrit que sa plus grande joie a été d'être avec elle de nouveau. Il ajoute qu'il l'a trouvée avec un esprit plus jeune que jamais, et toujours aussi accueillante. Il est également allé à Tavistock retrouver Hugh Symons qui a pris sa retraite dans ce bourg de l'autre côté de la forêt de Dartmoor. L'*Union Jack* pend au-dessus de la porte d'entrée, devant laquelle John chante les *Leçons* de Couperin à son arrivée, et le vin coule à flot.

Le lendemain Hugh l'emmène à Buckfast à travers la forêt du Dartmoor, un enchantement. À l'abbaye, il discute longuement, sous la pluie, avec dom Raphaël. La nouvelle chapelle du Saint-Sacrement qu'il avait jugée « terrifiante et effrayante, aux lumières gueulantes », au vu d'une photo envoyée par Darrell Blackburn, lui plaît assez, sauf le grand christ. Les deux amis sont invités à rester déjeuner à l'abbaye, puis écoutent dans l'église un moine jouer sur l'orgue la grande *Fugue en sol mineur* de Bach, et John ne peut s'empêcher de penser à son frère Philip qui l'interprète si bien et le désir de revoir un jour ce dernier le travaille – mais Philip est toujours en Libye.

Il consacre ses derniers jours en Angleterre à sa famille et aux amis. Un de ses derniers après-midi est pour sa filleule Pamela. Ils prennent le métro londonien et, à la demande de la jeune femme, John chante dans l'escalier roulant d'une station ce qu'elle pense être du plain-chant – sans doute une *Leçon* de Couperin qui l'habite totalement depuis qu'il prépare son grand coup. Les autres usagers du métro semblent apprécier, mais dans une lettre à son ami Stephen King, John résumera son séjour anglais en lui avouant qu'il s'est senti plus dépassé que jamais. Puis, le 24 mai, c'est le départ pour la Terre sainte. John est accompagné à la gare Victoria par le P. Dove, sa nièce et quelques jésuites. On ne sait qui a payé le voyage, lui (sur l'argent de poche reçu en Rhodésie) ou un autre, et il tient à renvoyer à sa mère les 5 £ que cette dernière lui a avancées. Il explique à son ami jésuite qu'ils se voient peut-être pour la dernière fois, car il décidera une fois en Israël s'il retourne en Afrique ou s'il y trouve une grotte pour y vivre. Mais il lui cache son plan grandiose, qu'il résumera plus tard ainsi dans une relation de son voyage :

> Il y a sept principes de la guerre, et bien que je ne puisse me souvenir de tous, je peux me souvenir d'un : maintenir l'objectif. C'est pourquoi je préciserai ce qu'était mon objectif, mais ni moi ni vous mais Dieu seul peut juger en fin de compte si je l'ai atteint. Mon objectif était la conversion complète d'Israël, de Jérusalem en particulier, au Verbe fait Chair. Mais un autre principe de la guerre dont je peux me souvenir est le secret, et ni les jésuites ni ma nièce qui me virent partir ne connaissaient mon intention, bien que l'un d'entre eux ait pu le deviner, avec les plus grandes craintes[1].

Arrivé sur le continent, John commence par contourner la France (suite aux événements aucun train ne circule dans l'Hexagone) puis poursuit jusqu'à Venise. Un bateau grec le conduit au Pirée le 28 mai, et John remonte à pied jusqu'à Athènes. Quand il voit le Parthénon, il s'assied pour écrire de mémoire la prière à Pan qui conclut le *Phèdre* de Platon, sans doute composée en ce lieu même. De retour sur le bateau, il l'offrira à un passager qui lui semble trop en quête de nourritures terrestres.

Le 31 mai, vendredi avant la Pentecôte, il débarque en Israël en compagnie de Charlie, un compatriote, un « brave type, le sourire aux lèvres, un teint éclatant. On ne pouvait se tromper sur ses origines, même sans *Union Jack*. N'importe qui dans le pétrin lui aurait demandé son avis. Il exhalait le bon sens par chaque pore de sa peau. J'avais souvent bavardé avec lui à bord et, dans un moment de faiblesse, j'étais tombé d'accord avec sa suggestion que nous devrions voyager ensemble, une fois en Israël. C'était tout à fait contraire à mon plan singulier de campagne solitaire ». Leur première rencontre est celle d'un clochard juif qui essaie de leur soutirer quelque objet à revendre. John réussit ensuite, non sans mal, à se débarrasser de Charlie, et il prend un train pour Tel-Aviv, puis un bus pour Jérusalem. Sa voisine est « une personne agréable et qui, de temps en temps, m'offrait un bonbon, et je le prenais, quoique ce ne fût pas un Turkish Delight… Nous entrions dans Ramla – ou Ramle (j'avais passé là une nuit en prison, dix-huit ans plus tôt), et je fis remarquer à la dame : "C'est

1. Journal de voyage, terminé en octobre 1968.

une place agréable, Ramla." "Oui, me répondit-elle, mais il y a trop de chrétiens." Je lui dis que j'étais un chrétien. C'était trop – plus de bonbons, plus de conversation[1]. »

À quatre heures de l'après-midi, le voici à Jérusalem. Il dépose son petit bagage à l'auberge de jeunesse du mont Herzl puis descend vers le Mur. Il repère les lieux un peu oubliés depuis 1950 et s'essaie à chanter un peu de Couperin. Puis il remonte sur le mont Herzl, alors qu'avec la nuit, « la nouvelle lune de juin se levait comme une faucille ». Il traverse la ville, déserte en ce soir de shabbat, à l'exception de quelques chats et de rares voitures :

> Le Mur dominant, illuminé, avec ses énormes blocs de pierre était humain, établi durant le règne de David, selon le souhait de David, pour défier toutes les vicissitudes successives, portant témoignage d'une endurance invincible. Ce mur prodigieux et patient comme la face inscrutable de Dieu d'un choix qui ne sera jamais confondu là où s'est tenu depuis presque 3 000 ans, et là où je me suis tenu pour au moins cinq minutes, contemplant abasourdi le mur et les Juifs priant qui lui faisaient face à ses pieds. Et je me demandais : « Oserai-je braire demain en latin au milieu d'Hébreux si solides ? Oserai-je braire sept fois à voix haute[2] ? »

Il rentre ensuite au mont Herzl pour y dormir. Le samedi, et John raconte la suite, que le lecteur a peut-être déjà devinée, il met à exécution son plan étonnant pour la conversion de tout Israël :

> Je passais la matinée, comme bien des pèlerins doivent le faire, à acheter des cartes postales et à inscrire des remarques appropriées sur leur dos et à les adresser aux amis et à la famille… Ayant posté mes cartes, je pris un déjeuner et décidai que mes débuts au Mur n'auraient lieu qu'après les premières vêpres de la fête de Pentecôte. Je les suivis en bonne et due forme dans l'église conventuelle principale des franciscains, les gardiens du pays rendu saint par le Dieu incarné.
>
> Puis je descendis au Mur, non plus appelé des Lamentations mais occidental, il était entre quatre et cinq heures. J'arrivai au kiosque à l'entrée de l'aire sacrée, je pris une calotte juive de prière puis je la posai comme font les Juifs, à l'arrière de ma tête. Il n'y avait pas foule devant le Mur à ce moment-là, et tout chanteur un peu décidé pouvait être distinctement entendu par les hommes, sans parler de Dieu dont les oreilles entendent nos pensées les plus intimes. Dos

1. *Ibid.*
2. *Ibid.*

à l'Ouest païen, je fis face au Mur, vers l'Orient plein de grâce, et je fis comme fait Juda, j'embrassai le Mur et le touchai de temps à autre. Je chantai les *Lamentations de Jérémie* aux accents exacts de Couperin, à pleine voix, Aleph, Beth, Gimel, Daleth, Khe. Tandis que je préludais la première scène, personne ne parut s'en porter ni mieux, ni plus mal. Le Mur occidental ne fut pas secoué, et ni Mur oriental, ni Mur méridional, ni Mur septentrional de l'antique Temple de Salomon ne s'étaient levés de terre. Les Anges invisibles n'avaient pas fait pour mon chant un accompagnement de clavecin et viole de gambe, ni de complément pour s'accorder avec le grand œuvre de Couperin.

Mais un rabbin des Hassidim, qui avec une belle contenance se tenait près de moi dit : « Vous ne chanteriez pas quelque chose en hébreu ?, voici le Livre. » Quand je dis que je ne connaissais pas l'hébreu, il sourit et me dit : « Dieu vous aimera pour ce que vous avez chanté – j'en suis sûr. »

Au coucher du soleil du jour de Pentecôte, j'avais chanté là sept fois les *Lamentations de Jérémie* de Couperin et les choses étaient restées comme elles étaient. Il y avait eu quelques manifestations de contentement par des Juifs et une forte objection d'un seul. Il y avait eu aussi des rassemblements de têtes et plus d'un regard curieux ou soupçonneux. Au crépuscule de la Pentecôte le jeu semblait terminé.

Ainsi, j'achevais une pièce guidée par l'ange et contemplait la Charrue alors qu'était venu le crépuscule. Il me semblait que la Charrue pointait au-delà, et que les étoiles brillaient toutes si fort, et ce n'était pas loin de Bethléem, une dizaine de kilomètres peut-être, un mile pour chaque vingt minutes que le chant des Lamentations avait pris. Je repris la route à pied, sortant de la Porte de Jaffa, avec un cœur plutôt léger[1].

Le poème *Hassedim* de 1971 précise qu'à minuit, alors que John achève son chant devant le Mur par le *Te Deum* de l'office de la Sainte Vierge, un des oiseaux qui habitent dans les pierres du Mur, un martinet, lâche sa fiente au-dessus du barde, et que celle-ci atterrit sur le livre ouvert. Alors qu'il devait en recevoir un neuf, John gardera le volume en souvenir de l'épisode. Mais il est clair pour lui que sa vocation de convertisseur d'Israël a atteint son accomplissement, et que pour Dieu ce n'est ni l'heure ni le mode de rebâtir le Temple ni de convertir Israël : « La morale de tout ce cirque pourrait être : Christ le Juif parfait qui a converti onze disciples et établi douze apôtres, tous des Juifs, pour convertir le monde, convertira à lui-même tout seul son peuple d'Israël. Il sera leur gloire, la Parole faite chair. »

1. *Ibid.*

Interlude libyen

John décide alors de retourner en Afrique et il essaie d'abord de trouver des bateaux et de caboter jusqu'à Mombassa ou Beira, mais la situation géopolitique rend ce rêve irréalisable. Il doit retourner à Rome où un billet pour Salisbury l'attend à la procure des jésuites. Il embarque à Haïfa sur un cargo grec, l'*Omega*, qui le débarque à Brindisi, après qu'il s'est fâché avec l'équipage, on ne sait pourquoi, et il arrive en train à Rome le 21 juin. Il se rend chez les jésuites de Santo Borgo, mais l'avion est déjà parti et le suivant n'est qu'en août. Qu'à cela ne tienne, John décide d'aller voir son frère Philip en Libye ! Un père jésuite lui offre un pécule, et il quitte aussitôt Rome pour Naples, où il veut embarquer sur le *Tunisi* le soir même pour Tripoli via Malte. Mais il n'a pas de visa pour la Libye et ne peut prendre de billet. Il en achète un pour Malte, et embarque dans un grand dortoir de troisième classe. Après une escale à Syracuse et un poème sur la Sicile, il débarque à Malte le 23. L'île l'enchante, et la piété des hommes le frappe : « Ils vivent comme ils prient. »

Puis le *Malcom Pace,* un cargo sorti des chantiers de Newcastle en 1947, le conduit vers Tripoli, au milieu d'une cargaison d'une cinquantaine de chèvres et d'un bouc plaintif. Philip, cadre de Mobil Oil, n'a pas revu son frère depuis une douzaine d'années et il est impressionné par sa fatigue, sa maigreur et sa longue barbe quand celui-ci frappe à sa porte le 26 juin. John lui raconte son séjour à Malte, l'attente du cargo debout toute une nuit puis la traversée, et ne tarde pas à aller se coucher. Le lendemain, un visiteur frappe à la porte. Philip lui présente son frère. L'ami s'exclame : « Il ressemble à une peinture du Greco. » Philip sait que son frère n'a pas accepté ses épisodes conjugaux mais, comme avec d'autres qui l'ont déçu, ce dernier a déjà pardonné, et ils retrouvent vite leur complicité d'enfants. Ils écoutent tous deux religieusement sur un électrophone haut de gamme les disques de musique classique que Philip a en abondance. De la terrasse de l'immeuble, John admire la vue qui plonge sur le port et la Méditerranée et sent sa fibre poétique s'enflammer.

Dans l'émotion de retrouver son frère, Philip a oublié d'aller le déclarer à la police. Quand il y pense quelques jours plus tard, c'est pour découvrir que son passeport ne contient aucun tampon d'entrée en Libye. John lui avoue benoîtement qu'il est arrivé dans la partie fret du port et l'a quittée sans se soucier des formalités, tandis que les inspecteurs sanitaires s'occupaient des moutons. Philip doit envoyer son frère l'expliquer aux autorités. John le fait avec un charme désarmant, et tout rentre dans l'ordre.

John écrit le 3 juillet à leur mère et donne un tableau bien idyllique de la vie de Philip : l'accident de moto de l'année précédente (des enfants avaient tendu un fil de fer à mi-hauteur sur la route pour voir ce qui se passerait) ne sera bientôt plus qu'un mauvais souvenir et son frère, travailleur, à l'aise en arabe, hôte parfait, est aimé de tous, Européens et Américains comme Arabes (« et je ne voudrais pas me servir d'un mot plus faible que le verbe *aimer* »). De son côté, Philip ne cache pas qu'il est fier de ce frère aussi original que pieux. Bientôt les invitations pleuvent. John veut s'y rendre dans ses loques, mais son frère insiste pour lui acheter une paire de jeans, que John trouve magnifiques et qu'il ne quittera plus de tout son séjour. Pour beaucoup d'amis de Philip, la rencontre avec John donne comme aux spectateurs de la pièce de Sayers l'année précédente l'impression de se trouver devant un autre Christ. Dans une soirée, une des secrétaires de la Mobil Oil demande à Philip si son frère danse. « Vous n'avez qu'à lui demander », lui répond-il, ce qu'elle fait et John accepte. Elle dira plus tard à Philip : « Il est capable de danser, mais c'est comme danser avec Jésus-Christ. » Un autre soir, un jeune Américain croit bon de se moquer de la foi chrétienne à coup de citations du *Dictionnaire du Diable,* le pamphlet antireligieux d'Ambrose Pierce. John relève le défi et démonte les sophismes de son contradicteur. Ceux qui assistent au débat compareront son attitude à celle d'un maître d'école avisé qui remet à sa place gentiment, mais fermement, un élève qui veut crâner. Le jeune Américain ne tarde pas à s'excuser, il doit partir.

Mais John se lasse vite de ces mondanités, surtout que « si j'aime l'alcool, lui ne m'aime pas et guerroie contre mon esprit ». Et tous les matins, même après des soirées mondaines et de courtes nuits, il est à la première messe des franciscains à la cathédrale de Tripoli (le colonel Kadhafi la confisquera pour en faire une mosquée deux ans plus tard), et il passe souvent une partie de ses journées avec les religieux.

Comme toujours, il est attentif à ce qui l'entoure. Cela nous vaut un poème sur le *ghibli*, le vent du désert qui dessèche tout, un autre sur les enfants des rues du port, plusieurs sur les muezzins, et un sur Ismaël qui devra lui aussi se tourner vers le Roi d'Israël, au total une soixantaine pour ce séjour libyen. Mais si Philip qui, comme vice-consul en Irak avait suivi de près les fouilles de Max Mallowan (le mari d'Agatha Christie), s'intéresse aussi à celles de Ghirza, John y est indifférent. Il décrit par contre à sa mère son amour pour les vieux Arabes qu'il voit, ajoutant qu'Ismaël a besoin de son frère Israël, et le confiant à Dieu.

Une fois reposé, John décide de repartir vers Israël et échafaude un plan : passer clandestinement les frontières et, arrivé en Israël, jeter aux orties son passeport et travailler au noir. Ce projet suscite de longues discussions avec Philip à qui il l'a naïvement expliqué. Son frère y est hostile et y voit un danger pour sa propre carrière. John a déjà fixé une date limite pour son départ, même s'il n'a plus d'argent. Mais, deux jours avant celle-ci, il reçoit deux propositions inattendues pour l'emmener gratuitement à travers l'Afrique. Il y voit un signe de la Providence et décide de retarder son départ, ce qui lui vaut de recevoir les lettres de sa mère et du P. Dove qui, prévenus par Philip, le supplient aussi de repartir vers Salisbury. Les deux propositions tomberont à l'eau, mais John a abandonné son projet, et bientôt un autre signe arrive sous la forme d'un billet d'avion qui lui est offert pour Salisbury, via Rome, par le P. Hall, un confrère de son ami Dove.

Aigles, amitiés, et où John entend parler des lépreux de Mtemwa

Encore une soirée à écouter, sur la terrasse de Philip, Richard Burton récitant le *Vieux Marin* et *Kubla Khan* de Coleridge, et c'est le départ pour Rome, le 6 septembre. John, rasé de près le matin même car il n'arrive plus à discipliner sa longue barbe, s'est promis de ne plus faire de grands voyages et de se contenter de celui, hebdomadaire, à Salisbury dans le camion de Silveira House. Arrivé à Rome, il apprend qu'il repartira le jour même pour la Rhodésie ; il a juste le temps de courir en ville pour une messe à Sant Andrea delle Fratre et à Saint-Pierre pour une prière, et au Borgo Spirito pour son billet – et de faire une expérience difficile à interpréter :

> J'ai épousé Marie en Campanie
> Mais je ne la voyais pas clairement jusqu'à ce que je vienne
> De Tripoli en Afrique du Nord
> Et que je la voie près du *Tunnel* dans un cadre,
> C'était une couverture mettant en vedette une Belle[1].

Cet épisode semble effectivement marquer une nouvelle étape dans sa relation avec la Vierge Marie. Elle n'est plus seulement la Mère mais devient aussi l'Éternel Féminin, celle en qui toutes les femmes sont assumées, y compris les plus séduisantes[2].

L'avion le conduit à Salisbury via Bruxelles, Nairobi et Johannesburg (les sanctions qui commencent à être effectives ne permettent plus de vols directs). C'est durant l'escale à Nairobi que Colin Carr, alors enseignant au collège St Ignatius de Chishawasha et qui deviendra dominicain, fait la connaissance de John : « Je l'ai d'abord vu de dos, un homme aux traits plutôt durs, pas spécialement agréable, mais quand il s'est retourné et que j'ai vu ce visage rayonnant, accueillant, j'ai été tout de suite attiré, joyeux. » Il ne tardera pas à venir le voir et prendra l'habitude de monter à Silveira House pour des échanges « où lui fait en sorte que chacun se sente bien ». John présentera son nouvel ami à ses deux chiens, précisant qu'ils sont de confession bouddhiste, « car ils aiment la paix ».

Le lendemain matin, 7 septembre, John retrouve avec plaisir Silveira House, et confirme sa résolution de ne plus vagabonder à travers le monde :

> J'ai quitté le pays shona pour vingt semaines
> Et durant cinq mois entiers mon âme a demandé : « Pourquoi[3] ? »

Le P. Dove n'étant pas encore rentré, John ajoute à ses tâches ordinaires quelques autres, mais il ne tarde pas à recommencer ses promenades et à s'émerveiller la nuit de la voûte céleste.

---

1. *Roma, Italia, Il Mundo*, 1975. L'identification du lieu pose problème.
2. On pense à l'œuvre de Teilhard de Chardin, *L'Éternel Féminin*, qui attribue à Marie une sorte d'universalité cosmique dans une vision lyrique de la chair et de sa puissance trouble, virginisée par celle-ci. Les deux écrivains ont pu être influencés par Hopkins.
3. *Return to Mashonaland*, 1968.

Il compose plusieurs poèmes qui sont autant d'exercices d'admiration, quand par exemple il discerne et célèbre dans la pleine lune une Vierge à l'Enfant.

Une mangouste a saigné une douzaine de poulettes dans le poulailler. John en est blessé. Il redouble de prières pour que des abeilles reviennent chez lui. Le 3 octobre, lors d'une promenade dans les bois autour du centre, s'écartant d'un chemin de troupeau, il voit soudain un aigle au sommet d'un grand arbre, sans doute un busard cendré. Il vient justement de passer la journée à méditer l'antienne de communion de la fête de Ste Thérèse de l'Enfant-Jésus (« Comme un aigle il a étendu ses ailes et il l'a prise et l'a porté sur ses épaules », Dt 32, 10), et il se dit que l'oiseau surveille son aire qui doit être proche. Il la cherche trois jours avant de la trouver, ainsi qu'un second rapace. Il y retourne souvent et se fait peu à peu accepter des aigles, qu'il a baptisés Tierce et Thérèse. Pendant plusieurs semaines il tient un véritable journal d'observation en vers, remarquant, au lendemain de l'encyclique *Humanae Vitae* si mal reçue en Occident :

> Je n'ai jamais vu Thérèse prendre la pilule
> Et je suis pourtant sûr qu'ils s'accouplent
> Tous les jours parce que leur « joie de vivre » est toujours
> Fraîche comme une pâquerette, et pour célébrer
> Le fait que la preuve de leur acte fécond est maintenant
> En sûreté dans le nid[1]…

Il date la naissance d'un aiglon du jour de la Saint-Luc (18 octobre) et suit quotidiennement le développement de la famille. Mais il n'oublie pas pour autant ses autres amis de la gent animale. Le 20 octobre, il écrit à sa mère que Huru a dû être enchaîné « car il a succombé à la passion des dames chiennes de l'endroit », et que M'Bebi vient d'avoir une nouvelle portée de trois chatons, ajoutant : « Sans doute arrivera-t-elle à la centaine[2]. » Il poursuit ses observations sur les aigles et, le jour de la Saint-Martin, il écrit à son neveu et filleul Anthony Bradburne qu'il grimpe sur un petit *majanje* (« de moins de cinq mètres de haut », précise-t-il), non loin de l'aire, afin d'être à hauteur de la famille,

1. *During this Merry Month*, 1968.
2. Visitant le centre après l'indépendance, le futur prix Nobel de littérature Doris Lessing remarque « les chats à l'ombre s'attendant à être admirés », sans doute la descendance prolifique de M'Bebi.

faisant remarquer au passage que les aigles sont gris et que lui aussi commence à grisonner – de fait, il parait maintenant son âge. Il a apporté sa flûte et joue *Greensleeves* pour la mère et l'aiglon, s'étonnant de ce qu'ils ne dansent pas aux sons de sa mélodie.

De nouveaux amis apparaissent. Parmi eux, Alec Israël. Au début c'est l'originalité de John qui attire ce Juif agnostique, bon vivant et permissif, dans une Rhodésie où le conformisme est de règle. Peu à peu, il découvre qu'il y a plus en lui que de la simple excentricité. Il est étonné puis séduit par sa joie, son intelligence, son ascétisme, sa ferveur, et par son amour fou pour Marie, cette femme juive. John, de son côté, accueille Alec tel qu'il est. Autre visiteur, Ivor Herbert, journaliste hippique anglais et auteur de livres de voyages et sur les chevaux (une autorité en la matière, comme Léon Zitrone en France) qui passe par Silveira House et à qui John parle de ses poèmes, lui en confiant une liasse.

Le 18 septembre Herbert de retour en Europe lui écrit que « la majorité n'auront pas d'intérêt commercial parce qu'ils sont trop habiles pour le lecteur moyen qui réclame non pas des élans d'émotion (ce que je pense que la poésie devrait) mais de savoir intellectuel. [...] En cet âge païen, les vers religieux sont moins susceptibles de plaire que d'autres ». Il demande à John d'écrire son autobiographie, en prose et avec quelques strophes poétiques pour « décrire une pensée ou un incident sur votre chemin ». John note au dos de la lettre qu'il va s'y lancer, même si c'est en vers que viennent ses pensées. Le 1er novembre, Herbert peut lui écrire qu'il a bien reçu le premier chapitre, y a jeté un coup d'œil, et que cela lui plaît. John se reprend à espérer, surtout que le P. William Donnelly, un jésuite du séminaire, à qui il a aussi confié quelques poèmes, lui a écrit une lettre encourageante. Mais il reçoit bientôt une lettre négative d'Herbert : les voyages en bateau ou en train n'offrent aucun intérêt s'il ne s'y passe rien de fantastique. Le 16 novembre, John répond, en vers, à ses deux correspondants. Remerciant le jésuite pour sa lettre reçue « comme un message de l'Esprit Saint », il ne cache pas à Herbert son amertume tout en prenant note de la leçon et en l'invitant à revenir à Silveira House. Leur correspondance s'arrêtera là[1].

1. Quant aux poèmes confiés à Herbert, que ce dernier propose de garder dans sa cave jusqu'à ce que l'occasion de les reprendre se présente, John le remercie de leur donner ainsi une chance de mûrir. Que sont-ils devenus ?

Le 28 novembre, John écrit dans *Man Friday*, un poème sur le Christ : « Toi, Dieu lépreux, toi objet rejeté, dévasté. » Peu après, peut-être le 11 décembre, il entend justement parler pour la première fois des lépreux de Mtemwa, ainsi qu'il l'écrira plus tard :

> Jusque vers la fin de 1968, je ne savais pas du tout qu'il y avait une colonie de lépreux dans le pays. J'entendis directement d'une personne amie que celle-ci passait par des moments difficiles dans le cadre d'une gestion dure. Cette information me déstabilisa : j'aurais souhaité ne pas l'avoir entendue. Mais l'idée taraudait ma conscience[1].

La « personne amie » est sans doute Caterina Savini (et, indépendamment, Heather Benoy). En octobre de cette année les consacrées italiennes de Chirundu, basées maintenant à la mission d'All Souls dans l'est du pays et toujours amies et visiteuses de Silveira House, ont commencé leurs visites au centre de lépreux de Mtemwa. Pourquoi John est-il ainsi perturbé en apprenant l'existence d'une colonie de lépreux en Rhodésie ? Il ne le dit pas. Est-ce la prise de conscience qu'il se trouve soudain au pied du mur vis-à-vis d'une question qui l'habite depuis longtemps (on peut y voir aussi une allusion contrariée au premier vœu de 1962) ?

Le P. Dove est maintenant de retour à Silveira House. Le centre attire de plus en plus l'attention de l'étranger. *Misereor*, principale agence de développement de l'Église d'Allemagne envoie une mission qui fait un rapport élogieux. Ce partenariat est une reconnaissance de sérieux mais risque d'attirer l'attention du gouvernement

---

1. Une lettre-poème du 11 décembre 1977 dira de même, quoiqu'elle pose un problème de date :

« Il y a neuf ans ce même jour
À moins que je ne sois pas moi,
Je vis Mootamewa pour la première fois…
Je me suis éloigné, mais sans allégresse
Je me suis dit : "Ce triste lieu
Est un linceul conséquent,
Que Dieu envoie quelqu'un d'autre à ma place,
Qu'il ne me soit pas attribué." »
Brave Lions, 1977.

Faut-il comprendre « je vis » comme « j'entendis parler de », ou bien John se trompe-t-il dans les dates ? Il est bien établi qu'il ne se rend pour la première fois à Mtemwa qu'en mars 1969.

et le jésuite doit redoubler de prudence. Il a trouvé une nouvelle tâche pour son ami : le secrétariat des rencontres les plus importantes du centre, à commencer par celle de l'association qui coiffe Silveira House. John, début 1969, tape le compte-rendu du conseil d'administration des 4 et 5 janvier, un document quelque peu surprenant : à partir du quatrième paragraphe, en effet, le secrétaire poursuit son rapport en vers : « Ici le dactylo non qualifié se disqualifie lui-même/S'il vous plaît, demandez à un chinois de terminer », et le compte-rendu se transforme en poème sur les martinets et les hirondelles partis vers le nord, les pintades, les boutons d'or !

Le 25 février 1969 John écrit une émouvante élégie pour le P. Francis Matsika, premier jésuite rhodésien africain, qui vient de mourir à 34 ans et d'être enterré à Chishawasha. John admirait ce passionné d'oraison et se confiait à ce « père d'âmes aussi bizarres que la mienne » ; il écrit à sa mère que la mort du P. Francis le remplit « à la fois d'un chagrin profond et d'une profonde joie ». Le 4 mars 1969, il écrit un poème *Quarante vers sans pensée, ou souvenirs de Carême*, dans lequel il mêle à l'épisode de la veuve de Sarepta des bribes de souvenirs de son voyage de 1941 vers l'Inde et conclut par une réflexion sur « cette chose extrêmement étrange que de déménager ». Le pouvoir rhodésien est alors en train de se radicaliser : le 6 mars ont lieu les premières pendaisons de « terroristes », malgré les appels à la clémence de Paul VI et d'Élisabeth II. John lit aussi les *Lettres* de Jean XXIII, et la bonhomie pastorale du défunt pape lui inspire le 16 du même mois un poème :

> En louant la grandeur, nous grandissons nous-mêmes
> Par notre gratitude envers Dieu pour les hommes fameux[1].

Mais, sans doute le lendemain, il part avec Heather Benoy visiter Mtemwa. Malgré sa promesse de ne plus s'éloigner de Silveira House, et suite à une discussion avec la jeune femme qui a elle aussi entendu parler de Mtemwa, « où des lépreux sont en train de mourir », les deux amis ont décidé d'aller visiter les lieux.

1. *Paterfamilias*, 1969.

Annexe I
La Rhodésie du Sud et l'Église catholique

De la vallée du Zambèze au fleuve Limpopo, s'étendent de hautes terres bordées à l'est par des chaînes montagneuses et descendant au sud-ouest vers le désert du Kalahari. L'épine dorsale, orientée nord-est/sud-ouest, est la région la plus fertile et au climat le plus agréable. L'horizon est vaste, coupé par les *kopjes*, sorte de gigantesques baleines de granite échouées. Les herbes d'une savane aux rares bosquets sont vite brûlées en début de saison sèche, avril ou mai, et le paysage prend alors l'aspect désolé qu'il va garder jusqu'à l'arrivée des pluies, fin octobre ou novembre.

Les premiers habitants du Plateau zambézien sont des Bochimans, aujourd'hui disparus. Des Bantous d'Afrique centrale s'y installent en vagues successives à partir du milieu du premier millénaire et sont à l'origine du peuple shona. Ils fondent plusieurs empires, dont le Monomopata au XVe siècle et le Rozwi au XVIIe siècle. Ils échangent, par Arabes et Portugais interposés, l'or et l'ivoire du pays contre des tissus, des perles et des poteries persanes, des verreries indiennes et des porcelaines chinoises, et la richesse du Monomopata fait croire aux Européens qu'il s'agit du fabuleux Ophir de la Bible. Un trait commun à tous les États shonas est la fluidité de leurs structures : même l'empereur doit tenir compte de ses vassaux, et la plupart des clans ne sont que peu affectés par son pouvoir.

À partir de 1834, le chef zoulou Mzilikazi, fuyant le redoutable Shaka, arrive par le sud et se taille avec ses guerriers ndebele un empire sur la moitié sud du plateau. Son fils Lobengula en fait la puissance dominante de la région, mais une bonne partie du pays shona lui échappe malgré ses raids. Des explorateurs et chasseurs commencent à s'y rendre, en général bien accueillis. En 1888, Lobengula signe avec Cecil Rhodes, un aventurier anglais qui a fait fortune dans les mines de diamant sud-africaines, un traité qui dissimule mal un projet de conquête. Dès l'année suivante, la reine Victoria signe la charte de création de la British South African Company (BSAC) qui octroie pour 25 ans à Rhodes des avantages tant régaliens qu'économiques sur tous les territoires au nord de l'Afrique du Sud, sans tenir compte de leurs 700 000 habitants. Rhodes envoie alors une colonne de deux cents pionniers et trois cents soldats après leur avoir déclaré : « Vous avez la fière satisfaction de savoir que vous êtes en train de civiliser une nouvelle partie du monde. » Les Shonas, habitués aux chasseurs et aux explorateurs les laissent passer et, le 12 septembre 1890, le drapeau britannique flotte sur un campement baptisé Salisbury, du nom du premier ministre britannique de l'époque. La facilité apparente de la « conquête » répand le mythe d'une population peu guerrière. Lobengula, lui, réagit, mais trop tard, et dès novembre 1893 sa capitale Bulawayo est conquise. Le nom de Rhodésie s'impose en 1895 et tout le Plateau est mis en coupe réglée par la BSAC. Une révolte, la *Chimurenga,* éclate dès l'année suivante, et elle prend chez les Shonas des allures de guerre religieuse. La riposte est terrible et la répression sanglante : l'ordre régnera pour huit décennies, mais les Européens développeront dans leur majorité une mentalité d'assiégés et, chez les Africains, la *Chimurenga* ne sera jamais oubliée. La Rhodésie du Sud devient une colonie de peuplement agricole européen utilisant comme main d'œuvre les Africains. La métropole impose seulement de laisser à ceux-ci assez de terre pour survivre.

Rhodes meurt en 1902, et son mausolée devient lieu de pèlerinage. Mais les intérêts de la BSAC et ceux des colons divergent et, en 1922, un référendum, pour lequel seuls les Européens ont le droit de vote, choisit le statut de colonie autonome. Un régime parlementaire, imité de Londres est mis en place mais 96 % de la population en est exclu. En 1930 le *Land Apportionment Act* réserve plus des 2/3 des terres aux seuls Européens, dont la presque totalité des terres les plus fertiles, pour des cultures commerciales, surtout le tabac et le maïs. La majorité des Africains doivent se regrouper dans les « réserves indigènes » (*Tribal Trust Lands*) aux terres médiocres, alors que seules 10 % des terres sont ouvertes à la propriété privée africaine. Le fossé s'accroît au fil des décennies entre les Européens qui croient construire pour toujours un État blanc, et les Africains qui en sont exclus alors qu'ils constituent l'immense majorité de la population : « Les Européens de ce pays peuvent être comparés à une île blanche dans une mer noire. » (Godfrey Huggins, premier ministre de 1933 à 1954).

En 1953, la Rhodésie du Sud forme avec sa voisine du Nord et le Nyassaland une Fédération. Le premier parlement comprend trente-cinq Européens et six Africains. La doctrine officielle est un partenariat visant au développement des Africains qui obtiendront les mêmes droits « quand ils seront capables de les exercer selon les critères européens » (Huggins). Pour la grande majorité des Européens, c'est une affaire de décennies voire de siècles, mais un nouveau Premier ministre, Garfield Todd, promulgue des mesures destinées à favoriser le développement économique et éducatif des Africains. Il est vite évincé, décevant les espoirs de l'élite africaine. Grèves et manifestations montrent alors la montée d'un nationalisme dont Joshua Nkomo est la première figure de proue. En 1961, dans la foulée des indépendances africaines, Londres organise une conférence pour obliger les

Européens à accepter une représentation politique des Africains, limitée à 15 députés sur 80. Mais n'est-il pas déjà trop tard ?

La première évangélisation du Plateau remonte au XVIIe siècle. Le jésuite portugais Gonçalo de Silveira parvient en 1660 à la cour de l'empereur Chisamharu. En moins d'un mois, il baptise le souverain, sa mère et près de trois cents notables. Mais les marchands musulmans de la Cour, dépités, font croire au souverain que le religieux se livre à la sorcellerie pour le compte d'un rival. Chisamharu fait subir au jésuite la mort atroce des sorciers. La mission s'effondre, il n'en restera que les ruines de chapelles sur lesquelles s'apitoiera Livingstone en 1860.

Quelques jésuites accompagnent la colonne de Rhodes, et reçoivent de lui le territoire de Chishawasha (sans illusions sur la « bonté » de celui-ci, qui dira aux parents du jeune missionnaire Louw : « Votre fils parmi les indigènes vaut pour moi autant que cent de mes policiers »). En 1911 Salisbury compte 500 catholiques. Les missionnaires servent d'abord la communauté européenne, mais occupent une position clé dans les zones africaines, où s'implantent des missions. Ils apportent l'Évangile, les soins médicaux et les écoles, étudient les populations et leurs langues, promeuvent un catholicisme populaire. Le christianisme se répand surtout par l'école : « aller à l'école » et « aller à l'Église », se dit pareillement en shona. Mais les missionnaires constatent que beaucoup retournent à la religion traditionnelle à l'âge adulte. L'africanisation du clergé est lente : en 1936, le petit séminaire de Chishawasha ouvre ses portes aux Africains et c'est seulement en 1947 que les premiers prêtres autochtones sont ordonnés.

Après la Seconde Guerre mondiale, le catholicisme rhodésien, jusqu'alors presque exclusivement anglais et jésuite, s'ouvre à d'autres missionnaires, surtout suisses et irlandais, tandis qu'une identité catholique africaine s'affirme peu à peu. Quand John arrive en Rhodésie du Sud, l'Église catholique compte moins de 500 000 fidèles, à 90 % africains. Les anglicans et les protestants ne sont guère plus nombreux, dans un pays d'un peu moins de quatre millions habitants, dont 5 % d'Européens. Les Églises demeurent très liées au système colonial. La ségrégation raciale existe même à l'intérieur des églises catholiques pour les messes. La montée du nationalisme africain et le durcissement du pouvoir divisent les Églises. La peur du communisme ferme les yeux de beaucoup sur l'injustice raciale. À l'inverse les missionnaires irlandais ont tendance à valoriser tout ce qui s'oppose au gouvernement de la colonie britannique. En mai 1960, une revue catholique largement en shona, *Moto,* est lancée à Gwelo avec la bénédiction de Mgr Lamont, un carme irlandais, et elle devient rapidement le fer de lance du nationalisme africain.

Annexe 2 – Les Shonas

Lorsque John arrive en Rhodésie, l'unité de vie demeure le *kraal* (hameau de descendants d'un même ancêtre). Les concessions comprennent la case des parents, celles des garçons et des filles et celle où sont préparés les repas. La famille élargie est la base de la société : le chef de famille, ses épouses, ses dépendants et d'autres membres de la parentèle, des serviteurs s'il est riche, des relations plus lointaines. Les *kraals* se réunissent en villages, dirigés par un chef héréditaire et dans lesquels tous se reconnaissent un ancêtre commun et un même animal totem.

Chaque famille a son troupeau, sa volaille, un bœuf pour tirer la carriole, et les inévitables chiens qui aboient contre les visiteurs. Le mariage est la grande affaire entre les familles : le futur époux doit payer la *roora*, dot de 7 à 15 têtes de bétail. La vie sociale du village est centrée sur le *dare*, l'arbre à palabre – le nom signifie aussi conseil des Anciens. Mais l'idéal d'une société égalitaire semble n'avoir jamais été réalisé, à cause des différences de terre, des mariages ou des conflits, et la colonisation exacerbe les problèmes, car les terres ne suffisent plus.

Les repas sont à base de *sadza*, bouillie de maïs assaisonnée de légumes ou de feuilles selon les saisons. La plupart des habitants des « réserves indigènes » souffrent de malnutrition chronique du fait de la monotonie de la nourriture et du manque de protéines animales, dû aux interdits coutumiers sur le bétail et à l'interdiction de la chasse. De plus, l'essentiel des aides gouvernementales va aux fermiers européens. Les cultures se font sur une base communautaire. À tour de rôle, tout le village s'entraide, et reçoit de la bière brassée par la famille qui accueille. Les plus puissantes sont en mesure d'offrir plus de bière pour un plus grand nombre et d'avoir ainsi plus que leur part des travaux communautaires. Les Shonas cultivent traditionnellement le mil, le sorgho et le dolique, mais la colonisation a apporté le maïs comme culture de base.

La possession de bétail bovin est un élément prédominant du monde shona, un troupeau est le « sang de la vie ». Le troupeau, compté matin et soir, donne honneur et influence. En posséder un est signe d'arrivée à l'âge adulte, source de considération et de statut social. Les bœufs sont sacrifiés aux moments essentiels de la vie, naissance, mariage et décès et unissent vivants et morts. Le rôle économique du bétail, quoique ambivalent, est important : les bêtes servent pour labourer, le fumier enrichit la terre, le lait est consommé, le cuir sert pour l'artisanat ou la vente, et la dot constitue l'élément essentiel du mariage. Les bêtes ne sont pas abattues, sauf les plus vieilles ou pour des raisons cultuelles et en cas de famine. La surveillance est mutualisée par les familles. Les raids pour se saisir des troupeaux d'un autre village étaient fréquents avant la colonisation, et les conflits de pâture demeurent aigus. Le surpâturage qui accentue la dégradation des sols est général, car une bête même maigre peut grossir un jour, mais plus de bête, c'est la fin de tout.

La religion shona, qui a évolué au fil des siècles à partir des croyances de base bantoues, est un monothéisme complexe. Mwari est le nom de Dieu, lointain, pas vraiment intéressé aux affaires des hommes, généralement doté d'attributs cosmiques. Chaminuka, esprit quasi divin, apparaît comme le fondateur de l'ethnie, il a apporté l'agriculture, le brassage de la bière, la recherche des métaux dans les montagnes et joue un rôle majeur pour la pluie. Mais cette religion est surtout pratique et s'intéresse d'abord aux ancêtres et à leur destin après la mort. Ceux-ci sont aussi présents que les vivants. Celui qui meurt devient un *mudzimu* (esprit). Comme la mort naturelle n'est pas concevable, les fils d'un défunt doivent consulter un devin pour savoir quel *mudzimu* est responsable du décès, pour l'apaiser. Après un certain temps, le défunt est réputé ressortir, comme une ombre blanche, de sa sépulture. C'est alors la seconde étape des funérailles, le *kurova gura*, conduit par le plus vieux frère du défunt et qui intronise celui-ci comme esprit protecteur. Le grand-père décédé est pour une génération donnée le principal *mudzimu*. Le *mondhoro* (lion) est le *mudzimu* plus important, ancêtre du clan ou de la tribu. Il y a aussi des esprits méchants, qui voyagent la nuit sur le dos d'une hyène et jettent des sorts, esprits des morts sans enfants, et la sorcellerie est fréquente. Lorsque les *mudzimus* veulent entrer en communication avec leurs descendants, ils le font par l'intermédiaire d'un devin, le *nganga,* dont ils s'emparent de l'esprit pour faire savoir ce qu'ils désirent ou ce qui leur déplaît. Celui-ci associe à ce rôle une bonne connaissance des herbes et des plantes qu'il utilise pour guérir. Des fêtes annuelles rassemblent morts et vivants. Les plus importantes ont lieu en janvier et en avril, avant et après les récoltes et surtout en septembre, quand il faut demander au *mondhoro* de faire pleuvoir en abondance et à temps. Elles sont l'occasion de sacrifices de bétail et de grande consommation de bière de mil. En cas de sécheresse des cérémonies spéciales sont tenues.

La culture shona est riche. Les devinettes et énigmes, souvent assonancées, inculquent la réflexion logique et le raisonnement, par exemple : « Qu'est-ce qui fait du bruit en venant et en partant ? » (la porte), « Je monte la montagne avec un assassin ? » (la hache). La sagesse shona s'exprime aussi par des proverbes, souvent savoureux : « C'est la hache qui oublie, pas le fagot » ou « Le fiancé courbe la tête, l'époux la redresse ». Hommes et femmes doivent ainsi être en quelque sorte les poètes de leur vie, pour trouver leur place dans la société car ce média est utilisé pour nombre de circonstances. Les enterrements donnent lieu à de véritables festivals de poésie durant lesquels le mort est apostrophé. On recense une bonne dizaine de types de poèmes : louange du clan, didactiques, de critique et de satire sociale, de consolation, etc. La parenté structurelle des poèmes de louange avec la littérature médiévale chère à John a été remarquée par les spécialistes, ainsi entre le *Poème du Zèbre* et *Beowulf*. La culture musicale des Shonas est non moins riche, vocale ou instrumentale, avec la *lambira* (harpe) et les tambours. Les chants expriment les joies et les peines, mais aussi les croyances, et la « théologie chantée » de la foi chrétienne s'est moulée dedans, par la création de cantiques en langue shona. Tout ceci ne peut que plaire à John.

Annexe 3
Arthur Cripps

Né en 1869, Arthur Cripps est le desservant d'une paroisse anglicane de l'Essex lorsqu'il lit en 1897 *Trooper Peter Halket of Mashonaland* d'Olive Schreiner, qui relate sous forme romancée les horreurs de la répression anglaise contre la révolte shona. La couverture de l'ouvrage le révulse : trois Africains pendent aux branches d'un arbre sous le regard goguenard d'Européens. Il décide sur-le-champ de partir en Rhodésie défendre les Africains et leur annoncer Jésus-Christ. Il s'installe à Enkeldoorn et dans la région, et vit à l'africaine. Il achète des terres et y établit des familles africaines. Ses déboires sont nombreux mais il continue, excuse tout, pardonne tout, tolère tout, même la polygamie. Il distribue tout ce qu'il possède, même ses vêtements, mange à l'africaine, ne circule qu'à pied, fût-ce pour aller à Salisbury devant les tribunaux défendre les paysans contre les fermiers européens. Un jour où, déjà âgé, il marche vers la capitale avec un Africain, une voiture s'arrête et propose de le prendre. Cripps monte mais quand le véhicule démarre et que son compagnon est laissé sur le bord de la route, il le fait arrêter et en redescend aussitôt. Un autre jour, il donne sa soutane pour enterrer un mort sans habit. Il est considéré comme fou par les Européens mais surnommé par les Africains *Baba Mupandi* (« Celui qui finit sans rien ») ou *Baba Chapepa* (« Celui qui aide le malade et le pauvre »), et on lui attribue des miracles. Auteur prolixe, Cripps publie une vingtaine de livres, poèmes et nouvelles. Le plus célèbre est *Le Christ noir* (1902) dans lequel il évoque un Christ sauveur de l'Afrique. Il meurt en 1952.

Annexe 4 – La vallée de Mazoe, les Acton et M'Bebi

La rivière Mazoe prend sa source à une trentaine de kilomètres au nord de Harare et file jusqu'au Mozambique où elle rejoint le Zambèze. Depuis 1929, un barrage en régule le cours et distribue ses eaux. La vallée, large et exceptionnellement fertile, est un des pôles agricoles de la colonie. Les fermiers européens ont accaparé les terres en refoulant les Africains aux marges ou les réduisant à la condition de salariés agricoles, et lutté contre la fièvre bilieuse. On cultive les agrumes, le coton, le tabac, le maïs, et on pratique l'élevage laitier. Quelque 450 exploitations emploient un grand nombre d'ouvriers agricoles africains, souvent venus du Nyassaland et qui résident dans les *compounds*, villages domestiques des fermes.

À une quarantaine de kilomètres au nord de Salisbury, un panneau sur un soc de charrue indique M'Bebi. La maison des Acton est, selon Evelyn Waugh qui y résida deux fois, « hideuse, très mal entretenue, avec quelques fleurs éclatantes émergeant çà et là ». Un vaste bungalow blanc au toit de tôle et aux murs de béton est prolongé par une série de dix chambres, et un *stoep* (véranda) aux arcades remplies de moustiquaires précède le tout avec, au bout, la chapelle que Lady Acton a pu faire construire grâce au don d'un cousin qui s'est arrêté de fumer pour cela. John s'amusera d'apprendre qu'il peut dormir dans le lit du cardinal Montini ou lire l'exemplaire dédicacé par Waugh de la *Vie de Mgr Knox* dont il a veillé à Westminster la dépouille – tous deux ont séjourné à M'Bebi. Une « vague pelouse d'herbe grossière » (Waugh) entoure la maison, avec quelques beaux arbres, un tennis et une piscine, que John appréciera même s'il doit la partager avec quatre grenouilles.

La ferme du domaine n'était pas vraiment le souci des Acton, quoique leurs vaches laitières aux noms évocateurs, *Rea's Rita*, *Princess Husanna* ou *M'Bebi Designer Stompie*, aient gagné des compétitions. Elle est désormais indépendante, et John se lie avec ses fermiers : les von Nidda, leur fils Freddie qui gère la ferme et son jeune frère Roland, qui ne tardera pas à entrer chez les jésuites.

La nature entoure M'Bebi et Richard, le fils aîné des Acton, se souvient de lions venus ravager la porcherie ou de léopards s'attaquant aux chiens. Durant la saison sèche, les feux de brousse embrasent les collines des alentours. S'ils les descendent, c'en est fait des récoltes et des arbres.

Quand John arrive à M'Bebi, tout lui parle de la vie trépidante qui vient de s'y dérouler durant une quinzaine d'années. Les Acton puisent comme lui leurs racines dans l'histoire lointaine de l'Angleterre. Une branche exilée sur le continent pour garder sa foi catholique a donné un Premier ministre au royaume de Naples, un cardinal à l'Église et Lord Acton, le célèbre historien, revenu en Grande-Bretagne. Le petit-fils de ce dernier, John, a épousé Daphné Strutt, petite-fille d'un prix Nobel et fille d'un autre savant, qui deviendra catholique sous l'influence de Ronald Knox. Le couple vit d'abord sur les terres familiales d'Aldenham et élève des cochons tout en accueillant un flux continuel d'invités, avec Ronald Knox comme chapelain. Après la Seconde Guerre mondiale, Lord Acton décide de quitter l'Angleterre travailliste sur un coup de tête, et achète « une ferme quelque part en Afrique australe ». En 1947, les six enfants (qui seront plus tard dix), plus trois cousins, rejoignent avec leur mère la Rhodésie du Sud où le Lord, parti en éclaireur, les accueille déjà cuit par le soleil. Pour les enfants, M'Bebi sera un paradis terrestre, tandis que leur père se lance dans la confection de sacs en papier et hante le champ de courses de Salisbury. Près du bungalow se trouve un *compound* habité par les familles africaines, toutes originaires du Nyassaland. Lady Daphne a fait construire une chapelle, une école et un terrain de jeux. Elle accueille non seulement les enfants de ses employés mais aussi ceux des fermes voisines. Les Acton sont des libéraux, l'évolution de la colonie les inquiète, et Lady Acton bravera le régime en envoyant un de ses fils à l'école de Chishawasha, où tous les élèves sont africains.

8

Baba John, père des lépreux
1969-1973

> J'avais horreur de la lèpre et lorsque j'entendis pour la première fois parler de Mtemwa, je n'eus aucune envie d'y aller. Mais ma conscience n'était pas tranquille et je décidais que je devais faire quelque chose pour aider. Maintenant je suis heureux ici. C'est la fin de mon voyage.
>
> *The Rhodesia Herald*, 6 septembre 1979

Heather Benoy n'est pas enthousiaste à l'idée de partir à Mtemwa avec sa vieille Volkswagen, mais son ami a insisté comme il sait le faire, et les voici, en cette mi-mars 1969, « sur une route terrible, pour découvrir une situation terrible » (H. Benoy). C'est la première fois que John se rend dans le nord-est de la Rhodésie. L'étroite bande de goudron qu'ils doivent prendre jusqu'à Mtoko franchit trois rivières, Nyagui, Musami et Nyadiri, dans un paysage de *kopjes* et de rochers dont le relief s'accentue au fil des kilomètres. En cette fin de saison des pluies, la verdure domine, exploitations commerciales européennes et champs de maïs des « réserves indigènes » avec leurs *kraals* dispersés, souvent cachés par les cultures. Ils traversent, à mi-chemin, le seul village de quelque importance, Mrewa, chef-lieu du district du même nom, puis commencent à voir au loin des montagnes. Ils entrent, après avoir franchi la Nyariri, dans le pays budga[1] et ne tardent pas à gagner Mtoko, le chef-lieu. En 1969, ce n'est encore qu'un bourg de quelques centaines d'habitants qui abrite le centre administratif du district, une poste, un petit hôtel européen, quelques boutiques dont le drugstore des

1. *Cf.* annexe 1, p. 368-370.

frères Kassim, un terminus de bus africains, un hôtel pour les Africains et un *Beerhall* où s'installent les buveurs de *chibuku* (bière de maïs, épaisse et intoxicante), un petit hôpital gouvernemental.

« Je dois rester ici ! »

La voiture tourne à droite à hauteur de l'hôpital, et s'engage sur une piste, puis tourne encore à droite pour arriver en moins de trois kilomètres à Mtemwa. Le nom semble prédestiné car il signifie en shona séparé, isolé, coupé, tranché (il pourrait aussi désigner la forme du mont Mtemwa, sa table qui semble tranchée) : les bâtiments du centre se cachent derrière un *kopje* plus modeste, le Chigona. La voiture y pénètre par une superbe allée de jacarandas et s'arrête devant un modeste bâtiment, alors qu'on devine les cases des lépreux dans la verdure de cette fin de saison des pluies[1]. Mais si le paysage est idyllique, ce que John et Heather Benoy découvrent est effroyable. Les êtres qu'ils aperçoivent sont repoussants, la maladie a déformé leurs visages et leurs membres, leur crasse est visible, leurs plaies non soignées. Quand ils s'en approchent, de voir les ongles à moitié disloqués ou poussant en crochet sur les rognons des doigts ajoute à la répugnance qui les saisit et quarante ans plus tard, Heather Benoy aura encore du mal à trouver ses mots pour décrire le choc qui les saisit alors : « C'était terrible, terrible. »

Pire encore : surpris par leur arrivée, les lépreux courent vers leurs cases, et plusieurs en ressortent la tête couverte d'un sac ou d'une couverture, tandis que les assistants du centre arrivent à leur tour. Les deux visiteurs voient un lépreux ramper, la tête dans un sac. Ils sont stupéfaits et John demande : « Mais que faites-vous donc ? » Un des assistants lui explique qu'on les force à se mettre un sac sur la tête pour cacher leur visage, car ils sont trop laids. John s'exclame, accablé : « Mon Dieu ! Mon Dieu ! » Mais le flot de compassion qui le submerge se change aussitôt en colère : aucun être humain ne devrait en être réduit là, ainsi cette vieille femme qui crapahute dans la boue : la voici qui, à genoux, lape son écuelle. Alors John crie sa colère sur les assistants, et Heather Benoy n'est pas moins choquée : tous ces « vieux lépreux

1. *Cf.* annexe 2, p. 370-373.

déformés », ainsi qu'ils lui apparaissent, sont traités de façon inhumaine, et elle se dit qu'il lui faudra alerter les autorités en rentrant à Salisbury.

Très vite, elle reçoit un second choc. Son compagnon se tourne vers elle, et il lui annonce qu'il ne repartira pas. Pour la jeune femme, qui ne pense qu'à le faire au plus vite, il est devenu fou : « Soyez raisonnable, vous ne pouvez pas faire cela, allons, repartons. » Mais lui est submergé par des sentiments trop violents, et le gentleman qu'il est toujours répond brutalement : « Allez vous faire f…, Benoy, je dois rester ici, je dois rester ici. » La jeune femme commence à paniquer. Que va dire le P. Dove si elle revient seule, sans parler du reste (elle le reconnaîtra : « J'ai réagi avec la plus idiote des idées : Je perdrais un ami ») ? Elle essaie de raisonner son compagnon et avance tous les arguments possibles : ce n'est pas sérieux, il ne peut pas faire cela, il ne peut pas lui faire cela, à elle. La discussion calme un peu John, et il finit par dire qu'il va recourir à sa méthode ordinaire pour connaître la volonté de Dieu. Il sort une pièce de monnaie, prie, puis la lance : il restera à Mtemwa. Il accepte toutefois, après force discussions, de rentrer ce jour-là à Salisbury, pour prendre ses affaires et revenir dès que possible.

Le retour est difficile. John est en fait en proie à une violente commotion spirituelle : il sent que c'est là qu'il est appelé par Dieu et par Marie, mais en même temps il a peur, il voudrait ne jamais avoir vu ce qu'il vient de voir, comme il le fait sentir à sa compagne de route. De retour à Silveira House, il va aussitôt trouver son ami Dove, lui raconte ce qu'il a vu, et sa détermination à s'installer à Mtemwa :

> Je pense que je ne servirais pas à grand-chose à Mtemwa car je n'ai jamais été boy-scout, je n'y connais rien à la médecine, et ils sont dans une situation très très mauvaise, en train de mourir suite à la négligence. Ils ont été traités de façon horrible. Je suis un marginal et ils sont des marginaux, donc je pense que nous nous comprendrons. Et donc j'y vais, c'est ce qu'il me faut[1] !

Il s'explique aussi avec lui-même dans un court poème écrit juste après son retour à Silveira House, le 17 mars :

1. Témoignage tiré du film *Vagabond of God.*

Ayant toujours aimé être seul,
J'ai traité les êtres humains comme des lépreux.
Cette justice poétique peut ainsi racheter
Ma voie avec Dieu, dont les voies sont toujours des aides.
Je n'ai jamais rêvé que je pourrais aller
Et vivre au milieu d'une telle troupe de quatre-vingt,
Et je n'ai jamais fait de tels plans en ce sens, Non,
La perspective ne me plaît guère.
Traiter chaleureusement des lépreux comme des êtres humains :
Voilà qui est facile, vu de loin, pour le doctrinaire.
Que leur affranchissement de l'esclavage tienne à mon cœur,
Que celui-ci soit de chair et non de pierre, ô Étoile du Matin !
Miriam ; brille, douce Maîtresse, qu'en ton nom
Le salut se lève, que les lépreux bondissent,
libérés de leurs infirmités[1] !

Ce poème (qui pose lui aussi problème quant au « premier vœu » de 1962, *cf.* p. 256) oblige à aller au-delà de l'image d'Épinal d'un homme se précipitant sans réfléchir au secours de lépreux. Le « doctrinaire » qui voit de loin les lépreux et juge facile d'avoir des beaux sentiments envers eux, n'est-ce pas John lui-même, sinon depuis l'époque du livre de Douglas écouté à Skirwith, au moins depuis celle où il priait et rêvait sur la tombe du P. Damien ou en lisant l'épisode bien connu de la vie de saint François ? Il se trouve maintenant au pied du mur, et sa détermination n'en prend que plus de valeur, soutenue par sa conviction que c'est le Christ lui-même qui l'a conduit à Mtemwa.

Le P. Dove prend la décision de son ami au sérieux et décide de contacter le P. Ennis. Coïncidence providentielle ou suite de ce contact, voici que celui-ci arrive à Silveira House pour demander à John s'il ne voudrait pas devenir le directeur du centre de Mtemwa ! Ce dernier y voit la confirmation de l'appel reçu, mais l'idée de devenir un responsable administratif ne l'a pas effleuré un instant. Il refuse, il se sent incapable d'une quelconque responsabilité de ce genre. Depuis son travail d'adjoint de bataillon à Dehra Dun, il connaît ce genre de travail, et ne l'aime pas. Il a déjà donné ! Bien des discussions seront nécessaires pour le faire changer d'avis, mais il finit par accepter. Le P. Ennis en parle alors à Philip Dighton. Ce dernier écrit aussitôt à Shirley James qu'elle doit voir ce John Bradburne, un « homme remarquable »,

1. *In that I've always loved to be alone*, 1969.

et il le rencontre aussi, pour lui préciser en quoi consisteront les tâches : comptabilité, responsabilité des assistants, administration du site, supervision des soins, administration des donations alimentaires et toute autre action nécessaire à la bonne marche du centre. À l'énoncé de cette description de poste, John est plus que réticent, mais comme il se sent appelé, il accepte. Dighton précise les conditions de l'embauche : un salaire mensuel de 20 £ versé sur un compte en banque, et un des assistants à son service personnel, payé par le Lions Club de Mtoko. John lui répond fermement qu'il veut vivre comme les lépreux dans une case, mais son interlocuteur n'est pas d'accord, il le lui dit clairement puis l'écrit à Shirley James : un gentleman ne peut vivre ainsi, il doit avoir un minimum de confort et le comité se doit de le lui procurer. Il est décidé que la vieille boucherie, à côté du magasin où sont stockées les rations, sera réhabilitée avec salle de bains, douche, toilette et réchaud.

Tout en se préparant à partir à Mtemwa, John continue à s'inquiéter pour ses poèmes. Il est devenu un contributeur régulier de *Two Tone* et, dans le premier numéro 1969, y publie deux poèmes (son nom est estropié cette fois en *Bradburn*!). Le 28 avril, il reçoit une lettre de Peter Beverley qui lui renvoie une liasse de poèmes mais ouvre la porte à un autre envoi car « votre vigueur et votre espérance nous plaisent ». La réponse part le jour même, une lettre en vers qui évoque à demi-mot son nom mutilé et le définit comme un poète « pas vraiment moderne, mais un barde ». Mais *Two Tone* prendra des options plus politiques, et un seul de ses poèmes y sera encore publié, en 1972.

Est-ce la perspective de son départ à Mtemwa ? Ou de savoir que Pep Muspratt-Williams, le beau-frère de son ami Dove, du même âge qu'eux, est en train de mourir d'un cancer ? John sent soudain le poids des ans. Le 29 avril, il recopie une prière du *Milieu divin* de Teilhard de Chardin sur l'usure de l'âge et l'envoie à Pep (celui-ci mourra deux mois plus tard). Il y ajoute un poème sur les abeilles qui sont revenues dans sa chambre (il a prié pour cette venue et y a contribué un peu en mettant du sirop sous sa table) :

… un essaim d'abeilles est arrivé
Dans ma cellule ; je pense que le temps est mûr
Pour montrer ma foi au milieu de ce bourdonnement !
Je dois en avoir cinquante mille sous la main

Et elles se sont installées dans une ruche
À deux pas d'où je tape à la machine[1]…

En mai, les abeilles continuent d'envahir sa chambre. Elles vrombissent partout avec bienveillance, la pièce sent le miel et il écrit à sa mère qu'il semble qu'après tout sa mission « soit seulement pour les abeilles », ne soufflant mot de celle qui se dessine à Mtemwa. Le 4 de ce mois, John reçoit, « une aubaine », la visite surprise de Ted Duggan, son ancien collègue de Burns & Oates à Londres qui, comme lui, « ne se cherche pas d'épouse, à part l'Église », et qui lui offre une flûte à bec. Ils boivent et chantent ensemble tard dans la soirée.

Ce même mois de mai, le *Livre blanc* du régime rhodésien en vue d'institutionnaliser la discrimination raciale est présenté. La division entre zones européennes et africaines est durcie. Les implications sont d'autant plus graves pour les Églises que le christianisme continue de se répandre essentiellement par les écoles de brousse, qui semblent condamnées. Le 5 juin elles lancent un *Appel aux chrétiens*: « Il deviendra extrêmement difficile pour nous de conseiller la modération à ceux qui ont été si patients depuis si longtemps sous des lois discriminatoires et à qui on propose une provocation si extrême. » Mais la majorité des Européens soutiennent le régime et s'éloignent des missionnaires. C'est l'époque des premières expulsions et des non-renouvellements de visas pour ces derniers, et les divisions traversent aussi l'Église catholique, avec des polémiques ouvertes. La nouvelle constitution est approuvée en juin par 72 % des votants, tous Européens. Elle prévoit que la proportion d'Africains siégeant au Parlement ne pourra jamais dépasser 50 % des sièges et garantit ainsi la pérennité du pouvoir blanc. Le 14 octobre, les terres arables sont divisées par moitié entre Africains et Européens (respectivement près de 95 % et moins de 5 % de la population). Les seconds conservent les meilleures terres et même en accaparent de nouvelles. Les terres pouvant encore être achetées par des Africains disparaissent. De plus, la législation leur interdit de résider dans les zones européennes, sauf s'ils y sont employés. La Rhodésie devient une république et coupe les derniers liens avec la Grande-Bretagne et même si seuls le Portugal et l'Afrique du Sud la reconnaissent, la Rhodésie de

1. Lettre du 29 avril 1969.

Ian Smith peut estimer avoir gagné son pari : ce paradis pour les Blancs survivra aux décolonisations.

Début juin, un des liens forts de John avec Silveira House se dénoue : Simba est en train de mourir. Une tique dans la queue, non décelée, a infecté l'animal, qui de plus a attrapé la gale. Un jour le chien part se cacher pour mourir. Son maître l'enterre près de Haggai :

> Ainsi le chien farfelu est mort et l'herbe longue, longue
> A soupiré : « Qu'il repose là-bas près du pin
> Où l'aigle est enterré tandis que passent au-dessus
> Ses pairs que sa présence rend divins. »
> Ci-gît un lion au repos, à l'ombre
> Des pins alors qu'ils soupirent après la mer,
> Le vieux Simba le fort ; il y a une chanson dans la clairière :
> « *Je ne meurs pas, j'entre dans la Vie*[1]. »

Comme pour compenser cette perte, les abeilles sont plus nombreuses que jamais dans sa chambre. Un jour de juillet, Colin Carr est seul à St Ignatius quand un essaim s'aventure dans les dortoirs du collège. Avec un collègue, il essaie prudemment de les chasser. Quelques jours plus tard, il va dire au revoir à John qui s'apprête à partir à Mtemwa, et lui-même va rentrer en Grande-Bretagne. Il frappe à la porte et entre. Son ami est en train d'écrire et se contente d'un grognement. Carr s'assoie sur le lit sans façon mais soudain il découvre qu'ils ne sont pas seuls dans la pièce ! Son hôte lui explique alors que les abeilles qui les entourent sont ses invitées, et il ajoute, en bon disciple de frère Adam de Buckfast, qu'elles seront polies envers lui tant que lui le sera envers elles. Carr remarque qu'il y a une brosse renversée sur le rebord de la fenêtre : « C'est pour qu'elles essuient leurs pattes en entrant et en ressortant », lui dit John, imperturbable. Son visiteur lui demande si elles l'ont jamais piqué : « Oui, mais seulement involontairement, lorsqu'un bourdon arrive et que voulant s'en débarrasser elles s'excitent, mais ce n'est pas grave. » Carr lui fait ses adieux et, une fois parti, se rend compte qu'il vient de vivre une sorte de miracle. Il n'a pas éprouvé la moindre peur des abeilles : « J'ai été au moins de façon temporaire un résident de ce royaume de paix où le loup repose à côté de l'agneau. »

1. *The Passing of Simba*, 1969. Le dernier vers est en français dans le texte.

Directeur du centre de réhabilitation de Mtemwa

Les travaux pour aménager le logement dans l'ancienne boucherie sont terminés le 31 juillet et, dès le lendemain, au cœur de l'hiver austral, les P. Ennis et Dove emmènent John à Mtemwa – tout son déménagement ou presque tient dans le sac Gladstone : quelques vêtements, sac de couchage, flûte, disques, électrophone. À leur arrivée, ils se rendent pour commencer à la chapelle, jadis consacrée par Mgr Chichester. Ce n'est guère qu'une case et dans un piteux état, il y a bien des années que la messe n'y est plus célébrée. Les vitres sont cassées, les embrasures des fenêtres brisées, des oiseaux nichent à l'intérieur et y ont laissé d'abondantes « cartes de visite ». John décide de la nettoyer sur-le-champ, et il remarque qu'il y a des brins de paille autour d'un chromo du Sacré-Cœur cloué au mur. Il s'approche et soulève la peinture : c'est le nid d'un serpent d'un bon mètre, en train d'hiberner. John le tue avec le manche du balai qu'il a sous la main. Il prendra l'habitude de venir prier dans la chapelle désaffectée avec le missel qu'il avait offert à son ami Dove huit ans plus tôt à son départ d'Angleterre et que celui-ci lui a redonné, mais elle est en trop mauvais état pour y célébrer la messe. Et il y trouvera un autre serpent quelques semaines plus tard et le signalera dans une lettre à sa mère le 25 septembre, ajoutant : « À ce propos, je suis dans une confiance totale / Notre-Dame garde les serpents sous ses pieds. »

John installe ensuite ses bagages dans la vieille boucherie restaurée. Comme à Silveira House, son mobilier est des plus succincts, un lit et sa moustiquaire, une surface plane pour la machine à écrire, une chaise et un panier pour ce qu'il aura à transporter dans le centre. Il met quelques photos sur le mur, et le voici chez lui. Après un tour du centre, les deux jésuites repartent vers Salisbury. Le voici seul. Il a été engagé avec le titre ronflant de directeur du centre dont il a l'entière responsabilité, à l'exception des questions proprement médicales, et il doit superviser aussi bien les questions disciplinaires qu'administratives et de gestion. Il dispose de trois assistants, Phineas et Solomon, deux Shonas, et Amos qui vient du Malawi. Il comprend vite l'ampleur des détournements opérés par Chaka. Les assistants ne sont sans doute pas innocents, certainement au niveau de la négligence et sans doute pour les détournements, mais il décide d'essayer de s'entendre avec eux. Et au moins pour le premier point, ce ne sera pas trop difficile puisqu'il va faire l'essentiel du travail à leur place dès son arrivée.

Un tour rapide du centre lui montre l'étendue de l'abandon et de la dégradation dans lequel celui-ci se trouve. L'ensemble du site ne compte alors que six prises d'eau, les cases n'ont qu'un toit d'herbe sèche et, quand il fait froid, les lépreux allument un feu pour essayer de se réchauffer malgré l'interdiction de le faire (c'est dangereux, et de plus les lépreux ont souvent perdu toute sensibilité), et les accidents sont fréquents et parfois mortels. Ils sont loin de manger à leur faim et ne reçoivent guère qu'un peu de farine de maïs pour faire la *sadza*. La situation sanitaire est déplorable : outre la maladie et ses séquelles aggravées par le laxisme de Chaka et des assistants, la malnutrition due à ses détournements de vivres, les pathologies endémiques pullulent : paludisme, bilharziose, ankylostomiase qui provoque de graves anémies, gastro-entérites. Tout est à faire, mais la plupart des dossiers médicaux ont disparu, et John devra commencer à soigner d'instinct, source de problèmes ultérieurs.

Ce premier jour, il se présente aux soixante-dix-huit lépreux que compte alors le centre et leur explique qu'il va vivre avec eux. Il leur demande de ne plus se mettre un sac sur la tête ou une couverture pour s'adresser à lui et aux assistants, mais comprend à leur réaction qu'il va devoir réaliser un véritable apprivoisement, car du fait d'avoir été traités des années durant comme des animaux, les lépreux ont développé la crainte et la prudence. Il se rend compte de la profondeur de la déshumanisation qu'ils ont subie, « soumis à des violences et méprisés ». Mais son évidente joie d'être là allume une étincelle dans plus d'un cœur. Ainsi pour Coleta Mapfuta, fille de deux lépreux, qui a contracté la maladie à 10 ans, a perdu ses doigts et souffre des yeux. Elle est veuve d'un homme qu'elle a épousé très jeune, lui aussi atteint de la maladie, mais aucun de ses sept enfants ne l'a contractée. Elle n'a pas oublié ce jour où John s'installe à Mtemwa : « Il nous saluait, il était très heureux. Il était venu pour s'occuper de nous et il nous serrait dans ses bras comme un frère. » Mais d'autres résidents se demandent : « Que nous veut ce Blanc ? » et certains, comme Ruka Takariwa, se disent que le *murungu* n'a pas toute sa tête.

Le week-end suivant son arrivée, son ami Dove est déjà de retour. Il célèbre la messe pour les lépreux qui le veulent bien, près de l'ancienne boucherie. John n'a pas encore écrit une ligne sur Mtemwa à sa mère depuis qu'il a découvert le centre, sans doute pour ne pas l'effrayer. C'est son ami qui se charge de le faire en rentrant à Silveira House après une seconde visite, le 15 août. Il écrit à madame Bradburne qu'il a été ému par la ferveur des lépreux et touché par la flamme qu'il sent en John. Cette fois, celui-ci « a un troupeau à lui et une réelle responsabilité », il n'y a plus à lui dicter ce qu'il a à faire. Il connaît déjà par cœur les noms des soixante-dix-huit résidents (d'autres ne tarderont pas à arriver) et il sait les reconnaître tous au bout de deux semaines de présence. Dès septembre, il écrira un cycle de poèmes, *A Jumbly Alphabet* (« Fatras alphabétique »), presque chaque lépreux est évoqué dans un poème qui lui est personnellement consacré, avec ses particularités propres, à savoir :

Aaron	Hanzu	Maria	Peter
Abraham	Helena	Marias	Ridi
Agnes	Herbert	Marita	Sadzi
Andrew	Ida	Marita 2	Simon
Anna	Jamu	Marongika	Solomon
Charles	Joann	Marshareera	Stephen
Chinida	Johannes	Mary	Thomas
Chiwaka	Joku	Matthew	Timu
Domenico	Joshua	Michael	Valé
Dorcasi	Kandamara	Moses	Valeria
Dorika	Katenda	Muchero	Velita
Elizabeth	Katherina	Munjere	Veronica
Emilia	Kizito	Naomi	Wilson
Emma	Lazaro	Nemo	Wisborne
Esther	Lillia	Nyakatete	Zvauya
Francisca	Mackenzie	Nyatsoka	Zvirachi
Gillia	Margaret	Paul	

Pour rassurer madame Bradburne, le P. Dove ajoute qu'il y a deux hôpitaux à proximité, et il précise que son supérieur contrôlera personnellement Mtemwa. Il conclut en évoquant un « appel plus grand » tout en ajoutant qu'il regrette le départ de son ami. Dans une lettre qu'il écrit à son tour à sa mère deux jours plus tard, John précise ses tâches : surveiller les stocks de nourriture et le nombre de rations, panser les lépreux, soigner leurs bobos, distribuer les pilules. Il insiste : la partie médicale n'est pas du ressort de John, mais de celui des trois consacrées italiennes de la mission d'All Souls « envoyées par le Pape » – dont un médecin –, qui viennent deux fois par semaine. Il s'agit bien sûr de Caterina Savini et de ses consœurs.

Joihn ne tarde pas à visiter leur mission. Le site d'All Souls, à une vingtaine de kilomètres de Mtoko et autant de Mtemwa, est surplombé par un roc escarpé et déchiqueté qui le domine de plus de 150 mètres. Le climat est rude : été chaud, peu pluvieux, infesté de moustiques. La grande église de la mission attire les regards, avec ses fresques murales peintes par un des prisonniers de guerre italiens qui ont construit le bâtiment, malheureusement déjà abîmées par des infiltrations. La mission comprend des maisons d'habitation, un hôpital, un orphelinat, une école primaire et une petite école secondaire. Entre 1956 à 1959, le P. Rubio, un Espagnol, lui avait donné de l'élan et les baptêmes d'adultes avait augmenté. Mais son laxisme vis-à-vis de la polygamie lui valut d'être muté. Un des premiers prêtres shonas, le P. Simon Tsuro, lui a succédé, puis le P. Patrick Chakaipa[1], aidé par un jésuite anglais.

Merveilleux comme le Paradis

John connaît dans ses débuts à Mtemwa une des périodes les plus heureuses de son existence. La première montée sur le Chigona ajoute à sa joie quand il découvre le panorama, les monts proches, le Chiwore, le Chidamwoyo, le Murenje et le plus haut, le Mtemwa, avec le plateau et les taches de verdure de ses bosquets, le barrage, les *kraals* et, tout au fond, au sud la haute chaîne de l'Iyangani. Son amour des horizons vastes, depuis les cimes des arbres, les clochers et les Fells de son enfance jusqu'à ceux de Silveira House, trouve ici son accomplissement. Il le porte à la contemplation, comme le remarquera le P. Webster, un de ses visiteurs : « Grande capacité de s'émerveiller de la beauté

1. Né en 1932, Patrick Chakaipa est un des premiers écrivains africains du pays. Ses romans prennent pour thème la vie des villages déstructurée par la colonisation et associent littérature orale, détails réalistes et préoccupations d'un pasteur.

où qu'elle soit dans les gens, les jeunes, les vieux, la nature… Capacité à rester tranquille et à admirer cette beauté… C'est très important aujourd'hui où l'accent est mis sur l'excitation et non sur l'admiration de la beauté. »

Les journées à Mtemwa sont bien remplies. Dans une lettre en vers à sa mère, le 29 août, John parle de « cinq heures et seulement cinq » qui lui restent pour dormir, manger, prier et si possible un peu de contemplation et de loisir. Quant au reste :

> Pour la plupart des hommes les heures de travail sont huit et
> [bien remplies,
> Et beaucoup, quand le jour touche à sa fin,
> Sont accueillis par leurs enfants excités à la porte du jardin,
> Où bon gré mal gré ils doivent épouser leurs joies,
> Mais cet âne névrotique, cette épave énervée,
> Celui qui-a-passé-quarante-huit-ans-à-ne-rien-faire,
> Rentre chez lui dans la paix profonde d'une disponibilité totale
> À un doux peuple de santé chancelante dans une vallée de larmes.
> D'où je dois ajouter : merveilleux comme le Paradis[1] !

Dès septembre, il a gagné le cœur des lépreux, l'atmosphère du centre a changé et sa joie de vivre frappe ses premiers visiteurs. Les témoignages sont nombreux, que ce soit cette photo avec le P. Ennis sur laquelle John, gamin, semble avoir soudain rajeuni de vingt ans, les souvenirs des Law qui l'entendent chanter tout le temps, ou encore ses propres paroles, lorsqu'il répète qu'à Mtemwa, il est enfin « arrivé chez lui ». Il est conscient que son bonheur rayonne sur les lépreux, de qui il est désormais les « yeux, les mains, les oreilles de ceux qui en manquent », ajoutant cette pirouette verbale : « Fichtre ! C'est bon pour eux de l'avoir, c'est suffisamment mauvais d'avoir la lèpre sans avoir John. »

Mais la souffrance et la mort rôdent toujours dans le centre. Dès le 16 août, Jacob Foro, le seul Matabele, décède. Tout le monde aimait cet homme joyeux. John est touché, mais ne sait pas que faire. Le 22, il est appelé d'urgence : Solomon, surnommé Panzeh (« *Dehors !* »), est en train de mourir. Il se rend aussitôt auprès de ce lépreux méthodiste, et il parle avec lui de Dieu. Soudain Solomon lui demande s'il peut le baptiser dans la foi catholique. John ne croit pas que cela soit nécessaire, mais il accède à la demande du mourant :

1. *Nocturne*, 1969.

… Solomon était (méthodiste)
Jusqu'à ce qu'il en soit venu à être catholique ce jour où
Il a demandé à entrer là où il sentait que se trouvait
La vérité tout là-haut. Ô tout-puissant Pan (baptisé par moi[1])…

Peu après, Solomon entre dans une longue agonie qui durera une dizaine d'heures. John ne le quitte pas et quand le lépreux meurt, son visage rayonne d'une paix profonde et comme étrange, qui frappe celui qui le veille. John décide de l'enterrer lui-même dans le cimetière du centre, accompagné par les autres lépreux, selon les rites chrétiens (il ne s'intéressera jamais aux rites traditionnels shonas du *kurova gura*, qui seront plus tard officiellement intégrés dans la liturgie catholique).

Un vendredi de cette fin de mois d'août 1969, John se rend à Mtoko pour quelques courses et s'accorde un passage au bar. Il y croise un fermier blanc, intrigué par cet inconnu, dans un bourg où tous se connaissent. Bien que descendant de deux familles de vieux colons en Afrique australe, don Purdon est parti de rien mais, à force de travail, il est devenu un fermier prospère. Les deux hommes discutent et ne tardent pas à se découvrir une passion commune pour les animaux, en particulier les oiseaux. John reviendra souvent les vendredis soir à Mtoko rencontrer ce nouvel ami, qui le présentera à d'autres fermiers. Que ceux-ci apprécient ou non la présence d'un Européen au service de lépreux africains (visible contradiction avec l'idéologie du régime UDI, et qui plus est au nom de ce christianisme dont ce dernier se prétend le champion), l'engagement du nouveau directeur de Mtemwa les impressionne. Don Purdon et d'autres viennent bientôt lui rendre visite. Au début la plupart reculent quand ils voient les lépreux et trahissent leur nervosité durant toute la visite, mais certains s'habituent et reviennent.

La relation de John avec ces lépreux africains est effectivement à contre-courant du fossé racial qui s'exacerbe dans le pays. Il a d'ailleurs toujours vécu, depuis son arrivée en Rhodésie, dans des communautés mixtes, du reste les seules qui existent dans tout le pays : les centres de missions. Le racisme pudiquement baptisé « développement séparé » de la majorité des Européens lui répugne. Dans un poème satirique de février 1970, *Of dignity*,

1. *At Lauds*, 1971(date incertaine).

il s'inspirera du titre d'un poème en prose de Baudelaire qui lui revient en mémoire, *Assommons les pauvres*, pour critiquer vertement l'habitude des Européens de Rhodésie de se faire appeler *boss* (« Patron ») par les Africains. Il y voit une insulte à la dignité de ces derniers. La plupart des Européens, à commencer par les administrateurs ou les policiers, se sentent en effet obligés de « se comporter en Européens » face aux Africains, qu'ils l'apprécient ou non –, et s'enferment derrière ce masque[1]. John le refuse et dérange en vivant une autre relation avec les Africains, et ceux que les Européens méprisent le plus ou dont ils ont le plus peur. Le fait qu'il soit Anglais jusqu'au bout des ongles ajoute au trouble.

Philip Dighton vient alors toutes les semaines ou presque à Mtemwa. Les deux hommes échangent leurs façons de voir, leurs projets et John trouve chez son interlocuteur une oreille attentive. Il écrira plus tard : « Nos relations étaient harmonieuses, nos idées sur le fonctionnement du centre concordantes, et il me félicitait presque toutes les semaines, *ad nauseam* et cela venait du cœur, pour avoir transformé Mtemwa en un village heureux. Tout cela était naturellement relatif : après le régime des cinq années précédentes, n'importe quel âne aurait pu aussi bien concourir pour une auréole » (1975).

L'équipe médicale d'All Souls est là toutes les semaines pour les soins nécessaires et donne les instructions pour les pansements et médications à faire tous les jours. John est censé répartir le travail entre les assistants, mais en accomplit l'essentiel. Son approche n'a rien de médical. La maladie, lèpre ou autre, ne l'intéresse pas, seul l'homme ou la femme qui souffre. D'ailleurs, il n'y connaît rien et son attitude vis-à-vis des médicaments relève plus de la magie que de la rationalité, et il augmente souvent les doses prescrites, croyant bien faire, attitude qui ne tardera pas à lui valoir des ennuis. Heureusement, Luisa Guidotti, le nouveau médecin de la mission d'All Souls comprendra son incapacité à suivre les règles de l'art malgré sa bonne volonté, et saura trouver les procédures et protocoles pour faire avec.

---

1. C'est le « complexe de Prospero face à Caliban » décrit dès 1950 par Octave Manonni. Pour la Rhodésie, Sr Mary Aquina note une fréquence inquiétante d'ulcères à l'estomac chez les administrateurs civils qui ont à jouer ce rôle à longueur de journée.

John est depuis quatre mois à Mtemwa quand le véhicule de la mission arrive en effet avec une nouvelle passagère, petite, rondelette, le visage sévère, les cheveux tirés en arrière, sans maquillage. Le nouveau médecin de la mission, qu'il a aperçue auparavant à Silveira House, viendra désormais deux fois par semaine à Mtemwa, même quand l'hôpital d'All Souls ne désemplit pas à la saison des pluies, avec jusqu'à 150 patients par jour[1]. Luisa Guidotti assure désormais, secondée par Caterina Savini et Maria Greco, le suivi médical de Mtemwa. Elles soignent gratuitement, et seuls les bandages et les médicaments sont à la charge du centre. Luisa Guidotti commence à travailler sur les pathologies liées à la lèpre pour mieux les soigner : elle en recensera jusqu'à quarante-deux, et les fera systématiquement dépister.

Cette fois, le courant passe entre elle et John, et ils deviennent amis comme s'ils l'avaient toujours été. Si elle est aussi corpulente qu'il est maigre, ils partagent un fort sens de l'humour, la même horreur du paraître, la même disponibilité comme si le temps n'existait pas, la même opiniâtreté et, surtout, le même désir de Dieu et de mettre le pauvre à la première place – c'est la devise de l'AFMM, « servir l'homme, et plus spécialement le malade et le pauvre » –, ce qui signifie soigner les lépreux pour eux-mêmes et non pour contenir des maladies infectieuses qui pourraient contaminer les Européens, selon la mentalité de la majorité des responsables sanitaires d'alors. John témoigne vite d'une confiance absolue envers Luisa, et il préfère attendre sa venue à Mtemwa pour lui confier les cas graves plutôt que de les envoyer à l'hôpital gouvernemental de Mtoko, où les lépreux sont mal accueillis, les infirmières leur jetant un peu de nourriture et s'éloignant d'eux au plus vite.

Des journées bien remplies

On trouve dans la lettre à sa mère du 29 août une description de l'emploi du temps de John qu'on peut compléter par d'autres courriers et des poèmes, et qui sera à peu près le même durant des années.

1. *Cf.* annexe 3, p. 373-374.

Il est debout à minuit trente pour chanter l'office de nuit, Dieu toujours premier servi ! Puis il se recouche une heure plus tard jusqu'à six heures moins le quart (il lui arrivera de ne pas se recoucher et de passer le reste de la nuit à la chapelle, en prière devant le Saint-Sacrement). À son réveil il chante Prime, prend un petit déjeuner (sucre, thé, lait en poudre) et nettoie sa chambre. À 7 h 30, il chante Sexte, puis part au magasin préparer les rations : farine de maïs, haricots, cacahuètes, sel, soupe et lait en poudre. À 8 heures, avec l'aide des assistants, il charge les rations sur deux brouettes et ils se rendent au bâtiment central. Joshua, planté sur ses genoux puisqu'il a perdu tout ce qui est en dessous, sonne de son clairon pour annoncer la distribution. Ceux qui peuvent marcher viennent. La distribution des médicaments dans les cases suit, à partir de 8 h 30, et cela occupe John jusqu'à midi environ, car il ne se contente pas de passer, il s'arrête et les salutations et les conversations se prolongent, il a un mot pour chacun, et aussi pour ceux qui viennent visiter le centre s'il y en a. Il s'y ajoute les bandages et pansements à faire si nécessaire et, selon la saison ou la santé de chacun, des pilules contre le rhume ou les maux de tête. John lave ceux qui ne peuvent le faire eux-mêmes. Le tout est fait avec le sourire, une plaisanterie, un compliment sur les lèvres. Est-ce à dire que cela ne lui coûte rien ? Pas du tout. Pour le P. Gough, un jésuite de Salisbury qui viendra un temps à Mtemwa une fois par mois : « John était horrifié comme tout un chacun par la lèpre car c'est une sale maladie. Je le regardais laver un lépreux, et je ne pense pas qu'il aimait cela. Mais il fallait le faire et il le faisait, il devait le faire[1]. » Il suit ainsi les traces de saint François d'Assise qui rappelle, à la première ligne de son testament, qu'il lui semblait extrêmement amer de voir des lépreux, mais que lorsque « le Seigneur lui-même me conduisit parmi eux, je leur fis miséricorde ».

Le repas du matin à lieu entre 10 heures et 11 heures. Tous ceux qui le peuvent font eux-mêmes leur cuisine, et deux femmes pour les autres dans une petite cuisine. À midi et quart, c'est son tour : il ouvre son thermos pour boire environ trois quarts de litre de thé sucré, mange sa *sadza* avec des légumes et quelques

1. Le P. Dove ne cacha pas non plus sa répulsion la première fois qu'il découvrit *Mai* Francisca dans un lit qu'elle avait mouillé depuis deux jours et dans lequel elle baignait. Lui aussi s'habituera.

raisins (à sa mère, il écrit, sans doute plus par humour que pour cacher la vérité, qu'il mange chaque jour une livre de steak, ce qui est contredit par tous les témoignages). Une partie de ce qu'il consomme lui est apportée par son ami Dove, qu'il compare au corbeau d'Élie à l'Horeb.

À 12 h 45, il essaie de réparer le rosaire de Stephano Kanyama (qu'il appelle aussi Stephen), un homme qui marche avec une jambe de bois. À 13 h 15 il chante vêpres, « par prudence » car l'après-midi va être chargé. À 14 heures, il peut avoir à téléphoner au commissaire de district au sujet de la paie des assistants ou à faire quelque autre tâche administrative. Il distribue ensuite le travail de l'après-midi, puis part en compagnie du lépreux Simon ramasser dans sa brouette les déchets qui jonchent l'allée des jacarandas, surtout les débris de verre sur lequel pourraient se blesser ceux qui rampent.

À 15 heures, il ouvre la case médecine et soigne et distribue des comprimés. Plus tard arrive avec sa brouette et les repas du soir Gertrude, la cuisinière. Matilda vient l'aider comme elle peut. C'est une des préférées de John. Elle n'a ni yeux ni mains et quand il est arrivé, elle se nourrissait en lapant directement dans le plat comme un animal, se battait avec les chiens et les poules qui venaient lui voler sa nourriture, et la moitié de ce qui lui restait tombait sur ses vêtements ou à côté. Désormais, il lui donne lui-même à manger avec une cuillère, ou le fait faire par un des assistants s'il a un autre travail en cours. Elle est très heureuse d'être nourrie et s'en porte visiblement mieux. Matilda ne commence pas son repas par un *Benedicite* mais, se demande John, après tant d'années comment s'en souviendrait-elle ? Elle lui confie qu'elle a peur qu'un voleur ne vienne lui dérober ses maigres affaires qui sont dans une petite boîte. Il lui répond de prier son ange gardien.

À 17 heures, il est de retour chez lui avec la brouette, qu'il dépose après y avoir mis un cadenas contre son petit *stoep*. C'est l'heure des complies et du chapelet, d'un frugal dîner, de l'écriture d'une lettre ou de quelques poèmes et, à 20 heures il est au lit (sauf si l'inspiration poétique le tient éveillé).

Le dimanche, son programme est un peu différent : à 7 heures, il prend des fleurs pour le service de communion ou la messe, puis il demande à son assistant Solomon de transporter Francesco, un lépreux sans pieds, dans la brouette. À 8 heures, en arrivant au bâtiment central, il prend les nouvelles. Par exemple, le jour où il décrit son programme, Emilia Duo Darwin est très malade et John va chez elle. La malade est très fatiguée et nerveuse, il lui donne des comprimés, fait son lit et la recouche. Il demande à Solomon de veiller sur elle toute la journée.

À 8 h 15, il arrive pour le service du dimanche, une espèce d'ADAP adaptée qui dure une bonne heure et demie, y compris un « sermon » prononcé souvent par lui, mais ce jour-là par Stephano, dont l'allure angélique rayonne la paix. John distribue la communion, ayant pour ce faire une autorisation spéciale de l'archevêque de Salisbury.

À 10 h 45, il ouvre la case médecine et donne des médicaments, selon les besoins. Il est de retour chez lui à 11 h 30, prend ses pilules bihebdomadaires de chloroquine contre le paludisme et mange un morceau de pain, puis il va avec Joshua sur la place centrale pour faire la distribution et s'informer si tout va bien. Comme il apprend le jour où il écrit à sa mère que Charley, un lépreux aveugle, est très malade, il va à sa case, le trouve en train d'essayer d'en sortir, le fourre au lit avec des médicaments et demande à Elizabeth, femme du voisin Matteo, de veiller sur le malade, de lui donner quelque chose de chaud, du lait, et à manger.

La musique est toujours aussi importante dans sa vie, que ce soient les offices et la prière partagés, les heures avec la flûte (plus tard à l'harmonium), les chants, ou encore lorsqu'il organise un pique-nique au barrage avec ses amis Law venus à Mtemwa, et qu'il chante à voix haute l'office en latin tandis que Kit peint. Ses goûts ne changent pas : Bach surtout, Pachelbel et les vieux maîtres anglais.

Prier, servir, accueillir

Il suivra ce programme en l'enrichissant au fil des ans. Très vite, il prend aussi l'habitude de monter prier au Chigona à l'aube ou l'après-midi. Durant la saison des pluies la montée peut être dangereuse et il précise, pour avoir glissé dessus, que « le granit est dur ». Deux des lieux importants de sa vie sont au sommet du *kopje* : un de ses oratoires et la baignoire piscine. Les deux sont de petites cuvettes sur le replat du sommet. La première, peu prononcée, lui sert de « piste de prière ». Elle est décorée de lichens bruns, rouges ou verts, et il y tourne en rond en priant le chapelet. L'autre, plus profonde, retient l'eau durant la saison des pluies et un peu au-delà. Il s'y baigne avec plaisir et invite ses amis à le faire.

Son désir d'identification aux lépreux, déjà manifesté lors de sa décision de venir à Mtemwa, s'approfondit. Il veut être un des leurs et commence à prier pour attraper la lèpre, comme le P. Damien. Il multiplie les contacts sans aucune hygiène. Mais comme il s'ouvre de ce désir à quelques amis, ceux-ci l'en dissuadent en lui faisant remarquer que s'il contracte la maladie, il sera aussitôt envoyé dans un hôpital pour Européens et devra donc quitter Mtemwa. John doit en convenir, et il renonce à son idée, quoique cela ne change guère ses contacts sans précautions. Son ennemi personnel, ce n'est pas tant le bacille de Hansen que le moustique, ce petit vampire avec lequel il se bat la nuit, « être répugnant flottant pleurnichard, d'un sang qui n'est jamais le sien, vile *banshee*[1] », un des seuls êtres du règne animal avec lequel l'amitié semble impossible en plus des serpents.

Les premiers temps de son installation, John reçoit des cadeaux inattendus. Il a ainsi la joyeuse surprise de voir arriver avec des visiteurs un harmonium, don de la paroisse de Braeside à Salisbury qui vient d'acquérir un orgue. Il le met dans la vieille boucherie, en attendant qu'une solution soit trouvée pour la chapelle, et invite les lépreux à venir le voir en leur disant qu'il est à eux plus qu'à lui. De fait, il va pouvoir maintenant donner de véritables cours de chant, et il décide bientôt de former une chorale. Le 26 octobre, il reçoit un autre cadeau surprise, plus utilitaire, un réfrigérateur, qui lui inspire un poème. De leur côté, les élèves de l'école de Blakiston organisent plusieurs actions pour recueillir des dons pour l'achat d'une charrette à âne. L'idée vient de leur institutrice, Heather Benoy, qui souffre de voir son ami pousser des brouettes surchargées, dans le centre ou pour ramener les achats faits à Mtoko. L'argent recueilli permet d'acheter une carriole qui arrive à Mtemwa, mais l'âne ne suivra pas et c'est

1. Personnage du folklore celtique, surtout irlandais, revêtant la forme d'une femme en blanc (la « Dame blanche ») qui terrorise par son hurlement, présage de mort.

John qui le remplacera, lui qui revendique depuis tant d'années l'honneur d'appartenir à cette race.

Noël 1969 approche. Plusieurs de ses amis se demandent quels cadeaux ils pourraient offrir aux lépreux. Les Law achètent 83 boîtes de pique-nique en carton qu'ils enveloppent de papier de couleur, et font écrire des cartes de vœux par les élèves de Kit et ceux de sa collègue Mary Scrase. Ils mettent dans chaque boîte une livre de cacahuètes, des biscuits, des bonbons, des jouets offerts par les écoliers lorsqu'il y a des enfants, du tabac à priser et une bougie de Noël. Le P. Dove n'est pas en reste pour les aider. Dès le début du mois de novembre, à Silveira House et dans plusieurs couvents et écoles de Salisbury, des religieuses retapent de vieux vêtements ou cousent des habits. John voit le tout arriver un peu avant Noël dans un camion conduit par son ami jésuite même si, à cause des pluies, celui-ci n'arrive qu'à 16 heures alors qu'il s'était annoncé pour 11 heures et que les lépreux patientaient depuis des heures sous l'ondée. La distribution est faite dans les cris et la joie de tous, même si l'intempérie a abîmé les boîtes. Le P. Dove célèbre une messe de Noël, puis les deux amis font la tournée du centre. Ils terminent, enfin seuls, dans la vieille boucherie, et le jésuite sort quelques cadeaux qu'il avait gardés en réserve : du vin, du poulet, du pudding de Noël et une demi-boîte de chocolat. John mange le tout de bon appétit. Son ami a aussi apporté du brandy (le nom désigne en Rhodésie un alcool local fait à base de distillation de vin importé d'Afrique du Sud), et les deux blaguent comme toujours sur ce sujet :

« Tu veux un verre de vodka ? demande John.

— Avec plaisir.

— Mais je n'en ai pas. As-tu apporté le brandy ? »

Son complice le sort, il en boit un peu, mais il en donnera la plus grande partie à Stephano. Car des raclements de gorge et des sautillements signalent que celui-ci et d'autres sont déjà à la porte, et le lépreux réclame son brandy selon un rite lui aussi déjà bien établi. Le soir, John part à Silveira House avec son ami et y reste jusqu'à Noël. À cette occasion, comme les rares fois où il descend à Salisbury, il passe chez les Kit pour un bon repas et une douche chaude, comme ce fils de retour à la maison qu'il est devenu pour les deux, et la différence de confession ne crée aucun nuage. Revenu à Mtemwa, il organise une fête au centre, qui se prolonge dans la nuit.

1970. En avril ou début mai, John fait une de ses rares visites en dehors de Salisbury de tout son séjour à Mtemwa, chez les Savanhu au bord de la Mazoe. Jasper Savanhu, un leader syndical, a été le premier Africain à exercer des responsabilités politiques, en 1959, comme secrétaire parlementaire du Gouvernement fédéral, d'où il a démissionné en 1962. John aime ce couple africain et, peu après son arrivée à Mtemwa, il leur a adressé un sonnet, *Nemo*, avec l'acrostiche GERTRUDEJASPER. Au cours d'une promenade, il remarque une caverne dans un rocher au bord de la rive sud de la rivière. Comme les grottes l'attirent toujours, il y pénètre prestement, pour en ressortir encore plus vite : un lion l'habite et lui signifie par un rugissement son déplaisir d'être dérangé. Il en fait un poème qu'il envoie aux Savanhu.

À Mtemwa, il s'est petit à petit construit chez lui une « Arche », appelée à jouer un grand rôle dans son existence. D'où lui est venue l'idée, on ne sait exactement : du mauvais état de la chapelle, du désir de donner à la Parole de Dieu la place d'honneur, ou de rendre visible son amour pour la Vierge Marie ? Il aménage un échafaudage constitué d'une table basse, d'une caisse, de tissus recouvrant le tout, d'images épinglées dessus, de rubans de couleurs variées, comme il en mettait sur sa flûte, avec au centre une place d'honneur pour la Bible. Le symbolisme est évident, celui de l'Arche de la première Alliance et celui de la Vierge Marie, la nouvelle, qui enfante le Verbe de Dieu. John ne cessera au fil des ans de travailler sur son Arche, ajoutant, enlevant, modifiant volumes, tissus, rubans, images. Il met dessus les images, cartes postales et objets qui le tournent vers Dieu et vers la Vierge Marie. Comme nombre de poètes, c'est un « voyant » chez qui la vue déclenche l'inspiration, religieuse et poétique. Tout ce qui constitue son Arche est pour lui symbole au sens fort, à la fois soutien et expression de sa vie concrète avec Dieu et avec la Vierge Marie, même si parfois la force symbolique qu'il donne à tel objet ou image lui fait perdre de vue son sens premier (ainsi l'image épinglée plus tard dans sa case d'une danseuse de flamenco qu'il appelle Notre-Dame d'Espagne et d'une pin-up baptisée Notre-Dame de Paris, qui choqueront plus d'un visiteur[1]). John aime montrer son Arche, la raconter, inviter à prier avec lui devant elle. Il s'en montre le farouche gardien : un jour « père Peachon » (le jésuite français Roland Pichon, responsable d'une mission au sud-est de Mtoko, avec lequel John sympathise malgré des idées opposées en presque tous les domaines) lui rend visite et dans la conversation s'appuie nonchalamment sur l'Arche. John le réprimande vertement. Le jésuite lui réplique : « Qu'y a-t-il de mal ? C'est une *idole*[2]. » Son hôte ne lui répond pas, mais son silence est réprobateur.

Début 1970, le régime UDI tient toujours bien le pays, même si en janvier un commando de la ZAPU attaque un camp de la police sud-africaine près des chutes Victoria et si, en mars, un autre tire des roquettes contre l'aéroport de Kariba. En avril, le Front rhodésien remporte à nouveau la totalité des sièges du Parlement. La victoire électorale à Londres des conservateurs d'Edward Heath en juin conduit à la reprise des négociations avec l'ancienne métropole sur la base de la Constitution de 1969, une victoire pour Ian Smith. Mais l'Église catholique ne s'y résigne pas. Mgr Lamont attaque publiquement le régime : « Les vrais terroristes dans ce pays sont ceux qui ont préparé la nouvelle Constitution », et il fait référence au combat de Titus Brandsma contre le nazisme. Le 30 janvier 1970, John exprime ce qu'il pense être le rôle de Mtemwa :

> Politiquement parlant, notre part est ici la plus petite,
> Clairement Mutemwa est au fond un prêtre
> Qui, étant libre de préjugés et d'orgueil,
> Peut plaider contre le suicide de la Rhodésie.
>
> Nos prédicateurs, debout sur leurs moignons
> (Le sage Solomon et Joshua qui claironne
> Pour les repas avec son instrument) proclament et disent
> Juste ce qu'ils font : « Comme il est bon de prier[3] ! »

John est maintenant bien installé dans la vieille boucherie et, en mars, il a la joyeuse surprise de voir des abeilles « se poser sur la lune », c'est-à-dire sur une photographie de l'astre qu'il a collée

1. *Cf.* annexe 4, p. 374-375.
2. En français.
3. *Status Quo*, 1970.

sur une boîte. Il note qu'elles sont partout à Mtemwa, un paradis pour elles, en particulier dans les eucalyptus. Mais, en mai, un souci apparaît à Mtemwa : des bovins des troupeaux des paysans voisins viennent paître sur les terres du centre, et ils saccagent les jardins des lépreux. Dans le premier poème consacré à cette nuisance, le ton est encore badin, même s'il est question de compensation financière demandée, mais « de façon non morose ». Le problème deviendra récurrent, et le ton changera peu à peu.

Les visites ne se ralentissent pas de toute l'année 1970. John sait recevoir : s'il porte en général un short avec un vieux pull, il court mettre un pantalon et une chemise quand des visiteurs arrivent (il abandonnera plus tard cette habitude née de son souci de se conduire toujours en gentleman vis-à-vis de ceux qui prennent la peine de venir jusqu'à Mtemwa). Avec la saison des pluies, l'accès au centre devient assez difficile car la nouvelle route goudronnée de Mtoko n'est pas encore terminée. Il faut passer par la vieille route et quand la Nyadiri est en crue, le gué n'est pas garanti. John est toujours heureux de voir arriver son ami Dove, souvent accompagné de Heather Benoy et portant un grand panier de pique-nique que les trois amis partagent en discutant de tout. La jeune femme surveille John car, si on n'y prend pas garde, tout finit chez les lépreux. Le jour où elle a apporté une bouteille de coûteux vin sud-africain qu'elle avait reçue et décidé de sacrifier à leur amitié, il l'a remerciée avec effusion. Mais lors de sa visite suivante, quand elle n'a pu s'empêcher de lui demander s'il avait apprécié la bonne bouteille, il lui a répondu : « C'était merveilleux. Nous avons rempli un baril de *chibuku* et de brandy qu'on m'avait offert, et de ce vin d'Afrique du Sud, et fait une grande fête » ! Elle est outrée, mélanger une bouteille de luxe avec de grossiers alcools bon marché ! Puis elle se dit que décidément, bouteille, poulet ou chemise, John ne sait rien garder pour lui. Les trois amis montent sur le Chigona, puis c'est la messe au centre, toujours le cœur des visites du P. Dove. Si pour Heather Benoy, le départ de son ami ressemble encore à un « exil » qu'elle a du mal à comprendre, sa joie et parfois son exubérance frappent ses visiteurs.

Shirley James vient quasiment tous les mois à Mtemwa au nom du comité, alors que Philip Dighton commence à espacer ses visites. Début septembre 1970, elle se rend pour le comité à Mtemwa. John a déjà rebaptisé l'allée des jacarandas, plantée une génération plus tôt, « Grensleeves Avenue », et elle le voit arriver les poings sur les hanches, un panier dansant dans sa main droite, « ses yeux bleus lumineux ». Elle voit même une auréole autour de la tête ! Non, ce n'est pas une hallucination, comme elle s'en rend compte en approchant : des centaines d'abeilles font cercle autour de la tête de John. Celui-ci lui dit, après l'avoir saluée, qu'elles l'aident dans ses tâches. Lors d'une de ses visites suivantes, elle emmène une amie, Violette Stewart. Quand elles arrivent, John lui dit : « Shirley, j'ai un problème que vous allez résoudre », sans dire lequel. Puis ils parlent de divers sujets et Violette Stewart, impressionnée par ce qu'elle voit, dit à John : « Je vais vous faire un don. » Elle sort son chéquier et signe un chèque de 25 £. John se tourne alors vers Shirley James : « J'avais juste besoin de 24,50 £ de façon urgente. Vous avez résolu mon problème. » Mais leurs discussions sont parfois longues et orageuses, surtout pour tout ce qui touche à la médecine, car il semble à Shirley James, qui vit dans un milieu médical, que John n'en fait décidément qu'à sa tête.

Parmi les visiteurs, il y a des fermiers et d'autres Européens du district qui ont adopté l'ermite de Mtemwa. Ainsi Elaine Barkess, l'épouse du responsable de l'équipement mécanique (qui sera assassiné en 1981). À partir de 1970, elle aime venir de temps à autre à Mtemwa, avec ou sans son mari Bill. Elle s'installe sous les jacarandas de l'avenue Greensleeves pour peindre la splendeur somptueuse des voûtes, et apprécie de discuter avec John, de monter au Chigona avec lui ou de vider ensemble une bouteille de Cinzano. Elle dira de John qu'il a « une personnalité kaléidoscopique », signifiant par là qu'il peut présenter selon les jours voire les heures des visages étonnamment différents, mais qu'on sent être des reflets de la même réalité intérieure. Elle n'est pas non plus sans remarquer son faible pour la bouteille, que d'ailleurs elle partage : John lui offre ainsi du café au brandy conservé dans une jarre avec des gros haricots, une décoction de son cru. Elle remarque un jour sa peau brûlée, et il lui demande : « Que pensez-vous de ces brûlures ? Cinzano ou cancer de la peau ? » Viennent aussi, surtout pour boire à vrai dire, ceux qu'Elaine Barkess appelle les « jeunes couteaux du district », des membres du Lions Club de Mtoko, qui soutiennent financièrement le centre. Elle se souvient de rencontres un peu trop arrosées dans la vieille boucherie, à la suite desquelles John conduit la troupe sur le Chigona, et elle s'étonne que personne n'ait jamais fait de chute en longeant le précipice. Une nuit, ces visiteurs ont tellement bu qu'ils sont incapables de repartir et s'installent chez John, qui dans le lit, qui par terre, le reste dans le *stoep* tandis que leur hôte, qui a bu comme les autres, s'éclipse – personne ne saura où ni comment il a passé le reste de la nuit.

En octobre 1970 apparaît à Mtemwa Mona Smith, haute en couleur. Née en 1901 à Enkeldoorn, fille et épouse de compagnons de Rhodes, son histoire se confond avec celle de la classe dirigeante du pays. Devenue veuve elle est partie vivre dans l'ashram d'Aurobindo Ghose à Pondichéry en 1954, et elle y a servi des lépreux, quoique sans formation médicale. Elle rentre en Rhodésie en 1968 et, apprenant deux ans plus tard l'existence de Mtemwa et de son directeur, elle s'y rend et décide d'apporter son aide. Elle s'installe en location chez des fermiers, les Palmer, à quelque 25 kilomètres du centre, et vient deux fois par semaine faire des bandages et laver les lépreuses. Luisa Guidotti et John sont ravis, et Mona Smith devient vite membre à part entière de l'équipe. Elle ne tarde pas à coudre des sous-vêtements avec des bouts de tissu que les Textiles Whitehead lui offrent. Tous les dimanches, elle arrive à la mission d'All Souls en apportant un repas préparé par madame Palmer et une bouteille de bon vin (John y est invité mais n'y vient presque jamais). Les relations entre Mona Smith et John sont hautes en couleur : elle n'a pas un caractère facile et lui est entêté. Ils se chamaillent, mais s'aiment beaucoup. Il écrit qu'elle « fait des merveilles comme maîtresse de la garde-robe de Mtemwa ; elle est le sel de la terre, entassant des charbons ardents sur ma tête de la façon la plus charmante ». Leurs principales raisons de discorde tiennent aux lépreux. Mona Smith n'hésite pas à les rudoyer, ce que John n'accepte pas. Quand elle accuse l'un ou l'autre, il les défend : ils sont incapables de faire le mal. Un jour, il surprend des jeunes Africains dans les branches des jacarandas. Il pense qu'ils volent les graines dont les lépreux se servent pour allumer leur feu. Il leur crie dessus mais Mona Smith s'interpose en se mettant à son tour en colère : les jeunes sont envoyés par le commissaire de district. John accepte l'algarade. Mona Smith se rend compte aussi combien il attire les femmes et combien cela l'importune. Alors, un jour, elle lui apporte de l'ail : qu'il en mange pour les faire fuir !

Une chapelle pour Mtemwa

Mona Smith apparaît à Mtemwa alors que le centre fête un événement : la nouvelle chapelle est inaugurée, au milieu du domaine dont elle va devenir le cœur. Le rêve que John a caressé dès son premier jour est devenu réalité grâce aux Law, ses amis anglicans. Arthur a dessiné les plans d'un grand *rondavel* pour une cinquantaine de personnes. Divers contributeurs offrent 1 124 $ rhodésiens, qui servent à acheter les chevrons, le chaume du toit et les cadres des fenêtres. John a récupéré dans des bâtiments en ruine de la partie abandonnée du centre des briques et les a rapportées. Quand Arthur vient à Mtemwa pour démarrer la construction, il en trouve suffisamment pour la mener à bien. Le P. Ennis apporte un petit coffre-fort qui servira de tabernacle. Shirley James offre l'argent nécessaire pour la table d'autel et le calice, et les Law reçoivent un grand crucifix de la mission anglicane de Cyrène près de Bulawayo, célèbre pour ses peintures murales des martyrs africains, un beau signe œcuménique. En guise de cloche, John a accroché une barre de métal à un arbre et un lépreux vigoureux vient la frapper pour appeler à la messe ou à l'office. L'harmonium est installé près de l'autel et les répétitions de la chorale commencent aussitôt. Comme à Silveira House, le jeu de John est très énergique, il plaque ses mains sur le clavier plus qu'il ne joue tandis qu'il fait chanter sa chorale de lépreux, en latin ou en shona.

La consécration est fixée au samedi 31 octobre 1970, et l'archevêque Markall fait le déplacement. Durant des jours John fait répéter les pièces grégoriennes et les hymnes shonas, lents, amples et majestueux, à l'image de la liturgie qu'il aime. Seuls quelques amis ont été invités, car les lépreux seront les participants d'honneur, et il n'y a pas beaucoup de place.

Mais juste avant la célébration voici qu'arrive un camion avec « père Peachon » et une quarantaine de jeunes de sa mission de Chikwizo, sans s'être annoncé mais croyant faire plaisir. Les jeunes ont apporté leurs tambours, leurs crécelles, et commencent à chanter leurs airs très rythmés et à danser – tout ce que John supporte mal. Et, avant même qu'il n'ait réagi, tout ce beau monde a envahi la chapelle sous son regard atterré. Les lépreux doivent ramper pour trouver une place et John jouer des coudes pour conduire Kit Law jusqu'à l'harmonium. Les invités de Salisbury et les fermiers du district qui ont contribué à la construction sont obligés de rester dehors, tandis que l'archevêque, imperturbable, célèbre dans le brouhaha. Les jeunes du P. Pichon dansent avec tant d'entrain qu'ils abîment la statue de saint Joseph, que John chérit particulièrement. Quand ils quittent enfin la chapelle à la fin de la messe, c'est pour se précipiter sur le buffet préparé par Shirley James et d'autres dames et faire main basse sur les sandwiches et les gâteaux, tandis que les lépreux ont du mal à recevoir des verres de limonade. John est furieux et il apostrophe « père Peachon », le traitant de resquilleur et d'autres termes peu amènes. Plus tard dans la journée, quand tout le monde est parti, John, encore sous le coup de sa colère, ouvre sa Bible et tombe sur un passage concernant le pardon. Aussitôt il prend la plume et versifie une lettre d'excuse au P. Pichon, riant de sa propre colère.

La chapelle sera désormais le cœur de Mtemwa. Peu après, John part à Chikwizo pour sceller sa réconciliation avec « père Peachon ». La vaste église Saint-Martin de la petite mission le surprend. Le jésuite, sans en informer Mgr Markall, l'a fait construire en pleine brousse avec les galets et des pierres tirés de la rivière voisine – une « petite cathédrale gothique » selon Paul Tingay. Mais John n'en apprécie guère le style et, rentrant à Mtemwa, dira : « C'est bon de revenir en Israël en sortant d'Égypte. »

La tension Église-État est toujours forte, mais les évêques se préparent à accepter un compromis qu'ils signeront en février 1971 : ils se résignent à la décision gouvernementale sur les écoles séparées, avec l'assurance que leurs demandes d'exception (concrètement, d'admission dans une école « blanche » d'un ou plusieurs élèves africains) seront reçues (mais avec 6 % d'enfants africains au plus). L'Église sauve ainsi ses écoles, mais pour certains de ses membres y perd son âme. Sans aller jusque-là, le P. Dove poursuit son programme en faveur des Africains et ses contacts avec les nationalistes, et John peut rencontrer dans les couloirs de Silveira House Sabina Mugabe, la sœur du leader de la ZANU toujours en prison, embauchée comme enseignante en nutrition (elle deviendra responsable de ce secteur). Si la violence reste rare (mais trois soldats sont tués par une mine en avril), la coordination militaire des branches armées des deux mouvements de la rébellion est de mauvais augure pour le régime.

Lépreux, un puissant mystère

1971. La lune de miel à Mtemwa semble ne devoir jamais cesser. Comme John a fait un effort réel pour perfectionner sa connaissance du shona, ses relations s'approfondissent avec les lépreux (mais il parlera toujours cette langue avec un fort accent anglais). Il sait tout ce qu'il doit à ses amis :

Je me sens en ce lieu comme un usurpateur,
Quelqu'un qui a bien peu à offrir
Sinon des comportements étrangers, un visage étranger,
Et un savoir limité sur leur façon de se comporter et de vivre.
Les grands champs de l'espoir humain sont loin derrière
Et vaste est leur expérience de la souffrance. [...]

Lépreux – ils constituent un puissant mystère,
Crucifiant d'abord pour eux-mêmes,
Peut-être un thème pour ma poésie,
Facilement écrite par celui qui ne creuse ni ne fouille.
Des verres de lunette rose valent mieux pour ceux
Qui n'ont jamais eu de cataracte, ni ne sont
Devenus complètement aveugles, mais je ne condamnerai pas
Une vue optimiste là où il le faut.
Tant de pensées qui ne mènent à rien subsistent
En désirant faire du bien à ses compagnons en détresse
Si vous étiez plutôt près d'eux
Avec la grâce de Dieu, vous comprendriez mieux... [...]

J'ai visité, et souvent, une case
Où un être mortel est aspiré vers la mort
Tandis qu'à côté de lui est étendu, comme en une routine ordinaire,
Un ami qui a laissé tomber son lit pour s'unir à son souffle.
Et cela ne concerne pas que les hommes
Car pour moitié ce sont ici des femmes :
Les amis viendront au coucher du soleil pour donner
À la nuit le royaume du parterre – celui de l'ennui n'est jamais près.
Je vais vous orienter : ce sont des fakirs ceux qui
Changent doucement de vitesse, pour faire plaisir à leurs pairs[1].

Il continue à écrire des poèmes sur chacun des lépreux, qui le montrent toujours aussi attentif à ce qu'ils sont, ce qu'ils vivent, ce qu'ils aiment, ce qu'ils veulent, non en général mais chacun dans son originalité et sa personnalité propres. Il étudie leurs

1. *Mootamewa*, 1971. Mtemwa, Mutemwa, Mootemwa, Mootamewa : l'orthographe du nom du centre n'est pas fixée dans les poèmes de John.

actes, leurs pensées, leurs sentiments, leurs souhaits, creusant aussi tout ce qui en eux et par eux se révèle. Ainsi ce poème du mois de mars sur la dizaine de lépreux aveugles du centre, envers lesquels il éprouve une tendresse particulière :

Vous tous qui de vos yeux voyez
Ce qu'apprennent les vues terrestres,
Prêtez l'oreille à ma chanson un instant.
Près de là où je vis, ils sont
Dix lépreux, et tous autant aveugles.
Au milieu des quatre vingtaines de notre foule
Hétéroclite de lépreux,
Ils brillent d'une joie secrète,
Leur vision de notre Dieu caché est forte.

Étrange Peter, prend la tête,
Tu es bien sûr un saint,
À moins qu'il n'y ait aucun saint pour honorer notre temps !
Tu n'es pas tombé de tout ton long
Dans l'abîme mort de l'enfer,
De n'avoir plus vu de sublimes vues terrestres ;
Avec ton bâton d'aveugle
Et ta foi pleinement catholique
Tu t'es élevé lentement, jusqu'à la contrée céleste.

Et c'est là que tu te trouves
En esprit, comme une étoile,
Qui brille dans les ténèbres du vide.
Vide d'yeux, ton visage
Est tout sourire de grâce,
Vision qui donne une clarté sans mélange ;
C'est ton âme qu'elle montre
Et qui brille au-dehors,
Pour attester que même la cécité est source de plaisir[1].

Il reçoit les confidences de ces hommes et de ces femmes dont la sensibilité et la vie intérieures se sont parfois développées au rythme de leur perte des sens extérieurs. Ainsi Bofu le ravi, aveugle, sans jambes au-dessous du genou, sans avant-bras, et qui doit ramper de sa case aux toilettes en se propulsant comme il le peut avec ses épaules, la tête bien droite, souriant. John lui demande un jour pourquoi il est si joyeux, et Bofu de répondre qu'il vient de revoir un de ses amis lépreux, mort peu auparavant, dans une lumière radieuse.

1. *The Vision of the Blind*, 1971.

John accueille toujours des visiteurs venus de Salisbury. Il voit un jour débarquer son ami Alec Israël, avec Wilfred Mbanga, qui s'illustrera dans le journalisme, et un chirurgien de Londres. Durant la soirée, John s'endort sans crier gare. Alec, qui le regarde à ce moment, voit soudain la lumière des bougies vaciller et diminuer, tandis que la conversation s'étiole ; il ne l'oubliera jamais, quoique cela ne change pas son scepticisme religieux. Le 11 juillet c'est au tour de Gordon Read de lui rendre visite. Ce jeune médecin envisage le sacerdoce. Le P. Dove, qui l'accompagne, écrira à madame Bradburne qu'ils ont été frappés par John, en pleine forme, si à l'aise avec les lépreux et si apprécié d'eux qu'ils l'appellent « *Ndi Mwari* » (« C'est Dieu »), tellement son action a « divinement » transformé leurs vies. Gordon Read pratique ce jour-là une légère opération sur un lépreux malade, et son hôte le remercie avec effusion. Le jeune médecin est impressionné par la messe que célèbre le P. Dove et par la musique jouée par John durant la célébration. Ce dernier débute toujours à l'harmonium par une pièce de Bach puis tout le *kyriale* est chanté par les lépreux en shona, sur des mélodies grégoriennes. Pour finir, John dirige un *Gloria Patri* à quatre voix en shona. La messe, qu'un prêtre d'All Souls vient célébrer si personne n'est venu de Salisbury, n'est d'ailleurs pas le seul culte dominical à Mtemwa. Loin s'en faut comme en témoigne un poème du 22 septembre de cette année :

> Un « Je ne coule pas », un chant léger et non morose :
> Nos méthodistes déploient leur chant ; « Que ton Règne vienne,
> Ô Dieu », commence la foule
> Des anglicans quand se lève le jour de Mootemwa.
> Je pense, je sais, presque je pourrais jurer,
> Qu'aucun de nos Romains ne se trouve encore au lit [...]
> Le père de la mission d'All Souls est bien rapide sur sa route, [non loin,
> Les estropiés avancent clopin-clopant, les chaises roulantes roulent,
> Et Mona arrive soudain dans sa voiture
> Un petit moment d'attente, puis notre style
> C'est le Kyrie de la messe des Anges. Amen[1].

Après la messe, John sort un tapis et s'assied avec ses hôtes du jour sous un manguier (il n'aura que bien plus tard une table

1. *Rechitatu*, 1971.

et des chaises). Un vieux jerrycan sert de broc à eau et il verse à boire dans de vieilles tasses ébréchées. Il mange peu en général, et boit plutôt un verre de vin puis lance la blague rituelle des visites : « Ne le dites pas à Stephano. Il va renifler l'odeur. De toute façon, je lui en donnerai un peu. » Il lit ses derniers poèmes, toujours plus nombreux (369 ont été conservés, pour cette seule année 1971), on discute, on chante. S'il est seul avec son ami Dove, la conversation porte souvent sur la foi et la poésie. Quand les invités sont nombreux, elle part dans toutes les directions. Personne ne se prend au sérieux, c'est un mélange de légèreté et de profondeur, et pour John de partage de tout ce qu'il apprend et recueille de ses amis du centre, de leurs souffrances et de leurs joies. Il emmène toujours ses visiteurs faire le tour du centre, saluant chaque lépreux sur le pas de sa porte ou par l'embrasure, distribuant ce qu'il a reçu, oranges de Mazoe, cigarettes, tabac à priser, piles pour les radios. Puis c'est la montée au Chigona, où il aime bien demander à son ami le P. Dove de l'entendre en confession au sommet, surtout s'ils sont seuls.

Son ami Alistair Guthrie vient de temps en temps à Mtemwa, avec son fils Frank et parfois un ami du garçon. L'un d'eux, Anthony Trethowan, gardera un souvenir très fort d'une visite, durant laquelle les deux adolescents apportent des rations alimentaires et des vêtements :

> C'était probablement en 1971 ou 1972 et, à l'époque, John vivait dans une cabane de briques et de ciment brut. Ce dont je me souviens à propos de son logement, c'est qu'il y avait très peu de choses, hormis un crucifix et une image de Jésus. Et aussi, l'odeur du pain fraîchement cuit. Alors que nous y étions, Frank et moi nous avons grimpé avec lui au sommet de la colline de Mtemwa sur laquelle les blocs de granit ne manquent pas, et nous avons nagé dans les piscines formées par l'eau de pluie[1].

Outre ces amis, John voit arriver à Mtemwa, surtout le weekend, des inconnus attirés par ce qu'ils ont entendu dire sur lui, à Salisbury ou ailleurs. Il n'y a pas que des Européens, qui viennent le voir, mais aussi des paysans du district de Mtoko, et parfois des soldats, européens ou africains. Et beaucoup s'en retournent étonnés – comme ceux qui allaient voir son saint patron dans

1. Témoignage recueilli par l'auteur.

le désert. Que viennent-ils chercher ? Le savent-ils eux-mêmes ? Peut-être, se dit Heather Benoy, un aperçu sur Dieu, ou plus banalement de l'humour, de l'excentricité. En ce qui la concerne, elle sait qu'elle arrive souvent avec des problèmes voire de la détresse, et que John arrive toujours à la faire rire d'elle-même – c'est sans doute un des secrets de l'attraction qu'il suscite.

Un jour, John décide d'emmener les Law et frère Fitz à la recherche de nids d'ombrettes. Ce grand oiseau, proche de la cigogne, à la réputation sulfureuse en Afrique, construit son habitat sur les rives des cours d'eau. Ils remontent dans la boue et les ronces le lit de la rivière voisine et quand ils ont trouvé le nid, leur joie est grande de contempler la couvée. D'autres fois, il les emmène observer l'aigle pêcheur au barrage, ou aux mares du Chigona ou bien ils s'installent pour chanter, et Kit pour peindre. Il ne se lasse pas de découvrir d'autres oiseaux et d'autres animaux[1].

Au mois d'août 1971, les soucis liés aux troupeaux du *kraal* de Tinamakuna, voisin du centre, apparaissent à nouveau dans les poèmes. Theresa, la cuisinière et lingère, vient se plaindre : deux bovins ont saccagé son jardin. Il apprécie cette femme, la seule du personnel à le soutenir franchement, ce qui vaut à celle-ci l'inimitié des autres assistants. Il essaie de résoudre le problème, mais d'autres suivront car le *kraal* possède un bétail abondant qui lorgne vers la verdure de Mtemwa en ce milieu de saison sèche. Dans un poème, John le félicite de sa richesse mais demande que celle de Mtemwa, surtout spirituelle, puisse être mise à l'abri des prédateurs. Il fait mettre par Phineas un grillage solide autour des jardins et, le 14 octobre, croit pouvoir crier victoire : le Bos (bœuf, en latin) ne sera pas le Boss à Mtemwa ! Mais voici qu'un autre problème surgit : convaincu que Gertrude, l'autre cuisinière, vole le centre, et donc les lépreux, il la licencie. Celle-ci se plaint auprès de Mona Smith qui la défend. John reconnaît son erreur, et la réintègre.

Il rend parfois visite à Mtoko à l'administration, avec qui ses relations sont bonnes. Le 12 juillet, il écrit un poème au commissaire de district, Ron Taylor, pour le remercier d'un colis d'oranges et de fleurs offertes par madame Taylor. Il est rarement question de politique durant ces visites, mais John

1. *Cf.* annexe 5, p. 376-378.

apprendra que Ian Smith a obtenu de Londres un accord qui lui est très favorable, le 17 novembre 1971, toutefois assorti de la visite d'une commission britannique. Les mouvements nationalistes rejettent cet arrangement et s'unissent pour fonder, le 16 décembre, le Congrès national africain (ANC). De son côté l'Église catholique crée une commission Justice et Paix, appelée à enquêter sur les violations des droits de l'homme. En attendant, les expulsions vers les « réserves indigènes » se poursuivent. Un bon millier d'Africains sont ainsi chassés de leurs terres ancestrales de Chishawasha.

Le comité des Amis de Mtemwa récolte les fruits du travail de John : des visiteurs de Mtemwa qui ont connu le centre auparavant repartent étonnés et admiratifs. Mark Webster, secrétaire d'État à la santé, demande alors au comité d'étendre à toute la Rhodésie son action. Ce dernier accepte sans consulter John, et recrute quatre nouveaux membres, qui n'ont pas l'esprit de service des fondateurs. Ceux-ci se rendent à Mtemwa, et leur rapport est mitigé : le directeur fait du bon travail, mais il est trop aux petits soins avec les lépreux ; il faut rationaliser la gestion, accroître la dimension administrative et mieux planifier les dépenses prises en charge par le comité : nourriture, fumigation et entretien des cases. Ces propositions sont discutées par le comité qui les approuve, sauf le P. Ennis qui défend John. En août de cette année 1971, le comité change de nom et devient l'Association rhodésienne contre la lèpre. Le P. Ennis, remplacé comme supérieur des jésuites, laisse sa place à son successeur, le P. Patrick McNamara, lequel n'apprécie guère cette évolution du comité, et John encore moins.

Entre alors en scène le Dr Louise Westwater, principale responsable médicale pour le pays shona. Elle vient voir John à Mtemwa et elle est impressionnée – ils partagent de plus le même amour pour les oiseaux, le whisky et l'humour. Mais elle entre rapidement en conflit avec lui, car elle estime que les lépreux sont avant tout des porteurs d'une maladie à soigner alors que pour lui, ils sont d'abord des hommes et des femmes remarquables, qu'il faut prendre dans leur humanité telle qu'elle est. Pour le Dr Westwater, les lépreuses ne doivent pas avoir d'enfants (pourtant la lèpre n'est pas transmissible, si on prend des précautions à la naissance) et il faut leur distribuer systématiquement la pilule.

John refuse et leurs discussions s'enveniment. De plus, elle veut faire opérer de la cataracte tous les lépreux âgés, et lui trouve que c'est cruel, inutile et contre la volonté divine. Le Dr Westwater se fâche et le traite de « hippie religieux, sans doute un peu dérangé » (même si elle reste sensible à sa « dimension spirituelle », peut-être à sa vocation si spéciale). Caterina Savini, un jour qu'elle veut soigner un malade des yeux, s'entendra dire elle aussi par John que ce n'est pas la peine car il l'est avec de l'eau bénite. Même Luisa Guidotti ne suit pas John sur ce point, et elle opère des cataractes quand il est absent. Quant à lui, il dira plus tard au P. Harold-Barry qu'il ne porte pas de lunettes « car Moïse n'en avait pas ».

Un autre sujet de désaccord avec le Dr Westwater est plus grave : en hiver, la température peut descendre près de zéro, et il n'y a pas de chauffage dans les cases. Les lépreux en souffrent beaucoup, surtout s'ils sont malades. John leur permet de faire du feu comme ils en ont toujours fait malgré l'interdiction, et il en fait lui-même quand il passe la nuit à soigner en hiver un malade ou un mourant. Des accidents arrivent, et un sera même mortel (mais le directeur du centre ne peut passer ses nuits à surveiller les cases), et l'affaire remonte jusqu'au Dr Smith, chef du département médical au ministère de la Santé.

Enfin, comme si ces problèmes ne suffisaient pas, voici que le Dr Westwater se met en tête d'exiger de Mtemwa des registres et une comptabilité à jour et impeccablement tenus. Sur ce point elle rejoint les récriminations nouvelles du comité : John croit que l'argent tombe du ciel comme la manne. Il finit par envoyer les comptes. Surprise : ils sont correctement tenus. Plus encore, il fait un judicieux usage des 4 $ rhodésiens par lépreux qu'il reçoit chaque mois. Mais le soupçon demeure.

Nuages sur l'horizon

1972. La commission britannique dirigée par Lord Pearce est arrivée à Salisbury le 11 janvier. C'est la première fois de l'histoire de la Rhodésie que Londres essaie de savoir ce que pensent les Africains. Quand la Commission quitte la Rhodésie en mars, son verdict est unanime : l'immense majorité des Européens approuvent l'accord de 1971, l'immense majorité des Africains le rejettent. Edward Heath et Ian Smith ont ainsi involontairement offert aux nationalistes cette légitimité que le Front rhodésien leur refusait. Et comme Ian Smith qualifie aussitôt d'« irréalistes » ces conclusions, les leaders nationalistes invités aux Nations unies peuvent annoncer qu'ils n'ont plus d'autre issue que la lutte armée. Le 6 juin, l'explosion dans une mine de Wankie qui tue 426 mineurs africains soude quelques jours la nation dans le deuil, mais aussitôt après la veillée d'armes commence.

Les relations entre le régime et l'Église catholique se dégradent alors un peu plus. Dans le *Rhodesia Herald*, Len Idensohn déclare : « Donner de l'argent à la quête, c'est contribuer au couteau qui vous tranchera la gorge. » Les divisions s'aggravent aussi à l'intérieur de l'Église, où les prêtres et séminaristes africains sont de plus en plus sensibles aux sirènes nationalistes. La commission Justice et Paix commence ses travaux, malgré l'hostilité non déguisée du gouvernement, et Mgr Lamont poursuit ses attaques contre le régime. Silveira House continue de son côté ses programmes de formation. Dans l'espace de liberté et de bouillonnement créé par le passage de la commission Pearce, le centre est redevenu un lieu de débats. Vis-à-vis du gouvernement, le P. Dove cultive si bien l'ambiguïté que son travail est même loué dans un rapport officiel pour 1972, alors que ses objectifs affichés, « élever la conscience noire dans un sens véritablement chrétien [...], essayant ainsi de mobiliser les opprimés pour qu'ils prennent conscience de leur propre pouvoir potentiel » sont en complète contradiction avec ceux du pouvoir en place.

À Mtoko aussi, la commission Pearce a délié les langues et l'ANC, qui rassemble les nationalistes de l'intérieur, s'installe. Fin janvier, un de ses responsables, Arthur Chadzingwa, est arrêté pour avoir passé la nuit dans les « réserves indigènes ». Le mois suivant des manœuvres militaires sont organisées pour intimider les velléités de sédition, même si le district est vide de tout guérillero. Mais John semble loin de cette montée des périls. D'ailleurs, début 1972, le P. Dove a trouvé son ami fatigué et estimé qu'il avait besoin de vacances après deux ans et demi à se donner sans limites. Il s'en est ouvert à Sr Nora Broderick, une Irlandaise de la Congrégation de la Présentation de la Bienheureuse Vierge Marie qui connaît John et celle-ci a accepté volontiers de le remplacer trois semaines en janvier 1972 – il n'a dit pas non. Avec Sr Catherine Cousins, Sr Nora s'installe dans la vieille boucherie, et John part on ne sait où. Les deux religieuses sont plus strictes que lui, et suivent exactement ce que Luisa Guidotti ou Caterina Savini leur disent pour les soins et les médicaments, « mais l'important, c'est qu'il les aimait, ses lépreux. Il faisait vraiment tout ce qu'il pouvait pour eux. Pourtant ceux-ci ne sont pas faciles, et nous les avons vu se battre entre eux à l'occasion » (N. Broderick).

Avec la recherche de Dieu, la prière, les lépreux et la poésie, l'accueil des amis remplit toujours la vie de John, en cette année 1972. Ceux de Silveira House, Africains comme Européens, viennent souvent. Agnes *Contralto* est plusieurs fois du voyage avec le P. Dove. De nouveaux visiteurs s'annoncent aussi, ainsi l'Anglais David Savage qui apporte du tabac à priser pour les lépreux et n'oubliera pas cette visite ; il trouve John « singulier », ajoutant que l'amour de Dieu brille à travers lui et qu'il lui est reconnaissant de l'avoir rencontré. Le 26 mars, John reçoit aussi Judith Listowel, comtesse et journaliste, accompagnée de son petit-fils de seize ans, le futur Lord Grantley – elle aussi un personnage étonnant. Elle songe à écrire sur lui, et son petit-fils se dit qu'il a rencontré un saint. D'autres visites encore, comme celle de Mark Hanly qui vit alors à Mtoko, avant de partir faire des études de médecine. Il vient plus d'une fois passer des heures à Mtemwa, et John lui écrit quelques lettres qu'il conservera précieusement. Ou encore Cheryl Methven, une jeune Juive convertie. Il lui apparaît « extraordinairement tranquille et humble, pas nerveux du tout et, compte tenu de ses dons remarquables, tout à fait non imbu de sa personne ». Elle considère que leur rencontre est pour elle « un des plus grands privilèges de son existence ».

Quand un des nouveaux membres du comité, le Dr Sheffield, y fait entrer à son tour le Lt-Colonel (CR) William Ellis, les autres ignorent que cet ancien catholique a un lourd contentieux à régler avec l'Église dont il est issu. En mars, John voit arriver une caravane conduite par ce dernier, accompagné de son épouse. Le comité a en effet décidé la construction d'un bloc sanitaire avec toilettes, lavabos et bains, et le nouveau membre a décidé de superviser personnellement les travaux, et l'installation de panneaux solaires qu'Ellis finance de ses propres deniers. Rien de cela n'est vraiment pour déplaire à John, sauf l'attitude hautaine du nouveau venu envers lui. Au début, la gentillesse de madame Ellis aplanit les contacts entre les deux hommes, qui mangent ensemble et boivent du brandy, mais tout les sépare. Ellis a débuté sa carrière dans l'aviation, s'est retrouvé dans la garde du camp de Belsen à la fin de la guerre puis d'une prison en Jamaïque avant d'arriver en Rhodésie. Son hostilité au catholicisme est incontrôlable (il racontera à un journaliste qu'il « sait tout » au sujet de « ces gredins de catholiques » et « quel type d'hommes ils sont »). Il arpente le centre de long en large et rien de ce qu'il voit ne lui plaît, à commencer par le directeur. Il répare plus ou moins un peu de robinetterie à droite et à gauche, marmonne des plans, des idées. Enfin, au bout de quelques jours, il lève le camp, avec des paroles déplaisantes envers John et « tout un cliquetis de mesures pratiques » dans la tête. Mtemwa retourne dans sa quiétude mais n'en a pas fini avec Ellis, qui devient rapidement vice-président du comité et son patron de fait, entraînant la démission du P. MacNamara.

John n'a désormais plus beaucoup d'amis au sein du comité dont il dépend. Mais il oublie vite ces soucis pour d'autres, car les divagations de bovins sont revenues, plaie récurrente pour Mtemwa. Une véritable guerre de tranchée s'installe entre le centre et ses voisins. Comme tout ce qu'il vit, elle devient pour John un sujet de poèmes. En mai de cette année 1972, il croque une saynète sur les déprédations. Le ton reste badin, mais la colère affleure. D'autres poèmes reviennent sur le sujet, parmi bien d'autres thèmes, car ces années sont celles d'une intense création poétique. On ne peut plus parler de source poétique mais de fleuve : depuis son arrivée à la mi-1973, John écrit en moyenne un poème chaque jour, pour ne parler que de ceux qui ont été conservés. Les lépreux et la vie de Mtemwa y occupent une place privilégiée, tout comme la Vierge Marie et la méditation sur le mystère de Dieu.

Cette intense activité créatrice, surtout nocturne, n'entrave en rien son action au centre. L'équipe de l'AFMM vient toujours deux fois par semaine, dans une Land-Rover offerte par les *Amici dei Lebbrosi* d'Italie. Lui-même se rend souvent, à pied s'il le faut, à All Souls. De plus, Luisa Guidotti emmène chaque mois à Salisbury les cas qui nécessitent des soins plus sérieux ; dans la capitale, c'est un spectacle que de voir ces lépreux arriver en chantant, et en battant des mains pour ceux qui en ont encore. L'équipe des consacrées italiennes s'étoffe aussi d'un nouveau membre, la jeune Élisabeth Tarira. Cette nièce du P. Chakaipa connaît déjà John pour l'avoir vu à la mission car elle y est scolarisée. Touchée par le dévouement de Luisa Guidotti et de ses consœurs, elle leur a demandé de rejoindre l'AFMM. Elle vit désormais avec elles et les aide. Sa première visite à Mtemwa est faite à contrecœur : comme la plupart des Shonas, elle a peur des lépreux et de la contagion. Elle pleure en voyant ceux-ci, et John, avec sa barbe et sa tignasse rebelles, l'effraie. Durant six mois elle refusera de revenir. Mais quand elle le fait, son cœur s'ouvre soudain, elle ressent une grande paix intérieure et découvre la belle humanité des lépreux, qu'elle soignera désormais sans aucune réticence. Elle apprend aussi à connaître John ce jour-là, car il se propose de l'aider pour un pansement. Il chante, plein de rire et de joie, et le cœur de la jeune Africaine fond. Sa vocation se fortifie : elle sera médecin des pauvres. Son nouvel ami lui donne des conseils pour la Zambie où elle doit aller étudier : les garçons y sont beaux, affirme-t-il, même s'il n'en sait rien, et « vous pourriez même en prendre un pour un dieu », mais c'est pareil en Italie, et il met sur les lèvres de la jeune femme sa réponse si un jeune Zambien lui faisait des avances :

> Non, je ne vous épouserai pas, bel homme,
> [car je vais épouser le Roi.
> Bien joué, dira ce dernier, avec un rire immortel,
> Bien joué, tu as gagné, prends ton bâton de pèlerin[1].

Mais William Ellis n'a pas oublié Mtemwa. Le 15 mai 1972, il écrit à John une lettre sévère, l'accusant de « ridiculiser nos essais d'administration » par des dépenses inconsidérées. Il donne comme exemple l'achat de pain blanc au lieu de pain bis, un dépassement de 500 g de la ration mensuelle de viande pour chaque lépreux, le dépassement de celle de savon, et l'achat en quantité non spécifiée de sucreries et de tabac à priser. Il en conclut que le responsable du centre crée un groupe qui vit bien

1. *Nocturne*, 1972. Élisabeth Tarira, toujours fidèle à la mémoire de John sera médecin missionnaire, dirigera un hôpital au nord du Zimbabwe, et coordonnera un vaste programme de lutte contre le sida et sa transmission aux nouveau-nés.

au-dessus de ceux qui habitent autour de lui dans le district de Mtoko. Puis il pousse la goujaterie jusqu'à demander à John ce qu'il donnera aux lépreux « à Noël et les autres jours de fête », puisque ces derniers « vivent déjà dans le luxe ». En conclusion, Ellis décide qu'à l'exception du sel, de la paraffine, de la viande et du pain brun, tous les autres achats seront désormais faits à Salisbury et envoyés à Mtemwa. John ne peut accepter ces décisions, et la guerre est déclarée entre les deux hommes.

En septembre, John écrit à Shirley James qui lui reste fidèle au sein du comité que le temps est venu d'affronter directement Ellis, car le sort de quatre-vingt-dix vies en dépend. Une première bataille est livrée à propos des couvertures. Les résidents de Mtemwa en reçoivent quatre par an, et peuvent les revendre à la fin de l'hiver pour se faire un peu d'argent de poche. Ellis exige le contrôle du nombre et la fin de cette libéralité, et John refuse. Sent-il alors la menace qui pèse sur lui et ses amis lépreux ? Il écrit alors un de ses plus émouvants poèmes :

> Ce peuple, ce groupe exotique
> De lépreux en son déploiement
> D'être moins et pourtant plus qu'homme,
> Car l'homme est usé aujourd'hui.
> Peuple né pour être élevé
> En flamme vers l'éternité.
>
> Clan étrange, extatique, instable,
> De joie et de peine liées
> Destiné à traîner le joug
> De ce dont le monde a besoin,
> École étrange à Dieu tournée
> Sublime et sage dont je suis le fou. [...]
>
> Ils ne sont pas dans le brouillard
> Ces gens, ni ne sont oubliés,
> Ni loin du Père mais tout près
> De l'Amour pour le Fils Unique.
> « Vous êtes coupés » (veut dire Mutemwa),
> Mais pas de l'Un, ni de tous ceux
> Partageant son immensité[1].

1. *Mtemwa (Mutemwa)*, 1972. Ce poème sera partiellement publié en 1989 dans une anthologie de la poésie d'Afrique australe.

En octobre, le P. Chakaipa est nommé évêque auxiliaire de Salisbury, le premier Africain du pays élevé à l'épiscopat, et sa nomination est célébrée avec grande joie dans la mission d'All Souls. Avant de la quitter, le futur évêque demande à Luisa Guidotti de ne plus aller dans les postes lointains (il y en a 44 sur la zone) car la guérilla, même si elle ne s'est pas encore manifestée, arrive. En effet, à partir de l'automne 1972, ces guerilleros entrent dans le district de Mtoko par le nord, conduits par John Gwitira et son commissaire politique, l'ancien séminariste Josiah Tungamirai. Ils s'installent dans le territoire de Charewa, au nord du district. Dans un premier temps, ces *vakomana* (garçons, en shona), ainsi que les paysans appellent les guérilleros, se font invisibles, mais, dès novembre, les services de sécurité rhodésiens comprennent qu'il se passe quelque chose au nord de la zone. Le 21 décembre, le jour même où Ian Smith déclare : « J'ai été critiqué par certains pour avoir décrit nos Africains comme les plus heureux du monde, mais personne n'a encore été capable de me dire où les Africains le sont plus, ou s'en sortent mieux qu'en Rhodésie », la ferme d'Altena, à l'ouest de cette région, est attaquée par la guérilla.

John continue, lui, de vivre dans l'instant présent. C'est ainsi que quelques jours avant Noël (sans doute cette année 1972), Caterina Savini, de passage à Silveira House, reçoit de lui un coup de téléphone : « Revenez à Mtemwa, c'est très grave, il y a un homme qui doit être évacué d'urgence. » Elle lui répond qu'elle a encore des courses à faire. Mais il insiste tellement : « Je vous attends », qu'elle prend aussitôt la route. Elle arrive à Mtemwa et là, surprise, pas de John, pas de malade non plus. Elle cherche partout et finit par tomber sur lui :

« Où étiez-vous donc ?

— Moi ? J'étais parti prier.

— Et où est le malade urgent ?

— Andrew ? Je n'en sais rien ! »

Les voici partis à sa recherche. Ils finissent par le retrouver : il était allé chercher du bois car il se sentait mieux ! Caterina Savini est furieuse contre John mais, racontant l'épisode près de quarante ans plus tard, elle conclut en souriant : « C'était tout lui ! »

John descend bientôt lui aussi à Silveira House pour Noël. Au nouvel an, c'est au tour du P. David Harold-Barry revenu en

Rhodésie, et qui l'année suivante deviendra le second du P. Dove à Silveira House d'arriver à Mtemwa[1], accompagné de Roger Riddell, un jésuite rhodésien sociologue. Heather Benoy leur a soufflé qu'ils devraient visiter le centre. Ils découvrent en arrivant John allongé par terre et lisant un passage de saint Paul à un lépreux non blanchi. Ils lui apportent une bouteille de brandy, et des cadeaux pour les résidents offerts par la paroisse de Mount Pleasant. Il verse l'alcool dans les rations de cacao, disant que s'il le gardait, il deviendrait un alcoolique et que, de toutes les façons, cela donnera de la joie au nouvel an des lépreux. Ils chantent ensemble, puis le P. David célèbre une messe de minuit à la chapelle avec chants grégoriens et élisabéthains en langue shona, et trouve que *Greensleeves* sonne très bien. Au matin du jour de l'an, tous trois montent au Chigona et prennent un bain dans la baignoire-piscine. Puis ils redescendent pour la messe du matin. Ensuite, c'est la tournée des amis lépreux que John présente à ses visiteurs : Peter, Joseph, Veronica, Hanzu… Ils prient ensemble le chapelet, lui très lentement et d'une façon qui impressionne le jeune prêtre. La visite marquera le P. Harold-Barry :

> Quand je suis rentré de Mutemwa où je suis allé voir John, j'ai décidé même de ne plus mettre de sucre dans mon café… Et je n'en ai jamais remis ! C'était une décision que sur le moment je n'ai pas mise en lien avec notre visite, mais c'est certainement son influence. Il m'avait donné l'impression d'être si ascétique, et cela m'avait marqué.
>
> Son trait le plus marquant : il était véritablement humain. Il était très humain, il était immensément humain. Il y avait quelque chose de très beau dans cette qualité d'humanité qu'il y avait en lui. Il se moquait de lui-même, il ne se prenait pas au sérieux mais, en même temps on sentait combien il avait dû se battre avec lui-même pour arriver à être réellement ce qu'il était vraiment, lui-même. Sa grande qualité – je l'ai aussi ressenti en présence d'autres saintes personnes –, c'était qu'en sa compagnie vous vous sentiez bon. Il n'était en rien frivole ou superficiellement boute-en-train, mais il était tout simplement positif, à l'aise, affirmatif, intéressé par ce que vous étiez, ce que vous disiez, ce que vous faisiez[2].

---

1. Ce jeune jésuite irlandais était déjà venu comme scolastique en Rhodésie. Il avait alors rencontré une fois John à Silveira House, assis dans sa chambre entouré d'abeilles.
2. Témoignage recueilli par l'auteur.

En ce début d'année 1973, le gouvernement prépare sa riposte à la montée en puissance de la guérilla. Le 18 janvier, la frontière avec la Zambie est fermée. Les services de sécurité rhodésiens procèdent à l'arrestation de 300 responsables de l'ANC. Mais cela n'empêche pas les incursions de la guérilla : le 24 janvier, I. Kleynhans et, le 4 février, L. M. Jellicoe sont assassinés par la guérilla à Centenary, au nord du pays. Ce sont les premiers fermiers européens à l'être depuis 1966. D'autres suivront, six en tout de janvier à juin. La situation au nord-est et particulièrement dans le district de Mtoko inquiète l'armée rhodésienne, car le territoire est vaste. Il est décidé de le partager administrativement en deux nouveaux districts, Mtoko et Mudzi, afin d'en intensifier le quadrillage.

Les visites se poursuivent à Mtemwa. Comme Silveira House a lancé avec le soutien d'Oxfam, un programme de micro-crédit dans la région de Mangwande, au sud de Mtoko, le P. Dove a plus d'occasions de passer voir son ami. En février, arrive au centre la plus célèbre journaliste de Rhodésie, Philippa Berlyn. Celle-ci est favorable à Ian Smith (elle publiera sa biographie) mais sans préjugés raciaux (plus tard, elle se fera déposer en zone contrôlée par la guérilla pour discuter avec un groupe de femmes africaines toute la nuit. Les dix *vakomana* qui la surveillent dans l'ombre seront tellement bluffés par son courage qu'ils ne tireront pas sur l'hélicoptère venu la rechercher au petit matin). Elle publie le 23 de ce mois dans le *Rhodesia Herald* un article dithyrambique sur John et les lépreux, frappée, écrit-elle, par l'« éclat de leur sourire » et ajoute : « Quand vous leur parlez leurs yeux – s'ils en ont – s'illuminent. » Liée à l'armée rhodésienne, elle reviendra souvent dans les bases de la zone de Mtoko, et en profitera pour rendre visite à Mtemwa chaque fois qu'elle le pourra.

À cette époque naît aussi une des grandes amitiés de John, celle avec Pauline Hutchings. Celle-ci gère avec son mari Tony une ferme près de la Nyadiri. Cette mère de quatre enfants a depuis l'âge de six ans le désir de devenir catholique. Un jour, elle entend le P. Dove à la radio, ce qui ravive son désir. Elle lui écrit, mais Silveira House est loin. Le jésuite pense aussitôt à son ami, qui vit à une vingtaine de kilomètres de la ferme Hutchings – de leur fenêtre on aperçoit le mont Mtemwa. Pauline vient rencontrer John, et il accepte de l'accompagner, mais à condition que ce ne soit pas une catéchèse en questions-réponses, mais un échange dans la vie. Un rythme de rencontres est établi : tous les mercredis, jour où un prêtre d'All Souls vient célébrer, elle passe la journée au centre. Comme bien d'autres, Pauline Hutchings vit durant ces messes une expérience forte. Avant le début de la célébration, le prêtre se tient derrière l'autel pour écouter les confessions, tandis que John fait hurler l'harmonium pour assurer la discrétion. Le prêtre n'entend pas toujours ce qui lui est dit tant l'instrument beugle, mais donne l'absolution avec quelques paroles de soutien ; John se confesse lui aussi. Puis la messe est célébrée, en shona, toujours chantée avec le soutien de l'harmonium. John conduit la file de communion, et le célébrant doit enjamber les premiers rangs pour atteindre ceux qui sont derrière. Les aveugles sont assis contre les murs de la chapelle et John leur donne une petite tape affectueuse sous le menton quand c'est leur tour. Un *Amen* sonore ponctue la réception du sacrement. John retourne ensuite à l'harmonium jusqu'à la fin de la célébration. Après sa réception dans l'Église catholique, Pauline Hutchings se joindra à la file des communiants :

> D'une certaine façon, s'agenouiller devant le prêtre parmi tous ces gens physiquement détruits, prendre son tour dans la file des confessions à côté de l'autel avec John jouant *ad libitum* sur l'harmonium, vous soulève au-dessus des problèmes du quotidien. Toute son allure dans cette petite église vous fait savoir que le Roi est dans le tabernacle et que si vous pouviez soulever le voile, vous le verriez face à face. John s'agenouille bien droit dans sa génuflexion et on se sent conduit à l'imiter[1].

Celui-ci prie d'ailleurs, non seulement avec les lépreux, à la chapelle ou dans les cases, mais aussi pour eux, et parfois supplie longuement Dieu pour tel ou tel, tel Moïse dans le désert.

Après la messe ou le service, John reçoit ses visiteurs dans l'ancienne boucherie, qui fait l'effet à Pauline Hutchings d'une « petite boîte maison de béton ». Ils déjeunent de tartines de marmelade et de café apportés de la ferme Hutchings – c'est désormais l'immuable repas du mercredi. John a pris l'habitude de dire à propos des tartines : « Vous les faites de la façon la plus agréable, avec plus de beurre et de marmelade que de pain. C'est

1. Témoignage cité par John Dove dans son ouvrage *Strange Vagabond of God* (1997).

comme cela que je les ferais moi-même. » Le reste du temps, il continue à se nourrir de lait en poudre et d'oranges ou de jus d'orange, même s'il a parfois des scrupules de conscience : n'est-il pas en train de boire ce dont des bébés auraient plus besoin que lui ? Il ne garde pour lui rien de ce qu'il reçoit, ce qui gêne ses amis qui le voient si maigre, mais il se défend en prétendant qu'il prie mieux l'estomac vide. D'ailleurs les ans semblent à nouveau n'avoir pas vraiment prise sur lui.

John et Pauline Hutchings montent ensuite le plus souvent sur le Chigona pour une « catéchèse ». John parle d'abondance de cœur, sans livre ni préparation, et la jeune femme sent le sien s'enflammer. Elle saisit qu'il l'instruit surtout par sa prière, par sa dévotion envers le Saint Sacrement, par sa flamme durant les messes et par sa vie humble, simple, souriante et pleine d'attention envers les lépreux. Pour elle, les mots se font chair. Elle découvre aussi l'univers de Mtemwa et son regard se transforme :

> Une des choses qui se produit dans une colonie de lépreux est que les gens commencent à avoir l'air tout à fait normal. On cesse de remarquer qu'il leur manque les lèvres ou les nez ou les mains ou les pieds. J'ai l'habitude d'être surprise lorsque les visiteurs, venus parfois avec nous, sont tellement bouleversés par ce qu'ils voient. Ces gens ont un tempérament agréable, et beaucoup d'humour. Ils s'entraident sans cesse et sont très liés entre eux – partageant les uns les autres leurs difficultés, leurs souffrances et leurs rires[1].

John poursuit ses visites plus ou moins trimestrielles à Silveira House, soit en accompagnant un visiteur qui rentre dans la capitale, soit en prenant un bus africain dans lequel il renouvelle plus d'une fois son expérience de Ganda, soit en faisant du stop pour arriver, comme il dit, en « tapis volant ». Il apporte les stencils de ses derniers poèmes et cherche une bonne âme pour les tirer. Il descend parfois aussi chez les Law, ou chez les Berthoud pour voir son filleul. Un soir qu'il est chez ces derniers, il entend le son de flûtes à bec chez leurs voisins de Northwood. Il ne peut résister et entraîne son ami, instruments sous le bras. Ils tombent sur un groupe de musiciens amateurs, et il demande s'il peut se joindre à eux. Christopher et Anne Wortham, les voisins, garderont de cette soirée le souvenir d'un homme fin et de bonne

1. Témoignagne recueilli par l'auteur.

éducation, tranquille et visiblement heureux, ce qui rend à leurs yeux d'autant plus singulier son choix de s'enfermer avec des lépreux au fond de la brousse. John repassera chez eux quelques années plus tard, toujours avec sa flûte, et ils admireront encore plus à la fois la pureté de son jeu musical et « sa façon spéciale d'être et de faire dans le moment présent ». Quand il leur dit au revoir en musique et quitte la maison la flûte à la bouche, Anne se penche vers son mari et lui murmure : « C'est le bienheureux John Bradburne » et Christopher, convaincu qu'elle ne fait qu'anticiper le jugement de l'Église, garde le souvenir d'« un des hommes les plus remarquables de notre temps ».

Un père, un ami, un frère

La lune de miel avec la communauté des lépreux de Mtemwa semble ne devoir jamais finir. Comme le remarque son ami Arthur Law, son amour pour ses compagnons va loin au-delà des frontières de la charité conventionnelle, John selon lui aime « comme Jésus aimait ». Les lépreux, Peter, Joshua, Hanzu pour n'en citer que quelques-uns sont sa famille. S'il se trouve loin d'eux quelque temps, il est mal à l'aise, et il dit un jour où il est de passage chez les Law : « Mais quoi, si l'un d'eux tombe malade et a besoin de moi ? » Il prend soin d'eux, à tous les sens du terme, et en retour ils lui donnent de l'amour et de l'amitié. Pour Arthur Law :

> Quand nous rendions visite à John à Mtemwa, nous rendions aussi visite à sa « famille » et nous étions présentés à tous. On ne quittait pas ce lieu sans se sentir spirituellement renouvelé. Il y avait toujours quelque chose à se rappeler de spécial dans nos visites [...] Deux fois, en arrivant, nous l'avons trouvé en grande détresse : un lépreux malade devait être conduit d'urgence à l'hôpital de la mission d'All Souls ; notre voiture est ainsi devenue une ambulance[1].

Quand un des résidents de Mtemwa est malade, John ne s'épargne aucune peine. S'il le faut, il part à pied jusqu'à All Souls alerter Luisa Guidotti pour qu'elle vienne à Mtemwa. On le verra même une fois porter sur son dos un lépreux pour

1. Témoignage d'A. Law (archives Bradburne, Leominster).

l'emmener à Mtoko, reproduisant ainsi l'épisode jadis lu dans *Le Voyage du jeune chrétien* qui l'avait tant effrayé enfant. Le geste frappe les Africains qui le voient. Il lui arrivera aussi, rapporte le P. Tim Peacock, de marcher de Mtemwa à Salisbury – plus de 140 kilomètres – alors qu'un lépreux est mourant, pour gagner la grâce de toucher le cœur de ceux à qui il a l'intention de demander de l'aide. Il s'arrête au passage au séminaire de Chishawasha pour encourager les séminaristes, mais ne s'attarde pas, alors qu'ils voudraient discuter avec lui.

La mort d'un résident de Mtemwa le touche toujours profondément. Ils sont toujours plusieurs avec lui à accompagner l'agonisant de leur prière et de leurs chants, et John lit des paroles de réconfort de la Bible. Il doit lutter contre l'écœurement, dans des cases aux odeurs de puanteur et où parfois, malgré ses soins, le mourant pourrit vivant, mais il reste. Il ne force pas les non-chrétiens au baptême, mais le leur propose gentiment. En septembre 1971, il peut, dans *Uninvented Inventory of God's goods*, faire déjà une liste de ceux qu'il a ainsi accompagné avec leur prénom de baptême : Panzeh-Solomon, Kamujona-Peter, Mutenya-Herber, Martha, Naomi-Mary. D'autres suivront.

Mais il ne se contente pas de soigner et de nourrir, de faire chanter, de jouer, de prier et d'accompagner dans le grand passage, il tient aussi à faire travailler ceux qui le peuvent. Beaucoup cultivent les champs autour des cases et sur le territoire du centre, avec la *badza* de bois, à la fois houe et canne. Joshua le joueur de clairon élève des canards de Moscovie, d'autres des poules.

Mais plus encore que par son dévouement, c'est par son amour et son respect, qui lui inspirent la parole, le sourire ou le geste qui touchent, que John se fait aimer des lépreux. Veronica Karugu a le visage atrocement défiguré et en souffre à un tel point que personne, jamais, ne l'a vu sourire. Un jour John lui dit devant tous : « Quand vous arriverez au Ciel, Veronica, ô que vous serez belle ! », sur un ton si naturel et convaincu que tous la voient telle qu'elle sera alors. Et Veronica de sourire, pour la première fois ! Il dit de même à Stephano Kanyama : « Vous serez beau comme un jeune homme ! Vous n'avez qu'un petit moment à attendre ! » À travers ces mots simples, les lépreux découvrent que leur personne et leur vie ont un sens : ils comptent aux yeux de ce Blanc qui est venu vivre avec eux et pour eux, et ils comptent pour Dieu. John leur dit : « Les autres gens sur terre ne savent pas quel est le sens de leur vie. Le vôtre c'est la patience, et la souffrance aussi ; à la lumière du Christ, c'est la vocation numéro 1 » (J. Dove). Et en retour, lui découvre que ce « clan extatique [est] un profond mystère », qu'ils sont des signes et des dons de Dieu, des images et une présence du Christ et de sa mission, des modèles de joie dans l'« abîme sans fond de la douleur », et de profonds philosophes qui « cogitent des heures durant sur ce qui dépasse la pensée ».

Cette réciprocité dans la relation est essentielle à saisir pour comprendre ce qui se vit alors à Mtemwa : John aurait pu ne pas venir, ne pas se mettre à leur service, ne pas les aimer, mais les résidents du centre aussi auraient pu ne pas l'accueillir, ne pas le comprendre, ne pas l'aimer en retour. Et si ces années révèlent la grandeur et la beauté de John, elles révèlent non moins celles de ses amis lépreux.

La richesse de sa relation avec chacun des lépreux de Mtemwa est foisonnante. Les témoignages et les poèmes concordent : il est pour chacun en particulier comme pour tous à la fois un père (très vite ils l'appellent *Baba* John), un frère, un ami, un confident, un consolateur, un maître, un serviteur.

Il a le bonheur de se voir compris et suivi par Luisa Guidotti dans cette relation avec les lépreux de Mtemwa. Comme lui, elle a fait la découverte bouleversante que ceux-ci ne méritent pas seulement des soins et de la compassion, mais aussi de l'amitié, et même une amitié profonde. Elle écrira dans une lettre :

> Au début, ils semblent répugnants avec leurs plaies, leurs moignons et leurs visages déformés. Et puis, entrant dans la lumière de Dieu, ils sont devenus susceptibles d'une amitié véritable. Devenus aimables, tu peux admirer leur patiente résignation. Je ne les aime pas seulement, comme on pourrait dire pour… l'amour de Dieu, mais parce qu'ils sont mes amis. J'espère que vous comprendrez ce que je veux dire[1].

Cet amour décuple sa volonté de les aider, à preuve ce que John écrira sur elle et ses consœurs en 1975 :

> Leur efficacité prodigieuse n'avait pour égales que leur chaleureuse humanité et leur abondante bonne humeur. Très rapidement, les lépreux les ont aimées, ont eu confiance en elles et se sentaient tout à fait à l'aise en leur présence. Elles venaient à

1. Cité par J. Dove, *Luisa* (1989), p. 47.

> Mtemwa et y travaillaient comme des bêtes de somme deux fois par semaine, faisant des pansements, des diagnostics et donnant des médicaments[1].

Mais s'il fait confiance à ses amis lépreux et s'il les défend, John n'a pas de sentimentalité déplacée envers eux, quand il les voit faire ce qui est inacceptable. Il les réprimande vertement quand ils se saoulent ou coupent les branches des arbres, quitte à les excuser devant autrui. Il lutte contre l'alcoolisme, la promiscuité, les chicanes, le peu de ferveur religieuse. Il est parfois déçu mais jamais découragé[2]. Il est surtout désolé et souffre avec eux de ce qui les handicape, les humilie, voire les fait pourrir vivants. Il est convaincu qu'ils contribuent de façon particulière au salut du monde et répète à ses amis : « Si vous voulez prendre d'assaut le Ciel, demandez aux lépreux de prier : leurs prières y vont tout droit. »

Certains sont ses préférés. Ainsi Peter Katsandanga que nous avons déjà rencontré, aveugle, sourd, sans nez, sans doigts ni aux mains ni aux pieds, presque un squelette ambulant – sauf lorsqu'il sourit et alors son visage est transformé, serein, béat :

> Son regard paisible a réservé les Champs Célestes
> Mais ses traits en ont payé les horribles factures,
> Quasiment pas de nez, d'yeux, sourd aux trilles
> De Chanteclerc, mais enjoué comme son rire[3].

John le baigne et Peter, qui est chatouilleux, fait des bulles dans son bain, heureux. Un jour le lépreux, sorti on ne sait comment du centre, s'égare, et tout Mtemwa part à sa recherche. On le retrouvera car, « son amour surpassant sa peur », il lance de temps à autre de petits cris.

Mai (Mère) Hanzu est petite, frêle, déjà octogénaire, et « comme un don du cœur de Dieu ». Toujours souriante, elle semble être sans âge, mais acquiesce à tout « ainsi qu'un gnome orienté vers Dieu ». Pour John, c'est une sainte, et il rêvera que brille dans la clarté des rayons de soleil spirituels « cette plus étrange des saints, cette Hanzu bénie ».

---

1. Memorandum sur Mtemwa (1975).
2. On ne trouve qu'un seul poème vraiment irrité contre les lépreux de Mtemwa (*To the Lepers – on an off night*, 1976) sur près de 4 000 écrits à Mtemwa !
3. *A Triple Ballade Royal of a Singular Habitation*, 1978.

Mai Coleta Mapfuta deviendra la sacristine et assistera John pour diriger la chorale. Cette jeune veuve est impressionnante de dignité :

> Cette dame est par nature comme une reine
> Et aucune infirmité ne peut gâcher son assurance
> Elle est la dignité au milieu de notre scène,
> Pleine d'intégrité, vide de bruit. [...]
> À travers elle, je sais maintenant ce que vraiment
> [signifie la beauté :
> Elle porte Marie, revêt la Reine des Reines[1].

Mai Francesca est pour John une autre sainte. Elle se tient sous la Croix, toujours d'humeur égale. Et même si l'occupante de la case voisine change de partenaire deux fois par mois, *Mai* Francesca ne se met pas en colère, elle est trop pure pour cela.

Mai Veronica Karugu, encore une sainte pour John, depuis qu'elle sourit. Cette « ballerine sans orteils » accourt dès qu'un résident du centre est en détresse. Elle est de toutes les agonies, trouvant les mots qui apaisent et John la compare au voile de Véronique. Entre lui et cette femme fine s'est établie une complicité dans l'humour quand « elle fait quelque jeu de mots bien connu de nous deux ».

Quant à Elizabeth et Matthieu, ils sont ses Baucis et Philémon. Lui est aveugle mais, fait remarquer John, l'amour ne l'est pas, et les deux lépreux en filent un parfait.

À la mi-1973, malgré les difficultés avec le comité et les troupeaux des voisins du centre, John va achever dans la paix du cœur sa quatrième année depuis sa découverte de Mtemwa. Il possède ce qu'il a cherché toute sa vie et qui semblait inatteignable : la solitude et une communauté, du temps pour soupirer après Dieu, du temps pour faire sa cour à la Vierge Marie, du temps pour s'émerveiller de ce qui l'entoure, du temps pour le prochain le plus souffrant et nécessiteux, et en plus du temps pour mettre tout cela en vers. Il est à la fois Marthe et Marie, pour un peuple aussi insignifiant aux yeux du monde que lui. Il peut redire de Mtemwa ce qu'il écrivait le mois de son arrivée : « Merveilleux comme le Paradis. »

1. *Coleta*, 1973.

Annexe 1
Le pays budga

La région est grande comme un département français avec, à l'ouest, un plateau aux nombreux *kopjes*, et possède un climat assez arrosé à la saison des pluies – *msasas* et arbres à *mfuti* (appelés aussi Plumes du Prince de Galles) dominent et, à l'est, vers le Mozambique, un relief plus accidentée au climat sec où règnent le *mopane* aux feuilles-papillons, le baobab et les épineux. Mtemwa est à la limite des deux zones. Le lion régnait sur la région mais il a depuis longtemps disparu. Des babouins peuplent les *kopjes* et descendent ravager les cultures, et quelques léopards s'attaquent aux troupeaux. L'aigle bateleur règne dans le ciel. La mouche tsé-tsé est omniprésente à l'est, et les moustiques dans toute la zone, causant un paludisme endémique.

La présence humaine est très ancienne : la grotte de Ruchera, au nord de Mtemwa, offre des fresques de bergers bochimans. Les Budgas (appelés aussi Budyas, Budjas, Budjgas) y sont arrivés du Mozambique il y a plus d'un millénaire avec la grande migration bantoue. Leur langue est le korekore, un dialecte shona. Ils partagent avec les autres groupes shonas la famille patrilinéaire, l'élevage sédentarisé, des chefferies faibles et un culte de la pluie.

Dominée par les empereurs du Monomopata au XVe siècle, la région s'est émancipée après leur déclin. Dès 1552, João de Barros l'explore et note que les terres sont bonnes et la température clémente. Les Portugais essaient en vain de s'en emparer. Parmi les principautés, celle de Nuhoreka, un ancêtre de Mtoko (qui donnera son nom à la région), l'emporte. En 1891 Bent, un voyageur anglais, signale que, selon la tradition, les hommes de la tribu deviennent des lions à leur mort, et volent au secours de leurs descendants en cas de grand danger.

Les premiers contacts avec les hommes de Rhodes sont amicaux et, en 1896, la région ne se joint pas à la révolte shona. La tradition orale dit même qu'un des fils du chef Mtoko est tué en aidant les Européens, « mort pour la Reine Victoria qui est loin au-delà des mers, même s'il ne l'avait jamais vue, et qu'il aime ». Les Budgas sont autorisés à conserver leurs armes après l'écrasement de la révolte, et les fermiers européens ne s'installeront que dans les zones inhabitées, exposées à la trypanosomiase.

La division est nette entre « réserves indigènes » à l'est, terres européennes à l'ouest et fermiers africains commerciaux, venus souvent d'ailleurs, au sud. Le contact entre les trois se fait à hauteur de Mtoko et inclut Mtemwa, source potentielle de conflits – suite aux déplacements forcés des Africains dans les réserves, le site du centre des lépreux ne se trouve pas dans la zone africaine, mais la distinction est artificielle et n'a jamais été acceptée par les *kraals* voisins.

Hors du village de Mtoko, érigé en 1911 en centre administratif, le missionnaire et l'administrateur ne sont guère que les seuls Européens connus dans les villages. Les Budgas ont été moins déstructurés que le reste de la colonie, la région ne présentant guère d'intérêt, et ils ont une solide réputation de conservatisme, « ou, du point de vue du gouvernement, de leur arriération. Les gens de Mrewa et de Mtoko sont renommés de façon plutôt moqueuse pour leur attachement désordonné à leur région natale. Nombreux sont ceux parmi eux qui ont dépensé des fortunes pour y revenir quasiment chaque fin de semaine de leur lieu de travail » (S. Nyamfukudza). Mais ils ressentent durement, comme les autres Africains des « réserves indigènes », leur statut d'infériorité. Sr Mary Aquina, une dominicaine, enquête à travers le pays de 1962 à 1969 et recueille les doléances : surveillance constante, ingérences dans leur vie quotidienne et enrégimentement causent amertume et ressentiment. Elle prévient de façon prémonitoire qu'à moins de drastiques réformes, la Rhodésie du Sud connaîtra une révolte paysanne. Le district de Mtoko semble pourtant encore un des moins touchés par le nationalisme africain. Quelques années plus tôt, son commissaire affirmait à l'anthropologue Murphree que celui-ci ne pourrait guère y faire de progrès, sauf à gagner le soutien des chefs religieux locaux. C'est ce qu'a fait en 1962, lors de la première vague nationaliste, un leader de la ZAPU, mais l'administration n'a pas tardé à faire proférer par les *ngangas* des chefferies des oracles hostiles aux « jeunes politiciens » qui « causent du trouble dans le pays ». Cependant, dès le milieu des années 1960, des activistes gagnés aux idées nationalistes s'agitent, et ils commencent à brûler des cases ou des récoltes de chrétiens, les accusant d'« avoir trahi le peuple shona en prenant la religion du *murungu* ».

La centaine de fermiers européens du district cultivent surtout du tabac, soutenus par le gouvernement. Depuis 1966 leur association est suffisamment riche pour publier un mensuel. Mais les sanctions économiques contre la Rhodésie commencent à peser, et les circuits de vente sont plus compliqués, diminuant les recettes. Il y a aussi sur la zone des activités minières pour l'extraction de minerais rares ; la mine de Jordywyitt exploite du béryl, Mangwendi de la tantalite, la cassitérite, la grayite ou la goshenite.

On compte en 1969 moins de 500 Européens (dont 67 à Mtoko) dans le district, pour 125 000 Africains, dont 105 000 dans les « réserves indigènes ». La pression démographique est de plus en plus forte et la surpopulation rurale atteint un point de rupture (plus de 100 habitants au km^2 cultivable, cinq fois le chiffre considéré comme acceptable) ; les sols se dégradent rapidement, alors même que les troupeaux ont tendance à s'agrandir, avec des bêtes faméliques.

Le christianisme ne touche guère plus de 10 % de la population, et la religion traditionnelle conserve tout son pouvoir, y compris sur nombre de chrétiens qui bricolent croyances et pratiques[1]. On compte trois groupes de chrétiens. Les méthodistes sont les plus anciens et les plus nombreux, introduits à Mtoko par un pasteur anglo-normand, Wilfred Bourgaize, qui y a vécu 34 ans. Dans la seconde moitié des années 1960, ils ont 29 écoles de mission où sont scolarisés près de 7 000 élèves, et 4 000 membres adultes. Les *vapostori* (transcription en shona de l'anglais *apostle*) sont un peu moins nombreux. Le mouvement a été fondé en 1932 par Muchabaya Ngamberume, un méthodiste africain en rupture de ban avec les Européens. Ils n'ont pas de lieux de culte et célèbrent sur les rochers ou sous les arbres, facilement remarquables à leurs vêtements blancs. Très refermés sur eux-mêmes, ils pratiquent une lecture littérale de la Bible, la polygamie et le retour au shabbat, et suivent les « révélations » de leur fondateur. Les catholiques sont les moins nombreux. Ce n'est qu'en 1929 que les premiers missionnaires ont fondé la mission d'All Souls (nom bien choisi pour l'évangélisation d'un peuple si attaché à ses défunts). Les débuts sont difficiles car les méthodistes occupent tous les sites densément peuplés et la législation interdit toute ouverture d'école à moins de cinq kilomètres d'une existante. Peu à peu, des postes de mission sont fondés. On en compte onze à partir de 1964, avec 2 990 élèves, mais moins de 2 000 fidèles sur la zone. La pratique dominicale est d'environ 850 fidèles, surtout des enfants. Le baptême apparaît lié à l'école, et bien des élèves retournent ensuite à la religion traditionnelle, surtout quand ils veulent prendre une seconde épouse.

Annexe 2
La lèpre et le centre de Mtemwa

En 1969, on compte douze millions de lépreux dans le monde, dont près de la moitié en Afrique (alors 8 % de la population mondiale). La Rhodésie, malgré un des taux les plus bas du continent, en dénombre entre

1. C'est dans le pays budga que le géographe Erich Isaac a conçu sa théorie des deux formes de religion, celles qui ne changent en rien le paysage, comme les Shonas de Mtoko, et celles qui le transforment, comme le christianisme.

4000 et 10000 selon les estimations (contre 600000 au Nigeria) dont près de la moitié dans le Nord-Est. La pathologie de cette maladie est bien connue. Son agent infectieux, le bacille de Hansen, est une bactérie proche de celle de la tuberculose. Il commence par attaquer la peau (apparition de tâches, dépigmentation), puis paralyse les membres et les nerfs. Sous sa forme la plus sévère dite lépromateuse, la seule qui peut être contagieuse et qui s'attaque surtout aux hommes, la lèpre détruit les extrémités des membres, voire ceux-ci tout entiers. Elle tue, mais à petit feu : de 6 mois à 20 ans d'incubation, puis des atteintes progressives. La contagion est l'exception plus que la règle – seulement 5 % des conjoints sont contaminés, révèle en 1968 le Dr Browne lors d'une conférence en Rhodésie. Mais les conséquences sociales de la maladie sont des plus graves : depuis l'Antiquité le lépreux est un exclu, dans la Bible comme ailleurs. Il est même le symbole de la stigmatisation sociale, souvent redoublée de culpabilisation, voire de diabolisation. Les tabous sont aussi forts chez les Shonas qu'ailleurs, et la maladie y est souvent cachée – on croit qu'elle est envoyée par un esprit, ou par un lépreux décédé qui n'aurait pas reçu les soins nécessaires –, et on demande généralement à un étranger de s'en occuper pour éviter toute vengeance. Certains villages sont plus tolérants : le lépreux y reçoit une case à l'écart, sa famille le nourrit.

La médecine n'a pas trouvé de vaccin et c'est au niveau thérapeutique que la lutte est menée. En 1941, on découvre que les sulfones, des antibiotiques, bloquent l'évolution de la maladie. À partir de 1950 la Dapsone est utilisée à une large échelle et, dès 1953, des villages thérapeutiques sont fondés. Malgré ces progrès, les stigmates sociaux demeurent, et Raoul Follereau dénonce en 1964 la « peur absurde parfois criminelle de cette maladie et de ceux qui en sont atteints ». La lutte en Afrique compte parmi ses apôtres le Dr Schweitzer, le Dr Browne et Follereau, qui lance en 1954 la Journée de la lèpre.

Comme sur tout le continent, la pratique coloniale en Rhodésie a longtemps été celle des léproseries. La mission réformée de Morgenster près de Fort Victoria en ouvre une dès 1892. En 1911, l'hôpital méthodiste de Nyadiri, près de Mtoko en fonde une avec une cinquantaine de patients. En 1927, les missionnaires de Morgenster construisent celle de Ngomahuru et, dix ans plus tard, l'administration ouvre Mtemwa, pour le nord et l'est de la colonie. Cette léproserie compte, avec les familles, 600 patients en 1940, 1800 vingt ans plus tard, soignés avec dévouement par les docteurs Morley et Leggatt. Les lépreux sont astreints à des travaux quotidiens, chichement payés mais qui procurent un peu d'argent de poche, pour acheter de la bière ou les faveurs d'une femme. Des écoles et une salle de cinéma sont construites. En 1958 un ethnologue vient enregistrer les chants de résidents et de leurs enfants, et s'étonne de la beauté avec laquelle ils chantent ce qu'ils vivent et ressentent.

L'arrivée à Mtemwa est souvent le premier contact avec le christianisme pour les lépreux, car la vie religieuse y est intense. Les conversions d'adultes sont fréquentes et les célébrations et rencontres sont souvent les seules activités sociales organisées. Les patients eux-mêmes évangélisent et catéchisent dans les léproseries de la colonie.

Au milieu des années 1950 la politique d'enfermement est remplacée par celle de renvoi dans les familles des lépreux blanchis (maladie stoppée). La fermeture de Mtemwa est décidée en 1956 et les patients progressivement transférés à Ngomahuru jusqu'en 1962. La léproserie est reconvertie en centre pour malades blanchis handicapés qui ne savent où aller. On y compte alors 200 résidents. En 1964 le Dr Paul Ellis est affecté à sa supervision. Le centre tombe en décrépitude : cases à l'abandon, toits de chaume ruinés, lépreux affamés, sales, négligés, forte mortalité – moins de cent survivants en 1969. Un ancien policier, Chaka, a été recruté comme directeur du centre, avec quelques assistants. Il vole les maigres rations des résidents, ne les soigne pas, et vend les dons reçus en toute impunité.

En 1965, la femme du juge de Mtoko découvre cette situation et s'en alarme. La même année, un jeune policier se rend à Mtemwa pour élucider le décès d'un lépreux. Horrifié par ce qu'il voit, il fait un rapport classé sans suite mais en parle aussi au recteur anglican de Marandellas, Mark Wood, qui vient assurer un service périodique dans les bureaux du district, et il l'emmène à Mtemwa. Le révérend Wood consacre un article de son *Marandellas Church Magazine* à cette situation et lance un appel à dons pour offrir des cadeaux de Noël. L'année suivante, Philip Dighton, un fermier blanc retraité installé à Ruwa, au sud d'Umtali, tombe par hasard sur l'article. Cet homme généreux en est bouleversé. Il part à Marandellas frapper à la porte du révérend Wood pour lui offrir un don et s'enquérir de la situation des lépreux. Le *vicar* lui suggère d'aller voir par lui-même. Philip Dighton, scandalisé par ce qu'il découvre, mobilise des bonnes volontés, dont le P. Michael Geoghegan, vicaire général de l'archidiocèse, qui en parle au supérieur des jésuites, le P. Ennis. Avec Philip Dighton, ce dernier se rend aux ministères de la Santé et du Travail et Affaires sociales. Un accord est trouvé : l'archidiocèse et les jésuites se voient confier la réhabilitation du centre et la responsabilité de sa bonne marche, le ministère donnera une contribution annuelle de 48 $ rhodésiens (environ 40 €) par malade et par an. Un comité voit le jour, avec Philip Dighton comme président et le P. Ennis comme vice-président. Le Beit Trust (fondé en 1906 par Alfred Beit, un magnat des mines d'Afrique du Sud proche de Cecil Rhodes) est contacté et accorde une aide de 4 000 $ rhodésiens par an.

Le comité se réunit au Turf Club. Un jour, Shirley James, épouse d'un chirurgien renommé et passionné de chevaux, y entend par hasard Dighton parler de Mtemwa. Elle l'interroge, puis l'accompagne avec sa fille à Mtemwa. Sur place, les deux femmes trouvent que c'est encore pire que ce qu'elles avaient imaginé. Elles rentrent à Salisbury profondément choquées et décidées à aider. Peu après, le cheval du Dr James, *Thames Bridge*, remporte la course du Carlton Club Stakes. Le chirurgien offre les 500 $ rhodésiens gagnés sur le champ de course pour Mtemwa, avec lequels on achète des matelas neufs pour les lépreux. Shirley James devient la secrétaire du comité qui, le 19 août 1968, prend le nom d'Amis de Mtemwa. Les statuts se distancient de l'idéologie du régime UDI : « Assurer sans distinction de race, de couleur ou de croyance…, la promotion du bien-être en toutes ses dimensions des personnes gravement handicapées résidant au centre des lépreux de Mtemwa. » C'est la première association caritative privée de ce genre en Rhodésie. Dighton et ses amis organisent des braderies, des conférences, des concerts, et demandent aux entreprises de la capitale de s'engager. Le président des mines de Wankie, Sr Keith Courtney Accutt, fait un don de 800 $ rhodésiens grâce auquel un petit centre de santé est construit, un donateur anonyme promet 100 pull-overs et couvertures chaque année, les Lyons Clubs de Mtoko et de Fort-Victoria offrent une contribution. Le P. Ennis contacte à Londres la St Francis Leprosy Guild qui fait une importante donation. L'équipe des consacrées italiennes qui viennent d'arriver à All Souls offre son aide. Fort de ces soutiens, le comité décide d'agir et, à l'automne 1968, Chaka est limogé, et un nouveau directeur est recherché, au moment même où John rentre en Rhodésie.

Annexe 3
Luisa Guidotti

Née à Parme en 1932, fille d'un ingénieur et d'une baronne, Luisa veut être missionnaire depuis son enfance. Elle fait des études de médecine lorsqu'elle découvre, en 1957, l'Association féminine médicale missionnaire (AFMM), fondée trois ans plus tôt par le Dr Adele Pignatelli, jeune médecin romain, « pour servir l'homme, et plus spécialement le malade et le pauvre ». Luisa achève sa formation médicale puis se présente à Adèle Pignatelli pour servir deux ans. Celle-ci lui recommande d'acquérir d'abord une spécialité : ce sera la radiologie, puis une formation en médecine tropicale et des études de missiologie. Elle les achève au moment où l'AFMM vient de donner son accord au cardinal Montini pour la prise en charge de l'hôpital de Chirundu. Luisa doit poursuivre quelques études et surtout, s'habituer à la vie communautaire, ce qui ne va pas sans mal. Adele

Pignatelli a beaucoup d'affection pour elle, mais décide de repousser sa profession religieuse. Ce n'est que le 9 août 1966 que Luisa s'envole pour Salisbury et Chirundu. Mais cet hôpital doit bientôt être abandonné : la frontière avec la Zambie a été fermée et le nombre de patients chutent. Elle travaille alors à Salisbury. En décembre 1967, l'AFMM prend en charge l'hôpital d'All Souls. Luisa Guidotti, qui n'a toujours pas fait profession religieuse, complète sa pratique en médecine tropicale à l'hôpital de Regina Coeli et rejoint All Souls en décembre 1969. Les débuts sont difficiles : elle a l'habitude de se faire servir et la mission ne peut lui offrir ce luxe, elle se fâche facilement et veut une voiture. Elle se pliera peu à peu à la discipline de la mission, et son efficacité est vite évidente. Elle commence par acheter des matelas, des couvertures, du matériel. Des cases en dur suivront, puis une école d'infirmières et un orphelinat. Adoptée par les Africains, elle est surnommée affectueusement *Ambuya* (« grand-mère ») ou *Chiremba* (« Docteur des plantes qui guérissent »).

Annexe 4
Un amour passionné envers la Vierge Marie et son Fils

John l'affirme souvent : son amour pour Marie, dont il ne doute pas qu'il soit réciproque, a changé sa vie. Elle est l'inspiratrice de ses vers, comme il l'affirme dès 1956 dans *Ut Unum Sint* :

> … Notre bienheureuse Dame a parlé, et ma vie fut nouvelle
> Elle dit : « Mon enfant, donne-moi la main, je guiderai ta plume,
> Et nous écrirons sur l'amour que Dieu a pour les hommes. »

L'amour rend créatif. Celui de John envers Marie se manifeste par la variété des noms qu'il lui donne, ceux de la tradition mais aussi, entre autres, Reine des Fées, des oiseaux, des gnomes, des cœurs, de Sion, du sourire, Belle Dame d'un jour de mi-été, Vierge de délices, des fontaines, du choix, de l'Amour. Il joue à l'infini sur son nom. Sa mariologie retrouve et renouvelle parfois avec bonheur la pensée patristique ou médiévale, ainsi sur Marie terre inviolée (avec un triple jeu de mot biblique, héraldique et musical). On peut glaner au fil des poèmes quelques appellations moins conventionnelles telles que : laitière de mes rêves, riche Juive qui est ma femme, ma fiancée derrière le bar, *barmaid* (Vierge à la barre, mais aussi serveuse) ; et quelques évocations hardies de jambes et pieds nus dans le sable, de danse, de chevelure, de genoux sur lequel il saute, d'embrassade, de téter son lait à chaque grain du chapelet, de lit où ils font ensemble des rimes. N'outrepasse-t-il pas alors dans son élan poétique une pieuse réserve dans la familiarité ? Le fait que le P. Dove pense que son ami a détruit peu avant sa mort des poèmes à Marie peut indiquer une tardive prise de conscience en ce sens. John est certainement imprudent, mais ces vers ne sont-ils pas plutôt à mettre en lien avec le sens qu'il attribue lui-même à l'épisode romain de 1968 : il a reconquis l'innocence d'une passion à la fois virginisée et pleine d'humour tendre, mystique et médiévale à sa façon, même si ce type de relation est considéré comme impossible par le paradigme pansexuel contemporain. Ainsi ses vers sur le « chapelait » (le jeu de mots en français est de lui) ou « téter le sein de Marie » à chaque grain rejoignent ce qui est écrit par exemple sur St Bernard – la Vierge « mit sa sainte mamelle dans sa bouche et lui enseigna la divine science » et de cet acte le saint engendra sept cents moines, « enfants de Marie » – et ses hardiesses celles de Denys le Chartreux, le « Docteur extatique » de l'Église médiévale, qui applique à l'union spirituelle avec Marie toutes les caractéristiques de l'union charnelle, *mutatis mutandis*. Quant à l'étreinte chaste et embrasée (dont naissent les vers de John sur l'amour que Dieu a pour les hommes), nous la retrouvons chez Denys (les enfants sont les bonnes œuvres) mais aussi, plus récemment, chez Ste Thérèse de Lisieux, docteur de l'Église, vis-à-vis de Jésus, pour les âmes[1]. John précise d'ailleurs lui-même comment sa poésie mariale doit être lue :

> Mon assaut n'est que celui d'un troubadour,
> Mon action est en paroles, parce que
> Il n'est pas de meilleure façon
> Depuis que le Christ notre Seigneur s'est incarné
> De sublimer la passion[2].

Il faut prendre John et le lire pour ce qu'il est, un Fol-en-Marie autant qu'un Fol-en-Christ, un cœur de grand enfant volontiers provocateur, « dérangeant à la fois pour les dévots et pour les savants psychanalystes » (Christopher Robson). Quant aux poèmes détruits (si c'est bien le cas, car le P. Dove était alors absent de Rhodésie), ils peuvent aussi l'avoir été par prudence, John étant convaincu que sa poésie serait lue un jour, mais pas

---

1. « Je suis vierge, ô Jésus !
Cependant quel mystère
En m'unissant à toi, des âmes je suis mère. »

2. *Freedom in Wedlock*, 1972. Ce qui est écrit ici à propos de la Vierge Marie peut l'être à propos du Christ. John veut en être l'idiot, le fou, le bateleur, le jongleur, le troubadour, le baudet, etc., développant une christologie non moins riche que sa mariologie.

forcément par des lecteurs ayant parcouru une voie spirituelle si particulière et originale.

Annexe 5
L'amour de la nature

L'attention à la nature est un des traits permanents de la personnalité de John. Les poèmes de ce peintre en mots de la nature sauvage ont de quoi remplir plus d'un volume, du Cumberland natal au Chigona. Ils révèlent un observateur attentif, curieux, inventif, passant souvent du jeu de mots à l'observation fine. De plus, comme chez Verlaine, les paysages sont pour lui des états d'âme qui en disent autant sur celui qui contemple que sur la nature contemplée. Sa vision de la nature est aussi, comme chez tous les poètes, le fruit d'une culture : son regard a été éduqué par les peintres qu'il aime, surtout Claude Le Lorrain et Constable, qui allient au sentiment religieux celui de la nature comme lieu d'horizons vastes et ouverts.

C'est dans sa relation à l'arbre et à la montagne que John se montre le plus original. Il a passé une partie de son enfance et de sa jeunesse dans les arbres, bien plus que le font des enfants de la campagne. Cette passion pour les hauteurs continue durant ses années de guerre et si elle semble s'estomper ensuite, il n'hésite pas, à près de cinquante ans, à monter dans un *majanje* pour observer une aire d'aigles. Loin de s'éteindre, elle se poursuit à Mtemwa sous la forme d'ascension quasi quotidienne au Chigona, ce *kopje* pour lui au nom prédestiné qui signifie : « peut faire » ou bien : « Vous êtes capables de m'escalader avec un minimum d'effort. » Cette ascension et les rondes de prière sur la « Piste du chapelet » sont partie intégrante de sa Règle de vie, au même titre que l'office. Le Chigona est tellement intégré à sa relation avec Dieu qu'il le personnifie. Les qualificatifs pour décrire « le mont que je revendique comme spécifiquement mien » jaillissent sous sa plume : chéri, dominant, ravi, joyeux, paresseux, lyrique, fort, chaleureux, montagne à arc-en-ciel, montagne à chèvres agiles, couché comme un lion, lit rosé, éléphant somnolant, noble et long navire paré de frais lichens, Mur des Lamentations ou Mur occidental, Prêtre, Voie pour la Reine des Fées… Faut-il voir dans cet amour des hauteurs une autre caractéristique anglaise et est-ce un hasard si ses compatriotes ont été parmi les premiers sur le Mont-Blanc et les premiers sur l'Everest ?

La dimension cosmique de la nature est non moins présente dans sa poésie. La nuit étoilée l'inspire et lui fait retrouver ce que les pèlerins médiévaux de Saint-Jacques disaient de la Voie lactée. Quant à son amour du monde animal et la relation privilégiée qu'il entretient avec lui, ils sont des traits importants de sa personnalité, depuis l'enfant de Skirwith qui recueillait des oiseaux blessés et promenait une souris dans sa casquette jusqu'à l'ami des abeilles et des animaux sauvages de Mtemwa. Seuls les serpents, les moustiques et le bétail vagabond ne trouvent pas grâce à ses yeux, parce que dans leur cas l'amour des lépreux passe avant. Sa poésie animale est une dimension importante de son œuvre, à l'image de sa vie. Un premier recueil, *Birds, Bees and Beasts* (2007), permet d'en découvrir la richesse et la variété, du moustique au pangolin, des babouins à la loutre, ses favoris étant les abeilles et les oiseaux. Comme l'écrit David Crystal qui a préparé et édité cet ouvrage, « l'histoire d'amour de John Bradburne avec le royaume animal fut intense et dura toute sa vie ». Cette poésie est résolument symbolique et spirituelle. Ainsi l'aigle est à la fois celui qu'il observe, celui des Psaumes et de l'Évangéliste, le messager du divin chez les Shonas, les abeilles sont celles de sa chambre, celles de l'*Exultet* pascal et un fort symbole marial. Comme pour les paysages, John est attentif aux couleurs, aux sons et aux comportements animaux, que ce soit ceux du moustique, du babouin, de l'abeille ou de l'aigle – il y a d'ailleurs des convergences entre son œuvre et la poésie shona. L'observation réaliste et la vision symbolique se nouent et il n'est pas exagéré de parler d'amitié avec le règne animal dit sauvage – par exemple avec les abeilles : « Il semble bien qu'une joie réciproque/Est partagée entre ces abeilles et ce garçon stupide. » Cette amitié s'inscrit dans une longue tradition chrétienne, depuis les Pères du Désert, St Colomban, St Brendan, St François ou St Seraphim de Sarov.

Pour en préciser un domaine, sans doute le plus original, celui de la relation avec les abeilles, elle nous vaut une œuvre d'une richesse exceptionnelle : il leur consacre des centaines de vers – plus encore que Virgile (qu'il connaît et admire). Seul un entomologiste pourrait faire le tri entre ce qui relève de la fantaisie (par ex. le sourire des abeilles) et ce qui est observation fine, nettoyage matinal de la ruche, bourdonnement de nuit ou bataille contre les fourmis. Cette somme poétique est aussi une Somme théologique, et s'inscrit dans une longue tradition chrétienne, surtout monastique (parallélisme du cloître et de la ruche) et franciscaine : St François faisait mettre du vin et du miel dehors pour les abeilles, John est attentif à ce qu'elles ne manquent pas d'eau ; le premier voit une ruche se former dans sa cellule, dans un bol, et John de même, dans une caisse ; et il est attentif à ne pas être le « frelon paresseux et stérile » que condamne son maître. Les abeilles donnent à John des leçons de vie spirituelle : elles réalisent ce qu'il a cherché toute sa vie et trouvé à Mtemwa : une harmonie entre vie communautaire et solitude. Elles lui parlent de Dieu, du Christ et de la Vierge Marie. Dans ses vers, il tricote théologie, mariologie, ecclésiologie et anthropologie théologique :

Une ruche est comme un être parfait,
Une colonie d'abeilles est comme Dieu,
Leur chant est composé et leur apparence frivole
Sert la Reine dont la volonté est leur baguette magique.
Pour chaque ruche, sa Reine est cœur et intelligence,
Qui donne l'impulsion et dirige le tout,
Et de là de plus en plus d'analogie je trouve
Conduisant les abeilles de la terre à l'âme céleste ;
Une ruche est divine en son unité
Une ruche est comme le royaume d'une Reine
Qui règne avec le Christ au sein de la Trinité
Gardant tout membre de bonne volonté dans la joie et la ferveur
Une ruche est une merveille totale
Qui aime le soleil, il n'est pas en dessous de plus grande merveille[1].

Aujourd'hui où la menace de disparition des abeilles est un défi pour la survie de l'humanité, la poésie de John montre la voie d'une écologie chrétienne et de la seule révolution de l'environnement qui vaille, celle de l'Amour.

1. *Ut quis Deus*, 1971.

9
Guerre et tempêtes sur Mtemwa
1973-1979

Mais pourquoi gâcheraient-ils une balle sur un clown ?
Lettre à Stephen King, 14 mars 1978

Soudain, tout se gâte. Une nouvelle pomme de discorde avec le comité est apparue. Le Dr Molesworth, installé au Malawi, prône la fermeture des léproseries et forme des Africains pour des tournées-lèpre, et ses idées ont séduit William Ellis. Il veut les appliquer en Rhodésie, suite à un financement promis par LEPRA, une grande association britannique contre la lèpre. Il y voit une alternative à Mtemwa qu'il désire faire fermer, mais John sait que les résidents du centre n'ont nulle part de chez-soi où aller. Ellis a de plus trouvé un allié contre lui en la personne de son homonyme Paul Ellis, l'ancien responsable médical de Mtemwa, qui ne voit pas d'un bon œil ce qui se dit sur le centre par comparaison à ce qu'il était quand il en avait la charge, et qui continue à travailler sur la lèpre au ministère de la Santé. Selon lui John n'a reçu aucune formation, ne connaît rien, et prétend en remontrer aux professionnels : c'est un homme dangereux. Le Dr Ellis fait sans doute allusion à ses propres passages à Mtemwa pour recueillir des échantillons destinés à servir à des publications savantes. John, qui a assisté à ces visites, a trouvé que les façons brutales d'agir du médecin ne respectaient pas la dignité des lépreux et il a protesté – il n'est pourtant pas hostile *a priori* à toute vision médicale et recherche sur la lèpre et il apprécie le travail scientifique, épidémiologique et thérapeutique de Luisa Guidotti. Le Pr. Gelfand, le grand nom de la médecine rhodésienne[1], défend d'ailleurs son action à Mtemwa, et ira jusqu'à déclarer que John pourrait être proposé pour le prix Nobel de la Paix, comme le Dr Schweitzer à Lambaréné.

Pour William Ellis et le comité, c'est surtout la façon dont le centre est administré ou plutôt ne l'est pas qui est inacceptable. John écrira : « Ils disaient que j'étais négligent avec les rations et que je ne tenais pas les comptes. » Il reconnaît sans difficulté ce dernier point, mais ne se sent pas coupable : il n'est ni voleur ni négligent sur les rations, et cela seul compte. Quand l'un ou l'autre membre du comité fait des remarques sur ce sujet, il les traite à la légère : ce sont les besoins réels des lépreux qui importent, pas des chiffres élaborés on ne sait où. Et depuis qu'Ellis a prétendu que les rations sont trop riches et qu'il faut les diminuer, il ne décolère pas : au contraire, elles sont très insuffisantes, deux fois par jour un peu de *sadza*, quelques poignées de haricots, une tasse de thé avec un peu de sucre et de lait et, au mieux, deux oranges et un peu de viande par mois. Lui, l'ascète à l'appétit d'oiseau, voudrait que les lépreux puissent manger à leur faim.

Mais Ellis entend faire respecter ses décisions et décide même d'aller plus loin : John devra mettre une plaque avec un numéro d'identification au cou de chaque lépreux, pour être sûr qu'il n'y a pas de resquilleur et pour simplifier leur reconnaissance (l'ancien gardien de prison montre le bout du nez). Cette fois, c'en est trop. John s'emporte : les lépreux ne sont pas du bétail qu'on peut marquer, mais des êtres humains. Comme Ellis et les autres membres du comité, ils ont des noms propres, chacun le sien, un visage, une histoire qui sont siennes et que lui connaît, ainsi qu'il le raconte à Philippa Berlyn passée le voir.

Là-dessus, Ellis apprend que Shirley James a invité John à l'hôtel de Mtoko pour un bon dîner, durant lequel le patron de l'hôtel a offert du vin à volonté, tandis que les fermiers locaux venaient saluer le directeur de Mtemwa. Il y voit, d'ailleurs à tort, une provocation à son égard, et il exige le licenciement sur-le-champ de John lors de la réunion suivante du comité, le 12 avril 1973, ajoutant d'autres griefs pour faire bonne mesure :

1. Ce fils de Juifs lituaniens émigrés en Afrique du Sud s'installe en Rhodésie en 1939 et mène de pair une carrière à la tête de la Faculté de médecine de Salisbury, fondateur du *Journal de médecine d'Afrique centrale*, et une carrière d'anthropologue du monde shona, sur lequel il publie plusieurs livres.

le directeur a donné trop de vacances aux assistants, il ne surveille pas les dépenses d'essence de l'équipe d'All Souls et celle-ci en abuse. Le comité entérine sa proposition, et Ellis convoque John à Salisbury. Philip Dighton est présent à la réunion, mais c'est Ellis qui dirige la discussion. Une année de rancœur se déverse sur John ! Pour conclure, Ellis déclare vouloir lui donner une dernière chance, mais il faudra baisser les rations, arrêter de donner quoi que ce soit aux conjoints et aux familles, et mettre au cou des lépreux les fameuses plaques d'identification. John refuse avec indignation. Ellis hurle, l'insulte, les deux hommes sont sur le point d'en venir aux mains. Ellis exige alors son exclusion immédiate : il devra avoir décampé de Mtemwa pour le 1er mai. John claque la porte de la réunion. Mtemwa, c'est fini ! Il a tenu trois ans et neuf mois, autant qu'à Hare Street House, mais pas plus ! Pourtant, cette fois c'est différent, car il ne s'agit plus de lui, d'un choucas ou de la mémoire d'un écrivain, mais de ses amis lépreux, ce qui change tout : pour eux, il se battra.

La nouvelle de son licenciement abasourdit ses amis. Elle donne la nausée au P. Dove, qui s'en plaint à Dieu dans sa prière et écrit à son ami : « Quand tu es arrivé chez les lépreux, ils n'avaient ni cœur ni esprit. Ils avaient été opprimés et négligés. Tu es arrivé, et tu as mis en eux un cœur nouveau, un esprit nouveau. Tu l'as fait en les aimant, et en les ramenant par l'amour à Dieu. Avant, ils n'avaient pas d'amour, ils mourraient dans une misère noire. Maintenant ils ont de l'amour à travers ton amour, et ils forment une communauté heureuse : c'est pourquoi il y a moins de décès. Le comité veut que ces gens meurent pour pouvoir fermer le camp et dire qu'il n'y a plus de lépreux. » Il ajoute une suggestion à laquelle son ami a peut-être déjà pensé : « Il est important que tu restes à proximité, pour continuer à leur témoigner de l'amour et nourrir ces pauvres êtres du Pain de l'amour », et il précise qu'il a déjà pris des contacts pour qu'une lettre officielle de l'archidiocèse lui donne mission de distribuer la communion tous les jours au centre. Ses autres amis n'acceptent pas plus cette éviction, et ceux qui soutiennent financièrement Mtemwa veulent tout arrêter. Même le Dr Westwater prend son parti. Luisa Guidotti le fait avec passion et, aussitôt, le comité la prie de rendre la Land-Rover offerte par les Amici dei Lebbrosi, alors qu'elle sert aussi pour les évacuations sanitaires d'All Souls.

Le médecin s'insurge : le véhicule a été obtenu à travers elle. Qu'à cela ne tienne, Ellis envoie quelqu'un le voler à All Souls !

À Mtemwa la nouvelle bouleverse les lépreux : on veut leur enlever *Baba* John ! Ils se rassemblent et expriment leur colère. Ellis, intelligemment, a fait nommer Philo Runganga, un des assistants, comme nouveau directeur. Cet ancien chauffeur de camion, carrure massive, est analphabète et ne saurait administrer Mtemwa comme le comité le voudrait, et encore moins faire les comptes et remplir les registres, mais le choix est habile car les lépreux le connaissent et l'apprécient ; de plus, il sera obéissant et reconnaissant de cette promotion à laquelle il n'aurait jamais pensé. Mais Philo n'est pas *Baba* John, et l'agitation se poursuit. De plus, dès le mercredi qui suit l'annonce de son éviction, des membres du comité viennent à Mtemwa pour veiller à ce que Philo diminue les rations de farine de maïs. John, encore présent, prend une des rations et la fait peser : cinq livres ¾ au lieu des sept reçues auparavant (soit 1 270 calories au lieu de 1 600 par jour). Il informe aussitôt le Lions Club de Mtoko qui finance Mtemwa, et obtient que la ration revienne à sept livres.

L'exil et le royaume

Avril touche à sa fin. Au point du jour, le 1er mai, John chante l'office de la Vierge puis prend son sac Gladstone, la canne de M. Roufe, son sac de couchage et sa flûte. L'Arche, qui a atteint des proportions respectables, et les poèmes ont déjà été mis en dépôt chez les frères Kassim. Puis il quitte la vieille boucherie. La plupart des lépreux valides l'accompagnent, portant qui le sac de couchage, qui la bouilloire ou le sac Gladstone et, pour les femmes, le thé, la poudre de lait, du pain, des pommes, quelques boîtes de fruits en sirop, des soupes en poudre, deux pots pour cuisiner et deux tasses. John, lui, ne porte que sa flûte. Pour compléter le tableau, deux policiers suivent le cortège, envoyés de Mtoko pour constater que l'ex-directeur a bien décampé et pour prévenir tout désordre.

De la vieille boucherie, il n'y a que quelques pas à faire pour quitter le domaine du centre. Toute la troupe tourne à droite, et la voici au pied du Chigona : c'est là que John se rend. La montée commence, pour ceux qui le peuvent. John marche avec les premiers et la colonne s'étire. Après les bosquets, le groupe débouche sur une pente plus douce mais aride, avec à droite un à-pic. La pente coupe le souffle de beaucoup, mais lui a l'habitude. Les voici enfin arrivés sur le sommet. John s'arrête près de la mare, pas encore asséchée et essaie de plaisanter : « Regardez, c'est ma salle de bains, splendide, et je peux m'en servir sans rien avoir à payer. » Mais cela ne fait rire personne, chacun dépose ce qu'il a porté, et la gêne s'installe. Peu à peu les lépreux redescendent l'un après l'autre, et John reste seul.

Il passe toute la journée assis, immobile. Quand le soir tombe, il ramasse un peu de bois sec et fait un feu tandis qu'en bas les lépreux, chauffant leurs rations, voient le rougeoiement sur le Chigona et se désolent. Ils ne comprennent pas : ils ont certes entendu des Européens le traiter de fou mais ils savent que ce n'est pas vrai. *Baba* John les a sauvés de l'enfer où ils pourrissaient ; jour après jour il les a nettoyés, pansés, il leur a donné leurs médicaments, des serviettes, de quoi manger et faire le feu ; il a prié avec eux ce Dieu dont il leur parle avec tant d'amour, et la Vierge Marie qui les protège ; il a chanté pour eux et avec eux ; il les a accompagnés au moment du grand voyage ; et aussi, si important, il leur a réappris à rire et il leur a rendu l'amour. Il est leur ami, et continue de les aimer, sinon il serait parti au loin, et pas sur le Chigona. Et ils l'aiment.

John, là-haut, dîne frugalement, prie, médite sur son Aventin, puis s'enroule dans son sac de couchage et s'endort (sans se douter qu'un jour ils seront des milliers à faire de même chaque début septembre sur ce sommet, en souvenir de lui). Au petit matin, il se lave dans la mare et prie l'office. Mais voici qu'il aperçoit quelques silhouettes qui grimpent sur le Chigona, des Européens et des Africains. Quand ils sont plus près, John reconnaît Alistair Guthrie accompagné du jeune Frank et d'un ami de ce dernier, Bill Watt, de trois Africains, et de Peter Donnelly qui a acheté une tente, un bon sac de couchage (l'automne avance) et un petit réchaud. Les salutations faites, ils se mettent à monter la tente, pas sur le sommet trop venteux, mais aux deux tiers du mont. Comme il est impossible de planter des piquets dans le granit, ils la font tenir avec des grosses pierres. Entretemps Pauline Hutchings est arrivée avec un oreiller, de la nourriture, deux couvertures, des allumettes. Un *braai* (barbecue) est vite préparé, un vrai festin qu'ils arrosent largement. L'après-midi, quelques lépreux arrivent à leur tour : ils ont débroussaillé la montée avec leur *badza* et promettent de revenir. De fait, le vague sentier par lequel montait John devient un véritable chemin, accessible pour tous ceux qui peuvent marcher. Pour les jeunes Frank et Bill, la journée est exaltante et des décennies plus tard ce dernier répétera fièrement : « J'ai aidé John à dresser son campement après son expulsion de la colonie. Tout ce que je puis en dire c'est : “Quelle expérience !” »

Ses amis partis, John se retrouve à nouveau seul. Est-ce vraiment pour lui déplaire ? Mais, en bas, les lépreux ont peur que justement il ne le soit pas : la rumeur assure qu'un léopard vit sur le Chigona, même si personne ne l'a vu. Et s'il allait attaquer *Baba* John ?

Le 4 mai, ce dernier écrit à sa mère, d'un ton enjoué et en vers. Il évoque sa nouvelle situation :

> Ils voulaient appeler mon peuple « des détenus »
> Le centre une morgue vivante,
> Les plaquer dans leurs portes
> Et les numéroter. Par Dieu, par Georges
> J'ai combattu le dragon,
> Jusqu'à ce qu'ils hurlent « Dehors, John. »
>
> Mais j'ai une légion d'amis
> On m'a « tenté » sur une colline
> Juste au-dessus de la zone de mon peuple
> Trois fois heureux de la volonté du Ciel :
> C'est Ararat ici établi
> C'est l'Arche et le puissant pourtant…

« Je donne l'eucharistie », ajoute-t-il. Effectivement, tous les matins, après quelques exercices physiques ou un jogging et la récitation de l'office, John descend de sa montagne. Mgr Markall, au grand dam d'Ellis, a confirmé sa mission de ministre extraordinaire de la communion. Les lépreux viennent à sa rencontre, et il va avec eux jusqu'à la chapelle où il se met à l'harmonium, avant de distribuer le sacrement. Pauline Hutchings le rejoint tous les mercredis, et ils prient longuement. Son amour pour l'eucharistie grandit dans cette épreuve. Il se veut toujours le héraut du Christ-Roi d'Israël dont il s'est fait le paladin depuis plus de vingt-cinq ans, mais c'est de l'hôte du tabernacle et de l'âme dont il se nourrit chaque jour. Plus tard, une « photo » du Christ que lui offrira le P. Rossi et qu'il mettra à la place d'honneur dans sa case le confortera dans sa certitude que l'hôte du tabernacle et l'homme de Galilée ne font vraiment qu'un. Après avoir distribué la communion, il repart sur le Chigona sans s'attarder, pour ne pas contrevenir à l'interdiction de séjour. Il la respecte, sauf quand on vient lui dire qu'un des lépreux est très malade ou mourant. Alors, il descend de nuit et se glisse sans bruit entre les cases jusqu'à celle de celui ou de celle qui l'attend, et il y passe le reste de la nuit à prier avant le grand voyage. Avec Philo, les relations sont bonnes : celui-ci est pour John la moins mauvaise solution après son expulsion. Ils discutent ensemble, et l'exilé du Chigona se fait l'avocat des lépreux quand il reçoit de leur part quelque plainte ou grief. Philo semble l'écouter et désireux de bien faire.

Sur le *kopje*, son royaume, John prie, joue de la flûte, cherche son Dieu, et se remet peu à peu à écrire des poèmes, au grand air ou sous la tente. En juillet, il a l'heureuse surprise de voir des abeilles le rejoindre[1], et il leur offre sa boîte à poèmes, mais elles ne resteront pas. Il se languit de son Arche, et en reconstitue une plus rudimentaire sous la tente. La solitude le rapproche encore plus de Dieu et sa méditation trinitaire, déjà ancienne, passe sur la montagne un cap décisif, devenant un thème majeur de sa poésie comme de sa vie spirituelle. On peut dire qu'elle fait le fond de sa dévotion. Comme toujours chez lui, celle-ci n'est pas coupée des réalités quotidiennes, ni des possibilités stylistiques de l'outil poétique, allitérations, humour ou jeux de mots. John précise, dans un post-scriptum au poème *None other God* qu'il écrit le 31 août : « La méditation sur la Très Sainte Trinité est aussi reposante que chanter un canon et aussi agitée que courir après un ballon ; c'est pourquoi les Anglais, supérieurs à quiconque aux jeux de ballon et aux règles, doivent avoir été la race choisie par Dieu (tautologie syllogistique par un âne stupide et ignorant). » Voici près de 25 ans (*cf. Sanctus Spiritus*, 1949) qu'il partage l'obsession de saint Augustin et d'autres : trouver les mots pour ce qui se dévoile à l'âme et dans celle qui contemple le mystère trinitaire. Et comme son devancier, il a pioché pour ce faire dans les analogies de la nature (chaleur, lumière et son, par exemple) mais surtout dans celles de l'homme. Depuis dix ans,

1. À en juger par le poème *Ave, Saint Anne* – mais la date n'est pas sûre.

il suit celle que son illustre prédécesseur a popularisée : mémoire, intelligence et volonté, et il y reviendra. Mais, à partir de cette année 1973, il développe sa propre analogie : Père/pensée, Fils/verbe et Esprit/voix[1]. Elle lui devient si familière que l'expression est chez lui parfois interchangeable avec celle de Trinité ou se fait allusive. On peut y voir un apport original à la théologie trinitaire, et qu'il vienne de la prière et de la poésie ne surprendra que ceux qui ignorent le tournant d'une partie de la théologie contemporaine. Mais laissons à John le dernier mot, qu'il écrit sur le Chigona fin août :

> J'étais aux prises avec la Trinité
> Jusqu'à ce que saint Augustin me dise :
> « Tu ferais mieux d'arrêter, le mystère de Dieu
> Est plus grand que le cerveau de l'homme ! » ;
> S'en tenir au bon conseil du Docteur,
> Avec une bonne tasse de thé, ce fut bien agréable[2].

Mais, en bas, les lépreux souffrent

L'équipe d'All Souls continue de venir à Mtemwa, mais c'est pour constater la rapide dégradation de la santé et des conditions d'existence des résidents. Certains, qui pissent littéralement le sang, sont laissés sans soins, d'autres n'ont plus de médicaments. Quand Luisa Guidotti arrive, les lépreux l'assaillent : « Docteur, je suis malade, donnez-moi des remèdes », car la pharmacie est vide. Elle ne peut que leur dire d'aller à l'hôpital de Mtoko, ce dont ils ne veulent pas entendre parler. En juin, venue pour un mariage à Mtemwa, elle est frappée en voyant des lépreux se blottir contre son ami comme des poussins auprès de leur mère – nombreux sont ceux qui pleurent et disent aux Italiennes qu'il faut que *Baba* John revienne.

La situation de Mtemwa se détériore en effet rapidement. Philo Runganga n'est pas en fait l'homme de la situation. Les plaintes des lépreux contre lui commencent à se multiplier

---

1. L'image n'est toutefois pas sans précédents ; parmi ceux que John a pu connaître, St Augustin (*De Trinitate* et, plus directement, *Sermon 288)*, St Thomas d'Aquin (*Sur la différence du verbe humain et du Verbe divin),* voire Ludolphe le Saxon et sa *Grande Vie du Christ,* fort prisée dans les chartreuses.
2. *Discretion*, 1973.

et, malgré les remarques de John, rien ne change. Philo a vite compris que l'Anglais n'est plus rien. Il le lui fait sentir et quand il a bu un peu trop, il devient arrogant. John écrira : « Philo aimait et aime être reconnu par tous ceux du dehors comme personne très gentille et compatissante. C'est un chauffeur compétent et un administrateur efficace. Il est physiquement gros mais remarquablement puissant. Il est poli jusqu'à l'obséquiosité envers presque tous les Européens ; je suis fier de faire partie des exceptions notables. » De plus, son successeur se déplace en voiture même dans le centre et le comité ne dit rien, alors qu'il avait fait des ennuis à Luisa Guidotti à propos d'essence.

Il y a plus grave : dix jours après sa nomination, Philo a fait des avances explicites et crues à Maria Greco. La consacrée italienne l'a chassé avec indignation, et l'affaire est allée devant le comité. Philo a tout nié et l'histoire en est restée là car Maria Greco, par bonté, n'a pas voulu porter plainte en justice (un Africain faisant des propositions malhonnêtes à une femme européenne, consacrée de surcroît, est passible d'au moins une longue peine de prison – ce domaine est un de ceux pour lequel les juges, tous européens, sont les plus implacables envers les Africains). Mais Ellis, aveuglé par sa haine anticatholique, défend Philo et attaque Maria Greco. Luisa Guidotti, furieuse, s'en ouvre dans une lettre à Adele Pignatelli. Cette dernière tient à la protection de ses missionnaires et leur ordonne aussitôt de ne plus mettre les pieds à Mtemwa tant que Philo y sera. Une protestation officielle est envoyée à Salisbury. Mais l'aveuglement du comité est tel qu'il contre-attaque. Dans une lettre signée le 4 juin, il signifie au Dr Guidotti que le contrat avec son équipe est terminé – Mtemwa n'a plus besoin de leurs services. Ellis a gagné sur tous les tableaux : il s'est débarrassé de John, il n'y a plus de présence catholique à Mtemwa – sinon à la chapelle –, il n'y a plus de suivi médical, et il a le champ libre pour se débarrasser des lépreux. Pour ces derniers, les conséquences sont au contraire dramatiques : non seulement leurs soins cessent quasiment, mais les financements et les colis de médicaments qui arrivaient d'Italie sont interrompus. Seule Mona Smith vient encore et fait ce qu'elle peut.

John apprend encore que Philo a aussi essayé d'abuser d'Ida, une lépreuse, et tous les résidents du centre se plaignent de ne plus manger à leur faim. Ce ne peut être à cause du rationnement décidé, puisque la mesure a été levée : Philo doit détourner des rations et des fruits. John voit aussi certains lépreux recommencer à développer des suppurations qui s'étaient asséchées et d'autres pathologies. Pire, quand un lépreux est mourant, Philo l'envoie à Mtoko sans accompagnement ; le malade ne revient à Mtemwa que dans un cercueil, et nul ne sait quelle a été sa fin. John, écœuré, va de temps à autre, à pied, à la mission d'All Souls partager sa souffrance avec Luisa Guidotti. Celle-ci admire son ami qui ne se plaint jamais pour lui-même sur sa montagne mais seulement pour ses amis lépreux.

Que faire ? John est plus touché qu'il ne le paraît. Il passe par des moments de dépression, qui n'échappent pas à Pauline Hutchings, et il parle de détruire tous ses poèmes. Il confie au P. Harold-Barry : « Ils pensent que je suis fou » et ajoute en se moquant de lui-même : « Je le suis peut-être », mais il est profondément blessé même s'il ne se plaint pas ouvertement, et indigné des conséquences de son expulsion pour les lépreux. Les semaines, puis les mois passent, et l'hiver est glacial sur le Chigona. Dans une lettre à sa mère du 10 octobre, John récrimine à nouveau contre Philo et se demande si sa place est encore à Mtemwa ? N'est-il pas depuis plus de cinq mois sur son rocher, impuissant ? Mais il répond aussitôt à ses propres interrogations : « Suis-je désireux d'un nouvel emploi ? [...] Je vais boire à cette intention tout de suite, et que le gâchis soit confondu ! »

Ailleurs en Rhodésie, la vie a continué, et la guerre aussi. Le 5 juillet 1973, pour la première fois, une mission catholique a été attaquée, celle de St Albert au nord du pays, et 295 élèves enlevés de force (tous sauf huit seront repris par les forces rhodésiennes). Le vieux P. Rea est mis en joue et le jésuite ne s'en remettra pas – déjà hostile aux nationalistes, il en deviendra un ennemi farouche. Et voici que les rumeurs de guerre se rapprochent de Mtemwa. En septembre, un rapport des services de sécurité signale que les guérilleros sont en train d'arriver par le nord dans le district de Mtoko (ils y sont en fait depuis un an). Le même mois, le gouvernement fait voter une loi punissant jusqu'à la peine capitale tout refus ou omission de signaler la présence de guérilleros, signe de son impuissance à contrer leur déploiement.

Piper's Vale, LA VALLÉE DU JOUEUR DE PIPEAU

Avec la saison sèche qui touche à sa fin, les lépreux sont de plus en plus inquiets à cause du léopard, de nouveau signalé. Les amis européens de John prennent l'initiative : ils repèrent en dehors du centre une case en ruine, non loin de l'entrée occidentale. Celui-ci ne veut pas en entendre parler. Mais voici que les pluies arrivent, quoique tardives, que le vent redouble de vigueur sur la montagne, et que sa tente ne tarde pas à partir en lambeaux. Il se décide alors à redescendre. Il ramasse une fois de plus son barda et vient s'installer dans la case en ruine. À vrai dire, cela ne vaut guère mieux : le toit est défoncé, il n'y a pas de fenêtres, la pluie arrive de partout, même par le bas car le terrain n'est pas drainé, et la case est vite inondée. John creuse alors une tranchée et installe une tôle à l'entrée, en vain. Quand ses amis le découvrent pataugeant dans l'eau, don Purdon rentre chez lui et revient peu après avec quelques tôles, un marteau et des clous et les fixe sur le toit de chaume éventré.

Plus proche du centre, John est tenté d'y venir plus souvent, surtout que les lépreux viennent le voir dans sa case et se plaignent sans cesse. Il continue de visiter en cachette les cases des mourants. Philo, bien qu'il se détourne complètement de ceux-ci, partageant la peur des Shonas de toucher un cadavre, va geindre auprès du comité, et celui-ci dépose une plainte à Mtoko. Le tribunal édicte une ordonnance enjoignant à M. Bradburne de ne plus mettre les pieds dans le centre, sous peine d'emprisonnement et d'amende. Le commissaire de district et le chef de la police se déplacent à Mtemwa pour lui signifier qu'il est interdit de séjour, à l'exception de la chapelle, et de l'allée centrale qui est du domaine public. S'il fait un pas à gauche ou à droite de cet itinéraire, il sera poursuivi. Leur devoir fait, ils l'assurent de leur sympathie et lui disent qu'ils sont désolés mais n'y peuvent rien. Mais don Purdon intervient en sa qualité de président du conseil rural de Mtoko-Sud pour soutenir son ami. L'administration est embarrassée : le comité a de forts appuis à Salisbury, mais John est populaire chez nombre de fermiers européens locaux. Il est de plus soutenu par l'archevêque Markall, un modéré dans une Église catholique qui se radicalise contre le gouvernement, et qu'il serait malvenu de braquer pour une affaire aussi mineure. Un compromis est trouvé : John est officiellement autorisé à s'installer dans un rayon de trois cents pas à l'extérieur du centre pour ses fonctions à la chapelle, et à porter les secours de la religion aux lépreux mourants, mais uniquement à eux.

Don Purdon décide aussi de lui procurer une habitation digne de ce nom. Le fermier achète une baraque de chantier en kit de tôles préfabriquées et la charge sur son véhicule (le P. Dove insistera pour que les jésuites la lui remboursent, 200 $ rhodésiens). Avec l'aide de quelques amis, cette case de tôle (*Tin Hut*) est vite montée. Ils vissent les unes aux autres les dix-huit tôles, chacune d'environ deux mètres de haut et d'un mètre de large, puis en montent d'autres, triangulaires, pour ériger le toit. John accroche au sommet une bouteille de whisky renversée et un chapeau ramené de Terre sainte. L'ensemble est assez vaste, près de six mètres de diamètre et offre une protection réelle contre la pluie. Une table basse, quelques caisses et une literie sommaire complètent l'installation.

John est heureux de retrouver un chez-soi après plus de six mois d'abri de fortune et, surtout, de pouvoir récupérer son Arche chez les frères Kassim et la réinstaller. Tout dans sa nouvelle demeure exprime sa personnalité. L'Arche et la Bible y occupent une place de choix, ses poèmes y sont rangés. Les images du calendrier de l'Ouest anglais que sa mère lui envoie chaque année et qu'il colle sur les murs lui rappellent son affection pour le Devon. Il ne tarde pas à trouver un nom à sa nouvelle résidence : *Piper's Vale*, la Vallée du joueur de pipeau – lointaine résonance avec son ancêtre Randal de Pipe Hill. La nuit, John continuera à écrire ses poèmes à la lumière des bouts de cierges récupérés à la chapelle en fin d'utilisation.

Mais dès que les chaleurs arriveront, la case se révélera un vrai four, et quand le vent se mettra de la partie, les tôles crisseront et hurleront. Il n'y a pas de sanitaire mais, comme John le dit un jour à Elaine Barkess, « le monde est mon cabinet de toilette ». Il pourra plus tard construire deux cases traditionnelles coiffées de chaume à côté de la sienne. Une lui sert de cuisine, l'autre pour accueillir des lépreux en instance d'acceptation dans le centre ou mis à la porte par Philo. Il vient parfois y dormir lui-même, lorsque le vent est trop fort et que la case de tôle craque de partout, ou lorsque la fournaise devient insupportable. Mais John ne se plaint pas, et il dira à son ami Dove que de toute la surface de la terre, ce n'est que là qu'il trouve l'esprit d'un chez-soi dans la paix.

Les visites recommencent, plus nombreuses car il n'y a plus à monter sur le Chigona. Pauline Hutchings vient tous les mercredis, et apporte de la nourriture dont une bonne partie finit chez les lépreux. Don Purdon et des fermiers lui rendent visite régulièrement, ainsi que ses amis de Salisbury. Philippa Berlyn passe aussi, et la journaliste publie un article qui fait connaître le différend entre John et le comité.

Mais la situation des lépreux continue de se dégrader. Dans une lettre à Shirley James, le 19 novembre, John signale qu'ils n'ont plus rien à manger depuis trois jours et qu'il a averti Philo. Mais ce dernier « a haussé seulement les épaules et ri, disant que cela n'était pas arrivé de Salisbury à temps. Si je n'avais pas, avec l'aide d'amis, réussi à me procurer deux ou trois gros sacs, les lépreux auraient été affamés ».

Début 1974, après la visite de fermiers, et d'autres Européens de Mtoko venus faire un *first-footing* arrosé à *Piper's Vale* le jour de l'an (tradition d'origine écossaise, qui consiste à venir présenter ses vœux pour se faire offrir un verre… ou plus), c'est l'évêque anglican du Matabeleland, Mgr Mercer, qui arrive avec de la compagnie. Les visiteurs se sont annoncés, ce qui vaut toujours mieux, sinon John peut exprimer sa mauvaise humeur d'être dérangé. Il est assis sous un arbre quand la voiture s'arrête et il les accueille affablement. Il se montre attentif à chacun et fait la connaissance d'Anne Lander, une jeune anglicane qui accompagne l'évêque[1]. Il lui montre aussitôt un très bel aigle bateleur qui plane dans le ciel. Tous deux regardent longuement l'oiseau et quelque chose passe entre eux sans qu'ils se soient regardés, établissant ainsi, dira Anne, le « modèle de leur relation d'amitié, triangulaire, reflet de la Trinité envers laquelle les deux partagent la même dévotion ». Puis c'est le repas. John ne mange quasiment rien, mais partage la bouteille de rosé du Portugal que les visiteurs ont apporté, à l'ombre d'un *ndondo* (« arbre

1. Arrivée d'Angleterre en 1953 dans la colonie, Anne a épousé en 1961 Roy Lander, un Rhodésien de vieille souche qui travaille dans les Eaux et Forêts. Elle a découvert qu'elle possédait un charisme de guérison et se consacre du mieux qu'elle peut aux personnes souffrantes (ce qui la conduira à rencontrer Jean Vanier et à participer à la fondation de la première communauté de l'Arche du pays).

à esprits »). Il leur offre du café, les écoute attentivement, fait quelques remarques humoristiques, et leur présente Veronica, qui est de confession anglicane. Mgr Mercer sent combien John souhaite que ses hôtes se sentent bien et devine le paradoxe de cet homme qui ne désire que la solitude mais qui est en même temps si sociable, et il se dit que malgré sa réputation leur hôte n'est pas vraiment misanthrope, mais qu'il aspire seulement à se rapprocher sans cesse de Dieu. De son côté, Anne Lander est frappée par sa profondeur. Elle ne tardera pas à revenir, à fréquenter aussi Silveira House, et désirera un jour entrer dans l'Église catholique.

En ce début d'année 1974, John ne va pas très bien. Il n'a pas encore de moustiquaire et doit se battre une bonne partie de la nuit contre les insectes. Et il n'a plus un sou : quand le colis annuel de Noël de sa mère est arrivé avec le précieux calendrier, il n'a même pas eu l'argent nécessaire pour le retirer à la poste de Mtoko et a dû attendre le passage suivant du P. Dove. Mais ses vrais soucis sont ailleurs : les lépreux recommencent à mourir à cause de leur abandon, pas moins de quatre durant les deux premiers mois de l'année. Philo s'en désintéresse, et John doit, après les avoir accompagnés jusqu'au bout, les enterrer lui-même dans le cimetière du centre. À *Piper's Vale*, il a jour et nuit les yeux tournés vers ses amis lépreux, de l'autre côté de la clôture. Et quand les quelques membres du comité qui le soutiennent encore passent le voir, c'est envers les lépreux qu'il voudrait qu'ils soient compatissants, et non envers lui. Il a d'ailleurs trouvé un ingénieux moyen de venir en aide à ceux qui sont malades, qui n'a pas échappé à Caterina Savini : il remplit de médicaments un gros livre évidé, puis entre dans le centre comme s'il l'apportait pour ses dévotions, et en distribue le contenu aux lépreux[1].

Le comité poursuit son désengagement de Mtemwa en vue de la fermeture du centre. John Ingram, le représentant pour la Rhodésie du Beit Trust, qui donne une subvention annuelle de 4 000 $ rhodésiens, a proposé une aide supplémentaire du

1. Ce livre est sans doute un des gros volumes du *Reader's Digest* que lui envoie régulièrement d'Australie Stephen King, évidés puis remplis de 500 capsules de tétracycline, pour échapper au contrôle des douaniers. Dans les années 1970, le bacille de Hansen devient résistant aux sulfones et il faut des médicaments plus forts, que le comité ne veut pas financer.

même montant : la secrétaire-trésorière, P. Beecroft, très liée à Ellis, refuse en disant qu'il n'y en a pas besoin à Mtemwa, alors que le comité clame par ailleurs qu'il n'y a pas assez d'argent pour les rations et pour les médicaments ! John envoie en février un mémorandum en vers au Lions Club de Mtoko sur la situation de Mtemwa, que ce club finance. Il écrit que les lépreux hospitalisés à Mtoko n'ont droit ni à un lit ni même à un matelas. Trois sont morts à même le sol, et le centre n'en a été informé pour le troisième qu'une semaine après son décès. À Mtemwa, les pansements ne sont plus faits qu'une fois par semaine, et les pathologies qui apparaissent sont ignorées par Philo. Les rations sont distribuées irrégulièrement ou font défaut, de même que l'essence et les médicaments. En conclusion, John défend Philip Dighton, « ami des lépreux » mais attaque une fois de plus Ellis, évoquant un envoûtement par la « Cockatrice » (féroce animal légendaire) et signale aux Lions que leur don de Noël a été présenté comme venant de Dighton, s'excusant de sembler ainsi ne pas respecter le huitième commandement et l'ordre évangélique d'offrir la joue gauche, mais il ne s'agit pas de lui mais d'EUX, qui souffrent tant. Cette lettre rend furieux Ellis et ses partisans, qui essaient de faire passer John pour fou à Salisbury afin d'obtenir son internement dans un asile et être débarrassés de lui !

John découvre encore une autre raison de s'inquiéter : la consommation de bière, qui n'était autorisée que du samedi au dimanche soir, est désormais permise dès le vendredi et s'étire « dans un ennui ensommeillé jusqu'au mercredi – ce qui gâche un des contrastes heureux de la vie à Mtemwa et émousse la saine joie d'une tournée de bière ». L'alcoolisme commence à sévir dans le centre.

Il est accablé par la tournure que prennent les événements et par son impuissance. Chaque jour, son passage dans le centre est une souffrance, et d'être obligé de rester dehors la plus grande partie de la journée en suscite une plus grande encore. Mais l'épreuve ne l'empêche pas de poursuivre sa vie de prière. Il chante son office dans la case de tôle, de plus en plus étouffante car l'arbre qu'il a planté est encore trop petit pour se réfugier sous son ombre. Et son inspiration poétique se réveille : une dizaine de poèmes pour la seule journée (ou nuit) du 1er mars, et autant six jours plus tard. Ce même mois de mars, Jocku, le lépreux « à l'accent écossais » et qui n'a que des moignons pour jambes, meurt sans même un matelas ou un lit après une longue agonie durant laquelle John lui lit la Bible et prie pour lui avec d'autres lépreux (il l'a baptisé et lui a donné le nom de Joseph un mois auparavant). Cette mort et ses soucis le minent, et il connaît une nouvelle période d'abattement.

Devant la justice

Toujours en ce mois de mars 1974, l'affaire d'Ida la lépreuse éclate[1]. Le laxisme de Philo à laisser entrer voire s'installer à Mtemwa tous ceux qui en ont envie attire bien du monde. Et la présence de lépreuses blanchies n'est pas la dernière raison de cet afflux. Ces femmes en recherche d'affection autant que de protection sont des proies faciles. Parmi elles Ida, qui a offensé Philo en se refusant à lui, a accueilli dans sa case un certain Tom, qui se prétend marin. Ce dernier ne tarde pas à disparaître, emportant les maigres biens de la pauvre femme. Elle veut déposer plainte, mais Philo ne veut pas que la police mette son nez dans les affaires du centre, et il la menace de la chasser si elle persiste dans son idée. Le 12 mars (le 15 selon un autre document), Philip Dighton est de passage à Mtemwa. Philo, traitant Ida de traînée, l'accuse en plus de faire du *kachasu* (bière très alcoolisée), ce qui est interdit, et demande son expulsion. Ida l'apprend et court chez John lui demander son aide. Ce dernier enfourche une bicyclette et pédale vers Mtoko informer le commissaire de district de cette nouvelle injustice. Il tombe dans les bureaux de l'administration sur Rob Boell (qu'il orthographie *Bell*, cloche), un commissaire adjoint qu'il connaît pour avoir parfois partagé avec lui un verre de gin tonic. Il lui raconte l'histoire et Boell prend note, puis ils mangent ensemble, John n'arrivant d'ailleurs pas à avaler quoi que ce soit. L'administrateur lui dit de ne pas s'inquiéter, qu'il va tout rapporter au commissaire et que l'affaire sera réglée. En sortant, John voit la voiture de Dighton qui se dirige vers les bureaux de l'administration. Boell lui dit alors de l'attendre chez lui tandis qu'il va voir Saunders, le commissaire de district. John attend tout l'après-midi. En début de soirée

1. Les divers documents sur cette affaire et ses conséquences divergent sur les dates, mais non sur les faits.

Boell et sa femme reviennent, tous deux l'arme à la main : il y a eu une alerte aux *Terrs* (terroristes), et le commissaire de district n'a pu entendre Dighton que quelques minutes ; la conversation n'a pas tourné sur Ida et Philo mais sur John, et Dighton a remis au commissaire une lettre du comité. De plus Dighton a accusé, à la demande de Philo, trois lépreux de préparer du *kachasu*.

Lorsque John rentre à *Piper's Vale*, des lépreux l'attendent : Philo a demandé à Dighton qu'Ida soit expulsée du centre, mais ils sont intervenus en sa faveur et Dighton a suspendu la sentence (c'est pourquoi il n'en a pas parlé à Saunders). Le lendemain, John retourne à Mtoko, et il apprend de la bouche même du commissaire de district, qui « s'efforce de paraître aussi sévère qu'une personne de bon tempérament et raisonnable peut l'être », le contenu de la lettre à son sujet : le comité menace de se retirer de Mtemwa si l'administration n'y interdit pas complètement de séjour l'ancien directeur. Il sent que Saunders en rit sous cape, et va déjeuner avec un ami fermier sans trop de crainte.

Mais le samedi 16, l'affaire prend mauvaise tournure. Suite à la plainte de Philo, deux policiers viennent à Mtemwa enquêter sur le délit de fabrication illicite de *kachasu* dont sont soupçonnés Simon, Lazaro Chimatashu et Timu. Ceux-ci nient le délit. Les policiers partis, une bagarre éclate entre Philo et les lépreux. Philo agresse le lépreux qui a mené la défense d'Ida, Lazaro, presque aveugle et sans doigts ni orteils. Par trois fois, il le jette à terre. John, témoin de la fin de l'algarade, retrouve les réflexes du chindit et boxe Philo – sans grand mal pour ce dernier, massif et musclé –, puis court déposer plainte à Mtoko contre Philo pour agression sur les lépreux. De son côté Lazaro, choqué et chancelant mais furieux, réussit à marcher jusqu'à un bureau administratif près de Mtemwa, mais dépendant de Mudzi. On refuse de l'écouter, car le centre relève de Mtoko, et une estafette le raccompagne vers Mtemwa. Sur le chemin ils croisent la voiture de Philo. Niant avoir battu Lazaro, Philo prétend que ce dernier ne marche pas droit parce qu'il est saoul, et il réussit à en convaincre l'estafette. Pire, le médecin de Mtoko, le Dr Croce, examine les lépreux pour lesquels John a déposé plainte, le 20, et déclare ne rien trouver ; son certificat disculpe Philo. Celui-ci sera déclaré non coupable, au grand désarroi de son accusateur. Ida et Lazaro devront quitter le centre.

Entretemps, lors de la messe du dimanche, le 17, le P. Martin Chawira, un cousin de Philo qui a remplacé à la mission d'All Souls le P. Chakaipa, avait annoncé aux lépreux et aux assistants que son cousin lui avait avoué ses torts et demandé pardon. Les lépreux ont été édifiés par cette conduite chrétienne, mais John est resté sceptique. Trois jours plus tard effectivement, alors que le P. Martin quitte la chapelle, Philo arrive et demande à son cousin de tout oublier de ce qu'il lui a dit, car un autre de ses cousins est en charge de l'affaire, et donc il ne craint rien. De plus, il prétend avoir trouvé des auges de bois pour faire le *kachasu* ou le *neepa* (un alcool très fort), dont une sous un bananier près de chez Ida et il les a apportées à la police comme preuve. Puis il part deux semaines en congé, non sans avoir bousculé Timu et crié : « Je tuerai un de ces lépreux. » John est écœuré. La police vient apporter les billets d'assignation au tribunal aux trois lépreux chez qui les auges auraient été trouvées : Ida, John Kawirawira et Stephano Sianona. John est formel : ces vieilles auges étaient inutilisées depuis belle lurette. Avant qu'ils ne comparaissent devant le magistrat, il va chez ce dernier pour les défendre, et le juge est d'accord pour dire que même si c'était vrai, les lépreux ont la vie suffisamment dure. John lui parle de la vengeance de Philo, et le magistrat lui conseille de venir avant le procès le lundi suivant pour défendre ses amis auprès du procureur. Ce que John fait, et les trois sont relaxés après un sermon sur les dangers du *neepa*. Philo, qui a dû les conduire au tribunal de retour à Mtemwa, est furieux. Mais ces chicanes judiciaires déconsidèrent le centre.

John apprend peu après que le comité a contacté le P. Dove pour « arranger à l'amiable » son départ, ce que son ami a bien sûr refusé. Mais des membres du comité sont allé au ministère dire : « C'est lui ou nous. » John connaît alors des jours de déréliction, surtout plusieurs lépreux semblent commencer à se détourner de lui. En effet ils ont tout perdu, les soins médicaux, l'amour et lui, mais ils doivent continuer à vivre. Certains sont terrorisés par Philo, et d'autres totalement dépendants de lui. Alors, tout en accueillant John dans leur case la nuit, ils commencent à approuver Philo durant la journée quand celui-ci parle contre lui, et le centre est en train de se diviser. De plus, John apprend que des lépreux emmenés à l'hôpital de Mtoko sont restés des heures en plein soleil sur le plateau du camion de Philo, et qu'ils en sont revenus encore plus malades. Il voit l'œuvre de sa vie détruite, et se sent en passe d'en être écarté. Dans une lettre à Shirley James, il s'interroge. Ne sera-t-il toujours qu'un raté ? Les Africains eux aussi le prennent souvent pour un fou. D'ailleurs tous l'appellent « John », même les petits enfants, et il se demande s'ils ne le font pas pour se moquer de lui. Il en parle aussi à son ami Dove quand il le voit : « Tout le monde t'appelle *Baba* mais moi "John", alors que je suis plus vieux que toi et que j'ai 53 ans » (c'est d'ailleurs faux, les lépreux l'appellent *Baba* John). Puis il se rend compte de ce qu'il vient de dire, et il éclate de rire. Sa capacité de se moquer de lui-même montre qu'il n'a pas encore touché le fond. Mais il se demande s'il ne doit pas retourner à Jérusalem. En attendant, il part à Silveira House se changer les idées, même si le centre de son ami Dove est sur la corde raide, car des voix s'élèvent au Front rhodésien pour l'accuser d'être un repaire de communistes : deux sœurs de Mugabe n'y travaillent-elles pas (Brigitte a rejoint Sabina) ? Mais la protection de Mark Partridge, inamovible ministre, joue encore et l'affaire n'ira pas plus loin.

Fin février de cette année 1974, Harold Wilson a gagné les élections britanniques, un revers pour Ian Smith qui a des soutiens au sein du parti conservateur, alors que la menace de la guérilla se fait plus précise : cinq assassinats de fermiers européens dans la région de Centenary et du Mt Darwin entre février et octobre. Et un événement lointain va être déterminant pour l'avenir de la colonie rebelle : le 25 avril a lieu au Portugal la révolution des Œillets. Fin juillet, les électeurs européens reconduisent à l'identique le Parlement : 50 sièges sur 50 pour le Front rhodésien (2 980 Africains ont été admis à élire huit députés – huit autres sont désignés par les chefs). À Mtoko, le candidat Front rhodésien, Rodney Simmonds, un dur, obtient les deux tiers des voix des fermiers et autres électeurs européens, alors que les infiltrations de la guérilla se précisent.

John continue à défendre et à aider ses amis lépreux. Début août, il est à Salisbury pour rencontrer Louise Westmaster, qui promet à nouveau d'aider si elle le peut. Il profite de ce séjour pour faire des examens médicaux : il a attrapé une bilharziose mais à part cela il est en pleine forme. À 53 ans, il court trois ou quatre fois par jour et monte au Chigona comme un jeune homme, même s'il lui arrive de glisser dans l'ascension ou la descente et d'en revenir, écrit-il, le visage « transfiguré » par le sang. Il frappe ses visiteurs par sa bonne santé, même si lui est un peu effrayé de son visage de « vieux », avec ses rides et ses dents « horribles » (ses cheveux grisonnants retenus par un bandeau). Il ne se voit dans une glace que lors de ses séjours à Salisbury – il n'en a pas à Mtemwa et il oublie vite quelle tête il a (quand il se voit offrir une mobylette, sa seule réaction est : « Il n'y a pas de rétroviseur, je ne pourrais même pas m'en servir comme miroir » ; de fait, il ne l'utilisera pas).

Une question le tourmente : jusqu'où aimer ses ennemis ?

> « Aime ton ennemi » est un tel
> Bond au-delà de la meilleure des croyances moindres
> Que nous ne pouvons guère en évaluer le sens,
> Jusqu'à ce que quelque ennemi tombé [sur nous]
> [en pousse le besoin.
> Mais Dieu le Saint-Esprit ne nous force jamais
> À briser l'usage du vrai raisonnement[1]…

Il revient à Mtemwa, le 9 août, avec une consigne donnée par son ami Dove : faire la paix avec Philo. Comme ce dernier ajoute la paresse à sa panoplie de défauts, quand il voit John humblement venir vers lui et ne rien lui demander sinon le droit de servir les lépreux, il est trop content que ce dernier lui propose de faire son travail à sa place, et donne son accord. John va reprendre peu à peu sa place à Mtemwa, sans titre et sous l'œil goguenard de son ancien assistant. Mais il a toujours bien du mal à pardonner le mal fait aux lépreux. Ainsi dans son *Ode to an Odious Committee* du 24 septembre, il félicite amèrement le comité pour les six morts depuis le début de l'année, ajoutant que « avec un peu de chance nous en serons à dix pour Noël », soit un taux de mortalité de près de 15 %, alors qu'il était fortement redescendu les années précédentes – sans oublier les deux exclus, Ida et Lazaro, qu'il a recueillis près de sa case de tôle.

1. *Love thine enemy*, 1974.

La guerre s'installe

Une nouvelle menace surgit : la guerre. Pour la première fois, on entend des mitraillades dans le lointain, puis plus près. John l'écrit le 29 août à Shirley James et ajoute : « Mais je mourrai probablement d'un hoquet. » À All Souls il en va de même et dans une lettre à Adele Pignatelli, Luisa Guidotti lui signale que les *vakomana*, déjà bien installés dans la région du Mt Darwin, à une centaine de kilomètres au nord-ouest, font désormais des incursions dans la zone et que certains ne sont pas très loin de la mission. Cette prise de conscience du danger inspire à John, le 22 septembre, cet étonnant poème :

À ceux qui, aimant peu, ne vivent pas leur vie,
Je ne présente pour la mort aucune excuse sérieuse ;
À ceux qui la dédaignent comme lit
De repos dans le Christ jusqu'au lever, je réponds
Dûment, avec un Alléluia. Mais, pour mourir,
N'attendez pas la mort, mourrez aux sept mortels
Revêtez dans le temps l'éternité sublime,
Pensez immortalité, branchez-vous sur le Ciel.

Anticipez, ne dissipez pas, et complotez
Pour renverser la paresse, la jalousie,
La luxure, l'orgueil, l'avarice, toute
Faites tremper votre avidité dans l'abstinence et envolez-vous !
Soyez en colère, mais seulement pour défier l'injustice,
Réjouissez-vous de la grâce de Dieu et non du levain de l'Enfer,
Et, élevant vos cœurs et vos esprits vers le haut
Pensez immortalité, branchez-vous sur le Ciel[1]...

Soudain, une détente semble possible. Ian Smith a compris que l'indépendance inéluctable du Mozambique va favoriser la guérilla, et il commence à négocier discrètement avec les nationalistes. Il fait relâcher de prison Sithole et Nkomo et déclare un cessez-le-feu le 11 décembre.

À Mtemwa, malgré les menaces de la guérilla, les routes sont encore sûres et les visites sont toujours aussi nombreuses. Sœur Kathleen Keane est une religieuse irlandaise de la congrégation des Sœurs bleues dont John gardait le pavillon et elle travaille à l'hôpital St Anne de Salisbury. Aller à Mtemwa passer

1. *A Ballade of a Blithe Anticipation*, 1974.

la journée avec cet « aristocratique Anglais, mystique et poète vagabond » est pour elle une sortie particulièrement appréciée. Un jour de septembre, elle est arrivée avec le P. George Carry, jésuite, et quelques sœurs africaines. Sr Kathleen a mis un grand panier dans le coffre pour le pique-nique. Tout le monde s'assied sous le manguier et on partage les victuailles. Les nouvelles, les conversations et les plaisanteries sont échangées. John est pour Sr Kathleen « le plus gracieux et parfait des hôtes » (mais ce n'est pas toujours le cas). Elle sent qu'il les enseigne, non pas à coups de sermons, ce n'est vraiment pas son style, mais par des anecdotes, des poèmes, des réflexions philosophiques, une chanson. Il n'échappe pas non plus à la religieuse que de nouveaux lépreux continuent d'arriver à Mtemwa et que pour John, chacun, et surtout les plus déformés, n'est jamais un cas médical, mais un « ami bien-aimé et cher ». Tous les services qu'il leur rend, qu'ils soient matériels ou spirituels, des soins ou une conciliation dans une dispute, le sont toujours avec amour, ainsi qu'elle le remarque en regardant John les soigner : il panse un moignon purulent mais continue de plaisanter, de donner un mot d'encouragement ou ce qu'exige la situation. La religieuse constate combien ces êtres diminués qui s'approchent de lui, parfois en rampant, paraissent rassurés. Il ne se montre jamais leur supérieur, il n'est que leur serviteur, comme ce jour où il prend sa brouette pour Jam-Johnson, qui voudrait se refaire une cuisine, et va chercher les briques dont le lépreux a besoin – cinq voyages. Sr Kathleen est aussi impressionnée par la vie religieuse du centre : « John a su communiquer à la plupart des lépreux son amour du Saint-Sacrement, et sa relation personnelle transparente avec Dieu semble imprégner tout ce camp désolé de bicoques pathétiques. » John garde lui aussi un bon souvenir de cette visite, et il enverra le 1er octobre un poème de remerciement au P. Carry, comme il le fait souvent pour ses visiteurs.

À Noël, le P. Dove arrive à son tour, et il célèbre la fête avec les lépreux. Après la messe, John distribue les colis préparés cette année-là par son amie Sr Jeanine Frank et les élèves de l'École des dominicaines de la 4e rue à Salisbury. Le lendemain, il part à Silveira House. Il y rencontre sûrement un hôte particulier : Robert Mugabe. Après sa libération, ce dernier a en effet reçu un bureau et un téléphone au centre. Le P. Dove lui a demandé de donner des cours sur *Christianisme et socialisme* (et, selon Doris

Lessing, de syndicalisme), et lui a présenté Luisa Guidotti, qui informe le chef nationaliste sur la situation sanitaire tragique du Nord-Est. Les sœurs de Mugabe travaillent toujours à Silveira House (elles ont aussi des activités clandestines, en particulier la collecte d'argent pour la ZANU). Après dix ans en prison, Mugabe est encore peu connu (contrairement au chef de la ZANU Herbert Chipeto, qui vit à Lusaka). Cet ancien instituteur des écoles de mission se présente alors comme un « catholique communiste », étiquette non exceptionnelle à l'époque. La prison l'a durci et son socialisme vague est devenu marxiste-léniniste, même s'il le cache à Silveira House, surtout que le centre est surveillé par des membres des services de sécurité – quand il en repère un, le P. Dove a l'habitude de dire à son équipe : « Aujourd'hui nous naviguons au plus près du vent. »

De retour à Mtemwa, John reçoit, début 1975, une visite qui ravive son tropisme franciscain. Bruce Wilkinson est un jeune Anglais qui a gagné un séjour en Rhodésie dans une tombola pour les missions jésuites, et il entend en profiter malgré la guerre. Le P. Mangan l'emmène à Mtemwa, et John ne tarde pas à découvrir qu'ils sont tous deux membres du tiers ordre franciscain. Bruce lui offre une petite image de saint François prêchant aux oiseaux de Giotto, que son hôte conservera précieusement, et il reçoit de lui une image du saint marchant dans les bois. De retour en Angleterre, il écrit à John pour le remercier et lui envoie un magnétophone à cassette, qui n'arrivera jamais. John lui répond en mars par une *Ballade à travers deux hémisphères* : il a vu en Bruce une âme sœur à la conquête de la Toison d'or. Chaque strophe du poème s'achève par un retentissant : « Et la liberté dans la vérité, frère franciscain. » Une amitié est née.

Luisa Guidotti revient d'Italie où elle est allée prononcer ses vœux définitifs. Elle retrouve une région où la guerre s'est définitivement installée, et peut entendre trois fois dans la même semaine une fusillade nocturne aux alentours de la mission en dépit du cessez-le-feu. Avec Caterina Savini, elle refuse de se laisser embrigader dans le corps médical militaire car elles veulent garder leur liberté et ne pas apparaître comme des agents du gouvernement. Elles commencent aussi à revenir à Mtemwa, mais sans contrat.

En février, un nouveau prêtre arrive à la mission d'All Souls, le P. David Gibbs. Ce fils d'enseignants anglais émigrés en Rhodésie a été saisi par la vocation alors qu'il était gérant d'une ferme. Il vient de rentrer de ses études théologiques en Afrique du Sud et d'être ordonné et, après des études pour parfaire son shona, il arrive à All Souls, son premier poste. Ce grand jeune homme maigre et barbu est lui aussi un passionné de Dieu et un dévot de l'eucharistie (un confrère venant lui rendre visite le trouvera un jour dans son église devant le tabernacle « comme s'il voulait transpercer le métal avec son regard »). Il ne tarde pas à faire la connaissance de Mtemwa, et ressent aussitôt une grande compassion envers les lépreux. Il prend l'habitude de venir tous les mercredis célébrer au centre, et il saisit les particularités de John, sans fermer les yeux sur ses côtés humains. Il sera pour ce dernier un précieux soutien. Pauline Hutchings et ses enfants sont parmi les fidèles les plus assidus de ses messes. John est toujours à l'harmonium et veille à ce que la sainteté du lieu soit respectée : un jour, un couple d'étrangers africains arrive à la chapelle avant la messe et se met à bavarder, sortant des cacahuètes et les mangeant sans façon ; John se met alors en colère contre eux.

Dès l'année précédente, Anthony Wilkinson avait écrit dans l'*Observer* : « La guerre de guérilla est perdue d'avance pour Smith [...] La Rhodésie blanche a été fondée par la force et durant 80 ans a réussi à se maintenir par sa supériorité économique et militaire. Il n'est pas surprenant que bien des Noirs en Rhodésie aient compris de cette expérience que la force, c'est le droit. » La zone de Mtoko vérifie ce diagnostic[1]. Dès le début de l'année les

1. Au niveau national, les pendaisons de rebelles se poursuivent en début d'année, malgré le cessez-le-feu, qui est d'ailleurs de moins en moins respecté des deux côtés. Robert Mugabe réussit, le 1er avril, à quitter clandestinement la Rhodésie pour le Mozambique grâce à l'aide d'un prêtre et de religieuses. Il va rapidement s'imposer comme le nouveau chef de la ZANU (Chipeto a été assassiné en mars). Ian Smith lance une campagne pour faire venir un million de colons européens dans le pays. Elle échoue et le flux s'inverse. Le 25 juin, le Mozambique accède à l'indépendance et s'empresse de rejoindre les pays de la ligne de Front. Le gouvernement marxiste de Maputo commence à fermer les écoles catholiques, à expulser les missionnaires, à endoctriner la population. Ian Smith s'empare de ces événements pour marteler son discours de défense de la civilisation chrétienne, alors que des tentatives de négociations en août puis à la fin de l'année tournent court et que la guerre s'intensifie.

accrochages et les explosions de mines se multiplient, ainsi que la chasse aérienne aux *Terrs.* John voit presque tous les jours les Dakotas et les Alouettes III passer au-dessus de sa tête en partant ou en revenant d'opérations et il peut écrire dès le 25 janvier :

> Regarder le franchissement d'une rivière
> Par une troupe de babouins gris est fort réjouissant ;
> Voir le ballet en boucle d'un hélicoptère
> S'accorde plus au cauchemar qu'au rêve[1].

Une fois bien installée dans les « réserves indigènes » de Charewa, la ZANLA est en effet descendue dans la zone de Chimoyo, plus proche de Mtoko et, avec la fin de la guerre au Mozambique, la région est devenue un enjeu essentiel : la frontière est longue, souvent montagneuse, les vallées forment des corridors de passage, les *kopjes* et leurs grottes offrent des caches.

Philo est toujours nominalement le directeur du centre mais John a repris un travail qui n'est guère différent de ce qu'il faisait avant son expulsion. Il essaie d'aider ceux qui ont des problèmes particuliers ; il écrit ainsi le 13 mars 1975 à Sr Fidelis de Salisbury, pour la remercier d'un don qui a servi à acheter des arachides pour les lépreux et lui demander de faire baptiser et d'envoyer à Mtemwa pour les vacances de Pâques le jeune Chamanorwa Shumba, un fils d'Ida qui chemine vers la foi catholique. Mais sa gentillesse a toujours du mal à s'étendre jusqu'aux ennemis ; quatre jours plus tard, il traite dans un poème William Ellis de « cochon » – le pharisaïsme, fût-il anticlérical, semble être à ses yeux le péché irrémissible.

Le P. Gibbs, avec la curiosité et l'émerveillement du nouvel arrivé, décrit ainsi la vie de John à Mtemwa à cette époque :

> La journée de John commençait d'une certaine façon au crépuscule avec l'office du soir dans sa case. Les heures de la nuit étaient à lui, à moins d'un décès ou d'un lépreux très malade dans le centre, passées dans la prière et la méditation et « quand venait la Muse » dans l'écriture de poèmes. Aux petites heures du matin, il allait courir un mile « juste pour garder la forme », se lavait rapidement dans le bac plastique devant sa porte, puis il partait pour le centre y ouvrir l'église afin de préparer le service de communion du matin. Un prêtre

1. *A Ballade of a Crossing Crowned*, 1975.

visitait Mtemwa une fois par semaine et, les autres jours, John animait le service du matin, lecture de la Bible, récitation des prières du matin, administration du Saint Sacrement, jeu de l'harmonium.

Les voix tues, et l'instrument arrêté, les portes étaient ouvertes et les lépreux sortaient en file, conduits par *Baba* John portant un panier. En quittant la chapelle juste après avoir reçu le Corps du Christ, ils s'arrêtaient pour bavarder avec *Baba* John. Quelques-uns disaient juste bonjour, d'autres demandaient un médicament pour un mal de tête, un rhume, un refroidissement, du paludisme, des douleurs ou des yeux qui faisaient mal. *Baba* John plongeait dans son panier et en sortait une bouteille, un tube, quelques comprimés, un onguent, une crème ou juste quelques bonbons pour ceux qui avaient besoin d'être réconfortés ; il y en avait pour chacun. Comblés spirituellement, aidés matériellement, les lépreux regagnaient leur case heureux, soignés et en paix avec Dieu et entre eux, certains marchant, d'autres rampant, d'autres encore poussés dans leur chaise roulante.

Après que le dernier lépreux avait regagné sa case, *Baba* John rangeait son panier, fermait l'harmonium et descendait lentement l'allée vers sa case pour y prendre son petit déjeuner. John se nourrissait de pain, de fromage, de café, de poudre de lait, de jus d'orange et à l'occasion d'un œuf – il donnait la plus grande partie de ce qu'il recevait aux lépreux : « Après tout, disait-il, les lépreux en ont besoin plus que moi. » Il ne jugeait pas bon de conserver quoi que ce soit. Les lépreux ont toujours besoin de quelque chose et John recevait toujours ce dont ils avaient besoin au moment opportun, ou sinon l'argent trouverait son chemin vers Mutemwa pour acheter ce qui était nécessaire pour le centre. « L'aide, aimait à dire John, vient toujours de quelqu'un. » Il recevait des vêtements, de la nourriture, des médicaments et bien d'autres dons, dont il se servait pour rendre la vie des lépreux plus supportable – tabac à priser, pipes, sacs de cacahuètes, lait en poudre et viande fraîche. Toutes sortes de dons arrivaient de toutes sortes de gens – tous donnés aux lépreux et servant à les aider.

Quand le petit déjeuner était terminé, John retournait au centre pour ses « tournées ». Il visitait chaque lépreux chaque jour, juste pour s'assurer que tout allait bien. Si quelqu'un avait besoin de quoi que ce soit, John allait le lui donner. Il baignait ceux qui avaient besoin d'un bain, préparait le feu, faisait les lits, changeait les pansements, et donnait tout ce qu'il avait reçu ou acheté pour son peuple. Au début de la « Tournée » sa brouette était toujours pleine – pleine de sucre, de thé, de bonbons, d'oignons, de légumes, de cacahuètes, de tomates, de pain, de viande – tout ce qu'il avait à distribuer. Lorsqu'il arrivait à la chapelle pour l'angélus de midi, la brouette était vide et chaque lépreux aidé d'une façon ou d'une autre.

Après un moment de calme en présence du Seigneur, l'après-midi se passait de la même façon – couper du bois pour le feu, nettoyer la barrière canadienne, ramasser des roseaux pour faire des chapeaux, faire le thé ou le café pour les malades ou passer juste pour bavarder et réconforter.

Une fois ou deux par semaine, John montait au village [Mtoko] pour faire ses courses pour les lépreux. À ceux qui étaient vraiment malades ou mourants, il achetait quelque chose de spécial au village, soit des oranges fraîches, soit un œuf ou deux, une part supplémentaire de lait ou une pinte de vrai lait. À son retour de courses, il rendait visite à ses patients « spéciaux » – ceux qui étaient alors gravement malades –, et les aidait à allumer le feu, faire leur lit, remplir la pipe, faire bouillir le café ou toutes les autres petites tâches à accomplir. Parfois il se tenait simplement accroupi et bavardait, essayant d'aider et de donner du courage.

Lors d'un décès, John était toujours présent pour réconforter le mourant et tous les lépreux qui perdaient un ami cher. Dans une petite communauté comme Mtemwa, un décès touchait très profondément tout le monde, et John aidait les lépreux, même les non-croyants à saisir que la mort était dans la plupart des cas un soulagement béni après des années de souffrance et l'ouverture d'une porte vers la joie, la paix et le bonheur.

À quatre heures, l'après-midi, la cloche sonnait pour la prière du chapelet et du soir à la chapelle, assez tôt pour ne pas interférer avec le dîner des lépreux à cinq heures. Après que le dernier lépreux avait quitté l'église, John la fermait, allait faire un tour pour voir tous ceux qui avaient besoin d'aide pour se préparer à la nuit, puis descendait l'allée jusqu'à sa case pour y passer la nuit, seul avec son Dieu, chantant, priant ou juste assis calmement en présence de son Créateur[1].

À ces activités s'ajoute parfois la lecture. John reçoit plusieurs livres en cette année 1975, même s'il ne lit guère – en dehors de la Bible et du *Nuage d'inconnaissance* –, malgré l'insistance du P. Harold-Barry. En réponse à la *Ballade de Saint-Valentin* qu'il lui a envoyée le 13 février, Shirley James lui offre *Jonathan Livingston le Goéland* de Richard Bach. Il ne le lira qu'en août et la remerciera pour ce conte dans lequel il voit comme une parabole de son propre itinéraire. Plus tard, il lira l'ouvrage de Gavin Maxwell, *Ring of Bright Water*, une histoire de loutres de mer qui lui plaira, et *La Mer cruelle* de Nicholas Montsarrat, qu'il n'appréciera pas.

Les visites se poursuivent malgré la guerre. Michael Gelfand a fait venir dans sa faculté de médecine le Pr Stuart Saunders, directeur de celle de l'université du Cap et pourfendeur de l'apartheid. Comme ce dernier souhaite visiter un hôpital

1. Témoignage de David Gibbs (archives Bradburne, Leominster).

de mission, Gelfand l'envoie avec un de ses jeunes confrères chez le Dr Guidotti[1]. La gravité des pathologies qu'il découvre frappe le médecin sud-africain : la guerre et ses destructions apportent une dégradation accrue des déséquilibres alimentaires[2]. La guerre bat son plein, il y a des combats tout autour de la mission et il demande au médecin d'All Souls si elle n'a pas peur. Elle répond que oui, qu'elle a très peur. Il précise sa pensée : « Qu'est-ce qui lui fait le plus peur ? » et elle : « De faire une erreur de diagnostic. » Luisa Guidotti conduit ensuite les visiteurs à Mtemwa. Là aussi Saunders est étonné par la gravité des atteintes, les lépreux qui rampent sur des moignons de coudes et de genoux, tout juste couverts d'un morceau de tissu. Puis il arrive chez John dans la case de tôle (que Saunders décrit comme un « tipi d'aluminium »), brûlante sous le soleil. La simplicité du lieu le frappe : une moustiquaire et un hamac occupent une partie de l'habitat, une seule chaise. John la lui offre tandis que les trois autres s'assoient en tailleur autour de lui (Saunders, alors en son mitan de quarantaine, parle de John, de dix années plus âgé que lui comme d'un « jeune homme » !). Quelque peu surpris par les symboles religieux de l'« autel » (il parle sans doute de l'Arche), il n'est pas moins frappé par le catholicisme ardent de John. Ce dernier lui parle de ses amis lépreux et de leurs souffrances avec un ton qui frappe le médecin (dans ses *Mémoires*, Saunders évoque comme d'autres sa possible béatification et associe Luisa Guidotti et John comme « deux personnes extraordinaires qui me firent grande impression »)[3].

Le 12 avril 1975, le *Rhodesia Herald* publie un nouvel article sur la crise de Mtemwa favorable à John. Ce dernier remercie le journal, avec une mise au point : « Qu'est-ce qu'une "petite case de tôle" (*tiny tin hut*) et une "petite église improvisée" ? Je

1. Le Pr Gelfand admire le travail de Luisa Guidotti. L'année suivante, ils publieront ensemble un article dans le *Journal of African Medicine*, signe de reconnaissance pour elle.

2. Une enquête montre alors qu'un tiers des enfants africains hospitalisés à Salisbury souffrent de malnutrition, et des enquêtes de terrain révèlent des zones où celle-ci touche jusqu'à 80 % de la population, alors que les cultures commerciales sont florissantes.

3. Si John accueille avec courtoisie des médecins comme Saunders, il ne cache toujours pas son désaccord avec ceux qui lui semblent traiter ses amis comme des cobayes de laboratoire comme le Dr Ellis, qui vient à nouveau prendre des échantillons sur 77 lépreux.

pourrais presque écrire au *Times* et leur dire que je suis un petit Tim ! Nous sommes très fiers de notre église et de son excellent Architecte ! » Ellis est furieux de l'article, et Dighton irrité : le 17, un certain Robb Mascetti d'Union Avenue à Salisbury envoie une lettre au journal prétendant que tout va pour le mieux à Mtemwa, et l'*Herald* la publie. John, mis au courant, envoie un poème irrité mais abscons au journal, qui ne le publiera pas. Quelques semaines plus tard, Philip Dighton vient, seul, à Mtemwa. John n'a jamais cessé d'avoir du respect et de l'affection pour lui, et il a toujours souffert de le voir sous l'emprise d'Ellis. Les deux hommes ont une franche explication et Dighton reviendra encore deux autres fois dans l'année. À Noël, la réconciliation sera complète – pour un temps.

Intensification de la guerre

John apprend de Luisa Guidotti que, le soir du 17 mai, des *vakomana* sont arrivés à la mission d'All Souls. Ils sont entrés chez elle et leur chef l'a saluée le poing levé. Crânement, elle a tapé dans ses mains, le salut traditionnel shona, avec un *Manheru* (Bonjour) sonore, et lui a dit qu'elle avait quitté l'Europe et ses gestes et préférait celui des Shonas. L'homme a pris le parti d'en rire. Les guérilleros l'ont ensuite conduite avec Caterina Savini à un *morari*. Quelque 500 paysans étaient convoqués. Le chef a fait accueillir avec des chants et des slogans la « camarade Luisa », elle s'est assise et la séance s'est poursuivie, avec des slogans indéfiniment répétés et des chants révolutionnaires dont les mélodies sont souvent celles de cantiques chrétiens détournés. Le chef a demandé devant les paysans aux deux femmes de rester à l'hôpital pour « soigner le peuple ». John sort renforcé dans sa conviction que l'« Ours russe » est derrière les *vakomana*.

Le 25 juillet, un couvre-feu est déclaré par le gouvernement rhodésien à l'est du pays. La zone de Mtoko reçoit le nom de guerre de « Takawira ». Un Commandement d'opération conjointes (JOC) est installé à l'aéroport de Mtoko. Les troupes aéroportées agissent dès qu'un groupe de *Terrs* est signalé et celles au sol patrouillent, largement composées d'auxiliaires africains dirigés par des officiers européens. Le ballet des avions et des hélicoptères s'accentue au-dessus de la case de John. Les paysans du district sont pris entre deux feux, mais c'est l'armée qui les terrorise le plus. Ainsi ce témoignage du petit Rukariro, alors âgé de cinq ans, fils d'un fermier africain :

> Je regarde les convois de camions de l'armée passant le pont près du barrage. Un jour, ils s'arrêtent sur le pont et, par leurs gestes, les soldats nous intiment l'ordre d'aller à eux pour être interrogés. Bien que j'aie eu alors moins de six ans, et aucune éducation préscolaire, mon instinct m'a soufflé de m'enfuir. De fuir le plus vite possible dans la brousse et de me mettre à l'abri pour me cacher de ces… « terroristes ».

John est, lui, surtout préoccupé par les problèmes de santé de ses amis du centre. Il cherche toujours à trouver des alternatives à la pingrerie du comité en médicaments et presse ses correspondants de lui en envoyer plus, en particulier son frère Michael au Canada et Stephen King, qui fait une brillante carrière en Tasmanie. Lors d'une visite au Canada le P. Harold-Barry va voir de sa part Michael. Mais le jésuite a aussi pour mission de lui demander de ne pas accepter ou de ne pas trop en envoyer, car John en distribue sans retenue (au témoignage de David Bradburne, fils de Michael, le P. Dove est moins prudent lorsqu'il rend visite à son tour à la famille à l'occasion d'un voyage au Canada).

John est toujours resté en relation avec le P. Ennis, désormais curé de la cathédrale de Salisbury. Ce dernier lui envoie de temps en temps des visiteurs, sans doute ceux dont il pense qu'ils pourraient servir Mtemwa, ou qui sont en recherche spirituelle. C'est ainsi que Margaret de Haast se retrouve un jour d'avril sur la route de Mtoko puis sur la piste de Mtemwa. Elle s'est annoncée mais ne trouve personne à la case de tôle. Au bout d'une heure d'attente, elle se prépare à repartir, pensant s'être trompée de jour, quand arrive en courant de la brousse un barbu grand et maigre qui évoque pour elle irrésistiblement l'image qu'elle se fait de Jean-Baptiste. Comme elle le salue en lui disant : « Vous devez être Robin des bois », il lui répond : « Et vous Mademoiselle Marianne », les surnoms resteront. John s'excuse de son retard : il jouait de la flûte près du ruisseau. Margaret rebondit là-dessus en regrettant de n'avoir pas de harpe. Aussitôt il l'invite à prier et les voici tous deux à genoux. Il compte désormais une amie de plus. Margaret et son mari lui offriront du DTT et des moustiquaires pour le centre.

À l'occasion d'une visite à Silveira House, John s'y fait une autre amie, Sr Angelina Katsukunya, une religieuse africaine employée au secrétariat, qui accepte de tirer les stencils de ses poèmes après qu'il le lui a timidement demandé. Il en est si heureux qu'il compose pour elle une *Ballade d'une sœur africaine* le 20 septembre, ne manquant pas de jouer sur le caractère « angélique » d'Angélina, dont il compare le rire joyeux et ailé aux chœurs du King's College de Cambridge, et la spiritualité à celle de *L'Échelle de Perfection* de Walter Hilton (il demande aussi au P. Dove s'il est convenable d'offrir une boîte de chocolats à une religieuse pour la remercier)[1]. John profite aussi de séjours dans la capitale pour aller au cinéma avec son ami Dove. Il s'y fait remarquer avec ses tennis troués et ses vêtements élimés. Comme d'habitude les deux amis se jouent la comédie. John dit à son ami : « Je vais t'offrir une boîte de chocolat. — Merci. — Oh, j'ai oublié mon chéquier. Tu peux me prêter un dollar ou deux ? » Et le P. Dove lui prête l'argent. À la fin de la séance le sol est rempli de papiers de chocolat, et John déclare avec un sourire béat à son ami : « Il y a longtemps que je n'avais pas aussi bien mangé. »

Un autre jour, toujours à Silveira House, son ami Dove, qui a découvert le charisme de guérison d'Anne Lander, a demandé à celle-ci de venir à la chapelle étendre les mains sur Mary Hildeberta, la comptable du centre qui, depuis des années n'a plus qu'un filet susurrant de voix. John, présent à ce moment-là, les suit, mais il reste timidement en retrait jusqu'à ce que son ami le fasse venir au premier rang. Là, Anne Lander, la religieuse et lui croisent leurs mains, il dit une prière, puis Anne pose ses mains sur la tête de la religieuse. Le P. Dove se tient discrètement au fond de la chapelle. Les trois Européens se retrouvent ensuite dans la salle à manger, et John somnole, lorsque entre en coup de vent une farandole de religieuses africaines chantant à pleine voix les louanges de Dieu, sœur Mary Hildeberta en tête ! Anne et John tombent à genoux pour rendre grâces, puis se disputent en prétendant que c'est l'autre qui a le don.

---

1. Il envoie d'autres stencils à son frère Philip et à sa nièce Pamela, qui passe des soirées à les tirer « à bon nombre de copies » dans le sous-sol de son lieu de travail sur une vieille ronéo, et les apporte ensuite à son père qui les conserve en attendant de recevoir de John l'ordre d'en envoyer ici ou là.

De retour à Mtemwa, John retrouve Lazaro et Ida, toujours hébergés par lui, et avec qui il partage tout ce qu'il reçoit. Dans un poème du 11 octobre *La Lamentation du raciste*, il joue sur les couleurs pour se moquer de la discrimination raciale (il recommencera en 1979 en lui opposant l'harmonie raciale des oiseaux de tout plumage). Mais, en ce mois d'octobre, il doit se battre sur un nouveau front, celui des arbres, qui sont régulièrement abattus ou leurs branches coupées par des intrus alors que les lépreux en ont besoin. De plus, les arbres sont ses amis : il écrit le poème *Vox clamantis contra inclementes* pour les défendre, et on sent combien ils sont pour lui des êtres vivants et amicaux.

1976 : guerre civile à Mtoko, guerre privée à Mtemwa

La guérilla a maintenant investi toutes les « réserves indigènes » de la zone de Mtoko, considérée désormais comme « semi-libérée ». Les chefs de la guérilla sont en général bien éduqués et polis (ce sont souvent d'anciens élèves des écoles des missions). Ils veulent gagner la confiance des populations rurales par une démonstration de force tranquille, et ils se présentent comme des combattants de la liberté qui veulent rendre la terre volée par les Européens. Mais ils sont sans pitié pour les « traîtres », les informateurs et les agents du gouvernement, et ils interdisent de les enterrer après leur exécution (ce qui est pire que la mort pour les Shonas). L'armée rhodésienne et ses auxiliaires africains ne se hasardent plus que de jour dans la zone africaine quand des attentats sont commis, et y commettent souvent des actes de violence injustifiés. Dans un rapport, Justice et Paix signale : « C'est une croyance répandue dans la zone de Mtoko que les forces de sécurité sont capables d'ouvrir le feu sur les gens qui se trouvent près d'un endroit où une mine a explosé. » À Mtoko même, le 19 mars, douze jeunes méthodistes rentrant d'une réunion de prière sont arrêtés. Ils sont accusés de revenir d'un meeting de la guérilla et sévèrement battus bien qu'ils n'aient que des bibles et des livres de prière. Les troupes auxiliaires ne sont pas en reste pour la violence. Ainsi Saul Bhebe, un chef de section de la Garde (*Guard Force*), une unité spéciale composée d'officiers européens et de soldats africains, créée pour surveiller les *keeps* (« villages protégés ») s'enivre avec ses hommes dans le *Beerhall* d'un *keep* près de Mtoko et ouvre le feu sur l'assistance, tuant deux femmes et un homme. Il sera jugé, mais d'autres cas similaires sont étouffés. La guerre fait aussi remonter de vieux démons. Les rumeurs de sorcellerie s'accroissent et conduit à une vraie hystérie collective dans la région, résurgence du mouvement de sorcellerie *Mchape* des années 1930[1].

Mtemwa n'est plus à l'abri, mais John y retourne après avoir fêté Noël à Silveira House. Quelques jours plus tard, alors qu'Hanzu, la doyenne de Mtemwa, meurt à 93 ans, John constate que, malgré sa réconciliation avec Dighton, les lépreux sont toujours à la merci de Philo. Il les soigne discrètement avec les médicaments reçus de Stephen King, mais Luisa Guidotti n'en est pas très satisfaite, car elle connaît les méthodes peu satisfaisantes de son ami.

Avec la guerre, le problème lancinant des dégâts des bovins dans les jardins des lépreux prend un tour plus aigu. Les paysans des *kraals* voisins du centre n'ont jamais accepté le rapt de leur terre au début du siècle, et ils s'en considèrent les seuls maîtres légitimes car ce sont celles de leurs ancêtres – ceux-là mêmes qui dirigent leur vie, les saisons, les pluies, l'abondance ou la disette. De plus, les lépreux sont souvent des étrangers du Malawi et du Mozambique, ou des Shonas d'autres régions. Et comme les superficies de leur terroir ne peuvent augmenter, que la pression sur les terres est de plus en plus forte, et les troupeaux de plus en plus nombreux, la tentation d'exercer tout de suite ces droits sur les terres du centre, exacerbée par la propagande de la guérilla, est d'autant plus grande pour les paysans que les lépreux ne peuvent

1. Au niveau national, l'escalade se poursuit tout au long de l'année. Les attentats contre les lignes de chemin de fer se multiplient. Les voitures doivent circuler en convoi, d'abord sur l'axe central du pays, puis peu à peu sur toutes les grandes routes. Pourtant, le ministre de la Défense s'adresse encore à des soldats européens en ces termes : « Vous serez les instruments par lesquels sera sauvegardé le droit de tout notre peuple d'avoir une part dans ce paradis terrestre dans lequel nous sommes privilégiés de vivre. » Ian Smith sait, lui, qu'il a déjà perdu, et cherche un compromis qu'il contrôlerait. En septembre, il annonce que le pouvoir sera donné à la majorité africaine dans les deux ans. Du 9 octobre au 14 décembre 1976, Henry Kissinger dirige à Genève des négociations entre le régime UDI et le Front patriotique, qui regroupe désormais la ZANU et la ZAPU. Elles échouent, et Ian Smith décide de mettre en œuvre un projet de « solution interne ».

se défendre, contrairement aux Européens. John le fait pour eux, même si son expulsion du centre, puis l'acquittement de Philo ont sapé son autorité, même s'il n'est pour les paysans qu'un Blanc sans grand pouvoir, au moment même où ses semblables font sentir par une violence toujours plus forte ce qu'est le pouvoir. Les conflits se multiplient et se cristallisent dans le différend avec Mudzinganyama[1], que John surnomme le « Crésus noir ». Ce riche paysan éleveur, propriétaire de la boucherie qui porte son nom, traite directement avec le commissaire de district mais donne en même temps des signes de bonne volonté à la guérilla. Les lépreux de Mtemwa ne sont qu'un grain de sable dans ses affaires. Suite à une transaction peu claire, il a acheté un terrain qui jouxte leur cimetière. Il considère que celui-ci lui appartiendra le jour prochain où Mtemwa fermera et veut interdire toute nouvelle inhumation et envoyer ses bêtes paître sur les tombes. John défend les lépreux morts comme les vivants et se dresse contre lui.

Malgré l'armistice avec Philo et Dighton, le conflit avec le comité se poursuit. Pour hâter la fermeture du centre, Ellis fait détruire les cases des lépreux décédés. En mars, le *Rhodesia Herald* publie une lettre de Pauline Hutchings qui défend John. Dighton demande alors à la rencontrer à Mtemwa. Il arrive au centre avec une membre du comité habillée comme pour une garden-party, chapeau y compris. Ils disent à la jeune femme : « Vous vous trompez, il ne faut pas soutenir John, c'est un instable, incapable de surveiller les lépreux. » Mais elle tient bon et le défend.

Ces difficultés n'empêchent pas John d'écrire des poèmes, ni de chercher de l'aide pour Mtemwa. Le 6 avril, il remercie madame Carey, une bienfaitrice du centre qui est venue le visiter, dans un poème plein d'humour. Fin juin, il pense avoir trouvé un nouveau moyen de gagner de l'argent : son ami Bruce Wilkinson lui a demandé de lui envoyer des poèmes qu'il va essayer de publier. John lui répond aussitôt qu'il en prépare et ne tardera pas à lui en envoyer (cela ne conduira à rien).

1. John orthographie généralement ainsi ce nom. C'est celui de l'éphémère dernier roi des Rozvis lors de l'insurrection de 1986, qui essaya de coordonner la résistance shona avant d'être arrêté par les hommes de Rhodes.

Peu à peu, les discussions avec Dighton portent leur fruit. Philo reste le directeur du centre, mais l'embauche d'un autre Africain est en discussion. Ellis démissionne de rage, et c'est le fidèle Alistair Guthrie qui est coopté par le comité. John explose de joie. Celle-ci est de courte durée car le 28 juin, la veille de la venue programmée d'Alistair Guthrie et du P. Dove à Mtemwa pour inaugurer une nouvelle époque au centre, Luisa Guidotti est arrêtée pour non-dénonciation de terroristes – elle risque la peine de mort !

Luisa Guidotti, « terroriste »

En avril, la mission d'All Souls a été touchée par le couvre-feu. Luisa Guidotti et Caterina Savini ont décidé de dormir dans l'hôpital afin d'être disponibles pour les malades. Le P. Alois Nyanhete[1] est maintenant le responsable de la mission. Il apprend à Luisa Guidotti que deux paroissiens ont été tués par les forces de sécurité pour avoir enfreint le couvre-feu en venant à la messe tôt comme ils le faisaient toujours. Elle et John en sont bouleversés. Le 5 mai, deux agents africains du développement communautaire, W. Mawire et W. Muchenje sont à leur tour tués dans la zone par la guérilla. Toujours en mai, les combats entre l'armée rhodésienne et les rebelles se rapprochent encore plus d'All Souls : moins de deux kilomètres, évalue Luisa Guidotti. Des mines font exploser des véhicules sur la grand-route.

À la mi-1976, la mission d'All Souls devient un *keep*. Pour contenir l'avancée de la guérilla, le gouvernement a en effet décidé de créer ces « villages protégés ». Les paysans sont parqués et doivent porter un bracelet avec un numéro d'identification. Ceux qui ne l'ont pas sont décrétés *Terrs*, et les soldats peuvent tirer à vue sur celui ou celle qui ne le portent pas visiblement. Une haute clôture est installée tout autour de la mission et des alentours. Le *keep* doit accueillir des centaines de villageois, qui seront bientôt plusieurs milliers. Une garnison d'auxiliaires africains est installée à côté, pour « protéger » contre la guérilla.

1. Ce prêtre est le fondateur du mouvement marial de prière et de vie Reine du Ciel, dont les membres sont reconnaissables dans les célébrations à leurs vêtements bleu et blanc.

Le jour fixé pour l'ouverture du *keep*, les *kraals* de la zone voient arriver la troupe. Ils n'ont parfois que dix minutes pour préparer leur départ. Pour un peuple aussi attaché à sa terre, c'est un déchirement. Le feu est souvent mis aux cases pour que les villageois n'y retournent pas. Dans le *keep*, les paysans doivent reconstruire des cases sur une petite parcelle. Il n'y a pas de champs et ils doivent courir travailler dans les leurs ou ceux qu'ils ont débroussaillés durant la journée, au risque de se faire tuer s'ils rentrent après l'heure du couvre-feu, alors qu'ils n'ont pas de montre. Ils ne sont même pas autorisés à apporter de quoi manger, de peur qu'ils ne le livrent aux *Terrs*. Les femmes doivent s'agenouiller devant les soldats qui surveillent l'entrée du camp pour s'assurer qu'il n'y a que de l'eau dans leurs cruches ; or la tradition shona est qu'une femme ne s'agenouille que devant son mari. Les portes du *keep* sont fermées douze heures par jour et ceux qui sont à l'extérieur sont abattus sans sommation. Parfois elles restent fermées une, deux ou trois journées, sans raison. Des *Beerhalls* favorisent un alcoolisme de masse ; ceux qui y succombent deviennent des épaves humaines, les autres haïssent encore plus le système qui dégrade leurs frères. La prostitution, jusque-là inconnue en milieu rural, se développe, et bien des femmes s'enfuient vers Salisbury ou au moins Mtoko avec leurs enfants. L'administration oblige aussi les paysans enfermés dans le *keep* à construire des latrines dans la parcelle exiguë qui leur est attribuée. Le procédé choque la pudeur des Shonas, des maladies sont apportées par les grosses mouches et les moustiques sont attirés. Luisa Guidotti s'en alarme, et constate aussi que l'amibiase mine la santé des familles. Pour pouvoir les servir nuit et jour, elle habite désormais dans une case du *keep* aussi étouffante que celle de John. Elle enregistre des taux de mortalité effarants, surtout à cause de la malnutrition. Avec Caterina Savini, elle prépare alors des litres de *mahewu* (bière africaine) pour améliorer l'équilibre nutritionnel des enfants, mais les autorités ne tardent pas à lui interdire de le faire.

La ZANLA, qui a défendu aux paysans du *keep* d'accepter l'aide que Silveira House leur propose, jouant la politique du pire, ne tarde pas à attaquer All Souls. Les *vakomana* pénètrent dans le *keep* et tirent sur la garnison du milieu des cases, ce qui entraîne une riposte rapide. Tout le *keep* est pris entre deux feux. Luisa Guidotti et Caterina Savini sont sous leur lit tant que dure la fusillade. Avant de s'esquiver dans la nuit, les *vakomana* mettent le feu aux cases.

La nuit, des *vakomana* blessés arrivent à l'hôpital. Luisa Guidotti les soigne comme tous, mais c'est un crime punissable de la peine de mort. Le dilemme posé à elle par l'interdiction d'aider les rebelles ne lui est d'ailleurs pas propre, c'est celui de toutes les missions avec leur hôpital ou leur dispensaire. Le matin du 24 juin, elle voit arriver dans son hôpital un jeune du village de Manyanga, Anthony Kodo, blessé par balle au bras. Elle lui propose de l'amputer ou sinon qu'il aille dans la capitale pour sauver son bras. Le jeune choisit de partir à Salisbury, mais il tombe sur un barrage et il est arrêté comme membre de la guérilla (ce qu'il n'est sans doute pas). La police accuse aussitôt Luisa Guidotti de non-dénonciation. Elle répond que le jeune a demandé de lui-même à aller à Harare où les *Terrs* sont pendus, preuve qu'il n'en est pas un. Les policiers repartent après l'avoir menacée.

Le 28, ils reviennent à All Souls et l'arrêtent sous le chef de « non-dénonciation de terroriste, articles 51 a et 51 c de l'Acte sur la Loi et l'Ordre, crime passible de la peine de mort ». Luisa Guidotti est aussitôt conduite devant le juge de Mtoko puis transférée à la prison pour femme de haute sécurité de Salisbury. On ne lui laisse que trois livres et trois pilules, et elle passe une nuit glaciale dans sa cellule. Le lendemain elle partage le déjeuner des détenues africaines, puis reçoit la visite d'un avocat et de l'aumônier de la prison. Ensuite, ségrégation raciale oblige, elle est transférée dans la section européenne. Le lendemain, Alistair Guthrie vient la voir. Luisa Guidotti est très touchée par cette visite : « C'était un Européen Front rhodésien cent pour cent, et pourtant il est venu me visiter en prison [...] Il l'a fait parce qu'il était un chrétien authentique, fils du Père, et quand il est venu il s'est comporté avec délicatesse, gentillesse et un oubli de soi merveilleux », écrira-t-elle.

Alistair Guthrie se démène et le 2 juillet, Luisa Guidotti est sortie de prison et assignée à résidence à Salisbury dans l'attente de son procès. Elle se rend chez l'archevêque qui lui dit que « toute l'Église était en prière tandis qu'elle était en prison » puis s'installe à Silveira House, où John arrive aussitôt de Mtemwa, et la salue d'un vibrant : « Bienvenue à la protomartyre du Zimbabwe. » Il lui apprend que les lépreux sont en prière pour elle. Des amis du médecin d'All Souls se proposent de la défendre :

le Pr Gelfand et le Dr Joan Lamplugh, présidente des Médecins catholiques qui finance sa propre fondation Glendora pour les Africains pauvres grâce aux revenus tirés de sa clientèle européenne. Le 24 juillet, *Ambuya* Luisa se rend à Mtemwa et les lépreux lui réservent un accueil inoubliable : chants, danses, puis pleurs abondants : « Ils savaient que je pouvais être condamnée et mourir… Je risquais l'expulsion, mais j'aurais préféré la pendaison ». La menace n'est pas imaginaire : plus de soixante pendaisons ont déjà été effectuées et le régime est aux abois. D'ailleurs, dans la zone de Mtoko, les bavures de l'armée rhodésienne se multiplient. Les soldats investissent ainsi un *kraal* de Mtize Chikata et le jeune Athanasio Mutikiti meurt durant son interrogatoire. Le 2 août, Caterina Savini est autorisée à venir voir son amie à Silveira House. Luisa Guidotti la raccompagne jusqu'à Lot, près d'All Souls, où tout le personnel de la mission l'attend. Quand elle arrive, elle se présente comme « l'Européenne terroriste » : tous éclatent de rire, avant les pleurs.

Le 7, Mgr Chakaipa est installé comme nouvel archevêque de Salisbury. La célébration a lieu au stade Rufaro, en présence de neuf évêques, 100 prêtres et 20 000 fidèles. *Ambuya* Luisa, présente, est acclamée par tout le stade (« Je me suis vraiment sentie Shona avec les Shonas », écrira-t-elle). Le lendemain, elle rencontre, chez Mgr Chakaipa, le nonce qui lui lit une lettre de Paul VI qui « porte un intérêt personnel à son affaire » et lui envoie sa bénédiction. Le lendemain l'aviation rhodésienne bombarde le camp de la ZANU de Nyadzonia au Mozambique faisant plus d'un millier de victimes, dont nombre de femmes et d'enfants. Le 18, le *Rand Daily Mail* de Johannesburg publie un article sur « la première des Européens à risquer la pendaison ou au mieux la prison à vie ». Deux jours plus tard, au Parlement rhodésien, Rodney Simmonds (par ailleurs représentant d'une organisation italienne de trafic d'armes) tonne sans la nommer contre elle[1]. Deux jours plus tard, c'est le procès et, coup de

1. Le mois précédent, il l'avait attaquée de même dans le *Rhodesia Herald* : « Beaucoup d'Églises sont infiltrées par les communistes et quelques missions aident activement les terroristes. » Le mois suivant, Mgr Lamont, inculpé pour ses déclarations perçues comme un soutien à la rébellion, sera condamné à 10 ans de travaux forcés – sentence provisoirement suspendue.
Les derniers mois de 1976, les attaques de missions catholiques, tant par les forces du régime que par celles de la guérilla, se multiplieront. Le P. Mutume et

théâtre, le juge se lève et lit : « Toutes les charges sont abandonnées, le Dr Guidotti est libre et peut retourner à All Souls » (mais elle se verra ôter de son salaire payé par le ministère les deux mois de prison et d'assignation à résidence, en tant que « vacances »). Son retour est triomphal et elle doit s'arrêter dans chaque *kraal* où l'attendent des danses et des chants. Il en est de même chez John et ses lépreux. Mais, à Mtoko, beaucoup pensent déjà à la vengeance.

À peine Luisa est-elle revenue à All Souls qu'un nouveau drame survient : Wayanne Palmer, la logeuse de Mona Smith, est assassinée par la guérilla, le 19 septembre, et son mari grièvement blessé. Pourtant, la zone européenne du district de Mtoko est particulièrement surveillée par les forces de sécurité, car la culture du tabac est une des ressources du pays, et la géographie permet aux patrouilles de quadriller aisément la zone. De plus l'Union des fermiers rhodésiens, largement subventionnée par le gouvernement, aide les fermiers à s'équiper en systèmes de radio Agric-alert et à recruter du personnel de défense. Mona Smith est si traumatisée qu'elle décide de partir s'installer près de Salisbury. Lorsqu'elle quitte Mtemwa, le cœur serré et laissant un stock de vêtements pour les lépreux, la dernière image qu'elle peut voir est celle de John assistant une lépreuse en train de mourir, la tête sur ses genoux. Il lui tient la main jusqu'à son dernier souffle : « La mort n'est jamais une vue plaisante, mais la mort d'une créature sale, qui pue, déformée, est repoussante. C'est là que la sainteté de John était vraiment évidente » (M. Smith). John déplore le départ

---

le P. Mhonda sont arrêtés dans celle d'Avila et torturés, tandis que les Africains de la mission entendent un soldat déclarer : « Un missionnaire tué vaut cent guérilleros. » Le 25 novembre, le P. George Joerger, un missionnaire suisse, est enlevé alors qu'il circule en vélo dans la région de Mshawasha, puis assassiné. Il avait protesté contre des vols de bétail de la mission. Mgr Adolph Schmitt, évêque émérite de Bulawayo vient de déclarer en Allemagne : « La majorité africaine est aujourd'hui convaincue qu'il ne reste pas d'autre choix que la violence » quand il rentre en Rhodésie du Sud. Il pourra rapidement et tragiquement vérifier la justesse de ses paroles : il est assassiné par la guérilla avec le P. Weggartner et Sr Maria van der Berg sur une route près de Lupane, aux cris de « Les missionnaires sont les ennemis du peuple ». Justice et Paix rencontre Robert Mugabe en Suisse pour lui dire que des atrocités sont elles aussi commises par la guérilla et qu'il devrait y mettre bon ordre. Mugabe se fâche et menace l'Église de représailles si elle publie quoi que ce soit. Il n'y aura pas de rapport sur les crimes de la guérilla.

de son amie, et restera en contact avec elle. Quant au meurtre de madame Palmer, il le conforte dans sa certitude que les Soviétiques l'emporteront en Rhodésie, au moyen de la guérilla.

Pourquoi gâcheraient-ils une balle sur un clown ?

Début 1977, Mtemwa est désormais, derrière son rocher, à l'ombre mais aussi au cœur de l'une des plus formidables concentrations militaires du pays, car la région est sauvagement disputée entre les deux parties en conflit. L'épine dorsale de l'armée rhodésienne est constituée par la force aérienne basée à l'aéroport de Mtoko. Le dispositif compte des troupes d'appui au sol, des troupes spéciales, des mercenaires (parmi eux des Français), des troupes africaines des Affaires internes, en particulier les ARU (Administration Reinforcement Units) et la Garde des *keeps*. Une base d'auxiliaires africains (District Assistants) des ARU a été installée dans la zone de Mtemwa, non loin du centre. Dirigée par le sergent-major Svondo, elle participe aux opérations contre la guérilla.

Au fur et à mesure que les événements tournent en faveur des insurgés, ces supplétifs africains s'inquiètent et sont d'autant moins enclins à une quelconque sympathie envers les rares Européens qui, comme Luisa Guidotti, sont à leurs yeux des complices des *Terrs* ou qui, comme John, ne soutiennent pas à voix haute le gouvernement UDI. De plus, les *vakomana* les traquent et leur promettent un châtiment expéditif après la victoire, et la population paysanne les considère comme les chiens de garde des *keeps* pour le compte des Européens. Les rackets sont effectivement fréquents, tout comme les rapts de femmes et de jeunes filles (comme le font aussi des *vakomana* et des *mujibhas*). Dans le district voisin de Mrewa, un groupe d'auxiliaires africains a dû ainsi faire face à la fureur des hommes après de telles exactions et a perdu trois hommes. Le village a été brûlé en représailles, alors qu'il n'avait rien à voir avec la guérilla. Ce cas est connu parce qu'une mission proche l'a dénoncé, mais les autres ? Au centre même, Philo se livre à des trafics de rations et de vêtements destinés aux lépreux avec les hommes de l'ARU locale.

Les patrouilles de l'armée rhodésienne en campagne ou en exercice passent souvent aux abords de Mtemwa et John reçoit régulièrement des visites. Même si beaucoup le considèrent comme un fou, sa renommée dépasse de loin Mtoko et sa région. Ainsi le Dr Sandy Kirk, médecin officier, a entendu parler de lui et décide de lui rendre visite. Mike Glenshaw, un officier de renseignement, est chargé d'organiser la visite. Il réunit un peloton et le conduit avec le médecin militaire à Mtemwa. Glenshaw est indifférent à la religion et plutôt anticatholique, ulcéré par l'attitude de cette Église en faveur des *Terrs*. Arrivés au centre, le Dr Kirk ausculte les lépreux tandis que Glenshaw regarde de loin car il n'a pas envie d'entrer en contact avec « ces gens ». La visite se poursuit, et le groupe tombe sur John, qu'il prend d'abord pour un clochard ou un marginal – hippies et punks sont à la mode en Occident – mais qui ensuite lui donne l'impression de ne pas être un « abruti » (*yahoo*), mais de rayonner au contraire un « sentiment de dignité » qu'il ne sait expliquer. Ils discutent ensemble quelques instants, puis Glenshaw poursuit avec le groupe[1]. John écoute les discours des soldats, souvent manichéens ou ouvertement racistes. Il ne les partage pas, loin s'en faut, mais leur anticommunisme trouve des échos chez lui[2].

La guérilla est désormais partout autour de Mtoko[3], et l'armée s'énerve. Les exécutions sommaires de guérilleros répondent à celles des auxiliaires africains, les massacres se multiplient. Si ceux d'Africains du fait des troupes gouvernementales ou de la guérilla ne font guère que des chiffres dans les statistiques officielles, ceux d'Européens marquent les esprits. C'est ainsi que, le 3 février, Alexander Hamilton et dix Africains sont enlevés à la mine de Kye, au nord de Mtoko. Les Africains seront libérés mais l'Européen est exécuté. Le 7 février, John apprend l'horreur qui vient de se dérouler à la mission jésuite de Musami : deux de ses amis, le frère John Conway et le P. Christopher Shepherd-Smith, ont été assassinés, et un autre religieux ainsi que quatre religieuses. La mission, à une centaine de kilomètres de Mtemwa est l'orgueil des jésuites : sa vaste église peut accueillir 3 000 fidèles, et elle comprend aussi deux couvents de religieuses, un noviciat, un complexe d'écoles. Mais bientôt des rumeurs atteignent Mtemwa, et le P. Dove les juge fondées : ce ne serait pas la guérilla mais un

1. Devenu plus tard un fervent catholique et responsable d'un groupe actif de rosaire, Mike Glenshaw milite pour la béatification de John.
2. John ne parle jamais d'Union soviétique mais toujours de Russie et des Russes.
3. *Cf.* annexe 1, p. 453-456.

commando des Selous Scouts, troupes spéciales du régime de Ian Smith, déguisés en *vakomana,* qui auraient commis le massacre, soit pour se venger de l'Église catholique, soit pour ajouter à la confusion. Pourtant le seul survivant, le P. Duncan Myerscough est formel : il s'agissait de guérilleros, et John n'arrive pas vraiment à croire le gouvernement capable d'une telle fourberie. Il écrit une demi-douzaine de poèmes sur le massacre et pleure ses amis :

> John Conway était le jésuite
> Que les enfants aimaient suivre
> Allure de saint, esprit de troubadour
> Parti… comme l'hirondelle qui migre […]
>
> Es-tu prêt à partir maintenant ?
> Suis-je prêt à partir ?
> Nous sommes tous des migrants, même ainsi
> Mais nous pleurons la perte de ceux-là.
>
> John Conway est parti, l'ami souriant
> De chaque enfant shona
> Le pays pleure, de part en part,
> Sera-t-il réconcilié ?
>
> Christopher Shepherd-Smith… son sourire
> Avait la joie de l'ange,
> Tout d'innocence, pas une trace de vilenie
> Un éternel garçon[1]…

Dans un autre poème, il évoque l'« Enfer qui a rampé vers le Pays shona, avec ses misères et ses querelles », et la malice russe qui se sert un moment des *vakomana* :

> Quel cœur humain n'a pas le temps de
> Lutter pour la liberté de sa terre natale ?
> Pas le vôtre, pas le mien, nous sommes tellement portés
> À la liberté que nous comprenons vraiment.
> Mais les *vakomana* ne sont pas les dirigeants de la bande
> De cerveaux d'antichambre. Qui tache de rouge la poussière
> De l'Afrique, sinon la cupidité de la Russie qui doit courir[2] ?

(Mais, sans doute ébranlé par les arguments du P. Dove, il n'exclut pas totalement que des cerveaux blancs aient pu

1. *Seven to Heaven, or, Musemi ku Musami,* 1977.
2. *Aware on the Ides of March,* 1977.

commander le massacre de Musami, pour déconsidérer la Russie et ces *vakomana* qu'elle tient dans sa main).

John n'est d'ailleurs pas le seul à s'inquiéter de l'influence soviétique sur la guérilla. Du 17 au 19 mai 1977, les responsables de l'Église catholique se retrouveront à Driefontein dans le sud du pays pour discuter de la question marxiste et envisager le « pire des cas », l'établissement d'un régime marxiste après cette guerre, que tous considèrent comme déjà perdue par le Front rhodésien. Des solutions concrètes sont envisagées en cas de limitations ou de mesures antireligieuses, dont la conservation et la distribution de l'eucharistie dans les communautés rurales – ce que John vit déjà à Mtemwa.

Mais, dans un poème écrit le 21 mars, John réussit à retrouver et à communiquer, au-delà de l'horreur, la paix du cœur. Il diffusera bien des stencils de ce poème dont le message d'amour doit être saisi sur le fond de folie meurtrière ambiante dans lequel il a été écrit :

> Ô vous tous, pèlerins, laissez-moi vous le dire :
> Amour est long désir et brève maladie,
> Guérison éternelle, et aussi un appel
> Vers le plus élevé et ce qui plaît le plus.
>
> Amour, un élixir à boire d'un seul trait,
> Amour est comme un fou qui salue une Reine.
> Aucun de ces joueurs qui flânent comme acteurs
> De l'ample humanité n'aura manqué son lustre.
>
> Sur les feuilles vois-le, elles s'agitent et dansent,
> Dans les brises sens-le, en l'instant qu'elles soufflent ;
> Profond est son appel sur les mers, en miroir
>
> Qui monte au ciel. Peut-on lui échapper ? Oh non !
> Amour est du Seigneur la substance elle-même,
> Qui le meut avec joie, en accord manifeste[1].

Le mois du massacre de Musami s'achève par un nouvel assassinat d'un missionnaire, le P. José Manuel Rubio Diaz. En mars, Mgr Lamont est déchu de la nationalité rhodésienne et expulsé puis, le 10, un nouveau massacre touche une mission catholique. Des guérilleros saouls pénètrent à Saint-Paul et tuent

1. *Eirenicon*, 1977

dans l'hôpital le Dr Decker, qui sert en Rhodésie depuis 28 ans, ainsi que Sr Ploner, religieuse autrichienne arrivée six mois plus tôt. Quatre jours plus tard, John écrit dans une lettre à Stephen King :

> Les terroristes ne m'ont pas encore abattu,
> Mais pourquoi gâcheraient-ils une balle sur un clown ?
> Je trouve que se sentir courageux, c'est du gâteau
> Quand il n'y a rien à côté pour me faire trembler
> Toute peur, je crois fermement, est expulsée
> Là où l'Amour Parfait chasse le dernier doute.
> Et tout ce que nous croyons redouter d'affronter
> Est banni non par Drôle de zèbre mais par la grâce de Dieu.

Au-delà de l'humour noir sur la balle gâchée, ce poème exprime une vérité dont John a bien conscience : sa vie est entre les mains des *vakomana,* comme celle des missionnaires de Musami, de tous les missionnaires du pays. Elle est non moins aux mains des *mujibhas* ou de leurs parents des *kraals* voisins qui peuvent le dénoncer aux *vakomana*, comme c'est le cas dans toutes les missions, ainsi que le remarque un missionnaire : « La vie quotidienne et la sécurité des missions rurales dépendaient de plus en plus de la bonne volonté de la population, au point que la relation de dépendance traditionnelle était inversée. Les missionnaires survivaient par la grâce de Dieu et la grâce de leurs paroissiens, qui les recommandaient aux guérilleros ou les condamnaient. » Cela devrait inciter John à la prudence et au compromis dans ses relations avec les voisins. Mais ce n'est pas de lui qu'il s'agit dans les démêlés, c'est de ses amis lépreux, et il ne tiendra jamais compte des risques pour baisser les bras face aux dommages dues à la divagation du bétail dans le centre ou à d'autres exactions.

Les *kraals* et les villages autour de Mtemwa sont en effet eux aussi passés sous le contrôle de la guérilla et celle-ci y est chez elle partout. John reçoit-il alors la visite des *vakomana,* attirés par les rations stockées au centre ? Judith Listowel le pense, sans préciser sa source et c'est possible : il aurait réussi à convaincre ses visiteurs de la nuit que les lépreux mourraient de faim s'il leur livrait les rations qui leur sont destinées. En tout cas, il n'en dit mot aux autorités malgré la loi, ni dans sa correspondance ou ses poèmes.

Mais c'est la situation de ses amis de la mission d'All Souls qui inquiète John, plus encore que la sienne. Il est vrai que celle-ci est encore plus directement exposée. Le P. Aloys Nyanhete reçoit en mars la visite des Selous Scouts. Accusé de soutenir et d'aider la guérilla, le vieux prêtre est torturé. Le 13 mai, la mission est bombardée au mortier par cette dernière. Luisa Guidotti plonge comme les autres sous son lit, ce qui lui est rendu difficile par son embonpoint. Les guérilleros viendront s'excuser auprès d'elle et des prêtres pour leur erreur d'appréciation : ils visaient la garnison du *keep*. Quatre jours plus tard, les soldats de celle-ci brûlent les villages des alentours en représailles. La mère d'une des infirmières est abattue ainsi que l'enfant qu'elle porte sur son dos : elle était restée trop près. L'équipe médicale doit lutter contre les soldats de la garnison qui violent des femmes du *keep* et leur transmettent des maladies vénériennes. Au *keep* même, un « traître » est exécuté par la guérilla, et son corps laissé deux semaines à pourrir sur un rocher pour impressionner les paysans, si attentifs au devenir des défunts.

La bure franciscaine

La voie franciscaine est depuis longtemps le projet de vie de John, même si son expression, en dehors de la fidélité à l'office de la Sainte Vierge, est cyclique. La rencontre avec Bruce Wilkinson marque une nouvelle phase de ferveur franciscaine, qui trouve bientôt comme une apothéose et une reconnaissance. Le P. Sean Gildea, devenu le supérieur des franciscains, vient un jour à Silveira House et apporte au P. Dove son propre habit franciscain, en lui demandant d'en vêtir John lors du prochain passage de celui-ci à Salisbury. Pour lui, explique-t-il, « John est plus franciscain que nous tous ensemble[1] ».

Le 24 juillet, à midi, dans la chapelle de Silveira House, le P. Dove revêt son ami de cet habit. Comme il n'a pas de rituel franciscain, il improvise une prière pour demander l'intercession de saint François dans le combat spirituel où John est engagé. Celui-ci rayonne de joie et écrit le jour même à sa mère :

1. *Cf.* annexe 2, p. 456-458.

Un postulant depuis cinq et vingt ans,
En certains Ordres, également incertain
D'être fou comme il le semble,
Sur son postulat tire maintenant le rideau
Plus ressemblant à une pâquerette qu'à n'importe quoi à Gerton
Émerge un nouveau mannequin en habit
Complètement franciscain – stetit, stat et stabit –
J'ai même prêché un sermon sur St François
Ce matin même au milieu des regards admiratifs
Et maintenant je suis ravi autant qu'il se peut être.

Il portera souvent cet habit. Le P. David Harold-Barry remarquera qu'il n'hésite même pas à le mettre pour aller au cinéma à Salisbury. Le P. Dove en donne le sens lorsqu'il écrit début octobre à son ami, qui le note dans un poème : « Ton nouvel habit franciscain est ta cellule. » Et John d'ajouter ce vers sibyllin : « Je vais m'y installer, avec humour, ma Belle mettra à l'épreuve ! »

Durant cette année 1977, John se rend plusieurs fois à Silveira House, où l'action de son ami Dove est de plus en plus menacée. Ce dernier, qui n'a plus d'illusions au niveau politique, continue de croire au travail du centre pour l'avenir de la société de son pays d'adoption. Dans son rapport pour 1976, il indique que 1 500 Africains sont formés par an, surtout au leadership, pour « préparer la transition vers le Zimbabwe » et que « dans ce contexte Silveira House a entrepris et entend continuer son travail d'aide aux opprimés, spirituellement, socialement, économiquement et politiquement [...], par des cours et séminaires et retraites dans l'année, journées spéciales et surtout travail de terrain ».

Le P. Dove poursuit aussi sa tentative de chevaucher malgré tout le tigre nationaliste. Les cours du centre, comme les brochures de *Justice et Paix* ou celles de la série *De la Rhodésie au Zimbabwe*, évitent systématiquement une confrontation avec la doctrine marxiste. Le socialisme qu'ils prônent ne s'y réfère quasiment jamais. Il ne s'agit ni d'un crypto-marxisme déguisé ni d'une ignorance, mais d'une tactique de contournement fondée sur la conviction que même après l'établissement d'un régime ouvertement marxiste, les jeux seraient encore ouverts, et donc qu'il vaut la peine de présenter l'authentique doctrine sociale chrétienne plutôt que de ferrailler contre le discours désormais officiel des nationalistes.

John apprend le décès de Peter Donnelly, qui lui avait acheté la tente pour survivre sur le Chigona en 1973 et depuis était venu plus d'une fois marcher avec lui sur le mont. Il écrit une longue ballade sur cet Écossais généreux, évoquant sa lutte avec la bouteille, les laudes récitées ensemble à l'aube, sa piété simple et efficace. Il en est affecté, surtout que les nouvelles qu'il reçoit sont bien souvent les mêmes : massacres, meurtres, violences, attaques contre les missions. Celle contre le pasteur Sabuku, en juillet, touche une mission qui offre bien des similitudes avec All Souls et avec Mtemwa : neutralité envers la guérilla, souhait de ne pas être assimilé aux forces de sécurité, défense des paysans contre toute exaction. Mtemwa n'est pas plus protégé que le reste des zones rurales, ni par le JOC, ni par les baraques des ARU : les *vakomana* vont où ils veulent. John est le seul Européen de toute la zone de Mtoko sans protection, car même All Souls est sous le parapluie d'une garnison. La campagne de terreur que mène la guérilla peut à tout instant décider de trouver en lui une victime facile, et de plus connue depuis que le *Rhodesia Herald* a parlé de lui et de Mtemwa.

Éclaircie sur Mtemwa

Soudain, alors que la situation fausse de John s'éternisait depuis son retour à Mtemwa, le comité décide de changer le directeur du centre. C'est le résultat du travail d'Alistair Guthrie. Depuis que la guerre a touché la région de Mtoko, il est le seul membre du comité à venir au centre, où il essaie de se rendre tous les mois malgré les risques, souvent avec le P. Dove car l'essence est désormais rationnée. C'est donc lui qui informe le comité de ce qui se passe, et John peut enfin faire connaître la réalité de la situation des lépreux : rations détournées, manque de soins. Alistair Guthrie réussit à régulariser le retour de son ami au centre, effectif depuis plus de deux ans. Et, à l'occasion d'un voyage de John avec Luisa Guidotti à Silveira House, le comité qu'il rencontre comprend qui est vraiment Philo Ruganga, et décide de licencier celui-ci.

Mais John ne veut pas reprendre son poste, et celui-ci est donné à Phineas Mwende, un des assistants, dont le père a planté les jacarandas de l'allée et qui vient du village de

Mtemwa, au pied du mont. Choix hasardeux, car plusieurs familles des *kraals* de Mtemwa sont en dispute constante avec John à propos de leurs troupeaux qui divaguent dans le centre. D'ailleurs des membres de la famille de Phineas viennent aussi sans vergogne y couper des branches. John se bat sans cesse : non seulement il n'y a plus d'ombre, ni de petites branches à couper, ni de graines à ramasser pour le feu des lépreux, mais l'herbe tendre qui poussait à l'abri des arbres fait place à de la terre qui écorche les lépreux qui rampent dessus, et on vole aussi les fruits des arbres plantés par Shirley James. Comme une mère protégeant ses enfants, John se met en colère chaque fois qu'il découvre ces exactions et ces larcins. Pourtant, cette nomination le réjouit : Phineas ne peut être que meilleur que Philo. Il l'aide, car ce dernier n'a pas de permis, à passer l'examen, ou plutôt les deux s'aident réciproquement, John expliquant à Phineas ce que signifient les panneaux sur la route où ils s'aventurent le mardi et le vendredi en allant chercher la viande ou le pain à Mtoko, Phineas lui rappelant quelle vitesse il faut enclencher.

En dehors du centre, la guerre ne connaît, elle, pas d'éclaircie. Le Front rhodésien obtient un nouveau raz de marée aux élections du 31 août mais, dès le lendemain, les USA et la Grande-Bretagne déclarent que le futur gouvernement de la majorité africaine devra être conduit par la ZANU et la ZAPU. En novembre, Ian Smith se déclarera toujours acquis au principe d'un gouvernement majoritaire sur la base du suffrage universel, mais il entend rester maître du processus électoral. La ZANU et la ZAPU refusent à nouveau ses propositions, mais le révérend Sithole et l'évêque Muzorewa les acceptent, en vue d'un règlement interne. Le 29 septembre, l'assassinat et les sévices sur le cadavre de Natasha Glenny, un bébé de six mois, dans une ferme de la région de Chipinga révulse la communauté européenne. La poursuite de ces attaques de missions et la possibilité d'en être la prochaine victime font lucidement écrire à John en octobre :

> Mourir… Est-ce si
> Terriblement lourd ? Dites, si c'est
> Tôt, comme en cet instant même, et que dans un raid
> Arrivent cinq terroristes, qui peut s'envoler

Plus légèrement que Marie ? Vers là-haut,
Avec la Porte du Ciel[1].

Le 4 octobre, jour de la Saint-François, le P. Paschal Slevin, avec qui John est resté en relation depuis les jours heureux de Ganda reçoit son ordre d'expulsion. Le franciscain a dénoncé dans une interview l'indifférence de la majorité des Européens aux exactions commises contre la population africaine, citant des exemples précis et rappelant le dilemme auquel doivent faire face les missionnaires : « Dénoncés par les forces de sécurité si nous ne rapportons pas la présence de guérilleros et confrontés à une mort certaine si nous le faisons. » John l'apprend à Silveira House, où il discute avec le P. David Harold-Barry des Évangiles[2].

L'Église catholique doit fermer ses missions trop exposées, alors que l'assassinat du révérend Andries Brand et de sa femme Tabina, parents de six enfants, tués par la guérilla à Gokwe, toujours en octobre, montre que les autres missionnaires ne sont pas plus épargnés, même si les nationalistes continuent de nier toute implication dans les massacres. En novembre, un avion de ligne est abattu par la guérilla tandis qu'un raid rhodésien sur un camp de la ZANU à Chimoio au Mozambique fait 1 200 victimes, dont nombre de femmes et d'enfants. Le lendemain, Ian Smith engage des conversations avec l'UANC modérée de l'évêque méthodiste Abel Muzorewa, le révérend Sithole et le chef Chirau en vue d'un règlement interne.

Le comité a recruté un nouveau membre, Boniface Foya, qui en deviendra le président après l'indépendance. John s'entend bien avec lui, et l'impressionne par son dévouement et son amour des lépreux. Mais leur situation est de plus en plus difficile, toujours par manque de moyens. Dans une lettre écrite au P. Dove le jour de la Toussaint, John lui apprend que suite au licenciement de Philo, les rations ou les vêtements dont celui-ci arrosait les assistants de district africains (sans doute

1. *A True Assumption*, 1977.

2. De retour à Mtemwa, John envoie ses réflexions à ce dernier. Un travail d'amateur au plus fort de la vague historico-critique mais qui préfigure certaines recherches plus récentes : il défend, à partir de la notion de style, l'unicité d'auteur pour chacun des Évangiles, comparant avec les grands musiciens.

ceux du camp de Mtemwa) ont été coupés, et que les anciens bénéficiaires ne sont pas contents. Lors d'une visite à Mtemwa, Boniface Foya lui apprend qu'une madame Sithole lui a dit que la vie du Blanc était en danger, et John écrit à son ami Dove le 1er novembre : « Ils ont l'intention de me liquider. Ce serait une petite perte pour tout le monde mais essaie, au cas où cela arriverait, de publier au moins six lignes de mes vers » (son ami en a déjà mis quatre sur la tombe de M. Dove père).

Ses relations avec nombre d'Européens ne sont pas plus faciles. Sauf ceux qui le connaissent vraiment, beaucoup s'interrogent : alors que les *Terrs* essayent d'assassiner des Européens et prennent les plus grands risques pour attaquer leurs fermes, pourquoi ne touchent-ils pas à l'excentrique de Mtemwa, une proie si facile à atteindre, sans protection, sans arme, sans même de radio pour appeler au secours ? Ceux qui n'aiment pas John ou trouvent qu'il donne une mauvaise image des Européens, qui sont là pour commander aux Africains et non pour en être les larbins comme il le fait à Mtemwa, ont une réponse toute trouvée : « S'il n'a pas encore été tué, c'est qu'il a conclu un pacte avec les *Terrs*, voire qu'il est de mèche avec eux comme son amie Guidotti. » John doit avoir vent de ces insinuations, car son sentiment d'être abandonné ou rejeté s'accentue dans plusieurs poèmes. En fait la guérilla est tout autant gênée par le « cas Bradburne », comme l'analyse finement Rory Kilalea, auteur d'une pièce de théâtre sur John :

> Ne jamais sous-estimer l'impact d'une personne blanche ayant volontairement livré sa vie (il n'était ni prêtre, ni infirmière ni médecin !) pour aider les lépreux dans une zone de « terroristes ». La pression et l'opprobre social sont immenses. Et pas seulement pour les braises mourantes d'une société uniquement de Blancs. Les guérilleros africains étaient souvent déconcertés. Un homme blanc qui s'offre de lui-même sur l'autel du danger était suspect. Était-il un indicateur ? Il n'était pas un prêtre. Il n'était pas une infirmière ou un médecin[1].

La guerre redouble de violence dans la zone de Mtoko en 1977. Les massacres les plus graves ont lieu à la fin de l'année. Avec cinq autres soldats des Grey Scouts, le sergent Bruce

1. Témoignage recueilli par l'auteur.

Moore-King est à cinq kilomètres de la position qu'ils viennent de garder durant cinq jours, y compris la veille de Noël, pour « protéger » un grand *keep* en formation au-dessous d'eux, avec ses 4 000 cases. Les villages alentours ont été évacués et brûlés, la population rassemblée, un fortin de terre érigé au centre, mais le grillage de sécurité n'est pas encore fonctionnel. La nuit est claire quand le *keep* est attaqué par la guérilla. Moore-King et ses hommes descendent et découvrent que les guérilleros ont mis le feu à tout le *keep* et aligné la population, qui doit chanter la gloire de la *Chimurenga*. Puis les guérilleros exécutent à la baïonnette un homme travaillant pour le gouvernement. Les Grey Scouts attaquent alors à la grenade puis à la mitrailleuse. Les paysans sont pris entre deux feux : 134 seront tués dans le carnage, sans compter ceux qui meurent ensuite ou dans la brousse[1].

Les cavaliers de l'Apocalypse

Fin 1977, John a la joie de voir son amie Margaret de Haast entrer dans l'Église catholique et il le lui écrit, ne pouvant s'empêcher au passage un jeu de mots intraduisible sur « Roman Unroaming Catholic » (« romaine catholique qui n'erre plus »). Dans ses vœux de nouvel an 1978 à son ami Stephen King, qu'il remercie à nouveau pour l'envoi de lots de médicaments, il minimise les dangers qu'il court dans sa zone de « bois arriérés » de Mtemwa (une « oasis de Shangri-La », écrit-il à la même époque, en référence au roman de James Hilton), et il exprime son espoir que 1978 verra enfin la paix après une année terrible. Mais c'est le contraire qui arrive, et comme ceux des cavaliers de l'Apocalypse, les maux s'abattent toujours plus sur la région. Il en va de même dans le reste du pays ; ainsi, le 9 janvier, le jeune Bruce Forrester est assassiné tout comme son père, sa grand-mère et un ami de la famille à *Rainbow's End Farm* à l'ouest de Salisbury. Pour la petite Laureen St John, sa voisine de classe, onze ans comme lui, la guerre dont les « petits Blancs » se font un épouvantail pour se faire peur devient soudain la réalité, sa réalité : « Ce n'était plus du tout un jeu. » Quelques jours plus

1. La liste des victimes de la guerre se gonfle en 1977 : 52 fermiers européens, 68 Européens au total, 1365 civils africains, un nombre inconnu de guérilleros.

tard, le supérieur de la mission jésuite de Makumbe, Gus O'Donovan est enlevé et son corps ne sera jamais retrouvé. Comme John à Mtemwa, ce jésuite était en conflit avec les paysans des *kraals* voisins de la mission – leurs animaux, des cochons, saccageaient régulièrement le jardin. Un jour, excédé, il avait pris son fusil et abattu plusieurs animaux. Les paysans des *kraals* voisins l'ont presque sûrement livré aux *vakomana*. En écoutant la tragédie de ce confrère de son ami Dove, John ne peut sans doute s'empêcher de penser à sa propre situation avec les paysans des *kraals* voisins, même si lui n'a jamais tué de bovins divaguant dans le centre. De plus, le niveau des combats ne faiblit pas dans la zone de Mtoko. Le 4 avril, par exemple, la guérilla s'enhardit à tendre aux forces rhodésiennes une embuscade, tuant trois supplétifs africains. Le lendemain, elle fait sauter le pont de Nyabini et, le 19, elle accroche un commando rhodésien, tuant Richard Cecil, fils du marquis de Salisbury. Le couvre-feu est maintenant de 18 heures par jour, et de 24 heures sur 24 pour les hommes jeunes, aveu d'impuissance de l'armée rhodésienne qui, comme le constate un reporter du *New York Times,* ne contrôle plus que la zone européenne et, très partiellement, la zone des fermiers africains et qui tente seulement de conserver la maîtrise de la route vers le Mozambique et de surveiller les *keeps*.

John écrit beaucoup en ces jours de début d'année 1978. À sa mère, le 19 janvier, il revient sur la mort du cousin Terrence Rattigan, le 30 novembre précédent ; il lui rappelle qu'il avait fréquenté son frère infirme, et refuse de se joindre aux « chacals » qui voudraient déterrer l'homosexualité de l'écrivain. À Shirley James, le 20, il se plaint sans aménité du comité, le « corps le plus inefficace qui se soit jamais secoué lui-même, jusqu'à l'idée d'un titre ». Sa lettre à Bruce Wilkinson, le 25, répond à un courrier dans lequel celui-ci lui racontait sa conversion. Après un jeu de mots sur le soleil levé (*risen sun*) et le Fils ressuscité (*risen Son*), John poursuit dans la même veine familière :

> Notre Dame est une superbe Blonde,
> Notre Seigneur est son délice,
> Et personne ne peut être trop friand
> De jouer sous leurs regards.
> Le chant de la Reine et du Roi des Cieux
> Est clairement chanté par les moines qui chantent…

Parmi les amis de John chez les jésuites, il y a le P. Fidelis Mukonori qui, il l'ignore sans doute, est un proche de Robert Mugabe. Ce prêtre africain parcourt le pays sans trop attirer l'attention, et trois ou quatre fois par an, il passe à Mtemwa, « pour lui donner un peu de compagnie », apportant à chaque fois des colis pour les lépreux. Le religieux apprécie la façon de John d'être toujours gai et jovial, et ne doute pas de sa sainteté. Un jour qu'il est à Mtemwa avec le P. Harold-Barry, John les invite à une promenade. Les deux jésuites sont inquiets : il y a des mines partout et on a vite fait de sauter dessus. Ils font un petit tour, et leur hôte semble aussi soucieux qu'eux, mais pour de tout autres raisons : il s'inquiète pour les abeilles qui n'ont rien à boire.

Un autre visiteur jésuite est le P. John Gough, depuis 25 ans en Rhodésie, qui durant quelque temps vient à Mtemwa à peu près tous les mois. Lors de ses premières venues, il apporte une bouteille de brandy mais John lui demande bientôt de ne plus le faire car, dit-il, « j'aime trop ! » Une visite frappe particulièrement le jésuite. Ce jour-là, après avoir rempli à Mtoko l'arrière de son pick-up de sacs d'oranges, il tourne à droite sur la piste de Mtemwa et tombe sur John. Ils sont arrêtés une fois ou deux par des soldats qui se contentent de les saluer quand ils reconnaissent John. Arrivés à Mtemwa, c'est la distribution des oranges pour les 91 résidents, les soignants, les enfants. Le P. Gough célèbre l'eucharistie, John à l'orgue. Le jésuite consacre suffisamment d'hosties pour en remplir le ciboire qui servira au service quotidien de communion. Puis il accompagne son hôte qui va laver plusieurs lépreux.

Caterina Savini, quant à elle, se souvient d'une autre rencontre avec John sur le chemin de Mtoko : elle met dans son véhicule les achats que celui-ci pousse dans sa brouette. Mais quand ce dernier arrive à Mtemwa, la brouette est à nouveau pleine d'affaires de gens qu'il a rencontré sur la route et de petits enfants assis dedans.

John visite à cette époque le *keep* de Kaunye, tout près de Mtemwa. De retour au centre, il écrit un poème dans lequel il pointe l'absurdité du système, « conglomérat à oublier dès que possible quand tout sera fini » car l'alcool, « qui tient la guerre à distance » y règne après les travaux des champs, ainsi que la licence sexuelle qui s'ensuit, et John conclut :

> Prince, la force érotique de vie en stock
> Joue aux billes avec la morale ; claire est l'étoile
> Quand Ninghi court après Nancy de porte en porte
> Et fait une course erratique de bar en bar[1]…

Un peu plus tard, ce *keep* sera attaqué par la ZANLA, et présenté dans une plaquette de propagande comme un « camp de concentration de type nazi » libéré suite à « des attaques contre les forces de Smith-Muzorewa-Sithole » afin que les populations rurales de la zone soient « rendues à la liberté de faire pousser ce qui leur plaît ». Le 3 mars, un accord a été en effet signé à Salisbury entre Ian Smith, l'évêque Abel Muzorewa, le révérend Sithole et le chef Chirau, qui prévoit des élections sur la base « un homme, une voix », les Européens gardant le contrôle de l'armée, de la police, de l'économie, de la justice et de l'administration. L'indépendance de la Rhodésie-Zimbabwe, nouveau nom du pays, est prévue pour le 31 décembre. Mais comme le Front patriotique dénonce aussitôt l'accord, la guerre s'intensifie, et Muzorewa lance ses propres milices dans le pays.

À Mtemwa, le vieux Kimbini est en train de mourir. Ce râleur fini « traînait ses jours de grognement en grognement », note John, « aveugle comme une chauve-souris », et « son corps a grossi tandis que son âme s'amaigrissait ». Il prétendait avoir joué au cricket mieux que personne. John le baptise, et lui donne le nom de Thomas le 4 mars, juste avant son décès. Le 5, il l'enterre au point du jour, et note que « le lépreux le plus déprimant que j'ai connu a le plus joyeux des enterrements » : sous un ciel immaculé, face au granit ruisselant du Chigona, John et ses aides creusent la terre du cimetière mais doivent s'arrêter à un mètre cinquante, car ils tombent sur une source. Kimbini-Thomas est étendu enveloppé dans sa couverture, « six pieds de quarante années de misères […] descendus proprement à cinq pieds » sous terre. John se réjouit du son de la source qui chante le Ressuscité, et de ce que ce chant rappellera au nouveau baptisé la Résurrection.

Un peu auparavant, John reçoit de la mère de son ami Dove un livre illustré de photographies sur le P. Damien, sur la tombe duquel il allait souvent prier à Louvain. Il écrit à son ami : « Quel

1. *A Ballade of a Distant Prospect of Kaunye Keep*, 1978.

homme merveilleux, et quel magnifique travail de dévouement. Cela ne sert à rien de trembler au contraste entre sa vie et la mienne, il n'y a qu'à dire et à signifier *Gloria in excelsis Deo.* » Il dit son admiration pour ce prêtre, qui se fatiguait du matin au soir pour ses lépreux, alors que lui a seulement baigné les aveugles Pierre et Siméon le matin, et s'est promené l'après-midi, considérant que le P. Damien était d'un type plus solide que lui, qui est « de bas de classe[1] ».

Les civils africains continuent de payer le tribut le plus lourd à cette guerre. Une de ces morts affecte particulièrement John. Parmi les fidèles qui viennent régulièrement à la messe à Mtemwa, il y a un vieil homme qu'il aime bien, un ancien membre de la British South African Police dans les années 1930 et qui en porte encore la culotte. Un matin, celui-ci est assassiné par la guérilla ou par des *mujibha*s. John est attristé et surtout furieux de la lâcheté : tuer un vieillard inoffensif, c'est trop ! Luisa Guidotti doit le calmer en lui rappelant que les *mujibha*s sont partout et qu'il est inutile d'attirer l'attention sur lui plus qu'il n'en faut. Le 9 juin, dans un poème politique sur l'« Ours russe », John n'hésite pas à voir derrière la guérilla la main de Satan pervertissant la soif de justice, de liberté et de vérité. Dans un autre poème, il parle du « Christ de Sibérie » et revient sur les « Combattants de la liberté » utilisant les techniques de Satan. Le 29 juin, on sent son écœurement dans un poème où il évoque les enfants passés à la baïonnette, la diphtérie qui court dans les *keeps* et, chez lui, un lépreux avec son cancer du foie pour lequel les médicaments ne peuvent rien, mais qui guérira peut-être par la force de la prière. Le même jour, dans une lettre à sa sœur Mary, il s'emballe à nouveau contre les « Rouges », dont la propagande marche même en Angleterre. Selon lui, les Russes lorgnent les fermes que des « hôtes non invités » ont bâties. Son désarroi face à une situation où le mal répond au mal est patent.

1. Le parallélisme entre saint Damien de Veuster et John est intéressant : si le premier fonde une fanfare et le second une chorale, tous deux servent les lépreux au nom du Christ, les soignent, les encouragent par leur bonne humeur, leur construisent des maisons, fabriquent des cercueils pour les enterrer, organisent un mouvement de solidarité pour les médicaments et les autres besoins – dans une dimension œcuménique –, mettent l'eucharistie au cœur de leur action, transforment un lieu de désespérance en une oasis de joie et de paix, et sont incompris de ceux qui devraient les soutenir. Et on a vu que John a même souhaité un temps attraper lui aussi la lèpre !

John est plus seul que jamais. Les visites sont presque totalement interrompues à cause de la guerre, sauf ses amis les plus proches qui prennent des risques pour venir le voir. Il ne reste que le courrier et les dons généreux qu'il apporte parfois, comme celui pour lequel il remercie le 3 mai : 50 £ « qui les libère pour trois bons mois du manque de nourriture ». Le même mois, il renoue par courrier avec Pamela et Geza Vermes, près de 25 ans après leur dernier contact[1]. Ceux-ci ont rencontré à Oxford Alec Burkill, venu pour un an de Salisbury, et ils ont découvert qu'ils connaissaient tous trois un certain Bradburne. Burkill n'a pas tardé à envoyer à John l'adresse des Vermes. Le 15 mai, celui-ci écrit au couple une lettre-poème où il dit sa joie de renouer le contact, leur parle de la Trinité comme Pensée-Parole-Voix (il semble ignorer l'évolution de Geza Vermes, qui avait été son père spirituel), le tout enrobé d'amour vibrant envers le peuple juif, et il termine par un bref : « Pardonnez-moi, si j'ai jamais manqué de gentillesse. » Les Vermes lui répondent, Pamela elle aussi en vers, lui reprochant son silence et critiquant sa vision trinitaire, Geza par quelques pages niant l'Incarnation. John lui répondra point par point, en prose puis en vers, un bel exemple de dialogue de sourds entre érudition historico-critique partiale et lecture spirituelle (il n'y a pas de trace d'échanges épistolaires postérieurs).

Fin juin, John est à Silveira House. Le franciscain Tom Russell, alors en poste à Marandellas, s'y rend pour une réunion du clergé rural. Lorsqu'il gare son véhicule, il remarque d'un côté Sabina Mugabe et, de l'autre, le caractéristique John Bradburne en conversation avec Luisa Guidotti. Lorsqu'il arrive à la réunion c'est pour apprendre que le P. Gerhard Lisson et le frère Gregor Rickert viennent d'être assassinés à la mission de Sinoia. *Pasi panyoda zvakakomba*, conclut-il en shona, la mort est insatiable. Priant plus tard près de la dépouille du frère Rickert, qui était son ami, il ne peut s'empêcher de remarquer le visage presque exultant de ce dernier et se dit « qu'il a vu l'au-delà au moment

1. Ce dernier, après avoir quitté l'Église catholique, devient en 1965 professeur à Oxford dans la chaire d'Études juives. Son livre *Jésus le Juif* le rend célèbre. Il y insiste sur la judaïté de Jésus et fait découvrir celle-ci à de nombreux chrétiens. Plus tard, il attaquera tout ce que la foi chrétienne dit du Christ, à commencer par la Résurrection. Pour lui le Jésus de l'histoire n'appartient qu'à l'histoire juive et les chrétiens devraient revoir tous les fondements de leur foi.

même de sa mort ». John est non moins affecté par ces nouveaux meurtres, qui concluent une série particulièrement sanglante : trois membres de la Croix-Rouge, dont deux Suisses, tués près de la mission Regina Coeli le 9 mai ; les frères Geyermann et von Arx assassinés à la mission d'Embakwe le 2 juin, deux jeunes enseignantes anglaises de l'Armée du Salut le 7, puis 27 civils massacrés par l'armée près de la mission de St Augustin tenue par les pères de Mirfield, la mission baptiste de Sanyati attaquée, Archie Dunaway assassiné le 15 et, le 23, le carnage de la mission pentecôtiste d'Elim : treize victimes dont trois enfants et un bébé, après que la plupart des femmes ont été violées[1], pour lequel la responsabilité de la guérilla ne fait aucun doute (lors de l'enterrement des victimes, un rescapé fait prier pour les tueurs, ce qui entraîne une polémique avec le Front rhodésien).

À Mtemwa, John approfondit son amitié avec le P. Gibbs. Celui-ci s'est vu interdire d'aller dans les villages avec son camion pour y apporter les aides de la Croix-Rouge aux populations de plus en plus victimes de malnutrition car les transports pourraient aussi servir à la guérilla. Mais il peut encore venir à Mtoko et, de là, à Mtemwa. Il aide John à transporter le ravitaillement pour le centre. La poésie de la brouette y perd, mais son ami n'est pas mécontent. Ceux qui viennent encore à Mtemwa, Pauline Hutchings, le P. David Gibbs et le P. Dove constatent peu à peu une transformation chez John. Il a appris à vivre avec la guerre et la possibilité d'être enlevé ou assassiné le jour même. La résilience qu'il a développée se remarque, même si les vagabondages de bovins dans le centre continuent à le mettre en colère.

Son évolution spirituelle les frappe. John les entretient souvent des deux seuls livres qu'avec l'office et la Bible il pratique désormais, les *Récits du pèlerin russe* et le *Nuage d'inconnaissance*. Le premier lui a été offert par le P. Michel Ivens, un jésuite de passage, et John récite des heures sous le manguier près de sa case la Prière de Jésus. Il en a changé le texte classique en « Jésus de Nazareth, Roi des Juifs, triomphe par Juda », et en a fait une prière d'intercession pour ses amis lépreux, pour ceux qu'il aime,

---

1. Le chef du commando meurtrier d'Elim rencontrera des responsables de la mission quelques années après et leur donnera comme raison du massacre la volonté de terroriser les Blancs et de faire fermer les missions. Huit membres du commando se convertiront et deviendront des catéchistes pentecôtistes.

pour la paix en Rhodésie et pour le peuple juif. Il introduira Anne Lander, ainsi que plusieurs lépreux, à cette prière.

Mais c'est surtout la méditation inspirée du *Nuage d'inconnaissance* qui structure sa vie spirituelle, et ses poèmes en sont imprégnés. Il connaît l'œuvre sans doute depuis Parkminster, et elle est devenue au fil des ans une compagne de vie et de pensée (en 1968, il avait demandé comme cadeau de Noël l'édition en anglais moderne de Justin McCann). Comme celle des pièces de Shakespeare, la paternité de l'ouvrage le passionne, et il revendique haut et fort qu'il est de Walter Hilton, quoiqu'il n'en soit pas si sûr, comme en témoigne ce qu'il écrit sur la première page de son exemplaire : « Water (sic) Hilton, qui sait ? » S'il en fait une lecture très mariale, jusqu'à en gauchir le sens, voyant en Marie le *Nuage* dont parle l'ouvrage, il reste fidèle à la visée, qui a nourri la vie mystique et guidé vers la rencontre fruitive avec Dieu des générations de contemplatifs anglais et autres. Qu'y trouve-t-il ? Au plan formel, une parenté d'esprit et de culture qui enjambe les siècles, de l'humour, des paradoxes (par exemple que Marthe avait raison de se plaindre de sa sœur Marie, et celle-ci de rester aux pieds du Christ), du bon sens, une place d'honneur donnée au silence, le refus des pratiques ascétiques exagérées. On peut certes s'étonner de voir John, si attaché à aller vers les réalités invisibles à travers les visibles, se réclamer d'une spiritualité apophatique qui, sans condamner les premières, les situe clairement à un plan inférieur de la vie spirituelle (peut-être y trouve-t-il le contrepoint nécessaire à son imagination), mais il en retient l'essentiel, le rejet de la voie de la connaissance au profit de celle de l'amour et une méthode simple : lancer de tout son cœur amoureux vers Dieu son Nom. Le P. Crane, qui a connu John, exprime cette dimension de sa vie que le *Nuage* révèle :

> C'est l'histoire de quelqu'un pour qui la réalité finale était tout. C'est la différence entre John Bradburne et la plupart d'entre nous [...] Pour Bradburne, il n'y avait rien d'autre. Tout avait été balayé dans sa vision de cette consommation finale à venir. Il n'y avait en lui aucune fausse dichotomie, son amour n'était pas divisé entre créature et Créateur. Comment cela pourrait-il être ? Il voyait en tous l'empreinte de la beauté de celui qui est la beauté même[1].

1. *Cf.* annexe 3, p. 458-461.

Mais John doit aussi redescendre sur terre : outre les menaces de la guerre, les problèmes avec les bovins ont repris. Début juillet, il raconte dans le poème *Pilgrimage* comment, après avoir soigné le poème quelques lépreux, il découvre une centaine de bêtes en train de saccager leurs cultures, les clôtures ayant été sectionnées trois ou quatre nuits plus tôt par des garçons vachers. Il essaie une fois de plus d'expliquer à ces derniers qu'ils ne doivent pas agir ainsi. Mais, remarque-t-il, « Mtemwa signifie bâtard » pour ces jeunes, *mujibhas* ou non, de plus en plus arrogants car les paysans, surtout le vorace Mudzinganyama, sont derrière eux contre le Blanc.

L'alcoolisme sévit de plus en plus à Mtemwa malgré les efforts de John pour revenir aux « sains jours de bière », et c'est justement le moment où lui a décidé de se débarrasser définitivement, avec la grâce de Dieu, de ses difficultés personnelles en ce domaine. La force qu'il en retire se sent dans la lutte qu'il entreprend contre les fournisseurs de bière, ce qui lui vaut aussi l'incompréhension de plusieurs lépreux. Alcool, vandalisme et sentiment que tout peut être fait puisque les Européens vont partir : les incivilités et les incidents se multiplient au centre. Un matin, John découvre que les manguiers ont été pillés. Puis c'est à nouveau l'éleveur-boucher qui renvoie ses bêtes dans le cimetière du centre et en revendique l'usage. Et comme si cela ne suffisait pas, des voleurs arrivent avec un camion pour prendre ce qui restait de mangues et les vendre au *keep* le plus proche. John essaie de faire un nouvel effort pour régler à l'amiable le différend. Il sait que quelques fermiers européens sont en contact étroit avec les fermiers africains et il demande à l'un d'eux, Tony Turner, d'intervenir, en particulier dans l'affaire du cimetière. Comme à son habitude il le fait en préparant une douzaine de mémorandums en vers qu'il remet à Tony et Janet Turner, et signe, humour noir, *Sniper's Hill* (« la colline du tireur embusqué »).

« J'en suis venu à saluer en bons termes Sœur la Mort »

Mais quelques jours plus tard, toujours en août 1978, Luisa Guidotti emmène à Salisbury aussi vite qu'elle le peut son ami John, plus qu'à demi paralysé du visage et de la mâchoire, l'élocution à peine audible, épuisé. Un peu plus tôt, il s'était fait arracher une dent, après une douleur de gorge persistante. Mais cela n'avait rien fait, et la paralysie avait gagné son visage quand Luisa Guidotti vient lui rendre visite. Elle l'embarque aussitôt dans son véhicule. Le P. Harold-Barry le voit arriver, titubant, à Silveira House. Le lendemain matin, son amie le conduit chez le Pr Gelfand, qui diagnostique une encéphalite, au pronostic vital engagé. Il fait transporter John en urgence à l'hôpital St Anne, mais la maladie empire car les poumons sont atteints. Le médecin se bat, mais juge que John est perdu. Tous les amis, alertés, sont en prière. Deux jours plus tard, le malade ne respire plus qu'avec difficulté, et Gelfand pense que c'est la fin : les centres médullaires sont atteints. Il le fait quand même transporter dans le service de soins intensifs du nouvel hôpital Andrew Fleming, où John est mis sous assistance respiratoire.

Il se rétablira, à la surprise du Pr Gelfand, après trois jours entre la vie et la mort. Au bout d'une semaine, il peut retourner à St Anne et, peu à peu, retrouve l'usage de ses muscles et de sa mâchoire. Le Pr Gelfand parle de miracle. John, à qui on explique ce à quoi il vient de survivre se contente de dire : « Le petit mendiant s'est arrêté. » Mais, pour Gelfand, il ne doit plus retourner à Mtemwa, il ne serait plus en état d'y vivre, outre le danger permanent

Quand les visites sont autorisées, amis, amis d'amis, voire simples curieux frappent à sa porte. À Anne Lander, à qui il apparaît émacié, il se plaint de son régime alimentaire : « Je suis en train de grossir », et ajoute : « Cela m'empêchera de m'envoler. » Le P. O'Halloran, directeur depuis l'année précédente du collège St George et qui jusque-là n'avait guère fait que croiser John, vient le voir comme bien d'autres : « Il était donc là, cet esprit libre, pour une fois réduit en captivité, et les amis se précipitaient pour le voir. Sans efforts, patiemment et avec un grand charme, il tenait sa cour pour tous ceux qui venaient. » Autre visiteur, le P. Claudio Rossi, un jésuite italien : « Quand je suis allé le voir à l'hôpital, il m'a demandé ma bénédiction et je lui ai dit : "Non c'est à moi de vous la demander." Sa vie était emplie de la simplicité, de la beauté et des profondeurs mystiques que l'on trouve en lisant la vie de saint François dans le récit des Fioretti. » Une jeune fille très handicapée vient le voir un jour où le P. Harold-Barry est à son chevet, et discute avec lui de poésie. John lui demande si elle en a jamais écrit. Elle lui répond qu'elle ne peut pas écrire. Il rétorque que ce n'est pas grave car « Jésus n'a écrit qu'une seule fois et c'était sur du sable » ; tous trois éclatent de rire, et la jeune fille repart radieuse. Mais John, épuisé par ces allées et venues incessantes auprès de son lit, demande à son ami Dove de mettre un papier sur la porte de sa chambre avec l'inscription « décédé ».

Enfin le Pr Gelfand donne son feu vert pour que John sorte de l'hôpital et commence sa convalescence, à Silveira House. Il emprunte des jumelles et une carte au P. Kennedy pour tenter de voir au loin Mtemwa, car il entend bien y retourner, même si le Pr Gelfand doute qu'il se rétablira vraiment, et tente encore de le convaincre de rester à Salisbury. En vain. Début septembre le voici reparti à Mtemwa, avec pour tout bagage un sac, une brosse à dent, le petit office, une paire de pantalons et son habit franciscain lavé de près. Luisa Guidotti est venue le chercher et le ramène avec un jeune patient. Elle est ennuyée car c'est un *mujibha,* et elle sait que depuis qu'ils ont tué le vieil homme qui venait à la messe, John dit haut et fort sa colère contre eux. Elle a peur qu'il ait des paroles qui poussent le *mujibha* à le dénoncer. Tout le parcours, elle presse son ami de questions, pour que celui-ci ne se retourne pas pour discuter avec leur passager[1].

Le 3 octobre, John remercie madame Dove pour le livre sur le P. Damien et évoque sa maladie et le retour à Mtemwa. Dans un post-scriptum, le P. Dove ajoute que les yeux de son ami ne sont pas bons mais qu'il déteste porter des lunettes, que tout le monde est venu le voir à l'hôpital, qu'il est déjà célèbre pour son travail au service des lépreux. Pour ses amies d'All Souls, John écrit une ballade : elles ont sauvé « un Blanc qui pourrait être aussi noir que le charbon, s'il n'y avait l'Absolution ». Il fait allusion au nouveau pape polonais, après avoir exprimé sa déception amusée que son ami Dove n'ait pas été élu sur le trône de Pierre, « mais sans doute est-il plus nécessaire là où il est ». Il écrit le 24 novembre à Bruce Wilkinson, plaisantant sur sa maladie : « Je suis presque convaincu d'avoir à me référer à Sœur Virus, mais pas tout à fait ! Mais j'en suis venu à saluer en bons termes Sœur la Mort. »

1. Selon une autre source, c'est le P. Mukonori qui le ramène alors à Mtemwa. En ce cas l'épisode avec Luisa Guidotti se rapporte à un autre trajet.

À Mtemwa, John reprend sa vie : service des lépreux, prière, montée au Chigona, contemplation, poèmes. Il continue la lutte avec les fermiers voisins pour protéger le cimetière. Il apprend aussi la maladie de son ami Alistair Guthrie, touché par un cancer et qui s'affaiblit rapidement, et il se promet d'aller le voir à Salisbury. La santé des lépreux continue elle aussi de le préoccuper : faute de médicaments et de rations en suffisance, onze lépreux décèdent en 1978, chiffre le plus élevé depuis dix ans.

La situation militaire et politique du pays et de la zone de Mtoko s'est encore assombrie durant l'automne 1978. Le 3 septembre, un avion de ligne a été abattu près de Kariba et dix des dix-huit survivants massacrés par les hommes de Nkomo. La proclamation de la loi martiale, le 23 du même mois, n'a rien changé à la poussée de la guérilla. Celle-ci détruit dans la zone de Mtoko comme ailleurs les semences et les récoltes des paysans récalcitrants à l'ordre nouveau. Les fermiers européens négocient d'ailleurs avec les commandants locaux de la ZANLA leur protection, tout en renforçant leurs systèmes de sécurité. De fait aucun assassinat d'Européen n'est à signaler dans la zone agricole après celui de madame Palmer même si, le 12 octobre, Chris Stobart est grièvement blessé dans une embuscade et ne doit son salut qu'à l'arrivée de la Garde. Il passera six mois à l'hôpital, ce qui n'empêchera pas sa femme Marjorie de continuer son action humanitaire pour des Africains.

Une nouvelle source de tension est apparue à Mtoko : les partisans de l'UANC de l'évêque Muzorewa, désormais allié de Ian Smith, tiennent le haut du pavé dans la ville et entendent représenter tous les Africains de la zone. Pour répondre à ce défi, la guérilla redouble de violence contre les « traîtres », catégorie qui inclut désormais toute personne parlant favorablement de l'UANC. Des *mujibhas* commettent eux-mêmes de plus en plus d'assassinats : dix villageois sont ainsi liquidés dans un seul village (à la fin de la guerre, les *mujibhas* auront peut-être tué plus de paysans que les forces rhodésiennes, malgré les massacres de masse commis par celles-ci). Fin 1978, la situation militaire est si confuse que le haut commandement de la guérilla pour la zone décide de réorganiser ses troupes, de peur de se voir rejeter par la population. John partage dans ses lettres et ses poèmes les réflexions que cette situation lui inspire : le 24 novembre, il écrit à Bruce Wilkinson que l'Antéchrist est en marche, et célèbre tristement Noël. L'assassinat d'un autre jésuite, le P. Gerhard Pieper, 38 ans, le lendemain de la fête, ajoute à l'accablement. Les *vakomana* ont proposé au jeune religieux allemand d'avoir la vie sauve s'il abjurait sa foi chrétienne, ce qui ne peut que confirmer John dans sa vision apocalyptique et antireligieuse du conflit.

« Je ne peux pas les quitter »

La guerre continue autour du centre. Le barrage du réservoir, au pied du mont, est attaqué par les *vakomana*. Ceux-ci doivent passer plusieurs fois près de chez John et longer le centre, mais ne se manifestent pas. Malgré le danger, le P. David Harold-Barry vient à Mtemwa pour fêter le nouvel an 1979, accompagné du P. O'Halloran. Au petit matin, John sonne la cloche pour la messe et ce dernier raconte : « Pour un jour si solennel et saint, il avait revêtu la bure du tertiaire franciscain [en fait celle du premier ordre offerte par le P. Gildea], qui lui était si chère [...] Je m'émerveillais de la façon dont John avait appris à son assemblée à chanter le *kyriale* de la messe sur la belle mélodie que nous connaissons sous le titre de *Greensleeves*, tandis qu'il les accompagnait sur un harmonium offert par la paroisse de Braeside. »

Le lendemain le commissaire de district de Mrewa, David Mirans, est tué en sautant sur une mine près de chez lui – les invités de John passent par ce gros village. La situation des fermes européennes de la zone de Mtoko se dégrade : une vingtaine de fermiers sur 66 ont quitté la zone entre 1975 et 1978 mais presque autant le feront en 1979, et leurs troupeaux passent de 35 000 têtes à 7 000 – toutefois, la plupart des fermiers amis de John resteront jusqu'au bout. Les Européens quittent aussi la ville de Mtoko, sauf ceux qui n'ont pas le choix, désormais claquemurés dans leurs maisons et protégés par les patrouilles, alors que la population du bourg a décuplé à cause de l'insécurité de la zone rurale.

La guerre continue, mais c'est de plus en plus, à l'exception des troupes de choc du régime UDI et de leurs opérations coup de poing aéroportées, une guerre entre Africains. Beaucoup de *mujibhas* aimeraient partir au Mozambique et en revenir comme *vakomana,* ce que les commandants de la zone refusent, car ils ont besoin d'eux sur place. Certains *mujibhas* font régner la terreur même entre eux : tout près de Mtemwa, les cadavres d'un garçon et d'une fille tués par leurs compagnons sont exposés durant plusieurs jours sur un rocher, bien visibles des *kraals* voisins.

Toujours début janvier, Bonaventura Mugabe, la mère de Robert, une pieuse catholique, est auscultée par Luisa Guidotti, de passage à Salisbury, qui décèle une grave maladie nécessitant une hospitalisation. Comme il est interdit aux Africains d'être admis à l'hôpital pour Européens St Anne la vieille dame est déguisée, avec la complicité de Sr Margaret Murphy et du Dr Gelfand, pour y être admise. Peu après c'est Alistair Guthrie qui est au plus mal. John, informé, court à Mtoko prendre un autobus africain pour Salisbury. Il arrive après le couvre-feu mais marche jusqu'à Silveira House, au risque d'être abattu sans sommation. Au petit matin, il va avec son ami Dove à l'hôpital St Anne et ils arrivent dans la chambre du mourant que remplissent sa famille et des Sœurs bleues. Ils se joignent à leur prière et, peu après, Alistair Guthrie décède « dans une grande paix » (J. Dove). À Silveira House, Ferdinand Spit, un laïc belge, tertiaire franciscain, qui y travaille alors comme comptable est impressionné par les deux John, qui font du centre, dit-il, une « maison de prière ». John est un mystère pour lui, avec son bandeau dans les cheveux, son absence totale de vanité et son regard « indéfinissable ».

John et Luisa Guidotti retournent bientôt à Salisbury, pour accompagner Caterina Savini qui rentre en Italie pour une opération chirurgicale à la colonne vertébrale. Au moment de partir, celle-ci donne ses clés à Luisa Guidotti, qui lui dit simplement : « Nous ne nous reverrons pas. » John remonte à Mtemwa avec celle qui reste désormais la seule non-Africaine avec lui et le P. Gibbs dans la zone rurale de Mtoko. Comme il n'y a pas de matrone pour remplacer Caterina Savini, le jeune prêtre fera le travail. La nuit, de plus en plus de guérilleros arrivent à All Souls. Un jour où deux blessés sont trop gravement atteints, Luisa Guidotti les déguise en grand-mère avec sa fille, et le P. Gibbs les emmène au volant de la voiture, au risque de sa vie, de la mission jusqu'à Salisbury afin qu'ils y soient discrètement soignés. Luisa Guidotti soigne tous ceux qui arrivent, même si les responsables de la guérilla lui ont interdit de soigner les traîtres. Un jour une femme arrive, grièvement blessée. Les guérilleros sont sur ses traces et exigent qu'elle la leur livre. Elle refuse et ils menacent alors de faire sauter l'hôpital. La femme, qui assiste à la scène, décide de se livrer. Luisa Guidotti, atterrée, ne la reverra jamais.

En février, un nouvel avion est abattu par la guérilla, au-dessus de Karoi. Les assassinats de fermiers européens et les massacres dans les villages et les *keeps* se poursuivent. La Rhodésie est plus que jamais au ban des nations : quand Ian Smith se voit refuser, début 1979, un visa d'entrée pour le mariage de son fils Alec, il comprend enfin qu'il est aux yeux de l'Occident non pas le défenseur de la civilisation chrétienne qu'il croit être mais un paria (et son fils, loin de partager ses idées, milite au Réarmement moral – il participera aux efforts pour faciliter la transition entre le pouvoir blanc et Mugabe en 1980). Il dissout le Parlement et organise, le 17 avril, les premières élections sur le principe « un homme, une voix », avec 28 sièges sur 100 réservés aux Européens. La guérilla fait savoir qu'elle considérera tous ceux qui votent comme des traîtres. Dans bien des villages, les paysans préfèrent alors se réfugier dans la brousse. Le jour du vote, on peut voir des soldats européens parcourir la brousse en camion avec un haut-parleur qui hurle : « Vous *devez* exercer vos droits démocratiques. » Officiellement, 64 % des électeurs africains se rendent aux urnes, et l'UANC de Muzorewa obtient 51 sièges, mais la guerre redouble de violence. L'Église catholique poursuit pourtant ses efforts pour un règlement. Une délégation de deux évêques et d'un responsable de Justice et Paix rencontre Jean-Paul II et lui parle de la nécessité d'alerter l'opinion mondiale. Le Pape décide d'agir sur-le-champ. Avant même que la délégation soit rentrée en Rhodésie, il a contacté les ambassadeurs des grands pays occidentaux auprès du Saint-Siège pour les sensibiliser à l'affaire rhodésienne, et convoqué celui de Grande-Bretagne pour lui demander l'intervention urgente de son pays.

Le supérieur des jésuites ayant refusé au P. Dove l'autorisation d'aller à Mtemwa, « trop de confrères ayant déjà été tués », John vient avec Luisa Guidotti à Silveira House pour fêter Pâques, le 15 avril. Devant ses amis, celle-ci dit au téléphone à Adele Pignatelli que si par hasard elle était tuée par une balle perdue, « ce serait une joie de se retrouver dans les mains du Seigneur ressuscité ». Mais elle se fâche avec elle, car la fondatrice de l'AFMM ne veut plus envoyer personne pour la seconder, jugeant les risques trop élevés. Le P. Dove estime de son côté que, cette fois-ci, John ne doit plus retourner à Mtemwa, mais ce dernier refuse : « Qui s'occupera des lépreux ? » Il est pourtant très conscient des dangers qu'il court : la zone de Mtemwa est toujours sur la ligne de contact entre la guérilla, qui est partout, et les forces rhodésiennes qui y sont retranchées dans leurs installations, la guerre s'exacerbe et le pire peut arriver à tout moment. Il écrit alors, avant de passer en revue son enfance, – clé de sa vie –, et d'envisager sa possible mort prochaine :

> Au cas où ces brillants *vakomana*
> Viendraient cette nuit même ici,
> Doucement, doucement laissez-moi écrire
> Pourquoi [il faudra] ne jamais verser une larme[1].

À Silveira House, il rencontre aussi deux Allemandes, Frau Pätz et sa fille, et sympathise avec elles. Ils parlent ensemble de Bach. Puis John rentre à Mtemwa où le P. Fidelis Mukonori le ramène. John aime ce prêtre africain, la différence politique ne compte pas pour lui. Lors de ce voyage (ou d'un autre, la date n'est pas sûre) John lui dit qu'il n'est pas d'humeur à parler mais qu'il va jouer de la flûte pour lui, ajoutant : « C'est bon pour vous. » Et c'est ce qu'il fait tout le voyage. Le P. Mukonori a quand même le temps de lui redire que Mtoko et Mtemwa ne sont plus sûrs et qu'il devrait se replier sur Salisbury, mais John ne veut pas entendre.

Le 26 avril, John remercie sa mère pour la reproduction d'un christ de Léonard de Vinci. Il lui confie qu'il n'a pas grande confiance dans la « nouvelle Règle » (le gouvernement Muzorewa), et répète qu'il est sûr que « l'hérésie de l'Abominable Ours-des-Shows marxiste a mis une préemption sur tout le continent africain ». Il pense que, pour chaque chrétien, la conversion de la Russie devrait être un objectif, surtout de prière. Minimisant les dangers de sa situation, il parle d'accalmie, mais ne cache pas que le christianisme va être mis à l'épreuve. Et, surtout, l'essentiel est pour lui le combat spirituel pour le Royaume. Le lendemain il écrit une lettre similaire aux Bourdillon, d'autres amis de Salisbury ; il y évoque ses réticences vis-à-vis des « évêques politiques », et les appelle à prier pour la conversion de la Russie.

1. *Prologue to the next possible exit*, 1979.

Le 3 mai, il remercie les Pätz pour un don de 100 marks, évoque leur conversation sur le « maître musicien Jean-Sébastien Bach » et accepte leur proposition de lui envoyer un disque ou deux. Il achève sa lettre par une citation de la Cantate *BWV 80, Ein Feste Berge (sic.* John cite de mémoire comme toujours). Le 23, il écrit à Mona Smith et lui signale qu'après les onze lépreux morts en 1978, le centre n'a pas encore enregistré de décès depuis le début de l'année, et il la remercie pour une image pieuse du Padre Pio, qui a été rapidement placée sur l'Arche. Il partage aussi avec elle une victoire dont il se sent désormais suffisamment sûr pour en parler, celle sur l'alcool : « La cajolerie de la Bouteille ne me cause plus de soucis, mais je ne suis pas opposé à avoir une bouteille en réserve, au cas où arrive un Ange ou un Roi ou une Reine ou, plus probablement, un mendiant comme moi. Ceci n'est pas une suggestion pour une caisse de Brandy. »

À l'Ascension, fin mai, John accompagne Luisa Guidotti qui descend pour une retraite spirituelle de quelques jours à Silveira House, mais il repart aussitôt pour Mtemwa. Ébranlée par son différend avec Adele Pignatelli et par la mort qui rôde autour d'elle, Luisa Guidotti a demandé au P. Dove de ne lui parler que du Royaume des Cieux, et pas de la Passion, « car cela je sais ce que c'est ». Son ami lui répond : « Mais je ne suis jamais allé au Ciel et je ne suis pas sûr d'y aller. » Ils en rient tous deux et partagent leurs méditations sur la Résurrection du Christ et les fins dernières.

Début juin, l'activité épistolaire de John ne faiblit pas. Il remercie des correspondants pour des dons, et invite à la prudence quant à la situation politique en Rhodésie, il vaut mieux se tourner toujours plus vers la Jérusalem céleste. À Pauline Hutchings, il écrit : « La bataille pour le détachement me trouve toujours un bien fragile soldat » et ajoute : « Mais peut-être cela vaut-il mieux de savoir quel petit enfant on est plutôt que de se croire soi-même le fer de lance de l'infanterie de Dieu ! » Il se compare au roseau dont se joue le vent, contrairement à son saint patron au vêtement en poils de chameau. À John Dove qu'il remercie pour sa carte et ses cadeaux d'anniversaire, poudre de lait et bouteille de vin, il parle de tempêtes en tous les sens du terme. Le 30, dans une lettre à sa mère, il plaisante avec tendresse sur l'embonpoint de son amie Luisa Guidotti, « notre chère dame italienne, docteur, toujours en exil quant à sa pratique médicale ici, Louisa (*sic*) Guidotti. C'est une grande âme (une grande dame de 250 livres [113 kg] ». Il continue à signer souvent ses lettres « John l'abeille » ou « le bourdon », façon discrète de signaler que son amitié avec la gent ailée est toujours dans son horizon quotidien, comme en témoignent aussi ses poèmes.

La mort de Luisa

Une semaine plus tard, le 6 juillet, Luisa Guidotti est tuée près d'All Souls en revenant d'une évacuation médicale, elle qui avait écrit : « Mon Père, donne-moi une belle mort. Une belle mort, c'est mourir d'amour. » Le 19 juin, elle était arrivée à Silveira House si fatiguée que le P. Dove avait pris sur lui d'ajouter un peu de brandy dans son Coca-Cola. Elle lui a raconté ses journées de travail qui font parfois jusqu'à 21 heures, avec une équipe qui se réduit en peau de chagrin. Elle se reproche d'avoir morigéné une vieille sœur africaine et se confesse. Le jésuite lui dit qu'elle doit faire une pause, mais elle lui répond : « Je ne peux pas partir. » Avant de rentrer à la mission, elle confie qu'elle se sent seule mais aussi une « enfant bien aimée du Père ». À son retour, elle voit arriver à All Souls une camionnette pleine de policiers, qui la menacent, vidant en l'air plusieurs chargeurs, et l'accusent d'aider les *Terrs* et d'en être une. Elle leur répond qu'elle obéit aux conventions de Genève et soigne tous ceux qui viennent dans son hôpital, et qu'elle le ferait même pour eux si besoin était.

Le 6 juillet, elle conduit dans l'ambulance Land-Rover de la mission un paysan malade pour une opération à l'hôpital méthodiste de Nyadiri. Elle a refusé d'être accompagnée pour ne pas risquer la vie d'un passager. Elle dépose le malade et s'arrête au retour à Mtoko faire des achats chez les frères Kassim, puis va aux bureaux du commissaire de district où elle est reçue froidement. Un certain Munyaradzi qui y travaille dira avoir entendu deux des soldats de la Garde dire : « C'est elle. » Elle repart sur la grande route jusqu'à Lot, où commence la piste d'All Souls. Le hameau a été très éprouvé par la guerre, un *kraal* entier a été massacré par les forces de sécurité dans une carrière voisine, les mines sont nombreuses. Ce matin-là, les soldats ratissent la zone après avoir découvert à 300 mètres du hameau le cadavre d'un des leurs avec une note : « Traître qui a servi dans la Garde. » Les soldats africains sont anxieux, la mort de leur camarade dessine leur destin, et ils tirent à l'aveuglette au mortier sur des positions supposées de la guérilla. Le véhicule de Luisa Guidotti est arrêté et fouillé, puis elle reçoit l'ordre de repartir et roule jusqu'à la hauteur de l'embranchement vers All Souls, et s'engage sur la piste. À ce moment, un déluge de feu tombe sur son véhicule. Elle est atteinte au genou et à la jambe et s'affale sur le volant, perdant beaucoup de sang, tandis que la Land-Rover divague et s'arrête. Les soldats s'approchent du véhicule et, voyant qu'il n'y a qu'une femme blanche dont le sang gicle à flot, ils ouvrent la portière. Luisa Guidotti leur murmure : « Je suis un médecin, pourquoi me tirez-vous dessus ? » La suite est confuse : un officier l'aurait reconnue, or un officier de mercenaires qui connaît la famille de Luisa Guidotti lui avait demandé de veiller sur elle. Il lui aurait fait un garrot, mais la blessée, avant de sombrer dans l'inconscience, aurait essayé de l'arracher (selon une autre source il n'y aurait pas eu de garrot, et les soldats l'auraient laissée se vider de tout son sang). Elle est enfin transportée dans un véhicule vers l'hôpital de Mtoko, mais meurt bien avant d'y arriver. Quand le véhicule s'arrête à l'hôpital, un soldat crie à ceux qui s'approchent : « Vous vous occupez des *Terrs*, vous mourrez ! » Un rapport d'enquête officiel conclura à une bavure involontaire : Orificero, le commandant de la garde n'aurait pas entendu l'ordre de repartir donné à Luisa Guidotti et il aurait dit à ses hommes d'arrêter le véhicule. Mais le meurtre de sang-froid ne fait guère de doute pour les amis de Luisa Guidotti, ce qui n'empêchera pas certains ultras du Front rhodésien de la présenter comme une *Terr* qui transportait des mines chinoises dans son véhicule !

Le 12 juillet, la messe des obsèques a lieu dans la cathédrale de Salisbury (son corps sera rapatrié et inhumé en Italie). John, malgré les risques, vient en bus africain avec quelques paysans de la zone. Vêtu de sa bure franciscaine, il est un des porteurs du cercueil. Visiblement accablé, il semble avoir vieilli d'un coup de plus de dix ans mais prie à genoux, bien droit près du cercueil, pendant la plus grande partie de la liturgie. Sr Teresiana Muteme est près de lui et, à la fin de la célébration, il lui demande, abattu : « Que pouvons-nous dire de cela ? Que pouvons-nous dire de cela ? » Elle lui répond : « John, c'est triste. Que pourrions-nous dire d'autre ? » Alors que John sort de la cathédrale portant le cercueil de son amie, le P. Dove qui l'accompagne l'entend marmonner, accablé : « Je lui avais pourtant dit que je partirais le premier. » Il est pressé de repartir à Mtemwa, comme s'il avait peur qu'on le retienne de force, mais prend le temps d'envoyer un télégramme à Caterina Savini, alors hospitalisée à l'hôpital Gemelli de Rome, et d'aller voir à l'hôpital Margaret de Haast qui doit subir une opération. Il entre dans la chambre en trouvant la force de lui citer le proverbe arabe : « Si Muhammad ne peut venir à la montagne, la montagne viendra à Muhammad », et ils prient pour la défunte.

Jusqu'au bout

Ils ne sont plus désormais que deux Européens dans la zone africaine de Mtoko, le P. Gibbs et lui. Le 1er août, dix ans jour pour jour après son arrivée à Mtemwa, John repart pour Silveira House car son ami Dove s'envole le 6 en Europe pour un congé, et il veut lui dire au revoir. Heather Benoy est là aussi. John emmène la jeune femme prier à la grotte de Lourdes et contempler la vue sur Chishawasha lorsque le soleil se couche : « La guerre s'intensifiait et la peur avec. Nous avons eu une discussion à ce sujet. J'ai dit à John qu'il ne devrait pas repartir, que tout le monde savait que la zone de Mtoko était trop dangereuse, que sa situation devenait périlleuse. John m'a répondu : "J'ai envisagé la possibilité d'être tué. J'ai peur, oui, mais je ne veux pas abandonner les lépreux. Je vous le redis, je suis parfaitement conscient du danger mais je ne veux pas les lâcher." Il m'a semblé plus calme et serein que jamais, parlant de l'amour de Dieu, et soudain j'ai pris conscience que "John le fou" auto-proclamé avait disparu, c'était un homme de prière et de méditation qui s'était élevé » (H. Benoy). Avant de la quitter il lui répète plusieurs fois : « Je prierai pour vous. » Pour le père de Heather, Maurice Benoy, « John savait où il allait et il n'était pas inquiet ».

Durant son séjour à Salisbury, il rend aussi visite aux dominicaines qui aident les lépreux par des colis de Noël. Sr Philomena dira de lui qu'il « était franciscain jusqu'au bout des ongles, marchant aussi près que possible dans les pas de saint François et allant, comme celui-ci, “jusqu’au bout du message”, en réponse à un appel très spécial de Dieu ». John achète aussi quelques disques avec l’argent offert à cette intention par Frau Pätz et la remercie par courrier. Il écrit à madame Carey une lettre-poème sur Philo le lépreux, et envoie une carte d’anniversaire à sa filleule Pamela.

Comme on projette un film sur la vie de Jésus (sans doute le *Jésus de Nazareth* de Zeffirelli, sorti en 1977), il accoste à Silveira House une religieuse et lui dit : « Ma sœur, il faut que vous m’accompagniez au cinéma voir la vie de Jésus, emmenez-moi. » La religieuse n’a pas le temps mais il insiste, et comment lui résister ? Ils voient le film ensemble. Dans sa dernière conversation avec son ami jésuite, juste avant le départ de ce dernier, John lui demande :

« Que dois-je faire s’ils viennent ?

— Donne-leur ce qu’ils te demanderont. Ne va pas mourir pour cinq dollars !

— Je leur donnerai du café. »

Le P. Dove lui promet aussi d’aller voir madame Bradburne dans le Devon. Ensuite, John s’agenouille et lui demande sa bénédiction. Avant de repartir à Mtemwa, il va saluer le P. David Harold-Barry, entre dans son bureau, lui demande s’il a quelques timbres puis lui dit tout de go : « Vous faites du bon travail ! » Il n’est pas dans les habitudes des jésuites de dire ou d’entendre ce genre de choses, mais la façon dont le fait John frappe le jésuite : « Il affermissait les gens. Après une rencontre, on se sentait toujours meilleur. »

Le P. Mukonori a ramené John d’un de ses derniers voyages à Salisbury et Silveira House. Il n’oubliera jamais la conversation sérieuse qu’il a engagée avec lui au bout d’une centaine de kilomètres :

« John, pensez-vous que vous êtes en sécurité ? Je ne crois pas que vous l’êtes.

— Bon, je suppose que vous en savez bien plus que moi en ce domaine ? Qu’en pensez-vous ? Vous pensez que je suis en sécurité ?

— Vous n’êtes pas en sécurité.

— Pourquoi ?

— En ce moment vous êtes “ouvert” pour n’importe qui ?

— Pourquoi ?

— Maintenant cette zone n'appartient plus aux forces de sécurité, elles ont été chassées, mais elle n'appartient pas encore aux guérillas, c'est une zone "gelée". Donc vous n'êtes pas en sécurité.

— Qu'en pensez-vous vous-même ?

— Je pense vraiment que vous devriez quitter la région, mais je ne pense pas que vous serez d'accord avec moi.

— Oui. Qu'est-ce que vous voulez de moi ?

— Je pense que je devrais vous sortir de là.

— Et qu'est-ce que vous pensez que je ferais en ce cas ?

— Je pense que vous y reviendriez à pied.

— Oui, j'y reviendrais à pied. J'accepterais que vous m'emmeniez loin d'ici, mais je reviendrais. J'aime ces gens. Peut-être est-ce un amour égoïste, parce que avant de les rencontrer je ne ressentais pas d'amour envers qui que ce soit en ce monde, mais du jour où je suis entré en contact avec eux j'aime quelqu'un, je sens qu'enfin je contribue à quelque chose pour quelqu'un qui l'apprécie et, en ce sens, j'aime vraiment ces gens. »

Le P. Mukonori conclut : « Puis nous sommes arrivés à l'endroit où il est descendu et je lui ai dit : "John, au revoir, avant d'aller à Londres je viendrais vous rendre visite et j'espère que nous nous reverrons." »

De retour à Mtemwa, John écrit le 16 à Bruce Wilkinson à propos du Renouveau, que ce n'est pas dans sa ligne, mais il ajoute qu'il est cependant sûr que Dieu « bénit beaucoup de personnes dans leur amour à travers le mouvement charismatique ». Sa vocation propre est, selon lui, celle qu'ils partagent comme tertiaires franciscains (c'est alors qu'il précise sa situation), et de prier avec les lépreux pour que la paix advienne enfin.

La famille de John s'inquiète elle aussi en lisant les informations sur la Rhodésie, et son frère Philip lui écrit en lui demandant de quitter Mtemwa. Mais John n'en a cure. Il prie, se rend au centre, peste contre l'absence de médicaments quand un des lépreux est malade, remercie Stephen King de ses envois et tape ses poèmes (186 depuis le début de l'année). Ceux-ci commencent à déborder de partout dans la case de tôle et John commande une étagère pour les ranger et les classer. N'est-ce pas d'ailleurs l'occasion de faire du tri et une sélection, comme le P. Dove pense qu'il fait alors, en en détruisant un certain nombre ? Quinze jours avant sa mort, John écrit effectivement au P. Harold-Barry: « Peut-être devrais-je mettre une allumette à tous mes écrits qui n'ont pas de sens, avant que l'étagère n'arrive[1] ? »

Les problèmes avec les voisins du centre continuent de l'obséder. Aux divagations du bétail s'ajoutent les poulets qui disparaissent, les arbres qui continuent à être coupés. John sait que la plupart des assistants ont partie liée avec les paysans du voisinage dans ce pillage. Et il devine que si le centre manque de tout, ce n'est pas seulement à cause de la guerre que des rations, des couvertures et des vêtements continuent de disparaître – et que les bovins qui saccagent le cimetière ou le jardin sont peut-être aussi ceux des assistants. Il se sent comme la poule noire du rêve de saint François, et il se bat bec et ongles. Quand il acquiert la conviction que Phineas lui aussi participe au pillage, il s'emporte contre lui devant tous les assistants, sans s'inquiéter de ce que ceux-ci soient ses cousins ou de même lignage et que la guérilla leur a promis que toutes leurs terres, et donc celles du centre, leur seront rendues quand on aura chassé le Blanc. Il évalue les dégâts faits par les bovins et impose une amende pour rembourser le tort commis. L'autorité de l'Européen est encore assez forte, mais la rancune s'accroît: « Ils sont allés jusqu'à faire courir des rumeurs sur lui, que c'était un espion des forces de sécurité » (H. Benoy). Dans les *kraals* des environs de Mtemwa, on commente les derniers épisodes du différend, et les *mujibhas* écoutent. Ils ont d'ailleurs eux aussi un compte à régler avec lui depuis l'année précédente, quand il s'est répandu en jérémiades contre eux après qu'ils ont tué le vieil homme qui venait à la messe.

John se sent bien seul dans ce combat pour les lépreux, car le comité ne se manifeste quasiment plus. Après la mort d'Alistair Guthrie, plus un seul de ses membres ne se risque à Mtemwa. John ne peut libérer sa conscience que dans sa correspondance, ou avec le P. Gibbs. Le 13 août, il écrit à sa mère et lui raconte le stratagème de la tétracycline dans les volumes du *Reader's Digest*; puis, se rappelant soudain que la Rhodésie est en guerre et que le courrier est surveillé il ajoute: « Si le Censeur lit cette lettre, je lui offre un coup à boire pour l'amadouer. » Il demande aussi à sa mère de lui envoyer une photo du révérend Thomas Bradburne, mais pas n'importe laquelle: « Dans ses quarante-cinq

1. *Cf.* annexe 4, p. 462-464.

ans ou à peu près [à la naissance de John, donc], vous regardant, surveillant ses poules ou au jardin. » Le 24, il envoie une carte au P. Dove sur laquelle il écrit : « J'essaie de compter d'abord sur le Lion de St Jérome et de Juda, et d'être loyal. » Le 26, il plaisante dans une lettre à Stephen King sur leurs navigations passées dans les Broads, mais ajoute : « Pour quelque étrange raison, personne n'a encore gaspillé sur moi une balle [...], bien qu'on soit peut-être en chemin en ce moment même [...] Tout le pays est fatigué de la guerre. Nous continuons de prier. [...] Notre petite colonie de lépreux de Mtemwa est demeurée une oasis de paix, relativement parlant, Dieu merci ! » Il termine sa lettre en écrivant qu'il se prépare à monter sur un *kopje* d'où il pourra saluer l'Océan et Stephen, mais un post-scriptum ultérieur précise : « Rencontré un gars sans jambes, qui devait être reconduit chez lui en chaise roulante, je n'ai donc pas grimpé sur le *kopje*... » Ces deux lignes en disent long sur son dévouement toujours entier. Depuis son retour après sa maladie de 1978, la relation avec ses amis lépreux est devenue encore plus intense, et ils prient ensemble de plus en plus longtemps la prière de Jésus qu'il a revisitée :

> Jésus de Nazareth, Roi des Juifs,
> Nous te prions pour que cette guerre puisse s'arrêter,
> S'il te plaît donne la paix à ce pays.

Annexe 1
La guérilla autour de Mtoko et de Mtemwa

À partir de 1975, la ZANLA a pris peu à peu le contrôle des « réserves indigènes » : les *kraals* sont intégrés dans son dispositif militaire avec des comités, un pour les adultes, un pour les jeunes. Les contacts des villageois avec les *vakomana* sont codifiés et malheur à qui ne les suit pas : quand un groupe approche, un émissaire est envoyé ; le *kraal* ou le village doivent collecter la nourriture, apportée ensuite par des jeunes dans la brousse. Les comités doivent aussi conduire tout le village aux *moraris* (« assemblées », appelées ailleurs *pungwe*). Leur organisation est elle aussi codifiée : le commandant, ses adjoints et les *vakomana* sont au centre, les villageois, souvent plusieurs centaines, en cercle autour. Des chants révolutionnaires, le rappel du bon vieux temps d'avant les Européens et de son retour proche et la répétition de slogans idéologiques se succèdent puis c'est l'heure du châtiment des traîtres, dont l'exécution obéit à un rituel destiné à frapper les esprits : les *vakomana* entonnent des chants de deuil, lisent les noms des traîtres et des sorciers, on se saisit aussitôt d'eux, hommes, femmes ou jeunes, et ils sont fusillés devant tous. Ces exécutions sommaires emplissent de terreur les villageois, d'autant plus qu'elles sont généralement arbitraires. Les villageois rentrent ensuite dans leurs *kraals* tandis que les *vakomana* dorment dans la brousse par groupes de deux ou trois, souvent avec quelques *mujibhas*[1] qu'ils sont chargés de former, ou avec des filles prises dans le village, ce qui enrage les villageois et rend jaloux les *mujibhas*.

La guérilla joue sur plusieurs tableaux. L'idéologie communiste est certes affichée par les commissaires politiques, mais la plupart des insurgés comme des autres acteurs ont des objectifs bien plus concrets : le pouvoir, la terre, l'argent, voire la possession des femmes ou la libération de la domination des Blancs, des chefs, des parents ou des hommes. Les paysans, eux, s'efforcent d'abord de ne pas être tués, puis de recouvrer leurs terres volées par la colonisation, ne plus payer d'impôt, d'accroître leur troupeau, d'avoir

1. Les *mujibhas* (jeunes, en shona) sont les jeunes garçons des *kraals* et des villages, traditionnellement chargés de la garde des troupeaux s'ils ne sont pas scolarisés. Le terme devient synonyme de jeune auxiliaire de la guérilla dans les zones rurales.

des dispensaires et des écoles. Les chefs traditionnels veulent conserver leur pouvoir, les hommes continuer à pratiquer la polygamie et conserver leur autorité sur leurs femmes et leurs enfants, qui veulent au contraire s'en libérer. Les chrétiens veulent pratiquer librement leur religion, tandis que les *ngangas* prônent le retour aux pratiques ancestrales. Les commissaires politiques de la ZANLA affirment certes que toutes ces divergences seront résolues dans la société socialiste, mais bien des commandants sont réalistes et jouent de ces intérêts divergents pour asseoir leur pouvoir et leur légitimité dans les réserves africaines, qu'ils contrôlent la nuit et surveillent le jour. Ils prônent le non-paiement des impôts, des taxes de déparasitage, des frais de scolarité et de santé, et les résultats sont spectaculaires : la collecte des impôts et des taxes s'effondre à un tel point que le gouvernement en baisse le montant pour masquer sa défaite.

Les *mujibhas* récoltent les taxes de guerre que la ZANLA impose aux paysans et découvrent qu'ils possèdent un pouvoir jamais obtenu auparavant, qui repose sur la hantise des *vakomana* d'être trahis. Viande, filles, argent : la dénonciation et le chantage deviennent une arme redoutable dans leurs mains (les filles sont généralement mariées à des hommes âgés, et la richesse est entièrement aux mains des chefs des *kraals*). Nombre de chefs sont ainsi exécutés par la guérilla sur dénonciation calomnieuse. Les *mujibhas* ont un statut privilégié : pas d'école, de la viande (traditionnellement réservée aux hommes adultes), et ils peuvent narguer leurs parents : ils ne sont pas leurs enfants mais ceux du Zimbabwe libre. Le terme de *mujibha* devient synonyme de peur pour les paysans et pour les fermiers africains (dont l'association de Mtoko déclare que « les jeunes font concurrence à Smith pour tuer les gens »), et même pour les commandants et responsables de la guérilla, qui se rendent compte de leurs exactions[1].

La guerre prend parfois des allures de guerre de religion. Les *vapostori* sont forcés à participer à des séances collectives et de violer leurs interdits, consommation de bière et de tabac, rasage ; des méthodistes sont assassinés. Malgré sa faiblesse numérique, l'Église catholique est au cœur des luttes d'influence. Dans les *moraris,* les commissaires politiques disent que le Dieu des Blancs ne s'occupe pas des Africains, de leur misère, de la faim et de la violence qu'ils subissent et ils ajoutent : « Les Blancs sont venus d'abord avec la Bible, puis avec le fusil. » Au baptême chrétien ils opposent celui de la violence rédemptrice pour se libérer du joug des Européens. La

1. La zone de Mtoko est au cœur du roman de Stanley Nyamfukudza, *A non believer Journey* (1980) qui témoigne de cette atmosphère délétère. Son héros est mis à mort comme traître lors d'un *morari.* Outre cet auteur, nombre de romanciers qui ont écrit sur la guerre civile sont nés dans le district de Mtoko ou y ont vécu, ainsi Wilson Katiyo (*La Terre de Sekuru),* ou Tsitsi Dangarembga (*À fleur de peau).*

guérilla empêche parfois les paysans catholiques d'aller à la messe. Mais ailleurs, comme à All Souls, les *vakomana* disent aux catholiques qu'ils auront la liberté de religion après l'indépendance, même si, durant la guerre de libération, ce sont les esprits ancestraux et eux seuls qu'il faut prier, pas le Jésus des chrétiens. Souvent, l'attitude de *mujibhas* envers les missions dépend de la façon dont les chefs tiennent leurs hommes. Quand, au moment de l'indépendance, Robert Mugabe remerciera l'Église catholique pour son soutien, il y aura là bien sûr un jeu politique, mais aussi une certaine part de vérité, même si celle-ci a été en fait plus hostile au pouvoir du Front rhodésien et à son idéologie raciale se réclamant de la « défense du christianisme » que favorable à la guérilla en tant que telle.

Plus la guerre dure à Mtoko, plus le niveau moral de la population, européenne comme africaine, se dégrade. L'alcoolisme sévit : il permet d'oublier momentanément le stress de la guerre, la peur, la méfiance généralisée, il abaisse les barrières morales et fait commettre des meurtres, des viols et d'autres actes de barbarie. Il sévit dans l'armée rhodésienne où les officiers et soldats, européens comme africains, passent parfois des nuits entières dans des beuveries, ou se saoulent avant comme après les opérations dans les villages ou au Mozambique. Il sévit chez les *vakomana* et les *mujibhas,* souvent avant les opérations et les massacres ; ils exigent des paysans qu'ils leur fournissent du brandy et, de plus en plus, des alcools importés, dont la vente est très surveillée par des mouchards de l'administration. Il sévit dans les fermes européennes où le whisky n'arrête pas de couler le soir après que tous les systèmes de surveillance ont été allumés et que la longue nuit commence dans l'attente de *leur* éventuelle arrivée, et dans les *kraals* où coulent le *kachasu* et le *neepa* qui intoxiquent les villageois. Il sévit en ville dans les *Beerhalls* africains comme dans les bars coloniaux. Il sévit parmi les hommes politiques, et aussi dans bien des missions.

Le niveau de violence dans la zone de Mtoko est devenu tel en 1979 que lorsque Norma Kriger, une sociologue américaine, visite deux ans plus tard les villages pour une enquête de terrain, la paix revenue, les enfants hurlent, les adultes croient qu'elle vient arrêter les personnes dans la case desquelles elle entre, voire que « la guerre recommence ». Andrew Whaley, 13 ans après la fin du conflit, découvrira de même une zone toujours traumatisée. Pourtant, la victoire de la guérilla dans les zones rurales africaines ne fait pas de doute, même si la confusion est plus grande que jamais et que les bandes de *mujibhas* ou d'autres se déchaînent. Plus tard, les spécialistes discuteront si la guérilla a gagné avec le soutien des populations rurales ou contre elles. Pour Mtoko, la réponse de John est sans équivoque : « Les terroristes s'épanouissent en terrifiant la population/Les gens sont abattus par les soldats et hébétés. » La légitimité de la guérilla est en effet en crise et essaie de se rétablir par la terreur, alors que la discipline des guérilleros se dégrade : durant les *moraris*, les *vakomana* dansent avec des électrophones et boivent beaucoup, ce qui en fait une cible facile pour les forces de sécurité, surtout que contrairement aux troupes constituées d'Européens, les auxiliaires africains attaquent la nuit. La direction de la ZANLA fait venir des troupes nouvelles mais celles-ci, inexpérimentées et sans connaissance des situations locales, commettent des erreurs et des exactions. De plus, un certain nombre de *vakomana* et de *mujibhas* ont rejoint les rangs des milices de Muzorewa et la situation est des plus confuses, ces milices auxiliaires de l'armée de Ian Smith gonflant de mois en mois, et faisant régner une contre-terreur qui ajoute à la confusion et à l'exaspération des paysans.

Annexe 2
Le tiers ordre et saint François d'Assise : « un tertiaire franciscain du meilleur genre, quoique peut-être pas officiellement »

John a-t-il été tertiaire franciscain, comme l'atteste l'inscription sur sa tombe ? Il l'a dit, il l'a écrit, mais aussi (presque) le contraire. Les principaux éléments dont nous disposons sont les suivants, bien difficiles à faire concorder :

– John Dove écrit dans une plaquette sur son ami que ce dernier a été reçu dans le tiers ordre à Famagouste en 1950, sans précisions (le couvent a été occupé par les Turcs et fermé après la guerre de 1974) ;

– En 1955, John écrit à sa mère : « Saint François est mon maître » ; et, dans une lettre à Judith Listowel, Darrell Blackburn écrit (vers 1980) que John lui aurait dit à Buckfast, la même année, qu'il était tertiaire franciscain, ayant été reçu à la fraternité de Forest Gate à Londres (les archives de cette fraternité ont été perdues) ;

– Il écrit en 1956 qu'il est « une fois de plus un tertiaire franciscain », « un frère franciscain qui vit entre Ottery et le Ciel ». Il prie l'office de la Sainte Vierge, qui n'est pas spécifiquement franciscain en soi, mais l'est à ses yeux ;

– Vingt ans plus tard, dans une lettre à Bruce Wilkinson du 25 juin 1976, il écrit : « Je ne suis pas allé à une réunion du tiers ordre depuis le Devon dans les années 50 » ;

– Il écrit à sa mère, en juillet de l'année suivante, après avoir reçu un habit franciscain du P. Gildea, qu'il a été admis comme postulant dans le tiers ordre vingt-cinq ans plus tôt (donc en 1952), sans préciser où ni parler de profession ultérieure ;

– Deux semaines avant sa mort, il écrit à Bruce Wilkinson : « Non, Bruce, je ne suis pas un "franciscain complet", mais toujours au tout premier échelon de notre tiers ordre, quoique je porte l'habit d'un Ami et père du premier ordre parce qu'il me l'a donné, ainsi qu'un autre, et approuve tout à fait ce qui peut sembler de ma part présomption en le revêtant. »

Comment concilier ces données ? La reconstitution du parcours franciscain de John demeure hypothétique : il a pu être reçu comme postulant dans le tiers ordre soit en 1950 à Famagouste, soit – ce qui paraît moins sûr – en 1952 (peut-être à Assise), dans les deux cas de façon à la fois extra-régulière mais en rien exceptionnelle à cette époque[1]. Se considérant désormais membre de la famille franciscaine, John a pu ensuite avoir vers 1955 des contacts avec la fraternité du tiers ordre de Forest Gate à Londres, puis avec une fraternité du Devon ou, plus vraisemblablement, constituer à Buckfast une cordée franciscaine informelle avec Darrell Blackburn et son ami handicapé.

John avait-il par conséquent le droit de porter l'habit franciscain ? Lui-même s'est posé la question un peu avant sa mort, dans la lettre à Bruce Wilkinson citée ci-dessus, et aussi, mais sur un autre plan, en écrivant à Mona Smith, le 23 mai 1979 : « Vous avez peut-être l'impression que nous du tiers ordre ne devons pas le [l'habit] porter avant notre mort. S'il vous plaît, priez pour que je puisse mourir à ce monde. Nous avons une telle opportunité ici à Mtemwa d'être à la fois ensevelis et ressuscités avec le Christ[2] ! »

Pour conclure : pour le P. Gildea, supérieur des franciscains de Rhodésie, il n'y avait aucun doute : John était de la famille et même « plus franciscain que nous tous ensemble ». Il a donc revêtu légitimement un habit offert non moins légitimement. On peut donc voir dans cette prise d'habit de John une étape de « régularisation » de son engagement dans le tiers ordre, quoique singulière. C'est donc non moins légitimement que John a porté cet habit (même si c'était celui du premier ordre et non du troisième) les deux dernières années de sa vie puis durant sa Passion, et enfin dans la tombe (voir p. 481-482). L'inscription "tertiaire franciscain" est plus que légitime, véridique, et on peut attribuer à John l'épithète dont il gratifie généreusement Amélio de Nazareth en 1950 : « Un tertiaire franciscain du meilleur genre quoique peut-être pas officiellement. »

---

1. Un exemple parmi bien d'autres : Stanislas Fumet, au hasard d'une promenade de famille en Alsace, rencontre un franciscain qui lui propose et à son épouse d'être affiliés au tiers ordre « pour bénéficier de l'absolution générale de saint François ». Malgré leurs réticences, ils sont reçus quelques jours plus tard, comme tertiaires « isolés ».

2. Selon le Manuel du tiers ordre alors en vigueur, le novice reçoit le scapulaire et la corde, et le profès le grand habit, de couleur plus claire que celui du premier ordre, qui est porté dans les assemblées mensuelles et dont il est revêtu à sa mort pour être enseveli.

Cette vérité franciscaine de la vie et du témoignage de John est encore plus évidente si on examine sa relation à saint François. Ce dernier est un hôte régulier de sa poésie. Plusieurs centaines de références, sans parler de celles sur Assise ou sur la famille franciscaine montrent une grande familiarité avec le saint, sinon avec ses écrits (mais ceci était fréquent jusqu'à ces dernières décennies). Les convergences sont nombreuses, et elles expliquent l'aura franciscaine dont bénéficiait déjà de son vivant John et qui a augmenté depuis. Elles ont fait l'objet de plusieurs études. Celle de Sean Gildea a toute la force de celui qui a vécu un temps avec John, et l'a souvent revu ensuite. Pour lui, c'est un authentique franciscain, homme de foi extraordinaire, de profonde prière, de confiance dans le Père et de grande dévotion à l'eucharistie, d'amour immense, servant, baignant, jouant et chantant avec les lépreux, si ordinaire et en même temps si extraordinaire ; et un homme d'espérance, « la main qui construit un abri pour la nuit quand la maison est en ruine ». Pour Mark Elvins, franciscain anglais, John a beaucoup en commun avec saint François, en plus de son arrière-plan militaire et de son amour de la nature. Sa vie de « fou du Christ » et de « bouffon du Seigneur » imite celle de François qui appelait ses frères mineurs les « bouffons du Seigneur » et simulait la folie pour le Royaume. C'est dans son amour pour les lépreux et le service envers eux que culmine sa ressemblance avec François et les premiers franciscains qui sont allés vivre au milieu des lépreux. John est le plus bel exemple en pleine modernité d'une authentique chevalerie spirituelle comme l'a vécue saint François. Pour Christopher Robson, qui part de la thèse scotienne du caractère d'unicité propre à chaque être, la vocation à la pauvreté marque celui de John comme celui de François : pauvreté matérielle, mais aussi absence de statut social, non-mariage et non-sacerdoce. Il relève aussi chez les deux l'amour de l'Église, la dévotion eucharistique, la joie guidée par l'amour courtois de la chevalerie médiévale, un amour chaste mais enflammé pour une princesse inatteignable, incarnée par la féminité et la virginité de Marie. Pour Stefan de Kerdrel, John est plus proche de François que des deux autres saints auxquels on le compare, St Benoît-Joseph Labre et le Bx Charles de Foucauld. Pour James Scott, John montre que la vocation franciscaine conduit à la sainteté ceux qui y adhèrent et que l'apostolat franciscain est un véhicule choisi par Dieu pour le monde contemporain.

Annexe 3
Prière et combat spirituel

La prière de John est d'abord celle de l'Église : messe, service de communion, offices, petit office de la Sainte Vierge, puis le chapelet, une ou plusieurs fois par jour. La Bible est à la place d'honneur dans son Arche et il la médite sans cesse, dans la version du Roi Jacques. Il en fait une *lectio divina* spirituelle, ni fondamentaliste ni exégétique. Il pratique les locutions jaculatoires qu'il recommande à ses amis, la *Prière de Jésus* adaptée, une invocation suivant ce que préconise le *Nuage* : El, Om, et même *Om mani padme hum* compris dans un sens chrétien. Il participe aussi à la fin de sa vie à quelques réunions du Renouveau, qui a gagné les milieux catholiques de Rhodésie, mais explique dans un poème de mai 1979 pourquoi il préfère le « Tenez-vous tranquilles, et sachez que je suis Dieu » du psaume 46.

L'importance de la prière dans sa vie, en intensité comme en temps, frappe ses amis. Pour Caterina Savini, « John était d'abord un homme de prière. Il recherchait toujours des moments de contemplation ; on le voyait passer devant la chapelle et soudain s'arrêter, pour y prier, le panier de médicaments à la main ». Pour beaucoup, cette vie de prière est enracinée dans la certitude contagieuse que Dieu nous aime, que Marie nous protège, que nous pouvons leur faire confiance en tout ce qui nous arrive : « Il m'envoyait des lettres en me pressant de prier, de prier instamment et de prier toujours. Il avait peur que je tourne une religion seulement intellectuelle avec seulement ma tête. Il me disait pour m'encourager à prier : "Si vous deveniez ainsi, je serais obligé de prier à votre place !" Pour lui, la prière avait toujours la première place » (H. Benoy).

Pour prier, John a besoin de solitude, alors qu'il est un être très sociable comme en témoigne l'impressionnant nombre d'amitiés qu'il suscite et entretient toute sa vie. Il est partagé entre son désir de solitude pour être « seul vers le Seul », solitude d'ailleurs bien remplie (il pourrait dire avec Newman, « Jamais moins seul que lorsque je suis seul »), et l'accueil des autres. Un mardi, pour lui jour hebdomadaire de solitude, le P. Gibbs, passant par Mtemwa, vient le saluer et John lui crie : « Comment voulez-vous que je sois un ermite si vous venez me voir un mardi ! »

Dans sa prière et sa méditation, ses poèmes en font foi, il est tourné bien plus vers le désir du Ciel (plus de 1 500 références) que vers la peur de l'Enfer (seulement 350) ou l'attention au Diable (environ 150). Mais cet optimisme spirituel et tonifiant ne lui est pas toujours facile. Ses proches ne cachent pas des périodes de doute, voire de dépression et de déréliction, et ses poèmes de même :

> Dieu, et cela vient souvent sur moi,
> Quand les temps tempêtent dur et que j'aspire à la douceur
> Et pendant qu'au milieu des vagues je me flétris
> Tu ramones, tu transperces jusqu'à la garde
> Retournant l'épée qui éconduit ma faute[1]...

---

1. *Panic*, 1969.

Son combat est à l'image de celui du Christ car, comme le dit l'abbé Anschaire Vonier tant admiré par John : « Dans ce grand combat, le Fils de Dieu a jeté dans l'action, non sa divinité mais son humanité afin d'égaliser les conditions des adversaires. » John livre un humble mais incessant combat avec la bouteille de brandy ou les bons repas (qu'il ne faut pas majorer, ils sont rares), pour ne pas se plaindre durant les mois sur le Chigona ou dans la case de tôle : « On peut difficilement croire ce qu'il a vécu dans une case de tôle tout le "mois suicide" du Zimbabwe, octobre. [...] Il a planté les flamboyants qui maintenant donnent de l'ombre à la case, mais c'était simplement de jeunes arbres pendant la durée de sa vie. En hiver, il tremblait durant les tristes nuits, dormant sur un tapis de roseaux sur le plancher, enveloppé d'une mince couverture » (P. Hutchings). Pas plus que la prière, l'ascétisme ne lui est pas toujours facile. C'est pourquoi son « prêcher d'exemple » fascine. John a recherché toute son existence quel style de vie Dieu voulait pour lui. Et la réponse a toujours été dans le sens de la simplification. Dans sa case de tôle, il n'a qu'un petit réchaud, il se nourrit de poudre de lait. Certes, il fait honneur à ce que ses amis lui apportent, Luisa Guidotti des lasagnes, Pauline Hutchings des sandwiches et des tartines à la marmelade, mais il jeûne souvent.

Son humour et son excentricité sont partie intégrante de sa voie spirituelle. Mais est-il juste de parler d'excentricité ? Être « fol-en-Christ » ne devrait-il pas être la condition normale de la vie du chrétien comme le martyre est celle de sa mort : « Nous sommes tous des clowns mystiques habillés dans des vêtements trop grands pour nous dans lesquels nous nous empêtrons, mais nous persévérons » (Fabrice Hadjadj).

Un père spirituel ? John aurait été le premier à en rire ! Mais c'est pourtant ce qu'il a été pour plusieurs, qui disent que c'est d'abord par son exemple qu'il les a conduits plus loin vers Dieu. John répète plus d'une fois l'aphorisme de son cousin Baden-Powell : la religion peut être attrapée[1], pas enseignée – « *Religion is caught, not taught* ». Et Pauline Hutchings précise, en partant de son propre exemple :

> Comment peut-on aller assez loin pour discerner les voies par lesquelles on a été changé, transformé par le contact avec une personne telle que John ? [...] Son intense désir d'union avec Dieu, c'est ce qu'on expérimentait avec lui. J'arrivais pour lui rendre visite l'esprit plein des événements de ma vie, tabac flétri durant une sécheresse, oreillons ou varicelle d'un ou plus de mes quatre enfants, vol de bétail, petits riens de la vie dans une petite communauté rurale, ou une dramatique horreur au temps de la guerre de brousse, mais avant que j'aie déchargé la moitié

1. Au sens où on « attrape » ou contracte une maladie, ou un accent...

de mon fardeau sur John, toujours ouvert, je comprenais que mes problèmes étaient limités, qu'ils s'estompaient à la lumière d'une réalité plus présente. John œuvrait dans une dimension surtout spirituelle[1].

Anne Lander note comme d'autres l'évolution de son ami, et qu'il a pris de plus en plus conscience d'avoir une mission, plus d'ailleurs par sa façon de vivre ou par ses poèmes que par un enseignement :

> C'était un homme qui donnait plus qu'il ne recevait et son désir de Dieu doit avoir été souvent douloureux et angoissant. Il voyait Dieu dans les personnes et dans toutes créatures et situations, et sa joie de faire ainsi était si visible pour tous ceux qu'il rencontrait [...] C'était son désir de Dieu le Père, Dieu le Fils et Dieu l'Esprit Saint que je ressentais quand nous étions ensemble. Il donnait alors l'impression d'un accomplissement en Dieu[2].

Elle souligne aussi que « sa capacité à se vider de lui-même pour écouter et conseiller l'ami était impressionnante, et c'est pour cela qu'il avait besoin constamment de se ressourcer dans la solitude avec Dieu ». Agnes Mapfumo fait une expérience similaire dans sa relation avec John :

> De Silveira House, il me reste le souvenir du chant et d'une belle amitié, mais à Mutemwa, John est devenu plus. Et pas seulement par sa barbe qui devenait peu à peu blanche au fil des ans, sa grande barbe qui lui donnait cet air spécial. C'était un saint homme. [...] La plupart des gens ne pouvaient pas le comprendre. Nous le prenions tous pour une espèce de dandy mais il était tout à fait unique en son genre. Les gens pensaient qu'il n'était pas tout à fait normal, un fou quoi. Comment un homme sensé aurait-il pu vivre avec des lépreux et dans cette case sans eau ni sanitaire sans fenêtre en dormant par terre ; une personne normale n'aurait pas fait cela ! Il faudrait plus de gens sur terre comme John, si nous pouvions en avoir, cela changerait le monde[3].

Enfin pour John Dove, témoin de l'itinéraire spirituel de son ami durant près de quarante ans :

> On peut dire de John qu'il était un mystique mais cela venait de façon toute naturelle dans sa vie religieuse, chez lui. Oui, il était un mystique mais c'était si naturel, si gentil chez lui. Je dirais qu'il était un mystique, un homme qui parlait facilement de Dieu, qui avait une conversation facile avec Dieu.

1. Témoignage cité dans *JBMS Newsletter*, Summer 2007.
2. Témoignage recueilli par l'auteur.
3. Tiré du film *Do Not Let The Dream Die.*

Annexe 4
Une vie en poésie[1]

John est le plus prolixe des poètes anglais du xxe siècle, voire de tous : plus de 6 000 poèmes et plus de 170 000 vers retrouvés à ce jour (et on en découvre toujours de nouveaux). Il respire tellement la poésie qu'écrire en prose lui est difficile, que ce soit une lettre ou un compte-rendu, à plus forte raison le récit de sa vie. Au fil des ans, il s'enfonce toujours plus dans cet « état de poésie » (Georges Haldas) qui est le privilège de certains créateurs. Il peut écrire jusqu'à une douzaine de poèmes par jour, et comme il en indique souvent la date voire l'heure, sa vitesse de composition est parfois époustouflante compte tenu de la complexité et de la virtuosité stylistique. L'inspiration le prend à toute heure et n'importe où : quand il est en compagnie, il se lève et s'éclipse. Cette aisance véloce à écrire selon les règles sévères de la métrique anglaise semble lui être brièvement venue une première fois à la fin de la guerre : John l'évoque dans une lettre de 1945 et parle de « miracle ». Puis le robinet se referme jusqu'à la conversion. Il coulera ensuite à flot, avec des débits plus ou moins importants à en juger par les poèmes datés : les hautes eaux se situent en 1949-1950, 1955-1956, 1968-1969, 1974-1975 et surtout de 1977 à sa mort (un quart des poèmes connus).

Sous des apparences de simplicité ou de facilité, ce « grand formaliste » (David Crystal) multiplie les possibilités de la métrique anglaise, le plus souvent dans une forme impeccable mais imprévisible : richesse du vocabulaire, des rimes, nombreux acrostiches, rimes internes, onomatopées, rythmes variés, multiplicité des formes, en particulier médiévales (ballades, plusieurs centaines, rondeaux), archaïsmes, mots précieux, rares, en langues étrangères (latin, grec, vieux saxon, français, italien, allemand, hindi ou gurkhali, shona), néologismes, métaphores, allitérations, calembours, jeux sur les mots ou la syntaxe parfois jusqu'à l'obscurité, double ou triple sens, références et allusions historiques, littéraires, liturgiques, théologiques. Cette poésie est à la fois très originale et profondément ancrée dans une tradition poétique anglaise qui part des poètes médiévaux et passe par Shakespeare, Herbert, Bunyan, Milton, Wordsworth, Coleridge, Byron et Hopkins. Ceci vaut pour bien des aspects de sa poésie, y compris le côté burlesque ou bouffon de nombre de poèmes car « la poésie anglaise s'intéresse aussi à la folie, sous toutes ses formes » (M. Edwards). Et pourtant John ne consulte aucun manuel, dictionnaire spécialisé ou ouvrage technique (sauf *Words at play* vers la fin de sa vie). L'humour est souvent présent, sans qu'il soit toujours facile de distinguer quand il en fait ou non,

---

1. Cette annexe doit beaucoup aux travaux de David Crystal (*cf.* p. 464).

tout comme dans sa vie. Enfin, une dimension essentielle de ses vers est leur grande musicalité : ils sont à écouter plus qu'à lire[1].

Tout n'est pas de la même eau. Il arrive à John de ne pas réussir à maintenir un mètre ou une rime, ou de casser volontairement la forme (« le poète doit connaître les règles pour pouvoir les briser », R. Graves). Parfois, les contraintes matérielles, fin de page voire de marges, l'obligent à terminer brutalement un poème. Et il n'évite ni le cliché ni le banal, ni l'obscurité voire la préciosité, ni le fastidieux ni les vers de mirliton ou de circonstance (même si ceux-ci présentent presque toujours quelque aspect intéressant). Il ne se corrige d'ailleurs que très rarement, ignorant l'injonction de Boileau : « Cent fois sur le métier remettez votre ouvrage. » Faut-il le regretter ? Ce n'est pas sûr. Helen Hacksley a montré, à partir d'un échantillon très limité (moins de 1% du corpus bradburnien) que sous une apparence de fluidité voire de banalité se cache souvent une grande complexité à la fois de forme et de fond.

Chez lui, tout peut susciter un poème, du trivial au mystique, y compris la difficulté à se lever le matin après avoir écrit de la poésie toute la nuit, le remords d'avoir été trop dur avec quelqu'un, des considérations sur ce qu'il voit en Rhodésie de l'avance soviétique en Afrique, ou même une envie pressante dans la brousse (*Cabinetto*) ou un jour de shabbat à Jérusalem, ce qui l'oblige à se ruer dans un poste de police (*Intransigent*). Les considérations triviales jouxtent ou se mêlent à des fulgurations sur le mystère trinitaire ou sur la beauté théophanique d'un visage de lépreux.

Toutes les gammes sensibles, émotionnelles, culturelles et didactiques se retrouvent dans cet immense corpus, mais la joie, l'humour, la louange, la reconnaissance et l'émerveillement amoureux dominent. Comme George Herbert et d'autres poètes religieux, John pense que le don qu'il a reçu est un instrument pour exprimer ce qu'il recherche, vit et veut faire partager : Dieu et son mystère d'amour envers nous. Cette dimension mystique de la poésie de John a été étudiée par Anna Maksjan, qui la compare avec celle d'un autre poète anglais contemporain, un chartreux de Parkminster. Au-delà de données stylistiques communes, les deux dessinent un voyage qui conduit de la nuit de la recherche à la lumière ineffable de la rencontre avec le Dieu vivant. Maksjan met l'accent sur trois points : l'appel mystique est la prérogative d'une âme responsable qui prend les moyens d'une conversation possible avec Dieu dans la solitude et le silence ; le voyage est apophatique et sacrificiel, mais son terme est une lumière d'amour et de beauté ; la grâce mystique ne se vit pas dans l'extraordinaire mais dans l'ordinaire du quotidien.

---

1. Toutes ces raisons font que les poèmes de John posent des problèmes redoutables de traduction et ne prennent toute leur saveur que dans la langue originale.

L'œuvre de John offre une solution originale au problème de l'articulation entre l'expérience mystique et celle de la poésie, auquel bien des spirituels se sont heurtés, à savoir un humour souriant et quasi dansant. Mais John ne fait pas de sa poésie une idole ni une concurrente de la foi. Elle est totalement au service de Dieu. Pour David Crystal, il n'y a dans la poésie de John « qu'un seul thème, le plus profond de tous : la nature du Dieu trinitaire, comme elle se manifeste en Jésus né de Marie. De ce thème proviennent tous les autres, plan de Dieu dans l'histoire humaine, salut, amour, mission… » John écrit dans une lettre de février 1976 à sa mère : « Commencer par ce qui compte le plus : la Sainte Trinité. C'est le plus important message du but et de ce qui sous-tend ma vie. » Centrée sur le Dieu de Jésus-Christ, cette poésie l'est donc sur l'amour (comme le montre l'anthologie *John Bradburne on Love*). On peut y ajouter un fort sens de l'Église et la contemplation de la nature comme théophanie. Il ne s'agit que rarement de considérations intellectuelles ou abstraites, c'est à partir de ce qu'il vit et aime, de ses souvenirs, de sa recherche, de sa relation particulière avec la Vierge Marie que John écrit (il est convaincu que sa poésie est inspirée par celle-ci et on trouve dans *Of Benevolence* l'acrostiche : *Mary told me*, « Marie me l'a dit »).

John n'a aucun orgueil d'écrivain, même s'il croit que ses vers seront un jour lus. Il demande à Cecil Hardwicke de supprimer tout ce qui ne lui paraît pas bon avant d'en envoyer une sélection à Gollancz. Et ses poèmes auraient pu finir dans un grenier. D'abord stockés chez un banquier de Harare, ils partent en Grande-Bretagne en 1985 chez un professeur de Gresham's, puis dans les archives de la John Bradburne Memorial Society près de Leominster. En 1994, Kevin Jones, qui a connu John en 1967, rencontre par hasard un de ses anciens professeurs, David Crystal, qui vient d'acheter la maison de ses parents. Il lui montre un aérogramme en vers que John lui avait envoyé, pensant qu'une telle curiosité pourrait amuser l'universitaire. Fasciné, le Pr Crystal, un spécialiste de la langue et de la littérature anglaises, ne tarde pas à prendre contact avec la JBMS qui lui envoie quelque 5 000 poèmes. Il entreprend alors avec sa femme de traiter et de rentrer dans un ordinateur la totalité du corpus bradburnien, accessible désormais sur le site www.johnbradburnepoems.com.

10

Passion de John Bradburne

Septembre 1979

> J'ai envisagé la possibilité d'être tué. J'ai peur, oui, mais je ne veux pas abandonner les lépreux.
>
> John à Heather Benoy, août 1979

> Il n'y a pas de plus grand amour que de donner sa vie pour ses amis.
>
> *Évangile selon saint Jean* 15, 13

Soudain l'horizon de la guerre s'éclaircit pour de bon. Peu après l'admonestation de Jean-Paul II, la Grande-Bretagne s'est décidée à agir et l'invitation envoyée le 14 août par Margaret Thatcher aux parties en conflit a reçu une réponse positive de toutes sauf de Mugabe, que le président mozambicain presse d'accepter. Exsangues, tous les ennemis veulent en fait la paix – chacun persuadé de gagner les élections. La « petite fille espérance » se réveille soudain dans les *kraals*, les *keeps*, les fermes, les villas, les caches de brousse et le centre de Mtemwa.

Mais pour John, c'est l'heure des ténèbres. Le 29 août, le P. Gibbs vient célébrer, tandis que Pauline Hutchings arrive de sa ferme avec ses quatre enfants. Celle-ci remarque que, malgré la guerre, il y a deux fois plus de participants que lorsqu'elle a commencé à venir. À la fin de la célébration, tous récitent la prière pour la paix dite de saint François (*Seigneur, fais de moi…)*, puis John aide les impotents à rentrer chez eux. Il retrouve ensuite ses amis dans la case de tôle. Stanley, le cuisinier des Hutchings, a préparé un gâteau et des tartines de marmelade. À la porte de la case stationnent quelques lépreux, dont un couple âgé qui n'a pas pu être encore admis au centre faute des papiers nécessaires et que John héberge en attendant. Son ami Dove continue d'ailleurs à le titiller sur son hospitalité sans limite : « Si tu accueilles ainsi des lépreux chez toi, tu finiras par attraper la lèpre et on t'enlèvera d'ici pour te mettre dans une léproserie pour Européens. » Pauline Hutchings lui donne les tartines et partage le gâteau pour le groupe. Elle remarque que son ami change de place et se met derrière la porte ouverte, sans doute par pudeur, pour qu'on ne le voie pas de dehors partager le gâteau pour les seuls Européens. Ce petit jeu fait soudain prendre conscience à son amie que John n'a aucune vie privée ! Celui-ci est inquiet pour le P. David à All Souls, mais ce dernier a des contacts réguliers avec la guérilla et Pauline Hutchings s'inquiète surtout pour lui-même : « Il savait qu'il pouvait être tué, que c'était une possibilité réelle, c'était l'achèvement de son offrande de soi. » Lorsque les Hutchings sont déjà dans leur voiture pour repartir, John dessine du doigt le M de Marie et la Croix sur la vitre arrière de leur véhicule, et les salue tandis qu'ils s'éloignent.

Le lendemain, un jeudi (ou le vendredi, la date n'est pas sûre), John dit à *Mai* Coletta qu'il n'a pas de paix dans sa case, que le mal rôde. Celle-ci voit que des fourmis rouges, une race agressive, ont envahi la case, mauvais présage pour la sagesse shona. John dormira dans la chapelle. Le samedi, premier jour de septembre, jour de Marie, il est de plus en plus anxieux. Il demande à *Mai* Coletta et aux autres lépreux qu'il rencontre de prier pour lui. Soit qu'ils savent des choses, soit qu'ils les sentent, plusieurs lui demandent de partir au plus vite de Mtemwa. En fin d'après-midi, il monte prier sur le Chigona. Quand il en redescend, il semble apaisé et dit aux lépreux qui l'ont pressé de partir qu'un grand Ange lui a demandé de rester.

Son sort a déjà été scellé lors de réunions près du mont Mtemwa. Quelques-uns de ceux qui y ont participé en parleront au frère Lawrence Makonora quand celui-ci sera devenu directeur de Mtemwa. Sont présents des paysans des *kraals* en conflit avec le centre, des *mujibhas* (dont deux qui font régner la terreur sur la zone), peut-être un ou deux assistants. Les *mujibhas* ont décidé de se débarrasser du *murungu*. L'étonnant est qu'ils aient attendu si longtemps (Theresa la cuisinière rapportera avoir reçu des menaces de mort pour son amitié avec John). Il est décidé qu'ils s'empareront du Blanc et le conduiront chez les *vakomana* pour qu'il « rencontre sa destinée ». Les troupeaux pourront alors aller là où ils veulent, car ce n'est pas Phineas qui les en empêchera. De plus, les lépreux partiront s'ils n'ont plus la protection du Blanc, et toutes les terres seront rendues aux *kraals*. Pour les *mujibhas*, conduire un Blanc aux *vakomana* leur permettra de bien se faire voir du commandant de la zone et peut-être de gagner le droit de partir au Mozambique. Le mobile du rapt est vite trouvé : le Blanc est un espion, son poste de radio est sûrement un poste-émetteur avec lequel il communique avec l'armée rhodésienne.

Au soir du samedi 1er septembre, des *mujibhas* réunis dans la grotte de Chimedza près de Hunhu, au nord-est de Mtemwa, décident de passer à l'action le lendemain[1]. Ce dimanche, le P. Gibbs ne peut venir à Mtemwa et John dirige un service de prière et de communion. Il parle de St Laurent martyr, dont ce n'est pourtant pas la fête, et il donne en exemple son courage et son endurance[2]. Il ne retourne pas ensuite à sa case ni ne monte au Chigona, mais il lit dans sa bible les livres de Judith et d'Esther, deux épisodes guerriers dans lesquels des faibles soutenus par Dieu triomphent des puissants. Puis il demande à *Mai* Coletta de chercher des lépreux pour prier avec lui. Des hélicoptères passent toute la journée au-dessus de Mtemwa, en route vers une mission guerrière, et accroissent la tension. À l'heure du chapelet, John est pris d'une soif inextinguible. Il se lève pour boire au robinet, mais il n'y a pas d'eau. Il retourne alors voir *Mai* Coletta et les autres lépreux et leur en demande, mais ils n'en ont pas. Ils le voient alors s'éloigner vers sa case de tôle. Depuis quelque temps il s'est mis en tête de transférer un jour celle-ci à côté de la chapelle, pour agrandir cette dernière, et c'est peut-être pour cela qu'il se met à y porter des objets de sa case. Puis il décide de dormir dans la case voisine de la case de tôle, et il s'y installe à la nuit tombée.

Ce jour-là, alors que les chefs de la plupart des factions en guerre se préparent à partir négocier à Londres, toutes lancent des offensives meurtrières pour mieux asseoir leur position : les

1. Ce 1er septembre, le pape Jean-Paul II est à Nettuno près de Rome et préside une messe en l'honneur de sainte Maria Goretti. Le Pape exalte le martyre chrétien et renvoie tous les baptisés au combat de toute vie chrétienne.

2. Faut-il en déduire qu'il désire le martyre ? Au témoignage de J. Gough, « John aspirait à la sainteté. Il n'avait pas l'idée du martyre pour elle-même. Il était convaincu qu'il devrait l'être, mais il n'en aimait pas les moyens… Il avait peur de la mort » (sur ce dernier point, les avis divergent).

vakomana posent des mines, attaquent des fermes, exécutent des « traîtres », les *mujibhas* en dénoncent, les milices UANC et les auxiliaires africains se conduisent comme en pays conquis, et l'armée rhodésienne met au point, avec le soutien de l'Afrique du Sud, l'opération Uric contre les camps de la ZANLA au Mozambique prévue pour le lendemain[1].

L'ENLÈVEMENT[2]

Il est environ minuit quand *ils* arrivent, au soir du dimanche 2 septembre, entre dix et quinze, avec des bâtons, des *bazdas* et, pour l'un, deux grenades à main. Ils frappent à la porte de la case où John se trouve. Les deux vieux lépreux les entendent mais, effrayés, ne bougent pas. Ils répéteront ensuite ce qu'ils ont entendu, corroboré par un des *mujibhas* : John est appelé et invité à sortir pour une prière. Il se lève, met son habit franciscain, le bandeau rouge pour tenir ses cheveux, et ouvre. Il dit au groupe qu'il veut bien prier, mais qu'ils peuvent le faire sur place. Ils lui répondent que c'est trop dangereux pour eux, qu'il faut aller dans le *bundu*, et ils l'entraînent dehors, tandis qu'il leur répète qu'ils peuvent prier là. Le groupe s'éloigne dans la nuit, après que les ravisseurs ont fait un tour dans la case et pris la radio. Les deux lépreux restent terrés chez eux.

Les *mujibhas* lui passent bientôt une corde autour des mains. Il ne se débat pas, mais continue de dire qu'ils peuvent prier là où ils sont et ajoute : « C'est comme cela que vous voulez prier ? » Comme il trébuche à cause des liens, les *mujibhas* desserrent la corde. Il marmonne qu'il doit revenir à Mtemwa et que, de toute façon, ils ont suffisamment marché et peuvent prier plutôt que s'éloigner. Il a du mal à soutenir le rythme de ses jeunes ravisseurs, et l'athlétique John n'est plus cette nuit-là qu'un homme vieillissant qui n'arrive plus à reprendre son souffle.

1. Un *guti* (pluie bruineuse) épais clouera au sol les avions et les hélicoptères le dimanche, et l'opération sera reportée au premier jour clair.

2. Après 1980, le P. Dove, le P. Gibbs, le F. Lawrence Makonora, Andrew Whaley, Judith Listowel, Charles Moore et d'autres ont enquêté sur l'enlèvement et la mort de John, interrogeant des acteurs et des témoins. Les récits concordent sur l'essentiel, mais pas toujours sur la chronologie des faits et les détails. Les divergences les plus importantes seront signalées.

Enfin, après avoir marché une dizaine de kilomètres, ils arrivent, environ deux heures plus tard, à la grotte de Chimedza dans la zone de Hunhu. Un groupe de 30 à 40 *mujibhas*, pour la plupart des garçons, les attendent[1]. Quand le captif entre avec ses ravisseurs, ce sont des explosions de joie. Lorsque le brouhaha cesse et qu'il a été délié, John leur demande si c'est maintenant qu'ils vont prier, et l'hilarité reprend de plus belle. Il va l'avoir, sa prière ! Les *mujibhas* le bousculent et se moquent de lui. L'un d'eux lui demande s'il a déjà mangé de la m…e, car il va avoir l'occasion de le faire. Ils le font mettre à genoux, puis poussent devant lui une des filles du groupe et lui ordonnent de copuler avec elle, avec force rires et sarcasmes. Le prisonnier proteste, sans crier ni se débattre. Alors, ils mettent des disques sur un électrophone à pile, et ils lui crient de danser. Il répond qu'il aime danser, mais pas ainsi. Les railleries continuent tout le reste de la nuit, jusqu'à ce que ses tortionnaires se lassent. Ils lui lient alors à nouveau les mains et le conduisent dans un *kraal* voisin, alors que le jour se lève.

John est jeté, entravé, dans une case vide et y passe la journée. Comme ailleurs dans la zone dite « semi-libérée », le village a son comité ZANU. Les *mujibhas* (peut-être accompagnés de quelques paysans de Mtemwa) vont voir les responsables et leur disent qu'ils ont capturé un Blanc pour le livrer aux *vakomana*. Quand ils disent son nom, le comité les réprimande : le Blanc de Mtemwa est un bon Blanc, ils le connaissent, il aime les Africains et on l'a même vu un jour porter un lépreux sur son dos jusqu'à l'hôpital de Mtoko. Les *mujibhas* déçus promettent de le reconduire à Mtemwa la nuit venue. Au centre, justement, les deux lépreux ont apporté encore tremblants la nouvelle : *Baba* John a été enlevé. Phineas part informer les autorités à Mtoko. La police arrive et ferme la case de tôle, puis repart et en dépose la clé au JOC.

Le procès

À Hunhu, la nuit est tombée. Les *mujibhas* n'ont nullement l'intention d'obéir et quand ils sortent John de la case, pieds

1. Une autre source parle de centaines, ce qui semble difficile pour une petite grotte.

et mains liés, ils retournent à la grotte de Chimedza espérant y trouver des *vakomana*. Selon l'un d'eux, les liens n'ont pas été relâchés cette fois-ci et le prisonnier doit sautiller en crapaud pour avancer. Mais il n'y a personne dans la grotte, les *vakomana* changent sans cesse de cache. Qu'à cela ne tienne, les *mujibhas* connaissent d'autres grottes qui servent à la guérilla. Vers le mont Harare, au nord-est, il y a celle de Gwaze. Ce n'est plus leur secteur de guérilla et ils n'ont pas le droit de s'y rendre, mais qu'importe et, de plus, le commandant de cette zone ne connaîtra pas le Blanc. Ce n'est qu'à l'aube qu'ils arrivent au pied du mont où se trouve la grotte (Andrew Whaley refera cette marche quelques années plus tard avec Ernest Gwaze et un dénommé Chimedza (que ce soit les noms des deux grottes n'est peut-être qu'une coïncidence). Alors qu'ils commencent à monter avec leur prisonnier pour voir s'il y a des *vakomana* dans la grotte, John tombe à genoux. Ce n'est pas à cause de l'épuisement et du manque de nourriture, mais parce qu'il a vu le Christ – à savoir une peinture rupestre naïve de Jésus peinte sur le flanc du mont. Après avoir prié, il se relève difficilement et gravit avec ses ravisseurs un pénible parcours d'éboulis et de rocaille entre les rochers jusqu'à la grotte, masquée par un amas rocheux au flanc de la montagne (il faut un guide pour la trouver)[1]. Avant d'y entrer, John s'agenouille une seconde fois, tourné vers le Christ peint sur la roche. Le voici pour une seconde nuit dans une grotte, lui qui est venu en Afrique pour en trouver une et y prier. Elle est vide, et les *mujibhas* n'ont pas d'autre choix que d'y passer la nuit. Le prisonnier est libéré de ses liens et prie (cette nuit du 3 au 4, le P. Dove, en Irlande, connaît une expérience d'agonie qu'il sent n'être ni la sienne ni celle du Christ qu'il méditait. « Mais alors de qui ? », se demande-t-il).

Frère Athanasius, de la mission d'All Souls, apprend en passant à Mtoko la nouvelle de l'enlèvement de John le mardi en milieu de journée. Il avertit le P. Gibbs et celui-ci se rend aussitôt à Mtemwa, pour trouver la case de tôle fermée. Il part alors à Mtoko, se fait remettre la clé au JOC et retourne à Mtemwa. Il entre dans la case de tôle, qui n'a pas l'air d'avoir été pillée. Il repart vers Mtoko et croise Pauline Hutchings. Ils retournent

1. Comme beaucoup de grottes, celle-ci est sacrée pour la population locale qui y célèbre des cérémonies aux ancêtres.

ensemble à Mtemwa, et prennent les affaires les plus précieuses et les livres de prière. Le P. Gibbs s'arrête à Mtoko rendre la clé, puis il rentre à All Souls où il arrive juste avant le couvre-feu. Le P. Mhishi, nouveau supérieur de la mission, est allé à Mtoko pour avoir des nouvelles, mais lui aussi revient bredouille. La nouvelle de l'enlèvement arrive aussi à Silveira House et à Salisbury. Le P. David Harold-Barry informe l'archevêque et essaie de joindre le P. Dove en Irlande.

John passe la journée du 4 soit dans la grotte de Gwaze (ou à Rutsito selon une autre source [1]). Le soir venu, arrive un commandant de la ZANLA et ses hommes, une quinzaine (d'autres arriveront après). Les guérilleros sont jeunes pour la plupart (près des trois quarts des *vakomana* ont encore moins de 25 ans, après sept ans de guerre), mais une kalachnikov donne de l'assurance. Le commandant découvre le prisonnier et se prépare à le juger comme on le lui demande, mais, pas de chance pour les *mujibhas*, il comprend rapidement qu'il a en face de lui le fameux Blanc de Mtemwa qu'il sait être inoffensif. Plus encore, un de ses hommes, nouvelle recrue de la guérilla, Denford Nyandimu[2], connaît personnellement John et se porte garant : celui-ci soigne de pauvres Africains lépreux. Le commandant demande alors aux *mujibhas* pourquoi ils l'ont enlevé. Ceux-ci se sentent pris en faute, mais ils ont un argument de poids : l'émetteur-radio avec lequel le Blanc informe l'armée rhodésienne. Ils montrent le poste, et ajoutent, pour faire bonne mesure, que le Blanc ne parle jamais en faveur de la guerre de libération et qu'il ne les a jamais aidé pour le ravitaillement ou d'une autre façon. Un des *mujibhas* porte alors l'accusation au niveau religieux : le Blanc ne suit pas les esprits des ancêtres. Des problèmes de voisinage entre lépreux et paysans des *kraals*, il n'en est pas question. Mais le poste émetteur se révèle une radio des plus ordinaires et le

1. Selon cette source, les *vakomana* se seraient déjà trouvés dans la grotte de Gwaze la nuit du 3 au 4. John y aurait été jugé et « relaxé » une première fois puis envoyé chez le chef de Rutsito, non loin de la grotte, un homme hostile aux Européens. Il y aurait passé la journée du 4 avant d'être emmené dans un *morari* près du mont Chitekwa puis jugé à nouveau. En dehors de la séquence temporelle dédoublée, cette version ne diffère pas fondamentalement des autres.

2. Cet élève de la mission d'All Souls vient d'être « enlevé-recruté » avec cinq autres pour servir de porteur de munitions. Il faut toutefois remarquer qu'il n'a pas assisté aux événements précédents la nuit du 4 au 5.

commandant livre son verdict : le Blanc n'est pas coupable, il est libre et pourra repartir à Mtemwa y poursuivre son travail pour les pauvres Africains[1]. John n'a pas dit une parole.

Mais voici que l'adjoint du commandant chargé de la sécurité intervient : le Blanc ne peut être relâché car il a vu leurs caches. Même s'il promet de ne pas les dénoncer, les hommes de la sécurité sauront le faire parler. Les deux hommes discutent longuement et le commandant trouve un compromis : le prisonnier sera envoyé au Mozambique pour y soigner les réfugiés des camps jusqu'à la fin de la guerre. On l'informe de cette décision, mais John refuse : les lépreux ont besoin de lui. Le commandant, conciliant, lui propose alors de partir vers la Tanzanie ou même en Chine. Mais le prisonnier s'obstine : les lépreux ont besoin de lui, ce sera Mtemwa ou rien. On lui demande alors ce qu'il pense de la libération du Zimbabwe : en guise de réponse, il se met à genoux et prie le *Babu Vedu* (*Notre Père*) et le *Kwaziwai Maria* (*Je vous salue Marie)*. Un de ceux qui assistent à la scène racontera que sa paix profonde, comme si son sort n'était pas en jeu, les frappe tous.

« Vous ne me reverrez pas »

Le commandant ne le questionne plus. Sa sympathie envers son prisonnier est évidente, mais il connaît les lois de cette guerre. Il propose à John de manger avec lui, soit leur propre repas de *sadza*, soit du thé ou du Coca-Cola et du pain. John prend un peu de nourriture. Puis le commandant lui dit qu'ils l'emmènent à un *morari*. Ils marchent cinq ou six kilomètres vers l'est, au clair de lune (la pleine lune tombe deux jours plus tard), et arrivent à un grand rassemblement d'environ 500 villageois[2]. John s'assied au milieu de cette foule où personne ne semble s'intéresser à lui. Le meeting révolutionnaire se déroule comme à l'accoutumée, avec chants et slogans. À un moment

1. Cette décision n'est pas exceptionnelle. Norma Kriger cite le cas d'un fermier africain kidnappé par les *mujibhas* et conduit aux *vakomana*. La guérilla ordonne de le relâcher car il collabore avec elle. Les *mujibhas* s'exécutent mais lient ensuite l'homme à un arbre et le battent jusqu'à le laisser pour mort.

2. Selon une autre source, à moins de deux kilomètres et avec un nombre nettement plus grand de paysans rassemblés, trois à cinq mille.

une femme, Dorica Mapfunde, vient s'asseoir près de John avec deux bébés, des jumeaux, et ceux-ci marchent à quatre pattes pour se blottir sur ses genoux où ils ne tardent pas à s'endormir. Plus tard, il les rend à leur mère, se lève, et dit à Dorica Mapfunde : « *Amai*, vous ne me reverrez pas mais je prierai pour vous », puis récite le *Babu Vedu* à genoux, bras levés vers le ciel.

Le *morari* se termine tard dans la nuit. Les paysans retournent vers leurs *kraals* pour y arriver avant le lever du soleil, afin de ne pas tomber sur une patrouille de la Guard Force. Le commandant dit au prisonnier qu'il est libre et peut retourner à Mtemwa[1]. John sait qu'il en est loin, mais il a l'habitude de marcher. Il se joint à un groupe de paysans qui se mettent en marche vers la route qui va de Mtoko à Nyapamanda et au Mozambique. Deux guérilleros armés de kalachnikovs marchent avec eux, et d'autres un peu plus loin. John s'arrête deux fois pour prier, en sueur selon le témoignage de villageois du groupe (malgré le temps frais de l'hiver austral) et, la seconde fois, un coq chante dans le lointain. La présence des deux *vakomana* armés rend le groupe nerveux.

Ils arrivent sur la route, à environ seize kilomètres à l'est de Mtoko, à hauteur d'un ruisseau qui passe à travers une buse, alors à sec. Les villageois traversent la route et, à ce moment, l'un des *vakomona* les rejoint et prend John par le bras pour le conduire quelques pas sur le côté, sur le lit du ruisseau, en bordure de quelques agaves sauvages[2]. John ne résiste pas et tombe à genoux. Il se relève peu après et le guérillero, qui se tient derrière lui vide dans son dos le chargeur de sa kalachnikov. Les paysans, à quelques mètres de la scène, voient John tomber sur ses genoux, puis doucement s'effondrer au sol, sans un mot, tandis qu'il se vide abondamment de son sang et meurt « comme un *hwayana* (mouton) », dira au P. Dove un vieux

1. Selon une autre version, c'est alors qu'a lieu le procès.

2. Selon le P. Dove (seconde édition de *Strange Vagabond of God*). Dans un document inédit, le P. Dove situe l'exécution dans un jardinet à 70 mètres en contrebas de la route, sur laquelle le corps est ensuite ramené. Selon Denford Nyandimu, c'est l'adjoint du commandant pour la sécurité qui a suivi John et qui l'interpelle au moment où ils arrivent sur la route : « Eh, John, tu n'as pas voulu aller au Mozambique avec nous. Pourtant d'autres y sont allés et ont sauvé leur peau. » John réitère alors son désir de rentrer à Mtemwa, et il est emmené à l'écart pour être abattu.

paysan du nom de Jairas, du *kraal* de Kawazva. On relèvera 24 douilles sur le lieu de l'assassinat[1].

John est mort aux premières heures d'un mercredi et ses amis ne tarderont pas à se souvenir d'un poème, sans doute écrit alors qu'il était déjà à Mtemwa, en 1971, à propos de l'aria *Kommt Süsser Tod* (BWV 478) de Jean-Sébastien Bach :

> « Viens, douce mort », commence le chant, […]
> Viens, douce mort, un mercredi
> Si tu veux et si tu peux[2]…

Et en 1950 déjà, il avait écrit :

> Pourquoi se presser ? Je réponds :
> Ce pourrait être mon dernier mercredi[3].

Les paysans ont assisté à la scène avec dégoût, mais sont surtout paniqués pour eux-mêmes, alors que les guérilleros s'éclipsent après avoir amené sur la route le corps vêtu de son seul caleçon, et griffonné à la hâte une note[4]. Si les Blancs découvrent le corps ils vont se venger et les tuer, eux et tous ceux des *kraals* et villages alentour. Il faut cacher le cadavre – certains disent dans la buse, d'autres derrière le petit rideau d'arbustes de brousse. Que se passe-t-il alors ? Au témoignage de Jairas, alors que les paysans commencent à traîner le corps, ils entendent soudain des chants au loin. Inquiets, ils s'égayent dans la nature. Au bout de quelque temps ils s'enhardissent à revenir, car personne n'est arrivé. Mais des chants se font à nouveau entendre, plus forts, et les villageois s'enfuient une seconde fois. Mais la peur des Blancs est plus forte que celle des inconnus et ils reviennent, pour découvrir qu'un grand oiseau blanc plane au-dessus du cadavre, montant et descendant comme pour protéger le mort.

1. 23, selon une autre source.
2. *Come, sweet death… the song begins*, 1971.
3. *Local idiot-JRB*, 1950.
4. « Victime de la lutte de libération », selon une source, « Frère John a souffert et c'est ce qui arrivera aux auxiliaires », selon une autre.

Qu'est devenu son habit franciscain ? Selon Denford Nyandimu, John l'a porté jusqu'à son exécution et les *mujibhas* l'ont dévêtu après. Mais ceci ne concorde guère avec la description du corps faite par le P. Gibbs. Quand lui aurait-on alors retiré son vêtement ? La question reste ouverte.

Nouvelle fuite, nouvelle attente. L'oiseau est-il encore là ? Ils se rapprochent à nouveau de la route, et ce qu'ils voient est encore plus étonnant : trois rayons de lumière colorée semblent sortir de là où gît le corps, un bleu, un rouge et un blanc, convergent plus haut pour ne plus en faire qu'un. Cette fois, les villageois s'enfuient vers leurs *kraals* sans revenir.

« Le cadeau fait à chacun de nous et à nous tous »

Ce 5 septembre à l'aube, le ciel est clair et les avions et hélicoptères rhodésiens et sud-africains fondent sur le Mozambique. L'opération durera deux jours, mais la résistance sera plus forte que prévue. Trois cents guérilleros seront tués, mais aussi quinze Rhodésiens et les structures de commandement de la ZANLA resteront intactes. Le président mozambicain Samora Machel en profite pour forcer Robert Mugabe à partir pour Londres participer à la conférence de Lancaster House.

Ce mercredi matin, le P. David Gibbs quitte la mission d'All Souls vers 6 h 15, suivi de Hilary Winne, une étudiante en médecine de passage à All Souls qui conduit la voiture de Luisa Guidotti. À un kilomètre et demi de la mission il croise un Africain qui lui dit : « Père, ils ont tué un Européen, la Guard Force va être déchaînée, et elle tirera de façon déchaînée. » Le P. Gibbs l'interroge, mais l'homme ne sait pas qui est cet Européen. Le P. Gibbs a déjà compris, il accélère et, peu après aperçoit, en partie sur le goudron et en partie sur le bas-côté, un corps vêtu seulement d'un caleçon. Il reconnaît en s'approchant son ami John et découvre les blessures des jambes et du bas de la poitrine : « Le haut de la poitrine, les bras, la tête étaient intacts. Il était couché sur le dos, les yeux ouverts, la main droite sous sa tête, avec la main gauche sur le côté. Un peu de sang perlait encore de la blessure à la cuisse. J'ai fermé les yeux de John et fait une courte prière à côté de lui. » Puis, avec l'aide d'Hilary Wynne, il transporte le corps dans l'ambulance d'All Souls et roule jusqu'au JOC de Mtoko, le seul endroit où il y ait une chambre mortuaire, il y dépose le corps, puis file chez les Hutchings. Pauline est bouleversée, et ils vont aussitôt dans la petite grotte derrière la maison des Hutchings, où le P. Gibbs célèbre une messe pour John. Puis il repart vers Mtemwa. Il apprend la nouvelle aux lépreux du centre et célèbre une autre messe dans la chapelle, avant de rentrer à All Souls. Pauline Hutchings ajoute :

> Ce jour-là un lourd nuage de brume de *veld* (brousse) s'était installé sur le mont Mtemwa, et la montagne ne fut pas visible de chez nous durant un mois. Cela m'a rappelé Moïse dans le désert et le Nuage qui couvrait la montagne. Je l'ai ressenti presque comme un ordre : « Tant que le nuage couvrira Mtemwa, reste calme dans ta douleur, célébrant Yahvé et le remerciant pour son serviteur John[1]. »

Pendant ce temps, un médecin, le Dr Dell, est arrivé au JOC et prend des photos du corps. Le P. Gibbs téléphone ensuite à Silveira House pour annoncer la mort de John. La nouvelle arrive alors que les membres de l'équipe du centre commencent leur travail du jour. La tristesse règne toute la journée et une veillée de prière est organisée le soir. En Irlande, le P. Dove a été enfin localisé par la police le matin de ce mercredi, à Ballyconeely, et il a téléphoné à Londres. Trois minutes plus tard, il sait que son ami a été enlevé. Il apprendra sa mort peu après.

Le lendemain, alors que Molly Hoddinott, une veuve européenne de 74 ans, est assassinée par la guérilla dans l'est du pays, le *Rhodesia Herald* publie sous le titre *L'ami des lépreux est tué* un long article sur John *Richard* Bradburne, missionnaire laïc, assassiné par les terroristes. Il y est question de son exclusion de Mtemwa en 1973, et il est précisé que la victime vivait dans une case misérable. John est présenté comme un « ancien enseignant, musicien de rue, soutier sur un bateau de pêche, soldat chez les gurkhas, aimant jouer de la flûte à bec et écrire de la poésie ». Le journal cite des propos de lui[2]. Philippa Berlyn, qui a visiblement inspiré l'article, est elle aussi citée :

> C'était totalement un homme de Dieu. Il était complètement bon. Les lépreux comptaient sur lui et, je le crois, l'aimaient beaucoup. Il a donné toute sa vie pour les lépreux et c'était aussi un excellent poète. Je suis très triste qu'il soit mort mais je suis sûre que John aura pardonné à ceux qui en sont responsables. J'ai reçu des coups de téléphone de gens de Mtoko qui le connaissaient. Tout Mtoko, les gens de toutes les races, tous sont en colère et tristes de sa mort.

---

1. Témoignage cité par J. Dove dans son livre *Strange Vagabond of God.*
2. *Cf.* exergue du chapitre 8, p. 319.

Anne Lander a été comme tous ses amis bouleversée par l'annonce de l'enlèvement puis de la mort de son ami, mais elle doit partir pour Londres le jour même. Elle se demande comment s'associer à la messe de funérailles et confie à une amie, Jill McKay, le soin de poser trois lys blancs sur le cercueil avec un petit carton où elle écrit « TROIS-EN-UN » et signe – son ami a tellement vécu de la Trinité ! Puis elle part à Londres.

Geraldine Morris vit à Salisbury et connaît John de vue. Elle apprend la nouvelle par le *Herald* et réagit comme beaucoup :

> C'était quelqu'un qui méritait le respect et d'être honoré, par ce qu'il était et par ce qu'il faisait. Malheureusement, quelques personnes le considéraient comme un bon à rien, mais avec mon mari nous appréciions sa valeur. Nous avons été très choqués quand nous avons appris qu'il avait été tué[1].

Le vendredi 7, l'entreprise de pompes funèbres Doves-Morgan envoie un corbillard à Mtoko pour ramener dans la capitale le corps du défunt. Arrivé dans la capitale, le corps est mis dans un cercueil au 161, Salisbury Street, revêtu d'une robe en indienne. Du coton est mis sur les blessures qui sont toutes vérifiées, comme c'est l'habitude, et aucune trace de sang n'est remarqué – le corps est en parfait état de conservation, sans signe de décomposition. Le P. Dove étant en Europe, c'est le P. Harold-Barry qui est chargé d'organiser la messe des funérailles ou plutôt une « messe de la Résurrection » pour le défunt, comme pour les autres missionnaires assassinés. Mgr Chakaipa la présidera – l'archevêque décide aussi de retirer, au moins provisoirement, le P. Gibbs de la mission d'All Souls.

Le samedi 8, le faire-part de décès est publié. Il indique que les funérailles auront lieu à la cathédrale du Sacré-Cœur-Sauveur le lundi 10 septembre à 11 heures, suivies de l'enterrement à Mtemwa le jeudi 13 au matin.

Le dimanche 9, il est beaucoup question de John dans les paroisses de Salisbury et au-delà, mais aussi de la conférence de Lancaster House qui s'ouvre le lendemain à Londres. Tous sont partagés entre espoir et scepticisme. Les amis de John se

1. Témoignage recueilli par l'auteur.

recueillent, et le recteur de la cathédrale met au point avec Silveira House les derniers détails de la messe. L'« angélique Angélina » tape le déroulement de la célébration.

Ce lundi 10 septembre, ils sont nombreux, Africains et Européens, à converger vers la cathédrale du Sacré-Cœur, comme deux mois plus tôt pour Luisa Guidotti. Mais aucun lépreux de Mtemwa n'a pu venir, à cause du couvre-feu et de l'absence de véhicule. Le fourgon funéraire arrive devant la cathédrale et le P. Webster accueille le corps. Kit Law joue sur les grandes orgues la *Chaconne et variations* de Pachelbel, tandis que son mari Arthur et les autres porteurs entrent dans la cathédrale avec le cercueil. Le chœur paroissial de Rhodesville chante le *Gloire à toi Seigneur* d'Irlande, tandis que Mgr Chakaipa et les concélébrants montent à l'autel. L'évêque anglican de Salisbury, Mgr Burrough, est présent. Le chœur de Silveira House entonne en shona le *kyriale* si souvent chanté avec John. Pauline Hutchings lit le chapitre 58 d'Isaïe sur le « jeûne agréable à Dieu », le psaume est chanté en xhosa et un Africain lit le récit des Actes des apôtres sur Pierre à Jaffa, puis le P. Gibbs proclame l'Évangile de Jésus à la synagogue de Nazareth.

Le P. Harold-Barry commence son homélie en citant ceux qui ne peuvent être là, la famille du défunt, le « peuple de Mtemwa… si loin des hommes mais, comme le disait John, si près de Dieu », tous ses amis, et spécialement John Dove, « qui par la tendresse de Dieu est en Angleterre et console la maman de John ». Il évoque ensuite brièvement la vie du défunt, avec une allusion discrète à l'épreuve de 1973 et il cite une confidence que John avait faite alors : « Ils pensent que je suis fou… Je le suis peut-être. » Il rappelle combien John, après l'enterrement de son amie Luisa Guidotti, était pressé et anxieux de retourner à Mtemwa et ne voulut pas dormir une nuit de plus à Silveira House, « durcissant sa face » comme Jésus montant vers Jérusalem. Le prédicateur trace ensuite un portrait de son ami tel qu'il l'a connu, toujours une lueur étincelant dans ses yeux et ses paroles, semblant vivre sans effort et constamment joyeux. Il précise : « Ici nous sommes tentés de penser que cela lui était facile – que la vie était pour lui juste un long fleuve tranquille ? » Mais non !

> Ce que John est devenu fut la fleur et le fruit d'une grande générosité intérieure silencieuse. Fut-il facile pour lui de voyager avec quasiment pas un sou ni provisions ? Fut-il facile de vivre dans une case tant d'années avec si peu de nourriture et sans eau courante ? Fut-il facile pour lui de vivre parmi les lépreux et de leur appartenir ? Fut-il facile pour lui de passer de longues heures dans la prière ? Ne disons-nous pas : « Mais il l'aimait, cette vie. » Oui, il l'aimait. Mais assurons-nous de nous souvenir que sa vie fut le triomphe d'une réponse généreuse à l'amour de Dieu. Certainement Dieu rend la route aisée, pour de telles personnes généreuses, et le fardeau léger. Mais soyons assurés qu'il y avait chez John une discipline généreuse, intérieure et silencieuse. C'est pourquoi il nous montre la vie cachée de Jésus[1].

Le P. Harold-Barry évoque ensuite son grand amour de Marie, et sa poésie. Puis il invite à se tourner en pensée vers les lépreux de Mtemwa qui ont perdu « un père, un frère, un ami » et attendent dans la prière que le corps de John soit ramené à Mtemwa pour y être enterré : « Qui désormais va les aider, les soutenir ? »

Après avoir brièvement évoqué d'autres passions de son ami défunt, les Juifs, l'Arche, la poésie, la musique, le prêtre se tourne vers le Christ pour le remercier pour John, puis « vers toi, John, notre cher ami », et lui demande de veiller sur les lépreux de Mtemwa et de prier « pour nous pour que nos responsables puissent trouver en leur rencontre un chemin vers la paix et que nous puissions nous tous, selon les paroles de St Thomas More, nous retrouver et être bien joyeux au Ciel », faisant allusion à la conférence de Lancaster House qui s'ouvre le jour même.

De fait, alors que la guerre n'a jamais été aussi meurtrière qu'au moment où s'ouvrent ces négociations de la dernière chance, la cathédrale offre le visage d'un pays multiracial apaisé, fraternel et uni, à l'image des porteurs du cercueil, du clergé, des lecteurs ou des chorales et, « l'atmosphère y a quelque chose de "spécial", parce celui qui avait été assassiné était une personne très spéciale » (G. Webster).

Les trois gouttes et les trois vœux

L'absolution est donnée par l'archevêque Francis Markall aidé des P. Harold-Barry et Webster. Enfin le *Nunc Dimittis* de

1. Archives Bradburne, Leominster.

Vaughan Williams est chanté par la chorale paroissiale de Rodesvill pour accompagner la levée du corps et la sortie.

Mais la fin de la célébration est perturbée par une rumeur : du sang s'est mis à couler du cercueil !

Jill McKay était arrivée à la cathédrale avec son bouquet de lys mais elle n'avait pas pu s'approcher du cercueil à cause de la foule avant la communion. Elle dépose alors ses fleurs à côté d'autres sur le cercueil, avec le carton d'Anne Lander. Elle veut repartir, mais se sent comme clouée sur place. Le P. Gibbs, à moins d'un mètre cinquante du cercueil, voit alors tomber deux gouttes de sang du cercueil, ainsi qu'une religieuse, Sr Felicitas et deux des porteurs du cercueil, Nashya Shereni et Simbarashe Muzuwa. Le P. O'Halloran, maître de cérémonie, les voit à son tour, et il est le premier à réagir :

> Au moment de la communion, mes yeux traînaient sur le cercueil quand je me dis que je voyais ce qui ressemblait à une toute petite flaque de sang sous le cercueil. Je ne vis pas de sang couler, quoique ceci ait parfois été affirmé par d'autres, et même imprimé. Ma réaction fut d'aller à la crédence pour trouver un petit purificatoire pour le placer sur le liquide. Je le fis et remarquai que le linge agissait comme un papier buvard[1].

L'évêque anglican Paul Burrough voit le P. O'Halloran s'approcher avec le purificatoire et remarque alors la tache. Il se dit que du sang doit couler du cercueil ou qu'un des porteurs s'est coupé. Le P. Harold-Barry la voit aussi, il a la même idée et pense qu'il n'est pas très respectueux d'essuyer du sang avec un purificatoire. Heather Benoy se dit, elle, que ce doit être un rite catholique. Margaret de Haast est en chaise roulante près du cercueil et s'en étonne sans en comprendre le pourquoi. Le P. Webster, chargé d'assister Mgr Markall qui doit prononcer l'absoute se tient devant le cercueil avec l'archevêque émérite de Salisbury et, soudain, il remarque la tache sombre sur le sol, bien visible car elle est sur un des carreaux blancs du sol. Alors qu'il s'en étonne, une autre goutte de sang tombe dessus. Il voit ensuite le P. O'Halloran placer le purificatoire, puis encore une goutte tomber. Il se dit que ce doit être le sang de John qui coule, pouvant provenir d'une blessure de la jambe.

1. Cité dans *JBMS Newsletter*, Winter 2009, p. 2.

William Hamer-Nel, l'entrepreneur des pompes funèbres n'est pas loin non plus du cercueil et un coup d'œil sur sa montre lui indique qu'il est un peu plus de midi. Il s'apprête à descendre par les côtés pour préparer la sortie lorsqu'il voit le P. O'Halloran prendre le purificatoire et le placer sous le cercueil. Intrigué (en vingt-cinq ans d'enterrements, il n'a jamais observé un tel incident), il s'approche du cercueil, l'absoute achevée, et remarque aussitôt que le sang est « pourpre, vif et frais », ce qui d'après toute son expérience est impossible pour un cadavre de plusieurs jours. Il est d'autant plus perplexe qu'il est sûr que ce sang n'était pas là au début de la célébration, il l'aurait remarqué car la cathédrale est très lumineuse et la tache se trouve sur un carreau blanc. Il s'agenouille alors à côté du cercueil, prend le purificatoire et le place avec les fleurs au-dessus du cercueil.

Après la célébration le P. O'Halloran discute de l'incident avec William Hamer-Nel. Il lui demande s'il a remarqué quelque chose et ce dernier répond : « Oui, c'est épouvantable », car cela semble démontrer un manque de soin élémentaire de la part des pompes funèbres, scandaleuse défaillance professionnelle de leur part. Hamer-Nel explique au prêtre : « Après la mort, le sang exposé coagule vite et ne coule plus, et de plus le corps de John a été plusieurs jours en chambre froide à la morgue », et conclut : « C'est une chose inexplicable. Comment alors l'expliquer ? »

Le corbillard ramène le cercueil aux pompes funèbres. William Hamer-Nel et le P. Riederer qui l'accompagne l'ouvrent. À leur grande surprise, ils constatent, et vérifient en passant la main partout, qu'il n'y a aucune trace de sang ni sur le corps, ni sur le cercueil dans sa face intérieure et pas plus à l'extérieur, et que le corps est parfaitement sec ! D'où sont alors venues ces gouttes ? Ils sont aussi frappés par l'impact des balles : les blessures sont absolument nettes et propres sans les ecchymoses habituelles, et John semble dormir. William Hamer-Nel dit au P. Riederer : « Je ne peux pas comprendre », et il le redira plus d'une fois.

Plus tard dans l'après-midi, le supérieur des jésuites, le P. Ken Spence et Sr Margaret Murphy de St Anne viennent à leur tour, et font les mêmes constatations. La religieuse se souvient alors combien John aimait son habit franciscain et que les tertiaires sont enterrés dedans, et elle demande pourquoi personne n'a pensé à le faire. La mission franciscaine de Waterfalls est contactée et c'est le P. Desmond O'Malley, celui-là même à qui John avait parlé de ses trois vœux – dont celui d'être enterré dans l'habit franciscain – dix-sept ans plus tôt[1], qui apporte rapidement un habit de l'ordre. On en revêt le corps, le cercueil est refermé et John part en franciscain vers l'éternité.

Ce même 10 septembre, la conférence constitutionnelle sur l'avenir de la Rhodésie s'ouvre dans les somptueux salons de Lancaster House, sous la présidence de Lord Carrington, secrétaire d'État britannique aux Affaires étrangères et au Commonwealth. Les trois partenaires sont la Grande-Bretagne comme médiateur, le gouvernement de Salisbury et ses alliés africains, et les nationalistes du Front patriotique. Smith, Muzorewa, Sithole, Nkomo et Mugabe, tous sont présents. À Paris, Patrick Poivre d'Arvor n'y consacre qu'une minute dans le journal télévisé, et sous un angle fort limité, la taille et la forme des tables des délégations. Mais dans toute la colonie rebelle, nul n'ignore les véritables enjeux : la paix ou le suicide d'une nation même si, sur le terrain, la violence perdure : deux Européens assassinés le 11, et Dennis Claircourt, un ancien de Birmanie comme John, tué le 13 près d'Umtali[2]. De fait, la conférence ouverte le jour des funérailles de John aboutira à des accords de paix mettant fin à quinze années de guerre civile, cette paix pour laquelle John avait offert sa vie.

Le lendemain, 11 septembre, Sr Margaret Murphy rencontre dans l'après-midi le Dr Lamplugh. Elle lui raconte l'incident des gouttes de sang et lui remet le purificatoire qu'Hamer-Nel a glissé dans une enveloppe brune. Le médecin téléphone aussitôt au Pr Barclay, un pathologiste écossais, et va lui remettre l'enveloppe à son laboratoire. Il lui dit qu'il ne pourra faire de comparaison que si on lui apporte du sang du défunt, pris si possible

1. *Cf.* p. 256.
2. L'accord de Lancaster House qui met fin à la guerre sera signé le 21 décembre. Il prévoit des élections sur la base « un homme, une voix » avec une garantie constitutionnelle des « droits et intérêts de la minorité européenne » pendant une période de dix ans. Le 5 décembre le cessez-le-feu est effectif ; le 7 décembre, Christopher Soames, un cousin de John, est nommé gouverneur de la Rhodésie qui redevient pour quatre mois colonie britannique. Il tiendra le pays non sans mal jusqu'aux élections du 4 mars 1980 qui verront la victoire de la ZANU de Mugabe et la naissance du Zimbabwe.

dans le cœur, et remet à sa consœur une seringue pour le faire. Le Dr Lamplugh téléphone aussitôt aux jésuites et convient avec eux d'un rendez-vous chez Doves-Morgan.

À l'aube du 12 septembre, alors qu'est célébrée, pour la dernière fois de l'histoire du pays, la fête des Pionniers de Rhodes, le Dr Lamplugh et le P. Spence se rendent chez Doves-Morgan. Le médecin n'arrive pas à retirer du sang du cœur ou de la carotide, complètement vidés, mais elle peut, non sans difficulté, en trouver sur un caillot du mollet droit. Elle prélève aussi un coton imbibé d'un peu de sang d'une des blessures, et trouve que la texture est d'un rouge plus brillant que ce à quoi elle se serait attendue, mais elle n'est pas spécialiste d'analyses *post-mortem*. Elle porte le tout en fin d'après-midi au laboratoire du Dr Barclay. Le lendemain, le Dr Lamplugh retournera chez son confrère, qui lui apprendra que le sang qui se trouvait sur le linge était fort hémolysé (globules rouges détruits) et que cela a rendu difficile toute comparaison avec celui du corps de la victime ; mais, selon lui, les deux sangs ne provenaient pas de la même personne[1] ! Entretemps l'incident a couru dans tout Salisbury, et bien au-delà et, le 21 septembre, le *Rhodesia Herald* publie un article sous le titre : « Le sang mystérieux n'est pas de Bradburne. » Le 27 du même mois, une synthèse sur l'affaire est rédigée et signée par quatre témoins et le P. Riederer. Sa conclusion est laconique : « Pas d'explication. » Pour le P. O'Halloran, le sens de cet événement étrange est pourtant simple, Dieu ne voulait pas que son serviteur John soit enterré sans sa bure comme il l'avait toujours désiré : « John avait fait des choses remarquables pour Dieu, et Dieu fit quelque chose de remarquable pour lui. Il semble que ce ne soit pas la fin de l'histoire[2]. »

Ce même 12 septembre, les lépreux de Mtemwa se préparent à accueillir dans leur cimetière *Baba* John. Ils attendront en vain,

1. En février 1980, le Dr Barclay déclarera que « la tache sur le purificatoire que nous avions essayé d'éluder avait produit seulement du matériau lysé » et que par conséquent aucune conclusion ne pouvait être établie pour décider de façon certaine si c'était du sang d'origine humaine : le mystère reste entier et s'épaissit. Et comme personne n'a demandé au Pr Barclay de garder le linge, celui-ci a été jeté.
2. On peut considérer que cet événement étonnant et inexpliqué apporte une réponse définitive à la « question franciscaine » concernant John évoquée ci-dessus, p. 456-457.

car il est enterré ce jour-là au cimetière de Chishawasha, qu'il avait découvert le jour même de son arrivée en Afrique dix-sept ans plus tôt, dans l'allée des missionnaires assassinés. En effet, Phineas a téléphoné de Mtemwa pour dire qu'il avait reçu des menaces de mort au cas où John serait enterré au centre, et il a été décidé de ne pas prendre ce risque (on peut se demander si la menace était réelle, ou si ce n'était pas pour Phineas et les siens une façon de se débarrasser d'une présence gênante)[1].

Une place restée libre entre la tombe du P. Donovan et celle du P. Pieper a été creusée, et c'est là que John est enterré. Les croix de fer peintes en blanc sont toutes les mêmes. Sur la sienne on pourra lire, sous le sigle du M associé à la Croix :

JOHN BRADBURNE DE MUTEMWA,
TIERS ORDRE DE ST FRANÇOIS,
NÉ LE 14 JUIN 1921, MORT LE 5 SEPTEMBRE 1979.

Bien vite, des chapelets sont accrochés à la croix et il faudra remettre de la terre, emportée comme relique. Derrière la tombe se trouve celle du jeune jésuite africain Francis Matsika qu'il aimait beaucoup. Le lieu respire la paix, le pin et la douce pitié de Dieu.

1. Selon une autre source, le P. Gibbs craint que Phineas ne déserte le centre si John y est enterré. Le prêtre d'All Souls recevra plus tard une note de la guérilla regrettant la mort de son ami.

11

John après John

Le nom de Bradburne résonnera dans les siècles futurs, et pour le bien.

Lettre à sa mère, 3 juin 1963

L'année 1979 s'achève dans ce qui n'est plus la Rhodésie et pas encore le Zimbabwe, mais elle aura été une des plus meurtrières de la guerre : 160 Européens dont 70 fermiers, 2 500 civils africains, 4 542 guérilleros et 146 soldats des forces rhodésiennes. Le cessez-le-feu est à peu près respecté à partir de la mi-décembre et c'est désormais sur des stades de football que la guérilla et les forces rhodésiennes se rencontrent, comme en témoigne un mercenaire français. Mais règlements de compte et banditisme se multiplient, et le pays est exsangue. À Mtoko, note un rapport de l'archidiocèse de Salisbury, « les gens ont perdu tout espoir [...] Ils n'ont plus de maisons, vivent dehors, sans couvertures, et certains refusent d'être soignés disant qu'ils préfèrent mourir ». Les élections du 4 mars 1980 voient la victoire écrasante de Robert Mugabe, qui accède au pouvoir et semble alors vouloir concrétiser les promesses de réconciliation faites le 17 avril au stade Rufaro lors des cérémonies de l'indépendance. La suite, une longue descente aux enfers, surtout à partir de la fin des années 1990, est connue.

Mtemwa devient Mutemwa, mais la lèpre demeure, et la détresse des résidents d'avoir perdu *Baba* John. Peter se lamente : « Qui me baignera ? », et bien d'autres, même si plusieurs disent comme *Mai* Coleta sentir sa présence quand la solitude leur pèse trop[1]. Rentré d'Europe, John Dove emmène les lépreux le 10 novembre se recueillir avec lui sur la tombe de leur ami à Chishawasha. Le frère Lawrence Makonora devient directeur du centre et Caterina Savini, de retour d'Italie, s'y installe. Sally Mugabe, première dame du pays, apportera son soutien à Mtemwa jusqu'à sa mort en 1992. Un ambitieux projet de 72 maisons est monté en 1983. Ferdinand Spit obtient des soutiens des Amici dei Lebbrosi et de l'Aide à l'Église en détresse. En 1986, des lépreux et leurs familles s'installent dans des maisons neuves, avec du matériel agricole et des semences – mais ceux qui sont trop handicapés restent dans le bâtiment central.

Le P. Dove est devenu en 1985 directeur du centre et vit dans l'ancienne boucherie. Un diacre africain, Cyril Kawisi, lui succédera et accomplit un travail remarquable jusqu'à sa retraite en 2004. Les amis de John soutiennent le centre et paient de leur personne. Le P. Gibbs demeure très actif jusqu'à sa mort accidentelle en 2001, tout comme le P. Harold-Barry, Anne Lander ou Heather Benoy. Les Hutchings sont la colonne vertébrale de l'association de soutien, dont Paul Tingay sera un temps le président – il viendra lui aussi vivre six mois dans l'ancienne boucherie.

Mutemwa compte en 2011 une cinquantaine de résidents, pour moitié d'anciens lépreux ainsi que des personnes handicapées et indigentes âgées, 120 membres de leurs familles, une trentaine de membres du personnel. La majorité des résidents sont autonomes et une vingtaine, totalement dépendants, vivent dans le bâtiment central. L'esprit de John y est toujours présent : « Ceux qui peuvent voir sont les yeux de ceux qui sont aveugles, ceux qui peuvent marcher font les courses pour les autres, ceux qui peuvent se servir de leurs mains cuisinent et désherbent pour ceux qui en sont incapables, et ceux qui ne peuvent rien faire physiquement tiennent compagnie, racontent des histoires et remontent le moral de tous » (P. Hutchings).

Mais tout n'est pas rose, et les problèmes sont revenus avec l'aggravation de la crise au Zimbabwe. En 2005, des histoires de sorcellerie obscurcissent l'atmosphère. Avec l'inflation galopante, le spectre de la faim réapparaît, et un rapport indique

1. Le centre échappe au sort que les *kraals* voisins voulaient lui faire subir : ses terres ne seront pas confisquées. Pour beaucoup, il le doit à la protection de John.

que les résidents en sont parfois réduits à manger des racines, alors que la mauvaise réputation du Zimbabwe assèche les dons extérieurs. Les soignants dépensent toute leur énergie à chercher de quoi manger pour les patients et pour eux-mêmes et les soins en pâtissent, même si l'humour aide à supporter, ainsi la nécessité de remplacer les porte-monnaie par des brouettes pour transporter des milliards de $ du Zimbabwe qui ne valent plus rien. En 2009, une tempête endommage nombre de bâtiments. Mais la John Bradburne Memorial Society accroît son aide et un nouveau courant de générosité se manifeste, sauvant le centre du désastre. L'objectif est d'arriver à l'autosubsistance alimentaire, et de nouveaux programmes d'irrigation et de développement de jardins sont lancés.

Une admirable initiative naît près du centre, au service des enfants victimes de la nouvelle lèpre qui déferle sur l'Afrique, le sida : Mother of Peace. Un village est construit à partir d'avril 1994 au bord du barrage de Mutemwa par deux sœurs, Mama « Auntie » Stella et Mama « Gogo » Jean et par leur communauté née d'un groupe de prière, sur un terrain de 182 hectares. Depuis, ce village d'enfants recueille des orphelins (plus de 130 en 2011) dans un cadre familial. Ils vous y accueillent, chantent et dansent avec un émouvant entrain. Les 70 tombes du cimetière ne sont pas cachées, signe du mal qui rôde mais aussi de l'amour qui le surpasse.

Parallèlement au soutien de Mutemwa, les amis de John veulent honorer et promouvoir sa mémoire. Après la fin de la guerre, ils réinstallent l'Arche dans la case de tôle. Au fil des ans, ils viennent régulièrement visiter la case et luttent contre les rats, la chaleur, la poussière et certains pèlerins avides de reliques. En 1987, la John Bradburne Memorial Society (JBMS) est fondée en Grande-Bretagne, avec pour objectif de financer Mutemwa, de soutenir les pèlerinages qui se développent et de faire connaître la vie et le message de John. Elle est formée aujourd'hui de deux associations sœurs, en Grande-Bretagne et au Zimbabwe.

« Il semble que ce ne soit pas la fin de l'histoire »

La mort de John aurait pu passer inaperçue à l'heure de l'ouverture des négociations à Lancaster House. Il n'en a rien été et la prophétie du P. O'Halloran s'est avérée être juste. La BBC, la presse sud-africaine, le Service américain de diffusion d'informations diffusent la nouvelle. Margaret Smith l'apprend en prenant son petit déjeuner et reconnaît son ancien prétendant de Gaveney House !

Peu à peu, le nom de John Bradburne se fait connaître. C'est ainsi que Jean Vanier, après une visite au Zimbabwe en 1982 écrit aux Amis de l'Arche à propos de celui dont il vient de découvrir l'histoire et dont il a compris l'essentiel du message :

> Je me sentais porté à le prier afin que nous restions tous fidèles, moi comme les autres, aux gens que nous aidons. C'était un pauvre serviteur, un serviteur discret de tous ceux qui étaient abandonnés. En vivant avec eux, il leur communiqua peu à peu le désir de vivre et le désir de Jésus. Il avait vraiment le sentiment que les lépreux, qui sont souvent très défigurés, sont importants pour le Père, qu'ils sont même les gens les plus importants, des signes de la présence de Dieu. Pour lui, c'était un tel privilège de vivre avec eux[1].

Judith Listowel entreprend en 1980 d'écrire une biographie de John et contacte de nombreux témoins mais à sa mort, en 2003 à l'âge de cent ans, elle laisse deux manuscrits inachevés. En 1983, John Dove publie en Irlande *Strange Vagabond of God, The story of John Bradburne*, témoignage irremplaçable de celui qui fut son meilleur ami.

Depuis 1997, le *Bulletin* de la JBMS puis son site Internet www.johnbradburne.com font connaître la figure de John, alors que les articles se multiplient. Les livres ne sont pas en reste, avec des témoignages personnels, des brochures, des études (*cf. Sources*, p. 505). Les qualificatifs qui reviennent le plus souvent à son sujet dans les publications sont : excentrique, poète, vagabond, mystique, ami des lépreux, martyr, saint. Des films sont tournés, constitués surtout d'interviews de ceux qui ont connu John sur les lieux où il a vécu. Un CD de ses poèmes, pour la plupart récités par lui, fait découvrir sa poésie et sa voix. Et il est aujourd'hui facile d'accéder à l'intégralité de ses poèmes, à

1. Repris dans *Notre vie ensemble*, 2009, p. 296-297. De son côté, Mgr Emmanuel Lafont, curé à Soweto puis évêque de Cayenne écrit : « Je le remercie d'avoir vécu cet Évangile qui n'a que faire des couleurs, des langues, des coutumes, et encore moins des qu'en-dira-t-on qui nous enchaînent si souvent… Dieu est un poète. John en a été un beau reflet. »

condition de comprendre l'anglais. Avec son épouse Hilary, le Pr David Crystal a réussi le tour de force de mettre en ligne sur le site www.johnbradburnepoems.com le corpus poétique complet et de nombreuses lettres, un travail digne de tous éloges. La vie de John commence à inspirer des écrivains, des poètes, des hommes de théâtre, des sculpteurs, des musiciens.

Signe de contradiction de son vivant, John le reste après sa mort. L'objet de cette biographie n'était pas d'enquêter sur les signes et miracles qui lui sont attribués, mais leur nombre et leur variété ne peuvent être passés sous silence (l'auteur n'entend pas ici préjuger du jugement de l'Église). Les signes sont d'abord l'arrivée ou la présence inopinée d'abeilles ou d'aigles. Peu après la mort de John, trois essaims d'abeilles arrivent dans la maison des Benoy. Ils n'en sont jamais repartis. En 1982, le journaliste Angus Shaw, énervé par les récits de « miracles » et les « histoires d'aigles et d'abeilles » qui courent sur John décide de visiter Mutemwa. Quand il revient à sa voiture, il la trouve envahie par des abeilles, de même que de retour à Harare, son appartement. L'épisode a compté dans sa vie, quoiqu'il soit resté agnostique (une histoire similaire arrive à Rory Kilalea, après que ce dernier eut tourné un film sur John). Toujours en 1982, John Dove et des invités voient deux grands aigles sauvages posés trois quarts d'heure près de la chambre de John à Silveira House, juste après avoir célébré une messe pour lui. Deux jours plus tard, ils voient apparaître un grand aigle bateleur qui tournoie au-dessus du lieu de son exécution, puis part en direction du centre.

À Harare, Judy Joe, mère célibataire, se meurt d'un cancer. Le P. Riederer la rencontre et lui parle de John. Judy retourne à la foi, guérit et se marie. Elle vient remercier Dieu à Mutemwa et à Chishawasha, et ramène chez elle des cailloux de la tombe. Elle s'investit pour le centre, organise la collecte de vêtements et recueille des dons. Des années plus tard, après une rechute, elle se prépare à mourir avec courage car, dit-elle, « les lépreux souffrent bien plus ». Durant son agonie, une photo de John ne la quitte pas. Plus tard sa mère, à genoux devant cette photo, prie pour recevoir un signe que sa fille est au Ciel. À cet instant, un essaim d'abeilles arrive et s'installe dans le tiroir de la commode où se trouvent les cailloux. La mère de Judy parle de miracle et la presse accourt.

Nombreux sont aussi les témoignages de protection, de guérisons morales, de conversions ou de discernement, suite à une prière d'intercession demandée à John. On peut en relever 69 (avec les guérisons de problèmes de santé) dans le seul *Herald* de Harare entre 1981 et 1987[1]. Les cas les plus étonnants concernent des enfants. Peu après la mort de John, une petite fille est enlevée à Borrowdale. Son ravisseur l'enferme dans une cabane d'une carrière désaffectée. La police la retrouve, sans traumatisme, et elle raconte qu'elle a reçu tous les jours la visite d'un gentil monsieur habillé d'une robe brune qui lui a parlé de Jésus, de Marie et du chapelet et joué, chanté et prié avec elle. La mère montre la photo de John sur un journal : « C'est lui. — Mais non, c'est impossible, il est mort. » L'enfant n'en démord pas. Une autre fillette, perdue puis retrouvée, raconte qu'elle a rencontré un gentil monsieur avec un chien qui l'a rassurée. Quand elle voit la photo de John elle s'écrit : « C'est le monsieur. »

La première guérison attribuée à John se produit dès 1980, à Soweto. Winnie Mabaso est en phase terminale d'un cancer à l'hôpital Baragwanath. Renvoyée chez elle pour y mourir, elle prie avec sa famille une neuvaine à John dont elle a lu l'histoire dans un journal, et peu après commence à guérir. Son curé, alerté, est interviewé par la presse sud-africaine. C'est la première d'une longue série de guérisons attribuées à l'intercession de John, sur plusieurs continents ; certaines touchent ceux qui ont connu John, comme le P. Paschal Slevin (tumeur), mais la plupart non. Les cancers sont nombreux, mais aussi les maladies incurables de la vue et d'autres. La *Positio* diocésaine présente près d'une soixantaine de cas, l'enquête de Diana Mitchell et le *Bulletin* en offrent d'autres. Pour sa part, John Dove témoigne en 1997 dans la cathédrale de Westminster à Londres de guérisons miraculeuses obtenues en passant le bandeau de John sur des personnes malades[2]. Le cas le mieux documenté est celui

1. On en trouve aussi, du Zimbabwe et d'ailleurs, dans la *Positio* diocésaine, dans l'enquête de Diana Mitchell et dans le *Bulletin* (*cf. Sources*).

2. J'ai rencontré à Harare sœur Teresiana Muteme, un des cas parmi bien d'autres de guérison attribuée à John (et à l'archevêque Chichester). Maîtresse des novices de la congrégation des Petits Enfants de la Bienheureuse Dame, elle doit être hospitalisée en 1997 pour un cancer du sein qu'elle a caché par pudeur et un certain dolorisme jusqu'à n'être plus qu'une plaie purulente qui étonnera les Dr Sabuni et Nyakubu le jour où elle s'effondre vaincue par la douleur. Elle est jugée perdue. On lui applique le bandeau de John et une neuvaine démarre à John et à Mgr Chichester. La plaie se referme et le Dr Sabuni lui dira : « Je rêve ! Êtes-vous vous-même ou une autre ? »

de William Hamilton, hospitalisé à Édimbourg en mai 1994 pour une tumeur maligne au cerveau. Le P. Riederer, devenu aumônier de cet hôpital, lance une chaîne de prière à John. Le matin programmé pour l'opération, le chirurgien doit l'annuler car la tumeur a disparu. Le Pr Whittle écrit : « Je pense qu'il est équitable de dire que sa guérison a été certainement miraculeuse et peut bien sûr avoir été due aux prières et à sa foi. »

Certains témoins parlent aussi de phénomènes cosmiques en lien avec John. Diana Mitchell recueille des témoignages sur des phénomènes lumineux et de rotation touchant la croix du Chigona, érigée grâce à un don fait par un Anglais guéri d'une maladie de la vue.

Autant que le don de sa vie pour les lépreux de Mtemwa, ces guérisons et phénomènes inexpliqués qui lui sont attribués provoquent au Zimbabwe dès le début des années 1980 une renommée de sainteté et un culte populaire envers John. Celle-ci peut même tourner à la superstition, ainsi lorsque de nombreux participants à l'enterrement de Mgr Chakaipa en avril 2003, abandonnent le cortège pour aller piller les cailloux de la tombe de John. Ses propres amis sont divisés sur ce point. Pour les uns, comme le P. Dove, signes et miracles parlent pour une reconnaissance rapide de sa sainteté. D'autres, sans les mettre en doute *a priori*, sont plus prudents. Pour d'autres encore, les plus grands miracles de John sont le combat spirituel de toute une vie et les gestes quotidiens qu'il a accomplis durant dix ans à Mtemwa.

Un culte spontané s'est rapidement développé à Mtemwa/Mutemwa, d'autant qu'évêques et curés du Zimbabwe encouragent le pèlerinage[1]. Le Chigona retrouve spontanément une tradition shona remarquée dès les premiers voyageurs portugais : une fois par an, les tribus allaient en pèlerinage autour de la montagne où est enterré leur fondateur. Un pèlerinage à Mutemwa et sur le Chigona naît de façon spontanée dès le début des années 1980, avec une pointe aux jours anniversaires de l'enlèvement et de la mort de John.

Au début des années 1990, quelques paroisses comme celle du P. Tim Peacock remplissent début septembre un camion

1. John souhaitait être enterré à Mutemwa, et ses amis relancent périodiquement la question.

de pèlerins dans un esprit « plutôt pénitentiel mais empli de grâces », mais la plupart des pèlerins viennent par eux-mêmes. Le cap de plusieurs milliers est atteint au milieu des années 1990. Les P. Dove et Slevin décident alors, avec le soutien de Mgr Chakaipa, d'assurer une animation pastorale.

En 1999, le 20e anniversaire de la mort de John voit affluer une quinzaine de milliers de pèlerins, et l'évêque de Harare déclare officiellement Mutemwa lieu de pèlerinage[1]. Trois ans plus tard, il en confie aux franciscains la charge pastorale. Pour le 25e anniversaire, en 2004, un auvent est construit sur la prairie et les pèlerins affluent de tout le Zimbabwe malgré les pénuries, parfois d'aussi loin que Soweto.

En 2009, on en compte 7 500 pour le 30e anniversaire, un millier pour d'autres fêtes, une centaine chaque semaine, malgré la misère du pays. J'ai participé au pèlerinage de 2010 :

> Cette année encore, ils sont venus par milliers malgré péages, contrôles et rackets, en autobus, dans des voitures surchargées, en camion ou à pied, tous Africains sauf le P. Liam McCarthy, un pieux Portugais et moi.
>
> Cette année encore, de longues files attendent sagement tout l'après-midi pour les confessions sur la prairie – tandis qu'au centre les lépreux accueillent leurs visiteurs. Les amis de John ont disparu au fil des ans, mais *Mai* Coleta est toujours là près de la case de tôle entourée de ses petits-enfants, très grande dame ; elle aime évoquer son « ami John » et sa bonté pour peu qu'on l'interroge. L'atmosphère d'entraide, de bonne humeur et de paix contagieuses frappe autant que les enfants rieurs, les familles qui me hèlent pour partager quelques instants, ou les babouins curieux de l'allée des jacarandas tant chantée par John. Dans le bâtiment central, les résidents, lépreux ou handicapés, sont toujours prêts à une conversation, malgré l'obstacle de la langue et je peux vérifier qu'un sourire partagé vaut bien mille mots quand il s'agit du cœur. Une jeune lépreuse dont la lèpre n'a été décelée qu'à un stade avancée me présente son bébé bien éveillé ; Moïse, au handicap psychique autant que physique et qui est tout rire sur sa chaise roulante m'accapare, et je n'arrive pas à saisir les noms des autres lépreux dont je serre les mains, même si je comprends que l'un d'eux a eu un accident dû au feu et qu'un autre aimerait bien « une petite bière ».

---

1. Mutemwa est le plus important lieu de pèlerinage mais non le seul du Zimbabwe. Dès le début du XXe siècle, les missionnaires de Marianhill font de la colline de Ste Barbe un pèlerinage local. Il en va de même pour la tombe de Patrick Kwesha (*cf.* p. 253), et pour celles des anglicans Bernard Mikezi et Arthur Cripps.

Cette année encore, devant la case de tôle, une longue file patiente, souvent en priant le chapelet. À l'intérieur, tout est prière devant l'Arche où sont épinglées cartes postales, images pieuses et une photo de John mort revêtu de l'habit franciscain, devant le crucifix de Saint-Damien, l'image du Christ et la statuette de la Vierge. Deux grands paniers d'osier recueillent des milliers de papiers avec des intentions, des souffrances, des remerciements. Des poèmes de John sur les photos des calendriers anglais sont accrochés aux murs avec celles-ci, et la devise cartusienne est toujours bien visible, tout comme l'image de Giotto de Bruce Wilkinson et la carte de Notre-Dame de Buckfast. La case de l'enlèvement et sa voisine sont protégées depuis peu par un grand *apatame* de chaume car elles menaçaient ruine, mais n'ont guère changé depuis 1979. Un buste de John, sur lequel on a mis un bandeau rouge, est posé sur un simple autel en ciment au centre de la première, où tout concourt au recueillement et au silence.

Cette année encore, la soirée commence par les enseignements. Ils sont donnés par Daniel Chipemo, responsable national de l'OFS et par une figure locale du Renouveau, et ils explosent plus d'une fois en chants de louange qui ne tardent pas à tourner à la danse. *Mai* Mugahaniri, chef de chœur impressionnante de vitalité et d'autorité, sait d'un geste galvaniser les milliers de pèlerins pour une danse effrénée, ou les calmer pour un chant de recueillement.

Cette année encore, pendant la messe qui commence à 22 heures, les carrés de pèlerins se fondent dans la nuit tant ils sont nombreux. Puis nous partons en procession sur le Chigona. Je piétine encore au pied de la montagne vers deux heures du matin, quand les premiers groupes sont depuis longtemps déjà au sommet. La montée se fait dans les chants et la bonne humeur. Les cantiques sont maintenant tout de douceur et d'harmonie. Quelques grands-mères ont besoin d'être hissées dans les passages raides, au milieu des sourires. Puis la croupe du Chigona s'élargit, mais il ne faut pas s'écarter du chemin, la pente est raide et glissante. Heureusement, flèches et numéros signalent sobrement les stations du Chemin de croix qui monte vers le sommet. Les lumières des lampes s'égrènent au flanc de la montagne et se marient à celles des étoiles, comme de nouvelles constellations. Arrivés à mon tour, vers trois heures au sommet, j'y passe le reste de la nuit à prier et louer Dieu, et à grelotter sous la morsure d'un vent glacial malgré les couvertures apportées, jusqu'à ce que le jour se lève et découvre la splendeur du panorama et la gloire du soleil.

Cette année encore, le pèlerinage s'achève par la messe du petit jour animée par les orphelins de Mother of Peace. Leur ballet liturgique évoque irrésistiblement ce que dit le Christ sur « leurs anges qui au ciel voient la face du Père ». Les larmes montent aux yeux devant tant de grâce, autant de reconnaissance envers John que de compassion envers eux. À l'offertoire les fidèles apportent pendant près

> d'une heure, comme aux premiers temps de l'Église, des offrandes en nature, sac de riz ou d'arachide, bouteille d'huile, couverture… Les dons seront répartis entre les résidents de Mutemwa et les orphelins de Mother of Peace.
>
> Miracle que ces foules africaines venues célébrer la mémoire d'un Européen tué pendant leur guerre de libération. Pourquoi viennent-ils ? Ngomakurira, écrivant dans *The Zimbabwean* au lendemain de ce pèlerinage, répond : « Pourquoi viennent-ils ? Pourquoi dépensent-ils de l'argent dont ils ont si peu pour un tel voyage ? Ils viennent pour être guéris, intérieurement guéris […] Ils viennent parce qu'ils saisissent que ce lieu est saint. Ils saisissent qu'ici un homme s'est battu avec le Mal et qu'il a vaincu, devenant ainsi plus humain, plus proche du divin, et ils sentent que ce n'était pas seulement pour lui, mais pour nous tous. » Je ne saurais mieux dire[1].

Outre Mutemwa, la mémoire de John est honorée dans nombre de lieux au Zimbabwe et en Europe. En septembre 2009, pour le 30e anniversaire de sa mort deux belles expositions le font connaître, dans la cathédrale catholique de Westminster, à Londres, et dans l'église anglicane de Saint-Mary d'Ottery, beau signe d'œcuménisme. À travers la Grande-Bretagne, plusieurs groupes prient son intercession et pour sa béatification, et d'autres au Zimbabwe, en Italie…

Martyr ? Saint ?

Si le nombre de miracles effectifs ou potentiels qui sont attribués à John est à rendre jaloux plus d'un candidat aux autels, c'est d'abord sa mort qui a retenu l'attention de l'Église. Utiliser à son propos le terme de martyr serait présumer du jugement de celle-ci, qui le réserve à ceux qu'elle a publiquement déclarés tels, mais c'est bien de cela qu'il s'agit. Dès 1982, l'éventualité d'un procès canonique, en coopération avec l'OFS, est évoquée dans des courriers entre Harare et, à Rome, la curie générale de l'ordre franciscain et le conseil international de l'OFS. Dans les années 1990, le P. Paschal Slevin, aidé par la JBMS, travaille pour un dossier diocésain car, déclare-t-il, « je n'ai aucun doute sur le fait que John soit mort en martyr dans sa détermination à

1. *Cf.* Didier Rance, « Mutemwa and John », *JBMS Newsletter*, Winter 2010, p. 2-3.

servir ses amis les lépreux ». De même, Caterina Savini : « Vous pouvez l'appeler un fou ou un saint, mais il est sans aucun doute un martyr. » Mais il faut un procès canonique, et pour cela des témoignages sur sa mort et sur sa vie. Ceux-ci ne manquent pas (*cf. Sources*), mais leur recueil canonique obéit à une logique spécifique. En 2001, le P. Paschal Slevin a ainsi présenté à Mgr Patrick Chakaipa une *Positio* diocésaine, près de cent pages, plus de 150 documents annexes. La mort de Mgr Chakaipa en avril 2003 a freiné l'examen du dossier. Outre la question politique délicate, une difficulté imprévue surgit : la renommée de sainteté de John est telle que nombreux sont ceux qui s'en contentent sans saisir l'importance de se plier aux règles strictes de l'Église catholique en ce domaine. De plus les témoignages doivent être mis par écrit dans un monde de l'oralité. De fait, la cause de Luisa Guidotti, ouverte en 1996 en Italie par l'archevêque de Modène à la demande de celui d'Harare, progresse plus rapidement.

En 2005, le P. Slevin quitte le Zimbabwe et son confrère Liam McCarthy prend la relève comme promoteur de la cause. Plusieurs options semblent aujourd'hui possibles pour la faire avancer : la poursuivre en l'état ; ouvrir à Harare un procès collectif des martyrs de la guerre ; la transmettre à un diocèse anglais ou à la famille franciscaine. L'archevêque de Harare ne semble pas encore avoir tranché. Mais pour le P. Tim Peacock, missionnaire au Zimbabwe, il y a au moins dix bonnes raisons de béatifier John Bradburne, un avis partagé par beaucoup (dont l'auteur de ce livre) :

– Il est un exemple pour nous ;
– Il serait le premier saint zimbabwéen ;
– C'est un briseur de barrières ;
– Il montre que Dieu appelle tout le monde ;
– Dieu fut son premier amour ;
– Le prochain son second ;
– Son caractère attirant ;
– Son esprit de don de soi ;
– Il est un martyr de l'amour ;
– Les grâces qu'il apporte aujourd'hui.

À lire certains articles, la vie et la mort de John Bradburne ressemblent à une météorite de la *Légende dorée* tombée en plein XXe siècle, et lui-même comme un saint de vitrail ou d'image d'Épinal. Les milliers de pages de poèmes et de lettres qu'il a laissées et les centaines de témoignages le concernant révèlent un homme de chair et de sang bien plus complexe, plus humain et, oserai-je ajouter, d'autant plus attachant et méritant d'être reconnu saint si l'Église en décide ainsi. Car si John a manifesté les « vertus héroïques » qui en font l'étoffe, sa vie fut un combat pour chacune d'elles. Or loin d'étouffer l'humain en lui, ce combat pour la sainteté l'a épanoui, comme le signale avec bien d'autres qui l'ont connu George Webster : « John était un homme joyeux. Il aimait boire et discuter avec les autres. Il montrait surtout son caractère humain, mais uni à une spiritualité profonde, mélange de prière et d'humour. »

Celui qui écrivait en 1952 à son ami Dove : « Prie pour ma sanctification parce que cela encouragerait tant d'âmes si un tel naufrage peut se terminer par une canonisation, et je veux tellement contourner le Purgatoire », sera-t-il le premier saint du Zimbabwe, pour l'Église universelle ?

Prière pour la béatification de John Bradburne

Dieu notre Père,
ton serviteur John Randal Bradburne
a montré le pouvoir de ton amour
par sa vie et par sa mort.
Que son amour du Christ et de Marie sa mère,
ensemble avec son service dévoué
de ceux considérés comme les moindres dans le monde,
soit un modèle à suivre pour nous.
Nous demandons grâce et faveur par son intercession,
pour que sa générosité et sa sainteté
puissent être reconnues par toute l'Église.
Nous te le demandons
par le Christ, notre Seigneur.

Glossaire

Lieux

Afin d'éviter tout anachronisme, les noms de lieux sont écrits tels qu'ils l'étaient à l'époque où ils sont mentionnés. Ainsi :

Enkeldoorn est devenu, depuis l'indépendance du Zimbabwe, Chivhu.
Fort Victoria : Masvingo.
Gwelo : Gweru.
Inangyani : Nyangani.
Melsetter : Chimanimani.
Mazoe : Mazowe.
Mtemwa : Mutemwa.
Mtoko : Mutoko.
Mrewa : Murewa.
Salisbury : Harare.
Selukwe : Shurugwi.
Sinoia : Chinhoyi.
Umtali : Mutare.
Wankie : Hwange.
Wedza : Hwedza.

Le pays a porté plusieurs noms :

– 1895 à 1964 : Rhodésie du Sud.
– 1965 à 1978 : Rhodésie.
– 1978-1980 : Rhodésie-Zimbabwe.
– Depuis 1980 : Zimbabwe.

Noms shonas

Amai, mai : mère (salutation adressée à une femme).
Ambuya, mbuya : belle-mère, grand-mère (salutation adressée à une femme âgée).
Baba : père (salutation adressée à un homme ou à un prêtre).
Bundu : bois, brousse.
Chimurenga : révolte, guerre.
Dare : arbre à palabre.
Dorp : village (en afrikaans).
Indaba : réunion, assemblée.
Kachasu : bière très alcoolisée.
Kraal : groupe de cases, hameau (nom afrikaner).
Manheru : bonjour.
Mondhoro : lion (ancêtre principal du groupe ethnique).
Morari : rassemblement dans la brousse.
Msasa : arbre du Plateau (*Brachystegia spiciformis*).
Mubvee : arbre du Plateau, « arbre à saucisse » (*Kigelia africana*).
Mudzimu : esprit d'ancêtres.
Mujibha : jeune (auxiliaire de la ZANLA).
Muroye : sorcier.
Murungu : Européen.
Muti : arbre, dispensaire.
Mwari : Dieu.
Neepa : alcool artisanal.
Nganga : médium (sert aux esprits ancestraux pour communiquer).
Pungu : bois, forêt.
Pungwe : rassemblement dans la brousse.
Roora : dot.
Sadza : bouillie de maïs.
Sekuru : oncle, grand-père, salutation pour un homme âgé.
Stoep : véranda.
Vakomana : garçons (guérilleros de la ZANLA).
Veld : brousse.

Chronologie

1921 14 juin : naissance à Skirwith, dans le nord-ouest de l'Angleterre, où son père, ecclésiastique anglican, a la charge de la paroisse.

1929 Part comme pensionnaire à Seascale. Automne : la famille Bradburne déménage à Tilney (Norfolkshire).

1930 Pensionnaire à la King's School d'Ely, près de Cambridge.

1933 S'enfuit de l'école. Pensionnaire à l'école Up Pantiles de Westgate (Kent). La famille Bradburne déménage à Cawston (Norfolkshire).

1934 Pensionnaire à l'école Gresham's de Holt, *public school* réputée. Passe plus de temps en haut des arbres que dans les salles de cours ou sur les terrains de sport.

1939 Juin : finit ses études secondaires. Septembre : déclaration de guerre, attend son ordre de départ pour l'armée en travaillant dans une jardinerie à Twyford, près de Reading.

1940 Août-décembre : formation militaire à Bulford, en sort avec un brevet équivalent au grade de sous-lieutenant.

1941 Janvier : embarque pour l'Inde. Avril : affecté à un peloton de mortier dans un régiment de gurkhas népalais à Hyderabad. Août : part en Malaisie. 8 décembre : invasion japonaise, participe à la retraite de l'armée britannique.

1942 7 janvier : déroute britannique sur la rivière Slim. Fuite avec le capitaine Hart dans la jungle. Paludisme cérébral et épisode religieux. Février : Hart vole un sampan pour fuir avec lui vers Sumatra. Un typhon les renvoie sur la côte malaise. Une seconde tentative réussit. Hospitalisé dans un état désespéré à Medan. Épisode marial. Évacué sur Penang. Transporté vers Ceylan puis vers l'Inde. Mars : écrit à son père qu'il veut lui aussi entrer dans les ordres. Envoyé à Dehra Dun comme adjoint d'un bataillon gurkha. Fait la connaissance de John Dove. Joue surtout de la flûte dans les arbres et court les demoiselles.

1943 Évolution religieuse, entre séduction de l'Orient et vocation chrétienne. Automne : versé dans les chindits d'Orde Wingate, entraînement de commando.

1944 5 mars : opération Thursday, fait partie du millier de commandos largués par planeur 200 km derrière les lignes japonaises en Birmanie. Participe à l'aménagement de la « forteresse » de Broadway. 27 mars : attaque japonaise, repoussée. Mai : marche dans la jungle jusqu'à Blackpool. Participe à la bataille de Blackpool. 26 mai : évacuation, marche dans la jungle. 6 juillet : participe à la bataille de la Côte 2171. Fin juillet : évacué sanitaire vers l'Inde avec les survivants des chindits. Séjours en hôpital puis à Dehra Dun, avant d'être renvoyé en Birmanie.

1945 Mars : évacué sanitaire vers l'Inde. Réformé par une commission militaire. Octobre : retour en Angleterre. S'installe dans le Devon et semble incapable de se réadapter à la vie civile. Renonce à une carrière dans l'Église anglicane. Fréquente Anne Hardwicke.

1946 Petits métiers. Propose à Anne de l'épouser, elle accepte. Juin : forestier dans les collines du Quantock. Intense recherche religieuse.

1947 Juin : quitte le travail de forestier pour s'installer à Buckfastleigh, à l'ombre de l'abbaye bénédictine de Buckfast, pour se préparer à entrer dans l'Église catholique. Aide aux ruches frère Adam et travaille comme ouvrier maçon dans le village. 26 octobre : reçu dans l'Église catholique le jour de la fête du Christ-Roi. Rompt ses fiançailles avec Anne. Accepté comme postulant à Buckfast, mais seulement après un délai de deux ans.

1948 Printemps : enseignant dans l'école catholique de Gaveney House à Exmouth. Commence à écrire des poèmes.

1949 Juin : drame à Gaveney House. Demande la main de sa collègue Margaret Smith. Refus de celle-ci. Fuite d'Exmouth. Pèlerinage à Lourdes avec John Dove. Soutier sur un chalutier en mer du Nord.

1950 Février : devient portier de la chartreuse de Parkminster. Septembre : après avoir quitté Parkminster, part en pèlerinage à Rome, puis gagne la Terre sainte via l'Italie et Chypre (peut-être reçu dans le tiers ordre franciscain à Famagouste). Accueilli à Jérusalem chez les pères de Sion, il est envoyé à Louvain pour s'y préparer au sacerdoce.

1951 Louvain, postulant puis novice chez les pères de Sion. Amitié avec Geza Vermes. 28 décembre : renonce à être clerc et poursuit son noviciat comme frère coadjuteur.

1952 16 juillet : quitte Louvain à pied, espérant pouvoir retourner en Terre sainte. Traverse la France et l'Italie. N'ayant pu trouver de bateau, il échoue à Palma en Campanie ou il trouve un travail de sacristain. Réside dans l'église, le plus souvent dans la tribune de l'orgue.

1953 À Palma, occasionnellement éboueur. 2 février : mariage spirituel avec la Vierge Marie. Mai : apprend le décès de son père. Septembre : rentre en Angleterre. Automne : s'installe comme ermite dans un jardin à East Hill (Ottery).

1954 East Hill. Novembre : s'installe dans un grenier des locaux de la paroisse catholique d'Ottery, puis dans une grange à Harpford. Aide des handicapés et à l'école des religieuses maristes, joue de la flûte dans les rues pour la restauration de l'église anglicane.

1955 Intense activité poétique. Printemps : séjours à Londres comme musicien de rue et à Buckfastleigh comme aide-fossoyeur. 25 novembre : entre comme postulant à l'abbaye bénédictine de Prinknash.

1956 30 mars : quitte Prinknash le vendredi saint. Séjour comme ermite à Harpford puis départ pour Londres. Musicien de rue et mendiant, puis portier et employé à la morgue de l'hôpital St Mary Abbott's. 29 octobre : embauché à la librairie Burns & Oates.

1957 Londres. Janvier : engagé comme cinquième sacristain à la cathédrale de Westminster. Déménage plusieurs fois. L'archevêque Godfrey se prend d'affection pour lui et lui propose de garder sa résidence de campagne.

1958 Janvier : s'installe à Hare Street House. Poésie et prière occupe l'essentiel de ses journées. Juillet : John Dove est ordonné prêtre.

1959-1961 Hare Street House. Défend la demeure contre les projets ambitieux de restauration de Mgr Worlock, secrétaire de l'archevêque. En guerre ouverte avec Mgr Worlock, quitte Hare Street House en octobre 1961. Échec d'une installation comme ermite dans une grotte montagneuse, à cause de l'hiver.

1962 Ermite dans un village du Devon, puis aide-jardinier chez sa belle-sœur au sud de Londres. Écrit à son ami Dove parti comme missionnaire en Rhodésie du Sud et lui demande de lui trouver une grotte quelque part en Afrique. 6 août : s'envole comme volontaire d'Église pour la Rhodésie du Sud. 11 août : volontaire dans la mission de Wedza. 4 octobre : volontaire dans la mission d'Enkeldoorn-Chivhu.

1963 Avril : volontaire dans la mission de Gandachibvuva. Habite sous le réservoir de la mission.

1964 Janvier : gardien de Mbebi House (vallée de Mazoe). Juillet : embauché comme présentateur à la télévision rhodésienne. 14 décembre : quitte Mazoe pour Silveira House près de Salisbury. Homme à tout faire du centre.

1965 Silveira House. Mars : interview dans le *Shield*. Novembre : déclaration unilatérale d'indépendance de la Rhodésie du Sud.
1966 Silveira House. S'installe dans le poulailler. Visite des Services de sécurité.
1967 Silveira House. Mars : joue le rôle du Christ dans *L'homme né pour être roi*. Juin : plusieurs de ses poèmes sont publiés dans la revue *Two Tone*. Juillet : accueille des abeilles dans sa cellule.
1968 Silveira House. Gardien de nuit d'une résidence de religieuses. Avril : retour en Angleterre et séjour chez sa mère. 24 mai : départ pour la Terre sainte , via Venise et le Pirée. 31 mai : arrivée à Haïfa. 1er juin : chante devant le mur des Lamentations puis quitte Israël. 27 juin : arrivée à Tripoli (Libye), via Rome. Séjour chez son frère. 6 septembre : retour en Rhodésie, via Rome. Décembre : entend parler du centre de lépreux de Mtemwa pour la première fois.
1969 Silveira House. Janvier : ajoute à ses tâches le secrétariat des réunions du conseil d'administration. Mi-mars : se rend à Mtemwa et décide de s'y installer, mais accepte de rentrer provisoirement à Silveira House. Avril-juillet : un essaim d'abeilles s'installe dans sa cellule. Nommé directeur du centre de lépreux par le comité des Amis de Mtemwa. Préparation de son installation. 1er août : installation à Mtemwa où il est directeur du centre, administrateur, infirmier, conseiller, animateur spirituel, chef de chorale, croque-mort et, surtout, père des lépreux. Décembre : le Dr Luisa Guidotti commence à venir à Mtemwa.
1970 Mtemwa. Construit son Arche d'alliance. Mai : premiers incidents avec les troupeaux de bovins errants. Octobre : Mona Smith vient aider à Mtemwa. Consécration de la nouvelle chapelle.
1971 Mtemwa. Août : le comité devient l'Association rhodésienne contre la lèpre. Début des désaccords avec celle-ci.
1972 Mtemwa. Mars : première visite de William Ellis au centre. Difficultés. Juin : plusieurs poèmes sont publiés dans *Two Tone*. La guérilla s'installe dans le nord-est de la Rhodésie.
1973 Mtemwa. Prépare Pauline Hutchings à entrer dans l'Église catholique. Avril : limogé de ses responsabilités par le comité et interdit de séjour au centre. 1er mai : s'installe sur le Chigona et y campe ; visites clandestines au centre. Après six mois sur la montagne, redescend du Chigona et s'installe dans une hutte près du centre, puis dans la hutte de tôle installée par ses amis.
1974 Mtemwa. Poursuit ses visites clandestines au centre. Mars : graves incidents au centre qui se terminent devant la justice. John défend des lépreux contre son successeur qui les maltraite. Août : compromis, John reprend tout son travail au centre, sans titre.

1975 Mtemwa. La guerre civile s'intensifie dans la zone. À Mtemwa, la guerre contre les troupeaux qui saccagent le centre s'exacerbe.

1976 Mtemwa. Les paysans sont regroupés dans des villages fortifiés. Démission de William Ellis. 28 juin : Luisa Guidotti est arrêtée comme terroriste. Elle sera acquittée en août.

1977 Mtemwa. 7 février : massacre des missionnaires de Musami – plusieurs étaient ses amis. Se sait menacé par la guérilla mais refuse de quitter les lépreux : « Pourquoi gâcheraient-ils une balle sur un clown ? » 24 juillet : reçoit l'habit franciscain, qu'il portera régulièrement. Un nouveau responsable pour le centre, les relations sont meilleures.

1978 Mtemwa. Couvre-feu sur la zone où les massacres se multiplient. Août : victime d'une encéphalite aiguë, évacué à Salisbury, sauvé de justesse. Retourne à Mtemwa malgré les avis contraires.

1979 Mtemwa. La guerre redouble de violence. 6 juillet : Luisa Guidotti est tuée près de sa mission par les troupes de Ian Smith. John se rend à Salisbury pour son enterrement. Grande solitude et déréliction. Nuit du 2 au 3 septembre : enlèvement par la guérilla. « Jugement » et acquittement, mais refuse d'abandonner les lépreux. Exécuté par la guérilla le 5 septembre avant l'aube. 10 septembre : enterrement à Salisbury. Les gouttes de sang sous le cercueil. Ouverture à Londres de la conférence de Lancaster House qui conduira à l'indépendance du Zimbabwe l'année suivante.

Sources

Archives

J'ai pu consulter plusieurs fonds d'archives : John Bradburne Memorial Society (Leominster, GB), National English Litterature Museum, université de Rhodes, Grahamstown (Afrique du Sud), Archevêché catholique de Harare (Zimbabwe).

Écrits de John Bradburne

L'ensemble du corpus poétique connu à ce jour a été recueilli, classé, daté et étudié par David Crystal, qui l'a publié sur le site www.johnbradburnepoems.com.

En plus de celui publié par le *Shield* en 1965, onze poèmes ont été publiés du vivant de John Bradburne dans la revue *Two Tone* (Salisbury) entre 1967 et 1972.

Cinq recueils poétiques de John ont été publiés depuis sa mort :

Songs of the Vagabond, selected and edited by David Crystal, JBMS, Leominster, 1996.

John Bradburne's Mutemwa, In poems and pictures, edited by David and Hilary Crystal, JBMS, Leominster, 2000.

John Bradburne's Birds, Bees and Beasts, selected and edited by David Crystal, JBMS, Leominster, 2007.

John Bradburne's Book of Days, selected and edited by David Crystal, JBMS, Leominster, 2004.

John Bradburne on Love, selected and edited by David Crystal, JBMS, Leominster, 2009.

Audio-livre : *Alive To God, Poems, by John Bradburne,* John Bradburne Memorial Society and Herald AV, Farnham, 2008. *Cf.* Lander, Anne, CD-*Alive to God, JBMSNL,* Summer 2008, p. 6-7.

De nombreuses lettres se trouvent sur le site http://www.johnbradburnepoems.com. Les archives de Leominster contiennent d'autres documents de ou sur John Bradburne.

Témoignages et informations

Outre les propos sur John Bradburne directement recueillis par l'auteur (*cf.* p. 510), cette biographie a bénéficié de nombreux autres témoignages :

Le livre de John Dove, *Strange Vagabond of God* (Gracewing, Leominster, 1997) est une source d'information essentielle, à la fois pour les événements partagés par les deux amis et pour les témoignages recueillis (en particulier des PP. Sean Gildea, Paschal Slevin, Desmond O'Malley, David Harold-Barry et David Gibbs, et ceux de Heather Benoy, Arthur Law, Pauline Hutchings, Anne Lander, Andrew Whaley et William Hamer-Nel).

Je remercie le P. Dove et la JBMS de m'avoir permis de les utiliser.

Sous les titres *The black lepers of Mtemwa : the story of John Bradburne* et *God's Jester : the story of John Bradburne and the black lepers of M'Temwa*, Judith Listowel a écrit deux précieux manuscrits inachevés, riches en témoignages et extraits de correspondance, en particulier de Mary Comber (Bradburne), Philip Bradburne, Michael Stern, Peter Comber, John Peacock, Alec Harper, Rex Newton-House, A.N. Shead, Joan F., Jack Dunn, Hugh Symons, Cecil Hardwicke, Adrian Hardwicke, dom Bruno Sullivan, dom Hugh Weld, Fr. Paul Warcing, dom Alfred Spencer, Adam Curle, Pamela Curle (Vermes), Darrell Blackburn, P. Brian Cavenagh, Edward Moberly, Sam Verrall, Mgr Derek Worlock, Esme Bradburne, Mary Littledale, Shirley James, Heather Benoy, Pauline Hutchings, Elaine Barkess, Henry Dowd, Michael Gelfand, Coleta Mapfuta, Paul Barclay, Fr. Lawrence Makonora, Nyasha Shereni, Mgr Paul Burrough, P. Michael O'Halloran, P. David Harold-Barry, P. David Gibbs.

Je remercie Lord Richard Grantley de m'avoir permis d'utiliser ces manuscrits.

Le bulletin *JBMS Newsletter (JBMSNL)* publie depuis 1997, deux fois par an, des témoignages, informations et études sur John Bradburne et sur Mtemwa. J'ai pu utiliser en particulier les témoignages de Mary Comber (Bradburne), Steve Benson, Tony Foster, John Hemsley, Parry Howell, Stephen King, Jack Dunn, Adrian Hardwicke, Pamela Kingsford, Nicholas Lowry, Mgr Robert Mercer, P. Claudio Rossi, P. Colin Carr, P. Paul Crane, Margaret De Haast, Mike Glenshaw, P. John Gough, Pauline Hutchings,

Sr. Kathleen Keane, Cheryl Methven, ainsi que les études mentionnée, p. 508.

Je remercie la John Bradburne Memorial Society de m'avoir permis de les utiliser, ainsi que les témoignages inédits des archives John Bradburne de Leominster, en particulier celui de Mary Comber, le tableau généalogique dressé en 1993 par Michael Bradburne, le dossier réalisé en 1995 par Diana Mitchell qui comprend en particulier d'autres témoignages de Howell Parry, Theresa Thorpe, Pamela Kingsford, Ferdinand Spit, Frau Pätz, Alec Israel, David Savage, Winnie Mabaso et du P. O'Halloran, et les témoignages enregistrés dans les films (*cf.* p. 509).

La *Positio* diocésaine, réalisée par le P. Paschal Slevin, contient d'autres témoignages inédits, en particulier des PP. John Dove, David Gibbs et Riederer, du Pr. Whittle et de Theresa Gezi, Dorica Mapfunde, Jairas, Arthur Law, Winnie Mabaso. Je remercie Sr Nora Roderick qui m'a permis de la consulter dans les archives archiépiscopales à Harare.

Autres témoignages publiés

Towill Bill, *A chindit Chronicle*, Authors C.P., San José, 1990.

Vermes Geza, *Providential Accidents, An Autobiography,* SCM Press, London, 1998.

AFMM, *Luisa Guidotti, Una vita per gli altri,* San Paolo, Milan, 2004.

Dove John, *Luisa,* Mambo Press, Gweru, 1989.

Guidotti Luisa, *Luisa agli Amici : Raccolta di Lettere,* Societa editrice internazionale, 1990.

Saunders Stuart, *Vice-Chancellor on a tight Rope,* New Africa Books, Johannesburg, 2000.

Trethowan Anthony, *Delta Scout : Ground Coverage Operator,* 30° South Publishers, 2008.

Wortham Christopher, *Fragments from Two Lives on Three Continents*, Strategic Book Publishing, 2009.

Biographies et études

Dove John, *John Bradburne of Mutemwa, Three wishes fulfilled*, Mambo Press, Gweru, 1985.

Vose John, *John Bradburne, A magnificent Eccentric*, JBMS, Leominster, 2005.

HACKSLEY Helen, *An Edition of a Selection of Poems by John Randal Bradburne,* inédit, Grahamstown, 2006.

MAKSJAN Anna, *The Mystical Dimension of the Poetry of John Bradburne and the Carthusian*, université de Salzbourg, 2007.

SCOTT James, *The Life of Francis of Assisi : Is Franciscanism Relevant Today ?*, inédit, Potchefstroomse Universiteit, 2002.

Le bulletin *JBMS Newsletter* a publié de nombreux articles sur John, en particulier :

CRYSTAL David, « Beginnings and Endings », Winter 2004, p. 6-7.

CRYSTAL David, « Poetry Data Goes Live », Summer 2006, p. 3.

CRYSTAL David, « If I could publish a Slim Volume », Winter 2009, p. 8-10.

DE KERDREL Stephen, « Vagabonds and Holy Fools », Summer 2002, p. 2-3.

DE KERDREL Stephen, « John Bradburne, Wanderer, Hermit, Monk and Hero », Summer 2003, p. 5-7.

DE KERDREL Stephen, « John Bradburne, a Very English Saint », Summer 2005, p. 4-5.

DE KERDREL Stephen, « John Bradburne and Our Lady », Winter 2002, p. 5-6.

DE KERDREL Stephen, « An Introductory Chapter to A Potential New Book », Winter 2008, p. 3-4.

DE KERDREL Stephen, « John Bradburne' s importance for us », Summer 2009, p. 7-8.

ELVINS Mark, « In the Likeness of St Francis of Assisi », Winter 2005, p. 2.

MOORE Charles, « A martyr who turned Love into the Divine », Winter 2009, p. 7-8.

O'DONOGHUE Patrick, « John Bradburne », Summer 2005, p. 1.

RANCE Didier, « Looking for John in England », Winter 2009, p. 4-6.

RANCE Didier, « John Henry (Newman) and John (Bradburne) », Summer 2010, p. 2-3.

RANCE Didier, « John at Chivhu », Summer 2011, p. 4-5.

RANCE Didier, « John Bee's buzz of Bees », Winter 2011, p. 3-4.

Parmi les autres articles et extraits de livres consacrés à John Bradburne, il faut citer :

BINGANDADI Francis, « John Bradburne », *Catholic Church News*, 12/2010.

BRIGSTOCKE, Celia, « Hermit, vagabond… Saint », *Catholic Herald*, 01/2010.

CRYSTAL David, *By Hook or by Crook, A Journey in Search of English*, Harper Perennial, London, 2007.

CRYSTAL David, *Just a phrase I'm going through, My Life in Language,* Routledge, Abingdon, 2009.

GIBBS David, « John Randal Bradburne: missionary, poet, mystic, martyr, 1921-1979 », *The Central African Journal of Medicine* 26 (2), 1980.

HANLEY Boniface, « The Pilgrim », *The Anthonian* 56 (4), 1982.

LARBY Liz, « John Bradburne, poet, naturalist, saint », *'Old Greshamian Magazine,* 2008.

MOORE Charles, « John Bradburne », *Daily Telegraph,* 29/08/1994.

RANCE Didier, *Prier 15 Jours avec les martyrs du XXe siècle,* Nouvelle Cité, Montrouge, 2004.

VANIER Jean, *Notre vie ensemble,* Mediaspaul-Bellarmin, Paris-Montréal, 2009.

La vie et la mort de John Bradburne ont inspiré des poètes (Brendan Kennelly, *Breathing Spaces*, 1992) ; des auteurs de théâtre (Rory Kilalea, *Friends*, 2007), des romanciers (Tendai Huchu, *The Hairdresser of Harare*, 2010), des musiciens (Nicholas Wilton, 2001 et Gabriel Jackson, 2010), et des sculpteurs, au Zimbabwe et au Malawi (église de la mission de Mua).

FILMS

Don'Let the Dream Die, Documentary on John Bradburne, réalisé par la JBMS, Leominster, sans date.

Documentary on John Bradburne, Issues of Faith, diffusé par la JBMS, sans date.

Vagabond of God, The story of John Bradburne, film réalisé par Norman Servais, Metanoia, Cape Town, 2001.

On Eagles Wings: The Life and Death of John R. Bradburne 1924-1979, JBMS, 1999.

The Life of John Bradburne (as narrated by Ambuya Coletta Mafuta), film réalisé par Collen Magobeya, 2011.

FONDATION

John Bradburne Memorial Society
PO Box 32
Leominster, Herefordshire HR6 OYB
Grande-Bretagne
www.johnbradburne.com

Remerciements

Je remercie tous ceux qui m'ont donné leur témoignage sur John Bradburne ou qui m'ont aidé pour ce livre :

Alan Kitchen, R. P. Richard Moatt, Christopher Robson (chapitre 1) ; June Mitchell, Steve Benson, Liz Larby (chapitre 2) ; Peter Heppell, Frank Young (chapitre 3), Sr. Camillia Walkin, Jo Holloway, Paula Parklyn, Patrick Hardwicke, Jack Dunn, Nick Salter, Harry Wheeler, Fr. Nicholas, Michael Lowry, Fr. Simon Brenann, P. Donizeti Ribeiro, Geza Vermes, P. Francesco Picciocchi, Guiseppe Alloca, Silvestro Peluso, Raffaele Addeo, dom Aldhelm Cameron-Brown, Fr. Anthony, dom Damian Sturdy, CTS Shop (Londres), Peter Hankard, Josette et Brian Swanson, Meg Whittle, Pamela Kingsford (chapitres 4 à 6) ; P. Sean Gildea, P. Tim Peacock, Heather Benoy, Sr. Nora Broderick, Frank Guthrie, Rory Kililea, Agnes Mapfumo, Geraldine Morris, Sr Teresiana Mutume, David Paynter, Ferdinand Spit, Paul et Ann Tingay, P. George Webster, Pauline Hutchings, Caterina Savini, Anthony Trethowan, Andrew Whaley, Coleta Mapfuta, Sr Margaret Murphy, Cecilia Blight, Piet Both, Geneviève Lejeune, Helen Hacksley, P. Mark Elvins (chapitres 7 à 10), Mgr Emmanuel Laffont, Charles Moore, Norman Servais, Jean Vanier, les résidents du centre et les pèlerins de Mutemwa, Marge Chigwada, Rose Chihota, Stella et Jean Cornneck, les enfants de Mother of Peace (chapitre 11).

Je remercie de façon toute particulière les P. John Dove, David Harold-Barry et Liam McCarthy, Lord Richard Grantley, David et Hilary Cristal, Anne Lander et, *last but not least*, Celia et Tim Brigstocke et la John Bradburne Memorial Society, qui m'ont apporté une aide inappréciable et constante, et sans lesquels ce livre n'aurait jamais pu voir le jour, ainsi que Christophe Rémond pour son soutien sans faille.

Table des matières

Préface 7
Sigles utilisés 11
Avant-propos 13
Page manuscrite de John 16

1. Entre l'Eden et la Croix 17
2. Chute dans le temps 43
3. Héros malgré lui 62
4. Étapes sur le chemin 114
5. L'étrange vagabond de Dieu 159
6. Un fou, doué pour les fiascos ! 204
   Carte de la Rhodésie 250
7. L'Afrique 251
8. *Baba* John, père des lépreux 319
9. Guerre et tempêtes sur Mtemwa 379
10. Passion de John Bradburne 465
11. John après John 485

Prière pour la béatification de John Bradburne 497
Glossaire 498
Chronologie 500
Sources 505
Remerciements 510

Cet ouvrage a été composé
par Atlant'Communication
au Bernard (Vendée)

Achevé d'imprimer en mars 2012
par Normandie Roto Impression s.a.s. (61250 Lonrai)
Dépôt légal : mars 2012
N° d'imprimeur : 120753

Imprimé en France